Walter Kempowski

ALKOR

Tagebuch 1989

Albrecht Knaus

Umwelthinweis:
Dieses Buch und sein Schutzumschlag wurden auf chlorfrei gebleichtem Papier gedruckt.
Die vor Verschmutzung schützende Einschrumpffolie ist aus umweltschonender und recyclingfähiger PE-Folie.

Der Albrecht Knaus Verlag ist ein Unternehmen der
Verlagsgruppe Random House GmbH

1. Auflage
Copyright © by Albrecht Knaus Verlag GmbH München 2001
Umschlaggestaltung: Groothuis & Consorten, Hamburg
unter Verwendung einer Zeichnung von Renate Kempowski
Gesetzt aus der 10.2/13.2 pt. Stempel Garamond
Satz: Filmsatz Schröter GmbH, München
Druck und Bindung: GGP Media, Pößneck
Printed in Germany
ISBN 3-8135-2604-6
www.knaus-verlag.de

Für Simone Neteler

Januar 1989

Nartum So 1. Januar 1989, Neujahr

Welt am Sonntag: Berichte über Stalin-Terror: 30 Millionen / Angehöriger eines Erschießungskommandos: «Die Männer schwiegen, die Frauen weinten.»
Sonntag: Die Rote Fahne – Geschichte eines Revolutionsblattes

8 Uhr. T: Kann mein 1.-Klasse-Abteil nicht finden, und die FAZ ist ausverkauft.

1989: Ein großes Gedächtnisjahr hebt die Röcke und möchte begattet werden: Vor 50 Jahren Kriegsanfang, 40 Jahre Bundesrepublik und DDR. – Und ich werde 60! Vor 20 Jahren mein erstes Buch.
Das 200jährige Jubiläum der Französischen Revolution. Nietzsche nennt sie eine pathetische und blutige Quacksalberei. Ich bin gegen Revolutionen. Was geht in solchen Umbruchjahren nicht alles kaputt! Mal ganz abgesehen von den vielen Toten! In den ersten 16 Monaten nach der Oktoberrevolution wurden 16 000 Menschen erschossen.
Man denke auch an die «nationale Revolution» der Nazis. Dieses säkuläre Abschlachten ...
Das Umschalten auf eine neue Jahreszahl interessiert mich nicht sehr, das ist wie beim Tachometer. Das Umspringen auf das neue Jahrtausend wäre schon interessanter, das regt zu allerhand Vergleichen und Gedanken an.
Im übrigen hat jeder Mensch seine eigene Zeitrechnung. Für mich sind u. a. die Jahre '42, '48 und '56 von Bedeutung.
Über Weihnachten nahm ich meine kleine Orgel wieder in Betrieb. Leider funktioniert das Pedal nicht. Heute spielte ich nach

alter Sitte den schönen Choral «Nun laßt uns gehn und treten ...» in der Bachschen Version.
Ich legte mir das Gesangbuch daneben und sang den Text von Paul Gerhardt aus dem Jahre 1653, alle 15 Strophen.
Sein Lebtag hat man damit zu tun, sich von dem Mann mit dem Bart zu lösen. Die Calvinisten wußten schon, weshalb sie die Bilder in den Kirchen abschafften. Gott ist Geist, wir sind die Seinen ...

Dieses Wetter ist ja nun wirklich durchwachsen. Schon seit Wochen grauer Himmel ohne einen Sonnenstrahl und dann dieser Regen, «nieselnd». Nicht einmal zu einem anständigen Kap Hoorn reicht es. Nieseln, das ist es. Bei ein wenig Glück wäre aus der Nieselei ein sanfter Watte-Schneefall geworden.
«Könnte es nun nicht schneien?» pflegte meine Mutter zu sagen. Das Gerede von früher. Daß es da mehr Schnee gegeben habe. Und in der Tat, mir ist auch so.
Mit Jürgen Kolbe sprach ich im Oktober über «Das Echolot», mein nächstes Großprojekt. Er bezeichnete das als *Archäologie*. Meine Vorstellung von preiswertem Papier und von französischer Broschur fand er gut, den Untertitel: «Ein kollektives Tagebuch» weniger. Einen Arbeitsvorschuß will er zahlen. Wir fuhren im Auto über den Stachus, als wir darüber redeten, und die Ampel zeigte Rot. War das ein schlimmes Vorzeichen?
Rückblick auf 1988: Die «Hundstage», 90 Lesungen, allerlei Seminare und die Reise in die USA. Anschaffung des Computers und Kiellegung des «Echolot».
Zu «Hundstage»: Der Verlag freue sich über das Buch, wurde gesagt. Es werde jedoch von geschlechtsbewußten Buchhändlerinnen sabotiert.
Im April begann ich mit M/B* und mit dem «Sirius». Letzteres Vorhaben wurde, wie das «Echolot», durch den neuen Computer angeregt.

---

* Der Roman «Mark und Bein», erschienen 1992.

Kurzer Spaziergang bei flammendem Sonnenuntergang.
In der Nacht stand ich auf und ging nach unten, um mich etwas zu bewegen. Ich saß zwei Stunden in der Bibliothek und sah nach draußen. Schnee hastete über die Gartenlampe wie Rauch im Wind, ein seltener Anblick, er verwandelt meine Depression in so etwas wie ein Dankgebet.
Prokofjew: Flötensonate. Unerklärlich grauenhaft.

Nartum   Mo 2. Januar 1989

Bild-Zeitung: Silvester-Schiff gesunken / 100 Tote? / Deutsche an Bord
Neues Deutschland: Gute Arbeitsergebnisse während der ersten Schichten am Neujahrstag

Im Literatur-Seminar war ich hinter «Plankton» her: den winzigen Erinnerungsbildern, die unablässig in den Ganglien hin- und herschießen. Man kann sie mit Reizwörtern einzeln abrufen. Kleine autonome Texte, die im günstigen Fall von hoher literarischer Qualität sind. Ich habe schon eine hübsche kleine Sammlung beisammen.

> Ein warmer Lattenzaun, der das Grundstück meiner Großmutter umfriedete, und dahinter schwarze und rote Johannisbeeren. Der Zaun war warm, weil die Sonne darauf schien.

Ins-Bett-Geh-Bummelei. Dies noch, das noch. Die Jacken der letzten Woche weghängen, Hosen auf Bügelfalte, in speziellen Klemmbügeln. Dann ausgiebig duschen und in das von der Ehe-Lebensfreundin aufgeschüttelte Bett legen. Ah! – Sie war gut gelaunt heute, die Lebensfreundin, ich auch, wir machten uns gegenseitig Komplimente. Es freut sie, daß ich jetzt alt aussehe, nicht mehr wie ein Jüngling.
«Leidet Ihr Mann darunter, daß er so jung aussieht?» ist sie mal von Karin Struck gefragt worden.

Ich höre, daß Rühmkorf ein absoluter Hypochonder sei. In Amerika hätten sie jeden Tag gedacht, der überlebt die Nacht nicht. Vor einiger Zeit habe er sich untersuchen lassen, Leber und alles wär' völlig in Ordnung. Und wir hätten ihn fast nicht wieder eingeladen, um ihn zu schonen.
Klaus Mann – ein Schriftsteller, der seinen Roman «Symphonie pathétique» nennt, *muß* ein Blindgänger sein. Der arme Vater!
«Missa sine nomine» – so was gab es auch. Das ist nicht ganz so schlimm.
22 Uhr. – Es regnet. Ein Rauschen und Schütten auf dem Fenster. Ich stelle die Alarmanlage ab und befreie die Katze aus dem Klo, weil dort der Regenlärm auf den schrägen Fenstern unerträglich ist. Sie wird es mir danken.
Die liebe Nacht, und ich höre Schönbergs 1. Quartett und lese in der «Legenda aurea»: was die Menschen für ihren Glauben riskierten und erduldeten ...
Der untergehenden Überlieferung hinterherlaufen. Den versunkenen Jahrhunderten nachlauschen. Je abstrakter die Musik ist, desto besser paßt sie dazu.
Selbstmord: Benjamin meint, es lohne die Mühe nicht. Sein mysteriöser Tod, die Sache mit der Aktentasche. Hierüber machen sich die Menschen mehr Gedanken als über das Passagenwerk.
Ein Sprichwort fand ich: Wenn alle Stricke reißen, sagte der Bettler, so häng' ich mich.

Nartum   Di 3. Januar 1989

Bild: Zwillinge (2½ Jahre) sprangen aus 3. Stock – beide leben
ND: Hohes Leistungswachstum, allseitige Planerfüllung

T: Ich habe vergessen, zum Unterricht zu fahren, kann im Terminkalender nicht erkennen, wann ich welche Stunden zu geben habe, und das Telefon funktioniert nicht.

Unser Seminar ist in vollem Gange. Sich auffällig benehmende Menschen sind darunter. Eine Frau fragt, warum das Klo unten für Herren und das Klo oben für Damen reserviert ist – wieso nicht umgekehrt? – Sie nimmt aus Bedürftigkeitsgründen umsonst teil an unserer «Veranstaltung».
«Wie merken Sie, daß die Gedanken kommen?»
Sie läßt was «impulsiv los», sagte eine jüngere Teilnehmerin, die ein rotgestreiftes T-Shirt trägt und sich an mich drängt, wenn's eben geht.
Ich fische Plankton, was reichlich zu haben ist.
Die drei Zwischenbücher meiner «Deutschen Chronik», das Hitlerbuch, das Buch über Konzentrationslager und das über Schule, enthalten sehr viel Plankton. Von der Kritik wurden sie abgetan. Im Literaturbetrieb herrscht die Meinung vor: Das kann ja jeder, die Leute ausfragen.
Aldous Huxley schreibt irgendwo, er habe den Eindruck, als blättere in ihm ein Idiot unablässig Fotos auf. Das sind die «Eidetischen Phänomene», wie ich sie nicht ganz zutreffend bezeichne. Die «endogenen Bilder» (Benn).
Am Abend zeigte mir Hildegard den Sirius. Arm in Arm standen wir auf der Straße und sahen uns, die kalten Wangen aneinandergelegt, den fernen Großstern an. Das darf ich niemandem erzählen: Der Kempowski schreibt einen Roman über den Hundsstern und hat ihn noch nie gesehen.
Irre Angaben über dessen Größe.
TV: Endlose Ski-Scheiße. Um 100stel Sekunden geht es.
Im Radio die Komposition «Schiffsruinen» von Tschaikowski, nervend. Die Unterwassermusik unserer Kulturfilmer vorwegnehmend.
Mitternacht: Ich habe mir eine Valium genehmigt, da ich zu aufgedreht bin vom Anprall der vielen Leute (es sind diesmal 76!) und der verschiedensten Organisationsfragen. Sie sind quietschfidel, all diese Leute, aber sie laufen durcheinander, und die Stühle stellen sie kreuz und quer. Und anstatt sich anständig hinzusetzen, sitzen sie quer auf der Treppe oder auf den durcheinanderen Stühlen im Saal.

Ich möchte mich gern mit ihnen unterhalten, aber meist sind sie erschrocken, wenn ich sie anspreche.

Nartum Mi 4. Januar 1989

Bild: Blitzeis bei Tempo 160/Minister Haussmann: So kam ich lebend raus
ND: Kollektive im Wettbewerb zum Wohle des Volkes

Dank der Pille schlief ich gut. Jetzt rumort es unten, in einer Stunde beginnt das Seminar, und bevor es beginnt, muß aufgeräumt werden: Stühle richtig hinstellen, Klos säubern usw. Pflicht erfüllen. – Also aufstehen.
Am Fenster stehen, bauchwalkend: Rauhreifgarten, alles weiß. Das kommt uns zustatten! Das geht à conto des Literatur-Seminars. Die denken, das ist hier immer so, und sie werden sich ewig daran erinnern: In *Nartum* damals gab es einen festlichen Rauhreif zu sehen.
Zeitungsausschnitt über eine Lesung Siegfried Lenz' am 18. November 1988 in *Rostock*. Merkwürdig, daß er von den Rostokkern eingeladen wird und ich nicht. Alle möglichen West-Autoren werden von den DDR-Leuten eingeladen, nur Kempowski nicht. Eigentlich schade, daß Sigi nicht den Mut fand, dort auf mich hinzuweisen. Das hätte sich eigentlich so «gehört», und es hätte ihn nichts gekostet. Vielleicht hat er's ja getan.
Sichtung der «Hundstage»-Kritiken.
Kramberg in der SZ meint, die «Hundstage» seien der tapfere Versuch, einen Motor laufen zu lassen, dem der Treibstoff ausgegangen ist. Seit 19 Jahren sei er mein «Getreuer», aber jetzt sei mir wohl der Treibstoff ausgegangen.
Treibstoff? – Gluck-Gluck oder was meint er?
Die Kritiker sagen mir, wie ich meine Bücher schreiben soll. Es soll schärfer bei mir zugehen, zugespitzter. Es sollen also Fetzen fliegen. Was soll ich machen? – Bei mir fliegen keine Fetzen!

Wenn *ich* mal ein deutliches Wort zu *ihren* Erzeugnissen von mir gebe, sind sie sofort beleidigt.
Seminar: Die sonderbarsten Sachen ereigneten sich. Abends schlossen sich welche in die Oma-Stube ein, um sich ungestört unterhalten zu können. Das ärgerte mich ganz besonders, weil ich ja während des Seminars nie irgend etwas abschließe. Eine andere Teilnehmerin verlangt eine Nagelschere: Sie hakt immer hinter beim Stricken.
Ich war heute ziemlich empfindlich, das machte die gestrige Valium, die nächtliche Betäubung muß abgebüßt werden, das ist klar. Die Katzen beklagten sich über den Menschenlärm, und ich mußte sie kraulen, eine mit links, eine mit rechts.
«Sind das *Ihre* Hühner?» – «Sind die Hühner den ganzen Tag eingesperrt?» wird gefragt.
Ich: «Wir peitschen sie jeden Tag aus, morgens früh, damit sie munter werden.»
Dorfroman: Hildegard hat den Hühnern hübsche Namen gegeben. Emilie, Sophie, Wilhelmine, es sind die Namen ihrer Urgroßmütter. Nach dem ABC sei sie vorgegangen, und jetzt fürchtet sie, alle durcheinander zu kriegen. Den Hund Robby nennt sie im Augenblick ihren «Munterhund».
Die schwarzen «Langschan»-Hühner sind es, die die Namen bekamen, die «Italiener» werden nicht in gleicher Weise ausgezeichnet. Das ist ganz in meinem Sinne. Sie sind nervös auf eine befremdliche Weise. Der Hahn allerdings, ebenfalls italienischen Ursprungs, heißt Richard.
Frau Schönherr sagt, es sei ganz falsch, Hühnern Namen zu geben, dann könne man sie später nicht schlachten.
Am Abend kredenzte mir Hildegard einen heißen Kakao, ich nahm ihn bei ihr im Pavillon und sorgte dafür, daß sie es mitkriegten, die Leute-Gäste: Die wohltuende Liebe meiner Frau sollten sie besichtigen. Das ist gut fürs sogenannte Image.
Ich ging dann mit ihr noch einmal den Sirius angucken. Das hatte mit den «Hundstagen» nichts zu tun. Wir stießen draußen auf einen Herrn, der ums Haus herumschlich und die erleuchteten Fenster fotografierte. Er versteckte sich vor uns.

Ein Heiliger ist für den heutigen Tag nicht vorgesehen. Ich las etwas im Liturgischen Lexikon. So was erfrischt.

Kerze, Licht, das vom sich verzehrenden Wachs der Kerze genährt wird, ist in besonderer Weise Sinnbild Christi, der sich für uns in Liebe opfert; zugleich sind brennende Kerzen Zeichen der Bereitschaft für den kommenden Herrn. So zeigt die brennende Kerze die Gegenwart Christi an: am Altar, beim Evangelium, beim Geleit des Priesters, vor dem Tabernakel und dem ausgesetzten Allerheiligsten; sie wird dem Christen bei der Taufe überreicht, er trägt sie bei der ersten Kommunion und in der Osternacht, sie begleitet ihn bei der Hochzeit als Braut- und in der letzten Stunde als Sterbekerze; mit brennenden Lichtern wird er aufgebahrt und zu Grabe getragen. Brennende Kerzen vertreiben das Dunkel; so werden sie zu Beginn der Osternachtwache und jeden Abend zur Vesper feierlich entzündet und brennen als Wetterkerzen.

Die Kerze verbrennt sich selbst, um anderen zu leuchten.
Kein großes Kirchenlicht sein ...
Was hilft Kerze, was hilft Brill'/wenn man doch nicht sehen will?
Sie sitzen vor Stereoanlagen und hören Rockmusik, und dabei dürfen Kerzen nicht fehlen.

1999: Neuerdings werden weiße Papphülsen auf den Altar gestellt, in die oben ein Teelicht eingesetzt wird. – Was bedeutet es, wenn eine Kerze an beiden Enden brennt?

Nartum Do 5. Januar 1989

Bild: Giftgas-Krise – US-Jäger schießen 2 MIGs von Gaddafi ab / Libyen droht mit Vergeltung
ND: Wehrdienst im Sozialismus ist Dienst am Frieden

Post: Eine Dame aus Österreich schreibt, daß meine Bücher sie zum Schmunzeln angeregt haben. Es wird auch Leute geben, die

über meinen Romanen die Fäuste ballen. Oder ausspucken, wie jene Studentin in Oldenburg.
Jemanden an den Kanthaken kriegen.
Ein Herr schickt zwei Ansichtskarten eines Kreuzfahrtschiffes, ob ich die gebrauchen kann.
In den USA gibt es Spezialgeschäfte für Glückwunschkarten. Man müßte mal einen ganzen Jahrgang aufkaufen und lagern. Später wird es bestimmt Sammler dieser Spezies geben.
Wenn wir mit Ansichtskarten bedacht werden, sagt Hildegard: «Was das kostet!»
Eine Dame lädt mich in den Harz ein, sie hätte viel Platz im Haus, und ich hätte dort mein Reich für mich, wir könnten uns dann was von unserm Mecklenburg erzählen bei Doppelkorn oder einem Glas Rotspon. Und dann geht sie in die Küche und kocht «uns zwei Beiden was Schönes». An sich ja nett von ihr.
Literatur-Seminar: Das übliche Gewusel. Die Leute ziehen folgsam Hausschuhe an, das hat was von Après-Ski an sich. Jeder hat irgendwo sein Gewölle. Es fehlt der große Ofen, auf dem wir es uns gemütlich machen können, so ein allgemeines Geschmuse. Ein Schmuse-Seminar mit synchronen Ejakulationen. O Gott, das Gekreische!
Martin Andersch sagte beiläufig, daß er schon Tage vorm Seminar keine Eier ißt, um bei uns tüchtig reinhauen zu können, unsere Eier schmeckten so gut. Am meisten ißt Deuterus, es ist sagenhaft, was der verdrücken kann.
Gegen Mitternacht gründete ich mit der Jugend einen Pfefferminzlikör-Klub, giftgrün muß er sein! Dann ab ins Bett, von unten ist das Weitermachen zu hören. Ich liege, den Kopf auf drei Kissen und lese in einem alten Konzertführer. Diese sonderbaren Texte müßte man in einem Hörspiel verarbeiten:

> Über einem dissonanten Pizzikato der Streicher huscht ein geheimnisvoll-phantastisches Thema der Flöte, durch die pizzikierende erste Violine verschärft, im schnellen Ab- und Aufstiege dahin. Dieses Thema stellt nur die tonliche Zerlegung der beharrenden Dissonanzunterlage dar. Im Gegensatze zu der Erdhaftigkeit des

Brucknerschen Scherzos in den meisten übrigen Sinfonien ist dieses gleichsam in eine entmaterialisierte, rein geistige Sphäre emporgehoben: ein ätherisch leichtes Auf- und Niederschweben der von aller irdischen Schwere befreiten Seele ...

Immerhinque: Wenn eines Tages alle Tonträger zertrümmert sein werden und niemand mehr ein Instrument zu spielen versteht, wird man dergleichen noch lesen können. Vielleicht entsteht dann eine spezielle Gedankenmusik.
Ähnlich geeignet als Bettlektüre und jedermann zu empfehlen sind Ratschläge für den «guten Ton».

Nartum Fr 6. Januar 1989

Bild: Gesundheitsreform / Herr Blüm, diese Kranken klagen an
ND: Hohe Wettbewerbsziele zum 40. Jahrestag der DDR

Wellershoffs Jugenderinnerungen. Die Soldaten zogen *die Köpfe* ein, schreibt er. Sind das denn alles Mißgeburten? Sie setzten sich ihre *Stahlhelme* auf. Hatte denn jeder zwei? Wie in Kolumbien, da tragen die Frauen in der Tat mehrere Hüte? «Sie setzten sich ihre Hüte auf», das ist zwar unsinnig, aber in diesem Fall korrekt.
Das Seminar ist beendet, freundliche Leute waren es, fünf Tage. Ade Pfefferminzlikörklub! Und ade, ihr lieben Leute, nie sehen wir uns wieder. Ich duschte mich, um ein neues Leben anzufangen, und präsentierte mich der lieben Hildegard in tadelloser Verfassung, putzte mir die Schuh und zog ein helles Jackett an.
Vor den mexikanischen Masken blieben sie stehen. Sie hängen im Archivgang wie in Gutshäusern die Gehörne von Rehbökken. Was mich vor Jahren «umschmiß», der Unterschied zwischen den öden Andenkenläden in San Diego und zehn Meilen weiter südlich, in Mexiko die Explosion von Volkstum. – «Was sind das für Masken?» fragten sie. Ich zeigte ihnen die primitiven Materialien, aus denen die Masken gefertigt wurden, Krebs-

schwänze auf halben Kokosnüssen. Und ich gab die Story zum besten, wie ich in Thaos auf dem Fußboden gesessen hab', die Masken um mich herum.
«He is impressed», sagte eine Kundin zu der Verkäuferin.
«My name is Elisabeth», sagte die Verkäuferin und nahm meinen Scheck und versprach, mir die Masken nach Deutschland zu schicken. Und sie tat's! Ich versprach ihr dafür ein Foto von den aufgehängten Masken, und ich tat's nicht! Eine nicht zu überwindende Trägheit hielt mich davon ab.
Die Hühner waren die Stars, wurden fotografiert von allen Seiten. «Sind das alles Hähne?» – Manchmal lasse ich extra eine Tür offen, damit sie ins Haus kommen. Eine Henne lagerte unter dem Sofa und lauschte meinen Ausführungen.
M/B: Die Anekdoten sind es, die das größte Interesse hervorrufen. Daß die Autos in Polen von den mitreisenden Werksleuten nachts, während wir schliefen, gewaschen wurden z. B., und daß die Ford-Leute uns vorsorglich Kleingeld für die Strafmandate der Polizei aufs Amaturenbrett gelegt hatten.
Die Laien-Lesungen am letzten Abend: Eine Greisin setzte sich extra auf die Stufen, statt auf den Vortragsstuhl, sie meinte wohl, das wirke jugendlich und progressiv. Eine andere erklärte, daß sie vorm Schreiben immer erst aufs Klo geht und sich tüchtig auspinkelt. Das wurde nachher noch in Knittelversen glossiert.

Zwölf Nächte
Die geheimnisvolle Zeit der Zwölften oder Zwölf Nächte beginnt am 25. oder am 29. Dezember, zuweilen auch schon am 13. Dezember. In diesen Rauhnächten (die wichtigsten sind die zum 25. und 29. Dezember, 1. und 6. Januar) erreicht nach altem Glauben die dämonische Macht der Finsternis ihren Höhepunkt. Ihr muß mit Lärm und Maskenumzügen begegnet werden. An manchen Orten spielt dabei die Gestalt der Perchta (Berchta), einer Frauenfigur aus der germanischen Mythologie, eine Rolle (Perchtenläufe, Perchtenspringen). Auf germanische Vorstellungen geht auch die Furcht vor dem «wilden Jäger» (bzw. der «wilden Jagd») zurück, der in diesen Nächten unterwegs ist; vielerorts gilt es auch heute noch als gefährlich, während dieses Zeitraums Wäsche zu waschen und zum Trocknen aufzuhängen. Seit alter Zeit haben um

Neujahr und Epiphanie allerhand Deute- und Beschwörungsbräuche ihren Platz (Orakel, Bleigießen, Neujahrs- oder Dreikönigszauber). Dreikönigsgebäck mit einer eingebackenen Bohne oder Krone wird gebacken und ausgeteilt, um den Bohnenkönig zu krönen. Älter noch ist die Vorstellung, daß die «armen Seelen» durch Backwerk in besonderer Gestalt versöhnt werden können. In vielen Familien wird am 6. Januar der Weihnachtsbaum geplündert.

Was man alles *nicht* weiß!
Die Wilde Jagd jagte heute denn auch ums Haus herum, ganz zünftig. Ich sitze in meinem Bett und horche in das Zittern und Heulen hinaus. Nach altem Glauben sind es die Engelheere, gute und böse, die miteinander kämpfen! Der Gedanke, daß die liebe Mutter heimat- und wärmelos sich unter ihnen befindet und auch mitkämpfen muß ...
Die zwölf Rauhnächte: In unserm unfeierlichen Norden hat man von all dem keine Ahnung. Es weht halt, das ist es.
23.30 Uhr. – Stille ist eingekehrt. Kalt.
Über Erika Mann. Ihr psychedelisches Ende. Dann doch tragisch, wie jedes Menschen Ende.

Nartum   Sa 7. Januar 1989

Bild: Der Geisel-Bus von Bonn/Schüsse an der roten Ampel: Alle frei/Der mutige Fahrer berichtet
ND: Wachsende Leistungskraft der Volkswirtschaft 1988

Radio: Das Wort «schnurstracks». Von dem Vorklassiker Abel führe der Weg schnurstracks zu Haydn, sagt die Ansagerin. «Und deshalb gibt es jetzt ein Menuett von Haydn.» *Wes*halb? Und welches?
«Mark und Bein» entfaltet sich wie ein Fächer. Es ist spannend und angstmachend zugleich. Leider spielt der Computer nicht mit. Ich wollte in zwei Spalten schreiben: Links den Text und

rechts die Assoziationen zum Text. Unzureichende Technik verhindert die Ausführung einer Idee. Ich hatte mir das so schön gedacht: den Text runterklappern und rechts den Kontratext assoziativ dazu schreiben, in plötzlicher Anmutung.

2000: *Andererseits: Technik provoziert auch Ideen. Wie die Orgel eine gänzlich neue und spezielle Literatur hervorbrachte, so der Computer. Das «Echolot» wäre ohne einen Rechner nicht denkbar gewesen.*

Im Radio war eine Collage über die Französische Revolution zu hören. Damit werden wir nun das ganze Jahr gefüttert werden. Ich schaltete mich mehrmals ein, legte dann aber doch Mozart auf, den ich dann allerdings auch nicht mehr hören mochte. Zu abgenudelt.
Mitternacht! Das Herz erwacht!
Meine Funkuhr rast sich in den neuen Tag hinein, das macht sie jede Nacht, meist merkt man nichts davon. Das Leben rast hinterher.
Mittags Pilzragout, abends Frikadellen.

Nartum So 8. Januar 1989

Welt am Sonntag: Die USA drängen auf Einheitsfront gegen Libyen / Chemiewaffen-Konferenz eröffnet – Genscher: deutschamerikanische Verstimmung ausgeräumt
Sonntag: Brechts Courage, zu einer deutschen Erstaufführung vor 40 Jahren. Von Werner Hecht

Heute früh hörte ich mir die Bach-Kantate an: «Wie schön leuchtet der Morgenstern.»
Philipp Nicolai hat übrigens in Hamburg gelebt. Ob die das noch wissen dort? Der kulturlose Norden.
Am Vormittag legte ich mir eine Patience und las Briefe.

Das Patiencen-Buch habe ich für 8 Mark irgendwo auf dem Ramsch gekauft, es liegt hier schon jahrelang herum. Die schönen alten Bezeichnungen: Cœur, Caro, Treff und Pique. Meine Mutter sagte stets «Treff» statt «Kreuz». Sie sagte ja auch «bleu» zu hellblau ...

Ab und zu tat ich einen Blick in den Garten: Auf der Laube liegt tauender Schnee, ein Morgen-Service des Wetters, der nichts weiter zu bedeuten hat.

Post: Eine Dame aus Berlin schreibt, sie könne mir über das Kriegsende in Schlesien «ungeschminkte Tatsachen» mitteilen. Ein Herr teilt mit, daß er mit Oberst a. D. Rudel freundschaftlich verbunden gewesen sei. «Die Tragik dieses Lebens, mißbraucht von Politikern und dem Zeitgeist, darf nicht vergessen werden und gibt beispielhaft wohl manchen Einblick in das Schicksal unseres Volkes.»

Ein Herr aus Siegburg schreibt, daß er seine ganzen Feldpostbriefe mit der Hand in japanische Kladden abgeschrieben hat. Alles in allem 1500 Seiten. Es hat ihm Freude gemacht, sich in den Monaten, die er jedes Jahr in Mallorca ist, mit seinem Leben zu beschäftigen.

Japanische Kladden? Sind diese Dinger nicht aus Hongkong? Der Brief gibt Rätsel auf. Und jedes Jahr *Monate* in Mallorca?

Ich sitze vor dem Computer wie früher vorm Radio, wenn ich insgeheim BBC hörte. Oder wie an einem Funkgerät, durch das ich Verbindung aufnehmen muß mit den Seelen, die mir erzählen wollen von ihren letzten Stunden.

Abends: Staunend und voll Neid lese ich in den Tagebüchern von Musil, die vom Herausgeber durch Fußnoten und eckige Klammern grotesk entstellt sind.

Hildegard hört im Radio eine Rossini-Oper. Das hallt durchs ganze Haus. Unerträglich. Aber doch ganz hübsch.

Buchtitel für ein Tagebuch: PENTIMENTI (Reuestriche)

TV: «The Dead» von Huston, ich weine! Ist das ein schöner Film! «Bräutlich geschmückt», dieses Lied, von einer Greisin gesungen. Das kann nicht vergessen werden. Das gehört zu den großen Szenen im Film, die dauern.

Der Tod müßte weiblichen Geschlechts sein. Willig würde ich mir den Mantel anziehen lassen und die Schuhe zumachen. Sie hat mich eingelassen ins Leben, und sie öffnet mir das große Tor. Im Bett. Der Hund nebenan bellt wieder mal. Hau-hau-hau ... hau-hau-hau ... Zehn Jahre lang das Hundegebell. Aber wir wären nicht dagegen angekommen. Andeutungen, Vorschläge, Klagen, ja Bitten nützten nichts. Polizei oder Tierschutzverein wären umsonst bemüht worden. Böses Blut würde entstehen.

2000: *Der Hund bellte noch weitere zehn Jahre. Bis sein Herrchen starb, und da war mit einem Schlag Schluß.*

Mittags: Rinderbraten mit jungen Erbsen und süßen Karotten. Dazu einen Vanillepudding. Himbeersauce fehlte leider. Da frage ich mich denn doch: Wieso eigentlich?

Nartum Mo 9. Januar 1989

Bild: Wut auf Ausländer / Deutscher verbrannte 3 Türken
ND: Werner Eberlin sprach auf Meeting der DKP / Großes Interesse für den realen Sozialismus auf deutschem Boden

Dorfroman: Hildegard meint, die Schafe seien beleidigt, weil sie ihnen statt Kraftfutter nur Heu vorgeworfen hat. – Später berichtet sie, daß die Tiere jetzt wiederkäuten, also doch wohl vom zunächst verschmähten Heu gefressen hätten.
Die rülpsenden Schafe.
Als ich spazierenging, sah ich, wie appetitlich Hildegard ihnen das Heu hingebreitet hat. – Lustig, wenn die Tiere mit vollem Mund «mähen». – Übrigens fressen sie Heu vom Vortag nicht mehr, auch wenn sie noch so großen Hunger haben.
Ich bin sehr dahinterher, daß die Hühner auch was zu trinken kriegen, die armen Tiere in ihrer Stalleinsamkeit. Wenn ich ihnen

morgens die Tür öffne, komme ich mir wie ein Gefängnisschließer vor. Rede schon draußen beruhigend was vor mich hin, damit sie sich nicht erschrecken.
Der Munterhund lag heute Mittag auf dem Rücken und schnarchte, die Hände in Pfötchen-Haltung.
Ein Heiligenlexikon kam mit der Post sowie allerlei Glücksverheißungen, wenn ich sofort bestelle bzw. «rubbele».
In Oldenburg sprach ich über die sogenannten Normalwörter, von denen jeder Abc-Schütze zwischen 60 und 100 kennen muß, ehe es mit dem «Buchstaben-Ausgliedern» losgeht: DACH, WASSER, AUTO usw.
Bei «Ali Baba» allein gegessen, wie immer Kebab und die gerösteten Teigröllchen mit Quark gefüllt: 38 DM. Dazu den «Spiegel» gelesen. «Guten Abend, Herr Professor!» ruft der türkische Kellner jedes Mal durchs ganze Lokal. Das tut wohl.

Auf der Rückfahrt behinderten mich brutale Mercedes-Fahrer, die trotz Schneematsch mit 150 dahinfegten, mit Bug- und Heckwelle. Weil sie allein in ihrem Auto sitzen, glauben sie, sie können sich vorbeibenehmen. Mercedesfahrer=Kapitalisten? Das stimmt nun absolut nicht. Auch die meisten Bauern fahren einen Mercedes. Sogar unser Pastor fährt einen, er entschuldigt sich dafür wieder und wieder.
Der Audi, den wir fahren, sei ein typischer Architektenwagen, heißt es. Unser Architekt fährt aber einen amerikanischen, mit Holzaufbau, einen Buick oder so was.
Hildegard, die sich trotz jahrelanger Schulung durch Karl-Friedrich keine Automarken merken kann, ist voll und ganz für BMW. Wenn sie einen besäße, würde sie wahrscheinlich auch schneepflügend über die Autobahn rasen.
Aust, über Terrorsachen. – Merkwürdige, vielleicht sehr deutsche Hysterie auf allen Seiten.
Ich habe nichts gegen «Rasterfahndung».
Ich wundere mich, daß sie nicht ständig rasterfahnden, Netze auslegen, in denen sich Verbrecher verfangen. Was ist daran anrüchig?

Im übrigen wären Rasterfahndungen auch auf anderen Gebieten angebracht: Begabung z. B. Aber wenn man die Begabten erfahndet hat, wird gesagt: Aha! und überläßt sie sich selbst.
Im Konzertführer:

> ... und stürmisch singt es aus der Tiefe empor zum jubelnden, strahlenden C-Dur des Finale: «Licht, Licht, Sieg», schreit es aus tausend Kehlen! Dann setzt ein Jubel- und Triumphgesang von berauschendem Schwunge ein. Doch noch einmal stockt der Aufschwung. Wieder kehren die unheimlichen Geister der Ungewißheit zurück; aber «Licht und Freiheit» lassen sich nicht mehr eindämmen. Machtvoll bricht sich von neuem der Jubel Bahn und steigert sich zum Schluß zu ungemessener Freude. Das große Ziel, es wäre errungen: Durch Nacht zum Licht!

Volkes Mund hat daraus ganz folgerichtig gemacht: Per Aspirin ad Astrachan.
Das Busengrabschen soll unter Strafe gestellt werden. Obwohl ich entsprechende Neigungen nicht habe, bin ich dagegen. – Ist das Sackgrabschen der Frauen eigentlich auch verboten? Von betrunkenen Frauen angemacht zu werden, ist ja auch nicht gerade angenehm.
Eichendorff-Gedichte mit Erschütterung.
Licht aus. Eben höre ich noch eine Motette von Orlando di Lasso. Das ist ein würdiger Tagesabschluß. Das An- und Abschwellen der Melodielinien. Das Lebensatmen über die Jahrhunderte hinweg.

Nartum   Di 10. Januar 1989

Bild: Robert Lembke am offenen Herzen operiert
ND: DDR tritt für vollständiges Verbot der C-Waffen ein

Fotokopierer-Miete: 820 DM
Zehn Disketten: 141 DM
Das Jahr fängt gut an: Der Anwalt hat wegen der Verhandlun-

gen mit der Landesbibliothek und Hagen eine Rechnung über 2000 DM geschickt. Eine kostspielige In-den-Sand-Setzung ist das.

Mitternacht, kalt.

Dorfroman: Ich habe bei den Hühnern die Infra-Heizung angestellt und schwebe jetzt in Ängsten, ob nicht der Stall und dann das ganze Haus in Flammen aufgeht. Vielleicht ist sie falsch installiert? Aber ich mag die armen Hühnerchen nicht der Kälte aussetzen. – Auch die Katzen in der Veranda tun mir leid. Sie springen jedesmal an die Tür, wenn ich durch die Bibliothek gehe.

Im Hinblick auf die Tiere kann Hildegard mehr ab als ich. Sie meint, die Tiere seien abgehärtet, und deshalb läuft sie auch nicht dauernd hin, um zu gucken, ob sie noch leben. Ich tue es ja auch nur gelegentlich.

H. H. Jahnn. Ein merkwürdiger Mensch. Ich habe noch nie was von ihm lesen können, aber *über* ihn, das ist was anderes. Seine Krankheiten! – Er nennt Thomas Mann «pfiffig».

Das Aust-Buch, spannend geschrieben. Buch zuklappen, Augen zu.

C. F. Meyer: «Das traute Wachtgebell der Hunde ...» Na, also – traut? «Hau-hau-hauhau ... hau-hau-hau-hau ...»

> Melde mir die Nachtgeräusche, Muse,
> Die ans Ohr des Schlummerlosen fluten!
> Erst das traute Wachtgebell der Hunde,
> Dann der abgezählte Schlag der Stunde ...

Die Katholiken feiern heute das Andenken an den heiligen **Agatho**, einen sizilianischen Mönch, der drei Jahre lang einen Stein im Mund trug, um Schweigen zu lernen.

Rinderbrühe, Harzer Käse.

Nartum Mi 11. Januar 1989

Bild: Er wollte zu Prof. Hetzer / Herzpatient starb auf Flughafen Tegel
ND: Schwedt: Mehr Produkte aus Veredelungsanlagen / Zuwachs von 100 Millionen Mark / Warenproduktion bei Erdölspaltung / Qualitative Stärkung der Reihen der SED fortgesetzt

In Wuppertal steht eine Krankenschwester vor Gericht, die 17 Patienten der Intensivabteilung mittels einer Clonidinspritze zum Tode befördert hat. Sie sieht nicht unsympathisch aus. Es muß ein letzter großer Lebensgenuß sein, als lallender Greis von einer jungen Krankenschwester gemurkst zu werden.
Was sagen die Feministinnen dazu? Wahrscheinlich wird aus ihrer Vita eine Opferrolle zusammengefummelt.
Post: Brief einer Dame, neun Seiten, lila. Sehr lieb, ja natürlich auch erotisierend. Die Bücher, die ich schreibe, reichten wie ein langer Handschuh in die Menschheit hinein, ab und zu werde er ergriffen, und es wird daran gezogen: ob eine Hand darin ist. – Ja, es ist eine drin, aber die zieht sich zurück.
Ab und zu träume ich von *der* Leserin, die nicht am Handschuh zupft, sondern sich darin einnistet. Gott sei Dank hat sie sich noch nicht eingestellt.
Heute Nacht überprüfte ich, ob es den Hühnern gefällt, daß sie beheizt werden. Nein, es gefällt ihnen nicht. Sie rücken zur Seite. Ich im Nachthemd und Galoschen, Sturmwind im Haar. Heizung ausgeschaltet. Der Hahn kräht manchmal nachts. Vielleicht träumt er?
Hildegards heimlicher Geliebter schnappt manchmal in die Luft, um zu zeigen, daß er notfalls beißen könnte.
Jede freie Minute arbeite ich an dem «Echolot». Es müssen noch Tagebücher von Polen, Italienern usw. aufgetrieben werden, sonst wird die Sache zu einseitig.
Zweifel bleiben weiter bestehen, ob das Unternehmen überhaupt realisierbar ist. Dies wird sich erst herausstellen, wenn sich mehr «Masse» versammelt hat. Auf verbindende Texte muß

unter allen Umständen verzichtet werden. Für Kursiv-Sätze bin ich nicht zu haben.
Das Baader-Meinhof-Buch von Aust. Spannend. Das ist ja auch ein Teil unserer Lebensgeschichte. Vieles versteht man jetzt besser, obwohl man eigentlich nichts versteht. Und: Verstehen und Billigen sind zweierlei. Und: Verzeihen ist noch wieder was anderes. – Ich las den ganzen Tag.
Abends Rinderfilet.

Nartum Do 12. Januar 1989

Bild: Helene (7) vor Imbißstube entführt
ND: Neujahrsempfang für das Diplomatische Korps: Den Abrüstungsprozeß beschleunigen – eine vorrangige Aufgabe im Jahr 1989/Die DDR bleibt stets ein zuverlässiger und berechenbarer Partner

Sogenannte «Bürger der DDR» haben sich in die Berliner Vertretung der Bundesrepublik geflüchtet und wollen sie nicht eher verlassen, als bis ihnen die Ausreise gestattet wird.
Im Fernsehen wird die Fassade des Botschaftsgebäudes gezeigt und der Posten davor. Wieso keine Bilder von drinnen?
Man möchte gern wissen, was die zu essen kriegen und ob sie dafür zahlen müssen. Vielleicht teilen die Sekretärinnen ihr Frühstücksbrot mit ihnen? Die Amis würden einen schönen Film daraus machen, eine schwangere Frau müßte dabei sein, sonst geht so was nicht. Ob sie auch mal baden dürfen, in der Wanne des obersten Vertreters?
In der Tagesschau zeigen sie die Fenster von außen: Schatten hinter den Gardinen. Eine sonderbare Art, die Menschheit zu informieren.

2000: *Kein Film darüber gedreht, kein Buch darüber geschrieben. Kein Thema. Dafür «Titanic» zum fünften Mal.*

TV: Bilder von den Erdbebenopfern in Armenien. Der eingeklemmte Kopf eines Verschütteten. «Der Mann lebt noch», höre ich sagen. *Der* wird's vielleicht auch gehört haben.
Einige Arbeiter seien in einer Konservenfabrik begraben, möglicherweise überleben sie, weil sie von den Konserven leben könnten. Soll mich wundern! Auch das wäre ein schöner Film für die Amis.
Russische Schluderwirtschaft in Armenien. Die Hilfsgüter für die Erdbebenopfer hat man immer noch nicht verteilt.
In der SU haben sie nicht einen einzigen Rettungshund! Auch kein Räumgerät. Aber eine Weltraumstation, in der im wesentlichen Experimente mit schwebenden Bleistiften gemacht werden. Statt ihren Menschen zu helfen, interessiert es sie, ob torkelnde Mäuse Geschlechtsverkehr haben.
Wir hier im Westen haben zwar Rettungshunde und Räumgerät, sind aber andererseits mit allerhand Beknackungen geschlagen. Neuerdings gehen die Linken davon aus, daß das Technische Hilfswerk entweder völlig überflüssig ist oder daß es gar auf der Lauer liegt, uns bei günstiger Gelegenheit mit Diktatur zu überziehen.
Ich gucke mir mit Wohlgefallen die Erdkrustenkarte an und freue mich, daß wir in unseren Breiten kein Erdbeben zu erwarten haben, kein Erdbeben und kein Hochwasser. Beim Abschmelzen des Poleises allerdings wird es uns hart erwischen. Da haben dann die Armenier gut lachen: Hilfsgüter werden die uns nicht schicken, wenn's mal soweit ist.
Hilfsgüter haben uns nach dem Krieg die Quäker geschickt, und das ist in Vergessenheit geraten. Hiermit sei daran erinnert. Auch die Schweden, die ansonsten ja von ausgefressener Dummheit sind.
In ganz Moskau gibt es kein Waschpulver und keine Kernseife zu kaufen. «Zum Jahresende gab es kein Benzin, Tee, Zahnpasta, Rasierklingen, Regenschirme, Streichhölzer.» («Spiegel»). «In vielen Bezirken der Sowjetunion sind Fleisch, Butter und Zukker nur auf Karten zu haben.» Daß es kaum Farbfernseher zu kaufen gibt, Kühlschränke, Waschmaschinen und Kassetten-

rekorder, werden sie verschmerzen können. Von 87 Millionen Tonnen Kartoffeln erreichen nur sieben Millionen Tonnen den Verbraucher. Man vermutet, daß es sich um Sabotage gegen Gorbatschows Perestroika handelt. Ich denke, das ist ganz einfach Schlendrian.
Man lese nach im Buch von Weressájew, «Meine Erlebnisse im russisch-japanischen Krieg», über das Chaos damals, 1904.
Ich seh' noch den Russenbengel 1945 mit Brötchen Fußball spielen.
Dorfroman: Hildegard ist von ihrer bisherigen Hühner-Nomenklatur abgegangen, sie nennt einzelne Hühner neuerdings die Schlapphut-Else oder Gold-Marie.
Ich war es, der dem Hahn seinen Namen verpaßt hat: «Richard», und darauf werde ich immer stolz sein. Die Zutraulichkeit des Spezial-Huhns wirkt auf mich eher zudringlich. Um die andern, die scheuen, ist es mir mehr zu tun. Am liebsten ist mir noch der Hahn, der als wirklicher Charakter immer auf Distanz bleibt und dabei doch freundlich ist. Als ich neulich mit einem alten Hut in den Stall trat, warnte er die Hühner mit einem speziellen Laut, die aber zuckten nur aus Höflichkeit zusammen, die hatten mich längst erkannt. Vielleicht wollte er im Falle einer Katastrophe Recht behalten: «Ich hatte euch gewarnt»?
Hildegard: «Soll ich dir einen Apfel schälen?»
Ich: «Nein, laß ihn zu.»
23.30 Uhr im Bett. Herrlich. Die Jahnn-Lektüre ist äußerst interessant. Thomas Freeman heißt der Autor, ein angenehmer Angelsachse: «Das Erstaunlichste in seinem Gesicht war sein unförmiges, großes Fischmaul ...», schreibt er über den Dichter.
Post: Heute schickte uns eine Dame, o Wunder!, Gedichte, die ich 1946 gemacht habe. Lustiges Zeug. Darunter auch ein prophetisches. – Was alles die Zeiten überdauert!

Nartum Fr 13. Januar 1989

Bild: Todesengel Michaela / So spritzte ich sie nacheinander tot /
Wunder von Armenien / Nach 35 Tagen 6 geborgen
ND: Kollektive setzen verstärkt Schlüsseltechnologien ein

5.30 Uhr. – Ich wachte auf, weil ich mich nicht erinnern konnte, wem ich meine Romane gewidmet habe. Jetzt hab' ich's zusammen.
«Ein Kapitel für sich» ist Charly und dem «Popen» gewidmet (wie Mund sich selbst nannte). Charly hat aus reiner Menschenliebe sein Paket mit mir geteilt, und dem «Popen» habe ich weiß Gott viel zu verdanken. Beide haben sich zu der Widmung nicht geäußert. Da kam kein Dankeschön. Ist ja auch nicht nötig. Für ein Dankeschön braucht man sich nicht zu bedanken.
«Herzlich willkommen» ist Erich gewidmet, weil er mir 1956 einen Wintermantel schenkte!
Daß ich «Aus großer Zeit» Fritz Raddatz zugeeignet habe, trug mir den Haß des Feuilletons ein. Es gehört sich so, gegen F. J. zu sein.
Dorfroman: Hildegard schmeißt unten die Katzen raus, ich hol' sie oben wieder rein. Sie wundert sich, wo all die Katzen dauernd herkommen.
Am Abend kam eine Volkshochschul-Gruppe aus Nienburg. Zum Anwärmen zeigte ich ihnen erstmal das Haus, und damit war schon mal eine Stunde rum. Dann gab's eine kleine Lesung. Man kann ja nicht damit rechnen, daß solche Besucher je etwas von mir gelesen hätten. Ein junger Mann wollte wissen: Wieso ich das gemacht habe, ihnen das Haus gezeigt. – Ja, ganz richtig, warum hab ich's gemacht? Mein eigner Museumswärter? «Damit Zeit herumgeht», darf man nicht sagen. Am besten wäre es, man schenkte größere Mengen Schnaps aus, dann liegen sie nach einer gewissen Zeit in der Ecke und röcheln, und man kann sich sacht entfernen. – Ich fischte ein wenig Plankton.

2000: *Ich zeige noch immer das Haus. Jaja. Je mehr Bücher ich geschrieben habe, desto weniger haben sie gelesen.*

Post: Eine 29jährige Dame aus Bayreuth, die ein sehr schreibwütiges Wesen sei, will mir eventuell einen Teil dessen überlassen, schreibt sie, was sie in den letzten fünf Jahren an Gedanken «schriftlich niedergelegt» hat.
Ja gern, liebe Dame, wenn's ein Tagebuch wäre.
Sehr originell, daß die Leute meinen, ich hätte *mich* in Alexander Sowtschick porträtiert. Ich dachte eher an Manfred Bieler oder Traugott Buhre. Pfeife rauchend, 1,85 groß.
«Wo ist denn der Schwimmgang?» fragen sie. Das hat ihnen immerhin imponiert.
Und: «Wie waren Sie mit der Verfilmung zufrieden? Hatten Sie ein Mitspracherecht?»
Post: Auf intelligenten Zuspruch hoffe ich oder auf einen wohlansehnlichen äußeren Aspekt. So eine Art Marianne Willemer ... So wie es Rilke geschah, dem die Freundin einen Wohnturm anbot. Aber einen Turm habe ich selber.
«Und *wo* stammen sie her?» wurde ich im Rostocker Turm gefragt.

Nartum Sa 14. Januar 1989

Bild: Frau verlor ihr Kind / Sie entführte dieses Baby
ND: Bildung eines Verbandes der Freidenker der DDR vorbereitet

T: Die Russen kommen, ich weiß nicht, wo ich mich verbergen soll. Am Ende entscheide ich mich für eine Kneipe mit zwei Ausgängen.

Die Nienburger sind noch hier. Sie wollen irgendwie Erquikkung von mir; denken sie, ich besprühe sie mit warmem Wasser? Sitzen so trocken und zusammengesunken da. Das ist aussau-

gend. Ging zwischendurch nach oben und legte mich still und feierlich aufs Bett.
Die Ausbeute an Plankton bei einer solchen Gelegenheit ist erheblich. Ich denke manchmal, diese kleinen Geschichten interessieren keinen Menschen, aber mein Instinkt sagt mir: aufbewahren!
Hildegard war in Rotenburg, sie hat in einem Ökogeschäft eingekauft. Der Laden nennt sich «VOLLKORN ÜBERLEBENSMITTEL».
In einer Zeit, in der Menschen wegen Überfettung ins Sanatorium gehen, werden uns Wirkstoffe und Nährwerte angepriesen. Steht uns das Wasser denn bis zum Hals?
Im «Spiegel» ein Bericht über Massengräber der Stalin-Zeit. Es heißt, daß die Todesschützen der Erschießungskommandos noch lebten, die säßen auf Parkbänken und schauten spielenden Kindern zu. Oder «besuchen Konzerte».
Weshalb sollten Todesschützen keine Konzerte besuchen?
Augstein über die Französische Revolution. – Raddatz wunderte sich darüber, daß ich gegen Revolutionen bin. Er ist noch nie jemandem begegnet, der gegen Revolutionen ist, sagt er.
Ah! Revolutionär sein, das gefällt ihnen. Mit Zigarette im Mundwinkel, Armbinde und Maschinenpistole vorm Bauch. Fremdartige Stahlhelme. Frauen die Haare abscheren und irgendwas in Brand stecken.
Die Dänen 1945 in Schlosseranzügen mit Schulterriemen. – Hausdurchsuchung. Unbedingt Hausdurchsuchungen «durchführen». Und immer gehört das Erschießen dazu. Einsperren ist noch das mindeste.
Wie in Frankreich, die Résistance: Im Garten unterm Apfelbaum, da sitzt der kommissarische Untersuchungsrichter: Umlegen! sagt er. Ein solcher Befehl wird ausgeführt.
Hinterher dann: «Leider kam es zu Irrtümern ...»
Interessant in der Jahnn-Biographie Menschen erwähnt zu finden, die man persönlich kennt. Ein Reigen seliger Geister. Das quicke Leben dieser Leute, von denen einige schon tot sind. Künstlerbälle! – Fuchs! Rühmkorf! Fröhlich †! Fichte †!

Nartum So 15. Januar 1989

Welt am Sonntag: FDP: Untersuchungsausschuß zur Giftgasaffäre/BND-Kommission erhält neues Belastungsmaterial vom CIA/Vogel hält Kohl «Täuschung» vor
Sonntag: Wir machen uns ein Bild. Zum Buch Maria Seidemanns über Rosa Luxemburg. Von Wolfgang Sabath

Ich saß lange mit Hildegard am Kaffeetisch, so lange bis wir die Volkshochschulleute aufs Haus zustreben sahen.
Wir rückten zusammen und sahen den Vögeln zu, wie sie sich von der Tanne zum Futterhäuschen hinunterfallen ließen. Die «gefiederten Gäste» schwirrten fort, als die Bildungsmenschen herbeikamen.
Ich erklärte ihnen heute, *wie* ich schreibe und *warum*, wobei ich ständig daran denken mußte, daß eigentlich alles ganz anders ist. Zum Schluß verkaufte ich noch acht Ansichtspostkarten vom Haus. Das Stück 1 Mark. Mittags fuhren sie davon. Waren sie erquickt? Verjüngt? Wird aus ihnen was Großes werden? – Es ging kein Leuchten aus von ihnen, als sie vom Hofe schlurften.

1999: *Es hat sich später eine Frau gemeldet, die damals dabeiwar, es sei sehr schön gewesen.*

Studenten hatten sich für heute angesagt, aber sie erschienen nicht. Ich saß allein da mit zwei Liter Kaffee. Schade um meine Planktonfischerei. Ich hatte mir schon den Block zurechtgelegt. Nie wird irgend jemand ihre Geschichten abrufen, sie sind für immer verloren. – Sie wurden wahrscheinlich durch kritische Einwände der Professorenschaft abgehalten von dem Besuch bei diesem konservativ-liberalen Schwein in Nartum. Kloppen sich lieber mit einer Freundin auf dem Sofa, als daß sie bei Regen und eisigem Wind aufs Land fahren, zu einem Menschen, dem, wie sie gehört haben, der Kalk aus der Hose rieselt, und von dem man doch noch gar nicht wissen kann, ob er je in irgendwelchen Annalen verzeichnet sein wird.

Hat sich in der DDR gegen den Sozialismus vergangen, dieses Schwein.
So hatte ich denn den Abend frei. Fläzte mich vor den Fernsehapparat. Der «Liedermacher» Krawczyk war zu sehen mit seiner sympathischen Frau. Das sind Widerständler. Ob sie etwas von den alten Bautzenern wissen? Ist das Wispern aus dem «Gelben Elend» an ihr Ohr gedrungen? – Soll ich ihnen eine Postkarte schicken? *Sie* anerkennen, damit sie *mich* anerkennen? Schwur gegen Schwur auf dem Altar der Freiheit.
22.30 Uhr. – Beim Spaziergang hatte ich die Vorstellung, es hingen Monatsbinden in den Bäumen der Allee.
Der «Hokuspokus»-Film von Curt Goetz (1953). Jämmerlich. Diese jämmerliche 50er Jahre-Jauche. Unbegreiflich, es waren doch gute Schauspieler? Daß die sich das gefallen ließen? (Erich Ponto!)

In der Nacht dann noch Bachs f-Moll-Präludium, das ich lange nicht gespielt habe. Ich konnte es mal auswendig. Ich stellte den Flügel auf und lauschte mir selbst, das tuckerte im Gehirn ... Glenn Gould spielt es sehr langsam (zu langsam). «Andante espressivo» steht oben drüber. Schon recht. Jeder Mensch hat seinen eigenen Rhythmus. Das 1. Präludium spiele ich gerne rasend schnell, es kriegt dadurch einen fast jazzigen Rhythmus. – Gould bleibt auch bei diesem Stück fast stehen. – Die sonderbare Verunstaltung des Präludiums zum Ave Maria durch Gounod. Gut für Eistanzveranstaltungen. In unbewachten Augenblicken hört man sich das vielleicht doch mal an?
Was gibt ein einziger Tag her ...
Auch das Ausstrecken im Bett und das so nötige Tagebuch.
Ich zögere das Lichtausmachen hinaus, eine unerklärliche Angst vor der Nacht. Ich wache so lange, bis mir die Augen zufallen. Keine Angst vor Geistern ist das. Es ist eher die Furcht davor, daß ich nicht wieder aufwache.

Nartum Mo 16. Januar 1989

Bild: Robert Lembke / Er schlief sanft ein
ND: 250 000 marschierten für Karl und Rosa

Oldenburg: Bei den Pädagogen demonstrierte ich die Optische Analyse, was das ist und wie man das macht. Das Weitergeben alter Tricks: drei Wörter mit M wie zufällig untereinanderschreiben:
Milch
Maus
Mutter.
Dann warten, ob bei einem Kind der Groschen fällt. Auch bei den Studenten muß man warten, bis der Groschen fällt.
Ich lief mit bunten Belohnungs-Gummibändern durch die Reihen und belohnte damit das Nennen von Wörtern mit M, wie ich es in der Schule tat. Wie gut, daß so was nicht höheren Orts bekannt wird, dann setzen sie mich bestimmt raus.
Bei «Ali Baba» allein – Kebab und Teigrollen, die heute leider nicht ganz «durch» waren, dazu den «Spiegel» gelesen. Am Nebentisch saß ein Professor, gekleidet wie ein Strauchdieb, mit einem feingliedrigen Inder zusammen. Auf den Geist kommt's an, wird der Hochschullehrer mit seinem Aufzug dem Fremdling wohl bedeutet haben wollen. Ja, wenn man welchen hat!
Auch die Türken sollte man mal nach Erinnerungsbildern fragen. Vielleicht sind sie den unsrigen sehr ähnlich? – Ich tue es nicht, weil ich beim Essen meine Ruhe haben will.
Im Literatur-Seminar lieferten mir die Teilnehmer Erinnerungen an Brücken.
Im Lexikon der Symbole ist von Brücken keine Rede.
In der Tschechoslowakei kam es zu Prügeleien. Die Demonstranten wollten auf dem Wenzelsplatz Jan Pallachs gedenken, das konnte sich die Staatsmacht nicht gefallen lassen.
Von Pfarrer Brüsewitz spricht hier bei uns kein Mensch mehr. Dieses Volk scheint keine Helden zu benötigen. 24 000 Ritterkreuzträger haben den Bedarf für alle Zeit gedeckt.

Post: Eine Ambitionsdame aus Berlin, die mir über das Kriegsende in Schlesien «ungeschminkte Tatsachen» mitteilen möchte, will lieber Cassetten besprechen, statt schreiben, das sei doch viel einfacher? «Was da zur Sprache kommt, wird schockieren, wo liegt die erlaubte Grenze?»
Ob sie denkt, daß *ich* das alles abschreibe? Den ganzen Quark? und dann drucken lasse und sie damit in gebundener Form zum Weihnachtsfeste überrasche?
Im Fernsehen war der Gedenkmarsch für Rosa Luxemburg und Karl Liebknecht zu sehen. Da hatten sich Leute eingeschlichen, die ebenfalls für die Märtyrer demonstrieren wollten, ebenfalls mit Transparenten, aber irgendwie andersrum. Die wurden hinweggezerrt.
Harry Graf Kessler über Liebknecht:

> Vom Balkon redete Liebknecht. Ich hörte ihn zum ersten Male; er redet wie ein Pastor, mit salbungsvollem Pathos, langsam und gefühlvoll die Worte singend. Man sah ihn nicht, weil er aus einem verdunkelten Zimmer sprach, man verstand nur einzelne von seinen Worten, aber der Singsang seiner Stimme tönte über die lautlos lauschende Menge bis weit hinten in den Platz. Am Schluß brüllte alles im Chore «Hoch», rote Fahnen bewegten sich, Tausende von Händen und Hüten flogen auf. Er war wie ein unsichtbarer Priester der Revolution, ein geheimnisvolles, tönendes Symbol, zu dem diese Leute aufblickten. Halb schien das Ganze eine Messe, halb ein riesiges Konventikel. Die Welle des Bolschewismus, die von Osten kommt, hat etwas von der Überflutung durch Mohammed im siebenten Jahrhundert. Fanatismus und Waffen im Dienste einer unklaren neuen Hoffnung, der weithin nur Trümmer alter Weltanschauungen entgegenstehen. Die Fahne des Propheten weht auch vor Lenins Heeren.

Die Briefe der Luxemburg sind zum Teil anrührend zu lesen. Wie sie sich im Gefängnis ein Herbarium angelegt hat. Einen Korbsessel hat man ihr in den Hof gestellt. Das war doch sehr freundlich? Uns hat man mit dergleichen nicht versehen.
Man liest wenig Kritisches über die beiden, es waren doch auch Menschen?

Zweierlei Arten von Demonstration. Hier die brav-säuerliche, von der Obrigkeit verordnete, dort die Brandung, die gegen die Oktaeder schlägt.

2000: *Sie demonstrieren immer noch für Rosa und Karl. Dieses stupide Dahintrotten.* Man müßte sich an den Straßenrand stellen und über die Demonstrationsbeamten lachen. *– Eine besonders kitschige Art der Demonstration, die neuerdings zu beobachten ist: dies Blumenablegen vor gebrandstifteten Häusern – sie nehmen nicht einmal das Cellophan ab! Kerzen gehören auch immer dazu. Das Wegräumen der Sträuße vor Lady Di's Türe hat große Probleme gemacht. Man engagierte Pfadfinder dafür, die es schonend vollbrachten. Müllabfuhr wäre nicht gegangen.*

Kurz vor Mitternacht hörte ich ein Streichquartett von Mozart. Bei sowas wird man ein besserer Mensch. Aber am nächsten Tag ist man wieder verkrustet.
Es ist naß, kalt und windig ums Haus.

Nartum   Di 17. Januar 1989

Bild: Doppelmord vor der Party / Gemeinsam vergewaltigt, gemeinsam erwürgt
ND: Meinungsaustausch zwischen Erich Honecker und Horst Schmidt / Zusammenarbeit zwischen DDR und Berlin (West) wird zum gegenseitigen Nutzen ausgebaut

Dorfroman: Die Tarmstedter brachten mir alte Entschuldigungszettel kuriosen Inhalts.

> Ich möchte Kirsten entschuldigen, weil sie auf ihren kleinen Bruder aufpassen mußte. Ich bin eine Frau über 30 und muß auch mal auf dem Sofa liegen.

Hiermit entschuldige ich meine Tochter Svenja. Sie muß zum Arz. Weil Svenja zu dick werd es muß ja was geschehen.

Vorgestern hatten wir ein großes Vollmondfest, bei dem sich viele Erwachsene und Kinder trafen. Nach einer festlichen Nacht mochten sich Kinder und Erwachsene nicht in Eile trennen, so verbrachten wir alle noch einen gemeinsamen Tag in frohem Mut, daß auch morgen die Sonne noch über unseren Köpfen aufgehen mag. Die Kinder haben sich dann auch mit Spielen und Backen beschäftigt und auch was gelernt. So hoffe ich auch auf Ihr Verständnis.

Mein Sohn soll nicht mit auf Klassenfahrt, eine Bruse [sic] kann er auch zu Hause trinken.

Am gestrigen Morgen haben wir, bedingt durch die Abwesenheit meines Mannes, so nachhaltig verschlafen, daß es nicht mehr lohnte, den Jungen noch zur Schule zu bringen.

Wegen möglicher Gefährdung durch radioaktive Strahlung bei Regenschauer haben wir Helga am Mittwoch und Freitag zu Hause behalten.

Gegen Abend kamen zwei Schülerinnen, die eine Abschlußarbeit über den «Tadellöser» schreiben wollen oder sollen.
Ob ich das Bürgertum entlarven wollte, fragten sie, und: «Haben Ihre Eltern wirklich so geredet?» Sonst konnte von Wißbegier keine Rede sein. Man möchte ihnen den Text wie eine Tür öffnen und sie «reinlassen», aber sie wollen ja gar nicht.
Immer noch Geprügel in Prag. F. M. meint: Diese Ostmenschen hauen ganz anders zu als unsere. Wahrscheinlich könnten die Demonstranten – slawischen Blutes – auch mehr ab als unsere.
Im «Spiegel» steht, daß «noch mehr Öl in Saudi-Arabien» vorhanden sei als man gedacht hat. Zum Vorjahr seien die Vorräte um 51% gestiegen. Ich mußte an einen Vortrag des Physikers Pupke an der Rostocker Universität denken, der 1944 sagte, die Weltvorräte an Kohle reichten noch 150 Jahre, die an Öl 15! Ich hab' mich damals richtig erschrocken. Seither habe ich ein gewisses Mißtrauen gegen wissenschaftliche Vorhersagen.

Aus dem «Spiegel» vom 16.1.1989:

«Auf Wiedersehen, Mathias Rust»
Die Moskauer »Iswestija« über Errungenschaften des Jahres 1988:
Wir haben uns von einer Reihe Ministerien und Ämtern verabschiedet, trotz ihres leidenschaftlichen Wunsches, bei uns zu Gast zu bleiben. Wir nahmen Abschied – und verstanden, daß ohne sie zu leben nicht nur möglich, sondern auch nötig ist!
Wir trennten uns von der Stadt «Breschnew», leichten Herzens, und mit wirklich weniger Feierlichkeit als vor einigen Jahren von «Nabereschnyje Tschelny» (so hieß die Stadt bis zu ihrer Umbenennung 1982 zu Ehren des verstorbenen Breschnew).
Dies alles geschah im vergangenen Jahr 1988 – dem Jahr der großen Verabschiedungen. Dafür danken wir ihm dann auch.
Wir danken für den Abschied von der Limitierung der Zeitungsabonnements. 1988 trennten wir uns vom Stempel «Geheim» – in Hunderten von Büchern, deren ganzes Geheimnis aus diesem Stempel bestand. (...)
1988 verabschiedeten wir uns von einigen Orden und Medaillen, nur dafür verliehen, daß der Genosse ein Jubiläumsalter erreicht hatte, ohne der Bevölkerung besonders Schlechtes anzutun. Aber wie lange halten wir das wohl durch?
Auf alle diese Fragen: «Wie lange wird es andauern?», «Ist es wirklich unumkehrbar?», «Ist es alles nur so, als ob es gar nicht wahr wäre?», wird nun das kommende Jahr 1989 eine Antwort geben können.
Scheiden tut weh. Wie schwer war es doch, sich vom Gedanken zu verabschieden, daß Millionen von Rubeln verschwendet werden müssen, um durch Tuten und Zischen im Äther unsere Ohren vor der Falschinformation der verlogenen Auslandssender zu retten.
Wie schwer war es zu begreifen, daß es noch eine andere Methode gibt, um Terroristen unschädlich zu machen, als auf sie aus allen Läufen zu knallen. Wir nahmen Abschied von dieser «wahren» Methode. Wir haben vielen Menschen damit das Leben gerettet.
Wie schwer war es, sich von der Vorstellung loszusagen, daß unsere Landkarten nur dazu herausgegeben werden, Spione des Auslands zu verwirren. Abschied: Jetzt kann man einen genauen Moskauer Stadtplan auch hier erstehen, nicht nur in London.
Lebt wohl, Ihr lieben SS-20-Raketen samt den nicht minder teuren Pershings. Adieu, aufregende Wahlen, Auswahl eines Abgeordne-

ten aus der Alternative eines einzigen Kandidaten. Zur Makulatur mit den Tonnen von Fragebögen für Auslandsreisen ...
Auf Wiedersehen [im Original auf deutsch], Mathias Rust, tollkühner Revisor unserer Luftabwehr. (...)
Do swidanija, 1988. Du warst ein gutes Jahr. Auch ein schweres Jahr, und, ehrlich gesagt, es ist gut, daß Du gehst. Noch besser ist es, daß mit Dir eine Menge vermoderter Ideen, falscher Prinzipien und verfaulter Begriffe verschwunden sind. (...)

Hildegard kaufte in der Fischhalle, die unter dem Namen «Freitag» firmiert, Fischfilets. Naheliegend, ein Fischgeschäft «Freitag» zu nennen. Wir allerdings essen diesen Fisch am Mittwoch. Am Nachmittag fuhr Hildegard nach Hamburg. Die Tiere sahen mich vorwurfsvoll an. Ich kann ja auch nichts dafür.
Sich vergammeln lassen, bis der Tod den Rest besorgt. Dem Tode entgegengammeln.
Das Wort «Gammler» ist übrigens gänzlich verschwunden. Gammel = alt.
Post: Ein Herr meint, er habe einen Stoff auf Lager, der, von einem Journalisten aufgenommen, bestimmt sehr spannend sein würde: Über die letzten 100 Jahre der Möbelindustrie gebe es noch kein Buch, erst recht nicht einen Roman, der über drei bis vier Generationen hinweg ein Milieu zeige, das grundverschieden von den Gutsgeschichten sei, die adlige Damen schreiben.
Vom SFB bekam ich die Nachricht, daß am 27. 12. mein «Beethoven»-Hörspiel gesendet wurde, und es kam auch gleich das Geld dafür. Jetzt nehmen sie das als Sylvesterscherz, und dabei war es mir verdammt ernst damit – sonst wäre es nicht so lustig geworden.

Nartum   Mi 18. Januar 1989

Bild: Um Mitternacht in Neukölln / Promille-Fahrt: Im Auto saß ein Wildschwein
ND: Besuch von Ingvar Carlsson / Meilenstein in den Beziehungen Schweden–DDR

Harry Graf Kessler im Januar 1919 zum Tod von Liebknecht/
Luxemburg:

> Sie haben durch den Bürgerkrieg, den sie angezettelt haben, so viele Leben auf dem Gewissen, daß an sich ihr gewaltsames Ende sozusagen logisch erscheint.

Gibt es in Berlin ein Denkmal für die bürgerlichen Opfer des Spartakusaufstandes? Nein, Gott sei Dank nicht. Es kann nicht zu einem Anlatschziel verordnet werden.

Post: Ein Mädchen fragt an, ob sie in dem geplanten «Hundstage»-Film mitspielen darf? Wenn nicht, dann wünscht sie mir drei große Busse mit Senioren in mein Arbeitszimmer. Sie verbleibt mit freundlichen Grüßen ...
Ein Herr aus Norderstedt schreibt, daß er in den letzten 13 Jahren rund 2500 Briefe an Politiker, Kirchenführer, Schriftsteller, Maler usw. geschrieben hat. «Zwischen 80 und 85% wurden die Briefe beantwortet.» Der Inhalt der Briefe gäbe einen Einblick in das Denken eines Staatsbürgers; ob mich das interessiere?
Ein anderer schreibt, ich solle wenigstens die Briefe unterfertigen, das sei doch wohl das mindeste? (Er meint, ich soll die von Simone geschriebenen gegenzeichnen.) Wahrscheinlich ein verkappter Autographen-Sammler. Ob er auf seine Beschwerde hin eine unterfertigte Antwort will?
Eine Dame aus Bremen: «Leider mußte ich dazulernen, daß ein Schriftsteller nicht etwa eine Lesung macht, um Käufer für sein neues Buch ranzuholen, sondern erstmal, um kräftig abzusahnen. DM 6.– Eintritt, tth, tth, tth, Herr Kempowski! Ich war mächtig verstimmt, kaufte Ihr Buch nicht, sondern borgte es mir in der Stadtbibliothek, Strafe muß sein.»
Es war heute kalt, aber auch sehr schön. Da kein Wind wehte, konnten wir unser wunderbares Haus genießen. Gelbrote Wolken auf lasiertem Türkis. Das gab's heute abend kostenlos zu sehen. Ich studierte beim Rasieren meine Falten im Gesicht. Krähenfüße nahm man früher als Beweis für unmoralischen, liederlichen Lebenswandel.

Es ist natürlich verkehrt und unverantwortlich, daß ich mich um meine Freunde nicht kümmere. Außerdem müßte ich allerhand nützliche Kontakte pflegen. Vielleicht sollte ich mir eine Liste anlegen von Leuten, die sich irgendwann einmal wohlwollend über meine Arbeiten geäußert haben. Man könnte ihnen regelmäßig schreiben und sie bei Lesereisen besuchen. Im Augenblick habe ich wegen meiner vielen Aktivitäten keine Zeit dazu. Ich möchte es tun, und wenn ich mich daran erinnere, sind zwei Jahre vergangen.
Seine Freunde pflegen wie einen guten Wein?

Nartum Do 19. Januar 1989

Bild: Robert Lemke: 3 Geheimnisse am Sarg enthüllt / Er hatte 200 Thai-Mädchen / Berliner Bordell-König verhaftet
ND: Wachsende Leistungskraft der DDR-Volkswirtschaft

Die Werknotizen von Doderer sind ziemlich uninteressant. So etwas sollte man sich notieren, aber doch nicht veröffentlichen. Im übrigen sollte man zukünftigen Doktoranden die Arbeit nicht zu leicht machen.
Hildegard hat über ihrer Nase die sogenannte «Kämpferfalte» entdeckt, sie freut sich, daß ich sie nicht habe. Ich habe dafür die Laokoonbraue und viele Falten der Sorge vorzuweisen.
«Na, was macht deine Kämpferfalte?»
Sie will jetzt das Haar lang tragen.

Nartum Fr 20. Januar 1989

Bild: Honecker: Mauer bleibt noch 100 Jahre
ND: Erich Honecker: DDR leistet konstruktiven Beitrag für den Frieden / Tagung des Thomas-Müntzer-Komitees in Berlin

T: Frühmorgens am Bahnhof. Wir wollen ins Land Hadeln fahren. Man weigert sich aus Datenschutzgründen, uns die Abfahrtszeit des Zuges zu nennen. – Da kommt er schon, alle steigen ein. Hildegard läßt die Fahrscheine lochen, sie sind aus grauem Klopapier.

1999: *Ich kaufte ein Buch von Graham Greene über seine Träume, das sich lesen läßt. Auch er hatte Begegnungen mit vielen berühmten Persönlichkeiten. Von mir haben sie sich (in den Träumen) gänzlich zurückgezogen.*

Post: Melanie schreibt, daß sie mich im TV gesehen hat, bei Fuchsberger. Sie freue sich immer, mich im Fernsehen zu sehen, «weil ich mir dann vorstellen muß, wie Du Dich vorher dreimal kämmst und überlegst, ob das Hemd auch zur Hose paßt ...»

1999: *Nach mir war in der Fuchsberger-Sendung Iris Berben dran. Ich traf sie in der Garderobe und ärgere mich noch heute, daß ich sie nicht um ein Autogramm bat. Ich hatte das Buch bei mir!*

TV: Chabrol-Film «Der Schlachter», das Blut tropft.
Wieso können die Deutschen solche Filme nicht machen? Bei uns ist alles Wuppertal, höchstens mal St. Pauli.
Und dann enthalten deutsche Filme immer saure Grütze, irgendwie Zeitkritik. Drehbücher werden mit Zeitungsartikeln durchschossen (aus immer denselben Zeitungen).
Schulszenen sind immer wunderlich, auch in französischen Filmen. Ich frage mich, in was für Schulen sind die Regisseure gegangen? Am verrücktesten die Schulszenen in Amerika. Intolerante Vegetarier. Was sollen da erst die Fleischfresser sagen?

Heute wird an den heiligen **Sebastian** erinnert: Von Pfeilen durchbohrt, mit Knütteln totgeschlagen und in eine Kloake geworfen. Er hatte seinen christlichen Glaubensgenossen in den Gefängnissen Roms beigestanden.

Nartum Sa 21. Januar 1989

Bild: Transit nach Bayern zu: 100 Unfälle, ein Toter, Verletzte
ND: 1989 erneut für 300 Millionen Mark Konsumgüter zusätzlich zum Plan

Ungenügend gegessen, schlechtes Brot.
Der Wind heult und stößt ums Haus.
Morgens kamen 15 Schüler aus Zeven und schwiegen mich drei Stunden lang an. Plankton war ihnen nicht zu entlocken. Ich mußte an Professor Lehmensick denken, in Göttingen, der für solche Gelegenheiten einen Kasten Geduldspiele unterm Bett stehen hatte.
Als sie gegangen waren, sah ich mir im Archiv das Manuskript von «Tadellöser» an, die Streichungen von Michael Krüger, zum großen Teil wohltuend. Das hat mir bei meinen anderen Büchern gefehlt, ein Mensch mit Autorität, der den Text genießerisch auskämmt. Man ist doch ziemlich allein mit seinen Erzeugnissen, und man wird immer «alleiner».
Dorfroman: Am Nachmittag legte ich mir eine Patience, wobei mir Hildegard über die Schulter sah, was mir nicht recht war: Ich bin gern mein eigener Kiebitz. Sie will immer Streitpatiencen mit mir legen. Warum sollte man in eine endlich befriedete Ehe künstlich Streit hineintragen? Außerdem verliere ich ja doch.
In Oldenburg wäre ich heute um ein Haar «gescheyteret». Es ging ums Lesenlernen. Um die ausgefallenen Sitzungen ein wenig einzuholen, faßte ich einiges zusammen, was sonst weggefallen wäre. Ich sagte, der Lehrer dürfe nicht wie ein Kasper sich benehmen, nicht onkelhaft die Augen aufreißen usw. Da ruft einer: «Aber Sie benehmen sich hier doch selber wie ein Kasper!» Und dann fragte er mich, wieso ich denn nicht an die Tafel gehe und was anschreibe und sie dann selbst auf die Probleme kommen und sie lösen lasse.
Alle sonst Dösenden guckten mich auf einmal an, ja, das verstehen sie auch nicht, daß ich das nicht tue …
Na, ich hielt erst mal das Maul und atmete tief durch. Dann be-

sann ich mich noch rechtzeitig auf das Rezept der affirmativen Praxis. Spulte meinen Kram gerafft ab, machte eine Pause und trank erstmal einen Schluck Wasser. Dann schrieb ich an die Tafel: «Leselernmethoden» und fragte die 40 Leute, was für verschiedene Methoden es gibt. Pause. Nichts. Auch der Herr hinten links ließ sich nicht vernehmen.
Dann fragte ich die Leute um Erlaubnis, eine dieser Methoden nennen und erklären zu dürfen? Ja, also gut. Also weiter. – Feindselige Blicke trafen mich, alle abweisend und contra.
Daß Oldenburg die Hauptstadt von Ostfriesland ist, diese Erkenntnis führt ja auch nicht weiter.
Golo Mann schreibt, daß es jedem Menschen eingeboren sei, vor den Toten und ihrer Wiederkehr Angst zu haben. – Kann ich nicht sagen. Ich denke oft an Vater, an Mutter, aber Angst? Nein, eher in Liebe und Trauer, daß sie so einsam sind.
Lektüre der Zeitschrift «Dame».
Teigröllchen bei «Ali Baba». Der Koch kam aus der Küche und guckte, ob mir's schmeckt.

Nartum So 22. Januar 1989

Welt am Sonntag: Erst Kohl, dann Weizsäcker nach Polen. Reist der Bundespräsident zum Tag des deutschen Einmarsches nach Warschau?
Sonntag: Ein Rezept gibt es nicht. Leipziger Arbeit mit Autoren

Ruhiger Sonntagmorgen, mit Frühstücksei und Bach-Kantate, die wir dann allerdings abdrehten, weil sie in gleichmäßig verteilte Schreierei ausartete. Erst aufstehen, weil der Tonabnehmer nicht «faßte», dann aufstehen und lauter drehen, weil nichts zu hören war, und schließlich abwürgen das ganze. Das war dann ein sogenannter «Wanderkaffee».
Nachmittags, zum Kaffee kam ein freundliches Ehepaar aus der Schweiz. Sie hätten «Lampenfieber» vor mir, sagte die Frau und

entschuldigte sich immerfort. Mir kam dieser Besuch zupaß, zumal herrlicher Kuchen mitgebracht wurde. Beide waren übrigens Sachsen von der gebildeten Sorte, nach dem Krieg nach Zürich gegangen. Haben sich nicht lange in der Bundesrepublik aufgehalten. Amerika usw. Für mich wär' das damals nichts gewesen: Schweiz oder gar Amerika. Nach der Entlassung schwankte ich, es zog mich an den Bodensee. Aber dann kam Göttingen mit seinen freundlichen Frühlings-Vorgärten, herzerwärmenden Studentinnen und alles weitere.
Das einzige Ausland, in dem ich leben könnte, wären die USA.
Der Gast setzte sich zum Schluß ans Klavier und spielte ein Schubert-Impromptu, nicht schlecht.
Hildegard hinterher: *Wer* hat da gespielt? – Es war eine andere Handschrift.
Post: Ein Romanmanuskript angesehen. – Im Begleitbrief unverschämte Lügen. «Ich schätze Sie seit langem ...» – Die Regel ist, daß Leute, die von mir gefördert werden wollen, keine Zeile von mir gelesen haben. Diese Leute wissen also gar nicht, ob eine Förderung durch mich lohnens- oder wünschenswert ist. Solche Sachen werde ich in Zukunft nicht mehr beantworten. Etwas anderes ist es, wenn der Betreffende etwas einsendet, was Talent verrät. Dann würde ich nicht animos sein, dann würde ich mich für ihn einsetzen. Ebeling in Lüneburg, der dann aber so schusselig war, daß er die Brücken, die ich ihm baute, nicht beschritt. Meine Möglichkeiten liegen im Mikroskopischen und in der Skurrilität. Intuition ist alles, Kontrolle, Abstimmung.
Am Abend fuhr ich mit Hildegard in die Lüneburger Heide zu einer privaten Lesung. Verirrten uns noch halbwegs, weil da ein Truppenübungsplatz querlag. Die Sache wurde zu einer lachhaften Enttäuschung. Von den zusammengetrommelten Gästen – Reitdamen und Herrn von der Industrie, hatte keiner auch nur eine Zeile von mir gelesen, alles «obere Zehntausend», folglich – wie hierzulande (Niedersachsen!) – meist ohne jede Kultur.
«... und *wo* stammen Sie her?» wurde ich gefragt.
Die Gastgeberin hatte sich zuvor den «Block» *geliehen*. Sie er-

zählte, daß sie einen Schmuck gekauft hat und trägt, eine Agraffe, die sie als Schuhschnalle verwenden kann, oder ins Haar stekken, je nachdem. Wie die wohl kreischen würde, wenn man sie in die Ecke drängte und an den Busen faßte. – Nie wieder!! rief ich auf der Heimfahrt laut! – Aber man tut's denn doch, hinfahren zu solchen Leuten. Hildegard meinte übrigens, das seien auch nur Menschen. Ich kann sagen, daß mich das noch mehr erbitterte.

Golo Mann schreibt, daß er Hebbels Tagebücher gern gelesen hat. Seinem Vater haben sie nicht gefallen. Der verabscheute besonders die Eichhörnchenstelle, die ich mir sogar mal rausgeschrieben habe.

Nartum Mo 23. Januar 1989

Bild: Nenas behindertes Kind ist tot
ND: Zuwachs bei Erzeugnissen mit höchstem Gütezeichen

Bei «Ali Baba» meine schönen, mit Joghurt gefüllten Teigröllchen und dazu der Vorspeisenteller, vorher Tomatensuppe, deren eingelaufener Käse lange Fäden zieht. 80 DM.
Zwei Studentinnen leisteten mir Gesellschaft.
«Dies sind meine beiden Töchter.»
Türke: «Jaja, ich weiß.»
Eine der beiden ist in Südafrika geboren, was man ihr hier vorwirft. Kinder haften für ihre Eltern.
Am Nebentisch zwei Professoren mit indischen Gästen. Die Deutschen brachten es fertig, mich nicht ein einziges Mal anzusehen. Ich bin zwar nicht in Südafrika geboren, aber ich habe mich gegen den Sozialismus schwer vergangen. Sowas ist von jeglicher Resozialisierung ausgeschlossen.
«Was haben Sie gegen Ausländer?»
«Im Prinzip nichts. Aber sie lesen meine Bücher nicht.»
Gestern tauchte hier das Münchner Gitarrenquartett auf, wir

hatten die jungen Leute in Portland kennengelernt. Das war damals ein Gruß aus der Heimat.
In Portland gab es auch eine Begegnung mit einem Stuttgarter Kammerchor, die u. a. Nepomuk David sangen. Ob ich nicht vielleicht eine Hugo-Distler-Biographie schreiben wolle? fragte mich der Dirigent, von einer Kempowski-Fanin an mich herangeschubst. Distler? Das ist so eine Sache.
Kleine Leute, kleines Haus ...
Die Mörike-Lieder, wiegend und wogend ...
Wir setzten die jungen Musiker in den Pavillon, kredenzten ihnen Kaffee und Kuchen und führten ein lala-Gespräch, wie das mit Musikern eben so geht. Wenn man sie von ihrem Instrument trennt, verstummen sie. Alles an ihnen ist Introvertiertheit und Technik.
Eine ahnungslose Bremerin chauffierte sie hierher.
Jeder kriegte ein Buch geschenkt, und dann zogen sie ab. Nie wieder werden wir etwas von ihnen hören. Weshalb auch?
Musiker lesen nicht, es sei denn, sie vertonen Gedichte von Mörike oder andern.
Alle Maler lesen, und alle Maler können gut erzählen. Maler sind meine Freunde, weil sie klare stilistische Vorstellungen haben und weil sie Bücher kaufen. Musiker neigen zur Weltfremdheit. Auch mit Schauspielern ist das so eine Sache ... Mit denen läßt man sich am besten überhaupt nicht ein. – Ich verallgemeinere gelegentlich, das fällt mir grade auf. – Wenn ich durchs Haus gehe, stelle ich mir vor, ich sehe es nach langen Jahren des Exils oder der Gefangenschaft endlich wieder, andere bewohnen es inzwischen, und ich bin neugierig, wie sie es eingerichtet haben. Alt und grau bin ich, niemand kennt mich («Früher soll hier ein Schriftsteller gewohnt haben!»), und der Garten ist riesig gewachsen.
So spinne ich mir die Geschichte zurecht, und es ist eine traurige Ufa- oder Hollywood-Geschichte.
Nacht: Orkan tobt ums Haus. Da kann einem angst und bange werden. Der Munterhund reagiert nicht darauf, der spricht nur auf Vollmond an. Da klagt er über verlorene Schöne.

Schluß! Abdämmern! Auf dem Rücken liegen mit gefalteten Händen auf der Brust.
Das Abkippen ins hiesige Jenseits.

Nartum Di 24. Januar 1989

Bild: 140 Ärzte zur Abtreibung: Wir machen weiter!/Honecker: 10 000 Soldaten weniger
ND: Fruchtbare Beratung Erich Honeckers mit Ingvar Carlsson in Berlin

Die sogenannte «Springer-Presse» will die Gänsefüßchen, mit denen sie die DDR immer versah, fallen lassen. Find' ich falsch. Instinktlos. Wie anders und knapper könnte man den Verein da drüben kennzeichnen als durch Gänsefüßchen?
Dorfroman: Mit dem aufkommenden Frühjahr werden die Hühner unternehmungslustig. Man sieht sie in windgeschützten Winkeln, in die die Sonne fällt, ihr Gefieder durch den Schnabel ziehen. Schön-Rotraud, oder wie sie heißt, pickte gegen mein Galeriefenster.
Vormittags schmiß ich leider ein Glas Milch um. Sowas ist entscheidend für den ganzen Tag. Das gibt die Tonart an.
Hildegard attestierte mir heute neben dem Groß- auch einen «Kleinfleiß». Immerzu hier und da. In der Verlobungszeit verglich sie mich aus dem gleichen Grund mit einem «Eichhörnchen». Pinkeln und gleichzeitig Zähne putzen.
Die Wahrheit ist, daß ich nicht weiß, wie man das macht: Nichtstun. Es ärgert mich, wenn man mich einen Workaholic nennt. Sind es die Wartejahre? Ich spüre, daß ich ein bestimmtes Pensum abarbeiten muß, sonst werde ich nicht «erlöst». Und da es nicht gerade karg bemessen ist, muß ich mich sputen. Irgendwann lege ich die Hände in den Schoß. «Er ist ausgebrannt», werden sie dann sagen.
Heute acht Stunden am Computer gesessen und die Waben des «Echolot» gefüllt. Ich sehe die Welt mit den Facettenaugen einer

Fliege. Die Konvolute werden in kleine Portionen geteilt und verteilt. Manche Einsendungen liegen schon seit 1980 hier. Die Langmut der Einsender. – Die Geduld dessen, der nur scheinbar ins Rasen gerät. Stetig sein, nicht hetzen.
Pro Tag gibt es dann eben doch Momente, in denen ich döse, sehe aus dem Fenster oder vor mich hin. Heute: «Frenzy» von Hitchcock. Die Frau des Inspektors mit ihren französischen Kochkünsten. – Ich habe den Film bestimmt schon zehnmal gesehen, neben «Schatten des Zweifels» (schlechter Titel!) der beste Hitchcock. «Psycho» mag ich nicht. Die vertrocknete Frau – so was ist nicht mein Fall.
Wie kommt es, daß man manche Filme mehrmals sehen kann? An der Qualität kann es nicht liegen, denn andere gute Filme sieht man einmal und nie wieder.
Bei Fechners «Tadellöser»-Filmen ist es die Detail-Fülle, die ein mehrmaliges Sehen möglich macht. Jedesmal entdeckt man wieder was Neues. Bis es einen dann schließlich ganz unvermittelt ankotzt.

Nartum   Mi 25. Januar 1989

Bild: Letzte Wahlumfrage – Diepgen: Das wird sehr eng/CDU FDP 48%, SPD AL 47%/Heute nacht live: Steffi–Sabatini
ND: Neue Abrüstungsinitiative der DDR findet weltweit starke Beachtung

Heute saß ich wieder lange vorm Computer und gab Texte ein, das BDM-Mädchen in Ellwangen, eine hübsche Sache, Jahrgang 1929; was sie über ihre Freunde denkt: «G. ist der Richtige, vielleicht werden wir ein Paar?» schreibt sie, H. sei nur was für den Augenblick.

1999: *Im November starb sie. Sie wurde in Berlin beerdigt, am selben Tag und zur selben Stunde lief unsere «Echolot»-Lesung in der Matthäuskirche, worin auch sie zu Wort kam.*

Vom Arbeiten am Computer flimmern mir die Augen. Ich stelle mir geschabte Mohrrüben vor, wenn ich an meine Sehnerven denke. – Ich bin mir selbst peinlich, manchmal.
Heute abend lief ich eine Weile auf und ab und rieb mir lachend die Hände. Es war dunkel, nur eine kleine Lampe brannte, und da sah ich mich plötzlich in den großen Spiegeln, wie ich da auf und ab laufe, und da dachte ich: Was machst du für ein blödes Gesicht. Man stelle sich vor, jemand hätte mich vom Feld aus beobachtet bei dieser Tätigkeit! Schnell die Vorhänge zu!
Tennisduell Steffi – Sabatini: Wie die Sympathie von einer zur andern springt! Zu Steffi assoziiere ich ein Reihenhaus, zu der Sabatini eine Ranch. Letztere läßt wohl nichts anbrennen, was? Ich las gestern in den Briefen von Klaus Mann, 1941, wie er um Geld für seine Zeitschrift barmt. Da hat man dann doch Mitleid mit dem Windhund. Er steht einem näher als die Hexenschwester. – Bleiben wird sein «Turning Point»: Das ist seine Lebensleistung.

1999: *Das Buch erschien postum, wurde aus dem Amerikanischen rückübersetzt, z. T. von Monika, seiner Schwester. Der Vater moniert Unrichtigkeiten und kleine Lügen. – Das Nachwort Golo Manns zu den Briefen seines Bruders!*

Hildegard zu den Hunden: «Na, ihr kleinen Freßgrimassen?»

Nartum Do 26. Januar 1989

Bild: Krach zwischen Kohl und Genscher
ND: Wahlkommission der DDR trat zur ersten Sitzung zusammen

Grünkohl mit Bratkartoffeln: sehr gut.
Danach noch lange mit Hildegard zusammengesessen und geklönt. Die Wunder unseres Lebens gerühmt: Rauchopfer dem lieben Gott, der sie hoffentlich annimmt.

Sie liest Kundera, ärgert sich über ihn, weil sie privat was gehört hat, das auf bedenkliche Charaktereigenschaften schließen läßt.
Post: Eine Dame bedankt sich für die «Hundstage». Sie habe immer gedacht: Was macht Sowtschick da, was macht er da für Sachen, das kann nicht gut gehen. Das muß ins Auge gehen. Was dann ja auch der Fall gewesen sei.
Eine andere Dame schreibt: «Mein sechsjähriger Sohn sagt über mich: ‹Erst ist sie down, aber dann muß man nur mal kurz Sowtschick sagen, schon ist sie wieder quicklebendig.›» Sie möchte wissen, was in dem Brief stand, den der alte Buchhändler an Sowtschick geschrieben hat. Ich auch!

Auf die «Feuerreiter» von Ray T. Matheny hat es bisher kaum Reaktionen gegeben. Drews hat in der «Süddeutschen» auf den Titel geschimpft und auf die Übersetzung. Er hat eine lange Liste angelegt von Übersetzungsfehlern, die er mir gelegentlich schicken will. – Was mich an dem Text faszinierte, hat auch ihn angesprochen, die Naivität des Erzählers ... Hinsichtlich des Titels hat er wohl recht, der ursprüngliche war besser: «The Deacon's Sinners». Aber wer hätte das kapiert?
Lustig, wie ich den Autor in Provo kennenlernte. Im Lift der Bibliothek von Brigham Young. Ich sage zu Keele: «Der sieht ganz aus wie ein Bomberpilot ...» Und tatsächlich, es war einer. Vier Wochen hatten wir vergeblich nach einem gesucht. Bomberpiloten waren schwer vors Mikrophon zu kriegen, «Fighter» drängen sich gern vor. Die dünken sich was besseres. Obwohl die es doch waren, die auf pflügende Bauern Jagd machten. Die Bomberpiloten drückten doch nur gleichmütig auf den Knopf?
John Sheve aus Berlin – «Good morning, America!» –, der uns im letzten Sommer so schön was vorsang, hat uns einen Ostpreußen-Bericht geschickt, den ich gleich eingab. Vergewaltigungen jeder Art.
Von diesen Sachen hat auch Kopelew berichtet.
Angst vorm Grab. Das abscheuliche Einkuhlen, Wegschaffen. Vielleicht ist Verbrennen ja doch besser?

Fünf Jahre brauche ich noch.
Hildegard: «Das sagst du immer.»
Vielleicht braucht man immer, in jeder Lebenslage, noch fünf Jahre.

Nartum Fr 27. Januar 1989

Bild: Stürzt Gorbatschow?/Währung außer Kontrolle/Versorgung immer schlimmer/Preisreform verschoben
ND: Wahlaufruf des Nationalrates der Nationalen Front der Deutschen Demokratischen Republik

Der mildeste Winter, den ich je erlebt habe. Bisher hatten wir noch keinen einzigen Frosttag, von weißer Weihnacht ganz zu schweigen. Da jammern nun natürlich alle Landwirtschaftsmenschen, daß sämtliche Insekten mit dem Leben davonkommen. Existieren denn überhaupt noch welche? Die haben sie doch längst weggegiftet! Quälende Gewissensbisse: Soll ich die Vögel füttern oder nicht? Vernichte ich mit der Ausstreuung von Sonnenblumenkernen das Ökosystem unseres Gartens? Richte ich nicht wiedergutzumachenden Schaden an?
Ich habe schon seit ein paar Tagen Gliederschmerzen. Heute ging's besser. Sie reden immer, ich soll zum Arzt gehen. Aber der drückt mir doch nur Pillen in die Hand, und die liegen dann in der Nachttischschublade, bis ich sie wegschmeiße. Die Verfallsdaten haben bereits historische Dimensionen. Meine holden Gelonidas hingegen haben mich noch nie im Stich gelassen, die liebliche Honigdroge. Mit schlechtem Gewissen nehme ich sie ein. Davon kriege ich wahrscheinlich eines Tages eine Steinleber, woran ich dann sterbe.

1999: *Leber in Ordnung. Nieren auch. Der untersuchende Arzt in Rotenburg, der jeden Tag sein Fläschchen trinkt, wie er sagt, beneidet mich um die Nieren.*

Aus Hannover in Sachen «Stiftung Kreienhoop» ist immer noch nichts gekommen. Das Geld sei «da», wird mir gesagt, das müsse nur noch angewiesen werden. Der Steuer gegenüber müsse allerdings ein Stiftungsverein gegründet werden. Ehe ich das Geld nicht hab', kann ich überhaupt nichts machen: Niemanden einstellen, nichts Caritatives unternehmen. Bin blockiert von oben bis unten.

Das Haus muß weg, weil unsere jetzigen Einkünfte nicht reichen, es zu halten und den Betrieb hier weiterzuführen – ich rutsche trotz aller Anstrengungen ständig ins Minus. Wenn die Rücklagen nicht wären, könnten wir den Laden hier dicht machen.

«Was haben Sie für ein schönes Haus!» – In der Tat, es ist schön. Es ist ein Sonnenbündelungshaus. Später werden sie ein Altersheim draus machen. Oder Renate zieht hier ein mit ihren Tieren.

Post: Eine Frau schreibt: «Mein Mann ist Lungenspezialist, er hat auch einige Bücher geschrieben, und nun möchte er mal ein volkstümliches Buch über die Lunge schreiben, können Sie ihm dabei nicht helfen?»

Das muß man sich mal vorstellen.

Hauptarbeit z. Zt. «Echolot». Morgens arbeite ich an «Mark und Bein», nachmittags am «Echolot». Die Sache rundet sich. Unpublizierte Texte allein genügen nicht. Ich werde auch bereits veröffentlichte nehmen müssen. Die KZ-Berichte zum Beispiel, sind, so weit ich sehe, schon fast alle irgendwo mal publiziert worden, da gibt's nichts Unveröffentlichtes mehr. Ich stelle die Biographien bekannter Zeitgenossen unveröffentlichten Tagebuchnotizen und Briefen gegenüber, Beobachtungen und Meinungen des sogenannten Mannes auf der Straße. Das Raunen.

«Das Raunen» wäre auch ein guter Titel.

Fotos aus dem Archiv ergänzen die Sache.

Allerhand Experimente auf dem Computer. Plankton-Datei füllt sich.

«Sirius», Überlegungen zum Titel: Unterm Sirius. Erinnerungen an ein Tagebuch.

Für das «Echolot» bieten sich vier Teile an:
1. Teil 1943/44
2. Teil 1945
3. Teil 1946/47
4. Teil 1948/49
Das Zentrum des «Echolot» ist das Jahr '45, der Schlund des Trichters, auf den alles zuläuft.
Ich sehe die Vergangenheit mehr und mehr science-fictionistisch. Die Vergangenheit rast fort wie mit umgekehrtem Zoom, und alle Erinnerungen werden mehr und mehr unwirklich, wie von einem fernen Gestirn.

Nartum Sa 28. Januar 1989

Bild: Aids: 29 Babys in Kinderklinik angesteckt
ND: Große demokratische Aussprache der Bauern: Jahreshauptversammlungen beschließen neue Vorhaben

T: Vom nächsten Schriftstellertreffen geträumt. Ranicki kommt mir in einer Strampelhose entgegen. Die Träger schlappen herunter. Er hat sich ganz offensichtlich in die Hose gemacht.

7 Uhr. – Hahn kräht, kalt.
Im Kopf kreist es, und in dieser Verfassung wacht man auf! Von Erquickung keine Spur.
Wiesbaden, im Commissary, nie wieder erlebt, daß ein Mädchen auf mich zusteuerte. Mich «erwählte». Sie hatte schwarze Haare und trug einen grünen Mantel. Rassenschranken bestanden zwischen uns, kein Wort durfte gewechselt werden. Ich war «coloured people». Sie wird inzwischen über 70 sein.
Dorfroman: Eine Rinderherde läuft ums Dorf herum, frei, der Bauer kümmert sich nicht darum. Ein rabiater Mensch, mit dem keiner gern anbandelt. So etwas hat es noch nie gegeben. Aber immer gibt es Menschen, die ihre Umgebung tyrannisieren. So

der Nachbar uns mit seinem Hund. Es ist nicht zu fassen. Hildegard meint, er bellt nur, wenn eine Ratte an seinem Zwinger vorüberstrebt oder ein Igel. Nur? Ich danke.
Meinem schwindenden Gedächtnis versuche ich jetzt durch Konzentrationsübungen aufzuhelfen. Stelle mir verschiedene Aufgaben: Wenn du jetzt nach oben gehst, wirst du ein Taschentuch holen, Fotokopien machen, Schuhe mit herunterbringen und die Post aus dem Briefkasten nehmen. Dann denke ich extra an was Ablenkendes, mich Bewegendes, und sehe aber trotzdem streng auf die Durchführung des Plans. Auch die Wortfindungs-Schwierigkeiten versuche ich durch Konzentration zu beheben. Man darf sich nicht gehen lassen und den Trottel spielen wollen (was in anderer Hinsicht manchmal Vorteile mit sich bringt).
Volkshochschule aus Walsrode kam gestern für drei Tage. 13 Teilnehmer. Ich habe nichts gegen diese Leute. Hausbesichtigung und so weiter. Warum zeigen Sie uns das Haus? Wo stammen Sie her? – Hatten Sie ein Mitspracherecht bei den Filmen? Mitspracherecht. Das soll sich nach was anhören. Gemeint ist wohl: Einspruchsrecht? Ob ich das ganze hätte verhindern können. Du liebe Güte, ich war doch froh, daß das jemand machen wollte. Ein Vergnügen war's für Fechner nicht.
Nach dem Mittag – ich wollte mich gerade etwas langmachen und ausruhen von dem Kursus, etwas Hätschelpost in der Hand –, kam eine hochgradige Psychopathin aus Rostock (Rentnerin). In weinerlichem Ton, von Selbstmitleid übermocht, erzählte sie von ihrer SED-Vergangenheit, daß sie es doch so gut gemeint habe, und das und das hat sie alles erreicht, und dann ist sie verhaftet worden und hat 15 Monate gesessen! In Bützow. Und nun soll ich das alles aufschreiben, «Möwe, du fliegst in die Heimat», das habe einer der todkranken Spätheimkehrer immer auf der Mundharmonika gespielt, dem sie die Fahrt nach Lübeck ermöglicht habe. Dieter Thomas Heck, der sammle doch solche Melodien, dem könne man das vielleicht erzählen, und dann könne sie sich mit diesem Soldaten, der vielleicht noch lebe, den sie damals gegen alle Widerstände nach Lübeck geschafft habe, vielleicht treffen, und dann im Fernsehen auftreten, ob ich das nicht vermitteln

kann. – Nach anderthalb Stunden erst gelang es mir, die Frau abzuschütteln. Gab ihr unter irgendeinem Vorwand 100 Mark. Freikauf der Gemütlichkeit? Die Walsroder Volkshochschul-Leute guckten scheel, was ich da mit dieser Frau zu sprechen habe?

1999: *Später kam ein Brief, ob ich alle Besucher so kurz abfertige? Sie wäre schwer enttäuscht.*

Eine Dame schreibt, sie störe ihren Mann durch ihr Seufzen und Lachen beim Lesen der «Hundstage».
Mein Vater betrieb eine Reederei, ich eine Rederei, beides war eine Räderei.

Nartum So 29. Januar 1989

Welt am Sonntag: DGB-Breit wirft SPD-Lafontaine «Blindheit» vor / Sonntagsarbeit – hitzige Kontroverse zwischen DGB und SPD-Vize / Zwietracht in der SPD-Spitze
Sonntag: Lebenslinien. Lore Staimer-Pieck erinnert sich. Ausschnitte nach einem Protokoll der Sendereihe «Lebenslinien» des Berliner Rundfunks

Mein schöner Sonntag! Noch das VHS-Seminar, aus Walsrode: Ich habe manchmal den Eindruck, sie wollen sich bei mir nur etwas ausruhen. Acht Postkarten verkauft, zwei Taschenbücher signiert. Plankton eingesammelt.
Ich zu Simone: «Na? Kriegen wir die Kurve?»
Simone: «Wir kriegen noch so manche Kurve.»
Hinsichtlich des Planktons ist sie skeptisch.
Wahl in Berlin, die Schönhubers haben 7,5 %, CDU hat 10 % verloren. SPD und CDU sind «angeschlagen», die Grünen zum Fürchten. «Schaut euch diese Typen an», wer sagte das noch? Der einarmige Bürgermeister von Berlin, Schütz, damals, lang

ist's her. Die Folgen des Remmidemmis haben wir immer noch zu tragen.
Ich schaffte es nicht, «auszuschwingen» am Abend. Als sich die Leute verkrümelt hatten, saß ich da mit meinem Talent. Ruhelosigkeit, inneres Vibrieren. Bei Hildegard war auch keine Ruh' zu finden, sie las, und da wollte ich sie nicht stören.
Ich drehte eine ganze Stunde lang eine Runde nach der anderen. Das Haus lag ruhig da, das Parterre erleuchtet. Wie ein Raumschiff der dritten Art. Als ich wieder ins Haus ging, war Hildegard inzwischen ins Bett gegangen. Sie hatte mir das Bett aufgeschüttelt, einen Zettel hingelegt: «Gute Nacht, mein Liebster!»
Ludwig Grimm: Lebenserinnerungen. Seine Kindheit aus gutem Grund sehr breit. Schöne Naturschilderungen. Sonderbare Schulzeit.
Frikadellen und in Butter geschmorte Mohrrüben. Obstsalat.

Nartum Mo 30. Januar 1989

Bild: Wahl-Hammer/Diepgen großer Verlierer/Nun große Koalition/Demo gegen Republikaner: 10 000 auf dem Ku'damm/Rentner starb in Zehlendorfer Wahl-Kabine
ND: Erklärung des Komitees der Verteidigungsminister der Teilnehmerstaaten des Warschauer Vertrages/Angaben über zahlenmäßige Stärke der Streitkräfte und Rüstungen des Warschauer Vertrages und der NATO

Lange mit Fechner telefoniert, wegen seiner Gesundheit. Große Sachen kann er nicht mehr machen. Die Filmgesellschaft hätte damals vorgehabt, «Kapitel» scheitern zu lassen, aber da wären sie bei ihm gegen 'ne Mauer gerannt. Nur – hinterher wäre diese Mauer eben eingestürzt. Dies und das. Er hält den «Heimat»-Film von Reitz auch für bedenklich. Die Sache mit den Farbsequenzen sei dadurch entstanden – was ich schon vermutete –,

daß mit Farbe begonnen und s/w weiter gedreht wurde, weil das Geld nicht langte. Er habe Tränen gelacht, weil nichts gestimmt habe, vorn und hinten nicht.
Pädagogisches Seminar in Oldenburg: Das Kombinieren von Buchstaben. Das Zusammenbauen von Wörtern. Hier sind Wörter wie Schweine-braten, Schokoladen-pudding, Sahne-eis immer sehr wirksam. Auch die Studenten heute waren geradezu gierig bei der Sache. Man konnte beobachten, daß ihnen das Wasser im Munde zusammenlief. Aber besabbert haben sie sich nicht.
Nach Kebab und Teigröllchen beim Türken das Literarische Seminar: die eidetischen Phänomene. Also: bildliches Erinnern. (Sie verstehen nicht, was ich meine, und dabei ist es doch so einfach. Es ist der Schlüssel zu allem.) Plankton gefischt, das rettete den Tag.
In Berlin ist ein junger Mann auf die Idee gekommen, gegen Geld die Lebensgeschichte älterer Menschen aufzuschreiben: Konkurrenz? Er tut es nicht aus kommerziellen Gründen oder zu wissenschaftlichen Zwecken, sondern nur für die Leute selbst, hat großen Zulauf («Spiegel»).
Ein Kaffee-Importmann gestand mir, er sei 68er, mit Dutschke habe er demonstriert. Er stehe heute noch dazu. – Anstatt den Mund zu halten über diese Dummheit!

Heute gedenken die Katholiken der heiligen **Martina** – wenn sie denn ihrer gedenken –, die gegeißelt, mit Haken gerissen und den wilden Tieren vorgeworfen wurde, schließlich enthauptet, um ihres Glaubens willen.

Nartum   Di 31. Januar 1989

Bild: Momper: Ich will Regierender werden/Diepgen: Ich klebe nicht an meinem Stuhl/In Bonn wackelt die Wand/12 000 bei Ku'damm-Demo/Republikaner Schönhuber – ein Haus in der Türkei

ND: Erich Honecker trifft Clodomiro Almeyda / Mit hohen Leistungen bereiten Pädagogen ihren Kongreß vor

In der Nacht arbeitete ich noch im Archiv, besah meine Schätze. Hildegard kam dazu, und ich zeigte ihr die «Echolot»-Bestände. Der Computer sei ihr unheimlich, sagte sie.
Im Radio stellte Ginka Steinwachs «ihre Schallplatten» vor. Sie gehörte 1958 zu meinem Hörspielkreis in Göttingen, in dem wir mit Hartmut Stanke (jetzt Schauspieler in Dortmund) und anderen «Draußen vor der Tür» aufs Tonband sprachen, mit einer Waschbalge voll Wasser (Elbe) und Militärmärschen vom Grammophon. Ich bin ein bißchen traurig, daß sie sich nie wieder gemeldet hat. Aber gut, denn möglicherweise hat sie einen Fimmel.

Dorfroman: Das Kummervolle an dieser Gegend ist, daß hier vom 15. Oktober bis zum 15. April stets dasselbe Wetter herrscht. Grau in Grau. Das kann einem weiß Gott die Lebensfreude nehmen.
Über hundert Krähen auf der Wiese hinterm Haus: «Was sind das für Vögel?» fragen die Leute.
Eine Frau im Seminar wollte nicht glauben, daß es Nächte gibt, in denen der Mond nicht zu sehen ist. Eine andere bezeichnete den Jupiter als Trabanten des Mondes.
Heute früh fuhr ich zum Sammlermarkt. Ich guckte mir die Leute an, meist konservative Typen, Mittelstand, schweigende Mehrheit. Auch Ehefrauen, vom Mann angesteckt. Briefmarken, Münzen. Bei den Ansichtskartenverkäufern stehen die Heimatlosen: Preußisch Eylau, Hirschberg verlangen sie. Und ich gehörte zu ihnen und kaufte wieder einmal Rostock, man sollt's nicht für möglich halten.
Der Nachmittag verlief höchst harmonisch, mit sich allein in dem großen Haus, da tuckern die Gedanken.
Ein Mensch zu sein, von dem man sagt: Der ist nett. Manchmal denke ich: Ich werde mich ab morgen verlottern lassen, überhaupt nicht mehr rasieren und Hausschuhe tragen. Dann wieder: Sei

ein Herr! Trage einen Schlips und rasiere dich! Wie sollen sonst die Leute vor dir Respekt haben?
Der Tod löscht die Erinnerungen, die Bilder aller Menschen aus. Das ist wie das Abräumen eines Schachbrettes. Dagegen anzuschreiben nützt nichts.
Aus den Fotos von damals spricht etwas zu uns. Sie sind Todeszeugnisse, sie nehmen den Tod vorweg.
Jeder Griff zu Pillen ist naheliegend.
Obstsalat mit Schlagsahne.
Mittags Spaghetti mit Bratensauce.

Februar 1989

Nartum Mi 1. Februar 1989

Bild: Ski-WM / Prinz Alfonso im Ziel geköpft
ND: Begegnung Erich Honeckers mit Ministerpräsident Björn Engholm

Träume, die sich uns entziehen, sind wie goldene Taler, die man ins Wasser wirft.
Eine Gruppe Menschen marschierte in größerem Abstand um unser Haus herum, ich beobachtete sie mit dem Fernglas. Ihre hellen Gesichter. Ab und zu verschwanden sie hinter den Bäumen, ich wartete, bis sie wieder zu sehen waren. Ich stellte mir vor, sie seien mit einer Schnur an unser Haus gebunden, und sie würden immer wieder um das Haus herumgehen und uns einspinnen. – Eine Gummischnur, die uns die Luft nimmt.
Für diese Menschen bin ich eine lebende Gesamtausgabe mit Haus und Bett. Aber vielleicht meinten sie ja auch gar nicht den Autor von «Tadellöser & Wolff», vielleicht wollten sie ja nur einmal tief durchatmen? Vom schweren Essen im Jägerhof mitgenommen, nun sich Bewegung verschaffen?
Wir aßen heute Kartoffelpfannkuchen. Ich mag sie gern, wenn sie etwas kross sind.
Mit Öl braten, das kannten wir zu Hause nicht.
In meiner Brieftasche fand ich eine Tankstellenquittung mit Plankton-Notizen darauf. Der Brieftaschenentleerungskasten: alte PEN-Ausweise, Terminkarten vom Friseur, Adressen. Das ist eine eigene Kleinflora. Die ins Leder gestanzte Firmenmarke läßt sich nicht entfernen.

Nartum Do 2. Februar 1989

Bild: Starb ein falscher Heß in Spandau?
ND: Erfolgreiche Wahlperiode in Städten und Gemeinden

Ich las eben, da ich nicht mehr schlafen konnte, weiter in Ludwig Grimms Lebenserinnerungen, die Beschreibung seines Lehrers:

> Über dem Pult, oben an der Wand, war ein Faden befestigt, daran hing der Brill; den setzte er auf, und wenn er vom Pult ging, bammelte der Brill in der Luft.

Da hat er wohl ein wenig gesponnen.
Fechners «La Paloma»-Film wurde gestern gesendet. Was den Film etwas langweilig machte: Daß die Seefahrt nicht im Mittelpunkt stand. Und das hatte man bei dem Hans-Albers-Titel doch erwartet. Mangelnde Ausgewogenheit, man merkte, anders als bei «Klassenfoto», wer Fechner sympathisch war und wer nicht, und die Sympathischen kamen dann natürlich öfter zu Wort. Von der Seefahrt war nur am Rande die Rede.
Bleibt sein Verdienst, und das ist immer und immer wieder zu erwähnen: einen Zyklus geschaffen zu haben von beispielloser Monumentalität.
Ein Mann kam über Mittag und wollte uns andrœhnen.
Hildegard: «Jaja, das wissen wir alles.»
Dorfroman: Als ich spazierenging, sah ich die Hühner sich in einem sonnigen Winkel zusammendrängen. Sie wissen, was ihnen gut tut. Richard machte die Runde mit schlotterndem Kamm. Wartet, bis die Samendrüsen wieder aufgefüllt sind.
Hildegard cremt mir die Füße ein, zwar nicht mit Narde, aber doch immerhin, wir sitzen in der Halle. Der Munterhund mault, er ist offenbar eifersüchtig. Er registriert es übrigens, wenn ich mich mal «gut» angezogen habe. Kommt dann an und betrachtet mich.
In Oldenburg habe ich den Studenten gesagt, wenn sie eines Tages Lehrer sind, sollen sie sich öfter mal «schön» machen, also was Gutes anziehen usw. Schließlich seien die Kinder gezwun-

gen, sie den ganzen Tag anzusehen. – So was fällt nicht gerade auf fruchtbaren Boden. Im übrigen wirkt es auch auf mich angenehm, wenn vor mir gepflegte Studentinnen sitzen, was selten genug der Fall ist.
Die Professoren übrigens laufen «unter aller Kanone» herum, in dieser durch und durch verwahrlosten Bildungsanstalt. Passen sich auf ihre Weise an. Urlaub machen sie dann freilich in der Toscana mit allen Schikanen.

1999: *Nur auf uns Unkundige macht die Kleidung der Jugend einen abgerissenen Eindruck. Es heißt, daß Modemacher in New York in den Armenvierteln genau studieren, in welcher Weise die Kleidung der Armen dort «abgerissen» ist. Und das werde dann als neuester Trend in Europa kopiert.*
Ich dachte immer, die Jugend und das, was sich dafür hält, stelle sich bereits auf die nahende Verelendung ein.
Inzwischen hat sich das Bild verändert. Schlips und Kragen ist wieder in.
Pappiges Brot, nach Innereien schmeckende, versalzene Wurst, wässeriger Quark, labberige Zwiebel (ohne jede Schärfe). Das sind die modernen Zeiten.

Nartum Fr 3. Februar 1989

Bild: Mutter quälte ihr Baby zu Tode / «Ich habe Sandra nie gewollt»
ND: Treffen Erich Honeckers mit chilenischen Kommunisten

T: Ich besuche Arno Schmidt in seiner Kleinstadt, Wismar? – Ich war sehr glücklich über diesen Traum, fühlte mich reich beschenkt.

Im übrigen machte mir in der Nacht Rohkost zu schaffen, die ich gestern aus einem Gefühl der Verantwortung heraus zu mir

nahm. Früher wurden einem Gustav Nagel und solche Leute als abschreckendes Beispiel vorgehalten.
Vom Video den Trakl-Gedächtnis-Film. Weihe überall. Da man ja keine Filmaufnahmen hat von ihm und seinen Zeitgenossen, wurden Häuser gezeigt und Zimmer und mit Geräuschen unterlegt oder mit Musik, die den beginnenden Wahnsinn illustrieren sollen. Ein Jugendfreund wurde gezeigt, das war aber keiner, sondern ein Schauspieler, der ein Feuerzangenbowlen-Gesicht machte: Erinnerung, holde! Dann ein leeres Theater, Stimmengewirr, Vorhang auf, nichts. Sind's Geister? Dann natürlich auch elektronische Klänge. Das war noch schlimmer als Peter Hamms Bachmann-Serenade.
Es ist interessant, von wem alles keine Filmaufnahmen existieren: *Heinrich Mann*. Ob der niemals gefilmt wurde? In Amerika? Es ist mir unbegreiflich, daß er in so hohem Ansehen steht. Seine Bücher sind doch nicht so wahnsinnig gut? Und politisch war er auch nicht der Hellste.
Dorfroman: Der Hund kann es nicht leiden, wenn die Katzen schnurren. Dann ruft er sie zur Ordnung, fährt auf sie los.
Der Hahn trat heute schon mal vor die Tür. Drei, vier Schritt. Kehrte aber schnell wieder um, es war ihm doch zu kalt. – Vom Trinken hatte er ein nasses Lätzchen. – Nachts kräht er öfter mal. Gott sei Dank ist das kein kapitolinischer Hahn, sonst müßten wir dauernd mit Einbrechern rechnen.
Kalt und naß. Dreiviertel Stunde Spaziergang: huschende Kaninchen.
Sich im Präapokalyptikum befinden.

Heute sollten die Katholiken des heiligen **Blasius** gedenken. Durch seine Standhaftigkeit im Glauben erbittert, ließ der Statthalter ihm mit eisernen Wollkämmen die Haut zerfetzen!

«Vergiß nicht ganz die St. Blasiustage ...» – dieser zauberhafte Zettel, den ich in einem Buch fand ...
Im Weltall gibt es Galaxien-Haufen.
Machen wir uns nichts vor.

Nartum Sa 4. Februar 1989

Bild: Momper-AL / Verlobung verschoben / Claudia Leistners Trainer tot / Krebs mit 38
ND: Erich Honecker empfing Jan Fojtik zum Gespräch / Freundschaftliche Begegnung mit ČSSR-Politiker

Am Morgen beseitigte ich höchstselbst Katzenscheiße unter dem Flügel, um mich gegen Ekel abzuhärten.
Ich war seit Tagen nicht mehr draußen. Heute war ich in Gyhum zur Massage. Lästig. Es gibt dort eine Wandelhalle mit Läden und einem Café.
Hildegard: «… und laute Musik.»
Die sogenannte Massage wurde durch ein gleichgültiges Mädchen flüchtig vorgenommen. Ganz hübsch sieht sie aus, aber sie hat keine magnetischen Finger. – Ein dienstleistendes Mädchen mit magnetischen Fingern habe ich nur ein einziges Mal erlebt, und zwar in Dortmund im Hotel zum Römischen Kaiser, die Friseuse. Die praktizierte das Kopfmassieren mit Inbrunst. Sie sagte, man darf während der Massage niemals die Hand vom Kopf nehmen zwischendurch.
Ich denke an die Schilderung des algerischen Bades von Flaubert!
Das «Echolot» ist mein Garten, «hortus», auch «Schatz», da wachsen sie heran und zusammen, die Stimmen.
Ich saß den ganzen Tag am Computer und gab Texte ein. Regen prasselte aufs Dach. Der Computer wirkt auf mich wie eine Sparbüchse, jeder Text, den ich eingegeben habe, vergrößert sein Volumen qualitativ. Noch «gehören» sie mir nicht. Man muß die Verfasser noch um Erlaubnis bitten, und das tue ich erstmal nicht, weil ich Angst habe, daß sie sich verweigern.
Am Abend saß ich dann noch im Fotozimmer und machte Ordnung.
Das sind meine lieben Toten.
Weil ich als ein Konservativer gelte, wird man mich ausspeien, und mein Andenken wird man zertreten: Deshalb wird es gut

sein, wenn ich möglichst viel Archivmaterial hinterlasse. Da können sie dann nicht umhin.
Schade, daß der Computer nicht sprechen kann. Wenn ich ihn anstelle, die grüne Schrift, dann denke ich: Jetzt müßten sie anfangen zu wispern, die lieben Toten. – Eine Zeitröhre, ein Zeit-Hörrohr, wie der Horchapparat des Arztes.

2001: *Inzwischen habe ich ein Vorleseprogramm installiert.*

Der heiligen **Veronika** ist heute zu gedenken: Dem zusammenbrechenden Heiland reichte sie ihr Schweißtuch, auf dem der Abdruck seines Antlitzes erhalten blieb.
Heute macht sich das Volk unter dem Namen Veronika ein ganz unheiliges Bild. Vergleiche auch die Comedian Harmonists:

> Veronika, der Lenz ist da,
> die Mädchen singen trallala ...

So etwas ist zu beanstanden.

Nartum So 5. Februar 1989

Welt am Sonntag: FDP bei Asylrecht gegen CSU
Sonntag: Welt und Halbwelt. «Der Bruch» von Frank Beyer und Wolfgang Kohlhaase. Von Regine Sylvester

Müde aufgewacht.
Zu Hitler: Daß auf dem Berghof einer war, der Ley nachmachen konnte und es auch tat, worüber alle (auch H.) lachten.
Daß Kontrabassisten immerfort aufgezogen werden wegen ihres Instruments.
«Baut man Ihnen die Aussicht vielleicht mal zu?» Das sagt so mancher unserer Besucher, wenn sie zum Tee bei uns sitzen. Die wünschen uns eine Müllverbrennungsanlage an den Hals. Da sage ich dann: «Nein, das hier gehört alles uns.» Bums.

Beliebt ist es auch zu sagen: «Kost' aber viel Heizung?» – Das sind die Geizigen.
Man überlebt sie alle, bis man sich selbst überlebt.
Weiter in der Jahnn-Biographie. Die angelsächsische Komik, mit der sie geschrieben ist.
Keine Musik, nichts; auch nicht lesen. Schlafen. Als ich schon hinüberdämmerte, riß es mich wieder hoch, das Herz pochte. Ich ging in die Dusche und brauste mir die Beine, dann zog ich ein frisches Nachthemd an, klopfte die Kissen und legte mich. Dies ist dein Leichentuch, war zu denken.

Heute ist der Tag der heiligen **Agatha**:

> Mit den Händen an einen Balken gehängt, werden ihr die Brüste mit einer Zange zerrissen, mit einer Fackel gebrannt und schließlich abgeschnitten. Ein Greis – Petrus – erscheint ihr im Kerker mit heilendem Balsam, aber sie weist die Erquickung zurück, tags darauf legt man sie auf spitze Scherben und glühende Kohlen, bis sie stirbt.

Lassen wir das.

Nartum Mo 6. Februar 1989

Bild: Aids-Gefahr / Heroin-Spritzen auf Spielplätzen
ND: Ehrenbanner für herausragende Leistungen im Wettbewerb zu Ehren des 40. Jahrestages der DDR

Hildegard hatte gestern und heute ihren Lesetag, das empfinde ich als ein Kompliment, wenn sie still und stumm, saugend-schnaubend in ihrem Pavillon sitzt und in das aufgestellte Buch hineinsieht. «Meine Frau liest.» Daß sie in Ruhe lesen kann, das ermögliche ich ihr immerhin.
Am Nachmittag habe ich die Hühnerchen zum Spazierengehen bewegen können. Die Sonne schien einen Moment, irgendein Frühlings-Vogel pfiff, die Luft hatte einen Anflug von Lauheit.

Da ließ Richard sich nicht lange bitten. Als Oberhahn ging ich voran, und das ganze Volk folgte mir.
Eine Frau rief an, ob wir nicht einen Pfau brauchen, 200 Mark, einjährig, weiß. Der kreischt dann über das ganze Dorf hinweg.
Die Ehlers-Tagebücher liegen seit 1980 hier! Erst jetzt entfalten sie ihre Wärme. Ich versuchte Frau Ehlers anzutelefonieren – kein Anschluß unter dieser Nummer. Dann ließ ich mir alle Ursula-Ehlers-Nummern geben (sechs Stück!), und da erwischte ich sie. Ihr geht es nicht gut, aber sie will weitere Tagebücher fotokopieren und mir schicken. Nettes Gespräch.
Bin ich denn ein Menschenliebhaber?
Oldenburg, zwei Blockseminare. Die verwahrlosten Gebäude – schrecklich. Auf dem Parkplatz sprach mich ein Germanist an: Wie lange ich schon in Oldenburg sei? Was? Acht Jahre? Und noch nie in einem germanistischen Seminar aufgetreten? Das muß sich aber schnell ändern!
Eine Studentin meckerte heute dauernd dazwischen. Ich sagte, mein Ideal wäre es immer gewesen, als Vater der Schulkinder zu gelten.
Sie: Aber wenn die Kinder zu Hause einen schlechten Vater haben?
In der Nacht räumte ich in der Bibliothek allerhand Rezensionsexemplare aus den Regalen. Es ist unglaublich, was so alles für den Heizungskeller produziert wird. Neuerscheinungsliteratur. Flaches, maniriertes, verlogenes Zeug.
Heute kam ich nicht auf den Namen Richter, Hans Werner Richter. Ich assoziierte die Namen: Kuchenbäcker, Hohnejäger, und dann war Richter schon da. Kuchenbäcker, das war ein freundlicher Mitgefangener meines Bruders, von dem er später viel erzählte. Ich dachte wohl, wie gut, daß es den gab, der hat den Richterspruch gemildert.
Hohnejäger? Woher? Altstadt von Rostock? Ich glaube, das war ein Rohling, der sich gern prügelte. – Bedeutet: So hätte es auch ausgehen können, im Gefängnis damals, mein Lieber. Der «Richterspruch» ist unwirksam, wenn die Umstände entsprechend sind.

Und Hans Werner Richter? Vor einiger Zeit sah ich ihn in München bei einem Empfang, in seinem guten Anzug stand er da, ziemlich verlassen in einer Ecke. Ich redete mit ihm, weil er mir leid tat.
Ich besuchte ihn mal in Berlin, fragte ihn ein wenig aus. Sein pommersches Deutsch wirkte durch das schlecht sitzende Gebiß noch schwerfälliger. «Im Etablissement der Schmetterlinge» ist er auf Walser und Böll nicht gut zu sprechen. Auch Enzensberger kriegt sein Fett ab. «Meine Reise nach Rußland mit Hans Magnus Enzensberger» heißt das entsprechende Kapitel. Das ganze Buch ist sehr zu empfehlen. Es wird nicht über die erste Auflage hinweggekommen sein.
In dem Buch liegt ein Prospekt seines Ponyhofs als Lesezeichen:

> Woran mag es liegen, daß Kinder sich bei uns so wohl fühlen?
> Bei uns verleben die 7–14jährigen ihre Ferien ganz ungezwungen in einer Marschlandschaft mit Bauernhöfen. Unser Ponyhof liegt ca. 2 km von der Nordsee entfernt in der Nähe von Busum. Er ist 12 500 qm groß, mit Obstgarten, Fischteich und einer großen Spieltenne mit Vorplatz. Auf unserer Weide stehen Isländer, Norweger, Welsh und Shettys. Dazu kommen Esel, Hunde, Katzen, Enten und Kaninchen. Das Tagesprogramm umfaßt: Reiten, Kutschieren, Baden in der Nordsee oder im Wellenbad in Busum, Wattlaufen, Wettkampf-, Ball- und Gesellschaftsspiele. Höhepunkte sind Lagerfeuer, Lampionfahrten, Laienspiele, zeitweilige Autorenlesungen für Kinder und Begegnung mit Schriftstellern.

Unsereiner spielte als Kind mit einem Brummkreisel. Ab und zu kam ein Auto vorüber. Nichts ist mir ekelhafter als Reiter zu sehen. Dieses Gängeln der Kreatur! Unästhetisch, widerlich. Bei Mädchen mag's noch hingehen.
Er fragte mich: Warum kommst du nicht einfach mal vorbei? – Von Nartum bis zu ihm, das sind drei Autostunden. Irgendwann zu Pfingsten waren wir dann tatsächlich mal dort. Wir standen zwei Stunden auf der zugigen Diele herum und fuhren wieder nach Hause. Bei dieser Gelegenheit lernte ich übrigens Albrecht Knaus kennen, das muß so 1976 gewesen sein, braungebrannt, mit Lederjäckchen.

Die heilige **Dorothea** wurde in wallendem Öl gefoltert. Als auch ein gütliches Beschwören des Richters nichts vermochte, ließ er sie mit den Füßen an das «Folterpferd» hängen, geißeln, die Brüste mit Fackeln brennen und schließlich enthaupten.
Dies alles ließen sich die Menschen antun ihrer Überzeugung wegen.

Nartum Di 7. Februar 1989

Bild: BfA-Präsident: 6,5 Millionen verschleudert?
ND: Dynamische Leistungsentwicklung der Volkswirtschaft im Januar

Wind ums Haus. Das sind die verspäteten wilden Heerscharen. «Der Nachtwindhund weint wie ein Kind, dieweil sein Fell von Regen rinnt.»
Ich verzichtete auf meine Spaziergangsrunden und setzte mich an den Computer. Die Speicher füllen sich ganz allmählich wie Bienenwaben.
Frau Brenk hat Angst vor Mäusen. Neulich hätten drei auf der Kellertreppe gesessen und sie angeguckt. Der Nachbar habe gemeint, das seien Erdschnüffler. Dabei gäb's die doch gar nicht. Hildegard meint, nach der Beschreibung müßten das nützliche Spitzmäuse gewesen sein. – Frau Pfeifenbring, so wurde berichtet, mache sich nichts aus Mäusen. «Wenn ich nachts das Licht anmache (die Nachttischlampe anknipse), dann huschen da immer Mäuse weg!» – Frau Brenk: «Hu!» Spinnen könne sie ab, aber keine Mäuse. *Ich* meine, im Schlafzimmer brauchen sie ja nicht gerade herumzulaufen.
Heute morgen war ich in Gyhum und ließ mich massieren. Ich sollte meinen Arm auf ihrem Oberschenkel deponieren. Ich fand das anstößig.

Nartum Mi 8. Februar 1989

Bild: 35 Schlaftabletten / Björn Borg Selbstmordversuch
ND: Dank Gorbatschows an die Bürger der DDR / Für die freundschaftliche Anteilnahme und brüderliche Hilfe im Zusammenhang mit der Tragödie des fürchterlichen Erdbebens in der Armenischen SSR / Über 260 000 Kandidaten werden von ihren Arbeitskollektiven geprüft / Vorbereitung der Kommunalwahlen

In fünf Jahren täglichen Trainings habe ich es nun so weit gebracht, daß ich mit den Fußzehen alles vom Boden aufheben kann. Wäsche ohne weiteres, schwieriger schon Zeitungen oder meinen Kamm. Den Kamm schiebe ich dann bis an den Rand der Treppe, lasse ihn halb überstehen und greife sodann mit den Zehen zu. Hierbei ist die große Zehe absolut unentbehrlich. Stelle mir vor, ich träte in einer Fernsehshow auf. «Wetten daß», oder so.
Der Herbst mit seinen vielen Lesungen versinkt allmählich, ich kann mich kaum noch an Einzelheiten erinnern. Irgendwo wurde ich von dem Gastgeber in seiner Einführung als «Knacki» vorgestellt. So was bleibt haften.
Zwei Anhalter auf der Nachhausefahrt, nein danke, sie wollen lieber ein Auto nehmen, das sie *ganz* nach Hamburg bringt. – Nächstens sagen sie noch: Nein danke, wir fahren nur Mercedes.
Hose gekauft.
Ich: «Das ist ja eine Kellnerhose ...»
Verkäuferin: «Mir ist ganz egal, wie Sie diese Hose bezeichnen.»
Alles ist so weit weg: Fechner mit seinem Kampf und Krampf, Raddatz mit seinen kalkulierten Frechheiten, die Kinder als Babys, um Hilfe schreiend. Und die kranke Frau nebenan. Das finstere Breddorf mit Klaus Beck, und Göttingen mit den Jungen. Da taucht so manches auf. Das nach Senoussi riechende Zimmer meiner Mutter in Altona. Saal 3 in Bautzen: Das Ave verum – und dann lange nichts, dann schiebt sich Helga Feddersen dazwischen und die Seippel. Eine Weihnachtsszene ist noch sehr lebendig, 1935, die kleine Feldküche und das Wohlwollen

des Vaters, der Gang durch den Schnee zum Großvater. – Das Männlein-Spielen, ich bin immer noch ein Kind, spiele Mann. Existenzen: Krickeberg, der ein Karussell gebastelt hatte, das bin ich; Walter Görlitz und die Zinnsoldaten; der Oberst mit seinen Wurzelzwergen. – Alles umsonst, die ganze Schinderei. Man hatte mich nicht gewarnt.
Der innere «Friede» ist noch nicht wieder eingekehrt, vom äußeren ganz zu schweigen. Jeden Tag ist etwas anderes, kaum, daß man zu dem für die Arbeit nötigen Gleichmaß findet.
Heute war Simone da, die mich entlastet, weil sie «Echolot»-Texte eingibt. Ich konnte mich, obwohl «hinfällig», den Fotoalben zuwenden, von denen ich ganze Seiten für das «Echolot» heraussuche.
Das «Echolot» wächst sich zu einem gigantischen Monstrum aus. Ohne Computer ginge es gar nicht. Eine infantile Befriedigung verschafft der Spardoseneffekt, denn jeder eingegebene Text macht mich zum erfolgreichen Hamster. Interessant ist es, wenn ich beim Eingeben von Texten auf bereits Vorhandenes stoße. Dann beginnen die Toten miteinander zu reden.
Heute habe ich eine szenische Lesung aus dem «Echolot» für Göttingen entworfen.

2000: *Inzwischen gibt es das häufiger. In Essen, Gelsenkirchen, Berlin, Marburg. Die Simultanlesung in der Berliner Parochialkirche.*

Das Monstrum hat nur Aussicht auf Erfolg, wenn es gestützt wird durch allerhand Nebenunternehmungen: Lesungen, Hörspiele, Vorabdrucke. Seine Wirkung wird in der Ausführlichkeit liegen. Übersichten und Exemplarisches hat man uns nun lange genug vorgeführt. Wir müssen wieder zu den Quellen hinabsteigen, und wenn es das letzte Mal ist.
Absolute Stille draußen. Mein Kopf ist «zu» oder «voll». So voll wie ein Überlaufbecken, ich bin nicht mehr in der Lage, Musik zu hören. Ab und zu spiele ich einen Bachchoral. «O Ewigkeit du Donnerwort!» – Das hab' ich dann ganz für mich. Vielleicht

sollte ich mir für den Bibliotheksgang doch eine größere Orgel anschaffen, mit Pedalen, und dann wieder damit anfangen? – Ein schöner Quint-Sext-Akkord (d-Moll) erfreut mein Herz. Und auf: «... dann wird sie *enden* diese Pein», auf *enden* ein verminderter Akkord. Ich spiele das immer wieder. Der verminderte Akkord ist «bachisch», er weist zurück auf vieles andere, das man von ihm gehört hat. Auch das ist Heimat.
Spaziergang. Im Gebüsch hängen noch immer Überreste von der Sylvesterknallerei.
Vorm Haus ist ein See entstanden, unser Überwasserreservoir im Keller droht überzulaufen, ich betätige mich als Schlauchsauger: Triumph des Physikunterrichts.
TV: Valentin-Filme. Doch etwas dummerhaft.

Heute sollte des heiligen **Johannes von Malta** gedacht werden, der den Trinitarierorden gründete zum Loskaufen von Gefangenen.

Nartum Do 9. Februar 1989

Bild: Heroin / Carlo von Tiedemann einer Süchtigen hörig
ND: Eng verbunden mit dem Volk wird unsere Partei ihren Kurs konsequent fortsetzen

Gestern im Fernsehen: «Tadellöser», erster Teil. – Als Huldigung gedacht für meinen Geburtstag. Hinsichtlich des Honorars profitieren Fechner und ich gegenseitig von unseren Geburtstagen. Ich machte eine neue Video-Aufnahme, da die alte zu verblassen beginnt.

1999: *Meinen 70. überging das ZDF mit Schweigen, da herrschte der «Laden» von Strittmatter vor.*

Die Harzreise und die Klavierstunde, das sind schöne Kabinettstückchen. Am besten gefällt mir immer noch der Familienkrach, als der Vater unverhofft auf Urlaub kommt.

Gott, wie weit weg ist das alles! Und wie wesentlich anders war es in Wirklichkeit.
«Spiegel»-Interview mit Stephan Hermlin. Er meint, daß die DDR auf dem Gebiet der Ökonomie ein erfolgreiches Land ist und daß die DDR reife. «Wir reifen.» Es gehe ein großer Reifeprozeß unter den Kommunisten vor sich. Er bezeichnet Ulbricht als einen harten, mutigen Mann.
Hager hat gesagt, die DDR müsse ihre Wohnung nicht neu tapezieren, bloß weil der Nachbar das tut. – Diesen Mann hätte ich gern mal kennengelernt. Es ist interessant, verbohrte alte Männer zu sprechen. Ihre Härte. Ich möchte gern, daß sich ein harter verbohrter Mann meiner annimmt.
Ein Tonmensch hatte mir im letzten Herbst übers Wochenende ein Weltall-Lauschgerät für den Fernseher in den Garten gestellt. Ich empfing tatsächlich 20 Sender, aber es war überall ganz uninteressant. Am nächsten Tag kam ein Orkan, und der Spuk war verflogen. Das Weltall gab nichts mehr her.
«Haumiblau», den Ausdruck kannte er auch. Und «Iwiedumm». (Den kannte *ich* nicht.)

Nartum Fr 10. Februar 1989

Bild: Mit 2 Rädern auf Bürgersteig/Fußgänger erschoß Autofahrer
ND: Grundrichtungen zur Vertiefung der Kooperation DDR–UdSSR vereinbart

Hildegard hat für mich in Zeven einen Blumenstrauß gekauft. Die Studenten morgen werden sich über den Luxus wundern, der bei uns herrscht. (Wie bei Frau Knef in Berlin, bei der in jedem Zimmer große Blumenarrangements standen. Allerdings künstliche. Sogar die herabgefallenen Blütenblätter waren künstlich.) Ob man Seidenblumen zur Reinigung geben kann?
Rechnungen erledigt. Seminar-Annoncen in der ZEIT kosten 270 DM.

Ein für den Sommerclub vorgesehenes Mädchen lehnt meine Einladung bedauernd ab, sie sei für die Ferien ausgebucht. Sie wolle eine Brieffreundin in England besuchen, erhalte selbst Besuch von einer Freundin aus Finnland, und außerdem fahre sie mit ihren Eltern noch 14 Tage in die Provence. – Ich fürchte, daß sie es in ihrem Leben nie bedauern wird, meine Einladung abgeschlagen zu haben.
Ideale Vorstellungen von einem Zusammenleben mit Jugend. Ein bißchen stefan george spielen. Weiße Umhänge tragen und blumenumkränzte Reigen veranstalten. (Hundstage!) In der Verfilmung von Wells' «Zeitmaschine» kam so was vor. Die schöne Jugend durfte sich nur von Früchten nähren und wurde anschließend aufgefressen.
Heutzutage werden eher Männer aufgefressen, auch wenn sie sich nicht von Früchten nähren. Monstrositäten im Scheidungsrecht.
Blütenlese aus dem letzten VHS-Seminar:
«Ich habe Ihr Buch gelesen.» – «Welches?» – «Uns geht's ja noch golden.»
«Der Name ‹Tadellöser› ... haben Sie den vom Film?»
«Mein Vater bewirtschaftete zehn Morgen Wind hinterm Haus.»
«Der redet viel, wenn der Tag lang ist.»
23 Uhr. – Es war ein wunderbarer Tag, voll geheimnisvoller Halluzinationen. Starke energetische Erinnerungsüberfälle, wie von einem Sender angepeilt: Meine Buntstifte beim Scharlach. Das Enklave war wie ein Kraftschub. Sonderbar.
Im TV das Charlottenburger Schloß, ganz interessant. Die Russen haben's 1760 verwüstet, dann 1945. Und trotzdem ist alles wieder okay. Ich wußte gar nicht, daß das bekannte Napoleon-Bildnis dort hängt. Die Prinzessinnengruppe von Schadow. Der Film war etwas zu stark ausgeleuchtet. So hell hatten sie's doch damals nicht.
Neuerdings haben wir Ratten im Hühnerstall. Hildegard guckt mich ratlos an. Ich weiß es ja auch nicht.
Der Kater ist riesengroß geworden. Kommt öfter mal blessiert nach Haus. Ich kämme die Katzen morgens nach dem Frühstück,

was sie vor Wohlbehagen fast irre werden läßt. Sie schnurren so laut, daß der Munterhund von vorn gelaufen kommt. Nachmittags liegen sie verknäuelt auf dem Bett.
Fastnachtswahnsinn, Rosenmontag. Und sie haben keine Ahnung, *weshalb* sie eigentlich feiern. Sie feiern ja sogar in rein evangelischen Gegenden, wo sie vom Fasten noch nie was gehört haben, es sei denn in kosmetischen Kursen.
Ich habe gehört, daß professionelle Tabakschnupfer nach Gebrauch des Pulvers nicht niesen dürfen, das gehöre sich nicht. Hier niesen sie, um im Vergleich zu bleiben, ohne geschnupft zu haben. – Das war schon ziemlich jämmerlich, wie der alberne Helmut Schmidt plötzlich öffentlich zu dem Schnupfhorn griff und kleine Pyramiden auf dem Handrücken aufhäufte! Kam mal ein Referent, bei einer größeren Veranstaltung und sagte zu mir, Schmidt möchte mich gern kennenlernen. Er saß am Tresen, guckte sich kurz nach mir um (ohne die Zigarette aus dem Mund zu nehmen) und reichte mir die Hand über die Schulter.

2001: *Nichts gegen Loki: Sie hat mir mal was Hübsches in mein Poesiealbum gezeichnet.*

Hildegard holte aus Zeven griechisches Essen. Ich fraß mich endlich mal wieder satt. In deutschen Gaststätten werden keinerlei Gewürze mehr verwendet, bei Schlachtern sind sie unbekannt. Preßkopf ohne Kümmel, das ist die Regel, und zu Gurken fallen ihnen nur Senfkörner ein. Knoblauch gilt als proletarisch. Bevor wir in das gewürzlose Zeitalter aufbrachen, gab es bei der Firma Ostmann Schränke mit Gewürzfläschchen zu kaufen, ich glaube, keine anständige deutsche Hausfrau hat auf den Erwerb dieses Schränkchens verzichtet, und keine sie je benutzt. – Vanille natürlich.
Herrgott, wie schmeckte früher die deutsche Wurst gut! Vorbei, vorbei!
Paprika besteht nur noch aus roter Farbe, scharf ist er keinesfalls.

Folgt die Inspektion des häuslichen Gewürzschrankes:
Was fällt Ihnen dazu ein, mein Herr?

Bohnenkraut	Kräutersalz
Cayenne-Pfeffer gemahlen	Kümmel
Curry	Majoran
Dillspitzen	Muskatblüte
Endoferm für Salate	Nelken gemahlen
Estragon	Petersilienpaste
Grüner Pfeffer	Thymian
Ingwer	Vanille
Kerbel	Zimtstangen
Koriander	

Und dafür sind die Leute früher mit Koggen um ganz Afrika herumgefahren. Zwiebeln sind heute, wie schon gesagt, ohne jede Schärfe, man kann sie wie Äpfel essen.
Gehört nicht hierher: Aber einmal in meinem Leben möchte ich noch Rosen riechen. Heute nur noch Gemülle.

Wilhelm von Maleval, Heiliger unbekannter Herkunft, ließ sich nach ungebundenem Jugendleben in eine unabnehmbare Rüstung einschmieden und pilgerte mit darübergelegtem Bußgewand im Jahre 1145 nach Rom und ins Heilige Land.

Nartum So 11. Februar 1989

Bild: Kuli über Elstner: So wird das nix / Momper: Ich sehe immer schlechter / Nach Grünen und Republikanern – jetzt: Auto-Partei gegründet
ND: Neue Vorhaben der Bauern für hohen Ertragszuwachs

T: Ich habe den Ausweis eines Juden gefunden und weiß nicht, was ich damit anfangen soll. Ob ich ihn vielleicht gefährde, wenn ich ihm den zurückbringe. Ich schicke ein Kind, sehe auf andern Fotos, wie das Kind sich dem Haus nähert, und ich sehe, daß das Haus in Trümmern liegt. (Berlin!)

Gestern hatten wir hier ein Colloquium, Abschluß des Wintersemesters. 15 Studenten aus Oldenburg kamen. Wir saßen von 10 Uhr früh bis Mitternacht zusammen, das waren alles in allem 14 Stunden.
Das allgemeine Klönen hat mir gefallen, alles ganz nette Typen, eigentlich Kinder. Für mein Archiv nutzte ich die Chance und ließ punktuelle Schulerinnerungen erzählen bzw. aufschreiben. Auch das ist Plankton, das man sich genauer anschauen sollte. Auffallend war, daß kein Lehrer-«Original» in den Erinnerungen vorkam. Ein sonderbarer Mangel an Gemüt in allen Geschichten. Vielleicht hängt beides miteinander zusammen. Die Ernte, die ich bei «Durchgemogelt» hielt, war reicher.

> Wenn ich damals die Tafel bei unserem alten Kommißlehrer gewischt habe, hat er die Lehrerpultschublade aufgezogen, in eine Tüte gefaßt, ein fruchtig goldenes Gummibärchen herausgenommen, es durchgerissen und mir ein halbes in die Hand gegeben. (Eine Studentin)

> Ein Junge hat eine Käseschachtel mitgebracht. Zu Hause mit Watte ausgelegt. Der Deckel war durchsichtig. Er hat dann allen erzählt, daß das der Finger seines Ur-Ur-Großvaters sei, den er im Krieg verloren hatte und den sie aufbewahrt haben. Unten in der Schachtel war ein Loch, wo er dann seinen Finger durchsteckte! Wir sahen immer nur *seinen* Finger und haben das alle geglaubt. (Eine Studentin)

Heute Nachmittag waren wir – zur Belohnung – in Hamburg. Dort kauften wir 50er-Jahre-Glas und zwei Belutschistan-Brücken für die Bibliothek. Wunderbare Stücke, verhältnismäßig billig. Nach getätigtem Kauf – der die ehelichen Bande festigte – zeigte der Verkäufer uns herrliche Perser im Obergeschoß. Wahre Wunderwerke. Ich konnte mich nicht sattsehen. Kaufen hätte ich aber nichts mögen (und können). Ich mag keine teuren Sachen

im Haus haben. Ich will keine Angst vor Dieben haben. Leute, die bei uns klauen, sind schön angeschmiert.
Das 50-Jahre-Glas war sehr billig. «Das will keiner kaufen», sagte die Verkäuferin. Ein zitronengelber Aschenbecher ist dabei, wie ein Harlekin. Anschauungsmaterial für M/B.
In Gent haben sie eine Oper über Ulrike Meinhof aufgeführt. Ob da Leitartikel gesungen wurden? Baader in Fistelstimme? – Die Meinhof jedenfalls in Alt. Das wird in den ewigen Schatz deutscher Kultur eingehen. Klaus Umbach im «Spiegel»:

> Klingt schon merkwürdig: «Sexistischer linker Bulle» in d-Moll, 4/4 Takt; oder mit schrillem Crescendo rein, in die Fresse der Kapitalisten ... – Was die Meinhof durchgemacht habe, sei, so jedenfalls sieht es der Librettist Geerts, antike Tragödie, vergleichbar dem Schicksal der Antigone von Sophokles.

Am Abend sah ich den aufgezeichneten Rühmann/Moser/Lingen-Film: «Ungeküßt soll man nicht schlafen gehn», von 1936. Gott, wie habe ich gelacht! Der unsterbliche Hans Moser. Damals sprang er noch die Treppen hinauf! Auch Annie Rosar war dabei. Schade, daß man von den Schauspielern nichts Näheres weiß. Die Umstände, unter denen die Filme entstanden. Ob's da ein Archiv gibt? – In Reclams Filmlexikon sucht man den Film vergeblich. Jeder amerikanische Dreck ist abgehandelt, aber nicht dieser lustige Film. Auch im Lexikon der Kinofilme fehlt er. Auch im Cinegraph keine näheren Angaben.
Das Jahr 1936 wäre auch ein «Echolot» wert.

Nartum So 12. Februar 1989

Welt am Sonntag: CDU/CSU. Sofortprgramm gegen Asylmißbrauch. Visumzwang für Polen und Jugoslawen / Erste Asylanten-Anhörung künftig binnen 48 Stunden
Sonntag: Die sanfte Erpressung. Zur Praxis der Theatermodelle Brechts. Von Werner Hecht

T: Ich stehe in der Schulmeister-Wohnung und klebe Fotos ein. Das Rascheln des Zwischenpapiers.

Heute schmökerte ich etwas im Wohltemperierten Klavier. Auf den Noten die Schnabelspuren von Pipsi, dem Wellensittich, der die Blätter während des Spiels anknabberte. Er ist nun schon ein paar Jahre tot.

Wie KF als Kind sofort zu weinen anfing, wenn er die Orgel hörte, und mich bat, nicht zu singen: «Nicht, Vater!» Hielt mir den Mund zu.

Dorfroman: Heute den ersten Finken schlagen hören. Unsere Hühner laufen jetzt wieder im Garten herum, etwas bleich und mitgenommen von der Winterpause. Meine Freundin hat graue Federchen bekommen und sieht absolut desolat aus. Hildegard meint, sie haben schon wieder ein Ei gelegt. Rennt sie denn da dauernd hin? Komischer Vorgang: Körner rein, Ei raus. – Die vollkommene Form des Eies. So vollkommen wie Schneeflokken oder Plankton.

Lange am Computer gesessen. Das Abspeichern. Eben schreibt man, bums speichert er ab, und man sitzt da und wartet. Es sind nur Sekunden, aber sie kommen einem wie eine Ewigkeit vor.

TV: Endlich mal wieder ein lustiger Fernsehabend, nur durch Zufall schaltete ich ein: «Zoff in Beverly Hills». Ich habe ihn aufgenommen, leider fehlen die ersten zehn Minuten. Sehr komisch und zeittypisch. Sollte man nicht meinen, daß die Amis so was hinkriegen. In Deutschland könnte ein solcher Film nicht entstehen.

Ich ging noch lange in der Galerie auf und ab, eine Katze auf dem Arm, den Tränen nahe: Das Gefühl, *an*gekommen zu sein, wurde übermächtig. Eine traurige Heiterkeit, «daß alles so gekommen ist». Damals, im April 1945, hätte auf der Spandauer Brücke nur ein Posten zu stehen brauchen, dann lebte ich heute nicht mehr.

«Es ist ganz ausgeschlossen, daß Sie nach dem 20. April noch aus Berlin rausgekommen sind. Alle Brücken und alle Ausfallstraßen waren gesperrt», schrieb einer. Es war aber so. Nach meiner

Rechnung war es der 21. April. Die ganze Nacht über hatte ich mich noch auf einem U-Bahnhof rumgedrückt. Dann mit der S-Bahn bis in die Nähe von Oranienburg, wo bereits alles dicht war, Verwundete kamen mir entgegen. Dann nach Spandau mit der S-Bahn und dort gegen Mittag über die Brücke. Die Sonne schien, und es war reger Betrieb, auch Hausfrauen zum Einholen zeigten sich. Auf der Spandauer Brücke habe ich keinen Posten gesehen.
Ich glaube nicht an Schutzengel, aber ganz offensichtlich wurde ich damals von einer Gruppe dieser geflügelten Wesen eskortiert: bin einfach rübermarschiert.

Nartum Mo 13. Februar 1989

Bild: Elstner gesteht: Ich wollte aufhören
ND: Begeisternder Auftakt beim Treff Roter Sänger / 19. Festival des politischen Liedes

Post: Eine Dame will mir ihre Memoiren schicken. «Ich wäre bereit, sie Ihnen – jedoch nicht unentgeltlich – zum Abdruck zur Verfügung zu stellen, möchte mir aber ihre weitere Nutzung vorbehalten.» Sie sei ein «Otto-Normalverbraucher»-Zeitgenosse.
Ich sah mir heute ein Buch über Mikrokosmisches an. Die Gesichter der Insekten unterm Elektronenmikroskop. Um so etwas zu sehen zu kriegen, braucht man nicht nach fernen Planeten zu suchen. Kann schon verstehen, daß Jünger sich sein Lebtag mit Käfern beschäftigte. Für mich wäre das nichts. Die «Radiolarien» als Symbole für Menschen sind nicht weniger wunderbar.
In einem Buch über Friedrich II. (von Henri de Catt, dem holländischen Vorleser des Königs). Er schreibt von Plünderungen der Preußen und Österreicher, daß sie ganze Häuser einrissen vor Gier. (So weit gingen die Russen nicht, die brannten lieber ab, auch das, was ihnen bereits gehörte.) – Friedrich II. hat ihm was vorgetanzt und hat die holländische Sprache nachgeäfft. Kleine

ermüdende Anekdoten, aber: Husaren flanierten Arm in Arm, und Panduren lehnten den Pardon ab, den man ihnen gewähren wollte, ließen sich also lieber erschießen, als daß sie in Gefangenschaft gingen.
Über Rossini: Flüchtiges Bedauern, daß ich kein Italienisch kann. Ich müßte es wenigstens bis zum Lesen schaffen.
Daß Streichquartette eine deutsche Angelegenheit sind, kapiert man sofort.

Nartum Di 14. Februar 1989

Bild: Lafontaine geschieden / Sie folgte Tatort-Kommissar nach Berlin
ND: Wanderfahnen für beste Leistungen im Wettbewerb / 105 Betriebe und Einrichtungen werden geehrt

Seitdem ich das Interesse an meinen Träumen verloren habe, träume ich wirrer. Das Unbewußte strengt sich nicht mehr an. Es wird disziplinlos.
Hildegard und ich waren in den letzten Tagen damit beschäftigt, wütend Geld auszugeben.
Verräterisches Schuhwerk tragen.
Post: Angebot einer großen Menge von Feldpostbriefen aus Prag und Rußland, geschenkt, ohne irgendwelche Einschränkungen. Ich sehe die Mengen der Briefe und Tagebücher und Fotos vor mir, die täglich auf der Müllhalde landen.
Ein Herr schreibt, seine EU-Rente gebe wenig her, und eine Einnahme aus seinem «Aufgeschriebenen» – das er mir schicken will – wäre höchst willkommen.
Dorfroman: Der Munterhund brachte uns heute ein Hühnerei, vorsichtig hielt er es zwischen den Zähnen. Wenn wir Kaffee trinken, liegt er gern auf der Galerie und guckt die Allee entlang, auf der, weit hinten, Kaninchen von links nach rechts laufen. Das ist für ihn eine herrliche Unterhaltung.

Literatur über Hitlers Verdauungsbeschwerden und Erich Kubys interessantes Buch «Mein Krieg». Ich habe die Eintragungen sofort mit meinen «Echolot»-Texten verglichen und auch gleich angefangen, einige einzugeben. Daß der Titel «Mein Krieg» sich auf «Mein Kampf» bezieht, versteht kein Mensch. Beeindruckend ist die Lebensstrategie dieses Mannes, wie er den Abbau seiner Wohnung in Berlin organisiert und seiner Frau sagt, sie soll an den Bodensee ziehen. – Ich weiß noch genau, daß ich im Herbst 1944 meinen Vater fragte, wieso er nicht ein Grundstück im Rheinland kauft. Damals hätte man noch übersiedeln können. Das Nächstliegende, Plausible wird oft übersehen, weil man mit tückischen Komplizierungen des Lebens rechnet. An Hausrat festhalten wollen, der sowieso verlorengeht.

Dorfroman: Adi, der Kater, ist durch das Puppenhaus gekrochen. Sehr komisch wie er sich durch die Tür zwängte. Im Winter hat er auch schon mal im Vogelhäuschen gelegen.

Den Abend verbrachte ich vor dem zweiten Teil von Fechners Maidanek-Prozeß. Gegenüber dem lyrischen, fast mädchenhaften «Damenstift», ist das eine titanenhaft klotzige Collage von ungeheurer Spannung. Ein großartiges Meisterwerk. – Wir Deutschen haben offenbar sehr viele solcher Meisterwerke, daß wir es uns leisten können, sie mit Stillschweigen zu übergehen.

Sie habe immer eine Peitsche in der Hand halten müssen, sagt eine Aufseherin, damit habe sie dann nervös an den Stiefelschaft geklopft.

2000: *Fechners Film ist über den reißerischen Hollywood-Produktionen gänzlich in Vergessenheit geraten.*

Kaum jemals sieht man ein hübsches Gesicht, nur die anmutigen Kinder. Früher mag einheitliche Tracht alles kaschiert haben.

Spät noch ging das Telefon, aber auf der anderen Seite war niemand dran. Leider war ich elend, zittrig und schwach, flüsterte da ein bißchen was von Hallo?, hätte lieber brüllend forsch sein sollen. Mit Zittrigkeiten lockt man Diebe nur an. Also, Kempowski, raffe dich zusammen das nächste Mal.

Keine Zeitung. Bin beleidigt. Rannte dauernd wieder zum Briefkasten. Ich bin sicher, daß der Briefträger die Zeitung vergessen hat.

Nartum Mi 15. Februar 1989

Bild: Asylanten / Aussiedler / Umsiedler: 500 000 kommen
ND: Kandidaten für die Kommunalwahlen am 7. Mai stellen sich in ihren Arbeitskollektiven vor

T: Langer Traum über Kunst. «Die gestaltete Abnormität ist das, was wir Kunst nennen», diese Definition. Sodann in immer neuen Variationen ein angeblich von irgendwelchen «Alten» (Inkas?) variiertes Muster: Also jeweils ein Quadrat mit irgendwelchen kostbar hergestellten Hieroglyphen, aus Edelsteinen.

7.30 Uhr. – Gestern war zum Kaffee eine Renommierfrau da, die mich ärgerte, weil sie ununterbrochen aufzählte, was für herrliche Kunstwerke ihre Mutter besessen habe, und alles verschleudert. Uralte Bremer Familie, so in diesem Stil. Unser Haus hier bezeichnete sie als schnuckelig, was mich auch ärgerte. Obwohl sie ja eigentlich recht hatte.
Langer, langsamer Spaziergang im Garten, immer rund herum. Ich überdachte meine verschiedenen Projekte. Das «Echolot» sehe ich als «sachliches» Gegenstück zur Chronik. Jene ganz subjektiv, dieses, wegen der vielen unterschiedlichen subjektiven Sichtweisen, mehr *objektiv*. Die drei Befragungsbücher der Chronik bilden das Bindeglied zwischen Chronik und «Echolot». Beides zusammengenommen ist dann «authentisch». Ideal wäre der Leser, der *alles* liest. Aber welcher Autor wünschte sich das nicht.
«Und wer soll das alles lesen?» – dieser blöde Ausspruch einer Generation, die vor Freizeit nicht mehr geradeaus gucken kann. Eine ganze Industrie beschäftigt sich mit Zeitvertreib. Man müß-

te einen Freizeit-Katalog herausgeben. In dem würde jedenfalls das Lesen umfangreicher Bücher ganz obenan stehen.
Maidanek-Film: Eine Jüdin erzählt, sie hätten beim Transport einem deutschen Soldaten 80 Golddollar gegeben, nur für ein bißchen Wasser. Er habe das Geld genommen und *kein* Wasser gebracht. Selbst wenn man ihr heute eine Badewanne voll Quellwasser reichte, würde das die ewige Schande nicht wiedergutmachen, die dieser deutsche Soldat auf uns gehäuft hat.
Eigenartig, wie die Zeugen mimisch agieren, machen alles mögliche nach, singen was vor. – Sie hätten sich freiwillig nach Auschwitz gemeldet, weil Maidanek die Hölle gewesen sei. Es ist unbeschreiblich.
23 Uhr. – Am Abend sah ich auch noch die dritte Kassette des Maidanek-Films – ein diabolisches Meisterwerk. Ein Wunderwerk! Aufklärerisch, menschlich nach allen Seiten.
Ich habe damals sehr wohl mitgekriegt, daß etwas Schreckliches geschah. Es war die Gegenwart der Hölle, die allezeit im Bewußtsein war, obwohl ich nie etwas Konkretes hörte. Eine Jüdin mit Stern begegnete mir einmal in der St. Georgstraße, das war 1942, und der Kaufmann Hirsch natürlich, der Synagogendiener, d. h. dessen Sohn. Und dann wurde von diesem oder jenem gemunkelt: «Der ist Halbjude», oder: «Sie ist Jüdin» usw. – 1943 sah ich in Anklam einen Trupp Wehrmachtsgefangener, Matrosen, Luftwaffe, Heer, alles durcheinander, ohne Rangabzeichen. Desgleichen in Oranienburg 1945 einen Trupp KZler, die aber einen kräftigen Eindruck machten. Sie gingen offensichtlich zur Arbeit, marschierten in Kolonne, vielleicht 60 Mann. Und dann das Erlebnis in Kiel, im April 1945, ich habe es in T/W* geschildert. Sonst erinnere ich mich an nichts.
In der Nacht prompt vom KZ geträumt.
Nach so einem Film kommt einem die Musik vom dritten Programm direkt pervers vor.
Sie sagen, in den 20ern wäre keiner der Intellektuellen der Weimarer Republik zu Hilfe gekommen, niemand hätte sich zu ihr

---

* Der Roman «Tadellöser & Wolff», erschienen 1971.

bekannt. Heute ist es nicht anders. Heute ist es ganz selbstverständlich, daß man gegen die Bundesrepublik eingestellt ist. Sie machen große Augen, wenn man sagt: Aber wir leben doch eigentlich recht gut? – Gut? Sind Sie verrückt geworden? In diesem Scheiß-Staat?
O, wird das ein Gejammere geben.

Nartum Do 16. Februar 1989

Bild: Kokain / Süchtige / Tote / Gerettete / Eine feine Gesellschaft
ND: Wahlperiode brachte gute Ergebnisse für die Bürger / Räte geben Volksvertretungen Rechenschaft

Am Vormittag langes Telefonat mit Fechner. Ich sagte: Merkwürdig, daß keiner der Zeugen oder Angeklagten geweint hat. «Das hab' ich alles rausgeschnitten, kann ich nicht aushalten. Haufenweise, ganze Kübel rausgeschnitten.»
Die Russen verlassen Afghanistan. Sollte man da nicht schadenfroh sein? Angesichts der Opfer vergeht einem das. 15 000 sind gefallen, und die Afghanen *beklagen* mehr als eine Million Todesopfer! Von unserer Linken ist dazu nicht allzu viel zu hören.

1999: *Swetlana Alexijewitsch über die erbärmlichen Zustände in Afghanistan:*
Ich sagte mir: Wenn du's jetzt nicht schaffst, wirst du nie ein richtiger Sanitäter ... Beide Beine abgerissen ... Ich band die Stümpfe mit einer Schlauchbinde ab, um die Blutung zu stillen, gab ein Betäubungsmittel ... Ein Sprenggeschoß in den Bauch, die Därme hängen raus ... Verbinden, Blut stillen, Betäubungsmittel ... Vier Stunden hab ich ihn am Leben halten können, dann starb er ...
Es fehlte an Medikamenten. Nicht mal unser gewöhnliches grünes Desinfektionsmittel für Hautwunden gab es. Mal wurden die Medikamente nicht rechtzeitig rangeschafft,

mal war das Kontingent erschöpft – unsere Planwirtschaft! Wir versuchten ständig, was zu erbeuten. Ich hatte immer zwanzig japanische Einwegspritzen in der Tasche. Die sind in weiches Polyäthylen verpackt, man braucht bloß aufzureißen und zu spritzen. Bei unseren Record-Spritzen reibt sich die Papierunterseite an der Verpackung auf, und die Spritzen sind nicht mehr steril. Die Hälfte davon saugt nicht an, pumpt nicht – Murks. Unsere Blutersatzmittel sind in Halbliterflaschen abgefüllt. Willst du einem Schwerverletzten erste Hilfe leisten, brauchst du zwei Liter, also vier Flaschen. Wie sollst du beim Gefecht den Infusionsschlauch eine Stunde lang mit ausgestrecktem Arm halten? Unmöglich. Und wieviel Flaschen kannst du mit dir rumschleppen? Was haben die Italiener? Einliterbeutel aus Polyäthylen, auf denen kannst du mit Stiefeln rumtrampeln, da passiert nichts. Oder: eine normale sterile Binde sowjetischer Herkunft. Klobige Verpackung, die mehr wiegt als die Binde selber. Thailändische, australische Binden sind feiner, sogar weißer ... Elastikbinden hatten wir überhaupt nicht. Die hab ich mir auch erbeutet ... Französische, deutsche ... Und unsere Schienen? Skier und keine medizinischen Hilfsmittel! Wieviel kann man davon mitschleppen? Ich hatte englische, extra für Unterarm, Unterschenkel, Hüfte. Mit Reißverschluß, aufblasbar. Du steckst den Arm rein und ziehst zu. Der gebrochene Knochen ist stillgelegt und beim Transport vor Stößen gesichert.
In den neun Jahren hat sich bei uns nichts Neues in dieser Hinsicht getan. Die gleichen Binden. Die gleichen Schienen. Der sowjetische Soldat ist der billigste Soldat. Und der geduldigste. So war es 1941 ... So ist es 50 Jahre später. Warum ist das so?

«Tadellöser», zweiter Teil.
Ullas Hochzeit, Vater kommt auf Urlaub, Weihnachten ... – Die Frage ist, ob mir die Filme nicht eigentlich mehr geschadet als genützt haben. Während der Dreharbeiten schon immer: «Na,

nun werden Sie aber berühmt, das ist Ihnen doch klar?» Heute bin ich abgestempelt als Witzemacher.
«Mein Neffe hat in Ihrem Film mitgespielt ...»
Bobrowski: «Litauische Claviere». Im Ansatz schon problematisch. Wie will man über eine Oper einen Roman schreiben. Das wichtigste an ihr, die Musik, bleibt unhörbar. Das wäre so, als wollte man einem Blinden ein Bild erklären.
Thomas Mann: Tagebücher. (Allmählich doch zum Kotzen.)

> **Juliana**, Heilige, wird nackt ausgezogen, mit Ruten geschlagen, an den Haaren aufgehangen und, nachdem flüssiges Blei auf ihr Haupt gegossen wurde, gefesselt und in den Kerker geworfen. In Engelsgestalt erscheint ihr der Teufel, aber sie hört nur eine Stimme vom Himmel, erkennt, fesselt und schlägt den Teufel mit den Ketten, die von ihr abfallen, zieht ihn hinter sich her, als man sie aus dem Kerker holt, und wirft ihn auf dem Marktplatz in die Latrine. Sie wird dann aufs Rad gespannt, das ein Engel zerstört, der sie dann heilt, anschließend in einen Kessel mit siedendem Blei gesetzt, bleibt unbeschädigt und wird enthauptet – der Teufel erscheint und muß fliehen, der Richter ertrinkt mit 30 Mann auf einer Meerfahrt.

Alles dies um ihres Glaubens willen. Wenn die Folterknechte mit einem Kübel flüssigen Bleis ankommen, dann ruft man doch rasch: «...also, ich hab's mir überlegt ...»?, oder? Immerhin flüssiges Blei! Die sie heute anbeten, hätten's allesamt getan, abgeschworen.

Nartum   Fr 17. Februar 1989

Bild: Ost-Berlin-Vopo umgefahren – 4 rasten in unsere Vertretung
ND: Vielfältige Vorhaben im 40. Jahr der DDR beraten / Liga für Völkerfreundschaft tagte in Berlin

Hamburg, Bücher für das «Echolot» gekauft bei Hennings für 429 DM.

Es ist schon sehr komisch. Seit 15 Jahren rede ich davon, daß ich die Reihe meiner Romane «Sisyphus» nennen möchte. Krüger, Kolbe, Richter, Knaus, alle haben sie gesagt: Das ist unmöglich. Stattdessen haben sie mir – wer war es eigentlich? – den Ausdruck «Deutsche Chronik» aufgedrängt. Wenn Grass von seinem Sisyphus spricht, nehmen es alle wie selbstverständlich hin.
«Echolot»: Kubys Tagebuchwerk «Mein Krieg» weiter eingegeben. Ich sah ihn mal, da trug er einen gelben Kamelhaarmantel mit umgeschlungenem Gürtel, wie früher die Kavaliere auf dem Kurfürstendamm. Die Tagesnotizen hat er wegen der Militärzensur niemals mit der Post an seine Frau geschickt, sondern stets Heimaturlaubern mitgegeben, die sie dann irgendwo einsteckten. Sehr schlau. Trotzdem werde ich das Mißtrauen nicht los, daß er sie «geschönt» hat, was in seinem Fall bedeutet «eingebittert».

Nartum Sa 18. Februar 1989

Bild: Schlaftabletten vor Giftgas-Verhör / Imhausen-Manager im Koma
ND: Erfolge in der Wahlperiode für jeden Bürger spürbar

Mit «Echolot» weiter. – Unter dem Titel «Sommertage» werde ich für den Hessischen Rundfunk Hörspiel-Material über Juni und Juli '44 heraussuchen. Habe schon mit Buggert gesprochen. Invasion und 20. Juli plus heißer Sommer. Das ergibt eine ähnliche Dramaturgie wie das Frühjahr '43 mit Stalingrad und Weißer Rose.
Fürs «Echolot» trage ich jetzt das Rohmaterial zusammen, das muß ich dann wie einen Berg Ton bearbeiten.
Gegen Abend kam eine Studentin aus Köln «wegen des Tadellösers».
Es ist schon fast irre, wie sie sich alle auf dieses Buch versteifen. Ich bot ihr an, die Verfilmung beispielsweise des Anfangs (Licht

anknipsen) oder der Klavierstunde mit dem Roman zu vergleichen, stieß aber auf Unverständnis. Sie wollte «Bürgerliches» entlarven. Na denn, in Gottes Namen!
Ida Ehre ist gestorben. Ich saß beim Lenz-Geburtstag neben ihr, das war ziemlich anstrengend, da sie offenbar fast taub war. Ich sollte einen Stuhl in ihrem Theater bezahlen – das sah ich irgendwie nicht ein. Wo ich doch nie ins Theater gehe? Knaus: Ich habe auch einen gekauft.
Im Archivgang liegen hereingewehte Blätter des letzten Herbstes auf dem Teppich.

Nartum/Hamburg So 19. Februar 1989

Welt am Sonntag: CSU beschließt Verfassungsklage gegen Abtreibung / Einstimmige Entscheidung des Kleinen Parteitages – Zustimmung aus der CDU
Sonntag: Eine Art Revolution. Unsere antifaschistische Justiz. Von Hans Jacobus

Hamburg, bei Knaus. Wir aßen auf dem Süllberg in Blankenese. Ich machte Fotos. Die Frauen können gut miteinander.
Auf der Terrasse saß ich 1943, mit meiner Tante, noch vor den Angriffen war das, und trank da eine Brause. Große Freiheit Nr. 7. Auch bei Sagebiel hab' ich schon gesessen.
Corino hat ein Buch über Musil geschrieben, daß er die Syphilis gehabt hat und nur 1,64 groß war. Ein bißchen überflüssig kommt es mir vor, daß er nach den Vorbildern für Musils Romanfiguren gesucht hat. Außer ihm interessiert sich wohl niemand dafür, wie «Moosbrugger» wirklich ausgesehen hat. Ist schon das Interesse der Leser an Musil (leider) gleich null, so werden dieses 168-Mark-Buch leider nur Bibliotheken kaufen.
Über Thomas Mann gibt es auch so ein Buch, aus dem mir nur die Karikatur von Permaneder haften geblieben ist und das Foto vom Vater auf dem Totenbett, die brennenden Kerzen und die

Palmen, beide Abbildungen aber wohl nur, weil man sie schon x-mal gesehen hat. Das Bild, das *in* uns entsteht, hat damit nichts zu tun.
Post: Die Dame aus Berlin 46 schreibt, sie hat die «Tadellöser»-Filme gesehen. Und:

> Da ich die erste Sendung 1985 auch im Fernsehen gesehen habe, entsinne ich mich, daß der Schluß ganz anders war. Nun überlegen sich meine Gedanken, warum hat jetzt der Film ein so abruptes Ende? Wegen Mangel an Sendezeit – kaum! Weil das Schlußband verlegt wurde – Ausrede! Weil der Verfasser, also Sie, es wünschte – wohl kaum! Da bleibt nur noch, man opfert die Wahrheit im Sinne der Politik …?

Weil ihr Bericht über Schlesien überwiegend «Sodom und Gomorrha» sein würde, will sie lieber nichts schreiben.
Niemand begreift, daß auch «Meine sieben Kinder» von Frau Zacharias zu meiner Chronik gehört. Es ist sonderbar und kränkend, daß der Verlag nicht einmal die sogenannten «Befragungs-Bücher» dazu zählt.
Bin matt, kann mich zu nichts aufraffen. Ich setzte mich ans Telefon, aber da machte ich dann wieder die Erfahrung: Wenn du den ersten nicht an die Strippe kriegst, dann sind auch alle anderen nicht da. Ich rief sogar Keele an – vergeblich.
Dann habe ich gesagt: Du gehst jetzt Post machen, und dann ging es wieder für eine Weile. Wenn schon nicht Arbeit als Droge, so doch als Medizin.
Das alte Fernsehporträt von Wilhelm Lehmann aus dem Jahr 1958. Die Flickenschild wisperte seine Naturverse, dazu kommen Wolken im Gegenlicht ins Bild. Dann der alte Herr, mit singender Stimme über seine Dichtung. Auch kraftvolle Jugend ist zu sehen, in Schulbänken von 1890, Blumen sezieren, als wenn nichts gewesen wäre. Über 30 Jahre ist das her.

Hamburg Mo 20. Februar 1989

Bild: Gunilla Bismarck Scheidung / AL-Rückzug / Momper entsetzt / Platzt Rot–Grün?
ND: Anerkennung für Leistung in Betrieb und Wohngebiet / Aussprachen in Arbeitskollektiven über kommunalpolitische Bilanz

Ich kaufte von Janssen das «Hinkepot»-Buch. Ich hatte ihm die «Hundstage» geschickt, mit besonderer Widmung, er hat leider nicht darauf reagiert, sonst hätte ich jetzt ein Autogramm von ihm. – Tolle Geschichten sind über ihn im Umlauf. Einmal hat er einen Preis gekriegt, da hat er das Preisgeld genommen und ist in eine Taxe gestiegen und hat gesagt: Jetzt fahren Sie mich so lange um die Alster herum, bis das Geld alle ist.
Für KF spanische Comics, damit er Appetit auf die Sprache kriegt. Da er arbeitslos ist, habe ich ihm empfohlen, bis er etwas Neues hat, Spanisch zu lernen und den Lastwagenführerschein zu machen. Er hatte sich um ein Praktikum beim NDR beworben. Als sie dort erfuhren, daß er mein Sohn ist, war die Sache sofort gestorben. Demokratie heute: Sippenhaft.
Für M/B bei Götze eine Karte von Polen, einen Reiseführer Ostpreußen. Bei Glogau die OKW-Berichte für 49,80 DM. Daß man so was so billig kriegt?
Im gänzlich heruntergekommenen Alster-Pavillon Kaffee getrunken. Leibhaftige Kaffeehaus-Musik. «Über die Prärie ...» (= rennt ein Weib, splitternackt ...) Wie 1939 im Harz. In der Musik kann die Zeit stehenbleiben.
Es gibt in ganz Hamburg keinen anständigen Kuchen mehr zu kaufen. Also, ich meine: normalen, von dem man kein Leibschneiden kriegt.
Ich ging in die Katharinenkirche und sah mir unsern Epitaph an. Die Familienerinnerung von Mutter ging bis 1870 zurück. Das kleine Cuxhaven-Tagebuch meiner Urgroßeltern, das ich in den 60er Jahren einsehen durfte – man lieh es mir nicht, weil ich ja «unrein» war – und aufs Tonband sprach, ist inzwischen ver-

schwunden. Die Abschrift aber existiert, die hab' ich hier. Keiner aus der Verwandtschaft hat je danach gefragt.
Damals war mein Urgroßvater in Königsberg «Schiffseigner». Jeden Morgen trat er in seinen kleinen Garten und richtete sich an der Teppichstange einmal auf. Das bezeichnete er als sein «Turnen». – Die Bibel, die er vom Kaiser zur Goldenen Hochzeit bekam, hat sich wunderlicherweise erhalten (von Doré ist sie illustriert). Als Kind lag ich auf dem Teppich und sah mir die Bilder an. Heute blättere ich manchmal darin und erinnere mich daran, daß ich in ihr blätterte.
Beim Schreiben von «Prosa» muß man immerfort an dreierlei denken:
1. die Story
2. die Bilder der Story
3. die Komposition
Wer diese drei Dimensionen nicht ständig im Kopf hat, kann keinen Roman schreiben. Der «Sinn» dessen, was er erzählt, darf ihn nicht kümmern.
Im Moment entziffere ich Briefe, die eine Flüchtlingsfrau 1946 aus Jütland nach Sachsen geschrieben hat. Ihr Mann saß noch bis in die 50er Jahre in Polen, Ausreiseverweigerung.
«Heute, Donnerstag, den 28. August, habe ich die Ästhetik abgeschlossen» schreibt Peter Weiss feierlich, wie ein Kind. Das war 1980. Und die Arbeit war so ganz umsonst! Niemand erhoben, niemand genützt, keinen erfreut, interessiert. Alles, was von ihm überdauert, sind die Notizbücher mit den paar spitzen Bemerkungen. Im April 1972 schreibt er:

> Lesenswert, neben Fachliteratur, Zeitschriften, Zeitungen, überhaupt nur noch Tagebücher. Z. Zt. Goethe: Gespräche m. Eckermann – Gombrowicz, Gide. In Frischs Tagebuch auch das beste, was von rein authentischen Begebenheiten handelt … Johnsons Tagebuch auf Grund der literarischen Verbrämungen schwer lesbar.

Stöhnend im Bobrowski.

Die heilige **Corona** mußte das Martyrium erleiden, in dem sie, an zwei niedergebogene Palmbäume gebunden, von den hochschnellenden Palmen zerrissen wurde. Ihr Name «Krone» als Geldzeichen ließ sie in nachmittelalterlicher Zeit in Bayern und Österreich zur Patronin und Helferin in Geldangelegenheiten werden.

Hamburg/Nartum Di 21. Februar 1989

Bild: Bundesliga: 12 Ehen zerbrochen / Berliner SPD: Letzte Warnung an AL
ND: Erich Honecker traf mit René Urbany zu herzlichem Gespräch zusammen / Kandidaten zur Kommunalwahl standen Rede und Antwort

Drei Tage Hamburg, d. h. zwei Nächte. «Urlaub». Ich wohnte im Hotel Wagner in Othmarschen; 204 DM und sah den Schiffen zu, die auf der Elbe fuhren. Ein Anblick, den ich ja eigentlich kenne. Mich ärgern die modernen Schiffe, häßliche Kästen, besonders die Containerschiffe. «Das war früher alles anders ...» (Alter-Mann-Jargon).

Bücher fürs «Echolot» gekauft: Klarsfeld (Endlösung); Distel (KZ Dachau); Johe (Neuengamme); Lang (Bahrmann); Hiroshima-Nagasaki/Ressing (Quarantäne); Meyer/Hochmuth (Hamburg Widerstand) = 148 Mark
Ich kaufte sie in der Heinrich-Heine-Buchhandlung, wo man mich sehr unfreundlich bediente. Ich bin da wohl als Klassenfeind registriert? – Aber auch für diese aufrechten Menschen gilt: pecunia non olet. Vielleicht hätten sie mir den Kauf auch gern verweigert?

2000: *Ich könnte mir die Bücher für das «Echolot» ja auch in der Staatsbibliothek leihen, aber ich darf sie als Nieder-*

sachse nicht benutzen. Und mit Hannover gibt es Schwierigkeiten, weil ich jetzt keine Schreibmaschine mehr besitze, um die Leihscheine auszufüllen. Handschrift wird nicht akzeptiert. Vor einigen Jahren habe ich den Leihtanten mal eine Tafel Schokolade geschickt, als Dank, daß sie mich so gut behandelten, die haben sie retourniert, sie dürften keine Geschenke annehmen.

Titel für den «Dorf»-Roman: «Am Ende der Welt.»
Max Bruch: Streichquartett, nicht so doll. – Er hat darunter gelitten, daß die Leute immer nur sein berühmtes Violinkonzert hören wollten. Riemann schreibt ihm, gegenüber Brahms, eine bequemere Verständlichkeit zu. Mit 14 Jahren führte er eine eigene Symphonie auf. Neuerdings hört man dauernd sein «Kol Nidrei». Unendlich viele Chorwerke hat er geschrieben und drei Symphonien.
Erschöpfung der «Goldgrube», Angst vor der Leere, Bedrohung durch die nächste Riesen-Aufgabe – ich falle von alberner Lustigkeit in weinerliche Depression, manchmal geschieht das im Sechs-Stunden-Rhythmus. Man kann nichts dagegen tun. Ich müßte es auskosten. Selbst diese Erfahrung in Energie ummünzen.
Als ich heute um den Wald meine Runden drehte, folgte mir ein Mann auf der Straße. Lief praktisch neben mir her. Ich ging ins Haus und schloß die Tür krachend.

Nartum Mi 22. Februar 1989

Bild: Corinna (15): Ich habe 5 Männer am Tag / Geheimtreffen Diepgen – Momper
ND: Erich Honecker beförderte und ernannte Generale

Heute vor 20 Jahren hielt ich das erste Exemplar vom «Block» in den Händen.

Im Tagebuch vom 22.2.1969 steht zu lesen:

> Bernt Richter kam und brachte drei Exemplare. Schenkte Landkarte mit Antofagasta drauf und ein Viertel Jagdwurst «auf die Faust», *mit* Knoblauch.

Ich arbeitete damals bereits an T/W, war schon bis zu Manfred vorgedrungen (jetzt Seite 31 unten).
Druckkosten-Rechnung für 200 Seminar-Programme: 183 DM. Bisher sind noch keine Klagen laut geworden über den Teilnehmerpreis. Sie haben wohl mitgekriegt, daß ich enorme Unkosten habe. Und daß ich natürlich alles versteuern muß. Wenn jemand meckern würde, dann würde ich ihnen alles haarklein aufzählen, bis sie es satt haben.
Die Reihe der Autoren, die hier waren, ist ansehnlich. Höhepunkt ist stets Rühmkorf. Die Damen ziehen sich immer extra was besonderes an, wenn er kommt: Seidene Schals um den faltigen Hals. Er trägt zu demselben Zweck einen Wollschal.
Dorfroman: Das ganze Haus ist voll Sonne. Die Hühner freuen sich auch über die Sonne. Sie stehen nebeneinander auf der Terrasse. Abends gehen sie in ihr Haus, gucken nach, ob da drinnen alles OK ist, dann sagt der Hahn: Kommt, wir gehen nochmal eben ein bißchen hinaus. Dann drücken sie sich noch 'ne halbe Stunde herum, bis der Herr endgültig feststellt: So, nun ist es Zeit.
Jetzt sehen sie nicht mehr so jämmerlich aus – man mußte sich ja schämen.
13.30 Uhr. – Massage. «Frau M. hat man von der Ortskrankenkasse eine Massage abgelehnt», höre ich von nebenan, und ich Müßiggänger liege auf der Bank und lasse meine lockeren Muskeln lockern. So ist es. Im übrigen setzte sie heute wieder ihr wohlgeformtes Knie auf die Massagebank, ich konnte es mit der Hüfte ertasten. Sonst und auch hier absolut unerotisch alles, auch das Massieren. Als ich sagte, ich möchte das Hemd gern anbehalten ... Sagte sie: Wieso denn das? Da mach ich mir ja meine Finger kaputt.

Nartum Do 23. Februar 1989

Bild: COOP – Gewerkschaftschef schnitt sich Pulsadern auf / AL sagt JA / Momper, was nun?
ND: Handwerk und Gewerbe mit guter Bilanz zu den Wahlen

Robert Walser. Sein Stil färbt ab. Man gerät ihm leicht hinein.
Mittags.
Drohungen gegen Rushdie. Was soll so ein Mensch machen? Jeder, der sich jetzt für diesen Aussätzigen erklärt, wird gleichfalls bedroht. Allen wird die Kehle durchgeschnitten. Galgen mit Strohpuppen werden durch die Straßen getragen. – Das Foto von Rushdie zeigt einen indisch-sanftmütigen Menschen mit gesenkten Augenliedern. Ich kann nicht gerade sagen, daß mir dieser Mann besonders sympathisch wäre, aber darum geht's ja nicht.
Nun warte ich auf eine Unterschriftenliste zu seinen Gunsten. Sie wird nicht kommen. Bei so was macht man einen Bogen um mich. Auch ich bin aussätzig, wenn auch nicht so doll.
Das Nachsehen der Oldenburger Seminararbeiten ist nervensägend. Diese jungen Menschen, die alle Pädagogen werden wollen … nein, es ist unbeschreiblich. Besonders das Geschlechterspezifische hat es ihnen angetan. Eine dieser Trampeltierinnen beanstandet es, daß Jungen und Mädchen unterschiedlich gekleidet sind! Man macht sich keine Vorstellung von der Verblödung dieser Leute. Gott sei Dank muß ich die Folgen dieser Vulgär-Theorien nicht mehr ausbaden.
Die norddeutsche Variante der Emanzen ist besonders unerträglich, weil sie mit Stockdummheit einhergeht.
Nichts Angenehmeres als eine Frau neben sich zu haben, der man das Wasser reichen kann und umgekehrt. Aber man will doch nicht ein gleichartiges «Wie-ein-Mann»-Wesen.
Ich habe es satt, zu argumentieren. Lebensekel stellt sich ein.
Heute war ein besonders schlechter Tag. Ich konnte fast nichts tun, war ganz matt.
Jetzt erst ist mir klar geworden, was es für Juden bedeutet, daß

in unseren Kirchen die Kerzen auf den siebenarmigen Leuchtern *angezündet* werden. – Die Gebetsriemen, die kleinen Lederkästchen auf dem Kopf. Da hat viel unheimliches Mittelalter überlebt. Es ist schon zu denken, daß die Intensität, mit der hier Gott angerufen wird, irgendeine Wirkung hat. Ähnliches in Tibet, die Gebetsmühlen, die wohl auch nicht vergebens gedreht werden. Oder die kleinen Perlenschnüre, die orientalische Kaufleute durch die Hand gleiten lassen, wenn sie in ihrem Laden sitzen. Das unaufhörliche Anrufen Gottes provoziert ihn vielleicht zum Zorn?

Nartum Fr 24. Februar 1989

Bild: Alle Polen kriegen bei uns Rente
ND: Gespräch Erich Honeckers mit Ministerpräsident Lothar Späth

Ich bin übers Wochenende allein im Haus: Es knackt überall. Eine Frau von der «Bunten» kam, war mir ganz angenehm, da ich doch Strohwitwer bin. – Die Katzen sind freundlich zu mir. Ich lasse sie in alle Stuben. Meine Allergie hat sich «durch Abhärtung» gegeben (eine Dame riet mir, ich sollte mich gar nicht darum kümmern). Während ich arbeite, liegen sie in meiner Nähe. Manchmal sogar auf dem Schreibtisch. Gegen Abend haben sie ihre Spielzeit. Sie streichen an meinen Beinen entlang und schlagen mit dem Schweif, schnurrend. Das hat was Nuttenhaftes. Ich lege dann meine Arbeit hin und wende mich ihnen zu, aber dann flüchten sie. Da kenn' sich einer aus.
Im «Spiegel» ein Artikel über Ungarn. Dort hat die Ungarische Sozialistische Arbeiterpartei in einem Kommunique «feierlich» erklärt, sie werde stufenweise auf ihr Machtmonopol verzichten, um anderen Parteien, auch der Opposition, eine Chance bei der Mitgestaltung der Gesellschaft zu geben. Auch die Polen wollen auf die marxistischen Dogmen von Klassenkampf und Dikta-

tur des Proletariats verzichten, um eine sozialistische parlamentarische Demokratie aufzubauen. Wer's glaubt, wird selig.
In Afghanistan sind von den Russen 50 Millionen Minen gelegt worden. Im «Spiegel» sind die verschiedenen Typen aufgezählt. Es gibt Minen, die mehrere Meter hoch in die Luft springen und erst dann explodieren.
Ende des Krieges wurden wir Jungen unterwiesen, wie man auf einen Panzer klettert und eine Haftmine anbringt. 15 Jahre alt war ich damals.

Matthias, Apostel. Entweder gesteinigt und mit dem Beil enthauptet oder friedlich entschlafen oder gekreuzigt.

Nartum Sa 25. Februar 1989

Bild: In 8500 Meter Höhe / 16 Menschen fielen raus / Das Jumboloch
ND: Begegnung Erich Honeckers mit Bürgermeister Henning Voscherau

Eine Dame kam mit einem Kassettenrecorder: Dicke Finger mit Ringen. Struves Haar. Eine Privatsache, sie will ein Interview mit mir machen und es dann einem Sender anbieten. Gegen eine solche Privatinitiative habe ich nichts, so was muß man unterstützen. Aber: Wenn sie sich wenigstens vorbereitet hätte! Warscheinlich ein Akt der Selbstverwirklichung, auf meine Kosten. Diese Damen leiden unter Zuhördummheit, die sich mit Neugier paart. «Wird das hier mal zugebaut?» – «Wie heizen Sie das?» – «Wer spielt hier *Flügel*?» – Solche Fragen dienen noch nicht einmal der Wahrheitsfindung. Manchmal nähere ich mich ihnen verlottert, zuweilen aber auch geschniegelt und gebügelt. Sie sollen sich mit mir nicht auskennen. Heute kam ich der Dame im Hausmantel entgegen, weinrotes Kaschnee im Ausschnitt, einen Goetheband (Cotta 1832) zwischen zwei Fingern und außer-

dem wackelte ich auf spezielle Weise mit dem Kopf, das akzeptierte sie ohne weiteres. Auf ihrem Schüler-Tonbandgerät wird es keine Spuren hinterlassen.
Thomas Bernhard ist gestorben. Ich habe ihn nur ein Mal kurz gesprochen, im Foyer des Frankfurter Hofs saß er. Er trug eine nagelneue braune Manchesterhose, ich will nicht gerade behaupten, daß sie gebügelt war ... stand auf, als ich ihn begrüßte. Leider hatte ich nicht den Mut, ihm mein Poesie-Album hinzuhalten. Bleibt eine TV-Erinnerung an ihn: Er sitzt auf einer weißen Parkbank unter einer Trauerweide.
Das Stück «Über allen Wipfeln ist Ruh'»: Der Schriftsteller, Traugott Buhre, der zusammenzuckt, als ihn der Verleger um einen Vortrag über den «Roman an sich» bittet.
«Der Weltverbesserer». Minetti.
Irgendeine Sache von einem Friseur. Der erbt irgendwie alles.
Als junger Mensch habe Bernhard schön gesungen.
Sein renoviertes und karg möbliertes Bauernschloß. Ein Interview aus dem Autofenster heraus. Erst will er nicht, dann doch. Rote Flecken im Gesicht.
Was ist *morbus boeck*?
Längerer Aufsatz über Hermann Burger im «Spiegel», er wollte einen Ferrari von Frau Schoeller haben, was diese ihm abgeschlagen hat. Er war im Herbst 1985 hier, saß an der Hammondorgel und phantasierte. Ein angenehmer Mensch, der mich freundlich ansah. Goldene Kette um den Hals, goldene Brille, goldene Uhr, goldener Kugelschreiber. Ich fühlte mich hingezogen zu ihm, weil er mich mochte. Das war die «Tagung», in der Helga Novak rauslief und sich ostentativ zu Heini Helmers ins Gasthaus setzte. Ich glaub', sie war betrunken, kleines betrunkenes Flattergespenst. Kommt rein und sagt: «Wo sind denn hier Kinder? Sind denn hier keine Kinder in diesem Haus?» Hildegard nannte sie deswegen eine «dumme Sau», was ich ein bißchen stark finde.
Irgendwas mit Island und einer Fischfabrik.
Robert Walser: «Aus dem Bleistiftgebiet.» Untertitel: Mikrogramme 1924/25. Für die Entzifferungsleistung dieses Manu-

skripts sollte es einen speziellen Preis geben. Wenn ich Geld hätte, würde ich ihn stiften.
Tragisch: Die Publikation eines der Prosastücke wurde auf «nachdrücklichen Wunsch der Rechtsinhaberin und des Verlages aus persönlichkeitsrechtlichen Gründen nicht gestattet.» Wenn man auch die abgedruckten Texte möglicherweise nicht alle liest, die *nicht* veröffentlichten erregen Neugier auf besondere Weise.

1999: *«Das Journal der Beatrix Potter», Insel-Verlag. Die Entzifferung einer Geheimschrift. «Das Journal war nicht zur Veröffentlichung bestimmt. Seine winzige Handschrift und der Code wurden von dem inzwischen verstorbenen Leslie Linder nach über neun Jahren geduldiger Arbeit transkribiert.»*

«Das gerettete Buch des Simcha Guterman», Hanser: Im Jahre 1978 fanden Bauarbeiter unter der Treppe eines Hauses in Radom eine verstaubte, versiegelte Flasche voller Papierstreifen, die mit winzigen Buchstaben beschrieben sind ...
Meine Tagesnotizen in Bautzen – leider auch verloren. Ich hätte sie nicht zu entziffern brauchen.
Im Archiv gibt's auch so manches noch zu heben – ob es Schätze sind, ist fraglich: Stenoaufzeichnungen z. B.
Gedanken an das Elternhaus überfallen mich plötzlich. Es sind immer dieselben Bilder, die sich aufdrängen. Vielleicht sollte ich sie mal festhalten. Das wäre auch Plankton.
In der Post befand sich eine Biographie, die ich sofort las. Eine Frau flüchtet, bleibt aber beim Bauern, weil es da so gemütlich ist, und da sind die Russen auch schon. – Sehr sachlich, der übliche Einheitston der einfachen Frauen. Spannend.

Nartum So 26. Februar 1989

Welt am Sonntag: Kohl warnt SPD vor Berlin-Bündnis mit Grünen / Bundeskanzler: Rot-grüner Senat mit linksradikaler AL bringt unkalkulierbare Risiken

Sonntag: ... Daß man es nun wieder hat. «Der fliegende Holländer», Semperoper Dresden, «Tristan und Isolde», Staatsoper Berlin, «Walküre» in Magdeburg, Wagner-Rezeption in der DDR. Von Wolfgang Lange

Semesterferien. Von der Ruhe, die wir uns erhofften, kann keine Rede sein. Fast jeden Tag ist was anderes, auch das Kommen und Gehen der Hilfskräfte «nervt».
Unter ständigen Leibschmerzen arbeite ich am «Echolot». Habe mich nun entschlossen, auch Tagebücher, Briefe und Biographien *Prominenter* aufzunehmen. Dazu eine Zeitleiste. Dieses Gerüst, zu dem auch die «Meldungen aus dem Reich» gehören, beschäftigt mich im Augenblick.
Nächste Woche geht's mit den eher anonymen Biographien und Tagebüchern aus meinem Archiv weiter. Es ist unerschöpflich.
Kolbe war hier, er will leider die Bio-Reihe einstellen, anstatt hier mit aller Kraft in die Offensive zu gehen! Da nützte es auch nichts, daß ich sie wort- und gestenreich als Parallele zur Chronik bezeichnete. Die Luft ist raus. Sie sehen sich meine Vorschläge nicht einmal an. Die Zacharias, Helmut Fuchs und Ray T. Matheny: Kein Mensch kennt diese Bücher, nirgends ist es publik gemacht worden, daß sie zur Chronik gehören.
Immerhin, für das «Echolot» setzt sich der Verlag ein, und, was wichtig ist, er bezahlt auch was, und zwar für «Hilfskräfte» und Recherchen, und einen zweiten Computer. Auch einen Vorschuß sagte Kolbe zu. Von «Mark und Bein» zeigte er sich nicht sehr beeindruckt. Ehe ich ihm noch was Genaueres erzählt hatte, winkte er schon ab. Immerhin, auch dafür genehmigte er einen Vorschuß.
Was unser fabelhaftes Chalet angeht: Er habe schon ganz andere Häuser gesehen, sagte er, die Zimmer inspizierend. Das glaube ich gern. Ich auch! Viele beschissene. Im Verlag habe jeder eine Leiche im Keller. – Was das nun wieder heißen soll?
Für das «Echolot» schlägt er nun eine luxuriöse Ausstattung vor, ich hatte gemeint: franz. Broschur. – Zu den «Hundstagen» hat

er gesagt: «So was kann man viel besser machen», oder: «Das ist schon viel besser gemacht worden.» Ist es denn?

2000: *Inzwischen sind in anderen Verlagen noch einzelne Titel der Biographischen Reihe erschienen:*
«In Träumen war ich immer wach», Das Leben des Dienstmädchens Sophia. Dietz-Verlag
«Im Strom der Gezeiten». Vom Windjammer-Moses zum Dampfer-Kapitän. Kabel-Verlag
«Der Klassenrundbrief». 1953–1989. Leske & Budrich
Mein «Sisyphus» besteht aus drei Teilen:
  I. Die unabhängigen Biographien (12)
  II. Die Chronik
  III. Das «Echolot»
Das sind drei Komplexe, die einander bedingen und ergänzen. Ist das so abwegig? Wenn ich das jemandem erkläre, sieht er zur Seite. – Wo andere Leute den «Versuch eines Fragments» schreiben (und dafür Preise über Preise einheimsen), nimmt sich der Mann aus Nartum Kolossalbauten vor. Das wird's sein. In einem Zeitalter der Zweieinhalb-Minuten-Kultur ist so etwas verdächtig.

In Bremen besuchte ich für ein Stündchen die Sammler-Börse, ein harmloses Vergnügen. Ich sah die Ansichtskarten durch und fand allerhand von Rostock, kaufte auch eine Münze für meine kleine Sammlung, einen Rostocker Sesling von 1676 für 38 Mark. Kam mir wie ein Heimatvertriebener vor.
Dorfroman: Ich stellte den Hühnern eine Schale mit Wasser hin. Erst kamen sie gelaufen, dann guckten sie mit schiefem Kopf, ob ich verrückt bin? Sie erkannten das Wasser nicht, dachten, das sei eine leere Schüssel. Bis eines der Hühner hineinpickte, und da ging's aber los, sie haben die kleine Schüssel zweimal leergesoffen. Es heißt, daß jedes Huhn pro Tag einem viertel Liter Wasser braucht. All solche Zahlen.

Nartum Mo 27. Februar 1989

Bild: Kündigungswelle nach neuem Urteil / Hilfe! / Mein Vermieter setzt mich raus!
ND: 9,6 Millionen Mitglieder des FDGB wählen Leitungen

Gestern Lesung vor Landfrauen in einem Heimatmuseum, einem wiederaufgebauten Bauernhaus. Das Flett scheußlich, kleine Steine hingeschüttet und mit Mörtel verkleistert, statt das Muster zu rekonstruieren. Alles sehr häßlich, Würste-Attrappen über der Feuerstelle, deren Schornstein natürlich zugemauert ist. Im Dachgeschoß das übliche alte Handwerkszeug usw. Zwei schöne Trachten in einer Vitrine: Trauerkleidung einer Frau, schwarz mit weißer Schürze. Das sei die tiefste Trauer, sagte der alte Mann, der mich führte.
Das Publikum kam vom Acker, leicht angeblödet, kein Zeichen von Sympathie, steif.
Eisiger Wind. Die Katzen wälzen sich auf dem Teppich. Hildegard meint, die merken, daß es sich um schöne Teppiche handelt. Der Munterhund guckt griesgrämig zu.
Hannover, 18.30 Uhr. Literatursitzung. Bahlsenkeks und Thermoskaffee.
Ich versuchte die Leute beim Abendessen auszuhorchen nach Plankton, kleinen Geschichten also. Kam nicht viel.

Nartum Di 28. Februar 1989

Bild: Tägliche Scheidung / 9200 Morde und Selbstmorde / Heute Krisensitzung im Rathaus / Momper: Zweifel an AL / Platzt Rot-Grün?
ND: Erfolgreiche Kommunalpolitik Thema der Volksaussprache

Rechnung über Hühner- und Katzenfutter (Dokat-Menü): 73 DM.

In der Nacht stieg ich ins Archiv und holte meine Zettel-Pappkartons hervor. Im Bett sortierte ich das Plankton. Es sind Hunderte, ja, vielleicht Tausende von Erzählpartikeln. Alles Belanglosigkeiten im Sinne der modernen Menschheit. Aber voll Gemüt und Blut und Leben. Lernen kann man wohl nichts daraus, aber man wird angeregt, über sich selbst nachzudenken. – Wenn ich dabeibleibe und jeden Menschen nach seinen Geschichtchen frage, dann wird hier eine einzigartige Sammlung entstehen: Plankton.

Mit etwas zu beginnen, ist es nie zu spät.

März 1989

Nartum Mi 1. März 1989

Bild: Diepgen: Morgen Rücktritt / Wohlrabe: Neuer Parlamentspräsident / Rasch nicht mehr FDP-Chef / Geisterfahrer fuhr Prinzessin tot
ND: Demokratische Volksaussprache zur Vorbereitung der Kommunalwahlen

Heute früh wurde ich vom Schornsteinfeger geweckt. Muß auch sein. Schade, daß man sich selbst nicht mal mit so einer Kugel von oben bis unten durchreinigen lassen kann. Und schade, daß ich nicht abergläubisch bin. – Weibliche Schornsteinfeger gibt's jetzt, die setzen sich den Zylinder möglicherweise keck auf. «Spiegel»-Lyrik von Herrn Matussek:

> Sie reißt ein Streichholz an
> und starrt in die Flamme;
> in ihren Augen schimmert Mord.
>
> Nach einem Schnitt
> starrt die Kamera selbst
> von unten herauf.
>
> Sie spielte sich die Seele aus dem Leib.
> Die Maura ... keucht vor Lebenslust.

Bedauerlich, daß mich das ankotzt, sonst würde ich den Artikel zu Ende lesen. «Wie kommt es eigentlich, Herr Matussek, daß Sie einen so brillanten Stil haben?» wird er im Fernsehen gefragt. Wie kommt es eigentlich, liebe Freunde, daß ihr allesamt den Arsch offen habt?

Hildegard war bei der Schönheit in Bockel, sie kam ziemlich erschreckend wieder, als Ensorsche Maske. Es wird ein paar Tage dauern, bis normale Zustände wieder eingekehrt sind.
Dorfroman: Der erste Buchfink. Ist es «Egon»? Sieht so aus.
Die Katzen wetzen durchs Haus, jagen sich, rutschen dabei über die glatten Fliesen. Der Munterhund sieht ihnen zu. Manchmal wird ihm das zuviel, dann jagt er sie auch.

Nartum   Do 2. März 1989

Bild: Boris krank! / Warum glaubt mir keiner?
ND: Gutes Gefühl, verstanden und gebraucht zu werden / Kongreß der Unterhaltungskunst in Berlin

Post: Ein Herr aus Hannover schreibt, seine Buchhändlerin habe ihn vor den «Hundstagen» gewarnt, das sei nichts für seinen erlesenen Geschmack.
Ein Leser aus Brühl: «Sirius am Abendhimmel? Im August? Iss nicht: Die ‹Hunde› zeigen sich erst ab Ende Oktober (S. 93).» – In der Tat, die dichterische Freiheit hat hier den gesamten Kosmos umgestellt.
Lassen wir's stehen. Mal sehen, ob noch jemand draufkommt.
Im Radio hörte ich eine Sendung über Harry Graf Kessler, dessen Tagebücher bis heute noch nicht alle veröffentlicht sind. Sie seien in rotes Leder gebunden, heißt es. Seine Mutter hat mit Kaiser Wilhelm I. «poussiert» – das ist wohl nicht der richtige Ausdruck. So wie Bismarck die Baronin Spitzemberg gern um sich sah – so wird's gewesen sein.
Kessler, der sein ganzes Leben lang generös stiftete, lieh und verschenkte, ist dann in der Nazi-Zeit quasi verhungert. Schrieb an seine Schwester, um Gottes willen, schick' mir das Geld. – Wie sagte mein Bruder: Tue nichts Gutes, so widerfährt dir nichts Böses.

Nartum Fr 3. März 1989

Bild: Berlin: Computer-Hacker spionierten für die Russen / Erster Tag des neuen Parlaments / Demos, Proteste / Reps durch die Hintertür
ND: Freundschaftliche Begegnung Erich Honeckers mit Jozef Lenárt

Hildegard sagte gestern: einen älteren Herren könnte sie nicht heiraten. Ernst Jünger ja, aber sonst wüßt' sie keinen. – Steht das denn zur Debatte?
Lesung in Vegesack. Es war der Geburtstag eines Buchhändlers, den ich ausschmücken helfen sollte. Große Sache. Damen in Lang und Herrn im Smoking. Ich war fehl am Platz. Als ich auf der Bühne stand und las, unter mir eine Art Ballsaal-Atmosphäre, quatschten sie. Kellner liefen hin und her. Ich machte einfach weiter. Später spielte eine gewaltige Big Band. Dazu machte eine Vokalgruppe nicht unflott die Andrew-Sisters nach.
Das Anachronistische dabei empfunden. Zum Jazz gehört die «Gefahr» der Nazi-Zeit. Jazz zu hören, wenn er verboten ist – das gab der Sache erst die richtige Würze. Vom «Dienst» nach Hause kommen, linksum-rechtsum ..., sich die Schuhe ausziehen – «hoffentlich kommt kein Fliegeralarm» – und dann das Koffergrammophon aufziehen und «Echoes of Harlem» auflegen. – Und: Schellackplatten, mit *Nadeln*. Charlie Parkers sämtliche Werke auf zehn CDs für 200 Mark? Die Jazz-Gedächtnissendungen im Radio haben auch aufgehört. Die haben das jetzt auch kapiert. – Und dann kam ja noch die Angst vor der Schule dazu! Nächsten Morgen: erste Stunde Mathematik.
Als ich am Tisch saß und an meinem Selter nippte, kam eine Dame, kniete nieder: «Darf ich Ihnen die Schnürsenkel zumachen? Ah, da sieht man den Schulmeister: Er hat die Schleife doppelt gebunden!» – Eine alte Tänzerin: Sie tanzt, weil sie die Wahrheit verkünden will, die sie allerdings gleichzeitig auch sucht, wie sie sagt. Wenn sie uns wenigstens vorführen würde, wie reizvoll der Kampf gegen die Schwerkraft sein kann.

Spagat: Da muß ich an die unteren Organe denken, wie die sich dabei wohl ausnehmen.
Die Leute wollen immer wissen, wieso und warum ich gesessen habe.
Einzelne «Radiolarien» ergatterte ich. Soll ich sie «Seelenbilder» nennen? Das Plankton vermehrt sich.
Langsam und nachdenklich nach Hause kutschiert. Ich schloß dann den Tag ab mit Mendelssohns 4. Symphonie (schlief darüber ein). Drei Jahre hat er daran gearbeitet. «Der erste Satz (Allegro vivace) ist eitel Daseinsfreude unter südlich blauem Himmel», im vierten Satz «hat sich der Tondichter mitten in das Leben und Treiben der Volksmenge hineingestürzt, alles ist südliches Temperament und ausgelassene Fröhlichkeit, kräftig marschartige Motive wirken wie ein sieghaftes Brechen eines jeglichen Widerstandes ...» – laut Konzertbuch von 1926.
Ich nahm die Musik neben meinem Schlaf wahr, sie hob mich auf und ließ mich wieder niedergleiten. Irgendwann fand ich den Knopf. Aus.
Der Verleger ist irgendwie mit Mendelssohn verwandt. Das führt dazu, daß er ab und zu etwas einfließen läßt davon ins Gespräch, ohne indessen deutlicher zu werden. Eine Vetter des Urenkels zu sein ... M.'s Vater haben sie wegen des Buckels mit Dreck beworfen und hinter ihm hergehöhnt.

Die Katholiken sollten sich heute an die heilige **Kunigunde** erinnern: Sie schritt unbeschadet über glühend gemachte Pflugeisen, um ihre Unschuld zu beweisen.

Nartum Sa 4. März 1989

Bild: Spionage für den KGB/So ging das Hacker-Ding/Sohn von CDU-Chef erhängte sich
ND: Volkskammer der DDR beschloß Wahlrecht für ausländische Bürger zu Kommunalwahlen

T: Ich bin in Mexiko auf Urlaub in einem richtigen Touristenschuppen, schlafe in einer Art Kabine. In einer Ecke des Frühstückssaales, von Scheinwerfern beleuchtet, sitzen zehn deutsche Mädchen, gekleidet wie Gräser, und wiegen sich im Wind.

Starker Sturm ums Haus. Hildegard klagt über «Knochenschwäche», wie sie es ausdrückt.
Post: Jemand schickte in einem gelben Postkarton *alle* meine Bücher zum Signieren. Ich legte einen «Schulmeister» dazu, den hat er bestimmt noch nicht.
Choräle gespielt, von Jammer geschüttelt. «O Mensch, bewein' dein' Sünden groß ...» Wir treiben unser Lebensspiel, und auf der Wand tanzen die Schatten.
In der Nacht noch Brahms' 2. Symphonie.

> Aus den verträumten Bergtälern des Schwarzwaldes und der lieblich frohen Romantik des Wörther Sees sog Brahms die Stimmungen, die ihm die Tonpoesien aus der musikquellenden Seele lockten. – Die rauhe Schale (Brahms') enthielt in Wirklichkeit einen weichen Kern. In des norddeutschen Musikers Brust schlug ein echtes Herz ...

Er selbst nennt die 2. sein «liebliches Ungeheuer». Ich gab mich diesem Ungeheuer hin. Der «klassische Klang». Und Sehnsucht, in diese Welt entfliehen zu können. Während ich die Symphonie hörte, las ich übrigens im «Spiegel».
«Zum Umblättern befeuchtete er die Finger an der Vagina seiner Frau.» Wo steht's geschrieben? Henry Miller?
Come to me, my melancholy baby ...
Feuerlöschmensch kam: Die Dinger, die hier schon seit Jahren stehen, sind entweder unwirksam, schädlich oder gefährlich. Wir sind offensichtlich Betrügern aufgesessen. Was ist das für eine Welt!

Nartum So 5. März 1989

Welt am Sonntag: FDP-Chef Lambsdorff richtet schwere Angriffe gegen CDU / Folgen der Berlin-Wahl: Ströbele sieht «Jahrhundert-Chance» / Ditfurth droht mit Parteiaustritt
Sonntag: Unterhaltung. Ökonomie und Ästhetik, Gesprächsrunde zum Kongreß der Unterhaltungskunst

Wachgeworden durch den Zigarettenrauch eines Passanten. Jetzt beginnen einige wenige Vögel zu zwitschern. Ich weiß noch, was das in früheren Zeiten für ein Lärm war. Nicht spazierengegangen, da kalter, nasser Wind.
Post: Ein Herr schickte zwei russische Flugblätter und eine englische Rot-Kreuz-Mitteilungskarte, auf der der Gefangene ankreuzen kann, ob in Ordnung oder verwundet oder krank.
Wenn ich abends vorm Insbettgehen noch einen Schluck Wasser nehme, denke ich an Mutter, die mich kurz vor ihrem Tod darum bat. Ich sollte das Wasser recht lange laufen lassen, sagte sie, sonst wäre es lauwarm. Ich ließ es sehr lange laufen, es wurde nicht kalt, vermutlich waren Heizungsrohre neben der Wasserleitung verlegt.
Hildegard sagt jetzt öfter: Den Stuhl nehme ich mit, wenn ich weggehe, oder: das Bild. Sie braucht zu ihrer «Emanzipation» die Konstruktion eines Fluchtweges. Sie will übrigens nur «sehr wenig mitnehmen», sich ganz reduzieren, bei Fintel wieder anfangen. Das kann ich nachvollziehen. Ich denke auch öfter, nach Göttingen zurückzugehen und alles hier aufzugeben.
Auf der Fahrt nach Bremen dachte ich bei den Schrebergartenhäusern: In so einer kleinen Flüchtlingsbude würdest du mit ihr auch leben können (und wollen).
Heute früh, wie gesagt, trieb es mich nach Bremen. Die armseligen Leute, die da ihre Habseligkeiten verkauften, wie nach einem Brand. Nichts, was man hätte kaufen wollen. Ich dachte daran, KF mit unserem Schurrmurr da mal hinziehen zu lassen.
Gebratenes Kartoffelmus. Götterspeise.

Am Nachmittag und Abend Kugelbahn gebaut und dabei herrlich beruhigt. Therapeutische Wirkung.
Ich hörte mir noch einmal die Brahms-Symphonie an. Erinnerungen an London, auch schon ewig her. Freundliche Goethe-Menschen, die mich ins Konzert begleiteten, und nicht einmal bedankt habe ich mich dafür. Im Foyer war jungen Musikern während der Pause gestattet, Klavier zu spielen, Chopin beispielsweise, Musikstudenten, die sich an Publikum gewöhnen sollten. Das müßten sie in Deutschland auch einführen. Aber was müßten sie in *England* nicht noch alles einführen, wenn's danach geht. – Schade, daß sich noch niemand gefunden hat, die mißtönende Klavierbegleitung der Brahms'schen Chorwerke zu orchestrieren. Man könnte sie dadurch für den sogenannten Konzertbetrieb «retten». – Auch mit den Männerchören irgendwas anstellen.

Nartum   Mo 6. März 1989

Bild: SPD und AL: Streit um 18 Punkte
ND: Wir tun alles für sicheren Frieden und die Stärkung des Sozialismus / Bewegende Manifestationen von Frauen und Mädchen zum 8. März

Mittagsschlaf. Sonne durch die Jalousien: wie ein besseres Leben, wie ein letzter Gruß. Das Leben zieht sich hin, 60 Jahre! Der Wippbalken, erst runter, nun rauf, aber das kann umschlagen. Wer oder was hält mich oben?
Ein Fotograf kam gegen Mittag.
«Ich fotografiere *natürlich* ohne Blitz.»
Andere benutzen silberne Regenschirme und fotografieren *natürlich* mit Blitz, wie sie dann sagen. Wieder andere machen Versuchsbilder vorher auf Polaroid, damit es auch was wird. Die klaube ich hinterher aus dem Papierkorb. – Fotograf Peyer vor zehn Jahren kam mit Geigenkasten, das war sein Markenzeichen. Bauer machte 3500 Fotos auf drei Kameras: alle sonderbar. Er

schenkte mir etwa 50 Fotos, sie liegen alle noch im Kasten, wurden nie verwendet, weil er irgendeine Art Froschlinse verwendete, meine Beine ganz kurz, Kopf riesengroß. Die Fotos nahm natürlich kein Mensch.
Fotografengeschichten.
Ruetz war jähzornig, trat unsern Hund.
Mißglückte Fotos von anderen Autoren für meine Sammlung haben sie nicht. Die kriegt man nicht für Geld und gute Worte. Wenn sie gehen, überwinde ich mich und sage: «Vielleicht schikken Sie mir ein paar Fotos, der Verlag braucht immer welche zu Werbezwecken.» Das ist eine ziemlich fade Schnurrerei. Aber schließlich hat man ja auch zwei Stunden stillgehalten. – Mit Fotografen kann man sich nicht unterhalten. Am widerlichsten ist es, wenn sie diskret sind. – Ich frage sie manchmal nach Prominenten aus, aber da kommt selten was. Ob man ihnen was angeboten hat ... «Ne, wüßt ich eigentlich nicht.» Daß Uschi Glas schwierig zu fotografieren ist, war mal zu hören.
Der Kerl in Hamburg, in dem Bunker, mit seinem Riesendings, ein Meter im Quadrat, und dann blitzte er, und ich dachte, ich verliere das Augenlicht.
Hildegard wundert sich, wer aus ihrer Verwandtschaft noch nie etwas von mir gelesen hat. Eigentlich alle.
Ich schlug ihr vor, wegen der Knochenschwäche, wenn sie 80 ist, im Wohnzimmer, also unten, zu schlafen und dann tagsüber im Pavillon Kunstbücher anzusehen. Klo ist ebenerdig in der Nähe ...
«Da schlurf ich dann hin ...»
Wieso überkam mich Liebe in diesem Augenblick? Ein starkes Gefühl.
Eine halbe Stunde in der Sonne spazieren. Von fern höre ich Hildegard den Hund ausschimpfen: «Das ist ja unerhört! Was bildest du dir ein? Unglaublich!»
Es gibt doch so eine Walfischgesangs-Platte? Die werde ich mir mal anschaffen. – Eine Laune der Natur zu sein ... Das Schnabeltier oder diese besonderen Vögel, Pfefferfresser oder wie sie heißen, mit dem doppelstöckigen Schnabel.

Dorfroman: Meine Kätzchen sind keine Laune der Natur, sie *haben* Launen. Ich bin dauernd auf der Wacht, was sie nun wieder wollen.
Rettich, geriebenen, diese Gottesgabe.
Einschlafen: Buch zuschlagen. Wenn ich's aufschlage am anderen Morgen, finde ich es verändert.

Nartum Di 7. März 1989

Bild: Rushdie-Affäre! Jetzt: «Tötet die Queen» / Ein Wetter zum Verlieben
ND: Auftakt für Gespräch zur konventionellen Abrüstung / Außenministertreffen der KSZE-Staaten in Wien eröffnet

Der Swing-Big-Band-Mann aus Vegesack hat auf meinen Brief nett geantwortet und mir den Text von «Sentimental Journey» von seiner Tochter abhören und abschreiben lassen:

> Gonna take a sentimental journey
> gonna set my heart at ease
> gonna make a sentimental journey
> to review old memories.

Seine Truppe nennt sich «Swing Society».
Ich bin also nun imstande, den Schlager mit Text zu singen, allerdings nur, wenn ich mir das Blatt vor die Nase halte. Ich mochte das Stück nie. Aber jetzt erinnert es mich an Wiesbaden, die Zeit im Sales Commissary, die weiche warme Winterluft. Ich hatte nie eine Freundin.
Wir wissen zu wenig von den Amerikanern, die damals nach Europa kamen, und sie wußten nichts von uns. Ray T. Matheny hat uns was erzählt, aber keiner wollte es hören. Als er abgeschossen wurde, landete er bei einer Bäuerin in der Küche, die freundlich zu ihm war.

Das Bauernhaus war geräumig und behaglich. Der kleine dickbauchige Kanonenofen heizte eine Wohnstube sowie das angrenzende Eßzimmer. Die deutsche Familie war freundlich zu mir, bot mir eine Wolldecke und einen Lappen an, mir die blutende Stirn damit zu verbinden. Auch etwas zu essen boten sie mir zu Mittag an, doch das brachte ich nicht herunter. Es war alles noch zu früh nach dem traumatischen Geschehen heute morgen. Die Kinder, ein Junge von vielleicht sieben und ein kleines Mädchen von etwa acht Jahren – spielten ein Kartenspiel mit Karten, die anders waren als die unseren. Sie sprachen mich ebenso an wie ihre Mutter, eine nett aussehende Frau. Der Christbaum der Familie war noch nicht geplündert; der meiste Christbaumschmuck bestand aus Buntpapier. Photos von Männern in Uniform machten deutlich, warum sie fehlten ...
Gegen sechs gab es Abendessen, und die junge Mutter forderte mich auf, am Tisch Platz zu nehmen. Die Familie war sehr höflich zu mir, reichte mir Salzkartoffeln, Möhren und Kohl und gab mir zu verstehen, ich solle nur zulangen. Dazu gab es deftiges Schwarzbrot und Butter. Den Höhepunkt der Mahlzeit bildete eine Scheibe Möhrenkuchen für jeden. Den Ersatzkaffee lehnte ich ab.
«Das also sind die Feinde, die man dich gelehrt hat zu hassen», dachte ich. Diese Leute spielen sogar die gleichen Kartenspiele wie wir. Der Hauptunterschied besteht darin, daß sie deutsch sprechen und kein englisch. Ich war verwirrt. Von hoch oben aus der Luft nahm sich der Feind so ganz anders aus. Aus sieben- bis achttausend Metern Höhe war der Feind etwas ganz und gar Unpersönliches; sofern personifiziert, nahm er die Gestalt Hitlers an, wie er bei den Aufmärschen in den dreißiger Jahren ausgesehen hatte, hysterisch schrie und wie ein Wahnsinniger mit den Armen in der Luft herumfuchtelte. Manchmal stellte man sich den Feind als Marschkolonne von gesichtslosen Uniformierten vor, die im Gleichschritt die Beine hochwarf und mit steif ausgestrecktem Arm ihr Idol grüßte. Mir hatte man den Feind als blindwütige, monokeltragende Ungeheuer hingestellt, die weder Mitleid noch Familiensinn kannten, weder höheres Streben noch Religion. Man hatte sie uns als willenlose Roboter geschildert, die nie Gutes taten, sondern immer nur Böses. Sie hatten alle gleich ausgesehen und das Zeichen des Todes im Gesicht getragen.
Plötzlich hatte der Feind ein von Sorgen und Arbeit, von Mühsal und Liebe, von Mitgefühl gezeichnetes Gesicht – Mitgefühl sogar für einen Fremden, ja für einen Feind; und er hatte ein Gesicht, das

Angst verriet. Der Vater der Kinder, der Mann der Mutter, der Bruder, der Onkel – alle trugen sie Uniform. Waren das die Männer, die am Steuerknüppel und hinter dem MG der Me-109 saßen und die Flak-Geschütze bemannten? Wer ist das – der Feind? fragte ich mich. Die Antwort auf diese Frage sollte ich in den nächsten anderthalb Jahren finden.

Ihr lieben «Tadellöser»-Freaks, weshalb lest Ihr dieses Buch nicht? Wollt Ihr denn nicht wissen, was das für Leute waren, die euch die Bomben auf den Kopf schmissen? Lest:
Ray T. Matheny: «Die Feuerreiter», Knaus Verlag 1987. Ihr werdet es vergebens ordern, es ist längst vergriffen (d. h. eingestampft?).
Archiv: Eine Frau beschreibt, wie sie als Schülerin mit Mutter und Schwestern vor den Russen flüchtete und dann noch mehrmals zurückging (nach Ratibor) und z. B. Sauerkraut holte. – Wir wundern uns über das Wort Ratibor. Lexikon: Ratibor, poln. Racibórz. Von den Deutschen, die dort gewohnt haben, steht im Meyer von 1977 kein Wort. Im Meyer von 1907 steht hingegen über Polen kein Wort. Das ehemalige Herzogtum wurde von einer teilweise polnisch sprechenden Bevölkerung bewohnt, steht im Brockhaus. – Aber was, zum Kuckuck, bedeutet «Ratibor»?
Gestern verbrannten die Nachbarn Reisig. Auch so eine Landsache. Erinnert mich an Bad Sülze.
Kuby: «Mein Krieg».

Nartum   Mi 8. März 1989

Bild: Angst um Genscher / Sonnen-Explosion / Größter Ausbruch / So gefährlich ist sie für uns / Ozon-Loch / Prinz Charles an 124 Länder: Stoppt das Killer-Gas, sonst ist alles zu spät
ND: ZK der SED zum Internationalen Frauentag 1989 / Dank und Anerkennung allen Frauen und Mädchen der DDR / Große Initiativen und vielseitige Leistungen hervorgehoben

Der gloriose Tag, 41 Jahre ist es her. Als ich eben dran dachte, sah ich einen langen Güterzug durch die Landschaft klappern. Merkwürdig, daß ich mich spontan nur an den Tag der Verhaftung erinnere, nicht an den der Entlassung.
«Im Block». Auch dieses Buch wolltet Ihr nicht lesen, liebe Leser. 700 Stück wurden verkauft. – Woran liegt es, daß ich mir meine Menschenfreundlichkeit erhalten habe?

T (am Nachmittag): Daß ich zum «Dienst» muß. Ich krame meine Uniform hervor, zieh sie an. Da erinnere ich mich plötzlich, daß ich ja bald 60 Jahre alt bin! – Nee! sage ich zu mir, da gehst du nicht hin.

Heute kam ein Paket mit Fotoalben aus Kempten vom Antik-Lädele. Ich habe es gleich wieder zurückgeschickt, weil nichtssagend und absolut rasend teuer ... Was die Leute sich so einbilden?
Als ich im Herbst dort war, hatte ich einen Packen Fotos gekauft und meine Adresse dagelassen.

Nartum Do 9. März 1989

Bild: Ballon-Flucht! Einer tot, wo ist Sabine?
ND: Der Sozialismus hat uns ein neues Leben erschlossen

Büromaterial in Rotenburg. Zehn Mikrodisketten 195 DM.
Der Hund bellt.
Hildegard: «Klappe!»
Ionesco: Aufsätze. Hervorragend. Hübsche Kritik an der Linken. Daraus wird deutlich, wieso er seit Jahren weder gespielt noch erwähnt wird. Nono, Boulez und Stockhausen als serielle Komponisten haben's ja auch ziemlich toll getrieben. Goldschmidt blieb auf der Strecke, Henze setzte sich trotzdem durch. Daß so etwas in einer Demokratie möglich ist!

Nartum Fr 10. März 1989

Bild: Heroin/Jetzt sterben die Alt-Fixer/Ballonflucht: Das Drama über der Mauer/Sabine lebt
ND: Kräftiges Leistungswachstum durch Einsatz der Schlüsseltechnologien

4 Uhr früh. – Die Lebenspause: von 1948–1956. Das große Einatmen (bei zugehaltener Nase). Wer hat mich in all den Jahren genährt, und wer hat meine Blöße bedeckt?
Krank, Leibschmerzen, Fieber. Liege mit Heizkissen im Bett und dämmere vor mich hin.
Ich nahm mir von Hauser das «Brackwasser» mit nach oben. Ein sonderbar stimmungsvolles Buch. Hauser ist nur 53 Jahre alt geworden, er war im Krieg bei der «Frankfurter Zeitung» und nach dem Krieg beim «Stern». Thomas Mann hat über ihn abfällige Bemerkungen gemacht. Er habe ein Buch mit Heil-Gruß Hermann Göring gewidmet, nun ja.
Knaus rief an, Kolbe hat abgedankt, nach acht Monaten: «Ohne Mantel und ohne Hut hat er den Verlag verlassen!» Paeschke ist an seine Stelle getreten. Das ist der fünfte Verlagsleiter innerhalb von zwei Jahren. Paeschke ist ein Verlagsverwalter, aber doch kein Verleger! Die Abfindung, die Kolbe bekommt, wird stattlich sein. – Nur gut, daß Bittel bleibt.
In der Politik sieht's gut aus. Die Russen lenken auf allen Gebieten ein. Warum nicht gleich so? Auf einmal geht's. Die Abrüstungsverhandlungen schmorten doch schon seit Jahren. Oh, wie ich ihnen alles Schlechte wünsche! Und dabei würden die kleinen Leutchen dort mich auch an den Tisch bitten, wenn ich mit'm Fallschirm herunterkäme, und mir Salzkartoffeln und Kohl vorsetzen. – Unvergesslich der eine russische Posten, der mir mal Machorka in die Zelle reichte.
Das «Echolot» macht Fortschritte. Wenn ich was Interessantes gefunden habe im Archiv, ein Tagebuch oder einen Brief, laufe ich herum und reibe mir die Hände. Lustgewinn durch Sammeln.

Schlafe jetzt weiter.
Eine Dame von der «Brigitte» kam um 10 Uhr. Ich schleppte mich nach unten. Sie schlenderte von Zimmer zu Zimmer, als müsse sie das Haus genehmigen. Ich wie ein Kastellan hinterher.
Am Abend kamen Volkshochschulisten für drei Tage. Ich saß, inniglich auf Blähungen hoffend, unter ihnen.
Als die Volkshochschulmenschen abends gegangen waren, noch lange ferngesehen, einen Auschwitz-Film. Merkwürdig der Gedanke, daß ich auf dem Höhepunkt der Judenvernichtung zur Klavierstunde ging. 1942 war das Jahr, in dem Rostock zerstört wurde. Höhere Gerechtigkeit, die niemand verstand.
Gewußt habe ich von KZs, aber nicht von der Judenvernichtung. Das habe ich in letzter Konsequenz sogar erst nach Bautzen erfahren, in allen Einzelheiten, denn in der Nachkriegszeit hielt sich die Aufklärung auch wegen Papiermangel in Grenzen. Auch baute sich ein Widerstand gegen Enthüllungen auf, weil darin die «führende Rolle der Kommunisten im Antifa-Kampf» ständig herausgestellt wurde. Außerdem wirkten solche Wörter wie «Nazigreuel» abstumpfend. Die Sprache dieser Leute drüben hatte etwas Verschleierndes, Abstoßendes an sich.
Der Bericht der Buber-Neumann war es, der mich 1957 sehr bewegte. Ich schrieb ihr, aber sie antwortete nicht. Jüngst hörte man Abfälliges über sie.
In Rotenburg, 1957, habe ich dann «mit ungläubigem Erstaunen» und «lähmendem Entsetzen», wie man es wohl ausdrücken müßte, die Tatsachen gelesen. Ich habe mich wochenlang mit nichts anderem beschäftigt. Eigentlich bewegt es mich bis heute. Vielleicht ist alles, was ich geschrieben habe, eine Antwort darauf?

Nartum   Sa 11. März 1989

Bild: Steffi erpreßt: 139 Millionen – oder ...
ND: Kombinate wollen 89er Planziele um 2,3 Milliarden Mark überbieten

T: Heute Nacht flog ich mit Zarah Leander nach Ägypten. Dort traf ich im Hotel mit Thomas Mann zusammen, er fragte mich, was ich auf unsere Lesetour nach USA mitnehme an Gepäck, er ließ sich von mir beraten.

18 Besucher aus Wenningsen (Deister), ich quälte mich mit meinen Leibschmerzen. – Etwas Plankton eingesammelt.
In den Meldungen wird nun schon seit drei Tagen hervorgehoben, daß der neue amerikanische Präsident «seine erste schwere Niederlage» erlitten habe. Die Ablehnung des von ihm vorgeschlagenen Verteidigungsministers durch den Senat.
Sie hoffen hier anscheinend inbrünstig auf weitere Niederlagen. Kreidestriche an schwarzer Tafel. Anstatt ihm alles Gute zu wünschen.
Aus der SU kommen täglich unglaublichste Nachrichten. Vom Marxismus spräche im Osten keiner mehr. Daß der gescheitert sei, habe inzwischen jeder mitgekriegt. Ach du lieber Gott, da müßte hier bei uns nun mancher den § 21 beantragen. Aber wo sind die Helden? Und wer nennt die Namen? Ich bin zu faul dazu, mir eine Liste zu machen und «Siehste!» zu sagen. Gaus gehört jedenfalls dazu und Bölling. Engelmann! Lattmann! Und die Evangelen. Schmude! Herrgott, wie weise sie waren. Walter Jens.
Hoffentlich kommt keiner und sagt zu mir: «Du hattest recht …» Quasi gegen die Zeit kürt Momper in Berlin einen Koalitions-Senat mit alternativen Leuten, die sich revolutionär gebärden, zum Teil sogar vorbestraft sind. Einer hat zehn Monate im Gefängnis gesessen wegen Unterstützung der RAF. Daß das überhaupt geht?
In einer Irrsinnsaktion löschte ich heute im Computer das ganze Register. Bupps! war's weg. Das geht verdammt schnell.
Hildegard wühlt im Garten den Wühlmäusen hinterher.

Nartum So 12. März 1989

Welt am Sonntag: FDP-Minister Haussmann sagte Reise in die «DDR» ab / Brief aus Bonn an Honecker: «Fortgesetzte Verletzung von Menschenrechten»
Sonntag: Produktivkraft Kunst, Kongreß der Unterhaltungskunst. Von Peter Jastrow

T: Ich kann mein Hotel nicht wiederfinden. Ein mildgrünes Wasserwehr aus Glaskugeln, über das unaufhörlich ein breiter schwarzer Strom hinuntergleitet.

Heute früh sendeten sie im Radio ausgerechnet die Feuerwerksmusik von Händel. Morgens um halb acht. Sehr originell.
Gestern in der Lit.-Sendung mit Ranicki haben sich die vier Großkopferten fast ununterbrochen angeschrien, schließlich nur noch abgewunken, sich gegenseitig also für mall erklärt. Daß R. R. immer schon zugegeben hat – wie er sagt –, früher einmal Stalinistisches geschrieben zu haben, macht eine solche Verirrung nicht ungeschehen.
Das «Echolot» ist ein Faß ohne Boden. Gestern griff ich aufs Geratewohl einen Ordner und las mich sofort fest. Einen Sinn fürs Tickhafte haben, das ist es, und deutsches Sauerbier gar nicht erst aufkommen lassen. Das werden mir die deutschen Historiker übel nehmen, die Leser wird's erfreuen.
Drei Tage lang, 22 Volkshochschulleute. «Einblicke in die Werkstatt eines Autors.» Ich zeigte das Haus, so, als sei der Dichter, der hier mal gewohnt hat, längst verstorben. Ein Kanon von Erwähnungen. Den Schluß bildet immer das Archiv, oben. Ich schließe die Führung jedes Mal mit dem Aufruf, mir Tagebücher und Briefe zu besorgen, höre meistens nie wieder was.
Vorgestern Interview mit «Brigitte» über Masken. Ich erzählte, daß ich in New Mexico 30 Masken gekauft habe und sie meiner Frau dann kaum zu zeigen gewagt hätte.
Hildegard hört das und sagt: «Jetzt machst du mich schlecht!» und kriegt einen roten Kopf.

Ob der Hund mir die Zeitung holt, fragte die Interviewerin.
Fotografengeschichten. – Neulich: Ein Fotograf drückte mir eine DDR- und eine BRD-Flagge in die linke und die rechte Hand, dazwischen stände ich doch, oder? Sei das nicht so? Er zupfte an den Fahnen herum, aber ich weigerte mich: Mit der DDR habe ich nichts zu tun. Dieser «Staat» ist mir widerlich. Ich zog stattdessen, weil ich unbedingt die Farben Schwarz-Rot-Gold irgendwie vorführen sollte, eine *schwarze* Hose und eine *rote* Jacke an. Sodann blies ich auf der Tuba *(gold!)*. Zwei Stunden Arbeit, und in der Zeitung dann ein Foto in Briefmarkengröße.
Die VP hat im Laufe der Jahre 111 Leute an der Grenze erschossen. Interessanterweise auch mal einen Italiener, das hat die Italiener aufheulen lassen, sonst war ihnen die Sache mit dem «antifaschistischen Schutzwall» egal. Haben sich auch schnell wieder beruhigt. Das sind sogenannte «Zwischenfälle». Der Mann, der mit dem Ballon über Westberliner Gebiet verunglückte, ist noch gar nicht mitgezählt.
Drei Tage Volkshochschule – schweres Brot. Am ersten Tag sind sie vernagelt, am zweiten tauen sie auf, und am dritten wollen sie für immer dableiben.
Der Anfang von «Mark und Bein», den ich den Leuten vorlas, gefiel mir ganz gut. Morgen mache ich weiter.
Das große Literatur-Seminar nächste Woche wird erstmals in veränderter Form abgehalten. Der Abendgast wird auch den folgenden Vormittag übernehmen. Effekt: Ich trete in den Hintergrund, und die Gäste können sich besser entfalten. Wer *mich* will, kann ja meinen Kurs am Nachmittag belegen.
Vesper, Kersten, Hahn, Kunert, Wohmann, Rühmkorf.
Das ist doch eigentlich ganz respektabel? Einer flüsterte mir ins Ohr: «Ihre Seminare sind zu billig! Sie könnten gut das Doppelte verlangen!»
Vor der jeweiligen Abendveranstaltung wird Herr Pfau etwas Klavier spielen. – Aber besser nicht! Literaturinteressenten verstehen in der Regel nichts von Musik. Die stehen direkt neben dem Pianisten und quatschen.
Ich werde als «Wirt» abends die Getränke ausgeben, das ist

eine gute Gelegenheit, mit den Leuten ins Gespräch zu kommen.
Dorfroman: Heute habe ich die ersten Fliegen in diesem Jahr totgeschlagen.
Eine weitere «Radiolarie» für meine Sammlung:

> Der Zaun steht vor dem Haus, in dem ich 19 Jahre meines Lebens zubrachte. Es handelt sich um einen gewöhnlichen Jägerzaun: etwa einen Meter hoch, mit fortlaufend sich kreuzenden Holzlatten. Das Ritual des Zaunstreichens wiederholte sich jährlich, und als ich alt genug dafür war, hatte auch ich meine Freude daran, den ca. 200 Meter langen Zaun zu färben. (Ein Herr)

Am Abend noch etwas gejazzt. «Laura».
Peter Weiss in seinen Notizbüchern: «Grass schlich böse an mir vorbei, er nimmt mir das Stück (Marat) übel.»

Nartum Mo 13. März 1989

Bild: Sie tötete Mutter und Schwiegermutter / Ihre Ehe war kaputt / Nach dem Doppelmord erhängte sie sich
ND: Leipzig vereint 9000 Aussteller aus aller Welt

Mitternacht. – Nein, ich werde nie aufhören mich zu wundern über mein Leben.
Im TV ein Bericht über Demonstranten in Leipzig, die von Staatsschützern abgedrängt und gegriffen werden. Bullige Typen in Tennisschuhen mit blauen Windjacken springen in die Menge und reißen Spruchbänder herunter. Ein Stasi-Asket mit fanatischem Gesicht. Da sind die Polypen, die die Hand vors Objektiv halten, plumper. Oft Familienväter mit Thermoskanne in der Aktentasche. – Vorher war der irgendwie preußisch wirkende Geheimdienstgeneral Wolf zu sehen, wie er sich vor den lang entbehrten Westkameras wohlig ausbreitet. Ein ähnlicher Typ wie Stephan Hermlin. Wie schonend er nach allem nur mög-

lichen Nebensächlichen gefragt wird. – Diese Leute gab's auch in der Nazi-Zeit, schmalköpfig, durchtrainiert wirkend, aber doch nur Stotterfurzer. Mit kleinem Hund gehen sie durch die Anlagen spazieren. Früher wären sie ausgeritten am Meer. – Das Foto von ihm in weißer Uniform, mit Fangschnüren, die doch sonst nur Adjutanten trugen. Die sorgsam sortierten Fleiß-Abzeichen an der Brust! Da war das Eiserne Kreuz doch 'n anderer Schnack. Wie er es wohl bedauert hat, daß es einen so schönen Orden im Arbeiter- und Bauernstaat nicht gab. Das EK mit Hammer und Sichel statt Hakenkreuz. Das Abzeichen für gutes Wissen mit Schwertern und Brillanten.
Halsorden haben sie nicht eingeführt. Der Hals blieb frei, Beißhemmungen provozierend.

2000: *Das dollste Ding waren ja die Orden, die sie bereits hergestellt hatten für den Einmarsch in die Bundesrepublik. Blücherorden in Silber und Gold.*

Der Freispruch des Juweliers Düe, er soll 25 Millionen Entschädigung bekommen für 500 Tage Haft. Und mir wollte man damals nicht einmal 3000 genehmigen für meine acht Jahre. «Sie haben Ihr Schicksal selbst zu verantworten», hieß es, «Spionage wird überall bestraft.» Spionage! – Als ob ich ein Spion gewesen wäre. «Er war beim CIC.» Mit diesem Makel werde ich ewig herumlaufen. «Er war beim Komintern», das klingt zünftiger, das kann akzeptiert werden. Von einer Lyrikerin hören wir, daß sie in der DKP war und bei Nacht und Nebel Koffer voll Geld von Ost- nach West-Berlin geschafft hat für die Genossen. – Da spuckt niemand vor ihr aus, im Gegenteil, Literaturpreise legt man ihr zu Füßen wie einen roten Teppich.
Engholm in Rostock, über den «Boulevard» schlendernd, Arm in Arm mit seinen sozialistischen Brüdern, sieht so an den Häusern empor, daß die ganz schön von der Sonne beschienen werden. Gießt da oben nicht gar eine Frau freundlich ihre Blumen? – Er fände das alles wunderbar, hat er gesagt. Rostock, so eine schöne Stadt, und daß er hier über den Boulevard schlendern

kann – herrlich! Er ist an unserm Geschäftshaus vorübergegangen, dem verdammten. Hätte nicht ein Referent zu ihm sagen können: «Übrigens: Kempowski, wollen Sie den nicht einfach mitnehmen, wenn Sie nach Rostock fahren?» Oh, wie brav wäre ich gewesen, Hosenschlitz zu, Pobacken zusammen, hätte mich irgendwie im Gefolge dünn gemacht.

Das Ozonloch am Nordpol hat den Umfang der Vereinigten Staaten erreicht. Sie wissen das schon seit 1978. Könnte man nicht Ozon produzieren und in die Stratosphäre blasen? Wird wohl nicht gehen, sonst täten sie's. – Aber vieles, was «ginge», tun sie auch nicht.

In Ägypten gibt es jedes Jahr eine Million Menschen mehr. Die Ärztekunst hat das vollbracht. Robert Koch. Irre! Die Dampfmaschine ist schuld am Weltuntergang und Robert Koch. Die Plage der Wohltat.

In Deutschland soll es 250 000 Abtreibungen pro Jahr geben. Das sagt man so hin. Andererseits: pro Jahr 80 Millionen Menschen mehr auf der Welt. Das *kann* ja nicht gut gehen.

Der Klavierstimmer war da: 200 Mark. Der junge Mann hat schon bei mancher Berühmtheit das Klavier gestimmt, er war sogar schon in den Vereinigten Staaten zu diesem Zweck. Ich versuchte ihn auszuhorchen nach irgendwelchen Marotten der Prominenz, aber er war sehr zugeknöpft. Vielleicht kann er nicht gut erzählen. Das Stimmen besorgte er übrigens nicht zart lauschend, sondern eher hämmernd. – Ich zeigte ihm meine Poesiealben und schenkte ihm zum Abschied eines, das müsse er doch ausnutzen, dauernd bei VIPs aus- und eingehen. Er bedankte sich und ließ mich gleich den Anfang machen und die erste Seite kolorieren. Leuten, die «ach, hätt' ich doch» sagen, müßte man immer gleich eine scheuern.

Bin wieder gesund, benehme mich sofort lebensgenießerisch und schreite elastisch durchs Haus. Jetzt im Frühjahr meldet Hildegard mal wieder ihren Wunsch nach einem Balkon an. Da könne man die Betten so schön rauslegen. – Wird abgelehnt. Geht außerdem gar nicht. Das Haus ist nicht auf Balkons hin ausgelegt.

Heute nacht träumte ich, ich sei in der Fremdenlegion. Die komischen SA-Hüte mit dem über dem Nacken hängenden Lappen. Laurel und Hardy. – Vor längerer Zeit zeigte ich Rosenthal, der doch in der Fremdenlegion gewesen ist, verschiedene Fremdenlegionärs-Fotos aus dem Archiv zum Identifizieren der verschiedenen Uniformen. Er wußte nicht, um was es sich da drehte. – In Bautzen saß einer, der in Dien Bien Phu mitgekämpft hatte, ein zahnloser Mensch mit dreieckigem Kopf, der leider nicht erzählen konnte (oder wollte?). Sein Französisch war sagenhaft.
Wenn am französischen Nationalfeiertag die Fremdenlegion an der Spitze der Truppen langsamen-feierlichen Schrittes über die Champs Elysees marschiert, würgt es mich. Eindrucksvoll! Bewegend. Das sind die verlorenen Söhne, denke ich dann.
Dorfroman: Ein Rauhfußbussard fliegt über unsere Wiese, «baumt» auf einem Zaunpfahl «auf». Gott, wie wenig weiß ich über Rauhfußbussarde. In meinem Vogelbuch steht nur «Rauhfußadler, Unterfamilie Bussarde». Große Horsttreue, langjährige Ehe. Dann hätten wir hier also eine Art Adler herumfliegen?
Ich sagte zu Paeschke: «Sie sind der fünfte in zwei Jahren.»
Da sagte er: «Ich bin immer der erste.»
Für das «Echolot» wird er Geld besorgen müssen von irgendwelchen Stiftungen, darüber ist er sich im klaren. Aber er wird nichts kriegen, denn bei VW werden sie sagen: Knaus? Das ist doch Bertelsmann, die haben doch Geld genug!
«Ausreiser», ein neuer Ausdruck, der wohl an «Ausreißer» erinnern soll. Die bürgerlichen Fortschrittler drüben haben einen Piek auf sie. Wer weggeht, ist ein Verräter. «Hierbleiben!» ist die Devise. Aber sie *waren* ja in der DDR geblieben, und zwar verdammt lange. Und «Ausreisen», das wissen wir doch, ist schließlich auch ein Politikum (das sogenannte Abstimmen mit den Füßen).
Stimmen in die Westkamera hinein: «Ich habe lebenslänglich DDR!» – «Wir wollen raus!» – «Stasi weg!» – «Ick hare mit zwee Kinda 400 Maak.»
Joachim Fest: «Gegenlicht». Sehr gutes Buch. Daß er sich mit

einem Mafia-Boss getroffen hat, ist für ihn berichtenswert – obwohl dabei nichts herausgekommen ist. Alexander von Humboldt traf sich mit Indianer-Häuptlingen, das ist schon interessanter.
Wer «Gegenlicht» gelesen hat, wird niemals nach Italien fahren.
Kleines Festessen mit Rotwein und Kartoffelauflauf, Steak. Süße Apfelsinen hinterher.

Nartum Di 14. März 1989

Bild: Rot-Grün und NPD / Ist denn Kohl an allem schuld?
ND: Bedeutende Ex- und Importverträge mit vielen Partnern abgeschlossen

Vom Vogelzwitschern wach geworden.
Gestern waren wir in Vorwerk und kauften in einem kleinen Emma-Laden ältester Art ein.
Ich sag: «Haben Sie Chips?»
Dicke alte Frau an der Kasse: «'n ganzen Berg!»
In der Apotheke kaufte ich eine Zahnbürste, die nicht umkippt, wenn man sie aufs Glas legt, und normale Zahnpasta, keine rote oder blaue.
Gestern habe ich eine Einladung nach Shanghai abgelehnt. Ich kam mir überhaupt nicht heroisch dabei vor. Shanghai? Was soll ich da? Dann schon lieber Pisa, obwohl dort Mopedjünglinge mit Kassettenrecordern um die Kirche donnern, um die Touristen, von denen sie leben, zu ärgern, wie mir erzählt wurde.
Wenn ich Geld hätte, würde ich einen jungen Kunsthistoriker engagieren, der mir die oberitalienischen Städte zeigt, Ravenna! Ich möchte wohl gern mal nach Ravenna. Aber es geht nicht mehr. Es ist zu spät.
Ein Hamburger Literaturveranstalter fragte mich, ob ich in Hamburg mit Hermann Kant diskutieren will: Natürlich nicht. Den Herrn schätze ich nicht. Schon deshalb nicht, weil er eloquen-

ter und vermutlich gebildeter ist als ich. Während ich im Zuchthaus saß, hat er Nietzsche und Schopenhauer gelesen. – Daß man diesen Menschen überhaupt nach Westdeutschland einlädt? Er sei halb taub, wird erzählt, und man stelle ihm provozierende Fragen, wenn er in Westdeutschland liest. Das sei doch taktlos? Ich lehnte ab und: Siehe da! Nun fragen sie heute zurück, ob ich denn nicht vielleicht allein den Abend gestalten will? Ja, allein, ja. Aber zusammen mit dem Parteigenossen nicht.
Heute war ein flauer Tag. Am Ende ergatterte ich aber doch noch ein paar Seiten fürs «Echolot». Die notwendigen Aktivitäten der Hilfskräfte lähmten mich, sie bringen Unruhe ins Haus, obwohl ich sie kaum bemerke. Auch wollen sie mich politisch belehren, was man tunlichst alles *nicht sagt*, erklärten sie mir, und sie machten es deutlich, daß ich ein konservatives, wahrscheinlich rechtslastiges Schwein bin. Das Wort «Nazi-Barbarei». Daß ich das ablehne, verstehen sie nicht.

Seminar: Es sind jetzt 50 zahlende Gäste angemeldet. Wenn die Post kommt, tasten wir die Briefumschläge nach Schecks ab. Man hat das bald raus. Hildegard interessiert sich auch dafür. Ich schäkerte ein wenig mit ihr. – Eine Dame fragt, ob sie ihren Hund mitbringen darf?
Ich bin ein Privilegierter. Habe mir vorgenommen, noch bewußter in der Ehe zu leben. Eines wüßte sie jedenfalls, sagt Hildegard, daß ich ihr, wenn sie alt wird, den Pinkeltopf unterschieben würde. – Sie spricht oft vom Altwerden, hat einen sonderbaren Horror davor. Wahrscheinlich wegen ihrer Mutter, die allerdings noch keine Pinkelpfanne benötigt.
Sie sei *keine* Krankenschwester, sagt sie auch. Das ist nun weniger angenehm zu hören.
Die Wollust, mit der die Katzen mich umgurren. Wenn eine Frau so täte, würde es einem angst machen. Frauen tun anders.

Nartum Mi 15. März 1989

Bild: Tegelhäftlinge / Anwalt brachte Drogen in Knast – verhaftet
ND: Regierungskommission zur Überwindung der Folgen des Gebirgsschlags in Merken / Hervorragendes Handelsklima führte zu weiteren bedeutenden Verträgen

Als ich heute abend ins Bett stieg, mußte ich laut lachen. Es ist schon wunderlich gelaufen, das Leben. Ich lachte extra laut, damit Hildegard es hört und denkt: «Nun ist er verrückt geworden.»
Was nützt es, daß ich guter Laune bin, wenn's niemand merkt? Die unglaublichsten Sensationen ereignen sich in der Welt, SU lenkt ein, Abrüstung, Ungarn löst sich aus dem Ostblock – und das alles rangiert in unsern Medien als Randerscheinung. Bei uns werden die 50:50-Leute gehätschelt.
«Echolot»: Ich bearbeitete den 15. Januar 1945, fand noch nichts vor. Nun fülle ich mit dem Eßlöffel Texthappen ein. Mrongovius ist in Heidelberg und wundert sich darüber, daß die Leute dort nicht in den Luftschutzkeller gehen bei Fliegeralarm. Sie stehen auf der Straße und gaffen die sogenannten Feindverbände an. Das findet er unerhört.
Zehn Tonbänder gekauft für das Lesen vom «Tadellöser»: 54 Mark. Ich lese ein Kapitel und spiele dann eine Swing-Platte von damals mit aufs Band, möchte das gern bis zum Schluß durchhalten. Auch andere Musik, was gerade vorkommt in dem Text: Glückes genug und die «Melodie» von Rubinstein, das Frühlingsrauschen. Nicht zu vergessen «Herbstlaub» von Fibich. – Die Bänder kommen ins Archiv, nie wird sich jemand dafür interessieren. Mir macht's Spaß, das ist die Hauptsache.
Ach wie schade, daß man gedruckten Texten nicht Musik unterlegen kann. Die Sache mit der Schallplatte hinten drin, ist keine Lösung. Kommt mir die Idee, den Bändern auch Fotos beizugeben, Musik, Fotos und Filme. In Bücher hineingehen wie in einen Irrgarten.

Aber wie sollte man das jemandem vorführen? Soll ich mich vor einen Fernseher setzen, das Band abspielen und dazu die Feuerzangenbowle auf dem Bildschirm laufen lassen? Eintauchen in eine vergangene Zeit. Jugend würde manches besser begreifen.
Dorfroman: In der Nacht Hunderte von Wildgänsen überm Haus nach Nordosten.
Mit Hildegard saß ich ganz friedlich zusammen. Die Katzen stießen sonderbare Schreie aus. Manchmal rennen sie plötzlich ohne ersichtlichen Grund durchs Zimmer.
Möchte mich gern fotografieren lassen mit Katze um den Hals. Das Sensationsfoto von Hitler mit Krähe auf der Schulter.
Spaziergang war nicht möglich, da Gülle gefahren wurde.
Abends mit Hildegard essen gegangen.
Kuby: «Mein Krieg».

Nartum Do 16. März 1989

Bild: Kaiserin Zita ohne Herz ins Grab / Es bleibt beim Herzen ihres Mannes in der Schweiz
ND: Wahlaufruf im Mittelpunkt demokratischer Aussprache

Gestern Film: «Kapitel für sich», erster Teil. Kann es nun nicht mehr ertragen.
Am 23. und am 24. werden die anderen beiden Teile, kurz vor Mitternacht, ins Auge des Konsumenten geträufelt. Die Pupillen werden nicht größer davon. Meine erste Reaktion damals in Hamburg, als sie mir alle drei Teile kurz nach Fertigstellung in einem Kino vorführten, war schon richtig. Mir sträubten sich die Haare! Es war ein Fehler von Fechner, nicht auf mich zu hören, und es war falsch von mir, nicht intensiver einzuwirken auf ihn. Da hätte manches vermieden werden können. Das Schlimme ist, daß er die scheinbare Naivität, mit der ich die Haftzeit geschildert habe, mißdeutet hat, und daß dadurch die politischen Häftlinge in ihrer Situation lächerlich gemacht werden.

Ich hätte mich sofort öffentlich davon distanzieren sollen, aber damals hoffte ich noch, daß es weitergeht mit den Verfilmungen: «Aus großer Zeit» usw., und da wollte ich ihn nicht verärgern. Ich blieb an ihm kleben.
Heute Arbeit am «Echolot». Ich nahm mir den 26. Februar 1945 vor, den sanguinischen Hessel. Er berichtet von einem 1000-Bomber-Angriff auf Berlin und von der Einberufung des Jahrgangs 1929, «das letzte Kanonenfutter». In der Tat, ich bekam die Einberufung am 17. Februar, obwohl ich noch keine 16 war. Dann der 5. Februar 1945. «In Berlin ist die Front mit der S-Bahn zu erreichen», schreibt Mrongovius.
Am 6. Februar 1945, Buber-Neumann: Zwei Aufseherinnen schlagen mit Lederriemen auf die Häftlinge ein.
7. Mai 1945, Eva Engel, die ihrem gefangenen Mann ins Lager folgt und sich am Stacheldrahtzaun niederläßt.
Gestern rief Karl Lieffen an. Wir plauderten etwas, d. h., er erzählte, was er für Filme macht im Augenblick. Für T/W hat er damals nur 25 000 Mark bekommen, was ich gar nicht glauben kann. Er haßt Fechner.
Gewitter. Ich zog alle Stecker raus, man kriegt nichts ersetzt. Was auf meinem Computerchen ausgelöscht würde, wäre beachtlich.

Nartum Fr 17. März 1989

Bild: Berlin Rot–Grün / Momper, nun regier' mal schön!
ND: Gewerkschafter gehen mit erfüllten Plänen zur Wahl

«Echolot»: Daß die Ostfreiwilligen, Turkmenen und Aserbeidschaner also, sich in Westdeutschland in den deutschen Quartieren wohl fühlen (14. Januar 1945).
Am 11. März 1945 schildert Mrongovius die Verwüstung, die deutsche Soldaten in Görlitz angerichtet haben.
Zweiter Weltkrieg. Churchill, Colville. Auch allerhand über Norwegen.

Dorfroman: Die ersten Kiebitze und zwei Eichelhäher. Sensationelles Wetter, schwarzer Schneehimmel, davor die ersten Weidenkätzchen: ein Regenbogen, einmal rum. Hildegard steht mit einem Fuchsschwanz in den Tannen, sie hat Krüppelbäume gefällt. Wie gut, daß man mich Krüppel nicht fällt.
Später dann erleuchtete Kumulusfront – sie ersetzt uns das Hochgebirge. Ich drehte Runde um Runde.
Unser Praktikant ist aus Versehen mit Robby bis nach «Bühlstedt» (wie er sagt) gelaufen, das sind 18 Kilometer. Der arme Hund war ganz erledigt.
Langes Gespräch mit einem Buchhändler. Er erzählte von Kunzes Lesung, der die Zähne gebleckt und sich unglaublich tief verbeugt habe. Nach jedem Gedicht habe er lange ins Publikum geschaut, was die Leute dazu sagen? Die Frauen-Dialoge habe er mit Fistelstimme gelesen.
Letzte Vorbereitungen für das Seminar. Wir werden es den Leuten diesmal besonders schön machen. Wir werden das Literatur-Seminar wie ein Fest gestalten.
Cello-Konzert von Schostakowitsch.

Nartum   Sa 18. März 1989

Bild: Angst vor Attentaten / Wandert Steffi aus? / Wohnungsnot / Der erste ins Bordell eingewiesen
ND: Einmischung in die inneren Angelegenheiten der DDR zurückgewiesen / Sprecherklärung namens der Regierung der Deutschen Demokratischen Republik / VdgB-Mitglieder wirken überall mit für produktive und schöne Dörfer

Vor einigen Tagen sah ich, hörte ich einen Stimmenimitator. Er ahmte Politiker nach, Strauß, Kohl, Genscher und Brandt. Er macht nicht nur die Stimmen nach, er tut das in Form kleiner entlarvender Sketche. Es ist nicht so sehr die Entthronung der Großen, als vielmehr die Zauberei, die mich dabei fesselt. Der

Imitator fängt seine Opfer, macht sie klein und schluckt sie. Und da sitzen sie nun als Männchen in seinem Kehlkopf und müssen tun, was er will. Er hat keinen «Mann im Ohr», sondern im Mund. – Sonderbar, daß es keine weiblichen Stimmenimitatoren gibt.

Kuby, dessen ausgezeichnetes Buch «Mein Krieg» ich immer noch lese, führt als abschreckendes Beispiel für Matriarchate die USA an.

«Gefangener der Wälder», deutscher Kriegsgefangener, zehn Jahre verborgen. Im sogenannten Baltikum war es möglich «unterzutauchen», da gab es Leute, die aus Haß gegen die Russen Flüchtlingen Unterschlupf gewährten. Kein Thema für unsere Jungfilmer. In den 50er Jahren hat es mal einen Flüchtlingsfilm gegeben: «Soweit die Füße tragen». Ich nehme an, daß es sich dabei um ein extrem kitschiges Erzeugnis handelt.

Japanische Soldaten, die sich sogar 16 Jahre lang versteckten.

Was täte ich, wenn nachts einer ans Fenster klopft? Die Baader-Meinhof-Verberger blieben übrigens unbestraft. «Das wäre ja auch noch schöner!» heißt es.

Nartum   So 19. März 1989

Welt am Sonntag: Späth fordert die Union zur Hilfe für Helmut Kohl auf. Heftige Diskussion um Kabinettsumbildung – Stoltenberg, Scholz und Lehr sollen bleiben
Sonntag: Christa Wolf lesen. Von der Wirkung eines Werkes. Von Rulo Melchert

Ich: «Die Vögel fingen heute an zu schreien.»
Hildegard: «Schon lange!»
Ich trank Kaffee in der Bibliothek, mit übergeschlagenen Beinen. Ein Huhn leistete mir Gesellschaft. Dieses Haus muß auf die Gäste schockierend und provozierend wirken. Ich bin, scheint's, über das Ziel hinausgeschossen. Rätselhaft, woher all die Sachen

kommen, die hier herumstehen. Als ob ich dem Klischee nacheifere, das sich in der öffentlichen Meinung über mich gebildet hat. Die neueste Macke sind alte Musikinstrumente. Eine Tuba – und verschiedene Trompeten. «Die wollte ich mir schon immer kaufen», das ist die Entschuldigung, die ich mir selbst einrede. Ich werde sie unter die Zimmerdecke hängen und sagen: «Mir hängt der Himmel voll Trompeten.»
Als ich neulich im TV Zadek sah, in seinem einfachen Zimmer, küchenartig, dachte ich, so geht's auch.
Brahms Frauenchor mit Harfe und Horn.
Spaziergang. Die gelben Blüten des Ilex platzen auf, eine erste Amsel, o Wunder. Leider mußte ich während des Morgenspaziergangs zwanghaft das Lied «Heilig Vaterland» singen:

> Sieh uns all' entbrannt
> Sohn bei Söhnen stehn
> du mußt bleiben Land –
> wir vergehn.

Wohl eine Weltkrieg-1-Sünde von Rudolf Alexander Schröder. Ich sehe die Gesichter der Pimpfe vor mir, am Lagerfeuer. Der *gefilmten* Pimpfe, denn so verwegen, wie sie in Dokumentarstreifen aussehen, waren sie nie. Übrigens sieht man im TV, wenn es um diese Zeit geht, immer dieselben Aufnahmen. Ich würde gerne in den Archiven nachstöbern und dann Filme machen, aber sie lassen mich ja nicht. Wenn man nur mehr Zeit hätte!
Vor Mitternacht: Zemlinsky. Geht nicht. Wenn's einem selbst schon stinkt, kann man so was nicht hören, und schon gar nicht vorm Einschlafen. – Was ich mir aufgeladen habe!
Zemlinsky sei der Schwager Schönbergs gewesen, lese ich. Schon recht! «Schwager», ein etwas sonderbarer Ausdruck für die Höhenlage, in der sich diese Leute befanden.
«Bis ich die Schwester dem Gatten gefreit ...» Das mußten wir 1943 auswendig lernen, in einer Zeit, in der alle Pimpfe angeblich einer vormilitärischen Ausbildung unterzogen wurden. Wir machten linksum! und rechtsum! und lernten die «Bürgschaft».

Vor 20 Jahren starb Mutter. Letzte Worte sind nicht überliefert. Sie sackte den Pflegern weg, als sie gerade die Tubennahrung in den Nippel gespritzt kriegte. «Alles Kinder!» sagte sie bei meinem letzten Besuch, einen Tag vorher. «... sind alles Kinder!» Sie meinte damit die Hilfsschwestern, die anderes im Kopf hatten, als eine Greisin zu pflegen.

Nartum Mo 20. März 1989

Bild: Jetzt reicht's / Deutsche Rente für Polen-General
ND: Über 100 000 Besucher in Berliner Kulturstätten

Nartum Di 21. März 1989

Bild: Schweinerei des Jahres / Sex mit Gekreuzigter in ARD / Vor 3,25 Millionen / Proteste / Wiederholung abgesetzt
ND: Unser Ziel im Wettbewerb: Mit erfülltem Plan zur Wahl

Nartum Mi 22. März 1989

Bild: 8 Häuser besetzt / Momper ließ räumen / Danach Krawalle in Kreuzberg / Steine auf Polizisten – Kaiser's geplündert / Steffi schläft jetzt in Schwarz / Exklusiv: Unser Tennis-Star zeigt den BILD-Lesern ihr neues Haus in Florida
ND: Nationale Konferenz über Resultate und Aufgaben der DDR-Umweltpolitik / Zweitägige Beratung in Berlin begann

Literatur-Seminar 19.–22. März

Erstaunlich, es ist schon das 26. Seminar. – Diesmal ist's erholsam. Dadurch, daß die Abend-Autoren auch den nächsten Vor-

mittag mit übernehmen, habe ich weniger zu tun. Aber was fängt man mit der freien Zeit an? Im Bett liegen? Lesen? Unruhig streiche ich umher, was so aussieht, als wollte ich die Leute kontrollieren. Abends schenke ich die Getränke aus. Sie haben trotzdem Hemmungen vor mir, halten Abstand.
Eine Dame ist dabei, die mit Hildegard kungelt, sie sagt: «Was, Sie kennen mich nicht? Meine Tochter ist doch die bekannte Filmschauspielerin.» Riemann heißt sie. Sie schenkte uns ein schönes, selbst gebatiktes Tuch.
Manche sind schon zum dritten Mal da.
Die Leute wollten Sowtschicks Schwimmbad sehen. Einer fragte, wo denn die Kanalschwimmerin sei? Manches kommt ihnen bekannt vor, die Glöckchen im Bibliotheksgang und die Allee.
Vesper, Hahn, Paul Kersten, Kunert, Wohmann, Rühmkorf.
Die Gedichte von der Hahn kann ich bald auswendig. Sie liest jedes Mal dasselbe – und immer mit der gleichen Betonung. Und immer liest sie extra leise. Trotz unserer Lautsprecheranlage, die übrigens noch nie richtig funktioniert hat, ist sie nicht zu verstehen. Aber die Leute halten's aus. Ich habe, wie das vorige Mal, ihre Lesung auf Band aufgenommen. Möchte mal sehen, ob sie die Gedichte deckungsgleich vorliest.
Kunert erzählte von seinen Katzen, mit denen er zusammen im Bett schläft. Hunde haßt er, die Katzen dürfen das Haus nicht verlassen. Ein angenehmer, umgänglicher Mensch, der Spielzeug sammelt und meine Burgen mit einem schnellen seitlichen Blick mustert. Eine schreckliche Kindheit hatte er.
Wer mal was Gutes lesen will, kaufe sich seine beiden Reisebücher: «Der andere Planet» und «Ein englisches Tagebuch».
Dorfroman: Unsere Hühner mausern leider, sind also ganz unattraktiv. Man zog uns dafür zur Verantwortung, ob wir die Hühner irgendwie schlecht behandeln oder wie oder was?
Allerhand Plankton gefischt. Als ob man aus dem fahrenden Auto sich hinauslehnt und Blumen pflückt.

Nartum Do 23. März 1989, Gründonnerstag

Bild: Der Amokläufer/Computer-Mann hatte immer Kopfschmerzen
ND: Zwei Drittel der Kandidaten in Wahlkreisen bestätigt / Umweltpolitik ist in der DDR Sache der ganzen Gesellschaft

Liege im Bett, Fieber, Magenwühlen. Wärmflasche. Hildegard ärgert sich, daß ich «Warmflasche» sage. Auch die folgenden Ausdrücke kann sie nicht leiden: «Kopfweh», «Leibschneiden», «Haarschneider», und daß ich sage: «Die Suppe ist zu salz», gefällt ihr auch nicht. An das Wort «lappe» als Gegensatz zu «knusprig» hat sie sich gewöhnt. Das stammt noch aus Schwerin, aus Zelle 54, da lag ich mit einem Bäckermeister zusammen, der mir das Geheimnis von Rumkugeln verriet. Seither kenne ich den Unterschied zwischen «angeschobenem» und «freigeschobenem» Brot. Der Bäckermeister war übrigens Fallschirmjäger. Ein ordentlicher Mann.
Gründonnerstag: Letztes Abendmahl, Fußwaschung, Segnung des Öls. Im Meyer steht zu lesen:

> Gründonnerstag
> Als letzter Tag der ursprünglichen Fastenzeit fand am Gründonnerstag die erst Mitte dieses Jahrhunderts gestrichene Rekonziliation der öffentlichen Büßer statt. Von dem dabei laut werdenden Weinen (ahd. grînen) wird der deutsche Name gern, aber wohl zu Unrecht abgeleitet.

Daß die Reue nicht angenommen wird, die Buße nicht gesegnet, das ist der Jammer.
«Ein Kapitel für sich», zweiter Teil.
DDR: Im «Spiegel» steht, zwischen 1,5 Mio. (so verkündet es Pullach) und weniger als 100 000 (so meint die Kirche) wollen ausreisen.
Eine dieser Unbegreiflichkeiten: Der Mann, der den Hitler-Attentäter Elser an der Schweizer Grenze gefaßt hat, ein Zollbeamter oder so was, bekam 1979 das Bundesverdienstkreuz.

Auch unverständlich: Elser hatte bei der Festnahme die Liste der Sprengstofflieferanten bei sich, Kabelstücke usw.
In Deutschland ist keine einzige Straße nach ihm benannt, keine Schule. Haben wir denn einen solchen Überfluß an wirklichen Helden?

Nartum Fr 24. März 1989, Karfreitag

ND: Dank guter Kommunalpolitik beachtlich vorangekommen

Ich spielte sämtliche Fassungen von «Herzlich tut mich verlangen». Kann nicht sagen, daß mir das langweilig wird. Es könnte immerfort so weitergehn. Das Mysterium einer Melodie. Durch winzige harmonische Veränderungen wird der Schmerz immer wieder neu gedeutet.
An diesem Choral hat sich noch keiner «müdemelodieret».
Winzige feuerrote Blüten fallen von den Lärchen.
«Ein Kapitel für sich», dritter Teil. – Nun doch unerträglich. Nein, ich bin der Sache nicht gerecht geworden. Schon die Bücher waren einen Tick zu wurschtig. Und Fechner hat alles noch schlimmer gemacht. – So mackenhaft es klingt: Ich möchte am liebsten noch einmal ein Buch über Bautzen schreiben. Die beiden Hörspiele «Ausgeschlossen» und «Briefe an die Mutter» kamen der Sache näher als die Bücher. Auch «Margot», der kleine Roman, der nie das Licht der Welt erblicken wird.

2001: *Ich habe tatsächlich in den letzten Jahren den «Block IV» verfaßt, eine Angelegenheit für postume Zwecke.*

«Echolot»: Heute beschäftigte ich mich mit der Zeittafel für 1945. Was ist wichtig? «9. April, Königsberg kapituliert.» Zeittafeln und Übersichten riechen nach Hauptschule, oder besser: nach Schulfunk. Am Soundsovielten: Untergang der «Gustloff». Was soll das bedeuten? An solchen Zahlen hangelt man sich ent-

lang, sie sind das typische Futter für Volksschullehrer: Na, das nenn' ich lakonisch.
Geschichtszahlenakrobatik. Nicht ganz unnötig. 1710, der Spanische Erbfolgekrieg. Das ist entbehrlich. Aber: 1806 – Ende des Heiligen Römischen Reichs Deutscher Nation. Abschied von Österreich. 65 Jahre später die Gründung des deutschen Kaiserreichs: im Januar 1871.
Am Untergang der «Gustloff» ist das Datum interessant. Es war der 30. Januar '45.
Plankton:

> Wenn *ich* an eine Brücke denke, fällt mir spontan eine Hamburger Brücke ein, mit vernieteten Eisenträgern und roter wilhelminischer Trutzburg am Kopf. Merkwürdig, ich bin noch nie über diese Brücke gegangen, ich kenne sie nur von Abbildungen. – Die Waltershofbrücke empfinde ich als unangenehm. Eleganz ist ganz unangebracht bei so was. Vielleicht wirkt sie deshalb so befremdlich auf mich, weil ich leicht schwindelig werde.

Mostar: Wie anders wirkt dies Bildnis auf mich ein.
Die Eisenbahnbrücke bei Rendsburg. Ein alberner Kraftakt gegen die Natur.

Nartum Sa 25. März 1989

Bild: Gudrun: Deutsche Sozialhilfe in Florida
ND: Dank guter Kommunalpolitik beachtlich vorangekommen / Lebhafte Diskussion auf den Ausschußtagungen der Nationalen Front / Ostermärsche begannen in der BRD: «Modernisiert die Politik – nicht die atomaren Raketen»

Zur Güte finden. – Auf den Tisch zu hauen – dafür ist man nicht gebaut. Aber der Gütige muß auch stark sein, sonst gilt (bewirkt) er nichts. Güte aus Schwäche wird nicht akzeptiert. Das alte Pädagogenproblem. Die plötzlich aufscheinende Güte eines Brutal-

niks. An sie erinnert man sich «gerner», als an den ewig Gütigen, Ausgeglichenen. Das Geheimnis der Wirkung eines Zuhälters. Die Hoffnung, daß auch der Teufel, wenn's drauf ankommt, ein menschliches, ein göttliches Gefühl hat.
Die Unterscheidung von Softi und Macho: «Er ist gar nicht so.»
Dorfroman: Unser guter Richard ist tot. Heute früh habe ich ihm noch ein paar Körner gegeben, das muß halb zehn gewesen sein, danach habe ich ihn nicht mehr gesehen. Schade. So ein gutes, schönes Tier. Tot lag er am Zaun. Hat sich aufgeopfert für die Seinen. In einer Flaumfederwolke lag er – ausgeblutet. Trauern wir nicht weiter, es ist ein Tier, und ich war ihm freundlich zugetan, und er hat mich respektiert. Ein hoher Zaun muß her, das habe ich ja schon immer gesagt.

Nartum So 26. März 1989, Ostersonntag

Welt am Sonntag: Wickert-Umfrage: 62% wollen einen neuen Kanzler / Die FDP-Abgeordnete Hamm-Brücher warnt ihre Partei vor «einer Wende rückwärts zur SPD»
Sonntag: Commandeur Lehmann. Ansichten anläßlich einer Ausstellung. Von Wolfgang Sabath

Brandgeruch von den Sauerstoff verbrauchenden Osterfeuern. Ich stand schon um 7 Uhr auf und spielte ein paar Choräle.

> Christ ist erstanden
> von der Marter alle ...

In der Bach-Fassung unbefriedigend.
Zwei Jahrtausende Ostern sind zusammengeschrumpft auf Osterhasen aus Schokolade, innen hohl. Es ist alles aus den Fugen.
Umfrage wegen Ostern, weiß nicht, wie die Zeitung heißt.
Für Lea Rosh sei das Osterfest ohne Bedeutung. Ostern, das heiße

für sie ausschlafen, lesen, spazierengehen, eben erholen. – Man merkt's. Heidi Kabel beschäftige sich mit Tod und Auferstehung zur Zeit nicht vorrangig, wie sie sagt.
Schnurre: Er sei Atheist, partizipiere aber an der Vorstellung, daß Ostern ein wunderschönes Fest sei. «Frühling, Auferstehung und so» leuchteten ihm ein. Ostern sei ihm wichtiger als Weihnachten: «Weihnachten ist sentimental, Ostern ist schön.»
Für Justus Frantz «war und ist Ostern eines der wichtigsten Feste und Tatsachen» in seinem Leben. Als Naturmensch erlebe er den Beginn des Frühlings, als Musiker den Höhepunkt der Bachschen Passionen. Doch das alles sei ihm nicht so wichtig wie «die christliche Tatsache der Auferstehung: Daß Materie transzendieren kann, ist einer der geheimen Sehnsüchte in jedem Menschen.» – Nannen sucht mit seinen Enkeln Ostereier.
In Bautzen sagte ein Pfarrer nach dem Gottesdienst: «Ich wünsche euch einen unvergeßlichen Ostergedanken!»
Ich wurde auch befragt, hab' offenbar den Zusammenhang zwischen Fasten und Feiern herausgestellt.

> Sozialismus ist eine Moral,
> Kommunismus eine Technik
> und Faschismus eine Ästhetik.

Wer hat's gesagt? Léon Blum? – Hört sich interessant an, aber je länger man darüber nachdenkt, desto dämlicher ist es. Indem ich sage: alles ist mir gleich widerlich – vergleiche ich das Unvergleichliche und begehe damit eine publizistische Todsünde.
«Siehste!», sagt der seit 1968 durch die Institutionen marschierende Redakteur und nimmt es zu den Akten. – Sie durchwühlen das Dossier, aber sie finden nichts, das ist ihr ganzer Kummer. Deshalb schweigen sie mich tot. Nach den Kategorien der p.c.-Wächter bin ich unbefleckt. Vielleicht ist es das, was sie stört?
Am Nachmittag saß ich am Fenster und legte Patiencen: «Napoleon» heißt sie.
Hunderte von Krähen auf der Wiese hinter dem Haus.

Nartum Mo 27. März 1989, Ostermontag

ND: 23 000 Vierzehnjährige erhielten die Jugendweihe

Dorfroman: Den Hahn hat einer abgemurkst. Vielleicht der Fuchs. Er schwamm nicht in seinem Blut, sondern in seinen Federn. Ein vermutlich heroischer Hahn, der sich aufgeopfert hat für seine Hennen. Manchmal lief er hinter mir her, täuschte eine Attacke vor. Ich bekam Gänsehaut, ging mehr oder minder ruhig weiter und sprach beruhigend vor mich hin. – Damit ist es nun nichts mehr.
Redensart: «Den gebratenen Hahn spielen» – das gefällt mir.
Neulich hat uns eine Dame einen Pfau angeboten, aus Süddeutschland, einen *weißen*. Nein, es geht nicht. Obwohl es ein verlockender Gedanke ist, hier einen weißen Pfau herumlaufen zu haben ... Möglicherweise dazu noch einen Esel anschaffen, was? Obwohl, die Vorstellung, einer Interviewerin mit einem Pfau an goldenem Halsband entgegenzutreten ...? Das ist nicht ganz von der Hand zu weisen.
Wondratschek ließ sich mal im Puff interviewen. Der boxte ja auch.
Zweifel, ob meine Arbeitskraft ausreicht für das «Echolot».
Als ob ich mit der Gießkanne ein Schwimmbad fülle, so komme ich mir vor.
Wir geben immer noch die Tagebücher von Mrongovius ein. – Ostvölker-Sachen. Ein Geschenk des Himmels, und sie haben unbeachtet zwei Jahre in meinem Archiv gestanden! Interessant im Inhalt und erstklassig geschrieben. Ich telefonierte mit ihm und lobte ihn und bat um ein Foto.
Bei Harald Knaust zum 60., dort Heider und Niki. Riesige Mengen von Schinken und Kassler. – Harald zeigte uns die alte Familienbibel, die er letztes Jahr über die Zonengrenze herübergeschmuggelt hat. Lange Story dazu.
Post: Ein freundlicher Seminarteilnehmer aus Arnsberg dankt mir mit einem langen Brief für die Tage in Nartum, in dem er sich u. a. über meine Vertrauensseligkeit wundert, alle Türen

offenzulassen, nichts abzuschließen. Er weiß nicht, daß wir eine wundervolle Alarmeinrichtung haben, die bisher noch immer funktioniert hat.
Einen Kriegsvers hat er mir zur Kenntnis gegeben:

> Lieber Tommy, fliege weiter,
> wir sind nur arme Ruhrarbeiter.
> Fliege weiter nach Berlin,
> denn die haben «Ja!» geschrien.

Nartum Di 28. März 1989

Bild: Di küßte Hauptmann im Kino / Vor 13 000 Zuschauern in Mariendorf / Traber-Stute starb vor dem Ziel
ND: Modernstes Gewächshaus der DDR in LPG Berlin-Marzahn / Machtvolle Forderung nach Verzicht auf neue Raketen / Hunderttausende bei Ostermärschen '89

Heute kam unangemeldet ein «Kamerad». Ich hatte so dringend zu arbeiten, und es war natürlich falsch, daß ich ihn das merken ließ. – Er hat sein «Kapitel»-Exemplar in die Ostzone mitgenommen und fragt nun, ob ich ihm ein neues Exemplar schenken kann! Um ein Taschenbuch handelt es sich, wohlgemerkt! Und er ist Zahnarzt!
Danach kam Mensak, schwarzer Mantel, gelber Pullover. Er hat 6 Wochen Kur und danach vier Wochen Urlaub. Absolut braun gebrannt. Kam eine Schallplatte abholen für das TV-Porträt zu meinem 60. Er erzählte, daß Frau Lenz ihrem Mann die ganze Post macht und außerdem die Manuskripte abschreibt.
«Was seid ihr alle fleißig!» sagte er. «Ich würde ganz faul sein als Schriftsteller.» – Vielleicht denkt er, man müsse sich zum Schreiben zwingen. Schreiben macht doch Spaß.

Habe ich mich mit dem «Echolot» übernommen?
Acht Mio. Bytes habe ich bereits eingegeben. Das bedeutet, daß

ich etwa 30 000 Bytes pro Tag eingebe! Das sind ziemlich exakt zehn Seiten. Sagenhaft.
Die Bienenwaben füllen sich. Beim Anwählen einer Datei die Erwartung, ob an dem Tag schon was vorhanden ist. – Das Ackermann-Tagebuch aus Rostock reicht über den «Zusammenbruch» hinweg über die ganze Nachkriegszeit. So gibt es immer Tagebuch-Autoren, die (Ursula Ehlers!) für den horizontalen Zusammenhang sorgen. Sie begleiten, ruhig kommentierend, das Raunen und Wispern der Vielen. – Die Mörtelschicht, auf der die Ziegelsteine liegen.
Ein evangelischer Rundfunkmensch fragte mich heute, ob ich ein Interview mit mir machen lassen will. Zwei Stunden brauche er dazu. Ich: «Wie lang ist denn die Sendung?» Er: «Zweieinhalb Minuten.»
Vor den Evangelischen muß man sich in acht nehmen, die sind links, also tückisch. Die Katholischen lassen sich gar nicht erst blicken. Ich habe noch nie was mit Katholiken zu tun gehabt. So lange sie noch ihre lateinische Liturgie praktizierten, hatte ich eine Schwäche für sie.
Hildegards Mutter muß ins Altersheim und will natürlich nicht, sträubt sich mit Händen und Füßen. Ich hatte für Ausbau der Garage plädiert, extra Haustür, dann hätte sie ihre Selbständigkeit gehabt und wäre doch bei uns gewesen. Aber sie wollte nicht aufs Dorf. Hildegard trägt die Last. Von ihren Geschwistern ist aus den verschiedensten Gründen so recht nichts zu hören und zu sehen.
Im «Spiegel» Leserbriefe auf Suworows Thesen zum deutschsowjetischen Krieg:

> Was Herr Suworow jetzt offenbart, war jedem deutschen Soldaten klar, der am 22. Juni 1941 unmittelbar hinter der Grenze mit seiner Einheit auf riesige Panzeransammlungen, Feldflughäfen, Luftlandedivisionen, Nachschublager stieß. Wehe uns, wenn wir gewartet hätten, bis die Rote Armee ihren Aufmarsch beendet hätte.

Alles ganz gut und ganz schön, nur das «wehe» nicht. Das kam ja trotzdem.

Der «Spiegel» bringt den Auszug einer telefonischen Sex-Beratung der «eleganten Triebfee Erika Berger»:

ANRUFERIN: Hier ist Bärbel.
BERGER: Ja, Bärbel, hallo.
BÄRBEL: Ich bin seit drei Jahren verheiratet. Im letzten Jahr haben wir Urlaub in Bayern gemacht. Wir haben uns da im Heu geliebt, und das hat uns viel Spaß gemacht.
BERGER: Ja, das ist toll.
BÄRBEL: Wir haben uns mit dem Heu befriedigt und Streu um seinen Penis gewickelt. Jetzt will er immer, daß wir es zu Hause auch mit Stroh machen.
BERGER: Das ist ein bißchen umständlich zu Hause, Strohballen ...
BÄRBEL: Ich muß immer in die Zoohandlung und das Heu holen. Und wenn ich dann sage, wir können's doch anders machen, verweigert er die Liebe ganz.
BERGER: Sie können ihm doch sagen: Laß uns doch wieder im Sommer Urlaub in Bayern machen und jeden Tag im Heu lieben.
BÄRBEL: Er hat nicht so viel Urlaub, und so viel Geld haben wir auch nicht, um dann immer nach Bayern zu fahren.
BERGER: Ich würde einen Kompromiß machen: Bereiten wir uns einmal im Monat einen Heutag zu Hause.
BÄRBEL: Der will das immer im Heu machen.
BERGER: Sagen Sie ihm: Zweimal im Monat kriegst du dein Heu aus der Zoohandlung.
BÄRBEL: Ich werde es probieren.
BERGER: Man kann sich also wirklich keinen Heuschober in die Wohnung stellen, das ist ein bißchen kompliziert.

Nartum   Mi 29. März 1989

Bild: Berlinerin erdrosselte Vergewaltiger ihrer Tochter
ND: In 12 777 öffentlichen Beratungen nach demokratischer Aussprache die Wahlvorschläge beschlossen

Den ganzen Tag arbeitete ich am «Echolot». Die Erinnerungen von Janine Lucasse, einer Französin, die 1942 wegen einem Paar

Schuhe zum Tode verurteilt wurde (in Rostock!). Die deutsche Gefängnis-Direktorin rettete sie. Das ist auch so ein «Horizontal»-Fall, der über mehrere Monate hinweg dem Text Halt gibt. Ich dachte, ihre Aufzeichnungen wären umfangreicher. Als die Russen dann kamen, 1945, wurde sie von den Befreiern sofort vergewaltigt.

Dorfroman: Schöne Sonne, ich saß ein Stündchen draußen und sah den Hühnern zu, die wie ich die Sonne genossen und das Zusammensein mit mir. Vielleicht sind sie froh, daß sie den Hahn los sind? Ich würde sie gern kraulen und ihnen Freundliches in die Nähe ihres Ohrs wispern, ein bißchen Franz von Assisi spielen? Aber sie lassen es nicht zu. – Wo sind im übrigen die Ohren der Hühner? Auch der Penis des Hahns? Wo? Wo um Gottes willen, wo?

Langes Telefonat mit Kersten. Er hat plötzlich Bedenken gegen die Großlösung. Alles weggeben? Wieso? Vereins-Konstruktion mit Beirat und allen Geschichten, und dann laufen dauernd fremde Leute im Haus herum?

An sich hat er ja recht. Aber wie soll ich dies hier alles halten?

Post: Brief eines Kfz-Offiziers, der von Juni '41 bis April '43 für die Betreuung aller Kraftfahrzeuge im Führerhauptquartier zuständig war. Er will offenbar ein Gespräch anbieten, das ich in der Tat führen sollte, aber die Kraft dazu fehlt.

Auf meine Weise beschäftige auch ich mich mit Kleinlebewesen, mit den «Radiolarien» des Gehirns ... Fehlt mir ein Mikroskop, unter dem man solche Phänomene betrachten könnte.

Nartum Do 30. März 1989

Bild: Das Vergewaltigungsdrama von Zypern / Die Berlinerin / Ihre Tochter bald frei?
ND: Freundschaftliches Treffen DDR – Äthiopien in Addis Abeba

T: Ich will in Göttingen eine Mahler-Symphonie dirigieren, habe aber keine richtige Partitur, nur so ein Behelfsding. Übe schon immer Schlagtechnik, und im Café sehen mich die Leute an.

Wieder ein Tag rum, dem Tode näher. Herrliche Ruhe, kein Telefon, keine Störungen. Ich beschäftigte mich mit der Biographie einer «Halbjüdin». Ganz interessanter Einstieg, sie kommt in den ersten Januartagen 1943 nach Wien, sucht dort Arbeit, sehr originell geschildert alles. Leider muß die ganze Kindheit wegbleiben, jammerschade! Vielleicht könnte das Ganze in der Biographie-Reihe erscheinen, aber es ist nicht umfangreich genug. – Wieso eigentlich, warum nicht ein schmales Bändchen dazwischen? Aber seit Kolbes Ablehnung der ganzen Reihe ist nun wohl Schluß damit. Das hat er sicher aktenkundig gemacht. Es ist immer noch zu wenig «Masse» im Computer, um eine Aussage über die Entwicklung des «Echolot» zu machen. Wir brauchen noch ein paar richtige Nazis, soviel ist sicher.

TV: Blasse Terroristen – Hungerstreik, das geht durch alle Sender, stundenlang. Wenn keiner darüber spräche, hätte sich die Sache längst erledigt. – Ungarn: Nun sogar Pressefreiheit? Brandt gibt altkluge Ratschläge. In Jugoslawien entgegengesetzte Entwicklung. Gorbatschows neuer Kurs garantiert weiter Frieden für zehn Jahre.
Filmaufnahmen von ölbekleisterten Vögeln in Alaska. Sie werden mit Seife abgewaschen und mit Föhn getrocknet. Obwohl dort täglich Tanker verkehren, hatte man keinerlei Vorsichtsmaßnahmen getroffen. Aus dieser Erfahrung klug zu werden, hat bald keinen Zweck mehr, da die Anwendung der Erkenntnisse nicht mehr möglich ist.
Unsere Tannen sind von Läusen befallen. – Spritzen oder nicht spritzen? Das ist hier die Frage. Soll ich jeden Tag um einen abgestorbenen Wald herumlaufen? Umwelt-Entscheidungen muß heutzutage jeder für sich allein treffen. Das hat was mit dem Gewissen zu tun. Es kommt noch so weit, daß ich das Haus nicht mehr verlasse.

In Hamburg hat sich ein Mensch über einen Altglas-Container beschwert, der vor seinem Haus steht. Tag und Nacht schmeißen Leute Flaschen hinein, er fährt jedesmal zusammen. Das Glas muß übrigens nach Farbe sortiert werden vorher. Ewig unbegreiflich wird mir bleiben, daß es sich lohnt, für einen Viertelliter Quellwasser Glasflaschen zu produzieren. Bierflaschen werden jedenfalls zurückgenommen.
Hildegard hat mit ihrer Mutter zu tun. Mit goldenen Worten wird die Frau belatschert, wie wunderbar das ist bei den Diakonissen. – Wir werden uns an diese Affäre erinnern, wenn es mit uns dahin kommt. Aber: Weshalb stimmt sie der Nartum-Lösung nicht zu? Von den Geschwistern ist nichts zu sehen.
Vorlesungsvorbereitung für 89/90. Plankton-Befragung werde ich fortsetzen.
In der Nacht las ich mich noch fest in Büchern über das Kriegsende, die ich mir neulich schicken ließ. Die Bombardierung der Flüchtlingsschiffe durch die Engländer. Unverständlich. Ist kein Thema für unsere Jungfilmer.
John Colville: Downing Street Tagebücher. Sieht so aus, als ob da alles mögliche rausgestrichen ist.
Im Radio sonderbar akademische Sache von Schumann, für vier Hörner.

Nartum Fr 31. März 1989

Bild: Tag des Todes / Ihr schrecklicher Krebs / Manfred Seipold, Bernhard Blier, Peter Rene Körner [jeweils mit Foto] / Tag des Glücks / Ihr schönster Triumph / Jodie Foster, Dustin Hoffman, Geena Davis [jeweils mit Foto, Oscar in der Hand]
ND: Delegation des USA-Kongresses im Staatsrat der DDR empfangen

1950, Aufstand in Bautzen. Kein Thema. Wenn in Peru Häftlinge auf dem Dach ihres Gefängnisses sitzen, wird tagelang darüber berichtet.

Heute wurde die arme Schwiegermutter zu den Diakonissen umquartiert, bei denen der Schwiegervater damals Pastor war. Alle kennen sie. 83 ist sie nun. Sie hat ein sonniges Balkonzimmer, mit Blick auf Grünanlagen, Menschen. Auf der Pflegestation, ein paar Türen weiter, starb meine Mutter damals, 1969, vor genau 20 Jahren.
Hildegard mußte die ganze Aktion allein bewältigen.
«Man hat mich ausgesetzt!» hat sie gesagt. «Daß meine eigene Tochter sowas macht.»
Hat ihre Möbel um sich, Bilder und Teppich. Und wird morgens, mittags und abends versorgt. Eine Frau geht mit ihr spazieren, und an den Wochenenden ist sie sowieso hier bei uns oder beim Schwager in Minden.
Ich hatte die Garage ausbauen wollen, als Wohnung für sie. Dann hätten wir Wand an Wand mit ihr leben können und an allem teilhaben lassen. Das wollte sie nicht. Auf dem Dorf wollte sie nicht sein, lief immer fort. Kein Ort, nirgends sozusagen. Stadt, Läden usw. brauche sie. – Sie wußte nicht, was sie brauchte.
Jetzt, im Alter, wird sie im übrigen liebenswerter. Ich heiterte sie etwas auf.
Ein junger Igel lief durch den Garten.
Der Tischler kam wegen des Daches.
Gut gearbeitet am «Echolot». Fotos. Das horizontale und das vertikale Prinzip. Vertikal: die Anordnung der Texte pro Tag als Quasi-Dialog.
Ich las am Nachmittag beim Tee in den «Hundstagen», das Buch kam mir schlecht vor, es ist wie jedesmal, wenn ich eine Arbeit abgeschlossen habe. Vielleicht hätte ich es wirklich besser machen können.
Ein herrliches Leben.
Im TV war eine Frau zu sehen, die einen Journalisten mit der Pistole bedroht. Der lief aber anders weg als in Filmen! Krümmte sich wie ein Dackel! Sehr komisch.
Die Imams schlagen um sich.
In Rumänien wurden 7000 Dörfer geschleift (Dagobert Lindlau behauptet: Kein einziges wurde zerstört.)

In zwölf Staaten Afrikas kämpfen kubanische Soldaten. Ein kurzes Interview fürs Radio. Nichts besonderes. – Die Nacht war sehr schlecht gewesen, deshalb langer Mittagsschlaf. Nachmittag wieder Post, es ist zum Kotzen. Und wenn man's recht besieht, sind das alles nicht weiterbringende Aktivitäten. Am Abend erst beschäftigte ich mich mit den Fotos. Ich suchte besondere Fotos heraus und schnitt Passepartouts. Sogenannte Anmutungsfotos. Ich sammle sie in einem speziellen Kasten, das ist mein Schatzkästchen.

April 1989

Nartum Sa 1. April 1989

Bild: Das Vergewaltigungsdrama auf Zypern / Totschlag! / Berliner Mutter und Tochter angeklagt
ND: Aussprache mit Wählern über kommunalpolitische Vorhaben

Kaufte 10 Audio- und 6 Videokassetten: 133 DM.
Ekelhafter Tag. Aber wenigstens hat mich niemand in den April geschickt. Die In-den-April-schick-Geschichte von Thomas Mann.
Hildegard kommt weinend mit zwei Singvögeln auf der Kehrichtschaufel. Eingedenk der sechs Mio. Singvögel, die pro Jahr im Süden gefangen werden, nimmt sich ihr Kummer seltsam aus. Außerdem hat sie jetzt festgestellt, daß alle Tannen vom Wurm befallen sind. Ich werde also meine Runden eines Tages um einen Baum-Friedhof herum drehen müssen. Hier im Sinne Jüngers reagieren: die verschiedenen Würmer fangen und unterm Mikroskop betrachten. Vielleicht stellt sich dann ja doch so was wie Sympathie ein.
Schwiegermutter war heute aggressiv. Sanguinisches Gemüt kann leicht in ein aggressives umschlagen, das lernt man nun. Verstehen kann man's, aber aushalten will man's nicht. Zu ihrer Einsamkeit kommt ja noch, daß sie als Süddeutsche in einem norddeutschen Kaff gelandet ist. Versuche, mit ihr in ein Tonbandgespräch einzutreten, sind natürlich Mißerfolge. Sie will nicht das Interesse an ihren Lebenserlebnissen, sondern an ihr selbst. Sollte man sich denn vor sie hinhocken und sagen: Du bist eine wundervolle Frau?
Die Arbeit am «Echolot»: Frau K. bis ins Jahr '44 eingegeben.

Sehr wertvoll für das Ganze. Wunderbar, daß sie ihre Biographie bis in die Nachkriegszeit vervollständigt hat.

Eine Begebenheit aus dem Herbst 1942 möchte ich noch erzählen. Gegenüber unserer Wohnung war eine Gastwirtschaft mit einem Bierschalter. Oft lief ich abends mit dem Bierkrug dahin, um zum Abendessen einen Liter Bier zu holen. Die Häuser waren verdunkelt, und die Straßen hatten ebenfalls keine Beleuchtung, nur im Eingang zu der Gastwirtschaft brannte ein winziges blaues Lämpchen. Dort war auch der Schalter zum Bierholen. Eines Abends, als ich mal wieder dort Bier holte, sprach mich ein blutjunger Soldat an. Er stand so herum, wußte nicht recht, was er mit sich und seinem freien Abend anfangen sollte. Er tat mir leid, doch sagte ich ihm, daß ich nicht ausginge und schnell nach Haus müsse, weil man auf das Bier wartete. Am nächsten Tag erhielt ich einen Brief von ihm. Er hatte bei den Gastwirtsleuten meinen Namen erfragt, die Adresse selbst herausgefunden und sich gleich irgendwo hingesetzt und mir geschrieben. Seine offenen Worte rührten mich und zeigten mir die grenzenlose Einsamkeit eines 18jährigen Jungen, der in eine Uniform gesteckt in einem miesen Provinznest auf seinen Einsatz als Vaterlandsverteidiger wartete.

Es ist jammerschade, daß ich hier nicht ausführlicher werden kann. Und ewig schade, daß sich für ihre Geschichte kein Verlag finden wird. Und bei uns wird sich ihr Schicksal unter anderen verlieren.

Warum kann ich nicht mal ein paar Wochen in Ruhe arbeiten? So wie Mensak sich das vorstellt, müßte ich leben. Aber schon, wenn ich den «Spiegel» lese oder fernsehe, habe ich ein schlechtes Gewissen. Ein verordnetes Lebenswerk lastet auf mir. Da gibt es kein Wenn und Aber.

Die Groß-Lösung auch voll Wenn und Abers. Nun scheut Kersten die Sache. Meint, es wäre doch nicht so gut, Archiv und Haus zu verkaufen und öffentlich zu machen. Da liefen dann Leute durch mein Wohnzimmer, und Volkshochschulen kämen dauernd angeeiert. – Ich habe eher Horror vor einem Hausmeister und vor Coca-Cola-Automaten in der Bibliothek. Den Wald würden sie sofort abholzen und dort ein Gästehaus hinbauen.

Die Video-Sammlung wächst. Leider heute einen Film von 1939 verpaßt: «Frau ohne Vergangenheit». Mittags werden manchmal gute Filme gezeigt, da muß man höllisch aufpassen. Insgesamt läßt sich sagen, daß die deutschen Filme aus dieser Zeit durchaus mit den Hollywood-Streifen vergleichbar sind: Sie sind genauso schlecht.

1999: *Die Video-Sammlung ist inzwischen auf 660 Titel angewachsen, für die «Ortslinien» unverzichtbar. Allein für 1939 zähle ich 25 Titel.*

Später einmal in einem achteckigen Panoramagebäude acht Filme aus *einem* Zeitraum gleichzeitig laufen lassen, *ohne Ton*. Und man sitzt dann in der Mitte auf einem Drehstuhl wie in dem Film «Raumpatrouille» und gleitet von einem zum andern. Eine realisierbare Zeitmaschine. Aber was folgt daraus?
Ich habe jetzt so reiche Tagebuchbestände, daß ich aus dem Vollen wirtschaften kann. Herzzerreißendes.
Plötzlicher «Kälteeinbruch», wie das im Wetterdeutsch heißt. «Umlaufende Winde».
Ach, könnte ich mich doch einschließen, aber dann käm' ja keiner.
Das Echo auf das letzte Seminar ist sehr erfreulich. Ich bekam per Fleurop sogar einen Blumenstrauß, zwei Gläser Quittenmarmelade und ein Seidentuch. Dazu etliche Briefe. Es scheint so, als ob die neue Lösung mit den Autoren-Vormittagen gut ankommt. Es muß ja auch ekelhaft sein – «Tadellöser» hin oder her –, immer meiner quäkrigen Stimme lauschen zu müssen. Daß der Peterpump hier nicht zu haben ist, kriegen sie schnell mit. – Ich stellte mich in einem unbewachten Augenblick vor den Spiegel und probierte das Seidentuch aus. Haut nicht hin. Ist mir auch zu kühl am Hals und verrutscht ständig.
Wenn man zum 20. Mal das Es-Dur-Klavier-Konzert gehört hat, dann reicht's irgendwie. Ich kann nur noch Quartette ertragen, heute Dvořák.

TV: Endloses über die RAF. Daß die Leute noch immer leben! Boris Becker mit changierendem Jackett, er arbeitet gern mit Kindern, sagt er. Ich find' den Mann OK.
Ein U-Boot-Film wie von der Ufa, nur blöder: mit Ronald Reagan, dies Herumhängen am Seerohr. Das hat mich schon in «U-Boote westwärts» gelangweilt, eine Art moderner Mauerschau. Wasserbomben wie Benzinfässer, die unmittelbar neben dem U-Boot explodieren, und nichts passiert. Dazu dann Schifferklavier. In Ufa-Filmen machten die Leute einen Kreidestrich bei jeder Wasserbombenexplosion.
Und Carl Raddatz im «Brandtaucher» ließ gerade einen fahren, als er sich durch die Luke rettete. Das perlte so nach oben.
Sehnig-tapfere Frauen.
«Der Fremde im Zug». Ehrliche Freude empfunden, daß das kurzsichtige Weib erwürgt wird.
Rock- und Pop-Gedudel im Radio auf allen Kanälen (Änderung des Programm-Schemas, mehr «Schmissigkeit»). Wie mit einer Vierlingsflak beeiern sie uns.
Gestern Talk-Shows, die wie Verhöre wirkten. Unabhängigkeit Deutsch-Südwests ist jetzt das Thema Nr. 1, «Namibia». Fidel Castros Drei-Stunden-Rede vor halbleerem Saal.
Unglaubliche Sendung über ein mecklenburgisches Dorf. Daß die Leute sehr zufrieden sind mit ihrer LPG-Existenz. Habe schnellstens abgeschaltet. Nicht das Wunschdenken wird befriedigt, sondern das Befürchtungsdenken geweckt.
Sendung über ein Nonnenkloster. Ganz beschaulich. Aus Enttäuschung Nonne werden, das gehe nicht gut. Aus Berufung, das klappe schon eher, sagen die Carmeliterinnen in Dachau.
Vor Hitlers Geburtshaus in Braunau soll ein Granit-Quader aus Mauthausen aufgestellt werden, als Mahnmal. Warum nicht schon längst. Aber: Wen mahnt's?
Beerdigung von Zita mit Deutschlandlied.
Jetzt versauen uns US-Filme das Leben. Fred Astaire, dieser dürre Mensch. Gegen den darf man nichts einwenden.

Nartum So 2. April 1989

Welt am Sonntag: Lambsdorff drängt auf Umbildung des Kabinetts / Kanzler Kohl um 14 Pfund leichter aus Oster-Urlaub zurück / Dienstag Koalitionsrunde
Sonntag: Was wir heute brauchen. 35. Erweiterte Tagung des Beirates für Umweltschutz beim Ministerrat der DDR.
Von Wolfgang Sabath

T: Die Schule wird abgerissen und genauso, aber sehr viel größer wieder aufgebaut.

Choralvorspiel «Es ist gewißlich an der Zeit» von Pachelbel auf meiner kleinen Orgel.

> Da wird das Lachen werden teu'r,
> wenn alles wird vergehn im Feu'r.

Es sei unintellektuell, skeptisch in die Zukunft zu schauen, wird uns zu verstehen gegeben. Pessimismus sei eine Art von Dummheit. Völliger Quatsch. Ich bin ein Optimist, der sich nicht traut. In der Nacht begann ich die Tagebuchauszüge für «Sozusagen Sowtschick»* aus Briefen und Notizheften zu ergänzen und zu sortieren. – So wie sie sich bisher darbieten, interessieren sie keinen Menschen.

> Sozusagen Sowtschick
> Materialien, Gedanken, Fragmente.

Das wäre ein guter Titel. Materialien? Wen interessieren schon Materialien?
Am Abend suchte ich aus der «Hundstage»-Ablage noch allerhand Geeignetes heraus.
Sonderbare Orchestrierung der schlagerhaften Bachschen «d-Moll-Toccata» und Fuge von Stokowski: Trommelwirbel, Bek-

---

* Später «Sirius». Eine Art Tagebuch, erschienen 1990.

kenschläge. Unglaublich. Ich hab's auch schon für Akkordeon gehört.
Kaschnitz, «Engelsbrücke». Eine ganz außerordentliche Frau. Im Oktober 1974 ist sie gestorben. – Ärgerlich, daß in ihren Tagebüchern keine genauen Datumsangaben ... Ich weiß nicht, ob das «typisch weiblich» ist, in den Biographien von Frauen (Archiv) fehlen *oft* die genauen Zeitangaben, das ist mir schon aufgefallen. Bei «männlichen» seltener (Gombrowicz, Grass' Indientagebuch).

2000: *John Cheever, leider auch undatiert! – Kaschnitz in der Gesamtausgabe sehr wohl datiert. Auch «Tage, Tage, Jahre»: Dort fehlt dann allerdings die Angabe des Jahres, erst nach langem Suchen und Vergleichen kriegt man raus, daß es sich um 1967 handelt. So was verdirbt den Appetit.*

Passepartouts geschnitten. Manche Fotos werden erst unter der Einrahmung bedeutsam.
Hildegard trank heute vor dem Essen einen klaren Schnaps aus einem Weinglas. Sie dachte wohl, ich merke das nicht. – Da ist mir Knoblauch-Gestank schon angenehmer.
Kohlrouladen. Wenn das man gut geht.

Nartum Mo 3. April 1989

Bild: Vorsicht! Dieser kleine Mann vergewaltigte 5 starke Frauen / «Für unsere Vereinbarungen gilt deutsches Recht», steht im Vertrag
ND: Taten der Jugend für ihr sozialistisches Vaterland

Schlimme Nacht, Koliken und phasenhaftes Erbrechen. Also doch: die Kohlroulade. Zwischendurch, wenn's nachließ, las ich ein Ostpreußentagebuch, das Heizkissen auf dem Leib. Die Flucht der Ostpreußen ist dramatischer als die der Schlesier. Bei den Schlesiern gab es viele, die nach '45 zurückkehrten. Die

mußten dann ein halbes Jahr später wiederum die Koffer packen. Was das Erbrechen anging: Ich konnte es so laut tun, wie ich wollte, Hildegard hörte es nicht. Sie sprach mir folglich keinen Trost zu. Wenn man schon «bricht», dann will man wenigstens was davon haben. – Hinterher immer die Besserung, sie setzt unverzüglich ein. – Meine urtümlichen Geräusche lockten die Katze an, die sowas wie Interesse zeigte. Das Schnurren der Katzen ist physiologisch bis heute nicht erklärbar, lese ich. Und: Es wird nur im Verkehr mit Menschen angewandt.
Hildegard spricht von «Bruch»-Volk, weiß nicht genau, wen sie damit meint. Ich kenne diese Kategorie auch. Laut darf man so was nicht äußern.
Joachim Fest «Das Gesicht des Dritten Reiches». Wieso ist dieses Buch nicht allgemein bekannt? Groteskes über Bormann. Was man alles *nicht* weiß.

1999: *Leider bekamen wir für «Echo II» die Abdruckrechte der Bormann-Briefe nicht. Er hat zum Teil auf die Briefe seiner Frau seine Antworten oder Kommentare geschrieben und sie dann zurückgeschickt. Sie existieren nur auf Englisch, da gibt's Leute, die haben das Eigentumsrecht.*
An Hitlers «Mein Kampf» hat der Bayerische Staat die Rechte. Man kriegt das Dings in jedem Antiquariat, es kostet 200 Mark.

In einem Poesiealbum lese ich unter dem 3. April 1889:

> Im Glück nicht jubeln und im Sturm nicht zagen,
> Das Unvermeidliche mit Würde tragen
> Und fest an Gott und bessere Zukunft glauben:
> Heißt leben, heißt dem Todt sein Bitteres rauben!
>
>> Zum freundlichen Andenken
>> Ihre Jenny Tann, geb. Rose
>> Güntersberge im Harze,
>> den 3. April 1889

Also heute vor 100 Jahren.

Nartum Di 4. April 1989

Bild: Mord! / Roger Whittakers Vater tot im Lehnstuhl
ND: Michail Gorbatschow in Kuba von Fidel Castro herzlich begrüßt

Heute starker Wind, unangenehm kalt. Die Katze war schmusig. Uns verband das gemeinsame nächtliche Erlebnis.
Es war ein schöner Erfolg gestern in Hamburg, «Literalia» nannte sich das Unternehmen, ich sollte über meinen «Anfang» sprechen. Ich hatte mir alle Einzelheiten auf Zettel notiert. Als ich am Pult stand, entschloß ich mich im letzten Augenblick, frei zu sprechen, nahm Augenkontakt auf, und es ging wunderbar. Keine Spur von Lampenfieber, sehr genossen.
Nettes, vorwiegend junges Publikum. Ich guckte mir die Gesichter an, während ich sprach. Sie nickten mir zu. Noch zum Publikum: Junge Damen mit Haarfrisur wie Kakadu. Diese nickten mir *nicht* zu. Und ich dachte, während ich sprach, an meine wirklichen Anfänge, wie kümmerlich war das alles, und wie «fremdbestimmt»? Einen Herrn hörte ich beim Hinausgehen sagen: «Er war einfach, ohne simpel zu sein.»
Ich saß hinterher mit einigen Exemplaren der Gattung Jugend noch etwas im Alten Rathaus. Etablierte Leute, äußerst konservativ. Die Veranstalter waren wie weggeblasen. Ich dachte immer, wir müßten uns noch «tschüß!» sagen. Einen Blumenstrauß ließ man für mich auf dem Podium liegen. Was fängt man mit dem stinkenden Zeug an?
Es wird schwierig sein, im «Echolot» die rechte Balance herzustellen. Am besten das Ganze stückweise vornehmen, tageweis. Heute hab' ich errechnet, daß pro Jahr mindestens 1800 Eintragungen zu erwarten sind. Das ergeben dann am Ende sicher 1000 Seiten. Wie soll ich das unter Kontrolle halten?
Es häufen sich seelsorgerliche Gespräche mit Einsendern. Mrongovius telefoniert alle drei Tage, erzählt mir von seiner Frau, deren Augenlicht nachläßt. Wie wird es *uns* zumute sein, wenn wir 80 Jahre alt sind!

Die tapferen Widerstandskämpfer im TV, heute die französisch radebrechende Marianne Koch. Martin Held als deutscher Offizier mit Ritterkreuz rollt mit den Augen. Die Koch sagt ihm als tapfere Französin energisch die Meinung. Und er zeigt sich beeindruckt. – Also Scheiße. – Die Wirklichkeit sah anders aus. (Als ob es bei Filmen um so etwas wie Wirklichkeit ginge. Ich ließe mir jede Verzerrung gefallen, wenn sie im Dienste der Wahrheit vorgenommen würde.)
Als ich heute Nacht auf mein Zimmer ging, rief Hildegard mir aus dem Klo nach: «Gute Nacht, Liebster!»
Film über einen Papageiensammler. Der Mann sammelt *alle* Papageien, die es gibt. Lebendige natürlich. Die Nachbarn haben sich schon beschwert. Ich möchte gern ein solches Tier besitzen, ich würde es im Saal frei fliegen lassen. Ein Reklame-Papagei müßte es sein.
Postpanik. Überall liegen Briefe, Pakete. Auf jedem Tisch Stapel von Papier, dazwischen totgegilbte Ohrenkneifer und Fliegen. Auf dem Fußboden, in jedem Zimmer Bücher. Ich muß da irgendwie durch.
Ich wollte einen Nagel einschlagen, da fiel gleich die ganze Wand herunter.

Nartum Mi 5. April 1989

Bild: Die Abkassierer der Nation / Pensionär Behnke, Pensionär Hellenbroich, Pensionär Schleifer, Pensionär Kolbe / Im Supermarkt / Berliner Polizist verbrannte sich
ND: Kollektive erklären: Wir gehen mit erfüllten Plänen zur Wahl

Zum ersten Mal wieder im Studio gefrühstückt. Am Himmel war reger Betrieb, Krähen auf dem frischgepflügten Feld, eine Taube. Und schließlich ein einzelner Reiher. Ich fragte mich: Wo will er hin? – Als ich dann hinausging, meinen Spaziergang zu ab-

solvieren, war ich sogleich eingehüllt von infernalischem Scheißhausgestank: Jauche, die ein Bauer aufs Feld «aufbrachte», damit das Korn besser wächst. – Vom Nachbarn her der bohrende Lärm eines Kultivators, womit der Gartenboden aufgelokkert wird. Und schließlich zwei Düsenjäger im Tiefflug, die Jagd aufeinander machten. Also ins Haus retirieren und arbeiten.
Ich hab' mich immer darüber gewundert, daß Hitler in seinen Reden die Zuhörer gesiezt hat. Goebbels dagegen: «Wollt *Ihr* den totalen Krieg?» – Man stelle sich vor, er hätte geschrien: «Wollen *Sie* den totalen Krieg?»
Daß gestern niemand ein Buch signiert haben wollte, hat mich richtig gefreut. Hoffentlich bereuen sie das mal.
Den ganzen Tag arbeitete ich am «Echolot». Starke Zweifel, ob die Arbeit überhaupt zu schaffen ist.
Hildegards Skrupel wegen ihrer Mutter, ob es richtig war, sie zu den Diakonissen umzuquartieren. Nun, es geht ihr dort ja nichts ab. Sie hat ihre eigenen Möbel, lebt im Mutterhaus, sie wird besucht von Freundinnen, mit denen sie früher im Literaturkreis *Böll* las, kann uns besuchen. Aber wenn sie hier ist, will sie nach Rotenburg. Wenn sie in Rotenburg ist, will sie hierher, das ist die Rache der Alten an den Jungen, sie wollen in Schach gehalten werden. Die Unrast auch, das Auf-die-Reise-Gehen. – Was würde sie weniger quälen? Auch die im Schoß der Familie Aufgenommenen werden gequält und quälen. Die Großmutter als Statussymbol. Horrorgeschichten von anderen Groß- oder Schwiegermüttern, daß die nachts ums Haus herumrennen. «Wo seid ihr denn? Wo seid ihr denn?»
Ich überlegte mir, wie *ich* mich verhalten werde, wenn ich alt bin. Ich werde unheimlich verständnisvoll mit der Jugend sein. Immer in meinem Stübchen sitzen und brav Fernsehen gucken. – Sind alte Menschen denn nur zu ertragen, wenn sie die Schnauze halten? Sie stinken – das ist die Wahrheit.
Großeinkauf von Büromaterial in Rotenburg: 135 DM.
Hildegard hat den Munterhund gewaschen. Er liegt mit einer Decke bedeckt bei ihr auf dem Sofa und guckt leidend.
Mir wurde bei der Vorbereitung zu dem Hamburg-Vortrag klar,

wo die Quelle liegt, die mich antreibt: Es ist die Heißmangelsache 1935.
Meine Mutter hatte mich anstelle meines Bruders zum Helfen mitgenommen. Beim Ausrecken eines Bettlakens passierte es, daß ich das Tuch losließ. «Deinem Bruder ist das nie passiert!» sagte sie. Bis heute pulsiert dieser für mich ungünstige Vergleich und spornt mich zu Höchstleistungen an. Die Mangel, selbst alles niederwalzend, (Mangel auch anders ausdeutbar vom Wort her), die Hitze, das Finstere des Ortes. Sich die Finger nicht quetschen lassen. Von hier aus wird auch verständlich, weshalb ich «die Familie in den Dreck ziehe», um mich zu rächen, nämlich an meiner Mutter? – Das Leinentuch als Hungertuch, als Leichentuch. In Bautzen der Bettlakenhimmel, mit Sternen bestickt.

2001: *Siehe «Weltschmerz», S. 23.*

Nartum   Do 6. April 1989

Bild: 7 tote Mädchen / Ist er der Automörder?
ND: Losungen des Zentralkomitees der SED zum 1. Mai 1989 / Michail Gorbatschow von Fidel Castro herzlich verabschiedet

Neulich hieß es: «K. schreibt wie Surminski.» Das gefiel mir nicht. Es ist immer fatal, als Autor mit einem andern verglichen zu werden. Wenn sie sagen würden, er schreibt wie Thomas Mann, würde mich das auch stören, allerdings aus anderen Gründen. Dierks sagt, neuerdings komme Harig in meine Nähe, da müßt' ich aufpassen! Unverständlich ist es, daß sie mich mit Jean Paul vergleichen. Oder mit Fallada! Das krieg' ich immer wieder zu hören. Ich seh' mich eher bei Dos Passos oder Gottfried Keller. Das «Echolot» sind meine «Wanderungen durch die Mark», es hat eine ähnliche Funktion, die der Unterfütterung und Vergewisserung.
Benjamins «Passagen», Fontanes «Wanderungen», Gustav Frey-

tags «Ahnen» und das Prinzip, nach dem die Grimms ihre Märchen gesammelt haben.

Auf West 3, das leider für mich nicht zu empfangen ist, wird der Hitchcock-Film «Im Schatten des Zweifels» gesendet. Die junge «Charly» *rennt* durch den Film, wogegen der Mörder, ihr Onkel Charly (Joseph Cotton), sich pathologisch langsam bewegt. Ein bißchen hat der Film mit dem «Tadellöser» gemein, die Dialoge sind von Thornton Wilder, die Nähe zu «Unsere kleine Stadt» spürt man. – Dieser Film und «Frenzy» und natürlich «Der unsichtbare Dritte». – «Der Fremde im Zug» ist mir etwas zu altmodisch. Ich werde ihn mir aber gelegentlich mal wieder ansehen. Eine meiner Hitchcock-Lieblingsszenen ist die Versteigerung in «Der unsichtbare Dritte».

Eine Fotografin kam. Ob ich ein Buch von Sartre hätte, mit dem würde sie mich gern fotografieren.

Ich breite meine Arme aus und lasse sie kraftlos fallen. Fliegen lernt man auf diese Weise nicht.

Rinderhack mit Reis und Paprika. Eingemachte Birnen. Ein Glas Milch dazu. Es ist im Grunde genommen ja alles in Ordnung.

Nartum Fr 7. April 1989

Bild: «Er lebt mit einer Lebenslüge» / Schönhuber beleidigt Weizsäcker
ND: Gespräch Günter Mittags in Bonn mit Oskar Lafontaine

Im Garten blühen jetzt die höchst langweiligen Forsythien und hier und da die ebenso anödende Zier-Johannisbeere. Das junge Grün hängt dem Naturkavalier aus der Tasche.

Post: Ein Herr aus Siegburg hat mir eine Auswahl von Briefen geschickt. Ein ziemliches Durcheinander. Er schreibt am 15. Juli 1948 aus russischer Gefangenschaft (Minsk) nach Hause:

An meinem Geburtstag, den ich in nettem Kameradenkreis bei Kuchen mit Ei und Waldbeeren, echtem Bohnenkaffee, einer guten Zigarre in Gesundheit und Freude verlebe ...

Da hat es sich wohl um einen Praßnik gehandelt? Oder ist das ein Witz? – Bin zu schlapp, um mit ihm eine längere Korrespondenz zu beginnen. Ich bin darauf angewiesen, daß die Einsender mir das Material mundgerecht liefern, sonst werde ich verrückt.
Ich: «Ich mag diese Würzpaste nicht.»
Hildegard: «Das Prinzipielle deines Verhaltens kann man nicht akzeptieren als Frau. Das hat was mit Verachtung und Dummheit zu tun.»
Eine alte Dame kam – mein Jahrgang! –, sie hat eine interessante Biographie, sagt sie, habe allerhand erlebt. Wie ich an den Film rangekommen wär'. Müßt' man sich da melden? – Wenn ich ihr vorgeschlagen hätte, daß sie mir alles erzählt, und ich bring das in Form ..., sie wäre darauf eingegangen. Und hinterher hätte sie mir den Rechtsanwalt geschickt und prozessiert, Urheberrecht und so was. Wie dumm! Wie dumm! Anstatt mit einer hübschen jungen Nichte zu kommen, mit wippendem Pferdeschwanz – da hätte man mit sich reden lassen, *vielleicht*. Daß man mit dem Schinken nach der Wurst schmeißen muß – davon haben diese Leute noch nichts gehört.
Oh, wie bin ich bestechlich!
Mal wieder in einem Kaffeehaus sitzen. Dafür würde ich mir das Rauchen wieder angewöhnen. Kaffeehauserinnerungen. Als es in Hamburgs City noch Cafés gab ... Meist sind es Enttäuschungen, die einen in Kaffeehäusern erwarten. Kühlschranktorte. Plürrkaffee. Ganz weit zurückgehen, mit der Souffleuse vom Rostocker Stadttheater ins Café Herbst, wie ein Hündchen nahm sie mich mit, Citronenröllchen, Marzipantorte. Das war 1935. – Ein andermal war es in Zürich, vor zehn Jahren? Kleine grüne Sesselchen. Kakao. Vor einiger Zeit meldete sich jemand mit einem Manuskript, einem Caféhausführer durch die Bundesrepublik. Der wollte eine Art Michelin für Kaffeestübchen kreieren. Sympathisch, aber aussichtslos. Ich sollte ihm einen

Verlag dafür finden und das befürworten. Meine Fürsprache endet spätestens im Büro des Herstellers. Ich habe ja noch nicht einmal meine Bio-Reihe durchsetzen können, obwohl sie zu meinem «Gesamtwerk» gehört.

Am Abend saßen wir bei mir drüben und schauten in die Dämmerung hinaus. Einen Schwarm Stare beobachteten wir, wie er sich in die Länge zog, dann wieder zusammenklumpte. Ähnlichkeit mit einem Fischschwarm. – Dazu hörten wir Brahms' 2. Cello-Sonate.

Die Katholiken erinnern sich heute an **Petrus Martyr**, Heiliger:

> Als Sohn von Eltern, die als häretisch bezeichnet werden, 1205 in Verona geboren, tritt er 1221 in den Dominikanerorden ein und wird Inquisitor in Oberitalien. Durch seine erfolgreichen Predigten und seine fanatische Strenge gegen sich und andere zieht er sich den Haß der katharischen Gegner zu. Auf dem Wege von Como nach Mailand von bestellten Mördern überfallen, stirbt er 1252, von Dolchstichen durchbohrt, mit gespaltenem Schädel.

Nartum Sa 8. April 1989

Bild: Pfitzmann / Geburtstag mit neuen Ärzten / Kohl will Geißler loswerden
ND: Günter Mittag sprach in Bonn mit Bundeskanzler Helmut Kohl

Spaziergang in kräftiger Sonne. Veilchen, Zilla. Der Munterhund sitzt starr und steif vor einem Maulwurfshügel. Jetzt werden die Rollstühle der Opas vors Haus geschoben, Kissen nochmal eben aufschütteln ... «Opa, ich komm' gleich wieder!»
Als ich an der Küche vorüberging, sah ich Hildegard einen blutigen Fleischklumpen in den Backofen schieben. Das muß für sie ja auch furchtbar sein. Mir jedenfalls ist der Appetit vergangen.

TV gestern während des Abendessens: Die Toten der Franklin-Expedition im Eis, wie man sie ausgräbt. Schaurig! Und *wir* aßen Spaghetti dazu. Echte Opfer des Fortschritts, an falsch verlöteten Konservenbüchsen sind sie zugrunde gegangen. – Die Ausgräber hatten eine Expertin für Hosenknöpfe dabei. Das wären ganz besondere Hosenknöpfe, hat sie gesagt, die werden wissenschaftlich untersucht. Die kanadische Regierung hat ethische Auflagen gemacht: Nur so und so lange angucken und nichts mitnehmen und hinterher alles wieder anständig verschließen. Ein Priester war nicht dabei. Wenn man bedenkt, was sie mit Mumien alles anstellen, oder mit Moorleichen! Also, ich würd' mir das schon angucken, diese Matrosen, in einem Glassarg, in Eis gepackt. Aber wahrscheinlich leben noch Urenkel, die sich das verbitten. *Ich* hätte nichts dagegen.

Mit Mumien haben sie in Ägypten zeitweilig Lokomotiven geheizt, so viele gab es.

Das unterschiedliche Interesse an Forschungsreisen: Der Wettlauf von Scott und Amundsen zum Südpol ist für die Leute faszinierender als das Auffinden der Ost-West-Passage.

Die Vorstellung, per U-Boot unterm Eis hindurch zum Nordpol zu fahren, ist mir unerträglich.

«Echolot» – unheimlich der Umfang. Aber «in kurz» geht das nicht. Das ist es ja gerade. Wir öffnen den Ameisenbau, und sie leben noch, die kleinen Krabbelchen. – Unter dem Elektronenmikroskop. Jedes Schicksal ist einmalig. Vor dem Schlimmen, das man da zu hören kriegt, schreckt man nachts hoch. Aber, nur cool, nur geschäftsmäßig-wissenschaftlich herangehen an die Sache, das liegt mir nicht. Ich gehöre nicht zu den Anatomen, die neben der exhumierten Leiche ihr Frühstücksbrot essen, bzw. Spaghetti.

Ein Besucher mit all meinen Büchern zum Signieren. Wie er an Kempowski geraten sei? Er habe ein Buch für seine Mutter kaufen wollen, und da habe ihm der Buchhändler etwas «Leichtes» empfohlen: «Aus großer Zeit» von Kempowski. – «So viele Gedanken!» sagte er, in den «Hundstagen» seien so viele Gedanken enthalten.

Ich: «Hundstage» ist ein ziemlich dickes Buch, nicht wahr?
«Ihre Bücher können gar nicht dick genug sein.» So was versöhnt.
Stille Stunden. Das rieselt so.

Nartum So 9. April 1989

Welt am Sonntag: Russisches Nuklear-U-Boot gesunken / Atomseuche? Norwegischer Katastrophenstab schließt Kernschmelze und Verstrahlung nicht aus
Sonntag: Zur Individualität ermutigen. Schule und Gesellschaft. Von Dieter Kirchhöfer

Ein russisches Atom-U-Boot ist vor der Bäreninsel gesunken, 50 Matrosen sind ums Leben gekommen. Man befürchtet eine Verseuchung des Meeres mit Plutonium. Also künftig auch keinen Fisch mehr essen. Irgendwie sieht man eine solche Katastrophe wie in einem Ufa-Kriegsfilm vor sich oder in sich. 1945 haben U-Boote auch Flüchtlinge geholt aus Ostpreußen. Die konnten fünf oder zehn Menschen mitnehmen, die mußten z. T. stehen (im Turm!).
Nachmittags kam das Flötenquartett aus Oldenburg. Die vier Mädchen bliesen mir was vor, ich fotografierte sie. Habe sie für Lübeck engagiert.
Ich möcht' gern mal sehen, in einem Hollywood-Aquarium, wie junge Fräuleins mit Haifischen spielen. Vor der Glaswand sitzen und geröstete Mädchenfinger knabbern. In Chicago das große Aquarium. Oder wo war das? Ganze Fischschwärme waren zu beobachten, so ähnlich wie die Stare vorgestern. Sie drehen und wenden sich. Wer gibt das Kommando? Und warum?
Eins der schönsten Museen: Tucson. In der Wüste, in der es scheinbar nichts zu sehen gab, war nur exponiert, *was* es in der Wüste zu sehen gibt, wenn man genau hinsieht. Also z. B. Edelsteine. Auf samtbezogenen Pappscheiben waren sie ausgelegt, und man konnte sie unter einem fest montierten Vergrößerungsglas betrachten.

Aquariumsliebhaber legen gern einen alten Schuh ins Becken oder eine Flasche, um die dann die Fische herumschwimmen.
Gern würde ich mal das Museum besuchen, in dem sie Unterwasserfunde zeigen.
Auch das «Echolot» ist ein Museum.
Ein Herr rief an, er habe Wasser im rechten Hoden, er beschrieb mir das ziemlich ausführlich. Die Sache interessiert mich, werde sie mit Dörfler besprechen.
Hildegard neulich zum Arzt: «Mein Mann sagt, ich soll dies nicht tun und das nicht tun.»
Dörfler: «Freuen Sie sich doch darüber!»
Als er mich zum ersten Mal nackicht sah, war er ganz erstaunt, daß ich noch so einen schlanken Körper habe, schlank und rank. Kein Gramm Fett zuviel, allerdings auch keine Muskeln zuviel. Geht mir eigentlich ganz gut. Er zeigte Hemmungen, mich genauer anzusehen. Er ist es, der mir eines Tages die Augen zudrückt. Ob er mich auch sanft hinübergeleitet, wenn ich ihn darum bitte? Wer weiß.

TV: In der Nacht sprach Günter Gaus eine dreiviertel Stunde lang mit Hermann Kant. Ich fand das ziemlich widerlich. Es gibt doch weiß Gott andere Gesprächspartner, als ausgerechnet diese Type. Ich schaltete rüber zu den «Fahrraddieben» von 1948. – Gaus sitzt bei den Fragen «Zur Person» unsichtbar im Finstern. Nur sein Gast ist zu sehen. Und die Fragen kommen mehr oder minder mephistophelisch aus dem Off. Eine Interview-Sendung so zu gestalten, läßt Rückschlüsse auf Geltungssucht des Interviewers zu. – Als er sich in Ostberlin einrichtete, soll er sein Reitpferd mitgenommen haben! – Er spricht ein gepflegtes Hamburg-St, s-tolpert also artistisch übern S-tein. So hat ein jeder seine Note.

2001: *Er hat kürzlich noch einmal eine dreiviertel Stunde mit Kant gesprochen. Seine Wißbegier ist unersättlich. Kant hingegen blies die Backen auf.*

Nartum Mo 10. April 1989

Bild: Atom-U-Boot / Opferten sich 42 Russen, um uns zu retten?
ND: Atomgetriebenes U-Boot der UdSSR nach Brand gesunken

Ich kaufte in Bremen einen Langenscheidt-Wörterbuch-Computer (Englisch) für 300 Mark. Eine völlig unbrauchbare Sache. Die Tasten nach oben gerundet, so daß der Finger abgleitet, und außerdem ABC-Tastatur statt des gebräuchlichen Schreibmaschinen-Prinzips, und sehr wenig Wörter. Wütend! Das Ding taugt noch nicht einmal zum Verschenken. Daß man es von der Steuer absetzen kann, ist ja auch kein Trost.
Dorfroman: Vor der Bibliothek lag eine Amsel, auf der Seite, den Kopf eingedreht, aus ihrem gelben Schnabel floß Blut. Am Fenster die Spur ihres Aufpralls. Ein kleiner schwarzer Ikarus. Ich ging die Allee auf und ab und meinte an den Tannen zu spüren, daß der Saft in die Zweige zurückkehrt. Die Vogelbeeren mit dicken Knospen. Den Sommer vor sich haben.
Beim Ins-Haus-Gehen der Rücken des Vogels. Ich lasse die kleine Leiche der Natur. In der Nacht werde ich sie vergraben.
Im «Spiegel» steht zu lesen:

> An den Mann, der vor 100 Jahren geboren wurde und vor 50 Jahren die Welt in den Krieg riß, an Adolf Hitler, hat einer im SPIEGEL-Haus eine besondere, persönliche Erinnerung: Heinz Beck, Jahrgang 1929, Mitarbeiter in der Gehaltsbuchhaltung. Er war einer der Hitler-Jungen, die Hitler an dessen letztem Geburtstag, 20. April 1945, im Garten der Reichskanzlei vom Reichs-Jugendführer Axmann als «Hoffnung des deutschen Volkes», in Wahrheit als letztes Aufgebot präsentiert wurden. Einige der 15- bis 16jährigen hatten schon Sowjetpanzer abgeschossen und das Eiserne Kreuz erhalten. Hitler kam aus seinem Bunker und schritt die Front der Minderjährigen ab, einem tätschelte er die Wange – die Filmaufnahme dieser Szene ist eines der bekanntesten Bilddokumente vom Ende des Dritten Reiches. Nachdem Hitler, der kein Wort gesprochen hatte, in seinen Bunker zurückgestiegen war, bekamen die Jungen Päck-

chen mit «Notverpflegung süß» ausgehändigt. Heinz Beck erinnert sich an den «laschen Händedruck» Hitlers, an die «müden Augen» eines «gebrochenen Mannes», aber auch noch, kopfschüttelnd, wie «stolz» er mit seinen knapp 16 Jahren danach wieder bei Hammelstall, östlich Berlins, in Stellung ging.

Nartum Di 11. April 1989

Bild: Die Mordschwestern / Über 200 Patienten umgebracht? / Todesurteile beim Gläschen Wein / «Mundpflege» hieß: Ertränken / Sex mit Ärzten?
ND: Generaldirektor der UNESCO im Staatsrat der DDR empfangen

Ich ging heute früh durch die nach Honig duftende Gasse der eben abgeblühten Schlehen. Lesung in Jork in einem alten Fachwerkhaus, ca. 60 Personen. – Walter Jork Kempowski müßte ich heißen, dann würde ich doppelt soviel Bücher verkaufen.
Franz Schonauer glaubt, mich denunzieren zu können, indem er (im Hessischen Rundfunk) sagt: Kempowski schreibt oder schrieb für «Die Welt». Bums! Ich habe bisher keine einzige Zeile für «Die Welt» geschrieben, ich wurde nie dazu aufgefordert. Ich hätte es vielleicht getan. Zum Schluß sagt er: «‹Hundstage› ist ein total mißglückter Roman, «weil es ihm in jeder Beziehung an Ernst wie an Heiterkeit mangelt.» –
Bums! Es mangelt dem Roman auch an saurem Kitsch. Und den vermißt er wohl am meisten. Traut sich nur nicht, es zu sagen. Mit dem Parteibuch in der Hand Bücher rezensieren.
Wenn man mehr Zeit hätte, würde man ein Kritiker-Lexikon schreiben, mit all den Verquasungen dieser Leute. Mit Bild! Und mit Zitaten aus ihren eigenen unveröffentlichten Romanen. Mal aufpassen, vielleicht läuft mir was über den Weg.

TV: Über Chaplin. Die frühen Stummfilme: Die Rollschuhbahn. Ich habe sie auf Band, für alle Fälle. Für welche Fälle? Ich denke immer: Vielleicht bist du später mal so schwach, daß du zu nichts mehr in der Lage bist, nicht mehr lesen kannst, nicht mehr rumlaufen, nur noch fernsehen. Und dann möchte ich mich nicht dem öffentlichen Angebot ausliefern.

Nartum Mi 12. April 1989

Bild: RAF-Demo: Polizei räumte Mompers Büro/Er ist Steffis 1. Liebe/Kölner Tennisspieler Alexander Mronz
ND: Tagung des Komitees der Außenminister der Staaten des Warschauer Vertrages in Berlin

Im TV waren die geretteten russischen U-Boot-Matrosen zu sehen. Ich dachte, die wären alle tot. Sie hätten ein vaterländisches Lied gesungen, als sie sich auf die Schlauchinsel gezogen hatten. – Sonderbare weiße Kragen, ich hielt sie für Internatsschüler. Rosige Gesichter. Wieviele deutsche U-Boote noch auf dem Meeresboden liegen. Die Leichen, die Skelette der Matrosen. Gewerkschaftsmensch Breit macht Witze über Autoren, die nicht in die Mediengewerkschaft gehen. Will er, daß wir das eines Tages bereuen?
Im Haus Platzangst wegen der Möbel unserer Schwiegermutter, die hier jetzt untergestellt werden. Unmassen von Stühlen.
Läßliche Sünden.
Im Archiv. Arbeit an der Biographie eines Mannes, der sich «Rädertierchen» nennt. Ein Cellist, der 1945 im Rollstuhl auf die Flucht ging, eine dolle Geschichte. Neben sich führte er stets einen Ersatzrollstuhl mit. Im «Echolot» gut aufgehoben.
Er sei stets gefragt worden, wie er das mit dem Austreten gemacht hat, während der Flucht, sagt seine Frau am Telefon. Das sei doch taktlos. (Ich hatte gerade danach fragen wollen.)
Eigentlich ist diese Biographie der *ganz große* Stoff. Um Gottes Willen keinem Film-Menschen sagen! Der verkitscht das. – Ich hätte schon Lust, es umzuschreiben. Umgeschrieben werden

müßte es wohl, weil nicht alle Leser so wohlwollend mit Bio-Texten umgehen wie ich.

Das Tagebuch der Sophia kam, ein blaß-lila Taschenbuch, es ist die vierte Biographie aus unserem Archiv. Nicht sehr beeindruckend, leider hat man die ulkige Orthographie des Originals geändert. Der Charme des Buches ist dahin. Sophia stammt ausgerechnet aus Brockdorf, was ihr eine gewisse Aufmerksamkeit sichert. Ihr Notizbuch war mir nach einer Lesung in Heidenau überreicht worden. Robert hat es geduldig transkribiert. Vergeblich, wie sich jetzt zeigt.

Erlebnisse: bedeutungsschwere Partikel, die im Gedächtnis kristallisieren. Die Erinnerung an das Erlebte ist nicht gleich dem Erlebten. Es hat ein Austausch mit dem Allgemeinen und mit dem Gegenwärtigen stattgefunden.

Der Wochenschau-Adler der Nazi-Zeit: Man denkt an ihn und an damals, und weiß, daß er aus Gips war. Der Film «Sieben Jahre Pech» folgte. Auch daran erinnert man sich, ohne freilich den Zusammenhang zu sehen. Gleichzeitig erinnert man sich daran, daß man ohne zu bezahlen ins Kino ging, durchs Klofenster stieg, und draußen stand nach der Vorstellung der Streifendienst. – Alles, was erinnert wird, ist bedeutsam. Das Unwichtige sinkt ab.

Plankton. – Warum auf Erlebnisse zurückgehen? Vom Sinnlichen ausgehen, dann ist die Übertragbarkeit gesichert. Wer von Thesen ausgeht und dafür Beispiele sucht (im Roman), verstößt gegen das wichtigste Prinzip der Kunst. Vom Faßbaren ausgehen. Die Welt untersuchen, wie sie ist, nicht vom Bild der Welt ausgehen, wie man sich's gemacht hat, und dann überprüfen wollen, ob's stimmt. Erdkunde ist keine Vermutungskunde.

Etwas anderes ist, wenn man vom Erlebnis ausgeht, zu einem Schluß kommt und hierfür dann andere unterstützende Beispiele sucht (Recherchen).

Renate sagt, ich sähe wie eine kranke Eule aus.

Ich *bin* eine kranke Eule.

Gestern setzte ich mich sofort an die Post, mit der ich heute Nachmittag noch immer nicht fertig war. Viel Biographisches, jeder Fall muß individuell behandelt werden. Ein kurzes, aber ein wärmendes Wort. Wunderlich ist es, daß Flucht und Vertreibung in der Öffentlichkeit kein Thema sind, und dabei ist das doch ein Jahrhundertereignis. 15 Millionen Deutsche mußten ihre Heimat verlassen, und zur selben Zeit wurde in Nürnberg zu Gericht gesessen über Menschen, die im Dritten Reich Deportationen befahlen. Bertrand Russell schrieb am 19. Oktober 1945 an die «Times»:

> In Osteuropa werden jetzt von unseren Verbündeten Massendeportationen in einem unerhörten Ausmaß durchgeführt, und man hat ganz offensichtlich die Absicht, viele Millionen Deutsche auszulöschen, nicht durch Gas, sondern dadurch, daß man ihnen ihr Zuhause und die Nahrung nimmt und sie einem langen, schmerzhaften Hungertod ausliefert. Das gilt nicht als Kriegsakt, sondern als Teil einer bewußten Friedenspolitik.

Ich komme darüber nicht hinweg.
Vielleicht wollte man nach dem Krieg davon nichts hören, weil man fürchtete, ein «Schrei nach Rache» könnte die mühsam gewonnene friedliche Gesinnung zerstören. Die Revanche der Revanche ... «Einmal muß Schluß sein.»
Vielleicht wird man sich eines Tages nach meinen Berichten die Finger lecken? Im Volke schlummern wahrscheinlich noch Schätze, ich habe ja erst den berühmten Zipfel erwischt. Die Sammlung ließe sich leicht auf «Zehntausend» steigern. Der einzelne Einsender erfährt eine späte Genugtuung, er weiß, daß seine Erlebnisse wenigstens statistisch zu Buche schlagen. Sein Name ist im Himmel geschrieben.
An Emigrantenberichte ist schwer heranzukommen. Hier müßte sich irgendwo eine Tür auftun, wie bei den Bomberpiloten. Anrührend ist es, daß mancher Einsender sich mir mit Haut und Haaren ergibt. Andere stellen recht kleinliche Fragen, was aus meinem Archiv wird usw. Wieder andere vermuten, daß ich mich bereichern will. Einer schrieb: «Ich will das gar nicht veröffentlichen, weil ich mich nämlich nicht gerne kritisieren lasse.» Die Unordentlichen, die Unsauberen, die Niedlichen. Damen verzie-

ren ihre Texte gern mit Zeichnungen. Es gibt Herren, die ihren Bericht vom Computer ausdrucken lassen, in drei verschiedenen Schrifttypen. Manche Biographien riechen nach Zigarre, andere nach Puder. – Vielleicht ist diese Sammelei von Schicksalen mit dem Verwalten eines Zuchthauses zu vergleichen oder mit einem Zoo. Ich halte die Leute zur Verfügung. Es ist auch ein wenig Selbstbesinnung dabei, «als Deutscher», schließlich Verlängerung des Lebens in die Tiefe der Zeit und über den Tod hinaus. Ich treibe die Herde über den Deich.
In der Veranda lag heute eine fremde Katze.
Hier im Speisewagen sitzen zwei verschleierte Moslem-Frauen, die eine mit goldener Brille. Wenn sie sich schon nicht so modisch kleiden können oder dürfen wie die West-Damen, so verwenden sie einen gewissen Luxus auf den Stoff ihrer Gewänder. Diese hier trägt feinste gelbe, äußerst raffiniert gefältelt. – Auf dem Bremer Hauptbahnhof fünf Zigeunerfrauen, Zöpfe, Kinder auf dem Schoß, rauchend. Mit denen ist nicht gut Kirschen essen. Thomas Manns sonderbare Bemerkung über die Juden, sie seien eben doch eine andere Rasse, das spüre man doch, anderes Blut. Mit Schiemann sprach ich über die Schwarzen. Er meint, deren Gene seien anders als unsere.
Ich singe schon seit Monaten, wenn ich mich an die Arbeit setze: «Morgen kommt der Weihnachtsmann», leicht verfremdet. Joh. Christoph Bachs Variationen drüber, unter einem französischen Titel. – Wenn ich die Arbeit beendet habe, singe ich «Lullaby of Birdland ...». – Und wenn ich morgens die Treppe hinuntersteige und Hildegard in der Küche höre, dann singe ich (laut):

> Dein König kommt, o Zion,
> bald kehrt er bei dir ein!

So ist das mit dem Unbewußten.
Sie nahm es mir übel, daß ich mich erschrak.

Der heilige **Zeno**, an den sich heute die katholische Kirche erinnert, ein Afrikaner, bestritt zeitweilig seinen Lebensunterhalt durch Fischen. Man denke, daß Kardinäle sich auf diese Weise über Wasser halten müßten. – Unter einem Mercedes 600 machen sie's nicht.

Düsseldorf Do 13. April 1989

Bild: Kohls neue Regierung
ND: Erich Honecker empfing die Außenminister der Staaten des Warschauer Vertrages

Lesung in Düsseldorf, hoch dotiert. Universität Düsseldorf, drekkig und verkommen. Anschließend an die Lesung gingen wir angenehm essen, Prof. Stötzel und «Kollege Arnold». – Auch ein Mediziner war dabei, dem ich von meinen Einschlafstörungen erzählte. Über meine heißen Beinbrausungen lächelte er, die Frau stieß ihn an, er soll das lassen, mich auslachen. Er berichtete von abgetriebenen Föten, daß die Finger schon erkennbar sind. Eine greuliche Schlächterei. Unbeschreiblich. Irgendwann müssen wir das büßen.
TV: «Goldrausch». Ich dachte an Wiesbaden 1948, an diese wunderbaren Wochen vor meinem Unglück. Damals gingen wir jeden Tag ins Kino. Übrigens auch ins Theater. Ich sah in jenen Tagen Karl Lieffen in einem Lustspiel. Wenn mir damals einer erzählt hätte, daß er eines Tages in einem Film meinen Vater spielt!

Heute ist der Tag des heiligen **Paternus**, ein irischer Rekluse in dem von Bischof Meinwerk gestifteten Abdinghofskloster zu Paderborn. Er sagte den großen Stadtbrand von 1058 voraus und kam selbst dabei um, da er seine an das Kloster angebaute und verschlossene Zelle seinem Gelübde entsprechend nicht hatte verlassen wollen.

2000: *Broschüre über den großen Angriff auf Paderborn, 1945. In ihr wird Paternus nicht erwähnt.*

Düsseldorf Fr 14. April 1989

Bild: Das soll besser werden / Weniger Asylanten / Mehr Wohnungen / Aus für Wackersdorf / Quellensteuer weg / Gesundheitsreform / Kürzerer Wehrdienst
ND: NATO sollte ohne Zögern auf Gesprächsangebot eingehen

Regen, Kälte.
Düsseldorf: Blockseminar, zweimal 90 Minuten.
I: Von der Schwierigkeit, Prosa zu schreiben.
II: Modellinterpretation des Anfangs von T/W («Der Umzug»).
Präsentation der Foto- und Tonbandmaterialien.
Ich hatte nicht den Eindruck, daß ich mit meiner Gastrolle die Wissenschaft gefördert hätte. Es interessiert sie nicht, *ich* interessierte sie nicht. Aber: Wenn ich auch im Literaturbetrieb nichts gelte, so ist eben doch das Werk getan, sie werden's zur Kenntnis nehmen müssen eines Tages.
Ein junges Mädchen im TV auf die Frage eines Reporters, ob sie lieber Butter oder Margarine ißt: «Margarine. – Butter ist immer so steif, wenn sie aus dem Kühlschrank kommt.»
Lesung in der Buchhandlung Stern. Hinterher meldete sich ein Uralt-Freund: Julius B., genannt «Jüler». Er schickte mir im Sommer 1945 eine Bescheinigung, daß ich in Minden untergebracht werden könnte, d. h., ich hätte damals ohne weiteres in den Westen übersiedeln können. Meine Phantasie reicht nicht aus, mir vorzustellen, wie mein Leben verlaufen wäre, wenn ich das Angebot angenommen hätte.
Er zeigte mir Briefe, die ich ihm damals geschrieben hatte, ekelhafteste Kitscherzeugnisse. Wie ist so was nur möglich? Und wie ist es möglich, daß er diese Briefe all die Jahre aufbewahrt hat? Fünfundvierzig Jahre lang! – Ich muß damals ganz besonders bescheuert, ja sensationell unterentwickelt gewesen sein.
«Spiegel»: Über die «Isolationsfolter», die Haftbedingungen der RAF-Leute:

In ihrer Zelle, fast neun Quadratmeter groß und von normaler Zimmerhöhe, kann sich Christa Eckes, 39, morgens ungestört schminken und abends die Bettleuchte anknipsen, um wahlweise die «Frankfurter Allgemeine Zeitung» oder etwa den «Kurdistan-Report» zu lesen. Zu ihren «persönlichen Gegenständen», zählt Nordrhein-Westfalens sozialdemokratischer Justizminister Rolf Krumsiek auf, gehöre ständig frischer Blumenschmuck.
Ausreichend Natur umgibt die inhaftierte RAF-Terroristin nach dem Dafürhalten des Ministers auch beim Spaziergang. Denn der Freistundenhof in der Justizvollzugsanstalt Köln-Ossendorf, betont Krumsiek, «besteht aus einer teilweise plattierten Grünfläche», bepflanzt mit Bäumen und Sträuchern.
Die Außenkontakte der Inhaftierten gehen, jedenfalls laut Krumsiek, «über das übliche Maß hinaus»: Zuletzt hat Christa Eckes binnen 13 Monaten 917 Briefe abgesandt und 967mal Post bekommen. Ihre Verteidiger besuchten sie im selben Zeitraum 47mal, zwischen zwei und vier Stunden lang. Verwandte und Bekannte waren 34mal bei ihr, durchschnittlich für eine Stunde.
Die Terroristin kann täglich baden oder duschen. Und komfortabler ausgestattet als bei manchem Zuhause ist im Kölner Frauengefängnis die gemeinsame Teeküche: zwei Elektroherde, Kühlschrank mit Gefrierfach, Eßgeschirr und eine Eckbank. Dort kann sich Christa Eckes, wenn sie will, morgens, mittags, abends und auch zwischendurch was kochen.
Doch die Gefangene, die eine acht Jahre lange Freiheitsstrafe wegen Mitgliedschaft in einer terroristischen Vereinigung verbüßt, rührt seit dem 1. Februar keine Nahrung mehr an. Christa Eckes, die inzwischen ins Vollzugskrankenhaus Fröndenberg verlegt wurde, fehlt, was sie für lebensnotwendig hält: das Beisammensein mit gleichgesinnten Strafgefangenen.

Wenn ich bedenke, unter was für Bedingungen wir durch ihre sozialistischen Brüder gefangengehalten wurden!
«In Pohls Haftraum stehen jeweils 30 Bücher!»
Unvergessen sind die Äußerungen Sartres.
Diese Apo-Aufgeregtheiten waren ein Fall von kollektivem Irresein, durchaus zu vergleichen mit Hysterien von 1937. Und es schleppt sich noch immer hin! Diese Leute sitzen jetzt überall, in allen Redaktionen und Verwaltungen.
In Polen gibts was Neues: die «Solidarität» wurde von den

Kommunisten als Opposition akzeptiert. – Sowjetunion unterstützt Kuba noch immer mit 5 Millionen Dollar *pro Tag*.
Beim Essen ein Gast am Nachbartisch zum Kellner: «Bitte keine Kerze anzünden, das tut mir in den Augen weh.»

Göttingen Sa 15. April 1989

Bild: RAF-Hungerstreik / Die ersten geben auf
ND: Über 46 000 Kandidaten zur Kommunalwahl unter 25 Jahre

Wir fuhren nach Göttingen, um Hildegards Geburtstag zu feiern, Nörten-Hardenberg, die schöne Lage und das wunderbare Essen und das Bewußtsein der Exklusivität.
Vespers und Limmroths in der Jungfernschenke bewirtet, ich fühlte mich in diesem Kreis «sauwohl», wie man so sagt. Zu Hause zu sein, das ist es. Im Laufe des Abends kriegte ich plötzlich mit, daß Limmroth meine Bücher gar nicht gelesen hat, obwohl wir doch Freunde sind seit Jahrzehnten. Das gab mir einen Stich. Auch bei Guntram weiß ich nicht so genau ...
Renate kam aus Kassel. Sie nahm ihren Vater ein wenig auf den Arm, was dieser sich schnurrend gefallen ließ.
363 DM ausgegeben für das Essen! Dazu 145 DM Übernachtung in Gebhards Hotel und 95 DM für Renate.
Es ist eigenartig: Wenn wir mit irgendwelchen Leuten essen gehen, dann muß immer ich bezahlen. Soweit ich mich erinnern kann, bin ich noch niemals eingeladen worden. Nur die Leute vom Verlag müssen bluten, das ist klar. – Es müßte eine Mischung der Wörter traurig und fröhlich geben – so ist mir zumute.
Dreißig Jahre sind wir nun schon zusammen. Ich höre ihr gern zu, wenn sie erzählt, und ihr Urteil ist «unbestechlich». Grade, daß sie mir die Meinung sagt, macht sie für mich interessant. Und ich liebe sie, und das schließt das Altern ein. Mit jeder Falte, die wir gemeinsam «angesetzt» haben, wird dies umfangende Gefühl größer und dankbarer.

Göttingen/Nartum So 16. April 1989

Welt am Sonntag: Bonn will den Wehrdienst wieder verkürzen/ Klausurtagung des CDU-Vorstands zu Bundeswehr, Quellensteuer, Umwelt, Parteireform
Sonntag: Wir kennen uns kaum. Internationales Lyrikertreffen. Von Gerd Adloff

T: Immer wieder träume ich, daß ich die Schule schwänze. Heute war das mit Ostzonenerinnerungen gemixt.

Am Morgen Frühstück bei Vespers. Wir saßen in der gemütlichen Veranda mit Spielzeugeisenbahn auf dem Fensterbrett. Sie hatten noch eine Musik-Dame von nebenan dazugebeten, die unser familiäres Beisammensein dadurch störte, daß sie keine Ahnung davon hatte, wer ich bin. Nie eine Zeile gelesen von mir. Nicht einmal: «Ich habe Ihre Filme gesehen.»
Vespers Bibliothek, alle Bände sauber abgestaubt, keines steht auch nur einen Millimeter weit vor. Ich mußte einiges signieren. In den «Block» schrieb ich eine sehr ausführliche Widmung hinein. Es schien mir, als ärgere ihn die Ausführlichkeit: «Das schöne Buch ...», so in diesem Stil.
Ein Felixmüller hängt an der Wand, eine Leihgabe. In der Ecke zu meiner Verwunderung ein sogenannter Kackstuhl, eine barocke Antiquität, allerdings mit neuer Sitzfläche versehen. An Puffpudel hat man sich ja gewöhnt, aber so was? Fehlte noch, daß sie sich altertümliche Klistiere hinhängten.
Heidrun mit ihrem hübschen Sprachfehler.
G. ist ein guter Unterhalter, d. h., man kommt kaum zu Wort. Er redet und redet, und man sitzt da und hört sich das an. Ich kann nicht sagen, daß es mir lästig gewesen wäre, aber gewundert habe ich mich doch, daß ich nie drankam. – Erinnerungsspaziergang durch Göttingen und dann zu Stier nach Celle. Das war verkehrt, ich merkte zu spät, daß es mir zuviel wurde. Die rasende Autobahn. Das dürfen wir nie wieder machen, unterhalten kann man sich während der Fahrt nicht, weil der Außenlärm zu stark

ist, auch keine Musik hören, das geht nur auf der Bundesstraße. –
Jedesmal wenn ich Bergen-Belsen ausgeschildert sehe, denke ich, ich müßte da mal hinfahren, aber ich lasse es leider. Der Schrekken könnte durch einen Besuch dort, in den renovierten denkmalgeschützten Baracken, nicht gesteigert werden, er sitzt mir sowieso in den Knochen.
Stier hat an seiner Bücherwand eine winzige Radierung von Callot hängen, ich sah sie mir an (briefmarkengroß), und da entdecke ich, daß darauf eine Frau dargestellt ist, eine Märtyrerin, die gerade zersägt wird! Merkwürdig, daß man sich so was aufhängt. Aber das Bild ist wirklich sehr klein, es fällt gar nicht auf. Die Tochter kam kurz rein und gab Patschhand. Mich ärgert es, wenn Söhne oder Töchter nicht regulär antanzen, wenn ein Gast da ist, voll Respekt vorm Alter und in grader Haltung. Meistens machen sie, daß sie wegkommen, wenn man sie überhaupt zu sehen kriegt.
Das dollste Ding passierte ja damals mit Altenhain, der mich zu Luchterhand rüberziehen wollte. Kommt hier an mit Sohn. Wir essen Spargel in der Halle. Ich sag': «Wo ist denn Ihr Sohn geblieben?» – «Der sitzt draußen im Auto.» Das war 1976, der Herr Sohn wollte nicht am Tische eines Liberalen sitzen. – So weit sind wir gekommen. Eine solche Beleidigung wäre bei den alten Germanen mit sofortiger Zermalmung geahndet worden. Dieses Vorkommnis war dann letztlich auch der Grund, weshalb ich nicht zu Luchterhand ging. Außerdem: dauernd Grass, Härtling, Wohmann vor der Nase? Das wäre nicht gegangen.
Erich Lüth ist gestorben. In der Universität Hamburg hatte ich ein Round-Table-Gespräch mit ihm, Krogoll und Kleßmann. So wie ich es im «Tadellöser» getan habe, könne man die Nazi-Zeit nicht beschreiben, sagte er, und die andern nickten dazu, nein, das geht wirklich nicht – nur Kleßmann ergriff meine Partei, und da schwenkten die andern um und nickten ihrerseits. Doch, so kann man es doch machen. Lüth war düpiert.

Nartum Mo 17. April 1989

Bild: Der Todeskäfig / Wie Tiere eingeschlossen / 94 zerquetscht, zertrampelt, erstickt / Ein kleiner Junge schrie, dann wurde er still
ND: Zur Wahl am 7. Mai mit allseitig erfüllten Plänen

Hildegards Geburtstag. Ich machte Frühstück, das gab dem Tag einen freundlichen Anstrich.
Von Morgenstern gibt es ein Gedicht zu diesem Datum: «Das Kalenderblatt». – Sie sei zum Fliehen erzogen, sagt sie, aber sie könne auch gut attackieren, «tüchtig». Jedenfalls sei sie kein zahmes Tier, kein Schaf, ein Widder schon eher.
«Ich bin ein kleines aggressives Tier!» sagt sie.
Semesteranfang Oldenburg. In meinem Schreib-Seminar sprach ich über das Thema «Zäune».
«Was gibt es denn über Zäune besonderes zu sagen?» wurde gefragt. – Gewisse Beziehung zu Reinhold Schneiders «Grenzen». In Rostock gab es gußeiserne Zäune mit Lanzenspitzen. Sie wurden 1939 abgeschweißt, und den ganzen Krieg über sah man immer noch die Stümpfe auf den Betonsockeln. Mein Großvater regte sich furchtbar darüber auf.
Post: Immer wieder kriege ich Briefe dieser Art: «Seit längerem wollte ich Ihnen schreiben, aber der Mut dazu hat mich immer wieder verlassen.» – Sie fürchten wohl eher die Antwort, denn zum Briefeschreiben und -wegschicken gehört ja eigentlich kein Mut. Sie fürchten, daß der magische Kontakt, «das Band der Liebe», ab- oder zerreißt. Es zerreißt eher, wenn es zu einer persönlichen Begegnung kommt. Sie stellen sich ihren Dichter anders vor.
Der berühmte Fund auf dem Dachboden spielt immer noch eine große Rolle bei Archiv-Einsendungen, seltener: der Keller. Im Keller liegen höchstens mal Tote vergraben. Oder Münzen aus dem Dreißigjährigen Krieg.
Manche Leute wollen detailliert Auskunft haben, *wozu* ich Tagebücher usw. suche, ich soll ihnen das mal ausführlich erklären.

Da liegt der Verdacht nahe, daß es sich um versteckte Autographensammler handelt.
«... Auch habe ich noch ein kleines Fotoalbum aus Leder. Die Fotos habe ich leider weggeworfen.»
Es gibt auch Leute, die einem den Mund wässerig machen mit Ankündigungen – Koffer mit Tagebüchern –, und dann hört man nie wieder was davon. Das ist eine Spielart von Sadismus.
Dorfroman: Ein Kater schleicht schon seit Tagen ums Haus, er hat's auf unsere Graue abgesehen, die ihn nicht mag. Heute abend fehlte die Graue. In der Veranda lag der Kater auf der Bank mit wehleidigem Blick. Ich jagte ihn raus, aber er «klebte», zog das Bein nach, als sei er schwer verwundet! Was für ein schlaues Vieh! Ein Fall von Flucht in die Krankheit. Als ich ihn draußen hatte, kam die Graue reingestürmt und dankte mir auf ihre Art. Sie hatte Angst gehabt und sich nicht ins Haus getraut.
Ein Mann rief an, er wollte Rat haben, seine Frau trinkt und ist nicht ganz normal, sie schlägt ihn jeden Tag. – Ich redete lange mit ihm. Tüchtig zurückschlagen, das mochte ich ihm nicht empfehlen. Eine kleine Prügelei kann ganz erfrischend sein.
Wir saßen noch etwas zusammen, Rotwein, und hörten das dritte Streichquartett von Schumann. Literarisch gesprochen ist das ein immerwährendes: Weißt-du-noch? Es sei das mitreißendste der Schumann-Quartette, steht im Konzertführer. Mitreißend? – André Boucourechliev nennt die Einleitung «zärtlich-besinnlich». – 22. Juli 1842: «Das dritte Quartett fertig – Freude», schreibt Robert Schumann ins «Haushaltsbuch». Die drei Quartette hat er in knapp zwei Monaten geschrieben.
Jede Musik ist ein: Weißt-du-noch. Aber das ist eben nicht immer angenehm, das Erinnern. Eine Literatur schreiben, die Musik fugal und realiter zitiert.
So etwas wie gemeinsames Quartett-Spielen gibt es in der Literatur ja leider nicht. Ein polyphones Lesen ist unmöglich. Ich habe in Bautzen mal so was geschrieben, eine Art dreifache Gregorianik. Die Stimmen konnten sich einmischen, wann sie wollten, und sich auch plötzlich herauswinden. Also kein Kanon. – Gemeinsam Dramen lesen, das ist nicht mein Fall.

In Camus' «Sisyphos» gelesen:

> Ein Selbstmord kann vielerlei Ursachen haben, und im allgemeinen sind die sichtbarsten nicht eben die wirksamsten gewesen. Ein Selbstmord wird selten aus Überlegung begangen (obwohl diese Hypothese nicht ausgeschlossen ist). Meist löst etwas Unkontrollierbares die Krise aus. ... Es handelt sich einfach um das Geständnis, daß es sich nicht lohnt. ... Bei dem Wettlauf, der uns dem Tode täglich etwas näher bringt, hat der Körper unwiderruflich den Vorsprung.

TV: Um Mitternacht ein interessanter Film über den Dirigenten Riccardo Chailly. Sonst nichts besonderes.

Nartum   Di 18. April 1989

Bild: Flucht hinterm Reichstag: Andreas kam durch / Sein Freund ertrunken?
ND: Für die Festigung des Bruderbundes zwischen DDR und ČSSR

Hildegard bekam verdammt wenig Post zu ihrem Geburtstag, kaum Anrufe. Peinlich! Der Verleger, von mir instruiert, schickte Tulpen einen Tag zu früh, was auch nicht grade die Stimmung eines nachdenklichen Menschen hebt. Hildegard selbst schien die mangelnde Aufmerksamkeit der vielen Menschen, die sie hier bekocht und erheitert hat, nicht so tragisch zu nehmen. Sie war fröhlich gestimmt, und wir beiden Ollings gingen Arm in Arm, wie immer, morgens um zehn einmal durch den Garten. In unserer Ehe hat mal der eine, mal der andere mehr zu tragen gehabt. Mich erwischte es gleich zu Anfang, die Ablehnung durch die Behörden, und dann, als die Kinder klein waren, Hildegards Krankheit. Sie mußte nach Oberneuland, und ich saß da, allein mit den Kindern, und die zweite Staatsprüfung stand vor der Tür. – Für Hildegard waren dann besonders die 70er Jahre schwierig. Schule, die pubertierenden Kinder und meine auf die überbordende Produktion gerichteten Energien. Ich selbst habe

es nie schwer gehabt mit ihr, und so wie sie da saß, gestern, hätte ich sie auch heute noch um ein gemeinsames Leben gebeten. Als ich sie fragte, an was sie sich erinnert, wenn sie an ihre Geburtstage denke? – «Keine Erinnerungen bitte», sagte sie da.
Mit Hildegard war ich heute in Hamburg, 16 Uhr bei Kersten. Die Geheimnisse des Herrn Kersten. Ich möchte gern wissen, wie er wohnt, ob er eine Freundin hat usw. Raddatz hat ihm mal eine Rechnung zurückgeschickt, die bezahlt er nicht, die ist ihm zu hoch. So was imponiert mir, aber ich komm' mit so was nicht durch. – Saftig sind sie, die Rechnungen des Herrn Kersten. Ich fand in seinem Bücherregal ein interessantes Buch, ich lieh es mir aus in der festen Absicht, es nicht wieder zurückzugeben. Irgendwie muß man sich doch schadlos halten.
Eine pensionierte Lehrerin schreibt: Wehe, man dachte in der Schule (integrierte-Gesamtschul-Oberstufe) nicht trendgerecht, dann war aber was los im Klassenzimmer! Da wurde man so richtig gefetzt! An einer solchen Schule *mußte* man links-alternativ sein. – Meine Bemühungen in Oldenburg, die humane Erlebnispädagogik zu propagieren. Hermann Lietz, Berthold Otto, Reichwein. Man muß die Gleichgültigkeit der jungen Leute erlebt haben. «Reformpädagogik» – wenn sie so was hören, dann lachen sie doch bloß. Und was war das für ein wunderbares Arbeiten in meiner Landschule.
Abends arbeitete ich an der alphabetischen Kartei des Archivs, Bios durchgelesen und Einzelheiten verzeichnet. Ermattend. Die Doktoranden sollen sich (eines Tages) ihre Verzeichnisse selber machen.
Es rief einer an, er spreche für einen ganz kleinen Kulturkreis, er hätte neulich von mir eine Lesung im Radio gehört, von einem Sowtschick; davon möcht' er gern mehr hören. Ich empfahl ihm das Buch, vielleicht kauft er's ja. – Die Arbeit an den «Hundstagen» war ein einziger Spaß. Jetzt hab ich immer noch Angst vor der Post, ich denke immer, man beschimpft mich dafür, oder man droht mir aus irgendwelchen Gründen mit dem Rechtsanwalt. Post mit dem Stempel «Oldenburg», das ist das Schlimmste.

Noch ein Jahr bis zur Pensionierung ... Eigentlich schade, daß man das Alter herbeisehnt.
Ein Herr aus Bochum schreibt, er findet den Schutzumschlag von «Hundstage» scheußlich. – Ich habe mich inzwischen daran gewöhnt. Andersch meinte damals, das sei der Schutzumschlag eines leichten Sommerromans. Leider habe ich mich bei der Künstlerin nicht bedankt.
Goethe, vertrauliche Briefe über ihn, drei Bände, im Ramsch gekauft (Ostzone). Börne schreibt 1830:

> Goethe spricht langsam, leise, ruhig und kalt. Die dumme scheinbeherrschte Menge preist das hoch. Der Langsame ist ihr bedächtig, der Leise bescheiden, der Ruhige gerecht und der Kalte vernünftig. Aber es ist alles anders. Der Mutige ist laut, der Gerechte eifrig, der Mitleidige bewegt, der Entschiedene schnell. Wer auf dem schwanken Seile der Lüge tanzt, braucht die Balancierstange der Überlegung; doch wer auf dem festen Boden der Wahrheit wandelt, mißt nicht ängstlich seine Schritte ab und schweift mit seinen Gedanken nach Lust umher. Seht euch vor mit allen, die so ruhig und sicher sprechen! Sie sind ruhig aus Unruhe, scheinen sicher, weil sie sich unsicher fühlen. Glaubet dem Zweifelnden, und zweifelt, wenn man Glauben gebietet. Goethes Lehrstil beleidigt jeden freien Mann. Unter allem, was er spricht, steht: «Tel est notre plaisir?» Goethe ist anmaßend oder ein Pedant, vielleicht beides.

Nartum   Mi 19. April 1989

Bild: Aus dem Luxusbett in die Zelle / Milliardär Kashoggi verhaftet
ND: DDR und ČSSR vertiefen allseitig Zusammenarbeit

12 Uhr. Neun Schüler mit ihrem Lehrer: Eine hartleibige Sache. Wenn Schüler nicht von selbst kommen, sollte man sie in Ruhe lassen. Stumpfsinnig waren sie, vergeblich suchte ich sie zu provozieren. – Sowtschick sei ja ein ganz fieser Kerl, das war so ziemlich das einzige, was kam.
Im «Spiegel» ein Aufsatz über Hitler in Landsberg. Was war

eigentlich der Kriebel für einer? Und Christian Weber? Es ist an sich ja ganz egal, aber eine gewisse Neugier für diese Typen kann ich nicht verhehlen. So wie der Krolikowski drüben in der Zone. Auf Bildern des ZK suche ich immer den Krolikowski. Der Mann interessiert mich irgendwie.
«Werner Krolikowski, geb. 1928, Politiker. Sekretär des ZK der SED», steht im Lexikon.
Alles was recht ist, dieser Mann interessiert mich. Vielleicht ist es ja nur der Name? Nein, dahinter muß mehr stecken. Wann werde ich das Rätsel lösen?
In Landstuhl haben sie ein Denkmal von Hitler entdeckt. Steht öffentlich auf irgendeinem Marktplatz, kein Mensch hat's bemerkt.
Die Schwiegermutter war über Sonntag hier. Sie kann nun gar nichts mehr behalten, sie weiß zum Beispiel nicht mehr, wer ich bin. Sie wird auch ein wenig obstinat, was mir gelegentlich Spaß macht. Ich nannte sie aus Spaß: «Gertrud-weiß-nit!» – «Gertrud weiß alles!» sagte sie daraufhin. Ob sie sich gelegentlich daran erinnert hat, wie unwillkommen ich ihr als Schwiegersohn war? Sie traf mich mit ihrer Verachtung oder Nichtachtung im schwächsten Moment, damals, als mir die sogenannte Anerkennung als politischer Häftling verweigert wurde. So was fällt einem nun ein.
Zu Goethe:

> Goethe ißt indes noch ziemlich stark. Im Lauf des Vormittags trinkt er ein großes Wasserglas Wein und ißt Brot dazu, und am Weihnachtsfeiertag sah ich ihn des Morgens eine solche Portion Napfkuchen zu dem Wein verzehren, daß es mich wirklich wunderte. (W. v. Humboldt 1826)

Was das Essen angeht, da kann man auch von Adalbert Stifter einiges lesen! Da sie beide (Stifter und Frau) gern gut und reichlich aßen, gingen sie schon nach wenigen Ehejahren beträchtlich in die Breite. Einmal wollte ein junger Schriftsteller den bewunderten Schöpfer der idealen Jünglings- und Frauengestalten besuchen. In dem Haus, wo Stifter wohnte, sah er die Treppe von einem langsam vor ihm hinaufsteigenden korpulenten Paar ver-

sperrt ... Es waren Stifter und Frau. Irgendwo habe ich auch gelesen, wie sie gepraßt haben. Finde die Stelle jetzt nicht.
Am Spätnachmittag fuhren Hildegard und ich zu einer Lesung. Zwei Stunden Autofahrt hin und zwei Stunden zurück, ein eisenhartes Steak und matschige Pilze. Aber lieb waren sie, die Leute. Ein ehemaliger Schüler, der sich freundlich zu meinem Unterricht äußerte.

Werner, Heiliger. Als armer Knabe wurde er nach der Legende am Gründonnerstag 1278 von Juden, für die er Erde aus einem Keller schaufeln mußte, ins Haus gelockt und zu Tode gepeinigt ...

O je! Reclams Lexikon der Heiligen von 1968. Noch nicht revidiert!?

Nartum Do 20. April 1989

Bild: Hitler 100 / Schlimme Drohungen von Rechtsradikalen / Heute Angst vor Nazi-Terror / Polizei bewacht Schulen / Türken wagen sich nicht auf die Straße
ND: Modernisierung der Raketen der NATO führt zu neuem nuklearem Wettrüsten / Kernfusion auf kaltem Wege an der Technischen Universität Dresden gelungen

In der Nacht Bauchgrimmen, wachte bis halb vier. Eine dieser Infektionen, nun zur Regel werdend, die ich vor fünf Jahren noch nicht kannte.
Lesung in Bönningstedt. Vorher bei Robert in Niendorf. Beim Chinesen Han Yang (Inhaber: Ming Chu Yu) gegessen. Robert erklärte dem Asiaten, wie er es immer tut, wenn er in einem Restaurant ißt, daß er nur einen ganz kleinen Magen hat und nur wenig essen kann. – Ob diese Leute auch erpreßt werden von der Mafia? Haben so hübsche Goldfische ... – Wir waren die ein-

zigen Gäste. – Was für ein Unterschied zu meinem ersten Chinesen-Essen in Edmonton 1970. Die Leute haben sich hier auf die Primitivität der Deutschen eingestellt, die außer Frühlingsrolle und süßsaurem Schweinefleisch nichts kennen und wollen.
Zur Lesung kamen reizende Kempowski-Fans.
In Ungarn gibt es schon 30 Parteien. Die Leute dort streben eine «Finnlandisierung» an, wie es in unseren Zeitungen zu lesen steht.
In Polen sollen jetzt die «Sicherheitsorgane» gerichtlich kontrolliert werden.
Ein Film über Israeli-Soldatinnen. Die schlafen mit Männern in einem Zelt.
TV: Wegen des 100. Geburtstages des «Führers» ein ganzer Hitler-Abend. «Bündnis des Unheils» und «Was ist von Hitler geblieben?» mit Walter Jens und Sebastian Haffner, Stölzl und Zitelmann. Ich kann mir so was nicht ansehen. – Zwischen den beiden Sendungen sinnigerweise das Zirkus-Festival in Monte Carlo. – 1979, zum 90., gab's auch eine Sendung über Hitler, sechs Leute hatte man gebeten. Auch ich war wegen meines Hitlerbuches dabei, aber ich wurde nicht ein einziges Mal nach irgend etwas gefragt. Man hungerte mich aus. Die Talk-Dame kriegte hinterher was auf den Deckel. War es Lea Rosh?
Radio: Thomas Mann in der Hamburger Musikhalle am 3. Juni 1953: «Felix Krull». Die angenehme Stimme, ich hörte ihn auf dem Bett liegend, das Heizkissen auf dem Bauch. Wie gerne hätte ich ihn gesehen! Wo sind all die Leute, die ihm damals zugehört haben? Außer Bernt Richter habe ich noch nie einen Menschen getroffen, der mit ihm mal in Berührung gekommen wäre. Doch – Herrn Knaus. Er ist als junger Mann mal mit ihm in Bogenhausen spazierengegangen. – Der Name «Kuckuck», nicht glücklich gewählt; sonst war er doch immer so geschickt in der Namensfindung? – Ich habe das Buch nicht ganz lesen können, insofern ist es mir auch egal, daß er den zweiten Teil nicht mehr geschrieben hat. Glaub' schon, daß es ihn ankotzte. Die Verklammerung des ganzen Lebens mit «Buddenbrooks» und «Krull»?
Musikhalle: Schauplatz einer Niederlage. 1971, kurz nach Erscheinen des «Tadellöser». Es kamen etwa 20 Zuhörer, um mich

zu hören! Ich hatte gleich ein schlechtes Gefühl, als ich hörte: «Musikhalle». In großen Städten habe ich nur dann Zulauf, wenn ich in Vororten lese.

Nartum/Rellingen Fr 21. April 1989

Bild: Momper: TV-Verbot bei Elstner
ND: Erich Honecker empfing Delegation der UdSSR-Streitkräfte zum Gespräch

Warm. Von den Sträuchern segeln Blütenblätter. Ich drehte drei Runden um das Wäldchen, in dem die Vögel schreien. Hildegard mit ihrer Mutter.
Heute Lesung in Rellingen, vom Rellinger Bücherschiff veranstaltet, im Rathaus.
Vorher in Hannover im Kröpke zu Mittag gegessen. Stiftung Niedersachsen ist mir offenbar feindlich gesonnen. Albrecht mag mich nicht, wird gesagt, das kommt wohl von seiner Frau, die schriftstellerischen Ehrgeiz hat, schreibt griechische Dramen in Hexametern, die sie vor geladenen Gästen von ihren Kindern aufführen läßt, im Garten – in Bettlaken gewandet. Die hetzt natürlich gegen mich. – Es ist mir ein Rätsel, wieso die Hannoveraner das neue Kröpke-Lokal nicht boykottieren, ich erinnere mich noch gut an das gemütliche alte Kröpke. Weshalb hat man es nicht original wieder aufgebaut? War es nicht versprochen worden? Die brutalen Betontunnel mit Geschäften, die vor sich hinvegetieren. Urin-Seen.
Heute fiel mir mal wieder auf, wieviel schöne Mädchen es in Hannover gibt, eigentlich *nur* schöne Mädchen. Ist das irgendwo mal festgehalten worden? Statistisch? – Bei Karstadt existiert eine Verkäuferin, die Gisela Kempowski heißt. Warum sage ich ihr nicht mal guten Tag?
Hier in Rellingen ist anscheinend ein wildgewordener Stadtplaner am Werk gewesen. – Im Saal eine Versammlung von Jägern,

mit Jagdhorngeblase, scharfgeschnittenen Physiognomien. Sie begutachten das Gehörn, das an der Wand hängt. Ich sprach notgedrungen frei, da ich einen Vortrag halten sollte und gar keinen Vortrag dabeihatte. Am Nebentisch ein Berliner, der von seinem Oldtimer-Auto schwärmt, das riecht so gut, weil echtes Leder, 3 Liter Hubraum und entwickelt nur 33 PS. Mit drei Liter machten sie heute, ich weiß nicht, wieviel PS ... Hinterher sah ich mich von wohlwollenden Männern der Wirtschaft umstanden. Sie sagten, sie wollten mich auch alle mal einladen.

1999: *Nie wieder was davon gehört.*

Arbeit am «Echolot», amerikanische Berichte unübersetzt lassen. Gibt Farbe. – (Raddatz: Überschätzen Sie die deutschen Leser nicht!!) – Langer Bericht einer Frau über Dresden. Wie sie nach Meißen geflüchtet sind, 1945. – Alles sehr interessant. So noch nie gelesen.

Heute früh Interview für SAT 1, eine vollschlanke Dame mit Modeschmuck kam wegen meines 60. Sie war gut vorbereitet, fragte auch vernünftig, aber hörte sich die Antworten nicht an.

Große Irritationen mit Hildegard, ich mußte den Seelen-Fön anschalten.

KF haben sie sämtliche Ausweise gestohlen, Scheckkarte usw., auf dem Flohmarkt. Erinnert mich an New York, wo ich meine Brieftasche neben mich auf den Tresen gelegt hatte. Kam ein Polizist und sagte: Mister ...

Geburtstags-Nervositäten. Ruhe zum Arbeiten will sich nicht einstellen. Vermutlich brauche ich ein ganzes Jahr, um mich umzustellen.

Warum ich nicht die ganze Chronik «Tadellöser & Wolff» nenne, fragte gestern eine Frau.

Wenn ich die Dame in Gütersloh, die mein Honorar-Konto verwaltet, um Geld angehe, ist mir das immer sehr peinlich, ich versuche es der gütigen Frau zu erklären: «Wir müssen nämlich Steuern bezahlen ...» – «Jaja, ich weiß», sagt sie.

Hildegard zögert immer eine Hundertstel Sekunde, wenn ich zu ihr sage: Gib' mir mal eben Geld. Sie hat irgendwelche Brieftaschen verschiedenster Größe, worin Zettel der chemischen Reinigung liegen, Gebrauchsanweisungen, Fotos von Kindern usw. Und dann gibt sie mir zögernd was, jedoch immer etwas weniger, als ich haben will.

Nartum Sa 22. April 1989

Bild: Opern-Sängerin an Hunde verfüttert
ND: Verteidigungsminister der UdSSR: Erste Einheiten aus der DDR und der ČSSR abgezogen / Zentrale Poliklinik der Berliner Charité übergeben

Arbeit am «Echolot»: 12. Februar '45: Hitler wird «auf eigenen Wunsch zur Ader gelassen», Herta Daecke sieht zum letzten Mal Dresden. Ursula Ehlers, die Schülerin aus Ellwangen meint: Es sieht nicht rosig aus, aber es wird auch wieder Rat werden. –
Eine Dame aus Hamburg schreibt, daß ihr in den «Hundstagen» die Rufe der Mutter: «Alexander!» besonders aufgefallen seien: «gerade, weil sie so merkwürdig unverbunden und unerklärt auftreten. So bekommt A. S., der ja sonst so fürchterlich durchsichtig oder besser gesagt: so gräßlich unbarmherzig durchleuchtet erscheint, doch noch eine tiefere, dunklere Dimension ...» –
Ah! Das tut gut. Die Erzählung breitet sich unter meinen Lesern aus wie ein sanfter Wind, er kräuselt die Kornfelder, könnte man sagen.
Ein Wellensittich-Buch.
Zwei Damen haben es geschrieben, liebevoll und genau. Das imponiert mir mehr als der Papageien-Sammler. Welche Eindringlichkeit: der Käfig für den Wellensittich, wie er sein soll, alles ganz genau. Das Buch ist 1937 erschienen, und die Erkenntnisse der beiden Damen scheinen sich immer noch nicht herumgesprochen zu haben: «Benutzen wir gekaufte Stangen, so rauhen

wir sie wenigstens an ...» Ich denke an Putzi, das liebe Tier, mit dem ich viel Spaß hatte. Er flog frei im Arbeitszimmer umher. Der ständig abbröckelnde Kenntnisstand. Gibt's ein Mittel dagegen? Heute ein Vortrag im TV über Zecken, wie man sie den Hunden abnimmt, man soll sie heraus*drehen*. Nie gehört. Beim Menschen soll man einen Tropfen Öl draufträufeln, dann ersticken sie. Es gibt spezielle Zeckenzangen zu kaufen.

2000: *Daß ausgerechnet Ernst Jünger Maleschen mit einer Zecke hatte, am Ende seines Lebens.*

Renate war da. Als sie wegfuhr, dachte ich: Die siehst du niemals wieder. – Und merkwürdigerweise sagte Renate: «Ich denk' immer, wenn du tot bist, wird dein Geist immer noch hier herumlaufen.» – Zu Hildegard beim Wegfahren: «Sag' ihm man, er braucht kein schlechtes Gewissen zu haben.»

Nartum So 23. April 1989

Welt am Sonntag: FDP-Chef: Lieber Rot-Grün als mit Republikanern / Führende Koalitionspolitiker rufen zum Kampf gegen die Schönhuber-Partei auf
Sonntag: Vielleicht machen Bücher dieser Art Epoche. Ludwig Renns «Krieg» und seine Wirkung. Von Klaus Hammer

8 Uhr. – Eine Hummel schnuppert an meinem Schreibtischfenster. Wahnsinniges Bellen des Hundes. Vor der Einfahrt steht ein Reiter, der sich mit einem Fahrradmädchen unterhält. Der sonderbare Gegensatz zwischen kontemplativem Gespräch und großer Aufregung. Es stört sie nicht, daß der Hund bellt.
Radio: Heute Nachmittag kam die Sendung «Prominente und ihre Lieblingsmusik» auf der NDR-Hamburg-Welle. Die Sache hat mit meinem Geburtstag zu tun. Wann aufgenommen? –

Ganz auf Jazz abgestellt. Ich habe da allerhand zusammengefaselt. Das, was mich bewegte, konnte ich nicht sagen.

1. Django Reinhardt: Petite Lili 1940
2. Django Reinhardt: Improvisation (Gitarre solo) 1943
3. Svend Asmussen: Ring dem Bells 1941
4. Leo Matthießen: Anita
   Anita, you're lovely
   like blue skys above me ...
5. Die Andrew Sisters: Shortnin' Bread
6. Ella Fitzgerald: Ella (New York 1938)
7. Ella Fitzgerald: Undecided
8. Nat Gonella: Just a Kid, Named Joe
9. Fats Waller: Ain't Missbehavin'
10. Duke Ellington: Mood Indigo (1930) – Ein ziemliches Gejaule
11. Kurt Hohenberger: What Will I Tell My Heart?
12. Stan Kenton: Love Letters
13. Modern Jazz Quartett: All The Things You Are
14. Oscar Peterson : Wheatland
15. Menuhin/Grapelli: Jalousie

In der Nacht rief mich Frau Cordes aus Kiel an, sie sei durch die ganze Wohnung getanzt nach meiner Jazzmusik, wie schade, daß man so was so selten hört! – Leider war ich unhöflich zu ihr, die späte Stunde, und ich wußte gar nicht, wovon sie redet.

Nartum   Mo 24. April 1989

Bild: Berger im Feuerball / Er lebt! / Formel 1: Mit 280 gegen die Mauer
ND: Breite Volksaussprache in Städten und Gemeinden vor den Kommunalwahlen am 7. Mai

Oldenburg: «Zäune» – Fortsetzung. Sie denken: Jetzt ist alles vorüber, und dann geht es erst richtig los.
Vorher Fotos kopiert für «Echolot». 5 Mark!

Die «Rote Hilde» ist gestorben, die Freislerin. Ob sich denn mand findet, der ihre Untaten mal herblättert? Dierks sagt, habe in Westberlin gewohnt und sei immer mit der S-Bahn rübe gefahren. Kann ich mir nicht vorstellen. Habe einen *dunklen* Kranz um den Kopf gehabt. Ihre Wut auf Klassenfeinde erkläre sich aus dem KZ-Tod ihres Mannes.

Die Studenten, die bei mir im Seminar sitzen, sind jetzt freundlicher und reagieren unbefangen; von «links» keine Spur. Es heißt, daß alle fünf Jahre der Wind dreht in den Hochschulen. Einer brachte ein Buch zum Signieren, das ist das erste Mal seit 1981. Für seinen Vater. – Eine Studentin kam mir bekannt vor. – «Sie waren doch schon mal hier?» – «Ja, es ist immer so lustig bei Ihnen.» – Die Tafel muß ich jedoch immer noch selber säubern. In der Post waren allerhand Sachen, die entschieden werden mußten, man muß so höllisch aufpassen, kein Termin darf übersehen werden. Den halben Tag suche ich irgendetwas, meistens den Terminkalender. Anstatt einen knallroten zu kaufen, besitze ich einen in Tarnfarbe. Mein Rundendrehn um den Wald herum, in dem die Vögel singen. Jorinde und Joringel.

> Mein Vöglein mit dem Ringlein rot
> singt Leide, Leide, Leide ...

Der Student Faust aus Frankfurt, der hier bei uns das Märchen vortrug, auswendig. Unvergeßlich! – «Kennt jemand ein Gedicht?» fragte ich. Und da sagte er das Märchen auf.

Nartum Di 25. April 1989

Bild: Fristlose Kündigung / Karajan bricht mit Berlin
ND: DDR und Nicaragua verbinden enge brüderliche Beziehungen

Ich arbeitete an «Sozusagen Sowtschick», gebe das Tagebuch von 1983, der «Hundstage»-Zeit also, in den Computer ein. Vielleicht

interessiert es die Leser, wie es wirklich war? Die Ankunft der Mädchen usw. Überhaupt das einfache Leben hier draußen. Manchmal beschert mir der Computer sonderbare Reisen ins Nichts. Hildegard ist das unheimlich. Lustig wäre es, das Sowtschick-Material mit dem «Echolot» zu kreuzen.
Am Nachmittag las ich ein «Tadellöser»-Kapitel auf Kassette, die «Hundstage» habe ich schon gänzlich aufgenommen. Zwischen die Kapitel lege ich zunächst die Elternmusik, später dann Klavierstunden, Swing usw. Meine technische Einrichtung ist unzulänglich und niemand ist in Sicht, der mir hilft. Wahrscheinlich breche ich die Sache sowieso ab. – Unser Vermögensdefizit wird allmählich bedrohlich. Eben denkt man: nun ist alles bezahlt, guckt mal versuchsweise in die Bankauszüge (so sieht man im Skat nach, ob man auch genug gedrückt hat), und dann hat sich da inzwischen schon wieder eine Katastrophe ereignet. – Hildegard überlegt, wie sie es anstellen kann, daß Menschenmassen hierherkommen und das Haus gegen Eintritt besichtigen. Sie hat herausgefunden, daß es Kulturfahrten gibt, Fischerhude, Worpswede, da könne man sich dranhängen und dann ordentlich kassieren. Sie möchte damit schon jetzt anfangen. – Ich sage: Da muß ich erst noch berühmter werden, und dann kommen die Leute ganz von selber. Postkarten mit meiner Totenmaske verkaufen, so in diesem Stil. Das bleibt ja immer noch. Oder «die Hände des Dichters». Ein Café angliedern, im Innenhof, und eine Buchhandlung, die nur meine Werke vertreibt, so wie die Grimm-Sache in Lippoldsberg? Ein Antiquariat.
Vor Schülern las ich die Inder-Kapitel. Das sei merkwürdig, daß das Buch so komisch ist, sagte ein Mädchen. Ein Schüler sagte, das seien ja alles aneinandergereihte Anekdoten und Kurzgeschichten. Wieder andere meinten, ich mache die Ausländer schlecht. Es fielen drei verschleierte, bzw. mit Kopftuch versehene Türkinnen auf. Sie verteidigten mich übrigens gegen den Vorwurf, Ausländer schlecht zu machen. – Ich konnte die ganze Sache nicht recht ernst nehmen und blieb gut gelaunt bis zum Schluß. – Gegen Kopftücher habe ich im Prinzip nichts. Das sieht doch ganz lustig aus. Und die langen Gewänder gefallen mir

ohnehin besser als die Einheitsjeans. Eine der Schülerinnen nannte Sowtschicks Haus einen «Luxusschuppen».

TV: «Sussi», ein argentinischer Film. Ach, was für ein schöner Film. Ich nahm ihn auf. Leider fehlen mir die ersten zehn Minuten. Regie: Gonzalo Justiniano. Nie gehört den Namen. Die Fremdartigkeit kommt dem Film natürlich zugute, bei uns ist alles gleich St. Pauli. – Um Mitternacht kam noch ein Film über Ludwig Wittgenstein, da ich «Sussi» aufnahm, habe ich auf ihn verzichten müssen.

Nartum Mi 26. April 1989

Bild: Bomben-Terror! / Deutsche Elf floh aus Hotel
ND: USA lehnen Verhandlungen über Kurzstreckenraketen ab

Schwiegermutter ist für ein paar Tage bei uns. Zusammengeschrumpft und «durchsichtig». Ihre Grübchen und das reizende Fränkisch, das sie spricht. Hildegard sagt: «Wie ein junges Mädchen.» – Kramt, ohne hinzusehen, in der Handtasche. Ich gab ihr alte Dias zum Sauberwischen, um sie für's Archiv zu interessieren. – «Sklavenarbeit!» sagte sie. – Meine Mutter putzte damals unser Silber und betätigte sich sozial, führte eine Blinde spazieren. – Ich versuchte ihre Lebensgeschichte aufzunehmen auf Band, aber da gab es große Widerstände. Da kam das kleinstädtische Mißtrauen zum Vorschein. Ich durfte ja bisher auch die «Ahnenbriefe» nicht lesen, aus Blaubeuren, hübsche Sachen, die bis zu Vischer und Mörike zurückreichen. Wahrscheinlich verbrennt sie sie eines Tages.
Natürlich müßten wir sie zu uns nehmen, aber ich weiß nicht, ob ich die Contenance wahren könnte. Auf Dauer? Zehn Jahre lang womöglich? Auch Hildegard hat innere Widerstände, die im übrigen sehr lieb mit ihr ist. Manchmal singt sie mit ihr alte Volkslieder oder liest ihr was vor. Kann man auch nicht wissen, ob ihr das recht ist. Gedanken an Bettlägerigkeit. Am besten

wäre es gewesen, wir hätten die Garage zu einer kleinen Wohnung ausgebaut, mit extra Eingang, und dann eine Pflegerin engagiert. Aber das wollte sie nicht. Sie wollte in der Stadt wohnen bleiben, das hatte was mit Status zu tun.
Heute abend war Walter Hirche hier. Er wollte mir zum 60. gratulieren und schenkte mir ein blau emailliertes Straßenschild: Augustenstraße 18, also leider mit falscher Hausnummer. Ich weiß nicht mehr, weshalb Fechner in seinem Film nicht die «90» nahm. Rostock-Besucher irren in der Stadt umher, und niemand weiß dort etwas von uns, wie man hört.
Hirche ist Mitglied in einem Verein, der mit Polen zu tun hat, vielleicht gelingt es, auf diesem Wege ein polnisches Tagebuch zu erwerben. Das fehlt uns noch für's «Echolot».
Der ganze Osten ist noch nicht vorhanden. Ein Partisanen-Tagebuch müßte es sein.

1999: *Nie wieder was davon gehört.*

Das «Echolot» macht gute Fortschritte, aber sichtbar sind sie nicht. Auf dem Boden des Bassins stehen nur Wasserpfützen. Gestern und vorgestern hatte ich einen Schwächezustand, konnte nicht arbeiten, saß nur herum. Heute fing ich wieder an, wurde aber dauernd durchs Telefon gestört. Alles nette Leute, aber leider nervend.
Ich arbeitete am 14. März 1945, fand erst zwei Eintragungen vor und gab Mrongovius ein, er stellt Gleichgültigkeit der Soldaten fest, weil sie «nackt» sind gegenüber dem gepanzerten Feind. «Der deutsche Soldat *steht* nicht mehr», schreibt er.
Rühmkorf ist krank, Bandscheibe, kann nicht kommen zum Geburtstag. Ich glaube, er hat keine Lust. Früher hat er mal gesagt, er geht nicht auf Kinderfeste.
Finanzen immer noch nicht geklärt. Wir müssen hier alles verkaufen, so geht es nicht weiter. Da meine Leserschaft zu Weihnachten andere Bücher verschenkt, anstatt meine, müssen wir hier alles abbrechen. Meine Manuskripte müßten auf Leibrente veräußert werden.

Im «Spiegel»: Bericht über die Explosion auf dem Schlachtschiff «Iowa»; daß die Granaten 1200 Kilo wiegen und je sechs Zentner Pulver benötigen, das in Seidensäcken abgepackt ist. Vier dieser Schiffe sind «reaktiviert» worden. Man möchte wünschen, daß sie 20 davon besäßen. Im übrigen scheinen diese *Dreadnoughts* wie alle großen Kriegsschiffe ihre Macken zu haben, können mit den Kanonen z. B. nicht richtig zielen. Immerhin, im letzten Krieg hat eine japanische Granate auf dem Turm des Schiffes nur eine apfelgroße Delle hinterlassen. Das größte Schiff, das ich je sah, war ein Flugzeugträger im Hamburger Hafen. Nutten standen an der Pier und zeigten auf diesen oder jenen Matrosen dort oben an der Reeling, das sie *den* meinen und keinen andern. Diese direkte Ansprache scheint sehr wirksam zu sein.

Nartum Do 27. April 1989

Bild: 1:1 – So ein Käse! / Trotzdem gut für uns / Traumtor von Riedle / Holland traf kurz vor Schluß
ND: Verdiente Bürger der DDR für ihre Leistungen geehrt / Bessere Wohnverhältnisse für jeden zweiten Bürger (in Bischofswerda)

Interviews mit NDR und RIAS. Man könnte die Antworten vom Band abspielen. Wenn sie in genormter, gewöhnlicher Fassung gegeben werden, sind die Leute am Mikrophon zufrieden. Sobald ein persönliches Wort fällt, das vielleicht noch nie gesagt wurde, wird sofort abgestellt. Schnitt! – Die Zurechtstutzung der Prominenz. Sie ist schon oft beschrieben worden.
Sozialdemokraten haben sich mit SED-Bonzen am Scharmützelsee getroffen, und Frau Miller von der SPD hat denen aufgezählt, wie grauenhaft es die BE-ER-DE mit den Menschenrechten hält: Arbeitslosigkeit, Umgang mit Ausländern (Asylbewerbern), «Ausschluß» ganzer Gruppen von NS-Opfern von der Wiedergutmachung, Extremistenbeschluß, Angriffe auf die Wür-

de der Frau. – Ein SED-Boß namens Schmidt: Ne, das könnt' er nicht sagen, bei ihnen laufe das ganz anders.
Im Vorgriff auf meinen Geburtstag wurde eine neue Mecklenburg-Fahne im Garten gehißt. Der Sitte nach müßte ich sie jeden Abend einholen und morgens wieder aufziehen. Aber das tue ich nicht, das ist mir zu rituell. Soll man denn dabei irgendwelche Sprüche in die Gegend schreien? Ich meine doch was ganz anderes. Ich will damit anzeigen, daß unser Grundstück exterritorial ist und zu Mecklenburg gehört. Blau-gelb-rot, das ist eine dekorative Farbzusammenstellung. Die Rumänen führen dieselben Farben. Bei Blau denke ich an Himmel und bei Gelb an Kornfelder. Aber Rot? Woran soll ich bei Rot denken?
Ansonsten weiter in den Briefen über Goethe gelesen, an der Kugelbahn gebaut und mich über alles mögliche geärgert.
Dorfroman: Der neue Hahn kräht. «Kommt ma hier her!» lautet seine Botschaft.

TV: Herrliche Eishockey-Prügeleien. Die Knüppel fordern ja auch heraus dazu. – Ein Film über Zeppeline. Ich kann mich noch genau erinnern, wie der «Graf Zeppelin» sehr langsam über unser Haus hinwegbrummte. Das muß 1935 gewesen sein. Das groteske Mißverhältnis zwischen dem großen Körper und der winzigen Passagiergondel. – Im Archiv hatte ich eine Speisekarte des Luftschiffes, original. Leider suche ich sie vergeblich. Hat wohl einer mitgehen heißen.

Nartum/Hamburg Fr 28. April 1989

Bild: Kokain – Staatsanwalt ermittelt gegen Nationalspieler
ND: Begegnung Erich Honeckers mit Ministerpräsident Ernst Albrecht (Niedersachsen)

Abreise nach Hamburg, Baseler Hof.
Abends Lesung in der Patriotischen Gesellschaft, 18 Uhr. Anlaß: 40 Jahre Bundesrepublik.

Die Landeszentrale für politische Bildung gab sich die Ehre. Ich las einen Querschnitt aus der «Deutschen Chronik».
1. Zeit*: Ausmarsch ins Feld
2. T/W: Harzreise
3. H/W**: Ankunft des «Spätheimkehrers» in Hamburg
Der häßliche Saal. Hinterher saßen wir im Alten Rathaus, mit Paeschke besprach ich bei dieser Gelegenheit die nächsten Projekte. Wir redeten auch über Geld, wurden uns einig und gaben uns hanseatisch die Hand darauf. Robert unterhielt unterdessen die Gesellschaft mit Schnäcken, die ich synchron mitreden kann. «Kleiner Eigensinn und Mangel an Humor», diese Sache. – Hinterher zu Fuß ins Hotel, Paeschke erzählte von dem Autounfall, bei dem sein Vater ums Leben gekommen ist. Kolbe sei nicht streßfest gewesen, sagte er.

Lübeck Sa 29. April 1989

Bild: Ein Mann sah rot / Rentner erschoß Autoknacker
ND: DDR hat mit ihren einseitigen Abrüstungsschritten begonnen / Treffen Erich Honeckers mit einer Delegation der Stadt Magnitogorsk

60 Jahre alt! «Weil ich Jesu Schäflein bin ...», wurde bei meiner Taufe gesungen.
«Echolot»: In Ellwangen klagt Ursula Ehlers, daß die Konfirmation durch Fliegeralarm gestört wurde. Zum Essen gab's Ochsenschwanzsuppe und Kalbsnierenbraten und hinterher eine Puddingspeise. Ich bin im selben Jahr konfirmiert worden, wahrscheinlich wohl sogar am selben Tag. Tief verletzt war ich, daß meine Leute mich nach der Zeremonie nicht an der Kirchentür erwarteten, sondern mich allein nach Hause gehen ließen. Und

---

* Der Roman «Aus großer Zeit», erschienen 1978.
** Der Roman «Herzlich willkommen», erschienen 1984.

zu Hause wurde nicht gefeiert, sondern die Geschwister gingen zu Freunden und ließen mich allein sitzen. – Merkwürdigerweise bin ich noch immer verletzt, das ist doch nun schon eine Zeit her. Sonderbar ist es auch, daß ich mich noch genau an ein Buch erinnern kann, das ich geschenkt bekam, es hieß «Die lachende Maske».

«Echolot»: Mehlberg berichtet, daß die Russen in Pyritz einen Lammbock schlachten. «Es tat mir leid, daß dies wertvolle Tier geschlachtet werden sollte. Es brachte elfeinhalb Wassereimer Talg.»

TV: Auf 1Plus wurde mein Dorffilm wiederholt, auch schon wieder zehn Jahre her.

Lübeck/Nartum So 30. April 1989

Welt am Sonntag: Gorbatschow rüstet atomar gegen Westeuropa auf / US-Minister Cheney teilte NATO neue Zahlen über Modernisierung von Nuklearraketen der UdSSR mit
Sonntag: Sommerstück. Ein neues Buch von Christa Wolf.
Von Monika Melchert

Man muß nur alt genug werden. Die Geburtstagsfeierlichkeiten gerieten vielleicht etwas zu kolossal. Mir hat's trotzdem wohlgetan, mit Heiterkeit durchstand ich es.
Am 29. 4. Morgens im Hotel «Kaiserhof», Lübeck, mit Telegramm empfangen: Willkommen, Pavel Kohout, Lübeck.
Zwischen Duschen und Rasieren, sahen wir zufällig Mensaks Paradefilm, den wir gestern nicht sehen konnten. Hübsch die Aufnahme vom Munterhund, wie ich ihn «dressiere». Alles in allem der beste Film, der je über mich gedreht wurde. Schlußsequenz: Eine Aufnahme aller meiner Belegexemplare, der runde Turmtisch war randvoll. Nun denken die Leute, das wären alles verschiedene Bücher! «Die Millionenauflage ist längst überschritten.» («Nu geiht dat an de tweite ran.»)
In Lübeck besichtigten wir das wiederhergestellte Burgkloster.

Mit Hildegard und Knaus sowie Renate. Den Gefängnistrakt haben sie leider abgerissen, nur die Zelle von Julius Leber haben sie stehenlassen; eine absolute Fehlangelegenheit.

Danach fuhren wir an die Grenze, was beinahe durch die Dummheit des Taxifahrers verdorben wurde: Er fuhr uns an den falschen Grenzübergang. Ein Fernsehteam filmte, wie ich mich über den Bach beugte, über den ich damals, 1947, in den Westen gesprungen bin. Ich sollte in den Graben sinnen, damit der Kommentator des Films später sagen kann, an was ich denke, wurde gesagt. – Ich erkannte an der Grenze den Zaun wieder, der mich gestoppt hatte, ich dachte damals, es sei eine Gärtnerei, das war aber und ist heute noch eine Baumschule. Ein Hund bellte damals wie verrückt, hätte beinahe die Russen auf uns aufmerksam gemacht. Ein Mann kam in letzter Minute und zeigte mir, wo's langgeht. Im Graben war Wasser. Die Grenze sieht jetzt wesentlich bedrohlicher aus als damals, und doch ging's damals um die Wurscht. Die «Rückkehr» in den Osten, 1948, unter innerem Zwang, den niemand erklären kann. – Das unnatürliche Lachen, während des Grenzübertritts.

Ein Grenzpolizist erzählte uns, daß die Gitter von *unserer* Seite aus angeschraubt sind. Daraus gehe hervor, daß der Zaun von denen da drüben gegen die eigenen Leute gerichtet sei. Die Perfektion, mit der er gebaut ist, kommt aus der gleichen Werkstatt wie die Vergasungsfabriken der Nazis.

Der Grenzsoldat wollte ein Autogramm, seine Tante verehre mich so. Neben der Grenze ein kleines Modell der Ostbefestigung, wieviele Zäune und Zonen und in welcher Reihenfolge. Von «drüben» wurden wir intensiv beobachtet.

Der Empfang im Rathaus war etwas klamm. Schon der gelb-graue Saal enttäuschend, mit Lübecker Kaufmannsfrauen als Allegorien an der Wand. Ich bekam eine Glaskruke geschenkt mit Lübeck drauf und meinem Namen. Aber das Goldene Buch hatte man weggeschlossen. Dafür war ich noch nicht reif. Das ist wohl eher für Politiker aus dem Osten reserviert. Nun – einen zweiten Auftritt wird es in Lübeck nicht geben. Nächstes Mal Göttingen, und mit 70 in Rostock?

Die Lesung war triumphal, 500 Leute, das von mir engagierte Flötenquartett süß. Rasender Applaus. Heinrich-Mann-Colloquium-Leute dabei. Buchhändler boykottiert mich irgendwie, auf kleinem Gartentisch lagen ganze sieben Bücher.
Drews monierte, daß die Flötenmädchen nicht einheitlich angezogen waren, die eine hatte einen hellen Rock an, darauf hätte ich achten sollen, meinte er.
Nach der Begrüßung in der Schiffergesellschaft, bei der ich mir etwas winzig vorkam, die Geschenke-Ablieferungs-Cour, die freundlichsten Gesichter überall, und dann gab's Gedränge, weil Kempowski-Bücher zum Mitnehmen auslagen.
«Das nächste Jubiläum feiern wir in Rostock», sagte Paeschke. Er schenkte mir eine Video-Kamera, die in Silberpapier gewickelt war. – Knaus schenkte 60 Kugelschreiber, wegen Sowtschick, dem die Kugelschreiber immer wegkommen. Und von den Kindern bekam ich die drei Kriegsschiffe, die als Sexualsymbole in den «Hundstagen» eine Rolle spielen.
Während des Essens (Labskaus!) ging ich, ein Glas in der Hand, durch die Reihen und sprach mit jedem ein paar Worte.
Es war nicht zu übersehen, daß sogenannte Kollegen nicht erschienen waren, z. B. Raddatz, Vesper, Fechner, Ulla Hahn und Rühmkorf! Es war eigentlich niemand da, obwohl die Gesellschaft 50 Personen umfaßte.
Im Hotel die Chefin: «Für wen darf ich bitte die Aktentasche lagern?» – Der Whirl-Pool war kaputt. Gegenüber, in der Kronsforder-Allee, das Haus, in dem meine Eltern 1920 wohnten. Ulla kam dort zur Welt.
Daß alles genauso gekommen ist, wie man's gehofft und gedacht hat ...
Um mit Renate zu sprechen: Nun geh' ich auf die 70 zu.

Mai 1989

Nartum Mo 1. Mai 1989

Mailied der Kinder

Am ersten Mai
Gehn Vater und Mutter in einer Reih
Kämpfen für ein beßres Leben
Fron und Armut darf's nicht geben.
Da sind wir auch dabei.
  Grün sind die Zweige
  Die Fahne ist rot.
  Nur der Feige
  Duldet Not.

's ist Monat Mai,
Im Acker die Hälmchen stehn Reih an Reih.
Gute Ernte – gutes Leben!
Lasset uns die Hand drauf geben
Daß es die unsere sei.
  Grün sind die Fluren
  Die Fahne ist rot.
  Unser die Arbeit
  Unser das Brot!

Bertolt Brecht, Kinderbrevier

Zum 1. Mai müßte man mal sämtliche Talkshow-Master, Ansager und Moderatoren durch die Stadt marschieren lassen, mit Spruchtafeln am Besenstiel und Blasmusik.
Unter der Geburtstagspost eine Rechnung für Hühner- und Kat-

zenfutter (Dokat-Menü): 73 DM. Wieviele Walfische pro Tag ihr Leben lassen für Hauskatzen in aller Welt.

Silke schreibt, sie werde täglich angesprochen: «... Dein Kempowski hat doch heute Geburtstag ...» – Sie sei in Bulgarien gewesen, dem Italien des Ostens, Sommersonnebadebarfußwetter, Schafskäse in allen Lebenslagen, guter Wein, «dessen Preis sich von Stunde zu Stunde ändern kann, obwohl man das Lokal nicht verläßt.»

Ein «Ex-belgischer Kriegsgefangener» gratuliert mir zum Geburtstag.

Eine 80jährige Dame bietet mir einen alten Briefwechsel an, den sie mit einem Brieffreund gehabt hat (1970–1988). Bedingung wäre, daß ich die Briefe bis zu ihrem Tode im Giftschrank ließe.

Über Mittag war eine Frau hier, die Ahnenmassen vor mir ausbreitete. Sie war zwar anstrengend, aber freundlich und ansehnlich. Ich schlug die Beine übereinander und führte die Weinblatt-Kaffeetasse zum Mund. – Jetzt sitze ich im Garten, und auf der Straße fahren Radfahrerinnen mit fliegenden Röcken vorbei. Mitfahren, einen hellen Strohhut auf, und der Schlips weht nach hinten!

Hildegard sagt, sie will mir mal vorführen, wie andere Frauen ihre Männer behandeln. Aber sie *ist* doch eine andere Frau.

Spaziergang: Es riecht nach Löwenzahnblüten.

Zwei Maikäfer in der Veranda.

Gestern Nacht kam ein stämmiger Jungautor in Jungautor-Kleidung mit seiner kleinen Frau. Obwohl wir schon in den Ledersofas lagen und aus dem letzten Loch pfiffen, machte er Miene, uns was vorzulesen aus seinen gesammelten Werken. Er meinte, er wolle mit seinen Sachen eine Brücke schlagen zwischen «alten Autoren aus dem letzten Krieg» und jungen.

TV: Parade zum 1. Mai. Genosse Krolikowski war nicht auszumachen auf der Tribüne. Honecker mit Strohhut.

Nartum Di 2. Mai 1989

Bild: Maifeier im Kiez / 2000 Chaoten verwüsten Kreuzberg / Brennende Autos / Geschäfte geplündert / Steinhagel auf Polizisten / U-Bahn gestoppt / Viele Verletzte
ND: Viereinhalbstündiger Aufmarsch von über 700000 Berlinern

T: Angeregt durch Korfs Geruchssonaten ... träumte ich heute Nacht eine Art Morgensternsche Tierwelt zusammen. Ein Menschenaffenkind, das von einem blauen Hund gebissen wurde, nahm ich auf den Arm: «Du bist der Gott», sagte es.

In freundlichster Laune sitzen wir am Frühstückstisch. Draußen die knallenden Knospen, alles blüht auf einmal, so wie mit meinen «Hervorbringungen» ist es, sie drängen alle zugleich ans Licht der Sonnen. Aber, lieber Freund, vergiß es nicht, es ist nicht Frühling, es ist Herbst!
Völlig abgewirtschaftet. Matt und kraftlos und auch ohne Mut, mich der Probleme anzunehmen, die auf mich zuschweben, eins nach dem andern: Überall in der Wohnung Posthaufen, das «Echolot», der «Sirius», «Mark und Bein». Dazu die Hängepartie von Hannover – es ist alles zuviel. Ich weiß nicht, an was ich zuerst denken soll. Nur gut, daß mir 1.-Mai-Paraden erspart bleiben. Freiwillige Selbstverpflichtungen usw. – Konferenzen! Die widerwärtige Profilerei. Was wäre aus mir geworden, wenn ich damals auf die Frage: «Wohin wollen Sie entlassen werden?» – «Rostock!», gesagt hätte. Ich ging mit einem Stullenpaket, 10 Mark und zwei Schachteln Zigaretten nach «drüben». Und was alles ist seither passiert! 20 Bücher geschrieben!
«Echolot». Der Boden meines Aquariums ist gerade eben mit Sand bedeckt. Ich fertige eine Übersicht nach der andern an, um die Sache in den Griff zu kriegen.
«Sirius». Die ersten 50 Seiten sind transkribiert. Es scheint so, als ob das eine freundliche Sache wird.
«Mark und Bein». Ich ruhe mich auf den ersten 20 Seiten aus.

Was da alles zum Vorschein kommt! Allerfrüheste Erinnerungen an die Isestraße mischen sich mit Antiquitätenläden-Erlebnissen der letzten Jahre. In die Figur des Herrn Fabricius drängt sich unser lieber Deuterus. Ulla B. lernte ich vor einigen Jahren kennen, sie schlummerte einen süßen Schlaf. Vor Jahren traf ich sie mal in Frankfurt. Der Vorderzahn!
Noch zum Film, den Mensak von mir gemacht hat: Der geschlossene Flügel, während die Jagdsonate aus dem Off kam. Als sei der Tod schon gegangen. Die lange «Hundstage»-Lesung im Innenhof, die Gesichter der Zuhörer, zunächst zugeknöpft: Watt ditt woll ward ... Dann sich allmählich erhellend und deutsch-amüsiert. Aber in ihrer Amüsiertheit lag auch Verachtung.
Robert in Lübeck: «Jüdischer Onkel? Wo hast du denn den hergekriegt?» – Als ich ihn an Onkel Otto erinnerte, dämmerte es ihm. Er bezeichnete meine Geburtstagsfeierlichkeiten als «zu doll». – Ja, es ist unsinnig, so einen Wind zu machen. Aber *einmal* möchte man's wissen. Andererseits: Es gab nur Labskaus – ist das wirklich «zu doll»?
Wilhelm-Busch-Werke, «reich illustriert», werden in der Zeitung angeboten.
Dorfroman: Heute früh saß ich ein wenig bei den Hühnern. Sie fraßen mir aus der Hand, und ließen sich streicheln. Der Hahn hielt sich zurück. Der hätte vielleicht ganz gern gefressen, aber er traute sich nicht. Ab und zu, auf ein geheimes Zeichen, flattern sie alle davon, ohne daß es einen Anlaß gegeben hätte. Kommen dann aber bald wieder. Tagsüber saßen sie in der Hundehütte, gingen nur mal ein paar Schritte davor auf und ab. – Ich hatte einen schlechten Tag. Vielleicht lag's am Wind. Morgens widerlichste Telefonate mit einem Journalisten, der auf ein Interview drängte. Am Nachmittag kam er dann, arbeitete unkonzentriert, ich langweilte mich. Blieb bis gegen 18 Uhr! Zu den Holzfiguren sagte er: «Ich will mal pokern: Die Figuren sind bestimmt aus Polen?» – Ob ich religiös sei, wollte er wissen: «Ich will mal pokern: Ja, nicht?»
Dann kam der unglückliche Laugwitz in meine Aufgebrachtheit

hinein und wisperte kaum hörbar was vor sich hin. Ich konnte mich gerade noch beherrschen.
Nichts gearbeitet. Kugelbahn nützte auch nichts.
Abends las ich in einem Buch über Stralsunder Kirchen.
Ich hätte Lust, mir auch von diesen Kirchen Modelle anzufertigen. Daß die Marienkirche einstürzte im Mittelalter und von der Bevölkerung in wenigen Monaten wieder aufgebaut wurde. Von draußen sieht sie grandios aus, eine Gottesburg. Für Rentner auf der Parkbank ideal zum Angucken. Drinnen desolat kahl. Wie eine Fabrikhalle. Ein Buch schreiben über die großen Schwestern des Nordens? Das überlasse ich Herrn Fabricius.

TV: 1. Mai in Kreuzberg, abstoßende Krawallbilder. – Die «autonome Szene», so wird das genannt. Und mit Benennungen meint man die Sache in den Griff zu kriegen, es hat einen Namen, also ist es nicht mehr gefährlich.
Diese Art Krawalle gebärt Republikaner, und die werden dann auch Krawall machen. Abstoßend wirkt, daß die Fotojournalisten hinter der Linie der Steinewerfer stehen, also die Polizisten in ihrer Rüstung fotografieren, das tun sie nach fotoästhetischen Gesichtspunkten.
Die 1.-Mai-Parade in Ostberlin dagegen, das ist die dritte Dimension. Eher idiotisch als gefährlich. Ich guck' mir so was gerne an, weil es so schön abstoßend ist. Krolikowski war nicht zu entdecken. Er war früher einmal Verwaltungsangestellter von Beruf.
Bilder aus Ungarn, dort werden Grenzzäune abmontiert. Sechs Fotoreporter knipsen die ungarischen Soldaten, wie sie ohne innere Anteilnahme den Stacheldraht zerschneiden. Es seien dieselben Soldaten, die sonst die Grenze bewachten, heißt es. Im übrigen würden die Grenzgänger schon weiträumig vorher abgefangen.
Die sonderbaren Mützen der Soldaten. Einfache Leute, Bauern.

Nartum Mi 3. Mai 1989

Bild: Nach der Terrornacht in Kreuzberg – Was nun, Herr Momper? / Schwere Vorwürfe gegen SPD/AL-Senat / 335 Polizisten verletzt / Nur 16 Chaoten festgenommen / Millionen-Schäden / Pätzolds Rücktritt gefordert
ND: 273 445 Kandidaten stellen sich am 7. Mai zur Wahl

Dorfroman: Ich befreite einen Gartenrotschwanz aus dem Archiv, ein Rätsel, wie der da hineingeraten ist. Im Garten ein Igel und erhebliches Vögelgeschrei, Trillern und Glucksen. Die Hühner haben sich in die Sonne gestellt.
Verraste Tage. Arbeit an zwei Projekten gleichzeitig: an Sowtschicks Tagebuch und am Masurenbuch. – Nachts verlockt es mich dann, im Archiv nach Brauchbarem fürs «Echolot» zu suchen. Vor zehn Jahren haben wir mit dem Sammeln angefangen, gerade rechtzeitig. Heute wäre es zu spät. Ich möchte mich verkommen lassen zu Modder.
Abends las ich in den Briefen über Goethe. Daß er krumme Zähne hatte. Sein Auftreten, wie er sich in Szene setzte. – Ich ertappte mich bei Überlegungen, es ihm gleich- oder nachzutun.
TV: Allerhand Sozialistisches.

Nartum Do 4. Mai 1989, Himmelfahrt

ND: Große Perspektiven für die Zusammenarbeit DDR–ČSSR

Mit Hildegard gestern lange im Niedersachsenhof gesessen und unterhalten. Abends gegen 23 Uhr trafen wir uns in der Halle, sie wollte einen Wein mit mir probieren. Ich war ziemlich kaputt und ließ den TV einmal durchspielen.
Hildegard: «Worüber haben sich früher wohl die Ehepaare unterhalten, wenn sie zusammensaßen?»
Ich arbeitete nach zwei Tagen der Schlaffheit wieder mal wie ein

Verrückter. Schade, daß es keine Möglichkeit gibt, die «Echo»-Texte in Filme zu überführen, Fotos sind nicht ausreichend. Spielfilme der Nazi-Zeit, Paracelsus oder so was, und dann geht man wieder in den Text hinein. Das Unbewußte reproduzieren. Realitäten genügen nicht. Durch Dialogisierung?

M/B: Jonathan: Schwer atmend vollbrachte er das, was ihm ein Vergnügen zu sein hatte. – Er stellt sich vor, man hätte seine V-Kamera gestohlen und sähe sich nun den Film an, den er über seine Reise gespult ...

Dorfroman: Goldenes Frühlingswetter. Wir sitzen im Garten und beobachten die Hühner. Frau Meyer hat uns einen Sandkuchen gebacken. Das ist so ungefähr das Delikateste, was man sich denken kann; das Palmin wird heißflüssig in den Teig gegossen. Ich denke an Charleys Kuchen in Bautzen, den er von seiner Mutter geschickt kriegte, das Papier war durchgefettet. Er schenkte mir ohne zu zögern die Hälfte! – Wieso gibt es einen solchen Kuchen jetzt nicht mehr? Wieso ist man in Freiheit nicht ebenso freigebig wie damals hinter den gelben Mauern?

Nächste Woche werden uns auch die Schafe zusehen beim Kaffeetrinken.

Nach einer halben Stunde der Ruhe und Federpflege setzen sich die Hühner jetzt wieder in Marsch. Der neue Hahn ist schon ganz zutraulich. Wie gut, daß wir nicht so einen Wüterich bekommen haben. Über Hähne laufen ja wüste Geschichten um. Peter Janssen hat seinen Hahn mal 15 Meter weit weg geschleudert, weil der ihn attackierte. Knut Hamsun erschlug eine Henne mit dem Spazierstock, weil sie ihn beim Arbeiten störte.

Über unserm «Wald» schwirren Millionen schwarzer Insekten. Das sind die Herrschaften, die wir aus Naturliebe nicht ausgeräuchert haben. Die Bäume sind wahrscheinlich hin. 3000 Bäume à 20 Mark = 60 000 Mark für zehn Meisen, die überleben, weil wir kein Gift gesprüht haben. Ein stattlicher Preis. Teure Meisen. Irgendwie idiotisch.

Warum sollte ich mir kein Palmenhaus bauen, was spricht dagegen? Den Rostocker Hof mit einer Metall-Glas-Konstruktion überdachen und darin Kanarienvögel fliegen lassen. Die elektri-

sche Orgel. Und die Gewächse vollautomatisch wässern. Ich stelle mir vor, wie ich an der Orgel sitze und die Kanarienvögel kommen und setzen sich auf meine Schulter, und dann beginnt das Wasser sich geheimnisvoll über die Pflanzen zu ergießen ...
Gestern kam ein Herr Alsdorf mit seiner Frau, er hat mir die Beschreibung seiner Zeit im Strafbataillon dagelassen. Hab's am Nachmittag gleich in den Computer eingegeben, soweit es in die Zeit paßte. Er fragte, ob er für die Arbeit, die er dabei gehabt hat, nicht ein Honorar bekommt? Und seine Frau nickte dazu.
Nein, damit fangen wir gar nicht erst an. Wenn ich jedem Einsender ein Honorar zahlen sollte, wäre ich bald pleite. Geld *gestiftet* hat mir noch niemand. Alle finden es großartig, was ich da mache, aber das ist es dann auch. Grade man eben, daß wir den Archivraum als Arbeitszimmer von der Steuer absetzen können. Der Verlag hat keine Ahnung davon, was auf ihn zukommt.
Hildegard hackt mir meine Allee von Unkraut frei. Letztes Jahr konnte ich vor Unkraut nicht mehr laufen. Nun tut sie es, damit ich mir wieder «Bewegung mache», aus Liebe also, damit ich länger lebe. Wenn ich meine Runden drehe, denke ich an die KZler in Buchenwald mit ihrer Walze. Andere mußten Tag für Tag 'zig Kilometer marschieren, um neue Schuhe auszuprobieren: Ob die Sohlen das aushalten, das Marschieren.
Um die Laube herum hat man leider alle Büsche abgehackt. Nun steht sie kahl in der Gegend, und alle Leute können von der Straße aus zugucken, wie mir über dem Notizbuch nichts einfällt. – Aber dort sitze ich sowieso nie. Die Laube ist nur zum Angucken da. Wenn wir auf der Terrasse sitzen, sehen wir ambivalentisch, daß man da drüben auch sitzen könnte. Und daß es von da drüben sicher schön aussähe, wenn wir hier sitzen. Und umgekehrt.
Heute rief das Pferdemädchen Michaela an, die mit mir an einem Tag Geburtstag hat. 17 ist sie nun. Sie bringt sich sonst immer drei Tage *vor* dem Geburtstag in Erinnerung. Eine rassige Erscheinung war sie. Eine rassige Erscheinung mit viel Phantasie.
Dorfroman: Eben stellt sich eine Henne vor den Hahn, begattungsbereit. Ich denke plötzlich, das wäre ich, und der Hahn wäre der Herr Verleger! Blödsinnige Vorstellung.

Der Verleger hat im Grunde nichts verstanden. Er hatte keinen Draht zu meiner Chronik, meinen Humor hat er nicht verstanden. Den «Böckelmann» bezeichnete er als meine erste Erzählung und «Hundstage» als meinen ersten Roman! Und im Grundvertrag steht, daß ich Geschichten aus meiner *pommerschen* Heimat erzähle.
Zwei Segelflugzeuge, still, vornehm, umkreisen einander. Blasierte Raubvögel. «CoFe» Meyers Segelschiffe in modern.
Dorfroman: Heute früh hat der Hahn zum ersten Mal aus meiner Hand gefressen, er «faßte sich ein Herz». Die Hühner sind nun fast den ganzen Tag außer Haus, picken Gras und scharren. Ich kann sie immer noch nicht auseinanderhalten. Heute holte ich mir einen Stuhl und setzte mich zu ihnen. Wenn ich sie füttere, geben sie Wonnelaute von sich. Das Glasgefäß picken sie seitwärts an und wundern sich, daß sie auf diese Weise dem Futter nicht beikommen.
Vom Haus aus beobachtete ich eine Elster, die sich auf den Zaunpfahl setzte. Dies gefiel dem Hahn nicht. Die Hühner kümmerten sich nicht drum. Der Munterhund läßt die Vögel absolut in Ruhe. Der hat kapiert, daß sie zum Haus gehören.
Kleßmann erzählte, daß ihm die Katze immer unter den Tisch scheißt (Schreibtisch), und daß dort schon ein Häufchen neben dem andern liege, ganz trocken und «kein bißchen stinkend». Die graue Katze muß ich jeden Tag kämmen. Sie nimmt mich quasi bei der Hand, führt mich zum Fensterbrett: hochheben, und dann striegeln. Den Kopf steckt sie mir gern mit zurückgelegten Ohren in die hohle Hand. Wenn ich mal nicht da war ein paar Tage, stößt sie einen ganz bestimmten Vorwurfslaut aus, einmal ganz kurz.
Wir freuen uns über den Sonnenschein und hoffen auf Regen.
TV: «Das Haus der Lady Alquist». Ich sah den Film schon oder noch in Wiesbaden, 1947. In Bautzen «erzählte» ich ihn dann und hatte Erfolg damit.
«Große Freiheit Nr. 7». Gibt ein paar schöne Stellen darin, die Kneipe, in der Ilse Werner Bier holt, das Tanzlokal Sagebiel.

Nartum Fr 5. Mai 1989

Bild: Mai-Ausflug / 4 Deutsche tot in Lawine
ND: Ausstellung internationaler Buchkunst in Leipzig eröffnet

Obwohl heute «Brückentag» ist, kam der «Olivetti»-Mann. Trägt einen schönen Leinenanzug. Warum habe ich nicht so einen Anzug? Ich werde Jonathan Fabricius damit beglücken. Druckermechanik gereinigt, Anschlaghammer zerlegt, gereinigt, geölt und eingestellt, Maschine montiert und getestet = 208 DM. Nachmittags kamen Mr. und Mrs. Davis aus Provo, die «Hundstage»-Übersetzer, mit denen ich natürlich nach Worpswede fahren mußte (119 DM), und als ich zurückkam, stand Robert vor der Tür. Ich war wie gerädert. Er wollte mal eingucken, an sich ja nett, aber wie soll ich das verkraften?
Das Ehepaar Davis war recht aufgeräumt, sie zitierten unentwegt aus meinem «Fuchsbau». So etwas habe ich noch nicht erlebt. Zunächst hätten sie mit dem Buch nichts anfangen können, sagte Keele, der die Übersetzung angeregt, dann aber seien sie damit in der Universität herumgelaufen und hätten allen Leuten daraus vorgelesen. Sie gehen nach Dresden, dürfen dort eine Mormonengruppe aufmachen. Honecker hat's ihnen gestattet. Sie werden mit Paketen über die Runden kommen.
Dorfroman: Morgens beim Herauslassen der Hühner spreche ich mit den Tieren. Sie fangen gleich an zu picken, ohne auf das Futter zu achten, das ich in der Hand halte. Erst wenn ich mich setze, kommen sie. Auch der Hahn pickt mir jetzt aus der Hand. Eine Henne stellte sich vertrauensvoll auf meinen Daumen. Auseinanderhalten kann ich sie nicht. Fremd sind sie mir, ich möchte gern eines unter den Arm nehmen und damit herumlaufen, wie Hans im Glück es mit der Gans tat. Wenn Fotografen kämen, würde sich das gut machen.
Robert hat mir gestern erklärt, daß Vögel von den Sauriern abstammen. Schwer nachzuvollziehen. Meyers in Gyhum haben eine einzelne Gans seit Jahrzehnten, die bei ihnen aus- und eingeht. Ein Schweinchen wär' auch nicht zu verachten. Überhaupt

Tiere. Einen Esel sich anzuschaffen, davor wird gewarnt. Wenn man mal wegfährt, steht er die ganze Zeit am Zaun und schreit hinter einem her. In England lebt eine Frau, die 3000 Esel vor orientalischen Quälereien gerettet hat.
Katzen stehen uns Menschen näher.
Ich würde die Graue gern mit in mein Schlafzimmer nehmen, zum Schlafen. Aber dann wacht man auf davon, daß sie einem ins Gesicht starrt. Außerdem traut man sich nicht, Licht anzumachen, um zu lesen. Als Kind nahm ich zu Weihnachten meine neuen Stiefel mit ins Bett.
TV: Peppermint Frieden.

Nartum Sa 6. Mai 1989

Bild: Wolfgang Neuss tot / Halbnackt auf dem Fußboden
ND: Wahlaufruf des Nationalrates fand tatkräftige Zustimmung

Dorfroman: Die Blütenwollust der Natur müssen wir mit Gülle-Gestank büßen. Das läuft hier parallel. Einer der Bauern pflügt die ganze Nacht, mit Scheinwerfer und Musik. Ich sehe vom Klo aus, wie er wendet.
Gestern Abend spürte Hildegard einen Trupp dänischer Jungen auf. Die wollten an der Straße ein Feuer entzünden und zelten! Aus Jütland kamen sie, per Rad, den ganzen Tag unterwegs, irgendwas Christliches, Jugendbündlerisches. Hildegard holte sie ins Haus, unter dem rasenden Gebell des armen Munterhundes. Und dann haben sie heiß geduscht und im Innenhof genächtigt. Ich beobachtete die Aktion durchs Treppenfenster. Ob sie einen Fön haben wollten, hat Hildegard die lieben Jungen gefragt. Nein danke, es geht schon so. – Ich raffte noch mehr Decken zusammen, meine gute, damit sie nicht frieren, stellte mich mürrisch, als ich sie ihnen hinwarf. Hildegard war glücklich darüber, daß ich ein so gutes Herz habe.

In der Post ein Salatrezept:

> Man nehme Essig wie ein Geizhals
> Öl wie ein Verschwender
> Salz wie ein Weiser
> und man mische wie ein Irrer.

Und hinterher alles auskotzen.
Salatblättchen, wenn sie sich am Gaumen festsetzen, oder in der Gurgel. Meine Mutter machte grünen Salat mit Buttermilch an, das waren noch Zeiten. In Bautzen erzählte einer, die Mutter hätte Salat mit Speck gekocht. – Salat kochen? Das kann doch wohl nicht der Sinn der Sache sein?
«Rapunzel-Salat» – darunter hat man sich auch wer weiß was vorgestellt.
Kafkas Reisetagebuch, wie er die Sonnenanbeter und Körnerfresser schildert. Wie er mit einer Horde Mädchen Karussell fährt. So was ginge heute nicht mehr, da kriegte er sofort einen Prozeß an den Hals. Der Zigarettenrauch der dänischen Jünglinge dringt herauf. Aus dem wildromantischen Abenteuer, das sie sich im Land der Richter und Henker erwarteten, ist nichts geworden. Man hat sie mit Kaffee und Butterbroten erquickt.

Nartum So 7. Mai 1989

Welt am Sonntag: Schwierige Verstimmung mit USA im Raketenstreit / Bush unnachgiebig / Keine Einigung in Sicht / Bonn wirft Washington Indiskretion vor
Sonntag: Der permanente Optimist. Vom Kulturbund nominiert: Kreistagskandidat Peter Poprawa aus Ebersbach bei Löbau. Von Peter Thöns

Mairegen! Ich stelle mir vor, wie sich die grünen Giftkörner in der Ackerkrume unter der Nässe auflösen und allmählich ins Grundwasser sickern. Und dann sehe ich mich, wie ich mich im

Bett unter Krämpfen winde. Dafür haben wir aber auch saftige Radieschen auf dem Tisch.
Gestern kam eine Schulklasse aus Burgfeld bei Hannover. Sie schliefen sogar bei uns! Ich fotografierte einige. Ich gab sozusagen mein Letztes, ging freundlichst und gut gelaunt auf alles und jeden ein, und dann kamen sie mit den sonderbarsten Sachen. Warum ich in meinen Büchern so viel Russenfeindliches geschrieben hätte. Diese Frage wurde von einer Schülerin gestellt, die selbst gar nichts von mir gelesen hat. Sie kam so unerwartet, daß ich ins Stottern geriet. Ich dachte an die Flucht-Berichte im Archiv und an Bautzen und versuchte, davon zu erzählen.
Eben erst denke ich, daß ich in meinen Büchern ja gar nichts Negatives über die Russen gesagt habe. – Ich denke auch: So dämlich wie diese Schüler können nur niedersächsische Schüler(innen) sein, in Bayern könnte einem so etwas nicht passieren. – Ich wurde schließlich so wütend, daß ich den Besuch abbrach. D. h., ich ging einfach ins Bett. Und heute früh hab' ich sie grußlos ziehen lassen.
Schwilk im «Rheinischen Merkur» meint, ich sei Deutschlands penibelster Dichter. Komplimente nimmt man in jeder Form entgegen und jederzeit. Als Motto (des kollektiven Tagebuchs von 1943–1948) stellt er sich einen Satz von Conrad Ferdinand Meyer vor: «Eine Weile gleitet das Leben vorbei als ein unverständliches Murmeln.»
«Walter Kempowski hat dieses Mammut-Opus wie einen Riegel zwischen sich und die Gegenwart geschoben. – W. K.: Vielleicht ist das nur ein riesiger Grabstein, mit dem man die Zeit bedeckt, zuschließt.»
In den «Lübecker Nachrichten» hat mir Wolfgang Tschechen einen sehr persönlich gehaltenen, freundlichen Geburtstagsgruß gewidmet. Er meint zu ahnen, wie der nächste Träger des Thomas-Mann-Preises heißen wird. – Ich werde den Thomas-Mann-Preis ebensowenig zugesprochen bekommen wie je den Bremer Literaturpreis. Das hat was zu tun mit dem Demokratie-Verständnis in unserem Vaterland. Wie konnte ich mich auch gegen den real existierenden Sozialismus stellen!

Große Herzenserschütterung beim Betrachten der «Übergabe von Breda» in dem Velasquez-Buch, das ich mir kürzlich kaufte. Das freundliche Gesicht Spinolas. – Montgomery damals verweigerte den Deutschen die Hand. So etwas geht eigentlich nicht, die Hand verweigern. Nein, lieber Monty, das war nicht klug. 14 Tage nach Versenkung der deutschen KZ-Schiffe in der Lübecker Bucht durch die Engländer? Und wußtest du denn nicht, daß zur selben Zeit die Royal Army deutsche Soldaten, die bereits kapituliert hatten, an die Russen auslieferte? Und wie war es mit den Kosaken? Zum Tode ausgeliefert im Namen des Königs? Nein, Monty, das war nicht christlich.

Nartum Mo 8. Mai 1989

Bild: Abtreibungsarzt Theissen in BILD / Jetzt rede ich! / Paragraph 218 muß geändert werden / Ich werde nicht aufgeben / Sogar eine Nonne machte mir Mut
ND: 98,85 Prozent stimmten für die Kandidaten der Nationalen Front

T: Lange Träume von Rostock, die «rekonstruierte» Altstadt, große aus rötlichem Sandstein wiederaufgerichtete Fassaden unbestimmbaren Zwecks. Ich stampfe mit dem Fuß auf, da fällt eine Statue um.

In der Nacht mußte ich mein Bett umstellen wegen intensiven Mäusegeruchs. Ich versprühte Gucci Nobile, das mir eine Dame zum Geburtstag schenkte, und legte meinen Kopf direkt unter das offene Fenster. Hildegard hat es auch gerochen. Wir knien uns hin und leuchten unter die Betten und Schränke. Nichts.
Oldenburg: Breithüftige Lustobjekte laufen hier durch die Gegend. «Alone again ...» Im Literatur-Seminar Plankton gefischt: Ich sprach kurz über das «Echolot». Das klinge wie die technische Beschreibung eines Gerätes, sagte einer, so was stoße ab. – Echo-

lot? Mein Interesse für Taucherfilme, bunte Fische, Korallenhügel oder Wracks mit Giftgasgranaten – und das in die Oberwelt transponiert: Das sei das «Echolot».
In der FAZ wurde mir im Hinblick auf meinen Geburtstag Kleinlichkeitskrämerei bescheinigt. Ich sei ein Stoffhuber, ein Buchhalter. Hätten sie sich zu meinem Lebensjubiläum nicht etwas Freundliches abbängen können?

> Sechs Jahrzehnte sehen wir vor uns, doch der Zusammenhang zerbröselt in kleine und kleinste Partikelchen ... Der stets auf die Einzelheit gerichtete Blick Kempowskis und der Köhlerglaube an die Beweiskraft der Anekdote lassen so etwas wie Perspektive offenbar nicht zu. – Es sind sorgfältig sortierte, wirkungsvoll zurechtgeschliffene Fundstücke ... Sie alle sollen für sich stehen, für sich sprechen und uns womöglich glauben machen, es wäre mit dem historischen Detail augenblicklich auch die historische Wahrheit gegenwärtig ... Doch verlangen wir nicht zuviel von einem Schriftsteller, wenn wir erwarten, daß er nicht nur *erzählt*, sondern auch *erklärt*? ...

Frage: *Was* soll ich ihnen eigentlich erklären? Haben sie's denn noch immer nicht begriffen?
Köstliches Militär-Gepränge im Osten, Kranzniederlegungen, Ordnen der Schleifen usw. Die Russen mit weißen Handschuhen: Dies kecke Aufrecken der Köpfe beim Paradieren, albern, aber wundervoll blöd. Ich denke an den Tambourmajor in Berlin, dem der Stab hinfiel, der sich dann erschoß. Irgendwie glaube ich, die Deutschen konnten das am besten, das Parademarschieren. Die Engländer führen sogar einen Ziegenbock mit. Das wäre bei uns nicht gegangen. Gott, und das Uniformgefummel, hier noch ein Latz, da einen Bommel. Hitler wußte schon, wie man's machen muß. Schwarz mit weißem Koppel und dann in Zwölferreihen. Aber die anderen gewannen den Krieg, meine Herrn. Und leider muß man sagen: Gott sei Dank. – Was bleibt, sind die deutschen Militärmärsche. Die höre ich mir ab und zu an, wenn's keiner merkt.

Nartum Di 9. Mai 1989

Bild: Abtreibung / Staatsanwalt verfolgt 9 Abgeordnete
ND: Seite an Seite mit der Sowjetunion für Sozialismus und sicheren Frieden / Festveranstaltung zum 44. Jahrestag der Befreiung

Der «Olivetti»-Mann war da. Bandtransport des Druckers: 65 DM. Zwei Fernsehleute von der «Deutsche Wochenschau GmbH» aus Hamburg. Reitze in der «Welt» schreibt zu meinem Geburtstag:

> Kempowski ist ein Mann ohne Jugend. Keine Erziehung. Keine Lektüre ... Indem er Familiengeschichten erzählt, ohne sich auf den Richterstuhl zu begeben, hat er auch fremde Familienhistorie ... beglaubigt ...

Ja, ich gebe es den Leuten schriftlich.
Hübsches Bild von Hildegard und mir an der Zonengrenze in den «Kieler Nachrichten».
Helmut Oertel in den «Kieler Nachrichten»:

> Seinen Frieden mit dem System hinter dem Stacheldraht hat er bis heute nicht gemacht. «Ach Gott», sagt er unten am Grenzbach, während vom Metallgitterzaun aus Grenzsoldaten der DDR die Szene fotografieren und ein Lastwagen in Stellung geht, «das ist doch ein völlig unnatürlicher Zustand, nicht? Ich denke immer: So muß es sein, wenn einem der linke Arm gelähmt ist.»

Robert bezeichnet er als einen quicklebendigen kleinen Herrn mit blitzenden Augen überm mächtigen Schnauzbart.
Stendhal mal wieder gelesen. Ärger, daß er über seine russischen Erlebnisse nichts schreibt.
Über das eigene Land von einem Ausländer was gesagt zu bekommen, ist immer interessant.

Nartum Mi 10. Mai 1989

Bild: Scholz-Geliebte: Bubi bedrohte mich!
ND: Erich Honecker empfing Präsident der UdSSR-Wissenschaftsakademie

Ich brach mit meinem Bett zusammen, eine lächerliche Blamage, ich hatte mich gereckt, und da ging die Kopfwand ab. Es krachte ziemlich. Aber ich mußte noch weiteren Krach machen, damit Hildegard es hörte. Sie kam schließlich herbeigeeilt. Lachend aus tiefstem Schlaf. Ich küßte ihr die Hände aus Dankbarkeit, daß sie mir die Trümmer beseitigte.
Schönes Maiwetter, aber es weht ein böser Wind, wie Hildegard sagt. Der Wind sei austrocknend. – Sommersprossen von A bis Z. Der Igel kreuzte meinen Weg beim Rundendrehen.
Ich warf einen toten Vogel mit der Schaufel aufs Feld. Er war so leicht, daß der Wind ihn fortblies.
Hildegard hat den hohen, bis ins Dach reichenden Kaktus abgebunden, was mir nicht recht war. Den Brunnen hat sie abgestellt, weil ihr das Tröpfeln unheimlich ist. Das war mir auch nicht recht. Wozu haben wir einen Brunnen, wenn er nicht tröpfeln darf?
Büromaterial: Ordner, Folien, Register und zwei gute Papierscheren: 98 DM.
Die Schwiegermutter ist wieder für ein paar Tage da. Sie geistert durchs Haus. Hildegard saß einen Moment bei mir im Studierzimmer, da kommt sie angeschlichen: «Ihr sprecht über mich?»
Ich: «Nur Gutes.» – Da mußte sie lachen.
Früher backte sie immer schöne Nußkränze. Ich bestellte mir einen, aber sie: «Hab' keine Lust.» – Kann's verstehen. Auch Klavier spielen tut sie nicht mehr. Vielleicht ganz gut. Wer sollte dazu singen?
Verschiedene Versuche, die Fluchtberichte von 1945 thematisch zu ordnen, Abfahrt, Straße, Bahnhof, auf See usw. – alles sehr unbefriedigend. Die Themen überschneiden sich. Eine synchro-

ne Gesamtflucht läßt sich nicht herstellen. Ich bleibe erst einmal bei der chronikalen Anordnung.
Zum Masurenbuch (M/B): Es kann nur so funktionieren, daß Jonathan das tut, was ich jetzt tue mit dem Masuren-Material. Er vergleicht Fotos mit Aussagen, spürt Augenzeugen auf und füllt sein Textgerät. Eventuell könnte der Text am Ende «zusammenfallen», verschwinden also, stattdessen das boshafte Computer-Gesicht, und dann läßt er das Buch sausen und fährt nach Bologna.
Der Brief von Sabine Schulze! Sie hatte vor Jahren in Bonn den letzten Überlebenden interviewt, der mit meinem Vater zusammenwar, als die Bombe fiel. Er gab ihm die Schuld. Wo ist der Brief? – Hamburg, Isestraße: im Lehmweg, der Mann mit der Uhrensammlung, Informationsekel.
Seine Freundin Ulla hat Geburtstag. Geht auf Flohmärkte, macht kleine Geschäftchen mit einer gelähmten Antiquitätenhändlerin.
Post: Ihre Eltern seien waschechte Hamburger gewesen, schreibt eine Frau.
Das Sowtschick-Projekt nimmt Konturen an.
22 Uhr. – Eigenartiger Zustand der Überreizung, eine Mischung von Lampenfieber und Brett-vorm-Kopf.

Nartum Do 11. Mai 1989

Bild: «Sie ging immer fremd» / Freundin im Garten einbetoniert
ND: Neue Produktionsstätte hat Betrieb aufgenommen / Erste Delegierte kommen heute zum Pfingsttreffen nach Berlin

Seit drei Tagen ist eine Amerikanerin bei uns. Ich nenne sie «the swallow». Sie hilft mir etwas im Archiv, «pro Tag zwei Stunden», wie sie kurz und bündig erklärte, gibt also englische Texte ein, was für mich immer etwas unbequem ist. Ich muß Wort für Wort tippen, sie macht's sehr swingig. Heute kommt ihr Freund – sie freut sich für uns, daß wir ihn kennenlernen, sagt sie. Für

diesen Anlaß hat sie sich enorm geschminkt und stundenlang gewaschen. Sie hätte das gar nicht nötig, denn sie sieht ganz niedlich aus. Hildegard schließt aus ihren Vorbereitungsmaßnahmen, daß sie ihren Freund offensichtlich halten wolle oder müsse. Sie konstatierte an ihr eine ungewöhnlich großporige Haut.
Dorfroman: Inzwischen sind wir zu Schafen gekommen, sieben Stück, die sich vorzugsweise vor meiner Tür aufhalten. Schöne Tiere, belebend. Der Hund bellte sie an, und die Hühner flatterten ängstlich davon. Auch die Katzen sind sonderbar berührt. Ich mußte ihnen sehr zureden. Wenn ich meine Gartenrunden drehe, trotten sämtliche Schafe vor mir her. Von hinten sehen sie nicht sehr liebenswert aus, es sind Böcke. Im Dorf sagen sie, das sei unerhört, uns sieben Schafböcke in Pension zu geben.
Arbeit am «Episkop», wie ich dauernd sage, es geht zügig voran. Der Apparat ist sehr robust. Aber, so schnell er auch arbeitet, das Warten beim «Sichern» dauert doch immer recht lange. Nun verstehe ich auch, weshalb Keele so ungern aus dem Programm rausging. Viel Zeit geht verloren mit dem Anfertigen von Verzeichnissen, «Lex» genannt. Die sind aber nötig, sonst finde ich nichts wieder. Da die große Speicherplatte inzwischen zur Hälfte belegt ist, beginne ich nun mit dem Abspeichern auf Disketten. Die Sowtschick-Tagebücher eignen sich dazu. Später werde ich die einzelnen Jahre alle auf Disketten abgeben müssen. Ein virtuoses Arbeiten. Wie auf dem Güterbahnhof beim Rangieren.
«Echolot»: Es ist immer noch zu wenig, um über die endgültige Form etwas auszusagen. Der Wind hat eine Prise Wüstensand hereingeweht, das ist alles bisher. Chladnische Klangfiguren sind noch nicht zu erkennen. – Ich denke, daß ich mit Fotos noch allerhand machen kann. In Oldenburg gibt es ein Spezialgeschäft, das Verkleinerungen und Vergrößerungen vornimmt. Ein Foto der «Gustloff», völlig uninteressant, konnte durch partielles Vergrößern ins Bedrohliche gesteigert werden. Die Erkennungsfotos der Autoren müssen sehr verkleinert werden, fast auf Pünktchengröße, damit sie den Text nicht dominieren. Brinkmann geht mit seinen Collagen zu weit. Wer *soviel* assoziieren will, sagt nichts mehr aus. Ich denke, ich werde einige wenige

Kontraste anbieten, das «Gustloff»-Foto z. B., aber auch, vielleicht, die verschiedensten Hitler-Darsteller aus Filmen? – Fremdsprachige Texte, englische und französische zum mindesten, sollten fremdsprachlich bleiben. In den «Passagen» übertreibt Benjamin das, soviel Französisch kann heute kein Mensch mehr. Um den Preis der Lesbarkeit. Vielleicht hätte er die Texte später ja noch übersetzen lassen. Daß es der Verlag nicht tat, ist unverständlich.
Illustration durch Fremdsprachlichkeit.
«Mark und Bein»: Ziemliche Schwierigkeiten. Die kümmerlichen 21 Seiten, die nun vorliegen, sind recht problematisch.
Eine Schulklasse in Zeven hat das Kreuzthal-Kapitel in «Hundstage» gelesen (Kreuzthal = Zeven) und hat aufgeschrieben, was sonst noch alles sauschlecht ist an ihrer Stadt. Eigentlich traurig.
Neulich war einer hier, der seine Kinder aufforderte, Verbesserungsvorschläge für die menschliche Anatomie zu machen: vier Arme, Rollen unter den Füßen. Das gefiel mir besser.

Regensburg/Aschaffenburg Fr 12. Mai 1989

Bild: Brief einer verzweifelten Mutter: Königin Silvia, retten Sie mein Kind!
ND: Überzeugendes Bekenntnis zu unserem bewährten Kurs / Ergebnis der Kommunalwahlen

Lesung in Karlstein am Main.
«Mark und Bein» muß wirklich nur eine Erzählung werden. Umfang: höchstens 180 Seiten. Danach käme als großer, von der Chronik unabhängiger Roman «Ans Ende der Welt»* an die Reihe. Der Weg hinter unserm Haus, in Breddorf, der nirgends hinführte. Ich habe damals neben dem hergelebt, was später der «Dorf»-Roman erzählen wird. Durch ihn «erfülle» ich meine da-

---

* später: «Heile Welt», erschienen 1998.

malige Existenz. Mein kleines Arbeitszimmer, Hildegards Krankheit. Irgendwie war «Ruhe» eingekehrt, in die ich meine Rastlosigkeit einleitete.
Die Besinnung auf den Familienton, die Neigung zu Zynismus und den schwarzen Humor des Vaters war vielleicht wichtiger als der Einfluß von Mutters Erzähltalent: Er war böser und dafür «tiefer».
Im Zug nach Aschaffenburg. Einen Manager schlafen zu sehen, hat etwas Rührendes. Der Zug absolut überfüllt, kein einziger Platz ist mehr frei. Auf den Gängen stehen sie. Wir in der ersten sind privilegiert. Ich denke an Krieg- und Nachkriegszeit, die Russen in den reservierten Abteilen. 1947 in Berlin auf dem Nebengleis stand ein erleuchteter D-Zug der Amerikaner mit Speisewagen, wie Adolf Hitlers Sonderzug. Wie sie sich's wohl sein ließen! – Und was wohl aus diesen Leuten geworden ist ...
Eine rußlanddeutsche Familie mit sechs Kindern landet in der 1. Klasse, Hin- und Hergerenne, wird schließlich rausgeschmissen. Dann eine türkische Familie, vier Männer, eine Frau mit Kind. Sie verlassen zwar das Abteil, aber kaum ist der Kontrolleur fort, setzen sie sich wieder hin. Schnattern rum, trinken Bier, die Frau wickelt ihr Kind. Der Mann nennt mich «Kamerad». Eine ältere Dame kommt zu uns rüber, sie muß aufs Klo, will wissen, wann der «Chauffeur» kommt, damit sie endlich aufs Klo gehen kann, wegen der Türken, vor denen sie Angst hat, daß sie ihr die Koffer stehlen. Der Zug wird immer voller, die Rußlanddeutschen irren noch immer herum mit sämtlichen Koffern (Holz). Sie tun mir leid. Daß der Mann (Schweißtropfen) hinterwäldlerisch gekleidet ist, fällt mehr auf als bei der Frau. Die Kinder haben gute Gesichter. Ich möchte hinter ihnen herlaufen und ihnen helfen, stand schon auf dem Gang. Offenbar ein Ingenieur oder so was. Er hat neben der Platzsuche auch noch das Schicksal seiner gesamten Familie im Kopf. Ob es richtig war, sich auf dieses Abenteuer einzulassen oder ob er nicht doch besser in Kasachstan geblieben wäre.
Lesung in Regensburg, im Kulturhaus des Ostens. Ich las aus «Gold» die Großvater-Passagen und aus «Zeit»: Karl in Flan-

dern. Wegen eines kuriosen Überhalls im Saal konnte ich mich kaum verständlich machen. Der Direktor zeigte mir hinterher schöne Rostock-Farbholzschnitte, die er gerade für 1000 Mark auf einer Auktion erworben hat, er besitzt sie jetzt doppelt. Das ärgerte mich. Es schien so, als wollte er mich absichtlich ärgern. In mir bäumte sich so ein rechthaberisches Gefühl auf: Wenn überhaupt irgend jemandem, so bin ich es doch, dem diese Rostockbilder zustehen. Leider fiel mir ein, daß mich jemand auf die Versteigerung aufmerksam gemacht hatte, damals, und ich hatte gedacht: Ach was!

Die «DDR» hat eine Wahl inszeniert: 99,1% oder so was bekennen sich zu ihrem Staat. Da fragt man sich doch, weshalb sie dann nicht die Mauer abreißen. – Wer nicht zur Wahl geht, wird aufgeschrieben, heißt es.

Gestern nach der Lesung, das war schon staunenswert, umstanden mich die ostdeutschen Kulturträger, und nicht ein einziger machte auch nur die kleinste Bemerkung über meine Texte. Allerdings, und das ist schließlich auch einiges, waren etliche als K-Fans zu identifizieren. Ich ging allein (mutterseelenallein) ins Hotel zurück und saß deprimiert auf meinem Bett. – In der Buchhandlung kein einziger Kempowski. Die Buchhändlerin fragte mich, ob Hebbel mit zwei «l» geschrieben wird.

Als ich heute morgen beim Frühstück saß, trug eine Küchenhilfe durch den Frühstücksraum ein abgestochenes Ferkel wie ein Kind im Arm zur Küche.

Aschaffenburg.
Inzwischen sitze ich nach stundenlangem Mittagsschlaf hier im Lokal Käferberg, das von Hosenschlitz-betastenden Gästen ohne Zahl betreten und besetzt wird. Musik über allem, Tische, an denen man nicht richtig sitzen kann, die Sitzbank drückt im Kreuz, alle zwei Minuten tütet das Telefon an der Theke wie ein Feuerwehrhorn. Mein Hotelschock ist mal wieder perfekt. Der Schwipp-Vetter in Aschaffenburg, den ich anrief, in der Hoffnung, daß er mich zu Mittag einlädt, fragte mich, was ich will? Dieser unhöfliche Patron. – Nun, ich legte rasch auf. Leider konnte ich nicht wegfahren, da ich hier ja kein Auto habe.

Aufregende Entwicklungen in der Sowjetunion.
Eine Frau in violettem Lackleder-Kostüm.
Dudelnde Musik aus einem rustikal geschnitzten Kuckucks-Uhr-Lautsprecher. In einem Reiseprospekt für Amerika: daß man seinen amerikanischen Freunden oder Gastgebern keine Kuckucksuhren mitbringen soll.

Nartum Sa 13. Mai 1989, Pfingstsonnabend

Bild: München / Flugzeug stürzte auf Wohnhaus / 4 Tote
ND: Unübersehbares Zeichen für Sieghaftigkeit des Sozialismus im Herzen Europas / Eröffnung des Pfingsttreffens der FDJ in Berlin

Pfingstsamstag, also Spargel.
«Echolot»: Als Kopfleiste im Nachkriegsteil eventuell die jeweilige Entdeckung von Nazi-Verbrechern? Überhaupt Nazi-Aussagen, Tribunale? Aus Zeitungen. Das könnte im Kasten neben den Texten stehen, als «Erfüllung».
Ich rase mal wieder. Die Ostpreußen-Sachen haben mich ergriffen. Schlesien verblaßt dagegen. – Wie man in Rostock gelebt hat in den Nachkriegsjahren, ohne einen Schimmer gehabt zu haben von der Hölle.
«Echolot»: Das ist auch eine Frage der Typographie.
Im TV war eine originelle Diskussion zu verfolgen über: Was ist Kunst? Die Teilnehmer wirkten wie falsche Schauspieler. Zwerenz mit seiner sonoren Stimme, die unangebrachtes Zutrauen erweckt, eine Frau, bei deren Anblick man dauernd dachte: Sie hat eben keinen Pimmel. Ein selbstgefälliger Theater-Intendant mit Brecht-Brille, ein dicker Mann mit langem Bart, Katholiken – also, das war schon ein Stück! Köstlich! Es waren dieselben Intellektuellen, die der im Frühjahr verstorbene Thomas Bernhard als «saublöd» zu bezeichnen pflegte.
Michael Degen als Hitler, er hatte ihn ganz gut studiert, aber

alles war in dem Film irgendwie verkehrt. Blomberg trug das Kriegsverdienstkreuz, das erst zwei Jahre später gestiftet wurde. Hitlers Reichskanzlei, eine kleine Amtsstube – nichts paßte. Da hat mich Syberberg mit seinen Puppen schon eher überzeugt.
Ich möchte mal einen Film zusammenschneiden aus Aufnahmen von Hitler-Darstellungen.
Lesung in Alzenau-Hörstein. Spargel gegessen, hinterher Himbeeren mit Sahne. Einen Mann von Ford getroffen, Reklame-Abteilung, die Ablehnung meines Polen-Artikels besprochen, bekakelt. Es habe zuviel von «deutschen Eichen» daringestanden, sagt er. – Ich fragte Hildegard gestern, ob sie auf mein Bücherschreiben eifersüchtig sei. «Ich bin auf alles eifersüchtig.» Sie beherrscht sich aber gut. – Wenn wir allein sind, geht's am besten. Die Zeit der Lesereisen ist die schwierigste, für beide. Mich nimmt es «kräftemäßig» mit, sie vermißt mich und denkt sich alles mögliche aus.

Nartum So 14. Mai 1989, Pfingstsonntag

Welt am Sonntag: Schewardnadse warnt die NATO vor Atom-Modernisierung / Sowjet-Außenminister droht in Bonn, die Verschrottung von SS-23-Raketen einzustellen
Sonntag: Laßt uns in der Reihe gehen. Jugend im Lied.
Von Fritz-Jochen Kopka

Pfingstsonntag – also Spargel.
«Echolot»: Sie werden mich wieder als Sammler bezeichnen. Das Becken füllt sich, der Grund ist schon bedeckt. Das Jahr '45 ist am interessantesten. Dahin zielt das Ganze, das ist das Gully, in das alles weggurgelt. Ich habe mir aus einer Plastikfolie ein Transparent gemacht mit den Stichworten für das ganze «Echolot» und in der Bibliothek ins Fenster gestellt.
Dorfroman: Im Garten werde ich vom Geruch des Schafsbock-

urins umweht. Nachts versammeln sie sich auf meinem Hof vor der Bibliothek. Sie drängen sich in die Ecke zwischen Bibliothek und Veranda, sie wollen beim Menschen sein. Wenn ich lese, bin ich nur zehn Zentimeter von ihren pumpenden, ausdünstenden Körpern entfernt.
Unser Wäldchen verwandelt sich in einen Leichenhain. Vielleicht wäre das Knuspern der feindlichen Insekten mit einem Super-Sonar-Gerät hörbar zu machen. Das müßte man verstärken und ihnen zublasen: Hört euch das an! 60 000 Mark futsch. Dafür hätte ich mir lieber das Palmenhaus bauen sollen.
Zweieinhalb Stunden Mittagsschlaf, tief und voller Träume. Ich wachte wie ein Kind, verschwitzt, auf. Als hätte sich das warme Fleisch gesetzt.
Ein Antiquar bietet mir Fotoalben an. Ich werde ihm zur Bezahlung ausrangierte Bücher schicken.
Das Besondere und Neue am «Echolot» ist, daß ich nationale Störgeister und sogar Nazis zu Wort kommen lasse, ohne daß man mir das anlasten kann. Ohne schulmeisterliche Kommentare war dergleichen bisher nicht zu haben.
Roberts Sprung über den zur Matratze gedrückten menschlichen Kadaver, die KZler-Jacke am Forsythienstrauch und Friedland, der alte Mann, der seine frisch aus dem Osten eingetroffene Tochter begrüßte. Er überließ das Begrüßen den Frauen und ging weinend auf und ab: Das bin ich.
Dorfroman: Aus der Entfernung sehen die Schafe ganz hübsch aus, trotz ihrer überdimensionierten Geschlechtsorgane. Bei meinen Rundgängen begegnen sie mir manchmal, biestern über den Weg, oder laufen hinter mir her. Ich rede dann zu ihnen, sie sollen den Unfug lassen.
Die originelle Unterschätzung der Chronik.
Als ein Volksschriftsteller zu gelten, hat was Tragisches an sich.
Völlig unsensationell wirken die großen Veränderungen dieser Monate: Ungarn, und daß es jetzt sogar Lenin ans Leder geht. Alles kommt sachte daher, kleinweis', stückweis', und keiner erschrickt. Der deutsche Bundesstaat nähert sich. Und man läßt nicht Messer und Gabel fallen. – Sie sagen, daß drüben die Städ-

te zerbröseln. Mit den schadhaften Dächern fängt es an. Wenn's erst einmal reinregnet, ist bald Feierabend.
Ich las in den Briefen Wilhelm von Humboldts, er meint, daß sein Bruder häßlicher ausgesehen habe als er. Schildert, daß an der Tafel einer Prinzessin die Hälfte der Gäste eingeschlafen sei.
Die Nacht dehnen, bis der Stift aus der Hand fällt.
Ich hörte die Berwald-Quartette zum dritten Mal. Allmählich komme ich der Sache näher. Wenn man diese Musik ohne Ton hören könnte!

Nartum   Mo 15. Mai 1989, Pfingstmontag

Herrliches Wetter.
Ich arbeitete wie rasend den ganzen Tag. Heute an allen drei Projekten gleichzeitig: Sobald man wieder zu schreiben anfängt, verliert sich die Angst. Interessant, beim Schreiben einerseits die Übertragung des inneren «Films», andererseits läuft der Korrektor wach nebenher und greift ein, hält bei der Wortwahl Türen offen, die den Zugang zu unvermuteten Bereichen ermöglichen oder provozieren.
Zu dem Hebräer-Motto für M/B keine weitere Erklärung gefunden (Michel, Göttingen-Kommentare). Ich hole mir die Introiten für das Kirchenjahr von Fiebig, die wir in Bautzen sangen, und spielte und sang den Reformations-Introitus: «Das Wort Gottes ist lebendig und kräftig ...» Die Duolen damals haben uns imponiert, Detlef machte ein Arno-Breker-Gesicht, wenn er das dirigierte. Seele und Geist werden geschieden, das ist es, mit «Mark und Bein» ist wohl eher «D-Mark» und «Knochen» gemeint.
Dorfroman: Die Schafe haben sich nun auf dem Bibliothekshof häuslich niedergelassen und alles vollgeschissen, schon seit Tagen. Ich habe saubergemacht und heute einen Strick gespannt, damit sie nicht wieder alles verunreinigen. Eines der Schafe bemerkte die Absperrung – plötzlich heute nachmittag. Es blökte

und rief damit die anderen geradezu empört heran, die auch sofort kamen und sich die Bescherung ziemlich ratlos ansahen. Eine Art Palaver! Ich bin neugierig, welchen Platz sie sich jetzt aussuchen werden. Tagsüber streichen sie durch die Tannen oder liegen auf dem Weg. Ich habe immer ein bißchen Angst vor der Meute, dreh' mich um, ob sie mir folgen und mich stoßen.
Opus 127.
Hildegard mal wieder down. Ich versuche sie aufzurichten.
Zur Heiterkeit findet ein Mensch zurück, wenn man sich mit ihm beschäftigt. So muß es auch mit den Deutschen gehen: ihnen zuhören und sie ausreden lassen. Dafür bin ich da.
Valéry gelesen. Etwas absolut Unverständliches zu lesen, regt an. Was meint er bloß? denke ich immerzu und komme dann selbst auf Gedanken. – Ein Trost, daß Léautaud ihn nicht leiden konnte.

Nartum Di 16. Mai 1989

Bild: Nach Disco-Besuch / 2 Berliner Fußballer totgefahren
ND: Über 750 000 bei Kampfdemonstration der Jugend in den Straßen von Berlin

5 Uhr. – Leider sehr früh aufgewacht. Draußen krächzt eine Krähe, und der Hahn fühlt sich animiert, zurückzukrähen. Um diese Zeit schweigt NDR III noch.
5.40 Uhr. – Suchdienst im Radio.

Aus Schneidemühl werden die Geschwister von Marion Malizewski gesucht. Sie sollen in der DDR leben.
Edgar Lahnstein 1946 beim Grenzübertritt durch Russen verhaftet.
Erich Reichelt aus Flöa, keine Angaben.
K. H. Weidemann wohnte 1957 in Frankfurt.
Ein in Australien lebender Mensch sucht seinen Bruder in Hamburg.
Ein Georg Ehrenreich, der aus westlichem Gewahrsam in die BRD entlassen wurde, von seinem Bruder in Rumänien.

Ob das einer hört?
Am «Echolot» und an M/B gearbeitet.
Dorfroman: Die sechs Schafböcke wurden abgeholt – ich fürchte zum Schlachthof –, statt derer haben wir nun zwei weibliche Tiere. Heute Nachmittag boxten sie sich vor Übermut. «Das sind freche Mädchen», sagte Hildegard. Zu den Böcken hatte sich kein brüderliches Verhältnis eingestellt. Ihre Geschlechtsteile waren einfach zu groß.
Ein Hase lief durch den Garten. Der verbumfeite Körper dieser Tiere ist schon öfter beschrieben worden. Man kann sich nicht genug darüber wundern. Wieso ißt man Hasenbraten gern, verabscheut jedoch Kaninchen? – «Ratten eß' ich nicht ...» – von wem stammt der Ausspruch?
Dorfroman: Die Hühner halten sich gegenüber den Schafen etwas zurück. Die schwarzen, deren Gefieder blauschwarz schimmert, wunderbar, gesund, anhänglich. Eins möchte gern im Haus sein, spaziert durch alle Zimmer, läßt sich auch mit Nachdruck nicht vertreiben. – Der Munterhund liegt unter dem Frühstückstisch und jagt es weg, wenn es ihm zu nahe kommt. Zuerst brummt er mehrmals, je näher, desto lauter, dann reicht es ihm.
Im Alter fängt die Frau an zu krähen, und der Mann macht «gluckgluck».
KF kam braungebrannt. Ein edler Anblick. Er macht ein Praktikum: «Da kennen natürlich alle meinen Namen.» – Renate sagte, man sei schon so daran gewöhnt, überall wo sie hinkommt: «Ach, sind Sie eine Tochter von ...» Jetzt in Kassel sei das anders, da kenne mich niemand.
Ich sagte: «Wie gut, daß ich nicht Wallraff bin, dann würden alle Leute sagen: Um Gottes Willen!»
Renate: «Das sagen sie jetzt auch. Die sagen: Du kannst ja nichts dafür, aber was dein Vater so schreibt ...» – Als sie selbst zum ersten Mal den T/W-Film gesehen habe, sei ihr das wie ein Ohnsorg-Stück vorgekommen.
Wie gut, daß ich bereits zu verkalken beginne.
Besucher. Ein Ingenieur mit Frau und Kind, nette Leute. Eine Frau, auf weibliche Art bescheuert. Ich sprach vom Licht, das

von Adlerkrallen gehalten wurde (Anfang von T/W). Adlerkrallen = Pleitegeier = Nazi-Symbol. – Da sagte die Frau: «Wie heute im Bundestag, da hängt ja auch der Adler.»
Berwald-Streichquartette, befremdlich. Begleitheft nur in englischer und französischer Sprache. – Ich muß diese Musik abstellen, dem Munterhund gefällt sie auch nicht, er bellt.
In der Nacht «Frenzy», zum fünften Mal. Wie er sich mit der Schlipsnadel in den Zähnen stochert.
23 Uhr. – Ich bin traurig und pfeife vor mich hin.

Koblenz Mi 17. Mai 1989

Bild: Moabit: Ausbrecherkönig heiratet Polizistin
ND: Mengistu Haile Mariam herzlich von Erich Honecker willkommen geheißen

Lesung in Koblenz, Ulla Hahn getroffen, in den falschen Zug gesetzt. So was ist mir noch nie passiert! Mit Ulla Hahn im Zug darüber gesprochen, daß sie ein Literatur-Seminar in eigner Regie bei uns machen könnte.
Im Speisewagen Schnitzel und Erdbeeren. 30,80 DM.
Eine Leserin schreibt: Sie habe eine Firmen- und Familienchronik geschrieben, «die beinhaltet, wie das Leben eines Geschäftshauses (Groß- und Außenhandel, also überregional) am Rande einer abgeriegelten Weltmacht aussah.» Ihr Ms. ergäbe einen einmaligen Roman oder sogar einen Film.
Ungeschriebene Bücher: Die Bibliothek der ungeschriebenen Bücher. Oder «unveröffentlichten», wäre ganz interessant.
Im TV Aufnahmen von Wyschinski und seinem Publikum, das sich beifallklatschend über die Todesurteile freut, die er beantragt. Die Todeskandidaten gesenkten Kopfes. Sie denken: Gut, daß wir gefilmt werden, vielleicht kriegen Frau und Kind die Aufnahmen zu sehen, eines Tages.
1921: Russischen Bauern wird das Einschlagen von Nägeln bei-

gebracht, im Takt. So schlägt man Nägel ein, wird ihnen gesagt. Habt ihr das jetzt endlich kapiert?
Qualität dieser Filme ist wesentlich besser als die älterer Fernsehfilme, die historische Substanz der TV-Filme zerfällt. Die Vergangenheit löst sich auf.

Köln/Nartum Do 18. Mai 1989

Bild: Von der RAF zu «Praxis Bülowbogen»/Ex-Terrorist wird Star bei Pfitzmann
ND: Freundschaftliche Begegnung zwischen Erich Honecker und Mengistu Haile Mariam

T: Man hat mir den Schädel rasiert, um mich zu operieren. Angeblich habe ich ein Blutgerinsel im Gehirn. Der Arzt nähert sich mir mit dem Skalpell. Ich sage: «Ohne Betäubung?» Er gibt mir eine Spritze und schabt mir mit dem Messer die Falten auf der Stirn weg.

Heiß.
PEN-Tagung in Köln. Ich war schon im Savoy und breitete mich da aus, da dachte ich plötzlich: «Nee! Ab nach Hause!», und machte, daß ich fort kam. Auf PEN-Tagungen wird man ja doch nur scheel angesehen. Kenne ja auch niemanden.
Im Speisewagen ein Camembert, Tomatensuppe, Erdbeeren, Saft: 19,25 DM. Immer gibt es im Speisewagen Menschen, die sich auffällig benehmen, laut reden also. Ein Säufer mit silbernem Siegelring und Haaren auf der Brust. Eine einzelne Dame, die zu ihren Kindern fährt. Mein Jahrgang? Sieht älter aus. Vielleicht war sie einmal eine fesche Arbeitsmaid? (Die Nachrichtenhelferinnen waren hübscher als die Maiden. Vielleicht, weil die Maiden zuviel Suppe essen mußten: Die gingen aus dem Leim.)
Brief einer Dame aus Dortmund. Sie hat das Gästebuch eines Soldatenheims aus Rußland und Norwegen gerettet: «Das Heft ist ein wenig vergammelt, mußte ich es doch bei der Entlassung aus

der Gefangenschaft auf den Leib gebunden durch die verschiedenen Kontrollen schmuggeln.» – Ihr lieben Tagebuch-Schreiber, was wäre ich ohne Euch. – Daß man Gefangenen Tagebücher wegnimmt und verbrennt, zeugt von schlechtem Gewissen. Meine Tagebücher von 1945, ob es sie noch gibt? Das letzte blieb in Wiesbaden. Dort wurde es weggeschmissen, als ich nicht wiederkam.

Einsendungsprosa:

> Schon seine dürre Gestalt, die sich gleichsam aus dem farbig wehenden Rock herausschnellte, wenn er unterwegs war, hatte es mir angetan ...

Nartum Fr 19. Mai 1989

Bild: Vergewaltigungsprozeß von Zypern / Berliner Mutter und Tochter schuldig
ND: Erich Honecker empfing Prinz Albert und Minister Urbain zum Gespräch

Lesung in Schloß Holte. Ich nahm die Swallow mit. Gab mich von meiner besten Seite. – Essen: 99,50 DM. – Getankt 67,02 DM. Auf der Rückfahrt nahm ich zwei Anhalter mit, die aus Belgien kamen und noch sonstwohin wollten. Es war schon spät, sie hätten bestimmt kein Auto mehr bekommen, so nahm ich sie mit zu uns nach Hause. (Auch ein bißchen aus Angabe: So gut sind wir zu jungen Menschen ...) Es waren zwei deutsche Schüler, Mädchen und Junge. Ich ließ sie meinen Beruf raten. «Vertreter», «evangelischer Pastor», meinten sie. Dann kam heraus, daß sie auf der deutschen Schule in Brüssel ein Referat über T/W hatten halten müssen. «Evangelischer Pastor» – gar nicht so schlecht. Ich dachte mir blitzschnell aus, was für eine Art Pfarrer ich gewesen wäre, *wenn* ich einer gewesen wäre. Grundgütig zur Jugend. Aber immer in Anzug, mit Schlips. Grauer Anzug, blauer Schlips.

Eine Dame bietet 400 Briefseiten an, Seite 10 Mark! – Eine andere Dame fragt, ob ich die Memoiren ihres verstorbenen Mannes überarbeiten könne?
Zum Kaffee kam körperbeschädigend eine Frau mit Mann und zwei Söhnen. Es war schrecklich. Nach einer Stunde wurde ich sie zwar los, aber der schöne Nachmittag war hin, ich schrie laut vor Wut.
«Süß, so unrasiert ...», sagte sie zu mir. Und: «Oh, so sportlich?» Gegen Abend kam noch eine weitere Frau, ich war ganz apathisch.
Die Nacht dann schön. Ganz allein in dem großen Haus. Friede zog ein. Ich konnte sogar noch am «Sirius» arbeiten, und danach hörte ich Horowitz.
Heute nach dem Mittagsschlaf hatte ich wieder diesen gleißenden Fleck im linken Auge, erst nach einer Stunde löste er sich allmählich auf. Form: Rund abgesetzt und drumherum gezackt. – Recht beunruhigend. Es muß etwas Bösartiges sein, so böse macht es sich bemerkbar.

Nartum   Sa 20. Mai 1989

Bild: Aufruhr in Peking / KP-Chef gestürzt
ND: Gemeinsamer Appell der Sozialistischen Einheitspartei Deutschlands, der Deutschen Kommunistischen Partei und der Sozialistischen Einheitspartei West-Berlins

Schöne Wolken: die Gebirge des Flachlandes. Blauer Himmel beunruhigt mich. Im Garten gehe ich von einer Duftwolke zur andern. Die gleichmütigen Gelbschnäbel, sie bleiben ruhig sitzen und picken Schnecken aus, erst in letzter Sekunde fliegen sie fort. Der Weg ist bedeckt von zerbrochenen Schneckenhäusern. Leider verschmähen die Vögel schwarze Wegschnecken. Die frißt niemand. Ich katapultiere sie mit einem Stock ins Gebüsch.
Heute wäre mein Vater 91 Jahre alt geworden. «Klare Sache und

damit hopp!» Nach dem Krieg wollte er sich auch einen Wagen anschaffen.
Schwiegermutter schlurft mal wieder altersmißtrauisch durchs Haus. Hildegard war den ganzen Tag mit ihr unterwegs, Engelsgeduld. Laufen kann sie noch gut. Weite Spaziergänge durch den Wald. – Hildegard ist eigentlich den ganzen Tag mit ihr zusammen. Ausnahme: Mittagsschlaf. Abends ging Hildegard noch mal für ein Stündchen zum Friedhof, um Mutters Grab zu richten. Da kommt sie zu mir nach vorn, ich hatte mich gerade vor den Fernseher gesetzt und dachte an nichts Böses! – kommt zu mir geschlichen, so von hinten:
«Waißt du, wo maine Tochter ist?»
«Auf dem Friedhof.»
«Dös glaub i net, geh' zu! ... um diese Zeit?»
Ich sag': «Vielleicht ist sie auch tanzen gegangen.»
«Hat sie denn ihren Pelzmantel angezogen?»
Um mit meiner Mutter zu sprechen: Es könnte alles so schön sein. Wenn sie uns zum Beispiel unsere Freiheit lassen würde und so weiter, ein Buch lesen und immer lieb sein. Aber sie will das eben nicht: und das muß man respektieren. Vor ein paar Tagen hörte ich Hildegard, wie sie ihr Lieder vorsang. Wenn ich alt werde, möchte ich nicht, daß man mir Lieder vorsingt. Und der Gedanke, daß in meinem Zimmer ein Radio dudelt, ist mir unerträglich. Schon jetzt auf einen Zettel schreiben, was man wünscht, und was man nicht wünscht. Vielleicht kann man sich dann ja nicht mehr artikulieren? Aus meinen Büchern vorgelesen zu bekommen, wäre auch nicht das Wahre. Ablehnendes Mienenspiel oder den Kopf schütteln, das kriegt man vielleicht noch hin.
Ich lese: Hitlers glücklichster Tag. Die Flottenvereinbarung zwischen Drittem Reich und Großbritannien. London, 18. Juni 1935. – Später dann ohne Grund gekündigt.
Über den Pazifismus als Wegbereiter Hitlers. Clement Attlee 1935: «In nationalen Rüstungen liegt keine Sicherheit.»
1939 nach Hitlers Einzug in Prag: «Wir sind gegen die Wehrpflicht. Sie wird das Land schwächen ...»
Daß die Düsenjäger über unser Haus donnern, ist mir nicht

recht, aber ich freue mich, daß sie da sind. Ich habe schon gedacht, man müßte im Ernstfall alle Schützenvereine bewaffnen. Mehrere Dörfer zu Gewalthaufen formieren. Jeder Schützenverein ein MG und fünf Panzerfäuste.
Wenn ich morgens beim Pinkeln aus dem Fenster gucke, bin ich immer ganz sprachlos über die schöne Aussicht. «Mein Gott ...», denke ich dann. Das hätte man sich nicht träumen lassen.
Frau Pfeifenbring:

> Der Mann baut das Haus,
> und die Frau schmückt es aus.

Hildegard: Nee, *das* tut er *auch* noch.

Nartum So 21. Mai 1989

Welt am Sonntag: Dramatische Zuspitzung in Peking / Kriegsrecht und Panzer in Chinas Hauptstadt / Aufruhr erfaßt jetzt auch die Provinzen
Sonntag: Kunst braucht Öffentlichkeit. Mit Professor Claus Dietel sprach Reinhart Grahl

Vor dem Frühstück spielte ich ein paar Choräle, wie Vater es immer tat. Dazu das Klappern der Teller aus der Küche. Toast.
Auf der Straße rudeln Radfahrergruppen vorüber, ältere Landfrauen. Man hört, wie sie sich was zurufen. – Der Garten ist absolut explodiert, die Tannen, trotz Insektenbefalls, strecken grüne Finger in die Gegend. Ginster, jede Menge Flieder; die Vogelbeeren sind schon verblüht.
Ich setzte mich am Nachmittag auf meinen Haselnußplatz und sang aus der «Geselligen Zeit» Maienlieder – fünfstimmig, d. h., ich sang die einzelnen Stimmen nacheinander, wie ich es in Bautzen tat:

> Wohl kommt der Mai
> mit mancherlei
> der Blümlein zart
> nach seiner Art
> erquicket das verdorben war
> durch Winters G'walt
> das freuet sich ganz mannigfalt.

Nicht für Geld und gute Worte kriege ich liebe Menschen hierher, die das mit mir singen.
Eigenartig dies tiefere Eindringen in den eigenen Text. Das geschieht jetzt mit «Mark und Bein». Es öffnen sich im Text unvermutete Bereiche, die ich dann durchmustere und «verworte». Ich nenne das den Adventskalender-Effekt. Man muß nur lange genug warten, dann kommen die Bilder. Auch das Plankton: mein persönlichstes Plankton.
Die Gegenden, in denen sich nichts «öffnet», sind fast interessanter.
Weiter in dem Buch über «Hitlers glücklichsten Tag». Ingrim schreibt in seinem Vorwort: «Der Reiz, dem jedes Buch seine Entstehung verdankt, ist im vorliegenden Fall Gereiztheit. Ich fühle mich herausgefordert, wenn über Ereignisse, die ich selbst miterlebt habe, falsch Zeugnis gegeben wird.»
Dieser Reiz treibt auch meine Arbeit am «Echolot» an. Der Bogen, der um die Ereignisse in Ostpreußen 1945 gemacht wird. Nicht Aufrechnung ist mein Anliegen, sondern das Sichtbarmachen von Ursache und Wirkung. Der Strom der KZler quer durch die Trecks der Flüchtlinge. Das gehört doch zusammen.
Still, still, still, weil's Kindlein schlafen will ...

Nartum Mo 22. Mai 1989

Bild: 6:3, 6:1 – Steffi fegte Sabatini vom Platz
ND: Friedensfahrt endete mit Triumph der DDR-Fahrer

Ich kaufte in Oldenburg in der Carl-von-Ossietzky-Buchhandlung «Funny Fotos» für 19,80 DM. Schwankte, ob ich von Enzensberger (aus seiner Bibliothek) die Apokryphen des NT kaufen sollte. Da ich die Luther-Bibel von 1875 besitze, was mir noch rechtzeitig einfiel, lasse ich es. Mit den modernen Übersetzungen kann man ganz schön reinfallen. – Das ist ein schlimmes Kapitel.
Von Kempowski ist in dieser Buchhandlung nix vorhanden, Kempowski ist out. Nicht einmal die Fibel haben sie vorrätig.
Bei «Ali Baba» gegessen, 46,70 DM. «Spiegel» studiert. In Zukunft wird die Lektüre des «Spiegel» immer mit dem Geschmack türkischen Essens verbunden sein.
«Man findet kaum einen Professor, der einem nicht den Vogel zeigt, wenn man über Kempowski promovieren will», wurde mir mitgeteilt.
Zwangsvorstellung: Ich müßte mit dem linken Schneidezahn eine schon festsitzende Schraube anziehen.
Wimschneider gekauft, «Herbstmilch». Die Zacharias ist *viel* besser, eben drum hat sich ihr Buch nicht verkauft, und auch wegen der Stieseligkeit unseres Verlages nicht.
Bernhard, «Beton». – Kundera.
Knaus tut so, als seien die «Hundstage» mein erstes «richtiges Buch», und er spricht es sogar aus!
Schwiegermutter bedauernswert boshaft, schade, sie verschafft sich dadurch einen schlechten Abgang. – «Sie verdirbt sich ihre Biographie», wie Johnson es ausgedrückt hätte.
Andererseits, sie wird den Eindruck unserer Gereiztheit, unserer Ungeduld mit ins Grab/ins Jenseits nehmen. Und das wird als Unsegen auf uns zurückwirken.
Abends mal wieder den «Hutmacher» von Chabrol, mit Kopfweh ins Bett, zu nichts mehr in der Lage. Mein Freund Krolikowski war kurz zu sehen. Er wird wie die andern Mitglieder des Politbüros als «Geront» bezeichnet. Einer ist dabei, der hat nur ein Bein.
«Sirius»: Schwierig, etwas wegzulassen. Ich dachte ursprünglich, daß ich einen Strang isolieren könnte, aber es greift alles inein-

ander. Der Bau des Turmes, die «Hundstage»-Wiederholungen, Lesereisen – das sind zusammenhaltende «Stränge».
Schopenhauer schreibt über den Selbstmord:

> Der allein triftige moralische Grund gegen den Selbstmord ... liegt darin, daß der Selbstmord der Erreichung des höchsten moralischen Zieles entgegensteht, indem er der wirklichen Erlösung aus dieser Welt des Jammers eine bloß scheinbare unterschiebt. Allein von dieser Verirrung bis zu einem Verbrechen, wozu ihn die christliche Geistlichkeit stämpeln will, ist ein sehr weiter Weg.

Im «Echolot» wird der Weltuntergang vorweggenommen.
Die Zuckungen des europäischen Leibes.
1789–1815.
1914–1919.
1935–1945.
Der nächste Sprung wäre rein rechnerisch im Jahre 2020 zu erwarten.

Nartum Di 23. Mai 1989

Bild: 4 und 3 Jahre Haft im Zypern-Prozeß / Berliner Mutter und Tochter in einer Zelle
ND: Freundschaftliches Treffen zwischen Erich Honecker und Wojciech Jaruzelski

Rückblick auf 40 Jahre Bundesrepublik im Fernsehen: der magere Heuss am Küchentisch der Verfassunggebenden Versammlung. – Daß Erika Mann die Bundesrepublik stets «Bunzrepublik» nannte, war ja auch keine Lösung. Die muß ja überhaupt eine ziemliche Zicke gewesen sein. Gräßlich. Der arme Vater. Hat nicht einmal ein anständiges Tagebuch hinterlassen.
Dorfroman: Der Hahn kam heute irgendwie nicht klar mit dem Trinken. Sein Schlips tunkte dabei ins Wasser, und das ärgerte ihn. Schließlich fand er die richtige Position und trank genieße-

risch, so als ob er erst mal schmecken muß, ob das auch gutes Wasser ist. Und bei jedem Tropfen dann: Ja, es schmeckt vortrefflich. – Wenn die Gourmet-Weintrinker wüßten, daß sie genauso aussehen wie unser Hahn.
Schwiegermutter heute: «Wißt ihr was? Ich lad' euch zum Essen ein.» – Beim Wegfahren dann: «Ich hab' aber nur 30 Mark.»
«Das macht nichts, wir leihen dir was.»
Und schließlich, hinterher, beim Mundabwischen: «*Wieviel* kostet das Essen? 78 Mark? ...Wieviel ist das durch drei? 26 Mark? Gut, ich geb' euch die Dreißig.» Wir lachten darüber.
Natürlich hat sie bei uns, was man salopp einen «Jagdschein» nennt, aber es fällt nicht immer leicht, den Unwillen ins Lachen abzudrehen. Das Berechnende, Boshafte, was zum Vorschein kommt, fordert Gegenwehr heraus. Ihr fränkischer Charme. Hildegard sitzt stundenlang mit ihr zusammen.
Am Abend wollte ich mir noch mal Mahlers Achte anhören, stell' mir das Gebrülle ein: Bumms steht sie hinter mir, ob sie mithören darf?
Ich hab' ganz allmählich den Regler leiser gestellt. Ehe es zu Eskalationen kommen konnte, kam Hildegard und holte sie ab.
«Einmal möcht' ich noch nach Berlin!»
Eigentlich zum Lachen, wenn's nicht so traurig wär'.

In der Zeitung steht, die SU habe die Entspannungsphase der 70er Jahre zur Wiederaufrüstung genutzt. Was sagen unsere Friedensfreunde dazu? Sie haben Sendepause in ihren Friedenslöchern.
Nietzsche über den Selbstmord:

> Wir haben es nicht in der Hand zu verhindern, geboren zu werden: aber wir können diesen Fehler – denn bisweilen ist es ein Fehler – wieder gut machen. Wenn man sich *abschafft*, tut man die achtungswürdigste Sache, die es giebt: man verdient beinahe damit, zu leben. («Götzen-Dämmerung»)

Nartum Mi 24. Mai 1989

Bild: 881 Stimmen für Weizsäcker / Rekord / Kuß von Marianne / Watsch'n von der CSU
ND: Erich Honecker empfing den Militärrat der Vereinten Streitkräfte

Der Wasserhahn sagte heute früh laut und deutlich: «Tatsachenforschung.» Ich werde ihn in Zukunft als Orakel benutzen. Von weither werden die Leute kommen, um sich wahrsagen zu lassen. Es müßte dann rotes Wasser aus ihm heraustropfen. – Keinerlei Aberglaube, aber hin und wieder erhebliches Unken. Aberglaube wird aus einem magischen Zentrum gespeist, das Unken aus Erfahrung. Aberglaube wird mit gutmütigem Schmunzeln hingenommen, das Unken geht stark auf den Nerv, weil's sich oft bestätigt. Auch das Unken kann sich vom Magischen nähren. Wenn man es zum Beispiel tut, um das Gegenteil zu provozieren.
Im «Spiegel» ein Aufsatz über Duke Ellington, der mit mir am selben Tag Geburtstag hat (er wär' 90 geworden, ich wurde 60). Darin der Titel «Sophisticated Lady» erwähnt, sofort seh' ich mich in meiner Mansarde sitzen, die zerkratzte Schellack-Platte, das Grammophon, und ich höre die Platte. Danach «Creole Love Call», das ich damals nicht mochte, war mir zu langweilig. Der Zauber der Jazz-Veteranen blieb so lange erhalten, bis wir sie auf dem Bildschirm sahen. Count Basie z. B., das alberne Getue, nicht mehr mitzumachen. – Robert schenkte mir ein Tonband mit «Echoes of Harlem» und «Clarinett Lament». Donnerwetter – ist das weit weg. 1943 war es, vielleicht 1944:
Als die Tür aufging und ein HJ-Führer hereinkam, der mich zum Dienst abschleppen sollte. Er sah mich auf der Couch liegen, rauchen und Jazz hören: an der Wand die ausgeschnittenen Fotos von Jazz-Größen. Aber er sagte nichts. Was ich nicht wußte, er war ein Zweifler, warf sich bei Kriegsende vor einen Zug. Schande, daß ich mich an seinen Namen nicht mehr erinnere. Eine Geschichte schreiben über latenten Widerstand und

dessen Wirksamkeit. – Der passive Widerstand, der die Energien der Antreiber abnutzt. Ulbricht wußte schon, wohin es mit Ringelsocken führt.
Vom Bundesarchiv Koblenz kam eine Rechnung über 425 Mark für 850 Fotokopien.
Stefanie Wukovitsch fragt in den «Neuen Wiener Bücherbriefen»: «‹Hundstage›: Ist das nun ein ironisches Porträt über einen erfolgreichen Schriftsteller, der selbstgefällig und eitel im firstclass-room unserer Warengesellschaft ...?»
Vergeblich Balzac zu lesen versucht. Die zwölfbändige Ausgabe von Ernst Sander steht unbenutzt in der Bibliothek. Aber seine Biographie! Der gigantische Plan der «Menschlichen Komödie»! Er hatte sich 132 Publikationen vorgenommen, die alle aus einem System erwuchsen. Wenn ich richtig gezählt habe, wurden 49 der Vorhaben nicht verwirklicht. – Hubert Fichte geht ähnlich vor. Man sollte über das, was man sich vorgenommen hat, nicht zu früh sprechen. Ein bißchen peinlich, wenn's auf der Strecke bleibt. Aber schon die Pläne sind reizvoll. – Vielleicht finde ich nächstes Jahr Zeit, mich mit Balzac zu beschäftigen.

Nartum Do 25. Mai 1989

Bild: Lunge schrumpft / Gloria betet für ihren Mann
ND: Joaquim Chissano von Erich Honecker herzlich begrüßt

Dorfroman: Herrlicher Sonnentag. – Ich sitze im Garten. Flieder beginnt zu verblühen. – Die Schafe haben sich eingelebt. Sie wabern, wenn sie stehen, im Pulsschlag. Gestern kam eins in die Laube, das frechere, und beschnüffelte den vorsichtigen Munterhund. – Die Hühner hatten zunächst die Schafe gemieden, nun sind sie schon vertrauter miteinander. Gravitätisch stelzen sie, stehen, einen Fuß hoch, Kopf schief. Der neue Hahn ist äußerst fürsorglich zu seinen Damen. Jetzt kommt ein Huhn und trinkt genüßlich am Trog. – Die Katzen eher wüst.

Der Hund zunehmend sensibler. Je mehr Tiere, desto sensibler. Jede Menge Fliegen hier draußen, sie lassen mich aber in Frieden. Die Schnüffel-Konkurrenz ist wohl zu groß.
Swallow hört sich jeden Tag eine Stunde «Hundstage»-Tonbänder an, als Deutsch-Studium, vergleicht sie mit der englischen Ausgabe. Und jeden Tag tippt sie zwei Stunden lang englische Texte ab. Das ist ihr Tageslauf. Sie hat sich ihre eigenen Gewerkschaftsregeln gegeben.
Hildegard ist neuerdings grantig. Aber sie bereut es. Bringt mir zum Beispiel einen frischen Saft, wenn ich es am wenigsten erwarte.
M/B: Jetzt 32 Seiten. Ich arbeite gleichzeitig an der kommentierten, amplifizierten Fassung, zweispaltig.
Meine Morgenstern-Anthologie, sehr ärgerlich. Piper hat einen anderen Titel verfügt, «Ein Knie geht einsam durch die Welt!». Ich hatte «Kräuterschaum» vorgeschlagen. Telefonisch ist der Verlag nicht zu erreichen, und meine Briefe werden nicht beantwortet. – Jetzt kommt die TB-Ausgabe von «Meine sieben Kinder ...» heraus, ohne daß ich sie vorher zu sehen gekriegt hätte. Ob sie mir meine Prozente zahlen? Auch Ärger mit Paeschke wegen der Bio-Reihe, kein Mensch kennt sie. Dauernd werde ich darauf angesprochen. – Man kann es den Leuten ins Gesicht schreien: Der Gesamtplan! Sie reagieren gleichmütig. Schon ein Wunder, daß «Echolot» vom Verlag offenbar akzeptiert wird. Sie denken vielleicht, das wird so eine Art «Kulturfahrplan», und der hat ja riesige Auflagen gehabt.
Das Archiv: Großlösung Hannover rührt sich nicht vom Fleck. Ich müßte irgendwie antichambrieren, vielleicht erwarten sie das? – Aber wo? Dauernd alle Leute antelefonieren und auf meine Seite ziehen? – Mich hält Abergläubisches zurück. Vielleicht ist es besser, sie gehen auf mein Angebot nicht ein, dann kann ich später sagen: Ich war sehr verletzt.
Die Leute in Hagen sind beleidigt. Platow wollte hier in den Fotos kramen. Ich: «Bitte jetzt nicht, Ende Juni meinetwegen.» Ja, aber er braucht die Fotos doch dringend. – Fechner hätte gesagt: «*Ihr* Problem.»

Für das «Echolot» kamen gute Ami-Texte aus Provo. Ich lasse sie auf Englisch stehen.
Keine Ahnung, wohin es treibt mit M/B. Die Leitidee, «Variationen über Grausamkeit», hält alles zusammen. Ich las heute in «Herzlich willkommen» noch einmal das Locarno-Kapitel: «Variationen über Liebe». Niemand wird auf die Idee kommen, darin ein Pendant zu sehen. – Von Hark Bohm höre ich nichts. Vermutlich schneidet er bereits den Film, ich habe davon noch keinen Meter gesehen.
Todesanzeigen lesen: Das ist ein Zeichen des Alterns. Tante Mieke las auch immer die Todesanzeigen zuerst. «*Herr* Höcherl» sei gestorben, gibt seine Familie bekannt. – Ich hab' eine Sammlung besonders schöner Exemplare. Besonders die Adeligen gefallen mir, unter deren phantastischen Namen dann immer ein Herr Schmidt auftaucht.
Einladung zum Bush-Besuch abgesagt, alles zuviel.
Ein Buch über die Ukraine 1933. «Ernte des Todes», von Robert Conquest.

> Arthur Koestler sah aus einem Zugfenster verhungernde Kinder, die «aussahen wie Embryonen, die man aus Alkoholflaschen herausgenommen hat», oder, wie er es anderswo ausdrückt: «Die Stationen waren umgeben von bettelnden Bauern mit geschwollenen Händen und Füßen ...»
> Und so weiter. Das eine ist das Verbrechen der Bolschewisten, dem Millionen von Ukrainern zum Opfer fielen, das andere, daß man es im Westen (bis heute!) nicht wahrhaben wollte oder schönfärbte. Die Berichte dazu benutzte, um die Zeugen zu denunzieren.

Frau Schönherr erzählte, daß sie damals ihre Kuh ins Schlafzimmer gestellt haben, damit sie nicht gestohlen wird. Ihr Vater ist offenbar erschossen worden, wollte in der Stadt was kaufen oder verkaufen und kam nie wieder.
Drucker funktioniert nicht. Ich hätte gleich ein Laser-Dings kaufen sollen: allein der Lärm, wenn der loslegt! – Der Computermann kam und brachte das Taschengerät, das man an die Rasenmäherschnur angeschlossen im Garten benutzen kann, einen Laptop oder wie das heißt. Sehr einfach. Das Gerät habe die Fir-

ma «nachgeschoben», «Olivetti» also, weil andere Firmen auch so ein Gerät herausgebracht haben. Wir knobelten spezielle Tricks auf der großen Maschine aus. Sehr praktische Spalten-Sache, die für meine Arbeit an M/B gut zu gebrauchen ist. Der kommentierte Roman. Das Wunder Gottes. Was alles so dahintersteckt. Die Menge, ja «Masse» von Klein-Ideen, die für einen Roman nötig sind.
Noch weiter über Balzacs Großkonstruktion. Die Mischung aus Romanen und Essays.
Ein Leser aus Karlsruhe beschwert sich, daß ich mit ihm nicht in Gedankenaustausch eingetreten bin.
Aus dem Haus Staubsaugergeräusch.
Gestern wurde ich im Mittagsschlaf gestört vom WDR, der mich um halb 2 Uhr anrief. Was für ein Verfall der Sitten!
Gestern und vorgestern wartete ich lange auf eine amerikanische Germanistin, die sich angesagt hatte, aber nicht kam. Unerhört. Wenn man dann gnatzig ist, schnappen sie ein.
Vorgestern Betriebsfest beim Chinesen. Frau Meyer, Grundmanns, Schönherrs, Borowski. Swallow hatte sich «schön» gemacht. Blumenkleid. – Ein angenehmes Mädchen, angenehm angepaßt. Meckert mich nicht voll.
TV: Der alberne Truffaut-Film «Jules und Jim», der von irgend jemand zum Klassiker erklärt wurde. Ein sogenannter «Kult»-Film. Vor Kultfilmen muß man sich in acht nehmen.
Trebitsch in Talkshow, man verleitete ihn dazu, Csárdás zu tanzen. Ich habe Angst vor dem Mann. Wie gut, daß ich mit ihm nichts mehr zu tun habe.
Schubert, Klaviersonate 1. – Spargel.

Nartum Fr 26. Mai 1989

Bild: Fergie: Berlin ist zum Verlieben
ND: Meinungsaustausch zwischen Erich Honecker und Hans-Jochen Vogel

Heute wartete ich wieder endlos auf die Amerikanerin von der University Michigan. Sie kam dann glücklich nach vier Uhr mit einer rotbehaarten Freundin, deren Hund unsere Schafe jagte: «Das ist ja wirklich unerhört!» hörte ich Hildegard rufen. – Sie blieb bis halb elf Uhr in der Nacht! Also volle sechs Stunden. Ich war völlig erledigt. Was sie eigentlich wollte, ist mir nicht recht klar. Ein paar Fragen über «Heimat». Ich erregte mich dann noch unmäßig über irgend etwas. Absolut unnötig. Und oben stand mein lieber Computer, mit dem ich mich so gern beschäftigt hätte: die Funk-Sternschnuppen einfangen.
Swallow, das Mädchen aus Houston, fuhr ab, sie bedankte sich für unsere wunderbare «Hospitalität».
Ich schreibe dies mit einem Weltraumkugelschreiber, auf dem Rücken liegend. Er steht unter Druck, damit er auch «bergauf» Farbe abgibt. Er ist schwer zu öffnen. Hoffentlich entlädt sich der Druck nicht nach hinten, dann würde er günstigenfalls mein Herz durchbohren. Das wäre ein sonderbarer Tod. – Die Idee zu «Echolot» kam schon in Bautzen.
Ich sitze auf einem galoppierenden Pferd, und plötzlich hab' ich vergessen, wohin ich eigentlich reiten will.
Ich will nicht jünger aussehen. Ich bin alt genug.
Er redete laut, weil er nichts zu sagen hatte.
Rapsfelder.

Nartum Sa 27. Mai 1989

Bild: Mit Mini-Fliegern über die Mauer / Bruder rausgeholt / Fergie wollte nach Ost-Berlin – verboten!
ND: Freundschaftliche Zusammenarbeit zwischen DDR und Volksrepublik Moçambique wird weiter ausgebaut

Ein Bücherpaket aus Göttingen kam, meist Rekonstruktions-Ergänzungen der Eltern-Bibliothek: Binding, Zweig, Kessler, Grimm, Timmermans, Vom deutschen Herzen, Hedin u. a. = 85 Mark. – Leichter Ekel. Da hängt allerhand dran.

Zu Mittag gab es Spargel, ich schlief sehr lange und bummelte dann etwas herum. Als es anfing zu hageln, regnete es in der Bibliothek auf ulkige Weise durch. Als ob man eine Kuh melkt. Ich mußte an Männer denken, die durch ihre Prostata gequält werden.

Der heilige **Beda Venerabilis** wurde um 673 geboren und siebenjährig dem Abt von Wearmouth, Benedikt Biskop, zur Erziehung «anvertraut». Mit Abt Ceolfrid geht er in das neugegründete Kloster Yarrow, wo er bis zu seinem Tode 735 mit theologischen, geschichtlichen und anderen wissenschaftlichen Arbeiten beschäftigt bleibt. Als er, im hohen Alter erblindet, geführt werden muß, um zu predigen, sagt ihm ein Begleiter, der ihn durch ein steiniges Tal führt, spottend, hier warte ein andächtiges Volk schweigend auf seine Predigt. Als er zum Schluß »in Ewigkeit« zu sagen anhebt, ertönt mit lauter Stimme von den Steinen: «Amen, ehrwürdiger Vater.»

Nartum So 28. Mai 1989

Welt am Sonntag: Atomraketen: FDP droht mit Auszug aus Kabinett / FDP-Parteitag: Absage an SPD / Für Fortsetzung der Koalition mit Union nach 1990
Sonntag: Upper Park Road Nr. 36. Freier deutscher Kulturbund in Großbritannien. Von Werner Müller-Claud

Zu «Hundstage»: Gestern war ein Herr von der «Welt» da. Er sagte, ihm sei Sowtschick unsympathisch, weil er das Löwenheckerchen nicht besser getröstet habe, als es da weinte! Klassentreffen von Hildegard, hier, lauter Damen, die alle meine Frau sein könnten. Alle noch recht gut beisammen, keine abgetakelte. Sie vermieden es absolut, mich zu Kenntnis zu nehmen oder auch nur anzusehen. Sie hatten im Musiksaal ihren Tisch aufgebaut, und ich setzte mich ganz zum Schluß fast trotzig einen Augenblick dazu. Im wesentlichen geht es bei solchen Treffen um Status-Angebereien: Ich störte die Hackordnung.

Hinterher wusch ich das Kaffeegeschirr ab, was ich ja sonst nie tue, wahrscheinlich, um ihnen zu zeigen, was Hildegard für einen tollen Mann hat. – Eine der Damen ist mit einem Segelflugzeug abgestürzt, sämtliche Knochen gebrochen und Sohn an Krebs gestorben, aber sonst guten Mutes, eine ist Pastorsfrau geworden und hat sechs Kinder und erzählte, wie sie denen Mäntel näht, eine ziemlich monotone Sache: ein Herzählen der Kinder also und deren Heranwachsen, soweit ich es mitkriegte, und alle sind natürlich enorm was geworden.
Es ist unverändert warm, ich kämpfe mit der mir aufgehalsten Arbeitslast. Es ist entschieden zuviel. Bin schon fast in Panik. Immerhin, vom Roman steht der Anfang bis ins dritte Kapitel, vom «Echolot» ist auch schon der Boden des Bassins bedeckt, «Sirius» entwickelt sich, aber alles andere bleibt zwischendurch liegen. Post! – Getrost sein, das alles so reich auf mich herabkommt: Das ist die Devise. – Post. O Gott, Post! – Aber doch auch schön.
Dorfroman: Am Mittag beobachtete ich eine Spatzensippe, die sich vor dem Haus im Sande badete. Die Jungen standen dabei, ab und zu mit den Flügeln zitternd, wodurch sie wohl andeuteten, daß sie Hunger haben. Diese Sippe müßte uns eigentlich sehr dankbar sein, denn sie lebt von unsrem Hühnerfutter. – Sperlinge seien schwer in einer Voliere zu halten, heißt es. Komplizierte Tiere.

Nartum Mo 29. Mai 1989

Bild: Flugzeugflucht / Er wurde rausgeholt
ND: Gelöbnis von 168 000 für ihr sozialistisches Vaterland / Jugendweihen 1989 beendet

Büromaterial in Rotenburg: 174,20 DM. Glattes Schreibpapier, auf dem man mit einem Füllfederhalter schreiben kann, gibt es nicht mehr. Auch keine eleganten Notizbücher. Früher gab es

welche in Leder mit «Notice» in Gold vorne drauf. Meine Mutter hatte ein winzig kleines in der Handtasche. Ob sie je etwas hineingeschrieben hat? Lederne Notizbücher mit Goldschnitt: das müssen kostbare Gedanken sein, die man da einträgt. – Blindbände.
Bei einem unfreundlichen Italiener ungenießbares Zeugs gegessen, so Mehlgemansche. – Deutsche Vertreter am Nebentisch lachten dem Wirt radfahrerisch zu, als ich um das Abstellen der Musik bat. Radfahren ohne jeden Grund. Sie hatten doch gar nichts davon? Warum ergriffen sie nicht meine Partei?
Gegen italienische Musik hätte ich nichts gehabt. Aber ein laut gestelltes Radio mit unverständlichen Nachrichten? Und hinterher Reklame? Das Abstellen der Musik hätte im übrigen nichts genützt, denn sowohl Espressomaschine als auch Kühltruhe machten speziellen Lärm. – Gott sei Dank, daß ich noch nie in Italien war. Das Buch von Joachim Fest hat mir gereicht. – Ravenna und Pisa würden mich schon reizen.
Von den Goethe-Instituten in Italien bin ich noch nie eingeladen worden. Die Konsequenz, mit der sie mich schneiden! Warum? Afrika, Asien, Australien, Frankreich, Südamerika. Nix und nie. Bin ich denn so unwichtig? – Auch Villa Massimo nicht. Wer da alles schon über den Kies geschritten ist ... – USA allerdings mehrmals.

Nartum   Di 30. Mai 1989

Bild: Eichkamp / Pferdemillionär auf Scheiterhaufen verbrannt
ND: 850 Jugendliche der DDR fahren nach Phjòngjang zu den XIII. Weltfestspielen der Jugend und Studenten

Ein schlechter Tagesanfang. Da ich allein zu Haus war, mußte ich zunächst einmal die Tiere füttern usw. Die gelbe Katze ist krank, die bunte verschwunden. Ich entdeckte sie in Renates Bett (man hat sie gestern Mittag dort eingeschlossen!), und sie hat gejungt,

drei kleine schreiende Wesen, schwarz, gelb und bunt. – Der Munterhund stand inzwischen schon auf der Lauer, er wollte, daß ich mit ihm spazierengehe. Also das. Dann die Hühner, die schon am Zaun warteten. Inzwischen Telefon, dann Kaffee und schreiende Verhandlungen wegen der Katzen. Es war 10 Uhr geworden mittlerweile, und ich entdeckte mit Schrecken, daß die Post noch nicht frankiert und rausgelegt worden war. Nun, 10.30 Uhr, endlich im Garten, inmitten stinkender Vogelbeerbäume, um Ruhe ringend, immer «in Erwartung einer Gehirndetonation», wie Paul Kersten sagt. – Nicht, daß die Zustände unhaltbar wären, aber manchmal hadert man doch.
Die Katzenmutter hatte gestern Nachmittag, vor ihrer Niederkunft, was mir erst jetzt einfällt, ein besonderes Liebesbedürfnis. Sie versuchte, mit der Gelben zu schmusen. Im Augenblick versucht die Gelbe, mich am Schreiben zu hindern.
Dorfroman: Eben war ich noch einmal bei der Katzenmutter. Ich lag bei ihr, und sie schnurrte. Die drei kleinen Fellchen, mit hoher Stirn. Das sind normale Hauskatzen, Dorfkatzen. So etwas wie einen normalen Dorfhund gibt es nicht mehr. Er würde vermutlich im Aussehen zwischen Schäferhund und Fuchs liegen. Dingo-artig. – Die gelbe Katze hier im Garten schnurrt vor Lebenslust. Gestern noch irgendwie krank, von mir aus der Hand gefüttert, heute rast sie die Bäume hoch und läßt sich ins Gras fallen. – Die Hühner bleiben rätselhaft. Der Hahn, der gestern auf der Hundehütte stand und krähte, schon ganz zutraulich, hat neuerdings wieder Bedenken. Scheucht seine Frauen. Kamm und Schlackerbart färben sich dunkelrot. Man hat Respekt vor ihm. Um nicht Angst zu kriegen, muß ich jeden Tag zu ihm hingehen und mit ihm sprechen, von Mann zu Mann. – Die Hennen guckten mich heute besonders interessiert an. Wie schade, daß wir nicht schon viel eher Tiere hielten. Sehr gern möchte ich auch Ziegen haben. – Der Munterhund respektiert die Hühner. Wenn ich sie füttere, sieht er interessiert zu. – Das Magere unter dem Federkleid. – Der Garten hat sich ins «Parkartige» entwickelt. Ich finde es schade, daß mich nicht mal ein Reporter per Tele fotografiert, zwischen den Büschen hockend,

wie ich da mit Strohhut auf dem Kopf in meinem Spezialstuhl sitze und schreibe. Statt Whisky allerdings Limonade auf dem Tisch. Vermutlich ist es das.
Flieder ist abgeblüht, Lupinen kommen. Abends Himmels-Symphonien. Ich sitze, bis es vergeht, aber es vergeht nicht. Nacht schiebt sich hell darüber.
Noch lange Klavier gespielt.

Nartum Mi 31. Mai 1989

Bild: Diese Berlinerin lebte halbes Jahr neben totem Ehemann / Kein Visum mehr für USA / Bush-Geschenk für alle Deutschen
ND: Menschenrechte in der DDR für alle Bürger erlebbar

Noch zu Hildegards Klassentreffen: die kolossale Häßlichkeit der Menschen, aber wenn man sie länger und mit Liebe anschaut, wird das Herz eben doch warm. Es sind ja alles fleißige Frau Sorges. Über jede einzelne könnte man ein Buch schreiben. Die Hieroglyphen der Gesichtsfalten sind nicht entschlüsselbar. Und im Buch des Lebens können/dürfen wir nicht lesen, das ist dem letzten Tag vorbehalten.

Juni 1989

Nartum Do 1. Juni 1989

Bild: Abtreibung / Zwilling vergessen – er lebt
ND: Brüderliche Beziehungen entwickeln sich allseitig und dynamisch

Wetter ist «gut». Weiße Wirbel über tiefem Blau. An den Blick aus einem Satellitenfenster muß ich denken. – Jeden Tag zwei symphonische Ereignisse. Morgens, wenn ich mir die Hosen anziehe, der Blick aus dem Klofenster über die Wiesen zum Wald hin, und abends der Spazierweg ins Abendrot. Und immer das Bewußtsein, mich selbst «von oben» zu betrachten.
Ständig Schwierigkeiten mit dem «Olivetti»-Drucker, vorgestern und gestern verschwanden zwei Texte, weil er nicht funktionierte und ich noch nicht gespeichert hatte. Bin ganz außer mir. Obwohl es keine andere Möglichkeit gibt, die Texte auszudrucken, kommt mir die Maschine schon jetzt so vor, als sei sie aus dem vorigen Jahrhundert.
Leibschneiden. Mit einer Decke um die Füße auf der Galerie gefrühstückt und in den taunassen Garten geguckt. Nicht zu begreifen, daß wir das alles selbst angepflanzt haben. Egon, der Buchfink, holt sich seinen Obolus. Hildegard nennt ihn «Bruno», vielleicht heißt er ja auch tatsächlich so.
«Das Drumherum ist gegeben», sagte der Gärtner. Wir hatten ihn für die weitere Gartengestaltung herangezogen, aber er stellte sich bald als Blindgänger heraus. Der kam wohl nur, um sich hier mal umzusehen, der Neugier wegen. Den zitierten Satz hat er vier- oder fünfmal abgelassen: «Das Drumherum ist gegeben.» Den hatte er wohl noch aus seiner Lehrzeit.
Das Palmenhaus ist endgültig gestorben. Ich sah mich schon, von

Vögelchen umschwirrt, an der Orgel sitzen, unter Palmen, und dann schscht! – automatische Bewässerung der Pflanzen.
«Dies ist unser Palmenhaus.» – Hildegard hat's letztlich entschieden: Sie könne sich nicht noch mehr aufhalsen. Dafür wurden auf dem Rostocker Hof nun Kugel-Ahorn-Bäume à la Landgasthaus gepflanzt, die mir mit ihren Kronen Sonnenschutz liefern werden.
Von Piper die Buchankündigung der Morgenstern-Anthologie. Demütigend anders, als von mir vorgeschlagen, 20 verschiedene Knie auf dem Cover!

«Ein Flop geht einsam durch die Welt»,

so könnte man das Desaster nennen. «Kräuterschaum» wäre doch ein hübscher Titel gewesen. Das Wertvollste an der Sammlung ist die Korrespondenz mit der Prominenz. Herburger schrieb auf eine Antwortpostkarte: «Nix Kräuterschaum.» Witzig und zu respektieren. Günter Kunert:

FÜR WALTER KEMPOWSKI
K. erfindet, was der Welt grad fehlte:
Eine Sammlung voll von Interpretationen
Morgensternscher Nonsensverse. Ungezählte
Deuter aller Länder, aller Zonen
führt die K'sche Sammlung stolz zusammen,
welche, ausgelesen, jedermanns Bewußtsein weitet.
Und nur jener Ignorant bleibt zu verdammen,
welcher, ungekauft sie habend, dumm entschreitet.

Koblenz schickte das Material für die Goebbels-Sache (Pressekonferenzen des Propagandaministeriums) schon vorgestern. Das nenne ich flott! Habe mich sofort darüber gemacht; an die unsinnigsten Sachen hat die «Führung» gedacht. Der Tod eines Opernsängers mußte unbedingt erwähnt werden, so die Direktive aus dem Propagandaministerium mitten im Krieg.
Habe genug im Kopf: «Mark und Bein», «Sirius», «Echolot», «Goebbels», dazu (Groß-Lösung) Hausverkauf, Archivverkauf, Vorschußangelegenheiten. Das sind die Aktivitäten, die hier in

der Gegend rumhängen, und ich kann mich nicht dagegen wehren. Nur tapfer immer geradeaus. – Abbau der Außenaktivitäten immer noch nicht geglückt. Wenn es mir gelänge, mich hermetisch abzuschließen.
Bio-Archiv: Obwohl ich es bei den Einsendern auch mit Psychopathen zu tun habe, gibt es erstaunlich wenig Ärger. Jetzt ruft allerdings dauernd ein Besoffener an aus Österreich, er will seine Fotos wiederhaben. Aber das ist die Ausnahme. Die meisten lassen mich freundlich in Ruhe. Und die Texte hier gären vor sich hin, fermentieren, bis ich mich ihnen widme. – Einen Freundesclub aufbauen, Leute, die mir *wohl* wollen.
Übe jetzt die Mozart-Sonate und etwas Swing. «Laura ...» Ach, ich werde das nie spielen können. Dafür interessiert es mich nicht genug. Und es gibt hier keine Girls mehr, denen ich damit imponieren könnte. – Morgens immer müde, gegen 11 Uhr ist's aus. Im «Spiegel» über den Nachlaß Horváths, offenbar katastrophale Unterbringung. Eigentlich könnte ich doch das eine oder andere verkaufen. Aber wenn's keiner haben will? – Harig erzählte, in den frühen Siebzigern habe er noch Hörspiel-Ms. in den USA für viel Geld verkaufen können. – Als ich einer berühmten Universität – war es Harvard?, oder Yale? – meine Manuskripte anbot, fragte die Bibliothekarin lediglich nach meinem Namen: «Wie war noch Ihr Name?»
«Er arbeitete aus einem Gefühl der Kraft heraus, das aus der Einsamkeit geboren war. «
Daß Kriegsblinde meistens auch taub sind.
In der Post ein «ewig langer» Brief (Hildegard) aus Portugal. Eine Verehrerin. Solche Briefe können gar nicht lang genug sein.
Dorfroman: Eine übergroße Krähe hämmerte gegen unsere Glastür. Ich dachte: Wer haut denn da Nägel ein? Gewaltiger Schnabel. Vielleicht durch Hühnerfutter angelockt und dann vom eigenen Spiegelbild erschrocken. Wir hängten die rote Lufthansa-Decke davor. Hildegard hat dunkle Gedanken. *So* abwegig sind sie nicht.
Quartett g-Moll von Berwald. Eine sperrige Sache.

Im TV: Bush und Kohl, der sich irgendwie über irgendwas diebisch freute.
Bush: Wir machen das schon. – Kohl: Jaja, wir werden's denen zeigen.
Drei Motorradfahrer verunglückt, beim Rennen.
Ja, einer tot, «der andere wird für immer querschnittsgelähmt sein». Traurig, traurig. Nächsten Tag: Der Mann kann schon wieder die Zehen bewegen. – Wie es ihm wohl morgen geht.

2000: *Gibt jetzt eine Sendung im TV, in der nur Auto- und Motorradunfälle gezeigt werden. «Es ist ihm nichts passiert», heißt es jedesmal. Man kann das Video kaufen.*

Nartum Fr 2. Juni 1989

Bild: Paul Schockemöhle / Scheidung / Sie liebt Goldreiter / Schülerin bat ihre Freundin: Erschieß' meine Mutter
ND: Begegnung mit Militärs der Warschauer Vertragsstaaten

Dorfroman: Ginster, Flieder, Vogelbeeren blühen ab. Der Weg ist mit gelben und weißen Blütenblättern gepudert. Wenn ich durch Duftwolken komme, balle ich die Fäuste, da ich keine Allergie bekommen will.
Hildegard wieder recht grantig, aber im Prinzip lieb. Und ohne Knoblauch momentan.
Rechenschaft vom Tage ablegen.
Schäuble als kleiner Bankangestellter, er füllt die Figur eines Innenministers nicht gerade aus, aber er bietet auch keine Angriffsfläche wie der zwielichtige Zimmermann mit seinem Mephisto-Gesicht. Auch wenn er im Recht war, wirkte er unglaubwürdig. Aber gut reden konnte er.
In der Verlagsankündigung heute wiederum meine Chronik nicht exakt dargestellt, die «Befragungsbücher» einfach weglassen. Es ist nicht zu fassen! Aber woher soll ich die Kraft neh-

men, mich darüber aufzuregen. – Eigenartig, dies abwechselnde Arbeiten an den verschiedenen Projekten. Gestern saß ich intensiv am Roman, vorgestern habe ich mich mit dem «Sirius» beschäftigt, heute übertrug ich die englischen Texte vom Sammelbahnhof auf die jeweiligen Tage im «Echolot». Auch die Presse-Anweisungen von Goebbels haben mich zwischendurch beschäftigt. Es ist ein ständiges Hinübergleiten von einem Projekt ins andere. – Die Presseanweisungen Goebbels habe ich schon als Lehrling in der Druckerei kennengelernt. Dort wurden die Karten als Notizpapier verwendet.
In M/B verfüge ich noch über zu wenig Substanz für Jonathan, bei Sowtschick schöpfte ich immer aus dem vollen. – Ob die Backsteinsache trägt?
Ein TV-Team war hier, ich sollte mich zur Wiedervereinigung äußern. Ob ich tatsächlich die Wiedervereinigung wünsche? Na, also, das ist eine Frage. Natürlich! – Sie waren verblüfft und verärgert über meine Reaktion. Ob das mein Ernst sei, wurde ich gefragt. Ich hatte den Eindruck, als ob sie schon bei 100 Leuten waren, die alle die Hände über dem Kopf zusammengeschlagen haben: «Bloß das nicht!»
Medien-Dauerbrenner ist das Thema: Historisches Museum in Berlin. Man ist «in», wenn man dagegen ist. Wer dafür ist, muß ja wohl komplett schwachsinnig sein. Ein Museum für die deutsche Geschichte? – Sie stellen sich die deutsche Geschichte wie ein Beinhaus vor. – In Bezug auf das Museum wird bemängelt, daß soviel Geld für Kultur ausgegeben wird. Sonst jammern sie doch immer über das Gegenteil!
Wackersdorf, das ist ja nun wirklich schon fast komisch. Diese gewaltigen Pleiten. – Den von Schmidt noch initiierten Main-Donau-Kanal hat die arme Kohl-Regierung ja auch noch mit zu verkraften. – Viel unangenehmer als der sanguinische Kohl ist ja der verklemmte Vogel. Immer diese studienrätlichen Entrüstungen. Aber noch viel schlimmer ist es, wenn er zustimmt zu irgendwas. Als ob er das letzte Wort hat.
Frau Bush, die Herrn Thatcher die Hand küßt. Eine großartige Frau, die Thatcher. So eine Art Schulrätin.

Komme mit der Mozart-Sonate ganz gut weiter. Interessant die Klötzchen, die er nebeneinanderlegt, von einer musikalischer Zelle gleitet er in die nächste, alle ganz verschieden und doch zusammenpassend. Naja.

Die kleinen Enten neulich in Bremen. Die ferngelenkten Segelschiffe der Erwachsenen-Kinder dazwischenhin. Ein Seenotkreuzer mit Tonbandsirene innendrin. Die Leute sparen übrigens an Batterien, sie geben immer nur kurz Gas, und dann gucken sie sich gegenseitig an, wie toll das ist. – Ein Junge sagte zu seiner Mutter, ob sie diesen Hebel an seiner Fernbedienung mal eben drückt? «Ja, kann ich machen.» In der Ferne weiß das Parkhotel, wie es sich im Wasser spiegelt, wo all' die feinen Leute Spargel essen.

Luft sein für jemanden – wie angenehm.

Dorfroman: Renate amüsierte sich darüber, daß die Vögel verschieden laufen, die Krähen latschen, die Spatzen hüpfen usw. Machte es nach.

Gurkengemüse mit Specksoße.

Dorfroman: Draußen Lärm von Halbstarken, die anscheinend im Moor Birken fällen. Eine widerliche Unsitte. Sie fahren in dieser schönen Nacht mit Autos vorbei, laute Rockmusik und Gröhlen. Das hat was mit Pfingsten zu tun.

Mendelssohn, 1. Quartett.

Tagesschau, Themen:

Sanitätsoffiziere
Schwestern-Tarife (Pflegepersonal)
Peking, die Freiheits-Gipsfigur auf dem Platz des
Himmlischen Friedens
Ladenschlußscheiße

(Ich denke an New York, wie schön war es, als ich mit meinen Zahnschmerzen morgens um 5 Uhr in den kleinen Laden nebenan gehen – vis-à-vis von dem Lokal, in dem der Scheidungsfilm «Cramer gegen Cramer» spielte – und mir einen Kaffee machen lassen konnte. Der Mann sagte, er arbeite nur nachts.)

Langes Gespräch Bressers mit einem ungarischen Funktionär wegen des Stacheldrahts, der abgenommen wird. – Aufregend!

In Moskau redete Sacharow vor dem Parlament gegen die Afghanistan-Sache. Er wurde niedergeschrien, konnte sich kaum verständlich machen. Gorbatschow entzog ihm das Wort: Es reicht jetzt, er soll endlich den Sabbel halten ... so in dem Stil. Gorbatschow saß über ihm, mit der Klingel in der Hand und grinste über das, was er da hörte.

Im Anschluß an die Tagesschau sonderbare Wahl-Propagandasendungen von sonderbaren Parteien, die alle an den Trog wollen. Deren Argumente spielen überhaupt keine Rolle in der öffentlichen Diskussion. *So* ganz unvernünftig sind sie übrigens nicht.

TV: Ein schlechter Film mit Krauss und Moser. Das ist alles so unglaublich weit weg. 1936 gedreht. «Burgtheater». Musik von Peter Kreuder! – Im Ost-Berliner Schauspielhaus die Philharmoniker, anrührend, obwohl diese Konzertschnulzen kaum noch zu ertragen sind. Siegfried-Idyll, Don Juan, 7. Symphonie von Beethoven. – Die idiotischen Grimassen des Dirigenten, als müsse er den Gehalt der Kompositionen irgendwie ins Gemüt transponieren und den Musikern, die er offenbar für schwachsinnig hält, interpretieren. Das muß denen doch zum Hals hinaushängen. Ich würde ihm die Zunge rausstrecken, wenn sich's gerade mal machen läßt. Oder extra falsch blasen. – Als Chorleiter habe *ich* damals übrigens *auch* grimassiert, wenn ich mich nicht grade mal entschlossen hatte, einen Don-Kosaken-Chor vor mir zu sehen.
Hildegard: «Eitel sind sie alle, ohne Eitelkeit geht es nicht, aber wenn man Spaß hat, dann grimassiert man eben.»
Das Konzert «sah» ich mir aber doch gänzlich an, wegen der Wiedervereinigung. Diese armen Leute da drüben und die Proleten-Regierung, wie die dann wohl alle verschwinden. – Im Augenblick dreht der Wind. Es ist großartig, das noch zu erleben.

Elektrisch betriebene Wecker seien gesundheitsschädlich, steht in der Zeitung.
TV: Französisch sprechende Schwarze.

Nartum Sa 3. Juni 1989

Bild: Der Höllenflug des Frankfurt-Jumbos / Wie Rakete in den Himmel / Wie ein Stein in die Tiefe / Passagiere krachten gegen das Kabinendach
ND: Zusammenarbeit der DDR mit Japan wird erweitert

6.30 Uhr. – Ja, ich hab' mir ein schönes Gefängnis gebaut. Eine Schulklasse aus Habichtswald. Nichts für's Herz dabei. Ich erkläre werbend mein Universum, sie gleiten ab in ihre Träume. Ich rede weiter, und sie träumen weiter. So hielten wir eine ganz jenseitige Traumstunde ab. – Plankton war nicht zu ergattern.
In der Post ein Notizheft mit Kriegseintragungen, halb durchgerissen, telefonbuchartig. Vielleicht ist das bei der Gefangennahme passiert? Wieviel ist da zerstört worden! Und doch ist immer noch genug übriggeblieben. Und das Gedächtnis der Menschen. – Das ist das Unterfutter. Geschichtsüberlieferung kann nur fruchtbar sein, wenn auch Unbewußtes tradiert wird. Ein vollgeschriebenes Schreibheft, schwarz eingeschlagen. – Stattdessen bekommen wir Meinungen geliefert, Kommentare, Theorien. Man will uns nicht allein lassen. Schirme und Fallnetze werden bereitgehalten für den mündigen Bürger.
Ich denke mir für das «Echolot» Transparentseiten aus. Der eigentliche Text, die Überlieferung, wird auf ihnen gedruckt, darunter stehen Ängste und Träume. Die orangerote Sonne wirft ihr Licht auf den Strom der Menschen. – Zweiseitig, immer ein Transparentblatt aufliegend auf dem weißen Papier. Was ist das Eigentliche? Wo sind die Träume der Toten? Können wir nicht einfach die eigenen Wahrträume dagegen «drauf»- oder drun-

tersetzen? – Aber: die Folie als Träger des Unbewußten wird ja sowieso vom Lesenden geliefert. Das ist es eben, was er als Kommentar beisteuert. – Es müßten Textseiten gelesen werden, und gleichzeitig müßten die Assoziationen und Anmutungen der Hörer aufgezeichnet werden, danebengesetzt in eine extra Spalte. – Immerfort dieselben Texte vor Menschen lesen, und immer wieder die Assoziationen aufzeichnen. Allmählich würde sich dann Authentizität einstellen. Aber wer sollte sich das denn eines Tages zu Gemüte führen? Und was sollte daraus gefolgert werden? – Es würde vielleicht eine Art Zwangsläufigkeit im Ablauf von Geschichte festgestellt werden, und das hätte Konsequenzen. Horrorfilme arbeiten mit solchen Zwangsläufigkeiten. Und Pornos.

Nartum So 4. Juni 1989

Welt am Sonntag: Soldaten schießen auf Studenten / Erste Tote in Peking / Hunderttausende versuchten, Sicherheitskräfte bei Vordringen in die City zu hindern
Sonntag: Wie gehen wir mit unserer Umwelt um? Zur Strategiebildung für die 90er Jahre. Von Helmar Hegewald

Gestern habe ich sehr gut arbeiten können. Hildegard war nicht da, die Stille im Haus, die Stunden rieselten dahin. Morgenstern-Vorwort abgeschickt an Piper.
Nachmittags kam Simone, erzählte wieder sehr hübsch, so ähnlich, wie Renate es tut, mit Vormachen oder Nachahmen. Am meisten Spaß macht es natürlich, wenn man selbst die Hauptperson der Geschichten ist, auch wenn nichts davon stimmt.
Dorfroman: Die neuen Schafe sind sanftmütig. Wenn ich meine Runden drehe, folgen sie mir mit den Augen. Aber streicheln lassen sie sich nicht. Sie haben schlechte Erfahrungen mit den Menschen gemacht. Vielleicht ärgern sie sich hinterher, daß sie vor mir zurückgewichen sind? Die schlechteste Erfahrung mit Menschen steht ihnen noch bevor.

Heute abend war die Frage zu untersuchen, wieso meine Socken am Hacken des rechten Fußes schon nach kurzer Zeit Löcher aufweisen. Eine Art Verhör. Hildegard machte vor, wie ich gehe, und ich machte vor, wie sie geht, so marschierten wir eine Weile gegeneinander an.
Ich sah einen Briefwechsel aus dem Anfang des 19. Jahrhunderts durch. Ein junger Mann aus Rostock wirbt um ein Warnemünder Mädchen. Das ist schon erstaunlich zu lesen, daß hier ein Ehelebensbund geplant wurde, ohne daß die jungen Leute sich zuvor gesprochen hatten! Die Eltern zurrten die Sache ziemlich bald fest. Die junge Dame war eine gute Partie, sie brachte ihrem Mann, der später Bürgermeister von Rostock wurde, 62 000 Taler mit in die Ehe. – Sie starben 1872 und 1873, also kurz nacheinander. Ich denke, wie merkwürdig für diese Leute wohl die erste gemeinsame Nacht gewesen sein muß. Entweder stürzten sie sich aufeinander, oder sie liefen auseinander? Vielleicht abwechselnd, derweilen draußen das Meer gleichmütig Welle um Welle ans Land schlug.
Am Abend neuen Lesestoff gesucht, da Brandão – «Null» – sich dem Ende zuneigt. (Am Schluß schwächer werdend.) Ich las den Llosa an, das Thema sagte mir nicht zu, eine Kadettensache. Auch für die Mansfield konnte ich mich nicht erwärmen, zu oberflächlich, außerdem Deutschenhasserin. Jetzt habe ich mir den Roth, Gerhard Roth, raufgenommen. Der ist immer gleich so auf 80.
Mendelssohn, 1. Quartett. Er hat's mit 14 Jahren komponiert. Als ich 14 war, 1943, begann ich «auszusteigen». Und erst 1960 bin ich wieder aufgewacht.

Nartum Mo 5. Juni 1989

Bild: Khomeini tot / Kommt so ein Mensch in den Himmel? / China / Die Blutnacht / 3000 erschossen und niedergewalzt
ND: Eisenbahnkatastrophe im Ural forderte zahlreiche Menschenleben

8.30 Uhr. – Ich rede laut mit mir, den ganzen Tag. Das ist ein Hüpfen und Springen!
Allgemeine Zermatschung in Peking. Eine Art Tank bleibt stekken, Besatzung wird gelyncht (ARD), nicht gelyncht (ZDF). Kommentatoren benutzen die Wörter: Blutbad, Massaker, mit der MP in die Menge halten, Menschen wahllos niederwalzen. Das sei kein Ruhmesblatt. Ein neuer Beweis für die feudale Struktur der Arbeiterregierungen. Wo sind unsere großen Kommunisten von '68? Sie lassen sich nicht vernehmen. – Wie die Papp-Freiheitsstatue umfiel, und dann die wackelnden, wabbelnden Leichen auf den Tragbahren. – Fechner sagte mal: Leichen kann man nicht darstellen. – In München fehlten beim Protestzug der demokratischen Chinesen Sympathisanten aus der Bevölkerung, die tapferen Deutschen hielten sich bedeckt. Wo bleibt die SPD, wo bleibt der Herr Vogel, unser Senfchengeber?
Dann der Tod des Rachegreises Khomeini. Die um sich schlagenden Klagenden. Ob sie nun die Blutfontäne abstellen? – Der Sarg geriet außer Kontrolle, wäre beinahe runtergefallen. An Khomeni sieht man, daß ein Volksheld nicht unbedingt dauernd grinsen muß. Das sollten sich mal unsere Talkmaster merken.
In der SU explodierte eine Gasleitung. Sonderbar, die uralten Krankenwagen und die Bäckermützen der Ärzte. Das glorreiche Sowjet-Regime hat viermal soviel für Militär im Budget, als angegeben, das ist jetzt rausgekommen. Donnerwetter. Und zwar stand das in der «Prawda». Der vornehme Westen hält sich zurück. – Ich sehe noch beim Verhör Nikolai, den Dolmetscher, vor mir auf und ab gehen, eine Zigarette rauchend wie Fürst Bolkonski, erhaben in jeder Hinsicht und von der Gloriole der Sowjetunion vorschwärmen. Ich davor, hungrig und übermüdet auf einem Schemel. O wie glorreich war da die Sowjetunion!
Der Schwager aus Minden war hier. Er hatte heute bei der Schwiegermutter Dienst. Die alte Dame wird jetzt ruhiggestellt, weil sie zu agil ist, man kann sie ja nicht gut einsperren. – Ich frotzelte ihn ein wenig, ich glaub' aber, das kann er nicht vertragen. – Ich würde mich ganz gern ruhigstellen lassen, rumschlurfen ein bißchen. Diese ständige Agilität ist nicht zu ertragen.

Ein Film mit dem stahlstimmigen Gründgens und R. A. Roberts. Den werden sie nun vielleicht wiederentdecken. Der Film selbst höherer Blödsinn («Tanz auf dem Vulkan»). Endlose Revue-Scheiße, Höllenlärm.
Mein Freund Härtling im dritten Programm mit dem Schweizer zusammen, wie heißt er noch, der sofort auf Hochdeutsch umschaltet, wenn er weißes Papier sieht. Sie erkannten nicht das Morgenstern-Gedicht «Galgenberg»:

> Blödem Volke unverständlich
> treiben wir des Lebens Spiel.
> Gerade das was unabwendlich
> fruchtet unserm Spott als Ziel.

Härtling meinte, das sei aber wohl eins der *ernsten* Morgenstern-Gedichte, da kenne er sich nicht so aus. Als ob die «Galgenlieder» nicht auch «ernst» sind!
Dierks rief an, er war in Polen. Weshalb hat er mir das mitgeteilt? Soll das was Verbindendes sein?
Hildegard kam heute mit nach Oldenburg, um mich zu fahren, sie saß während meiner Vorlesung bei «Ali Baba»: 78,70 DM. Ich «sparte» den «Spiegel». – Die Studentinnen amüsieren sich über mich. Heute brachte ich ihnen bei, wie man eine Tafel sauberwischt. Und die deutsche Schrift erklärte ich ihnen. Schrieb Vornamen der hübscheren Scheiteltierchen an: Nach einer Weile, einer Schrecksekunde sozusagen, hatten sie raus, wer gemeint war. Als ob sie sich auf einem verwackelten Foto aus alten Tagen endlich wiedererkannten. – Es gibt keine Computerschrift in deutsch. – Ich hätte gern eine alte Schreibmaschine mit entsprechenden Typen. Auf dem Flohmarkt kaufte ich, weiß der Himmel warum, eine spanische Maschine, jedes Typenhämmerchen dreigeteilt. Ich würde sie gern eintauschen gegen eine Maschine mit deutscher Schrift.

Nartum Di 6. Juni 1989

Bild: Peking / Jetzt schießen sie auf alles / Schwangere, Kinder, Radfahrer
ND: Beziehungen DDR–Frankreich entwickeln sich erfolgreich

Heute ging ich in die Küche und schlug Hildegard vor, mit mir gemeinsam «panierten Schinken» zu machen. Das kam schief an. Ich wurde hinausgeschoben, ja – geschubst!

1999: *Erst der Meisterkoch Lafer hat es mir bestätigt, daß panierter Schinken hervorragend schmeckt. Klopfschinken müsse man dazu nehmen.*

Erschöpft aufgewacht. Im Radio der Radetzkymarsch. Es rührte mich, daß das Publikum den Rhythmus mitklatschte, bei den Piano-Stellen damit jedoch aufhörte. Das hatte was von sich freuenden Kindern. Natürlich freuten sie sich nicht über den Marsch, sondern über ihr eigenes Klatschen.
Der Kampf gegen die Fliegen intensiviert sich. Was nützt das hermetische Abschließen der Fenster durch Drahtplatten, wenn sämtliche Türen offenstehen?
M/B: Ich taste mich vorwärts. Der Spaziergang an der Elbe. Ich brachte allerhand Zeitkritisches zur Sprache, was den sauberen Kritikern nicht gefallen wird.
Noch ein Sieg des Kommunismus: Peking. Das ist wohl ein sogenannter «Pyrrhus-Sieg»? Wie alle sogenannten Siege des Kommunismus.
Am Morgen wollte ich mich eigentlich erholen, mal etwas zu mir kommen, relaxen, wie man das nennt, da kam Hildegards Kinderkreis, sieben Mütter mit mehr oder minder entzückenden Kleinkindern. Ich konnte nicht widerstehen und fotografierte erheblich. Die weichen, runden Wangen. Es war wunderbar. Später dann auch mit der Videokamera das gemeinschaftliche Krabbeln. Die kleinen Lustschreie. Sie fassen sich gegenseitig an die

Nase und ans Ohr. – Ohne Kinder, ohne Tiere wird das Leben halbiert. Während ich hier sitze und schreibe, sehe ich mir die Hühner an. Ein kleines braunes wird von den andern gepickt, leider. Tür aufreißen und rufen: «Willst du wohl!!» nützt nichts. «Vor den Toren Nankings sind Truppen aufmarschiert» (FAZ). Vogel trauert (in seinen Telegrammen) um soviele Jungen und Mädchen, die ihr Leben noch vor sich hatten. – Die festgenommenen Studenten in China müssen den Kopf gesenkt halten als Zeichen der Unterwerfung. Dazu das Kopfaufwerfen der Rotarmisten bei Paraden. Waffen-SS pflegte stier geradeaus zu gukken. Gasunglück in der SU: Als der Druck der Leitung abfiel, hat der Ingenieur den Hahn einfach aufgedreht! Die Bahnstation Ascha sei zu einem Begriff «schieren Entsetzens» geworden (FAZ).
TV: Ein sonderbarer Tennisspieler, ein Chinese, der den absolut Erledigten spielte und gegen Ivan Lendl stöhnend und ächzend gewinnt. Lendl war völlig durcheinander. Steffi Graf: «Den hätte ich mir geschnappt.» Ich danke dem Mann eine unterhaltsame Stunde.
Schöner Blumenstrauß von Hildegard: 11,50 DM. (Rechnung ging an mich.)
Bei Handke («Das Gewicht der Welt») Radiolarien gefunden:

> Die jungen Blätter, von der Sonne durchschienen und ab und zu bewegen sich die Schatten anderer Blätter darauf.

> Die alte Frau entschuldigt sich beim Fahrer, daß sie in seinen, den für sie falschen Bus gestiegen ist.

> Ein Kahn fährt vorbei mit Sandhaufen, und auf einem Sandhaufen steht unbeweglich ein Schäferhund.

Nartum   Mi 7. Juni 1989

Bild: Blutiges China / Soldaten töten im Rausch / Armee verteilt Drogen / Deng tot? / Li Peng angeschossen / Studenten schreien:

«Helft uns» / Ab heute Kirchentag in Berlin / 250 000 beten auf dem Ku'damm
ND: Erich Honecker empfing Vertreter von Bruderparteien der RGW-Länder

Langes Telefongespräch mit Paeschke, weil wieder die Chronik nicht richtig dargestellt ist. Unbefriedigend. Unhaltbar, wenn Bittel nicht dawäre.
Lesung in Hetlingen bei Wedel: «750 Jahre Hetlingen».
Im Feuerwehrraum. – Vorher beim Veranstalter eine Tasse Kaffee, einem Lehrer, in einem Glashaus ohne Pflanzen, irgendwie zu groß, das ganze. Ich dachte an mein Palmenhaus. Der Deich liegt direkt hinter seinem Haus. 1978 ist er gebrochen. Besonders viel süddeutsche TV-Teams seien damals gekommen, um das Unglück zu filmen, erzählte der Veranstalter. Wieso er ausgerechnet hinterm Deich wohnt, wurde er gefragt, das konnten sie nicht verstehen. – Eine kesse Blondine fragte mich, ob wir nicht mal zusammen segeln wollten? – Ja, wenn meine Frau mitdarf ... hab ich gesagt. – Eine Halbwüchsige legte mir ihr Gipsbein auf den Tisch und bat mich, es zu signieren. – Wenn's weiter nichts ist!
Büromaterial gekauft, Karteikarten, Register und Disketten: 97,57 DM.
Peking: Per Telefon werden unglaubliche Berichte abgegeben. Dabei erscheint das Stand-Foto des Reporters auf der Mattscheibe. Man müßte die Lippen auf Standfotos durch einen Trick bewegen und die Augenlider ab und zu heben und senken.
Man wundert sich, daß in all dem Durcheinander das Telefon noch funktioniert. – Auch in Usbekistan 50 Tote, da können sie sich mit den Mescheten nicht vertragen. Ich will mal sagen, wenn bei uns die Ausländerfeindlichkeit *solche* Ausmaße annehmen würde ... Polizisten mit Plastik-Schutzschilden, wie bei uns, mittelalterlich, wie auch die Schlagzeilen in der Zeitung: Geschützdonner dringt bis zur Hauptstadt, vor den Toren Nankings, Ausländer fliehen. – Der tote Khomeini ist ihnen beim Transport aus dem Sarg gefallen. Unter den Weinenden auch welche, die in die Kamera grinsen. Selbstmorde zu seinen Ehren.

«Peking liegt im Würgegriff der Gewalt» (ZDF). Ein gebratener Chinese war zu sehen. Das ging über alle Kanäle und mehrmals am Tag. Als könnten sie's nicht glauben.
Wahlpropaganda angesehen. Eine Partei für neues Bewußtsein. Besonders blöd kam die SPD rüber. Und alle schreien freudig in die sonnestrahlende Zukunft hinein. – Eine Partei der christlichen Mitte, schreckliche Bilder von abgetriebenen Embryos. Ich denke immer, das ist KF. Kann man hier nicht von Völkermord sprechen? 250 000 Tote pro Jahr! Allein in Deutschland. Was steckt nur dahinter, daß man nichts dagegen sagen darf? Um jede geschossene Elster machen sie weiß Gott was für einen Wirbel.

Nartum Do 8. Juni 1989

Bild: China / Das schreckliche Dokument
ND: Egon Krenz und Oskar Lafontaine: Große Verantwortung der DDR und der BRD für Frieden und Abrüstung

Es ist wirklich wahr, Biermann hat den Hölderlin-Preis bekommen. – Im Radio wird ein Pianist angekündigt: «… der ja auch immer wieder das Hamburger Publikum durch seine Spielfreude hinreißt.»
Wieder Leibschneiden, ich liege im Bett. Wärmflasche.
Leider kein Mittagsschlaf möglich, da immerfort Tiefflieger über uns hinwegdonnern. Die fliehenden Kühe mit baumelndem Euter. Pferde fliehen entschieden eleganter.
In der Volkskammer Sindermann: «Bei uns sind Freiheit, Vollbeschäftigung … selbstverständlich.» – Was dazu wohl seine Untertanen sagen. – Die SED unterstützt die DKP mit 60 Mio. Mark jährlich! Daher die riesengroßen Kampfplakate in der Universität Oldenburg. Die Partei hat nur noch 48 000 Mitglieder («Spiegel»). Immerhinque. So viele Idioten?
Ein Brief aus Pittsfield. Eine Dame schreibt, sie sei jetzt dabei,

in chronologischer Reihe «die Bücher Ihrer Familiensaga noch einmal zu lesen ... – Armes, zerstückeltes Deutschland, vollgestopft mit den fürchterlichsten Waffen, besetzt von Soldaten verschiedener Nationen, endlose Manöver in dem winzigen Land ...»

Mit Thilo Koch telefoniert: 1951 war er in den USA, in Los Angeles, da hat er ins Telefonbuch geschaut, Mann, Mann, Mann, Mann, Thomas, Capri Road. Ob er einen Besuch machen darf, hat er gefragt. Ja, warum denn (Katia Mann), nur so, ein junger Deutscher. Na, mal sehen ... also morgen zum Tee. Er hingefahren, falsch mit dem Bus gefahren, weil er Capri Road nicht richtig ausgesprochen, dann doch gefunden, im blauen Anzug, bergan, geschwitzt. Da lag es, das Haus, eine respektable Villa, Tür angelehnt, ohne Klingel. Drin die Frau, Platz genommen, und dann Er, aus dem Mittagsschlaf, schlecht gelaunt, Zigarre, erst nach zehn Minuten habe er ihn wahrgenommen, ein tiefer Blick. Ob er in der Hitlerjugend gewesen sei. So so, hm hm. Er wolle wieder nach Europa ziehen, es fehle ihm hier der Campanile. – Der «Zauberer» sei nicht sehr ästhetisch gewesen, und die erste Frage, die er gestellt habe, sei gewesen: «Was ist Ihr Background?»

Nartum / Detmold Fr 9. Juni 1989

Bild: Kopf angenäht / Tim / Die ersten 50 Schritte
ND: DDR verwirklicht KSZE-Vereinbarungen / Volkskammer bestätigt Haushalt 1988

Goethe über den Selbstmord: «Ich kann mir nicht vorstellen, wie ein Mensch so töricht sein kann, sich zu erschießen; der bloße Gedanke erregt meinen Widerwillen.» – Und Werther?

2000: *Ja, erschießen! Eine Pistole bekäme man schon, für 4000 Mark wurde mir eine angeboten. Aber dann schießt* *man nicht richtig und muß sich für den Rest seines Lebens Vorwürfe anhören. – In Kanada der Mensch, der sich in seiner Hütte erschoß, und dann stank sie jahrelang, man mußte sie abbrennen. Die Elsner, die aus dem Fenster sprang.*

Dorfroman: Ich hab' jetzt draußen vor das Bibliotheksfenster, an dem ich immer sitze und arbeite, einen Tischbock gestellt, damit mich die Hühner in Ruhe betrachten können. Das ist ein freundlicheres Interesse an uns als das Hämmern der Krähe.
Werbespruch für den Kirchentag:

> Abendmahl mit Weißbrotstulle
> und Rotweinpulle,
> hier fühl' ik mir wohl.

Spargel.

Detmold/Nartum Sa 10. Juni 1989

Bild: Hoffnung für Millionen / Aids besiegt? / Professor fand Immunstoff
ND: Freundschaftliches Gespräch zwischen Erich Honecker und Edvard Schewardnadse

Schönes Wetter. – Die Schwiegermutter war zwei Tage hier, ich sah sie nur kurz. Sie dämmert meistens vor sich hin, dann wieder plapperte sie, immer auf der Flucht, immer etwas klebrig, alles vergessend und das Vergessen spielend, mißtrauisch und, ja – aufdringlich irgendwie, tragisch und unerträglich, dabei bedauernswert und rührend. Damit werde einer fertig.
«Ich will mich verabschieden», sagt sie am Abend, «ich gehe nicht freiwillig, man schickt mich weg.» Das sind Worte, die natürlich haften bleiben sollen und Hildegard bis an ihr Lebensende verfolgen werden. Wie nennt man so was? Ein schlechter Abgang. Gestern lag ich noch bis 13 Uhr im Bett mit kolikartigen Leib-

schmerzen. Um 14 Uhr fuhr ich mit Robert nach Detmold zum Prinzen von der Lippe, auf Bundesstraßen schleichend (Freitag), wo wir Viertel nach sechs ankamen. In Nienburg machten wir Station. Leider hat man das Weserschlößchen abgerissen, wo wir uns hatten stärken wollen. Saßen in einem langen Gang inmitten einer Reisegesellschaft und aßen schlechten Kuchen. Ein Herr sprach mich an, immerhin. Ob er ein Foto von mir machen dürfe. Ich stellte mich mit Robert in Positur.
In Detmold legte ich mich dann erst mal hin, stand nach dreiviertel Stunden auf sonderbarste Weise total erquickt auf und schritt im holzgeschnitzten Ahnensaal des Schlosses zur Lesung, wo etwa 120 schwarzgewandete Gäste meiner harrten.
Ich las aus M/B die ersten beiden Kapitel, die mir etwas lang vorkamen. Es muß noch der Fontanesche Tonfall raus, der hat mir schon in den «Hundstagen» zu schaffen gemacht. Dort war er parodistisch gemeint. Sehr skeptisch. Ungeschickt war es, die Lesung mit dem quasi erzwungenen Geschlechtsakt Jonathans abzuschließen. Die Prinzessin hinterher: Schlimm war das nicht, aber als Schluß ungeeignet. – Eine junge Pianistin spielte drei Stücke von «Schosta*kowski*» (Opus 1), wie der Prinz sagte. Da aber alles sehr liebenswürdig war, nahm keiner daran Anstoß. Mir gefiel das Arrangement ganz gut, aber die Stücke waren zu kurz, ich konnte mich nicht darauf einstellen. – Haarsträubende Geschichten von der Besatzungsmacht, wie die Briten im Schloß gewütet haben. Nach 14/18 schon die örtlichen Deutschen. – Kaltes Buffet großen Ausmaßes, Beamte der Stadt. Ich berichtete schreiend von meinem «Echolot». Soso! Daß ich den Toten Stimme leihen will. Wie?? Ich sage: Die Toten sollen auch mal zu Wort kommen! Sosososo. Jajajaja ... – Heute früh erstklassiges Frühstück, die Eier waren mit Bleistiftaufschrift versehen («3½ Min.» und «5 Min.»), der Hund, das wurde uns beim Kaffeetrinken erzählt, habe sich in Hamburg interessiert ein Hundegeschäft angesehen, die Knochen in den Auslagen usw. So wie unsereiner eine Buchhandlung. – Danach wurde uns das Schloß gezeigt. Während der Prinz uns die Porzellan-Pretiosen vorführte, und von Diebstählen durch die Touristen berichtete, erzählte Robert

treuherzig von seinen verschiedenen Flohmarkt-Erwerbungen. Die Toiletten für Touristen in gotisch eingewölbten Kellerräumen. – Allerhand innere Ängste.

Im TV Nachhall aus Peking. Verhaftete, die überflüssigerweise im Würgegriff zum Verhör geführt wurden, strenge Verhörbeamte beiderlei Geschlechts von hinten. Ziemlich entmenscht alles, ziemlich kommunistisch also. Immerhin: Wie Freisler schrien sie nicht, die unabhängigen Richter, das haben sie wohl vorher und hinterher besorgt. Die bundesrepublikanische Linke bezieht die Vorstellung nicht auf sich. Genausowenig wie Budapest, Prag und Afghanistan auf sie beeindruckend wirkte.

Die Bauarbeiter hier bei uns beschweren sich über ihre Arbeit, im Winter zuwenig und im Sommer zuviel! Nur so weiter, kann man da nur sagen, dann werdet ihr bald gar nicht mehr zu arbeiten brauchen.

Gorbatschow hat gesagt, das nächste Jahrhundert wird ein Jahrhundert der Sowjetunion sein. Er will 15 Mio. Paar Schuhe einführen, 180 000 Tonnen Seifenartikel, 10 000 Tonnen Zahnpasta, 300 Mio. Rasierklingen. – «Die deutsche Frage hat er der Geschichte überlassen, den nächsten 100 Jahren» («Spiegel»).

Eine RAF-Uhreneinkäuferin hat vier Jahre bekommen, wegen Unterstützung der RAF. Große Entrüstung deswegen allenthalben. Nicht über die Milde des Urteils, sondern im Gegenteil. Das Ding war numeriert worden, und sie wollte nicht sagen, für wen sie es gekauft hat. Diente dann wohl zu einem Sprengsatz.

Idiotische Wahlsendungen, wobei besonders dämlich die jugendfrische SPD-Sendung ausfällt. Irgendwelche Kinder, die in die Sonne laufen. Heute warb ein zahnloser Greis für das Zentrum. Neulich drei Figuren um einen Gartentisch herum, im Hintergrund ein Fachwerkhaus = DKP. – Eine junge Frau mit abnorm häßlichem Profil ... – KF zeigt begreiflichen Überdruß an den Politikern. Er liest gerade ein schlimmes Umweltbuch.

Usbekistan wird von Mafia-Banden durchstreift, Ungarn soll nächstes Jahr frei wählen dürfen, die DDR hat sich bedankt bei den Chinesen, daß sie so gut durchgegriffen haben. Schrecklich, was sich die Leute drüben alles gefallen lassen müssen – und schlimm, daß sie in Münster und Bonn die China-Massaker als faschistisch und kapitalistisch bezeichnet haben. Niemand geht hier auf die Straße.

Ein Musiker sprach mich auf mein «Beethoven»-Hörspiel an, er habe das damals gehört, und ein Kollege habe es ihm überspielt usw. – Im neuen Knaus-Verzeichnis, in dem die Chronik wieder völlig durcheinandergeraten ist, fehlt es. – In der Nacht hörte bzw. sah ich mir, von Solti dirigiert, die «Pathétique» von Tschaikowski an. Sie gilt ja als Schnulze. Mir bedeutet sie aus biographischen Gründen sehr viel, und ich muß jedesmal weinen, wenn ich eine gewisse Passage höre.

>   Jahre des Lebens – alles vergebens ...

Ihr diesen Reim zu unterlegen, war eine glückliche Idee. Meine Rührung heute hinderte mich übrigens nicht, bei Soltis Anblick daran zu denken, daß er bei den Musikern den Spitznamen «der schreiende Kopf» hat.

Im TV gab es ein schwimmendes Faultier zu sehen.

Nartum So 11. Juni 1989

Welt am Sonntag: Aufruhr in Usbekistan breitet sich aus – 80 Tote / Die «Prawda»: Gut organisierte Mafia-Gruppen wollen das gesamte Land destabilisieren
Sonntag: Lehrer sind auch Menschen. Schule im Alltag. Mit Oberstudienrat Karlheinz Reuter sprach Charlotte Groh

Das Leibschneiden ist beendet. Ich bin vollständig kuriert. Muß nur noch die Chemie wieder loswerden, die mir gegen die Koliken geholfen hat.
Brief eines Herrn aus Rottenburg: «Ich habe mit großem Interesse und Gewinn zum wiederholten Male in der letzten Zeit Ihre Chronik gelesen.»

Bei 70 Millionen Deutschen wiegt ein solcher Brief nicht viel.
Erst wenn die Straßen unserer Städte voll Menschen sind, die im Gehen Kempowski lesen, haben wir es geschafft.
Gestern pochte wieder der schwarze Vogel ans Fenster. Hildegard hat ihre Mühe damit, den schwarzen Schatten von ihrer Seele fernzuhalten. – Ich beschloß, der Sache ein Ende zu machen, und trat mit dem geladenen Gewehr in die Tür. Stolz war ich, wie ich da stand mit der Flinte, und Hildegard sah mir zu. Ich schoß und «fehlte» natürlich. Dafür flogen so ziemlich sämtliche Vögel des Gartens auf.
TV: Die Legende vom braven, tüchtigen, korrekten, beherrschten, guten, flotten, willensstarken Gorbatschow.
Kirchentagskitsch, junge Damen, die sich im Kreise winden, zu dritt gekrümmt nebeneinandersitzen und sich Trost zusprechen. Rowdies, die fröhlich gegen Südafrika sind. – Fürchterlich. – Nichts schlimmer als frohe Gesichter! – Ein Mann, der eine Armbrust entwickelt hat, mit der man Tiere betäuben kann.
Ein hübscher australischer Film um einen versunkenen Bagger, der für ein Ungetüm gehalten wird (mit leider dummem, angeklebtem Schluß). Ganz herrlich schnelle Übergänge, besonderer Humor. – Die Geigerin Mutter geigte, und man warf ihr den zu schönen Klang vor, den sie produziere. Und daß sie zu gut aussieht und sich im Wald unter Bäumen fotografieren läßt. Und daß Karajan sie protegiert. Und so weiter und so fort.
Allerlei Ostzonen-Sachen, unglaubliche Schikanen. Wenn das man gut geht! – Deutsche Wolgamenschen, die ausreisen wollen: dicke Mamis mit Zahnlücke. Gute Leute ganz offensichtlich, vor denen die Grünen und die Sozis hier zu Recht Angst haben. Ein Russe namens Portugalow, der deutsch wie ein Franzose spricht, gibt freimütig allerhand preis, über das man sich nur wundern kann. – Sportsmädel, die auf Fahrrädern Pyramiden bauen. – Begeisterte Vorpommern, die dem Staatsratsvorsitzenden in Greifswald Blumen überreichen, dazu ein unsinniger Kommentar über Greifswald: Diese Stadt sei als einzige kampflos den Russen übergeben worden! Das stimmt überhaupt nicht, in Rostock und in Stralsund wurde auch nicht gekämpft. Da ha-

ben die Rotarmisten nur mit den Frauen wundersame Konflikte ausgetragen, sehr einseitige.
Ich tat nicht allzuviel. Spielte Klavier, sprach mit Robert und KF. – Hildegard war nicht da, kam erst gegen Abend. KF war irgendwie wütend, weil er grade einen Öko-SF las.
Beim Klavierspielen stört es mich, daß sie drüben vielleicht zuhören.
In Reisbergers «Erinnerungen eines alten Malers»:

> Denke ich zurück an das Dunkel meiner Kindheit, so löst sich aus der unentwirrbaren Menge von Eindrücken eine bestimmte, festumrissene Erinnerung; eine knarrende Bettlade, ein alter Strohsack darin und eine schwere Decke. Meine alte Pflegemutter, die alte Seilerin, lag mit ihrer Tochter, der Seilernanni, darin, und ich war in die Mitte des unteren Teiles gelagert, so daß die Füße der beiden Frauen links und rechts von meinem Kopf waren. Und dann war noch etwas da, ein wolliges, warmes Ding, das der alten Seilermutter die armen kalten Füße wärmte, und das war Spitz, unser Hund ... Wenn die Seilermutter und ihre Tochter zum Betteln oder zum Beten gingen, kroch ich zum Spitz in den Winkel hinten unter der Eckbank, und da kauerten wir stundenlang zusammen, geduldig wartend, bis die alte Pflegemutter mit einigen erbettelten Brocken Brot heimkam ...

Solche Art Berichte zum «Echolot» von '45 collagieren. Die statische Kindheitserinnerung, das Trappeln der Ausgewiesenen. Der Cherub steht noch dafür.
Blumenfeld-Memoiren.
Immer noch ein Rätsel, wieso Hanser mich damals gehen ließ. Arnold hat vermutlich ein schlechtes Gutachten abgegeben über die erste Fassung von «Aus großer Zeit», und da haben sie gedacht: Der Kempowski ist sowieso am Ende, der hat sich ausgeschrieben.
Dorfroman: Die Hühnerchen sitzen auf dem Bock vor meinem Fenster, wenn ich arbeite. Ihre Neugier ist unstillbar. Auch sie hatten ein Paradies, aus dem sie vertrieben wurden.
Gestern Abend ging ich mit Hildegard die große Runde. Nebel stiegen zwischen den Bäumen auf, und der Himmel war rot.

Nartum Mo 12. Juni 1989

Bild: Steffis Geständnis / Ich hatte meine Tage
ND: Greifswalder Dom wurde rekonstruiert / Erich Honecker nahm an der festlichen Wiedereinweihung teil

7 Uhr. – Vorm Fenster ein Kuckuck, der anscheinend gescheucht wird. Einiges Gezeter, und ihm ist auch nicht wohl. Umdrehen im Bett und nachdenken über die Höllenwelt, in der es uns ganz gut geht, wenn wir ehrlich sind.
Unter dem Summen, der Rasenmäher, fern und nah. Mein Sitzplatz im Haselnuß-Garten: Begonien und die große Agave. Die Katze kommt und sagt mir vom Dach herab guten Tag, Hühner um mich rum. Die Glasglöckchen in den Zweigen klingen im Lufthauch (Süderhaff 1900! Von soweit her!).
Im Innenhof sitzt eine Glucke mit acht Küken.
Gestern zeigten sie im TV, wie etwa 150 Republikaner, ältere Herrschaften – Sprung auf! Marsch, marsch! –, in ein Versammlungslokal hechteten, von Vermummten bedroht.
Gestern Lesung in Altenberg bei Köln. Der Bergische Dom mit *fünf*schiffigem Chorumgang! Ob es eine Ahnentafel der großen Kirchenbauten gibt? – Auch hier die verheerenden Folgen der Säkularisation. – Ich saß ein halbes Stündchen in der Bank, dachte an Rostock, an die Marienkirche.
Oldenburg: Über das Verhältnis von Autor und Verlag. Interessiert die Leute sehr. Abenteuerliche Vorstellungen, was die Verträge angeht. Ob man sich mit Haut und Haaren ... Ich erzählte weltmännisch, was sich da so alles tut. Und sie dachten, ich sitze ab und zu im eichengetäfelten Studierzimmer des Verlegers und trinke schweren Rotwein. Anschließend läßt er mich von seinem Chauffeur an die Côte d'Azur fahren. Daß auch diese Leute in hohem Maße schusslig sind, würden sie nicht verstehen. – Ledig-Rowohlt in seiner Coca-Cola-Fabrik empfing mich in Hosenträgern und stellte mir ein gemeinsames Essen in Aussicht, anschließend wurde ich abserviert. Bei Carl Hanser kriegte ich tatsächlich Rotwein zu trinken, aber da hing mir der «Ta-

dellöser» an, dessen Humor er nicht verstand. «Kaiser Borax», die Erwähnung dieses Pulvers war ihm immerhin aufgefallen, das rettete mich.
Post. «In der Hoffnung, bald von Ihnen zu hören, verbleibe ich ...»
Dorfroman: Die Kühe wurden gestern auf die Weide getrieben. Sie sind neugierig: Ach ja, das ist ja das Haus des Schriftstellers, sie gucken, ob sie mich entdecken können. Von links die Hühner, von rechts die Kühe. – Lupinen, Knöterich.
Heute strichen die schwarzen Vögel wieder ums Haus. Hildegard zeigte mir die in der Sonne aufglühenden roten und blauen Aschenbecher auf dem Fensterbrett. Sie meint, daß die Vögel davon angelockt werden. Sie will sich einen Stuhl an den Querweg stellen und mal aufpassen, ob man von dort aus das bunte Glas aufglühen sieht. Sie hat Verständnis für die Tiere. Damit beschwichtigt sie ihre Angst.

Nartum   Di 13. Juni 1989

Bild: Gorbatschow/Ein Kuß für Annette/Ein Kuß für Deutschland/Glanzvoller Empfang/Danke, sagte er auf deutsch zu Weizsäcker/Die 90 Minuten mit Kanzler Kohl/11 neue Abkommen/Russen geben 1500 Soldatengräber frei
ND: Erich Honecker zeichnete verdiente Pädagogen aus

T: Von Günter Grass geträumt. Er ging in unserem Haus von einem Bild zum andern und hat mir gesagt, was ich hängen lassen soll und was abnehmen.

Ich trug gestern in Oldenburg den schweren Bücherkarton in die dritte Etage, an all meinen Studenten vorbei. Niemand half mir, nicht einmal die Tür öffneten sie mir. Zurück dann dasselbe. Ich sagte zu einer Studentin: «Ob Sie mir mal bitte helfen?» – Und was antwortete sie mir? «Soweit kommt das noch.»

Es handelte sich um eine Pädagogik-Studentin. – Ob das was mit Norddeutschland zu tun hat? Das Tafelwischen ist auch so eine Sache. Seit 1981 wische ich jedes Mal vor Beginn der Vorlesung die Tafel. Irgendwann müßten *sie* es doch einmal tun. Vielleicht ist es ihnen peinlich voreinander? Von Hentig sagte irgendwo, er glaube nicht so recht an das Phänomen des «Vorbildes». Seit Jahren klaube er Tag für Tag Papier auf, das in den Klassen auf dem Fußboden liegt. Niemand folgt seinem Beispiel.
Gorbatschow-Besuch. Ein Kind wird ihm auf den Balkon gereicht. Der Kanzler hatte sich diesmal – anders als beim Honeckerbesuch – die Haare schneiden lassen.
Dorfroman: Sanfter Wind, die Glasglöckchen klingeln, das Gurren der sandbadenden Hühner, grasrupfende Schafe, Geknatter der Fahne. – Schön warm, ein Buchfink, Sandtorte, Kaffee, Sonnenbrille und zu all den Annehmlichkeiten lese ich einen Aufsatz von Grass über Indien. Ein Gefühl der Lähmung. «Wie man's macht, ist es verkehrt», in dem Sinne. Wer sich umsieht, muß zugeben, daß alle die apokalyptischen Probleme nicht gelöst werden, nicht ein einziges. Die Gorbatschow-Versuche werden im Chaos enden. Wahrscheinlich schießt ihn einer um.
Gestern in Oldenburg Renate getroffen, die ihre Arbeit fertig hat. «Sie kommt nie wieder», um mit Schnitzler zu rufen. Der Seufzer eines 60jährigen. Wenn ich doch noch mal von vorn anfangen könnte ... Nein. Dieser Wunsch bezieht sich nur auf Teilbereiche. Bloß nicht noch einmal: all den Dußligkeiten weitere Idiotien hinzufügen?
Die Schafe haben ein paar Minuten auf der Wiese gefressen, jetzt galoppieren sie wieder in den Schatten.
Vormittags am «Echolot» – wie in einem Verschiebebahnhof. Nachmittags für «Sirius» den Juli '83 aus den Tagebüchern übertragen, mit allen Korrekturen. Es war die große Zeit der Mädchen-Hereinschneiungen. Sonderbar und erfrischend. Anders, als man sich das vorstellt.
Ich lese im Augenblick ein WK-I-Lexikon, der Vergleiche wegen, parallel zum «Echolot». Merkwürdig, wieviele Kriegsschiffe untergingen, und immer heißt es: «956 Mann Besatzung, eini-

ge gerettet.» Ich meine, man sollte die Namen dieser Toten immer und immer wieder vorlesen. Wie die Japaner das machen: Ein tempelartiges Gebäude, in dem ein Offizier jeweils, rund um die Uhr, Namen von Gefallenen vorliest, auch wenn sich das niemand anhört. Natürlich fallen einem bei solchen Vorstellungen sofort Feuerschalen ein: *so was* natürlich nicht. Schon wegen des Sauerstoffverbrauchs nicht. – Daß sie die Riesenexplosionen in Action-Filmen noch nicht verboten haben? Da wird doch auch Sauerstoff verbraucht, die schwere Menge. Aber wer hier auf dem Land mal ein bißchen Reisig verbrennt, muß sofort Strafe zahlen.

In meinen alten Tagebüchern gelesen, 1960–1967, sonderbar, wie kitschig, wie unsicher ich damals war und mich fühlte, z. T. unerträglich. Wenn man das einmal veröffentlichen will, wird man enorm ausholzen müssen. Nichts hinzufügen, nichts ändern, aber ausholzen.

Dorfroman: Die Hühnerchen entwickeln sich gut, sie werden zusehends größer. Sie fressen übrigens ziemliche Mengen. Manche Körner lassen sie zurück, die mögen sie nicht, heute hatten sie auch die verzehrt, waren wohl sehr hungrig gewesen. Sie erwarteten mich schon an der Tür. Der Hahn ist ziemlich scheu, erst nach Gut-Zureden kommt er anstolziert. Gestern hatte ich ihnen übriggebliebene Linsensuppe in einer Schüssel hingehalten. Da guckten sie mich an, ob ich nicht ganz normal bin. Ich habe das dann ausgeschüttet, die Flüssigkeit versickerte, und sie machten sich über die festen Substanzen her. Manchmal picken sie auch an meine lindgrüne Leinenjacke. Als ob ich wie ein Hexenhäuschen eine eßbare Haut hätte.

Eine Elster stellt sich ab und zu ein, die wird von ihnen geduldet, Spatzen werden weggejagt.

Ich lese gerade die sehr interessante Biographie eines Mannes aus Uruguay, die werde ich auch vorschlagen für die Biographische Reihe.

Die Sozis und die Grünen wollen den 17.-Juni-Gedenktag abschaffen. Eigentlich müßte das doch ihre Sache sein, ein Arbeiteraufstand? Für so was müßten sie sich doch einsetzen? – Aber

ja, richtig: Es war ja gar kein Arbeiteraufstand, sondern nur eine vom Westen gelenkte Provokation. Man kann den Deutschen auf keinen Fall eine Priorität einräumen in Sachen Aufstand gegen Diktatur. Die steht den Ungarn und den Tschechen zu.
Im TV die Geigerin Mutter und ihr Mann, der sie wie eine Porzellanfigur behandelt oder wie eine Aufziehpuppe, die vielleicht demnächst vom Tisch fällt. Daß sie ein ganz normaler Mensch ist, irgendwie, aber doch etwas ganz besonderes.
Ihre schönen Schultern zeigt sie gern. Das ruft Wohlwollen hervor. Man braucht sich ja auch nicht gleich gänzlich freizumachen, wie diese Cellistin, wie hieß sie noch?
Früher konnte ich ganze Nächte fernsehen, nun hat sich bei mir eine Sättigung eingestellt, die mich stört, weil ich nun auch das Gute, was gelegentlich gesendet wird, nicht mehr sehen mag.
Gorbatschows Besuch in Bonn ganz groß. Ja, wie kommt es, daß Bush nicht so bejubelt wurde? Nun, leicht zu sagen: weil Gorbatschow uns die Angst nimmt. Mit den Amerikanern sind wir doch im reinen. Die Sehnsucht der Menschheit nach Frieden wird hier – na, befriedigt ist wohl zuviel gesagt. Aber das alte Lied wird gespielt, und es klingt so süß. Daneben denken die Leute wohl auch: Für die Kollegen im Osten fällt vielleicht was dabei ab. Und: Dem Pack da drüben wird jetzt eins ausgewischt. Seine Festigkeit, seine gute Laune. Und, daß er sich uns huldvoll nähert, unseren Rat will, wie er sagt, und unsere Hilfe! Das mit der Abrüstung ist natürlich ein Trick. Zu all den Zugeständnissen waren die Amerikaner ja schon immer bereit.
Ob er's schafft: «Glaub's kaum», um mit Vater zu sprechen.
In Peking geht die Menschenhatz weiter. Kuba und die DDR applaudieren. Unsere Linke schweigt. Es soll 2600 Tote gegeben haben. Andere Quellen sprechen von 10000. Konspirative Gespräche in einem Café, durch Bambusvorhang aufgenommen – und der Abtransport von Aufrührern (mit gesenktem Kopf!). Es sollen Dum-dum-Geschosse verwendet worden sein. «Kugeln, die sich wie Blüten öffnen» («Spiegel»). Zuerst hatte es noch geheißen, nein, die Soldaten schießen nicht auf diese Menschen, die sind verunsichert, und ihre Sympathien sind auf Seiten der

Studenten – und solchen Quark. Soldaten schießen immer und überall, wenn man es ihnen befiehlt. Wie die NVA, die würde auch aus allen Rohren ballern. – Die Freiheitsstatue aus Styropor. Sindermann in der Volkskammer, daß er die chinesischen Brüder beglückwünscht. – Insgesamt sollen die Kommunisten in China im Laufe der Jahre über 30 Mio. Menschen umgebracht haben. Da sind die Hungertoten noch nicht mitgezählt. Auch in der Kulturrevolution, die unseren Studenten so gut gefallen hat, sollen Millionen von Menschen umgekommen sein. Das ist hier kein Thema.
Stärkste Knall-Hammer-Attacken des Vogels. Hildegard meint, wir sollten ihn hereinlassen, damit er sich alles in Ruhe angukken kann.

Nartum Mi 14. Juni 1989

Bild: Gorbi! / Gorbi! / Jetzt müßte noch die Mauer fallen
ND: IX. Pädagogischer Kongreß eröffnet

Konnte wieder mal nicht einschlafen. Ich hatte mich zu sehr aufgeregt über den kurzen Ausschnitt, der zu sehen war aus Hark Bohms «Herzlich Willkommen»-Dreharbeiten. Das wird sicher ein unglaublicher Quatsch. Hat mit meinem Buch nicht das geringste zu tun. Müßte man einschreiten?
«Gorbi» war zu sehen, der triumphal beklatscht wurde, was mich freute. Seine Frau bei einer deutschen Arbeiterfamilie in der Wohnung. Was diesen Besuch angeht, da möchte er nicht jeden Tag so einen Streß erleben, hat der Arbeiter hinterher gesagt. – In Peking werden inzwischen immer noch Männer an den Haaren zum Verhör gezogen und eingekerkert, ein widerliches Bild.
Auf 3sat zog Stefan Heym, der Alibist, anderthalb Stunden seine Augenbrauen hoch. Wird Zeit, daß sie dem mal Bescheid sagen, er blickt offenbar nicht mehr richtig durch.
In einer Talkshow (RTL) war Gisela Elsner zu sehen. Wie ein

Zombie wirkte sie, voll mit Tabletten, bis oben hin. Langsame Bewegungen, schweres Sprechen. Aber im Kopf schien sie noch einigermaßen klar, obwohl das, was sie sagte, dann auch irgendwie Nonsens war. Der Talkshow-Onkel lümmelte sie aus, der hätte das doch vorher wissen müssen, daß sie Tabletten nimmt. – Als wir sie in Hamburg besuchten, das muß etwa 1974 gewesen sein, spielte sie uns Ernst-Busch-Platten vor. Es dauerte ziemlich lange, bis sie begriff, daß ich das für eine Provokation halten mußte und das abstellte.

Heute früh gegen 5 Uhr schrie der Kater vor meinem Fenster, hörte gar nicht wieder auf (ich hatte ihm das längst abgewöhnt). Wir fanden dann Spuren, daß ihm der fremde Kater anscheinend zugesetzt hat, er humpelte auch. Das arme Tier hat bei mir offensichtlich Hilfe gesucht. – Wer hilft mir, wenn ich schreie? – Aber du humpelst ja nicht.

22 Uhr. – Die «Metamorphosen» von Richard Strauss. Glenn Gould hat das Stück geliebt und immer wieder gespielt. Auch an einer Transkription hat er sich versucht. – Ich schrieb am «Sirius», den ganzen Tag. – «Sirius» und «Echolot». Vielleicht wird mein «Sirius» in 100 Jahren auch Teil eines «Echolots». *Lustige Person vor Hintergrund.*

Dorfroman: Hildegard hat dem bösen Huckebein-Vogel Silberpapier und rot-goldene Chips-Tüten hingelegt, als Augenfraß sozusagen. Nun stehen wir sinnend am Fenster, aber das Vieh läßt sich nicht blicken. Vielleicht sitzt er irgendwo sinnend und sieht uns zu?

Blumenstrauß: 63,20 DM!

Holunder fängt an zu blühen, Erdbeeren.

Nartum   Do 15. Juni 1989

Bild: Raissa: Gugelhupf bei Frau Götz auf dem Sofa / Wassertest / Hinein! Berlins Seen sind prima
ND: Zweiter Beratungstag des IX. Pädagogischen Kongresses /

Die große Aussprache der Lehrer mit Blick auf künftige Aufgaben

Lesung in Winsen an der Luhe, in einer Gründerzeitschule. Ich machte leider in meinen einleitenden Worten den Fehler, die Winsener als schlechte Autofahrer zu bezeichnen. Das «WL»-Kennzeichen wäre gefürchtet in ganz Norddeutschland, wie «PI» – Pinneberg. Trotz WL-Autos wäre ich heil angekommen, sagte ich. Sie verstanden nicht, was ich damit meinte. – Als ich aus dem Auto stieg, trat ich voll in Hundescheiße, hatte Mühe, das Zeug loszuwerden. Immer, wenn ich jetzt an Winsen denke, wird mir Hundescheiße einfallen. – Andere Eintretereien sind mir auch noch in Erinnerung: In Rotenburg, vorm Juwelierladen. Was mir heute, wo ich darüber nachdenke, symbolisch vorkommt.

2000: *Robert Altman hat dieses Phänomen sogar in einem Film verwendet, als Leitmotiv: Prêt à porter (1995).*

Eine Dame meint, ihr Leben sei «beschreibenswert und sogar verfilmenswert». Wenn ich Interesse hätte, es zu einem Buch zu verarbeiten, soll ich Kontakt mit ihr aufnehmen, auch ein persönliches Treffen ließe sich arrangieren. – Eine andere Frau beanstandete nach der Lesung, ich hätte mich so selten verlesen, das hätte sie gestört.
Neulich in Hamburg zu einem Buchhändler: «Soll ich Ihnen diese Erstausgabe signieren?»
«Ich weiß nicht ...»
«Ich bin der Autor!!»
«Naja ... vielleicht mit Bleistift ...»
(Hildegard: «Das will der wieder rausradieren.»)
Offenbar kriege ich jetzt eine Erdbeernase. Wird Zeit, daß ich abkratze.

Nartum Fr 16. Juni 1989

Bild: Wahnsinniger legte Bombe an der Bahn / Sollte Gorbatschow ermordet werden?
ND: Erziehung der Jugend im Geiste des Sozialismus, des Friedens, des Fortschritts, des proletarischen Internationalismus, der Liebe und Treue zu unserem sozialistischen Vaterland

T: Im Zuchthaus, ein ungeheures Gewühle. Neue sind gekommen, einer mit Geige. Ein junger Mensch wundert sich, daß ich schon so lange sitze.

Immer noch heiß.
Gegen Mittag kam ein Professor aus den USA mit seiner Frau. Ein Emigrant. Ich hatte zu einem kleinen Imbiß geladen. Hauten ganz schön rein. Ich verstehe nicht, wie Menschen sich die Leberwurst so dick aufs Brot schmieren können. Das schmeckt doch gar nicht. – Seine Frau ist Jüdin. Zuerst erzählte er von Israel ganz interessant, zum Schluß artete die Sache in ein deutsch-jüdisches Verhör aus, das *sie* anstellte. O, blickt herab ihr Götter, was hab' ich euch getan? – Ich kann mir das nun wirklich nicht mehr länger anhören. Den ganzen Tag beschäftige ich mich mit den Verbrechen der Nazis. Hätten wir bloß das Verdikt der Kollektiv-Schuld angenommen, dann wären wir jetzt fein raus. So müssen wir in jedem Gespräch ganz von vorn anfangen. – Sie habe ein Buch geschrieben, sagte sie, eine Bearbeitung ihrer Briefe, ob ich ihr einen Verleger ... Und das bei schönstem Wetter und ganz ohne Vorwarnung.

TV: Beisetzung der exhumierten Gebeine von Nagy. Ich erinnere mich noch gut an den Aufstand der Ungarn, in Göttingen war ich damals, und es wurde gegen die Sowjetunion demonstriert. Kleiderspenden und sogenannte ungarische Studenten, die an der Tür Zeitschriften verkauften. – Das reichte bis in die Breddorfer Zeit. Denen zu helfen, war eine nationale Sache. Die Rundfunkzeitung, die wir damals bestellten, haben wir heute noch, und ich kann mir den Namen der Zeitung noch immer nicht merken. Wenn man sie abbestellen will, drohen schwerste Konventionalstrafen. In Budapest 1977 sahen wir noch die von Schüssen gesprenkelten Häuserfassaden. Mit Rosendorfer, Henscheid und Ror Wolf war ich da. Wir aßen in Speck gewickelte Bohnen in einem Lokal, das normale Ungarn nicht besuchen durften. Endlose Konferenzen mit Schriftstellerverbänden in jeder Stadt. Niemand kannte uns, und wir kannten niemanden. Ein Konzert auf der Burg, ein Jüngling in kurzen Hosen spielte vier (!) Mozart-Sonaten hintereinander weg. – 1945 wurden in den Kasematten der Burg Tausende deutscher Verwundeter von den Russen massakriert. – Wo die Ghettos sich befanden, konnte man uns nicht zeigen. – Rosendorfer sagte zu dem Kulturfunktionär, ich sei der 25beste Schriftsteller der Bundesrepublik.

Lesung, gestern in Winsen/Luhe, wunderbares Mikrofon, hab's genossen. Der Büchereileiter erzählte vom DDR-Besuch: Zittau. Er stammt von dort und schilderte die Zerbröckelung der Stadt. Ein sonderlicher Sprechfehler: «Die niedri*ch*en Zäune.» Ich aß mit ihm in der Fußgängerzone Spargel mit Schinken: 55 Mark!

Restaurant zum «Weißen Roß».

Die Adresse zum Wohlfühlen. Wir haben Ideen mit Pfiff!
An 364 Tagen im Jahr können Sie bei uns feiern,
ausspannen, sich wohl fühlen und vieles mehr!

steht auf der Rechnung. – In Winsen wohl fühlen? Fragezeichen? Rechnung über Seminar-Anzeige: 273 Mark!

Nartum Sa 17. Juni 1989

ND: Neue Initiativen der Bauern zum 40. Jahrestag der DDR

Heute ist es zu schön, um buten to schieten (Vater Janssen).
Ein wunderbarer, meeresfrischer Morgen. Ich versorge die Tiere, frühstücke im Innenhof bei Mozart-Quintett G-Dur, begieße Blumen, und nun geht es an die Arbeit.
Dorfroman: Der Hahn schnüffelte in der Glucken-Wohnung (Hundehütte) herum. «Nach dem Rechten sehen.» – Glucke und Küken kamen zum ersten Mal ins Haus. Eine Staatsaktion war es. Kurzer Besuch eines Herrn. Er erzählte von Verwandten in Greifswald, die dort kein TV empfangen können, und nun manches einfach nicht glauben. Lohnfortzahlung im Krankheitsfall, Urlaubsgeld usw. Er erzählte auch von einem Atomkraftwerk dort, dessen Abfälle einfach in den Fluß geschüttet werden. Riesenfische. «Eßt ihr die?» habe er die Leute gefragt. – Ich müßte das planmäßig machen. Leute, die drüben waren, gründlich ausfragen.
Gestern im TV die vier Scharfrichter: Ranicki, Karasek, Frau Löffler und der «Stern»-Mann (der noch am normalsten wirkt und deshalb auch nichts zu melden hat). Frau Löffler bezeichnete Salomons «Fragebogen» als «subaltern». In Frankreich hält man das Buch für eines der wichtigsten der Nachkriegszeit. Hier kennt es niemand mehr. – Sie entscheiden für alle Zeit, was Literatur ist, zu dick, zu dünn, zu subaltern, maßlos. Wenn wir sie nicht hätten! – «Subaltern», Gott, daß ich noch nie auf diesen Ausdruck gekommen bin. Norddeutsche Autoren kann sie nicht lesen, das ist ihr zu weit weg, sagt sie. – «Na, denn nicht!» hätte man rufen sollen.

1999: *Frau Löffler hat in einer späteren Quartett-Sendung mein «Echolot» sehr gelobt. Das sei ihr nicht vergessen.*

Um all die Lügen, Verdrehungen und Dummheiten richtigzustellen oder zu beantworten, die pro Tag über das TV kommen,

müßte man seinen Beruf aufgeben. Die Sendung «Kennzeichen D» im ZDF alleine könnte einen schon tagelang beschäftigen. Da stimmt so ungefähr gar nichts.
3. Quartett von Schumann.

Nartum So 18. Juni 1989

Welt am Sonntag: Brandt gratuliert Kohl zum Besuch Gorbatschows/Seltene Einmütigkeit des Bundestages über Ergebnisse des deutsch-sowjetischen Gipfels in Bonn
Sonntag: Wir sind frei, ahmt uns nach. Grafiken zur Französischen Revolution. Von Peter Pachnicke

T: Der Pianist Kempff besucht mich mit seiner ganzen Familie, und eben will ich Klavier spielen: «Spielen Sie ruhig!» sagt er, und ich muß einen winzigen Taschenrechner als Klaviatur benutzen.

Seine Tochter bezeichnet sich als dickes Kind, der Vater war natürlich schuld, daß sie dick war. An was Eltern alles schuld sind! Daß sie Kinder in die Welt gesetzt haben, *das* ist ihre Schuld, die wäscht keiner ab. Aber in glücklicheren Augenblicken danken's ihnen die Kinder eben doch. Wer einen kolossalen Orgasmus hatte, fragt sich hinterher nicht, ob es gut oder schlecht war, daß er in die Welt gesetzt wurde, der atmet erst mal kräftig durch. Kempff: Dieser Mann ist doch bestimmt 40 Jahre lang durch die Gegend gereist. New York und Paris – das war's doch nicht immer –, das war auch Stargard und Allenstein. Und Hotels und das hustende Publikum. Bummelzüge! Von eigenem Auto konnte damals keine Rede sein. Ich wußte gar nicht, daß diese Künstler ein ziemlich schmales Repertoire haben, sechs Beethoven-Sonaten, das ist schon ziemlich viel. – Und wie wehleidig bin *ich* auf *meinen* Lesetouren! – Aber er wird etwas mehr bekommen haben als ich für einen Abend. Zehnmal soviel, schätze ich. Und dafür nimmt man eben so manches in Kauf, wenn man sonst keine Einnahmen hat. – Wie kann man sein Kind bloß «Diana» nennen, da muß man sich nicht wundern, daß sie einem später Dampf macht, das ist in diesem Fall ja quasi eine Aufforderung dazu.

2000: *Joachim Kaiser rühmt an Wilhelm Kempff seine Individualität, den Charme und die «oft bis ins Kokette reichende Phrasierungsintelligenz». Sein Spiel enthalte im Gegensatz zu dem von Eduard Erdmann, Edwin Fischer oder Elly Ney «keine Spur eines billigen oder hochherzigen titanischen Donnerns».*
Als zehnjähriger Knabe soll Kempff Präludien und Fugen aus dem «Wohltemperierten Klavier» nicht nur gespielt, sondern auch in beliebige Tonarten transponiert haben.

Immer noch Spargel. Jetzt plus Erdbeeren. Junge Kartoffeln, so wie früher, gibt es nicht mehr zu kaufen. Nicht für Geld und gute Worte. In der Kindheit: das Festessen: «Kinder, die ersten jungen Kartoffeln!»
1. Quartett von Mendelssohn noch einmal. Erster Satz schön, zweiter Satz befremdliches Gehusche, hat aber zwischen erstem und drittem seine Richtigkeit.
Hans Leips Lebenserinnerungen. – Im April 1945 ist es ihm passiert, daß amerikanische Soldaten auf ihn aufmerksam gemacht wurden. – «Look, this is the man who wrote Lili Marleen!» – Da haben sie dann das Lied gemeinsam zuerst auf englisch und dann auf deutsch gesungen.
Ich lese Tagebuchauszüge von Alfred Bock, einem «Erfolgsschriftsteller» aus den 20ern. Fatal, diese Betriebsamkeit und Geschwätzigkeit. Ein bißchen erinnern mich seine Aufzeichnungen an meine! – Die Aufzählung «großartiger, vortrefflicher» Schriftsteller, die niemand mehr kennt. Es kommt auch Frau Langgässer vor. – Er habe den Unterrichtsminister gebeten, ihr, der jungen Lehrerin, mehr Urlaub zu geben, schreibt er. – Er berichtet von jemandem, der Marianne von Willemer gesehen hat, als 80jährige, sie habe strahlende Augen gehabt. C'est tout. – Er gibt von allen Autoren, die er trifft, das Alter an und teilt mit,

daß sie vortrefflich aussehen. – Die seltenen Zeitbezüge, politischer Art, sind immer noch am interessantesten (besonders, weil man weiß, wie's ausgegangen ist). Da beraten zum Beispiel die versammelten Autoren in Darmstadt, ob ein Ehrenmal auf dem Ehrenbreitstein zu errichten sei oder nicht, Anno 1928!
Heute geht es in diesen Kreisen um ein Ehrenmahl für Deserteure.

Nartum Mo 19. Juni 1989

Bild: Europa-Wahl / Kohl Nase vorn / Die SPD hält sich / FDP wieder drin / Die Grünen stabil / Republikaner stark
ND: Flugzeugunglück in Schönefeld forderte 17 Tote und 36 Verletzte / Bauern und Forstarbeiter beginnen ihren Ehrentag mit überbotenem Plan

Hitze. – Diese Hitze dauert seit Wochen an, so etwas habe ich noch nicht erlebt. Ich sitze mit geöffnetem Hemd und Strohhut auf meinem Spezialplatz. Am tröpfelnden Brunnen erquicken sich die Vögel. Wenn ich mich mal abwende, ist – bums! – das Wasser abgestellt. Wasser sparen! Du lieber Himmel, die paar Tropfen! Wo ich niemals ein Wannenbad nehme, immer nur dusche, aber man muß mit gutem Beispiel vorangehen, auch wenn's niemand sieht.
Gestern war die Europawahl. Die CDU hat Stimmen eingebüßt. Ich hab' nicht erlebt, daß die mal bei einer Wahl zugelegt hätten – außer 1956, davon zehren sie offenbar noch immer. Vielleicht liegt das an der Taumelei, ein ständiges Hin und Her, und an «Selbstdemontage». Kohl hat anfragen lassen bei mir, was er sagen soll am 1. September. – Ich hab' geantwortet, er soll Blut, Schweiß und Tränen fordern.
Ich arbeite wie ein Verrückter. Das Telefon haben wir abgeschaltet, und so kann ich mich dem Roman (M/B) widmen, der jetzt Kontur bekommt. – «Echolot»: Tag für Tag zwei bis drei Stunden nebenher.

Ich habe jetzt das gesamte Tagebuch «Kaulsdorf '45» eingegeben, das mir mal eine Zuhörerin nach einer Lesung überreicht hat, unbekannter Autor, Sperrmüll. Es beginnt mit dem Einmarsch der Russen und endet zwei Monate später mit seinem Tod. Ständig droht ihm der Rausschmiß aus seiner Wohnung, dauernd verfrachtet er seinen Schlafzimmerschrank, den er unbedingt für seine Tochter retten will, die schon längst im Westen ist, von einem Platz zum andern. Auch Stoff für einen Film. Hühner/Garten. Sparkassenangestellter irgendwie. Frau verläßt ihn zwischenzeitlich, und anderntags beten sie gemeinsam das Vaterunser. All solche Sachen. Aber der Schlafzimmerschrank, der muß in die Literatur eingehen, dafür werde ich sorgen.
Heute telefonierte ich mit Keele. Ich schwärmte ihm von meinen Computer-Taten vor. Wie sich das Bassin allmählich füllt, beschrieb ich ihm. – Alles Fügung. Wenn ich in Provo nicht gesehen hätte, wie er die Konkordanz mit dem Computer in den Griff kriegte, hätte ich das «Echolot» nie begonnen. – Keele erzählte mir von der Begeisterung, mit der das Ehepaar Davis die «Hundstage» übersetzt hat. Ganze Passagen hätten sie daraus vorgelesen, jedem der's hören und nicht hören wollte, auf dem Korridor in der Universität, auf Parties; und der Verleger will sich sehr einsetzen für das Buch.

1999: *Hier eine Textprobe aus der englischen Übersetzung.*

ALEXANDER SOVTSCHICK STOOD AT *the gate. He continued to watch even after his wife Marianne had driven her VW Golf down the lane between rows of poplars and, chased by the village dogs, had disappeared in a cloud of dust.*
They'd been running around in the house all morning long – slamming doors, up the stairs, down the stairs, forgetting this, then that. But they'd survived it and now things were moving: Marianne would reach the Autobahn and push on with increasing speed, farther and ever farther away toward the vacation spot she had worked and

planned for all through the long winter evenings: the Isle de Camps on the Atlantic coast – Lord knows that's a long way! Ah, the ocean, what else? The foaming surf, and, in the nearby village, a cozy restaurant where she can doubtless partake of exotic delicacies.

1991 erschienen im Verlag Camden House. Verkauf gleich null.

Die Holländer drücken dieselbe Stelle so aus:

Alexander Sowtschick stond bij de poort. Hij keek zijn vrouw na. Zojuist was Marianne in haar Golf de populierenlaan afgereden en was ze, achtervolgd door dorpshonden, verdwenen in het stof van de weg.
De hele ochtend was er rondgerend in huis. Slaan met deuren, trap op, trap af, dit nog vergeten, dat. Nu was alle leed geleden, nu was alles op gang gekomen: Marianne zou bij de snelweg komen en met hogere snelheid verder rijden, steeds verder, naar het vakantieoord dat op lange winteravonden was verdiend: Isle de Camps aan de Atlantische kust, in elk geval ver weg! De zee, nietwaar? De schuimende golven en in het nabije stadje een restaurant waar ongewone heerliikheden te eten zouden zijn.

1989 erschienen in Amsterdam. Tinke Davids heißt der Übersetzer.

2000: *Die Übersetzung wurde ein katastrophaler Mißerfolg. Ich sei eben ein sehr deutscher Autor, hieß es.*

Die Asylantenfrage. Man darf nicht mehr «Asylanten» sagen, es heißt jetzt: «Asylsuchende». Das wird nicht der letzte Stand der Sprachregelung sein. Wir werden uns noch ganz schön umstellen müssen. Auf «Asys» werden sie nicht kommen. Wer «Asylanten» sagt, wird streng am Ohr gezogen. Ein asylsuchender Auszubildender, der gleichzeitig Falschrichtungsfahrer ist.

Hildegard hat sich in Bremen das «Gold aus dem Krim» angesehen. Regte sich über das Bremer Publikum auf.
Volksrepublik Bremen. – Aber die Bremer Leser sind mir treu, das muß mal deutlich gesagt werden.
Heute früh kam eine Schulklasse mit Müttern. Den «Tadellöser» hatten die Schüler vorher gelesen, ächzend und stöhnend. Nun sollten sie mich was «fragen». Dies geschah nicht, und so erzählte ich allerlei Wahres und Unwahres aus meinem Leben.
Eine Frau fragte schließlich, wie ich es aushalte hier auf dem Lande? Und ein Jüngling sagte, nein, in die DDR fährt er nicht, das sei ihm zu teuer. Der Lehrer warb bei mir um Verständnis: Es sei so wahnsinnig langweilig in der DDR! Das hätten ihm Kollegen erzählt. Jugend wolle was erleben. – Ein Mädchen: Woher ich all die Bücher habe, das interessierte sie. Und das war's dann so ziemlich. Die Verblödung unseres Volkes macht sichtlich Fortschritte. Wozu der Innenhof da ist, wollte eine dicke Frau wissen. – Zwei Stunden des Lebens verloren. Vorher Gott sei Dank an M/B arbeiten können.
Eine der Mütter fragte, ob man die Gläser aus der Kugelbahn wieder rauskriegt, wenn man mal Wein trinken will. – Neulich wollte eine Frau wissen, ob sich die Kugeln auch mal begegnen.
Oldenburg: Durch meine Ungeschicklichkeit kam es heute zu einem Eklat, eine schwarzfarbige Studentin erschien in der Vorlesung, mit Hund. Ich sag': «Was ist denn das für eine Rasse?» – Sie: «Rasse – was ist denn das für ein Wort … «
Thomas Mann – Briefe an Agnes Meyer. Die wunderliche Sache mit den geschenkten Manschettenknöpfen und dem Schlafrock, der ihm nicht paßte.
Schubert, daß Goethe ihn nicht mochte.
Sonate, B-Dur, D. 960 – eingängig. Am Computer komme ich auf den Gedanken: wenn's möglich wäre … Nein, es ist nicht möglich und es wird nie möglich sein, die ungedachten Gedanken, die nicht geschriebenen Werke sichtbar zu machen.

Nartum Di 20. Juni 1989

Bild: Momper bei Honecker / Jetzt alle leichter nach drüben / Auch Hunde und Katzen dürfen mit / So fiel Khomeni aus dem Sarg
ND: Meinungsaustausch zwischen Erich Honecker und Walter Momper / Neonazis in der BRD sind weiter auf dem Vormarsch

Hildegard nicht da. – Hitze.
Nun machen uns Polen zum Vorwurf, daß wir der Volksrepublik Kredite gegeben haben. (Club 2)
China hat 18 Millionen Menschen umgebracht seit 1949, steht im «Spiegel». – Die Sowjetunion laut Gorbatschow 60 Millionen, die Verhungerten nicht mitgerechnet.
Schönhuber wird falsch bekämpft. Das, was man ihm vorwirft – Führungsstil, Gefolgschaft –, wird andere anlocken. Aber er hat dergleichen ja gar nicht. Diese Leute schieben sich doch nur dumpf-schwitzend durch die Menge.
Sowjetische Passagierschiff-Havarie, keine Bilder. Man kann sich vorstellen, wie's bei denen im Maschinenraum aussieht. Rostiger Draht und baumelnde Glühbirnen.
Störung der Mittagsruhe, die Tierfreundin holte ohne Vorwarnung ihr Manuskript wieder ab – «Tuckchen war mein zutraulichstes Hühnchen». Alte Damen sind oft ungeduldig, das kann man verstehen. Tragisch! Sie wird es nirgendwo loswerden, und hier bei uns würde man es vielleicht eines Tages entdecken.
Wunderbarer Himmel, nachts Düfte in der Luft.
Schnurre gestorben. «Was, *ich* soll krank gewesen sein?» sagte er zu mir, als ich ihn fragte, ob es ihm besser geht. Dabei hat Johnson doch lang und breit davon berichtet und er selbst doch auch, daß Johnson am Fenster gestanden hat, bei ihm im Klinikzimmer, eine ganze Stunde lang, und rausgeguckt und dann wieder gegangen.
M/B jetzt 44 Seiten. Heute sehr fleißig.
Kleßmann antelefoniert, wie's ihm geht und wie's mir geht. Vormittags schläft er lange, er arbeitet nachts, sagte er.

Großes China-Gejammere: Das kommt davon, wenn man Kommunisten unterschätzt. *Natürlich* lassen sich deren jahrzehntelange Greuel mit denen der Nazis vergleichen. Kommt darauf an, welche Schlüsse man daraus zieht.
Glücksgefühle wegen des Machtzuwachses durch den grünleuchtenden Computer. Tick, wenn ich was eingeben will, tack, ob schon was da ist auf dem 18. Mai 1945. Im Augenblick bin ich mit einem Rostocker Richter beschäftigt. Die Russen sind da, und ein Mann beschimpft ihn auf der Straße, er habe ihn zu hart verurteilt usw.
Eine sporadische Mitarbeiterin hat mir zu «Hundstage» einen lila Brief geschrieben: «An diesem liebenswerten Arsch Sowtschick stört mich eine Sache massiv: Er ist ein Chauvi, das heißt, er bedient sich der Frauen ...»
Eine wütende Lehrerwitwe aus Berlin: S. sei eine undefinierbare Persönlichkeit, sie habe sich durch das ganze Buch über ihn geärgert. «Wie kann er nur drei Busse voll Menschen durch sein Haus laufen lassen – und ein Reisebus faßt nur 45 Personen! Was wohl Ihre früheren Schüler oder Siegfried Lenz zu den ‹Hundstagen› sagen würden?» – Eine Dame aus Pulheim, Jahrgang 1908, moniert: «Warum soviel einprägsame Wiederholungen von Haut und Fleisch, von Ohrläppchen und Beinen?» – Ein Herr aus Wolfsburg hingegen hat die «Hundstage» «in einem Zuge» durchgelesen. Besser hätte das auch Surminski nicht schreiben können, sagt er. – Eine Lehrerin aus Oberursel lobt, aber findet die Frauen dann doch etwas sonderbar ausgewählt: Zur Darstellung der «Frau» in den «Hundstagen»:

Wieso kommen die Frauen als Typen so relativ schlecht weg?
Sie sind entweder:

a) Gesellschaftszicken (Carola Schade, auf die übrigens die aus Tom Wolfes «Fegefeuer der Eitelkeiten» stammende Charakterisierung «tadellos ausgemergelt» vorzüglich passen würde)
b) großzügige, etwas verschwommen wirkende Dulderinnen (Marianne – obwohl sie noch am positivsten wirkt)
c) anspruchslose, anpassungswillige, jedes männliche Wesen vergötternde Kindfrauen (Löwenheckerchen)

d) leicht behindert (Erika)
e) diverse «Gattinnen»
f) noch allerlei den verschiedenen Dienstleistungsgewerben zugehörende Geschlechtsgenossinnen immer in untergeordneten Positionen

Und die Männer? Was sind das für Typen? Sollte man auch mal eine Liste zusammenstellen. Auch Männer sind *Menschen*, keine Halbgötter. Menschen *sind* jämmerlich, das wird jeder selbstkritisch zugeben müssen. – Wer etwas anderes lesen will, sollte sich Bücher aus der DDR kommen lassen.

Nartum Mi 21. Juni 1989

Bild: Danke, lieber Gott! / Eisberg schlitzte «Maxim Gorki» auf / Alle 563 deutschen Urlauber gerettet, auch 30 Berliner / «Wir hatten uns aufs Sterben vorbereitet»
ND: Im Wettbewerb sollen die Bauzeiten verkürzt werden

Hitze. – Auch der neue Postbote kommt immer sehr spät, aber der darf das, weil das ein gehemmter Mensch ist mit Schwierigkeiten. Wir behandeln ihn therapistisch. Wir denken immer, wenn wir ihn anschimpfen, fährt er an den Baum oder hängt sich auf. Dem Job eines Briefträgers nicht gewachsen sein.
In der Nacht unruhig. Hunde bellten nah und fern. Heute früh lag eine tote, ausgesogene Taube auf der Allee. Ameisen krabbelten an ihr auf und ab. Ich begrub sie. Nun verstreut der Wind Daunenfedern. – Es ist so heiß, daß ich in meiner Sitzecke Wasser auf das Pflaster spritze, sitze bei meinen Tieren unter den honigtropfenden Haselnüssen und überlege, welche «message» ich in M/B unterbringen kann. Und stelle fest, daß darin schon wieder hunzelige Frauen vorkommen. – Der Hahn nimmt ein Sandbad. Er ist neuerdings mit dem Munterhund verfeindet. Unter den Augen des lebendigen Gottes giften sie sich an.
Herrlich, diese Stunden ganz allein. Ich denke an den Mann in

Kaulsdorf, der dauernd mit dem Schlafzimmerschrank umzieht. (Das Pfeilring-Motiv im «Tadellöser»). – «Echolot»-Arbeit ist deshalb so befriedigend, weil ich nicht ununterbrochen daran arbeiten muß. Kann ich auch mal zwischendurch immer mal was eingeben. Pro «Echo»-Tag haben wir drei, vier, manchmal fünf Eintragungen. Das sind die «dünnen» Tage. Es gibt aber auch welche mit 20. Nach welchen Gesetzen verteilen sich die Notizen der Menschheit? Wenn was passiert, haben sie keine Zeit, wenn nichts passiert, keine Lust? Im übrigen gebe ich nur das ein, was mich selbst interessiert. Heute suchte ich ein mutmaßliches Foto für den Kaulsdorfer heraus. Das geht eigentlich nicht. Physiognomie und Autobiographie: In der Physiognomie liegt die Biographie. Alter, Gestalt, das muß schon ein großer Zufall sein, wenn das paßt. Der Leser, der nicht weiß, daß ich dem Kaulsdorfer ein getürktes Foto unterschiebe, würde allerdings nichts merken. – Auf solche Schummeleien darf man sich nicht einlassen. – Nebenbei eine Statistik führen: Zu welchen Zeiten wurden Tagebücher geführt? Mehr Männer? Oder mehr Frauen? Warum?

Brief eines Herrn, der mich fragt, wo er das «Tagebuch eines amerikanischen Bomberpiloten» beziehen kann, trotz intensiver Bemühungen habe er es nirgends bekommen können. Es ist erschienen, das Buch. Es jetzt zu bekommen, ist genauso schwierig, wie es für mich schwierig war, überhaupt eine solche Biographie zu entdecken. Doppelt schwierig. Aber es wird überdauern, in den großen Bibliotheken steht es.

Wahrscheinlich geht unser Planet nicht an der Umweltverschmutzung zugrunde, sondern an der Quasselei.

Am Nachmittag kam eine schweigsame Berufsschulklasse. Ich stellte ein paar Fragen, was sie sich vorstellten unter einem Schriftsteller und was sie von mir kennen. Sie wußten nichts. Der Besuch bei mir sollte wohl ein Betriebsausflug sein. Wir schwiegen uns minutenlang an. – Am Abend dann bastelte ich an der neuen Kugelbahn und dachte dabei über Jonathan nach. – Eine der Berufsschülerinnen auf meine Frage, was sie werden will: Kauf*frau*. – So was muß man sich mal vorstellen. Seemann =

Seefrau. Analogien bilden, um die Künstlichkeit dieses Wortes aufzuzeigen. Christian Morgenstern.
Ich las in Schnitzlers Tagebüchern. Er findet die Phrase von der Diktatur des Proletariats widerlich und ärgert sich über «die bolschewistisch schillernde Haltung der Sozialdemokratie». Wann war das? 1919. Der «sogenannte Glaube an die Menschheit» kommt ihm absurd vor. – «Leute, die in Weltverbesserungsplänen eine Möglichkeit ethischer Besserung der Menschheitsmasse in Rechnung stellen, erscheinen mir wie Mathematiker, die ein Problem auf der Basis von $2 \times 2 = 5$ weiterzuentwickeln suchen.» – Seine scharfen Beobachtungen, Hellsichtigkeit – was und wem nützt sie? – Die Stimme der Vernunft wurde und wird nicht gehört. – Bolschewisten nennt er «Raubgesindel mit politischen Allüren». – «Alle Schuld rächt sich auf Erden – an den Unschuldigen.»
Man muß es erleben, wie in unseren Talkshows, wie in den Zeitungen nur immer die eine von Schwachköpfen kanonisierte Meinung gilt. Jegliche Differenzierung wird sofort zertrampelt. Abweichende Meinungen werden zu Waffen gegen den, der sie äußert, nicht zu Denkangeboten. Man muß es gesehen haben, wie sie die Nasenflügel blähen, wie sie auf dem Sprung sitzen und hoffen, daß sich einer verrät. Wenn man sie ließe, und wenn's nicht ihren Maximen widerspräche, würden sie ohne weiteres Lager eröffnen, wenn auch mit bezogenen Betten.
Einen Zusammenhang zwischen 1919 und 1933 darf man nicht einmal andeuten. – Der Meinungsterror hat sich derartig verschärft, daß man um seine Existenz fürchten muß. Einziger Ausweg: sich dumm stellen.

Nartum Do 22. Juni 1989

Bild: Was dachte sich der Russen-Kapitän? / Wahnsinn! Volle Pulle ins Packeis
ND: Erich Honecker beförderte und ernannte Generale der Volkspolizei

Heiß. – Grass hat wieder mal die Welt aufgeteilt. Auf die Auslassung von Frau Mitscherlich, es habe nach dem Krieg nur wenige Schriftsteller gegeben, außer Böll sei niemand zu sehen gewesen (vermutlich auf die 50er Jahre bezogen), sagte er, dem könne er nicht zustimmen, Kluge sei doch dagewesen, Johnson mit den «Jahrestagen» und er mit seinen drei Büchern?
An M/B gearbeitet.
Ich ging mit dem Munterhund spazieren, der sich mit einem jungen Boxer anfreundete. Merkwürdig, diese Rassen. Wenn es bei den Menschen auch so gänzlich verschiedene Rassen gäbe, wie bei den Hunden, das wäre eigentlich ulkig. In «Raumschiff Enterprise» kann man sie besichtigen. Der Elefantenmann.
Wie wohl im Gehirn die Geschmacks-Erinnerungen verwahrt werden. Bilder kann ich mir vorstellen, daß das geht. Aber frische Erdbeeren, wie soll man sich daran erinnern können, wie das schmeckt.
Die Biographie eines Kapitäns, der auf einem Segelschiff gelernt hat. Sehr gut! (Schulz)

2000: *Sie ist inzwischen in einem anderen Verlag erschienen, der Knaus-Verlag weigerte sich, sie zu verlegen. Daß man sein Werk so beschädigen läßt. Die fremden Biographien gehören doch dazu! Ich verwende das Bild des Obergadens, um das zu verdeutlichen. Sie hören bloß Obergaden? Obergaden? Ist der Kempowski verrückt geworden?*

Das Verhältnis der Chronik zum «Echolot». In der Chronik ist der Zusammenhang schon durch die Zwischenbücher angedeutet. «Form ist der höchste Inhalt.» Dieser Satz. – Das Buhnen-Prinzip im «Echolot»: die Spitzen, festen Pfähle, die man einrammt, sie sind unverzichtbar, und das Füllsel, die kleinen Steine, mit denen man sie ausfüllt. – Die Arbeit am «Echolot» erinnert auch an das Wachsen von Kristallen, an Bindfäden, die man in eine gesättigte Lösung hält. – Das Gruppieren. Die gezielte Textsuche. – Querziehendes und Gleichgerichtetes. – Rhythmische Effekte.

Zum letzten Mal Spargel. Bei den Bauern heißt es: Am 24. Juni gibt's den letzten Spargel.
2. Quartett von Mendelssohn. «Dem Kronprinzen von Schweden gewidmet.» Möchte man gerne wissen: Warum?

Nartum Fr 23. Juni 1989

Bild: Einsturzgefahr / RVK-Klinik muß geräumt werden / Melisande sprang in den Tod / Lilo Pulver / Die Tragödie ihrer Tochter
ND: Regierender Bürgermeister von Berlin (West): Europäische Friedensordnung nur mit zwei gleichberechtigten deutschen Staaten

T: Ich bin in der Ostzone, nahe Dresden, habe dort ein Seminar abgehalten oder so was. Danach fahre ich mit einer Frau nach Dresden, in der Schmalspur-Straßenbahn. «Was soll ich bloß machen?» sage ich. «Heute komme ich bestimmt nicht mehr nach Hause.» Sie geht nicht ein auf meine schüchternen Anfragen, mich weiter zu begleiten und mir beim Erwerb von Fahrkarte usw. zu helfen. Dann fahre ich (bei der Gelegenheit) nach Bautzen, wo ich die Bekanntschaft junger Leute mache, mit denen ich sogar das Gefängnis von außen betrachte. Später verlassen auch sie mich, und ich habe größte Schwierigkeiten mit dem Auskunftsbeamten der Reichsbahn. Erst als er sieht, daß ich nur einen winzigen Bleistift bei mir trage und einen kleinen Zettel, wird er zugänglicher.

Studenten waren hier, große, schöne Menschen mit meist edel geformten Gesichtern. Nett. Im Garten saß ich und war von mir wohlgesonnenen Damen umgeben. Andere schaukelten auf der Schaukel und sahen herüber. Sie wissen nicht viel von mir, und ich weiß nichts von ihnen. Wenn es eine klug anfangen würde, würde sie mich möglicherweise rumkriegen. Sie brauchte nur alle meine Bücher gelesen zu haben. – Wenn ich auf eine zuginge, würde sie lächeln und sich geschmeichelt fühlen aber dann wegfahren, und nichts ist gewesen, nicht einmal ein Kräuseln der Atmosphäre. – Der Dozent, der den Besuch organisiert hatte, spielte Jazz auf dem Klavier. Während ich draußen saß und an die ausgesogene Taube dachte und mir die Schönheit des Lebens betrachtete, erklang drinnen Vergangenheit, die leider nie meine Vergangenheit war. Bei Horaz:

> Frage nicht, was morgen sein wird,
> zieh Gewinn aus jedem Tage
> und verscheuche nicht die süßen
> Musen, Knabe, nicht den Tanz,
> bis das Alter trüb dich heimsucht,
> jetzt versäume nicht den Zirkus
> und des nächtlichen Geflüsters
> anberaumte Stunde nie!

Zu spät kommt dieser Rat, leider. Die Zeit der süßen Musen fiel mit meinem sonderbaren Aufenthalt in B. zusammen.
Auch unsere liebe Schwiegermutter, der jetzt unser aller Freund die Arme offenhält, war einmal eine schöne Studentin, stolz und etwas schnippisch. Die hübschen Grübchen hat sie immer noch. Der flotte Dozent macht Seminare über die Chronik, aber er nimmt offenbar nur immer T/W und «Gold» durch – ich vermute, weil das seine Zeit ist. Er verbindet, wie man so sagt, das Angenehme mit dem Nützlichen.
Das Jahr 1936 müßte man mit Bewußtsein erlebt haben. Auch '36 hätte ein «Echolot» verdient. Olympiade plus Spanien. Hitler im weißen Jackett. Und der Flüchtlingsmarsch über die Pyrenäen. – Meine «Echolot»-Erläuterungen wurden von den Studenten im ganzen recht freundlich aufgenommen. Einer rechnete nach, daß dieses Opus ja 25 000 Seiten haben müßte! – Da wurde mir schwach, irgend etwas stimmt nicht an der Konstruktion. Die Ebene ist zu eintönig. Ich muß an das Museum von Tucson denken. Auch endlos eintönig ist die Wüste dort, aber im Mu-

seum wurde gezeigt, was alles zu finden ist, wenn man einmal genauer hinguckt. – Aber anders als in Tucson handelt es sich beim «Echolot» ja nicht um Insekten und Spinnen, sondern um Menschen, und Menschenschicksale mag ich nicht «streichen». Mit Rhythmisierung werde ich der Sache beikommen können, mit grotesken Gegenüberstellungen.
Menschenschicksale sind immer interessant. Und was den Umfang angeht: Jeder Zeuge, der gestrichen wird, stirbt zum zweiten Mal. – «Doubletten» gibt es eigentlich kaum. Auch wenn über die gleichen Tatbestände berichtet wird, immer gibt es Facetten, die interessant sind. Plastisch wird's dadurch. Zum ersten Mal wurde mir klar, daß ich etwas Ungeheuerliches in die Welt setze.
Wir bekamen vom Tischler eine Rechnung über 4500 DM für das neue Dach auf der Veranda und ein Velux-Fenster.
Man müßte noch viel asketischer und zielgerichteter leben. Alles bewußter und sensibler unternehmen. Ich muß dahin noch kommen, es bleibt noch viel zu tun.
Goethe-Briefe.
In der Nacht tippte ich noch ein paar Seiten aus dem Kaulsdorf-Tagebuch. Ein einziges Huhn hat er noch, und dauernd flickt er seinen Zaun, weil nachts Russen in seinen Garten einsteigen und klauen.
Hildegard sagt zu den Bartók-Quartetten: «Es nervt mich, wohl weil es manchmal so eilig ist.» – Da kann man ihr nur beipflichten, von ganzem Herzen.

Nartum Sa 24. Juni 1989

Bild: Pokal-Finale, Schleich-Demo / Heute ist der Teufel los / Wer kann, sollte mit der BVG fahren / Es ging um die Republikaner / Professor starb in ZDF-Talkshow
ND: Hohe Bauleistungen für die Stärkung der Republik / Beschluß der 8. Tagung des Zentralkomitee der SED: Durch-

führung der Parteiwahlen in Vorbereitung des XII. Parteitages der SED

Johannistag. Er spielte bei uns zu Haus eine Rolle, an Johanni mußte immer irgendwas bezahlt werden. «Zu Johanni ...»
Die Legende von dessen Tod, der Kopf, der Salome auf der Schüssel dargereicht wird. In den Kunstbänden, die bei meinen Eltern in dem meist verschlossenen Bücherschrank standen, hatte ich Darstellungen von der Enthauptung mit Lesezeichen markiert. Das Blut, das aus den Adern des Halses spritzt. – Der Tau der Johannisnacht, als Blut des Johannes gedeutet, gilt als Heilmittel gegen Sommersprossen. – Das Johannisfeuer findet nicht mehr statt in unserer Gegend, das Osterfeuer ist an seine Stelle getreten, es dient dazu, Müll zu beseitigen, der sich angesammelt hat. «Johannisfeuer» – irgendeine Ufa-Sache. Schöner Titel.
Da der Johannistag gleichzeitig der höchste Feiertag der Freimaurer ist, sei mein Vater am Tage drauf immer recht verkatert gewesen, wurde erzählt.
Mir verbindet sich das Gedenken an Johannes mit dem mecklenburgischen Lied:

> O, Hannes watt'n Hot!
> O, Hannes watt'n Hot!
> De Hot, de hett dree Dahler kost', Dahler kost',
> Dahler kost' ...

Die Sonnenuntergänge. Ich möchte am Ende unserer Allee ein Abendhäuschen bauen, nur zum Himmel-Anschauen. Hildegard will das nicht. «Ich bin dagegen», sagt sie. Weshalb, das bleibt ihr Geheimnis. – Ich habe mir einen kleinen Klappstuhl ins Gebüsch gestellt. Der tut's auch.
Brahms, 2. Violin-Sonate. Was für eine liebliche Melodie. So etwas «schreiben», das ginge heute nicht mehr. Aber man läßt es uns hören, es ist nicht verboten, und das ist doch schon was.
Ich bin deprimiert, weil mich jede Entdeckung auf das stößt, was sich von mir nicht mehr entdecken läßt. Zu spät!

Im Heiligenkalender über **Johannes den Täufer:**

> Vermutlich beginnt Johannes um das Jahr 27/28 n. Chr. in der Jordansteppe mit seiner Bußpredigt. Er verkündet allen, die zu ihm kommen, das kommende Gericht und vollzieht an den Bußfertigen die Wassertaufe im Jordan. Äußerlich fällt er durch seine asketische Kleidung und Lebensweise auf. Er sammelt eine Jüngergemeinde um sich, aus der einige der späteren Jünger Jesu hervorgehen. Er kritisiert den Lebenswandel des Herodes Antipas, der ihn festsetzen und schließlich töten läßt.

Nartum So 25. Juni 1989

Welt am Sonntag: FDP-Münch: Mit Kohl keine Wahl zu gewinnen / Parteien streiten um Wahlerfolge der Republikaner / Geißler wirft SPD Sozialdemagogie vor
Sonntag: Ökologische Sicherheit. Von Max Schmidt

Heiß. – Etwa 50 Wildgänse im Keil, eine der Gänse flog ein Stück weit hinterher, holte sichtlich auf und ordnete sich wieder ein, mußte wohl mal. Ich dachte an Nils Holgersson, an die Atmosphäre dieses Buches, an den gelben Einband mit den Stockflecken. Akka, die Wildgans, und an die Abbildungen. Meine Mutter las es mir vor.
Auf meinem Nachtschrank liegt mal wieder Stendhal: die Tagebücher. Über die Deutschen: was sie essen, und über die Betten in den Gasthäusern:

> Diese biederen Deutschen essen vier oder fünf Butterbrote, trinken zwei große Glas Bier und dann ein Glas Schnaps. Diese Kost muß den lebhaftesten Menschen zum Phlegmatiker machen. Mir nimmt das jeden Gedanken.
> Außer dem kleinen Imbiß, der einem in den Gasthäusern angeboten wird, wenn man zu früh oder zu spät kommt, gibt es noch gegen ein Uhr das Mittagessen, das heißt eine Wein- oder Biersuppe, gekochtes Rindfleisch und eine Riesenschüssel Sauerkraut (oder gegorenes Kraut mit Würsten. Das ist ebenfalls ein Verdummungs-

essen). Dann kommt ein Braten und ein Krautwurzelsalat, glaube ich; das riecht fürchterlich. Kräuter selten; wenn es welche gibt, sind sie fast immer nur in Wasser gekocht. Zu diesem Diner, das rasend schnell hinuntergeschlungen wird, gibt es verfälschten Wein, der nach Zucker schmeckt; er heißt Burgunder, kleiner Burgunder und so weiter und kostet fünfunddreißig bis vierzig Sous.

Sinclair Lewis äußert sich in «Dodsworth» sehr ähnlich über uns arme Deutsche und unsere Eßgewohnheiten.

Je älter ich werde, desto ausgeprägter meine Vorliebe für Tagebücher und Autobiographien. Man will vergleichen, wie *sie* das Leben hinter sich brachten. Hat man's besser gemacht? Mehr Glück gehabt? O, Hannes, watt'n Hot?

Klavier gespielt.

Nartum Mo 26. Juni 1989

Bild: Die heimlichen Raucher von Bonn [alle mit Foto: Kohl, Rau, Stücklen, Apel, Lambsdorff, Klein, Blüm, Wallmann, Zimmermann]
ND: Beschluß der 11. Tagung des Zentralrates: XIII. Parlament der FDJ Ende Mai 1990 in Berlin

Oldenburg: Akustische Analyse und anderes.
Ein Student in der letzten Reihe redete die ganze Zeit laut mit seiner Nachbarin. Ich überlegte, ob ich um Ruhe bitten sollte oder lieber nicht – dachte an meinen schönen Druckposten und hielt das Maul. Vielleicht ist er ja Bettnässer, oder er hat eine schwere Jugend gehabt. – Über 60 Studentinnen schweigen im übrigen und hörten mir zu. Ob sie was «verstehen», ist eine andere Sache – ich glaube: nein. Am liebsten haben sie es, wenn ich Witze mache, sie bringen extra Kommilitonen aus anderen Semestern mit, damit die sich auch mal amüsieren. Alles was ich unternehme, ist natürlich absolut «unwissenschaftlich». Allerhand Spiele, mit denen man das «Lerngut» unter die Menschheit bringt. –

Kindisch? Nun, was ich ihnen da vorgemacht habe, kam aus der Praxis. Falls sie so was machen, werden die Kinder Spaß haben an der Schule (und sie selbst auch). Und ohne Spaß läuft in der Schule nichts, das müssen sie irgendwann einmal kapieren. Wie herrlich ist es, lachende Kinder zu sehen! Je älter die Menschen werden, desto unguter das Lachen. – Der Jüngling Plappermaul ging übrigens raus, sein Mädchen blieb. Vielleicht wird er mal Pädagogik-Professor. Vielleicht schreibt er ja auch Gedichte. Wenn er sie mir schickt, werde ich ihm eine ordentliche Antwort zuteil werden lassen.
In Oldenburg im Frauen-Café.
«Ob Sie mir bitte ein kleines Stück Kuchen bringen?»
«Was verstehen Sie unter einem ‹kleinen Stück Kuchen›?»
Die Toiletten waren in diesem Etablissement nicht geteilt, sehr prekär.
Ich lese in der Biographie von Frau Karall. Sie schildert ihre Kindheit in einer Dorfschule:

> Für uns Stadtkinder war der Besuch einer Dorfschule ein Erlebnis besonderer Art. Die kleine Schule lag an einem Hang. Die einzige Schulklasse und die Lehrerwohnung waren in der ersten Etage. Darunter, im Hochparterre, befanden sich die Ställe für die Ziegen und Hühner des Lehrers. Manches Mal liefen in der Pause Tiere und Schüler auf dem Platz vor der Schule durcheinander.

Gibt es einen Menschen, der meine Sehnsucht nach diesen Verhältnissen versteht?

Nartum Di 27. Juni 1989, Siebenschläfer

Bild: Unwetter über Berlin / 1 Toter / Millionenschäden / Brennendes Atom-U-Boot / 16. Katastrophe / Ist das Schicksal gegen Gorbatschow?
ND: Größerer Beitrag in jedem Betrieb zum Nationaleinkommen

6 Uhr. – Von einer Fliege geweckt. Schade!
Immer noch heiß. Nach dem Frühstück im Garten, am Brunnen, die Beine hochgelegt und gedöst. Als der Bauer mit seinem Trecker am Zaun entlangfuhr, habe ich mich geduckt. – So einen Frühsommer hatten wir noch nie. Leider kann ich ihn wegen des Kreislaufs nicht recht genießen; auch andere, zum Teil widerwärtige Gebrechen machen mir zu schaffen. Aber nichts Lebensbedrohendes, und das tröstet.
Ich arbeite mit Volldampf am «Echolot». Jeden Tag zehn bis zwölf Seiten, und doch ist noch immer nicht der Boden des Aquariums bedeckt. Der Kaulsdorfer mit seinem komischen Schicksal bewegt mich. Warum schrieb er alles auf? Aus der Mentalität eines Sparkassenbeamten heraus? – Aber dann hätten ja *alle* Sparkassenbeamten Tagebuch führen müssen. Er hat das Entnervte eines 50jährigen, keinen Witz, keine Schelmerei, nur immer genervt, am Ende, völlig erledigt. Am 27. Juni 1945 schreibt er:

> Heute ernteten wir die Johannisbeeren, rote, weiße und schwarze. Wir entkernten sie, und dann wurde eine wunderbare Marmelade daraus gekocht.
> Frau Hanke hatte durch eine Verwandte gehört, daß ihr Mann in Rückersdorf im Gefangenenlager sei. Darauf machte sie sich heute mit der Frau Kruse und der ganzen Kinderschar auf und marschierte sieben Stunden hin und sieben Stunden zurück nach Rückersdorf. Die Frauen wurden gar nicht in das Lager, in dem sich 35 000 Gefangene befinden sollen, hereingelassen und mußten unverrichteter Dinge wieder umkehren.

Vor Jahren hielt ich eine Vortragsreihe vor Postbeamten. Lauter ordentliche Leute. Ich bat sie, herauszufinden, wann die Briefkästen gelb, rot, blau gewesen seien. Sie reagierten nicht, es interessierte sie in «keinster» Weise. Diese Leute sammeln vermutlich auch keine Briefmarken. – Ich stelle mir einen Schulmeister vor, der sich eine Rohrstocksammlung angelegt hat, in Vitrinen liegen sie, in Halterungen, einer über dem anderen. – Lehrer gab es, die mit den Jungen in den Garten gingen, sie mußten am Haselnußstrauch die Gerte aussuchen, mit der sie dann später geprügelt wurden. Der fachmännische Rat eines Leidenden. Rohrstöcke wurden übrigens im Inventarverzeichnis aufgeführt.

Heute kam die Meldung, daß die Kommunisten auf den Philippinen 36 Leute in einer Kirche abgeschlachtet haben. – Das wird nicht diskutiert. Den Südafrikanern wirft man die Apartheid vor, aber nicht den zahllosen afrikanischen Staaten die Unterdrückung mißliebiger Stämme. Von der SU und ihrem Klassen-Sadismus ganz zu schweigen! – Es hat keinen Sinn, man muß es aussitzen.

Etwa 20 Jünglinge und zwei Jungfrauen im Kampfanzug haben sie jetzt gefilmt, die mit Farbkugeln aufeinander schießen. Obwohl mehrere in die Kamera sagten, das habe mit Nazi-Sachen nichts zu tun, wurden sie als Wehrsportgruppe apostrophiert. Was im Sport selbstverständlich ist, sogar auf der Olympiade, das Schießen, Fechten und Speerwerfen, in der Bundeswehr alltäglich, im Ausland gang und gäbe, wird bei uns sofort so ausgedeutet, als sollten wieder Juden umgebracht werden. – Aber vielleicht ganz gut.

Und dann im Parallelprogramm der TV-Bericht eines sogenannten seriösen amerikanischen Berichterstatters über Deutschland. Also! Da geht einem doch der Hut hoch.

Dr. Doll kam wegen der Finanzierung des «Echolot», Verlag ist sehr zuvorkommend, will mich unterstützen.

Österreichischer Außenminister und ungarischer Außenminister durchtrennen Grenzzäune bei Sepron, das sei aber nur symbolisch gemeint, wird gesagt. – Ich verstehe nicht, wenn man hier bei uns die Grenzzäune wegräumte, in Schlutup oder Hof, dann würden sich doch sämtliche DDR-Urlauber in Marsch setzen? Vielleicht erfahren die das gar nicht? Geht das nicht wie ein Lauffeuer um?

Hildegard hat gesagt, ich ärgerte mich wahrscheinlich gerne. Nein. Daß ich Wutausbrüche *genieße*, das ist etwas ganz anderes. Der Rausch, der damit verbunden ist.

Ich rauche nicht, ich trinke nicht – ich wüte!

In einem Sammlerjournal werden Teddies angeboten, abgespielte Teddies und ein «abgeliebter Teddy», 40 Jahre alt. Dafür geben Leute, die für kein Buch einen Zehnmarkschein hinlegen würden, Tausende aus.

2000: *In Berlin Friedrichstraße existiert ein Geschäft, in dem es nur Teddies zu kaufen gibt. Klausi Schomann hatte einen übergroßen auf dem man reiten konnte, auf der Schulter eine Vorrichtung: Wenn man daran zog, brummte er.*

Ein aufgeregter Mann rief an, er hat ein Buch geschrieben, in 500 Nächten, ein Verlag interessiere sich dafür. Ob er im voraus Geld dafür verlangen kann?
Im Literatur-Seminar veranstalte ich eine Übung mit Plastikbeuteln, in denen Gegenstände zu ertasten sind ... Dient zum Aufrufen von Erinnerungen. Aktivierung der Sinne.
Mitternacht. – Zwei stolze Reiher flogen über das Haus, die Hunde bellten ihnen nach. Sie hatten den Kopf im Genick.

> **Siebenschläfer**, Heilige, sieben Brüder, christl. Schafhirten aus Ephesos werden ihres Glaubens wegen verfolgt, fliehen in eine Höhle und werden auf Befehl des Kaisers Decius 251 eingemauert. Im Jahre 447 will ein Bürger die Höhle als Schafstall benutzen und läßt das Mauerwerk entfernen. Die Brüder erwachen, einer läuft, um Brot zu holen, kennt niemanden mehr in der inzwischen christlich gewordenen Stadt und gibt dem erstaunten Bäcker eine Goldmünze mit dem Bild des Decius zur Bezahlung. Da geht der Bischof zur Höhle und findet alle Brüder lebend vor.

Nartum   Mi 28. Juni 1989

Bild: Strauß-Geliebte / Alle Intimitäten dem «Stern» verkauft
ND: Erich Honecker zu Arbeitsbesuch in Moskau eingetroffen

Im TV ein sogenanntes Frauengespräch mit einer Prostituierten, Männer tickten anders, sagt sie – Was? Wie bitte? – Ja, tatsächlich ...

Ein Radfahrer kehrte hier ein, ist auf großer Tour. Er war 30 Jahre in Afrika und weiß nichts davon zu erzählen. Ich setzte ihn schnell wieder an die Luft. Was interessiert einen denn schon an Afrika ...
Frau «Darko» aus Ghana damals, daß in der Küche kleine Eidechsen von der Zimmerdecke fielen, in die Suppe usw. Alle Leute fragten immer sofort nach Löwen, wenn sie sagt, sie ist aus Ghana. – Bei Aldi würde sie dauernd von Männern angesprochen. Die dächten, sie wäre eine Hure. Sie rief an, ob sie mich mal sprechen könnte. Da sei aber ein Haken: Sie sei schwarz. Nette, intelligente Frau. Vater Apotheker. Ich riet ihr, ihre Ghana-Erinnerungen aufzuschreiben und die Erlebnisse, die sie hier in Deutschland hat, aber das tat sie nicht, sie schrieb statt dessen einen Kriminalroman, von dem ich nie wieder etwas hörte. – Schade.
Sie bezeichnete sich selbst übrigens als «Negerin». Da kenn' sich einer aus. Sollte *ich* ihr das untersagen? Die Schwarz-Afrikaner bezeichneten sich selber als Neger, sagte sie. In Amerika dürfe man das Wort allerdings nicht verwenden. – Merkwürdig zu sagen, aber ich hatte zuvor noch niemals mit einem «Neger» zu tun gehabt.
Im Brockhaus von 1835 steht zu lesen:

> **Neger** ist der gemeinsame Name der durch schwarze Färbung der sammtartig weichen, fettig anzufühlenden Haut, schwarzes, wolliges Haar, platten Schädel, vorstehende Backenknochen und aufgeworfene Lippen ausgezeichneten Bevölkerung des mittleren und nordwestlichen Afrika ... Neugeborene Negerkinder sind gelblichweiß, und blos an einzelnen Stellen des Körpers, z. B. um die Brustwarzen und Augen und an den Rändern der Nägel schwarz, nehmen aber diese Farbe zwischen dem dritten und sechsten Tage allmählich am ganzen Körper an.

Arbeit an «Sirius», kurze Biogr.-Einschübe zur zeitlichen Vertiefung und «Vernetzung».

Nartum Do 29. Juni 1989

Bild: Bonner Damen entrüstet über Strauß-Geliebte / Frau Piller, Sie sind unanständig!
ND: Treffen Erich Honeckers mit Michail Gorbatschow in Moskau

Peter und Paul: Petrus wurde für seinen Glauben gekreuzigt, Paulus enthauptet. Die Stelle in der «Johannespassion»: «... und weinete ...»

1999: *Ich hörte die «Johannespassion» zum ersten Mal in Moskau, und da weinete ich auch.*

Mit Paulus habe ich nie was anfangen können. Dieser Eiferer war mir immer zuwider. – Das Gemälde von Dürer, von einem Wahnsinnigen mit Säure attackiert.
Depression mit unangenehmen Selbstzweifeln, also an sich eine gesunde Sache. Es wirkt noch nach, daß selbst von meinen besten Freunden die «Hundstage» mißverstanden wurden. Gestern nacht las ich nochmal einige Passagen, und ich verstehe nicht, was es da so Anrüchiges auf mich zu übertragen gibt. Das Ehepaar Davis ist der einzige Halt und, sonderbarerweise, Paeschke, der mir damals doch sehr imponiert hat mit seinem klaren Urteil. Die Davis meinten, mein Humor sei angelsächsisch, «schwarz» also. – Ganz schlimm ist es natürlich, daß Sowtschick von «Sozialfall» spricht, ein solches Wort! Darüber darf man doch nicht lachen, das ist doch nicht komisch. Meine Güte, wenn ich denke, wie viele Bettlerwitze es gegeben hat oder sogar Blinden- und Taubenwitze. Und die Ostfriesen! Was die auszuhalten hatten! Nicht zu vergessen die «Zwergschullehrer». Manchmal meine ich noch heute die Verachtung zu spüren, wenn ich sage: Ich bin Lehrer auf dem Lande.
TV: Weizsäcker, eine Stunde im Gespräch mit Journalisten. Er hat etwas Listiges in seinem Blick. Der DDR-Fritze hatte die Stirn, nach Berufsverboten in der Bundesrepublik zu fragen.

Vom Studierverbot für Kapitalistenkinder nie was gehört? – W. bezeichnete die Republikaner als Protestwähler. Er sagte zu Recht und sehr mutig, daß diese Leute mit den Nazis nichts zu tun haben. Ein anderer sagte, er sei erschüttert, daß die Jugend: «Ausländer raus!» rufe. – W.: Nun, es gibt auch andere Jugendliche, Kirchentag usw., und es sei eben das Vorrecht der Jugend, ab und zu was Dummes zu tun. Alles sehr klug, manchmal leichte mimische Entgleisungen, Grimassierungen, auch streckte er die Beine von sich, sitzend in seinem schönen Palais.

Heute Nachmittag hörte ich mir das «Stabat Mater» von Dvořák an und räumte dabei meinen Schreibtisch auf. Uralt-Funde! Tschechow, Erzählungen.

«In der Halle sitzt ein Huhn. Ist das richtig?» wurde ich eben von einer Journalistin gefragt. – Journalisten, die zu mir kommen, stellen absolut immer dieselben Fragen, und niemand hat ein Buch von mir gelesen. «Angelesen» manchmal. Das ist schon viel.

Am Abend hatte ich zwei Doppel-Vorlesungen in Oldenburg. – Wenn ich im Deutschen nicht meine kleine Gemeinde hätte – nur ein einziger Student, das andere alles ältere Herrschaften aus der Stadt –, dann sähe es schlimm aus. Das Desinteresse der Hochschule an mir ist schon fast komisch. Neulich hat mich mal ein Germanist angesprochen, auf dem Parkplatz, es wäre doch eigentlich schade ... Aber das war's denn auch schon. Ich habe alles nur Dierks zu verdanken, und das werde ich ihm nie vergessen. Seit 1979 keine Schule mehr zu halten brauchen, das macht sich auf der Lebenskurve bemerkbar.

Die zweite Generation der Türken in Deutschland kriegt auch schon weniger Kinder.

Oscar Wilde über den Selbstmord: «Selbstmord ist das größte Kompliment, das man der Gesellschaft machen kann.» – Stifter, die gräßliche Sache mit dem Rasiermesser. – Von Stefan Zweig gibt es ein Foto, wie er mit seiner Frau «entseelt» im Bett liegt. Die Frage des Abschiedsbriefes. Von Kurzschlußhandlung wird geredet, aber nicht von der langen Zeit, in der sie sich vorbereitete.

Nartum Fr 30. Juni 1989

Bild: Die Bahlsen-Tragödie / Schwiegersohn schoß sich in den Kopf / Strauß–Piller: Der Ehevertrag
ND: Stürmischer Beifall für Rede Erich Honeckers in Magnitogorsk / Unerschütterlich mit der KPdSU der UdSSR und dem Sowjetvolk verbunden

Rechnung über Hühner- und Katzenfutter: 54 Mark! Obwohl das Füttern der Tiere meinen Recherchen für den Dorfroman gilt, werde ich die Kosten wohl kaum von der Steuer absetzen können.
Eine Frau aus Köln schreibt, sie sei die alte Dame, die mir bei meiner Lesung schräg gegenüber gesessen hätte, sie sei in Begleitung eines jüngeren Paares gewesen. Sie möchte sich allerhand Belastendes mit meiner Hilfe von der Seele schreiben. Sie habe sich als Einzelkämpferin und Schrittmacherin gefühlt, auf Gebieten, die erst heute zu Themen der jüngeren Generation geworden sind. Sie sei keine bridgende und golfende alte Dame, und sie möchte wissen, wann sie mich besuchen darf.

Juli 1989

Nartum Sa 1. Juli 1989

Bild: Tennisspieler Tore Meinecke / Boris' Freund im Koma
ND: DDR und UdSSR tragen gemeinsam zur Stärkung des Sozialismus und zur Sicherung des Friedens bei

Regen,warm, Hildegard sagt, es sei «nacktwetterig».
Ich arbeitete den ganzen Tag am «Sirius». Heute früh auch erste Skizzen zum achten Kapitel von M/B: Joe fliegt über die Ostsee, 52 Seiten. Hierbei kommen mir meine Notizen zugute. Der Dreckstrom, der bei Stettin aus der Oder austritt. – Nun beginnen die «ideologischen» Schwierigkeiten. Wie weit soll ich meinen Notizen folgen, an ihnen entlang formulieren-phantasieren, wie weit darf ich die Dinge beim Namen nennen? Kann ich aushalten, was später daraus folgt? Ich möchte weder als Revanchist noch als Lügenbaron in die Literaturgeschichte eingehen. – Es muß geklärt werden, ob die «Abtretung» Stettins an Polen rechtens war oder ob sie es sich einfach genommen haben. «Sirius» jetzt 152 Seiten. In der Nacht suchte ich Fotos heraus. Das Buch sei für jeden Kempowski-Leser ein *«Must»*, sagt Paeschke. Schwirig auszusprechen das Wort. Das Buch entwickelt sich allmählich zu einer Autobiographie.
War heute Mittag «frustriert», hatte mich totgelacht über einen miserablen Jungdichter im Bachmann-Wettbewerb, und zu meinem Erstaunen wurde er von allen über sonst was gelobt.
Ihr lieben Kinder, ich bin fassungslos. – Werde mir mal ein paar Kritiker-Slogans notieren.
Gestern in den Nachrichten: 600 Mio. Kredit zu Vorzugszinsen der USA an DDR landen über Geldwaschanlagen bei Aufständischen in aller Welt. Nicaragua. Aber keine großen Vorwürfe.

DDR wird drüben mit Nachsicht behandelt. *Wir* sind die Bösen. Green-Peace-Leute hissen gelbe Fahne auf ausgebeultem Sowjet-U-Boot. Ein Riesending – sonst sieht man ja immer nur den Turm. Die Ähnlichkeit mit Walen.
Im Sudan putscht leider wieder die falsche Seite, die Marxisten haben 100000 Hungertote im letzten Jahr auf dem Gewissen. In der ČSSR Kirchenschikanen, 30 Priester Berufsverbot. Hitler hat die Kirchenfeindlichkeit schwer geschadet. Die Kommunisten werden hingegen hofiert. – In der SU ist es zum ersten Mal erlaubt, Kirchenmusik öffentlich aufzuführen. (Warum hat man vorher nie davon erfahren, daß das verboten war? «Matthäuspassion» nix?) Nie Orgelmusik, heißt es. Aber sie haben in Rußland wohl nicht so viele Orgeln. Ich sehe Schostakowitsch vor mir, wie er ein Grammophon aufzieht und sich heimlich Bach-Kantaten anhört. Das Ohr am Schalltrichter.
Am Beispiel Pekings: Wie schwer es ist, Diktatoren wieder loszuwerden. Und wie schnell das Volk den Kopf beugt. Auf Nazi-Deutschland übertragen, wird so was nicht akzeptiert. Da hätte jeder auf die Straße gehen sollen und: «Nein!» sagen. Aber wann? Und wo? Wehret den Anfängen ... Aber wo sind sie, die Anfänge? Überlegungen zu Ursache und Wirkung sind in unserem Land sowieso verpönt. Wer das Jahr 1933 mit 1919 in Verbindung bringt, wird zum rechtslastigen Schwein erklärt, und aus ist es mit ihm in unserer Demokratie. Daß zwei Drittel der Deutschen Hitler nicht gewählt haben, sollte man öfter erzählen, aber das interessiert heute niemanden mehr und ändert auch nichts daran, an gar nichts. – Die Republikaner werden jetzt nicht mehr «Neo-Nazis» genannt, sondern Post-Faschisten. Weiß nicht, was daraus folgt. Weizsäcker sagt: Protestwähler seien das. Ich glaube, daß das mit Nationalsozialismus gar nichts zu tun hat. Eher mit dem Westerwald.
Sieben Fernsehprogramme können wir jetzt empfangen. Österreichische Nachrichten, interessant. Norddeutschland kommt nicht drin vor.
Russen haben jetzt zugegeben, daß damals aus Afghanistan gar kein Hilferuf kam. Haben pro Jahr 15 Mrd. Rubel dafür ausge-

geben, das Land für immer zu ruinieren. Die Heldenkämpfer, ach, wie ich ihnen diese Niederlage gönne. (Afghanen sagen zu Recht, dann sollten die Russen jetzt auch 15 Milliarden jährlich für den Wiederaufbau ausgeben.) Es heißt, die Sowjets haben das gesamte Bewässerungssystem zerstört, das lasse sich nie wieder reparieren. Millionen von Minen, keiner weiß mehr, wo sie genau liegen. – Und diese Mudschaheddin-Leute, diese Tierquäler, die schneiden doch jedem die Gurgel durch. Wie gut, daß wir diese Art Nachbarn (noch) nicht haben.
SU stehe vor dem Kollaps. Wenn man Einzelheiten hört, kann man nicht glauben, daß Gorbatschow es schafft. Inflation und Arbeitslosigkeit werden erwartet.
400 000 Aus- und Umsiedler werden es in diesem Jahr sein, die die BRD zu verkraften hat. Im Hinblick auf Geburtenziffern nicht schlecht. Was wohl geschehen würde, wenn die DDR die Grenzen aufmacht, das würde gar nicht funktionieren hier. Höre noch Kohl sagen, daß die Sache mit den Aussiedlern *sein* Werk sei, *er* habe dafür gesorgt. Und darauf sei er stolz. – Diese Leute versickern sofort, kriegen Arbeit und wühlen wie die Irren. Sie heißen Hans Winter oder Sophie Herbst. Film über deutsche Siedlungen im Osten, Häuser frisch gestrichen, russische daneben verfallen. Das gefiel der Kommentatorin nicht. Die Häuser der Deutschen seien ja so schrecklich ordentlich. Die russischen Häuser, schief und krumm, gefielen ihr besser. Müßte man mal ihr Wüstenrot-Haus einblenden.
Heute Sendung über ČSSR. Daß Masaryk die Deutschen nach 1918 als Menschen zweiter Klasse bezeichnet und behandelt hat, nur tschechische Beamte ins Sudetenland gesandt. Nur tschechische Fabriken bekamen Staatsaufträge. Und so weiter. So was hört man selten! Auch Benesch hat schuld. War das nicht dieser Typ auf dem Pferd? Was hatten wir dem getan? Hatte der auch eine verkorkste Jugend?
150 Wildgänse in *einem* Keil, sie ziehen nach Norden. Pastor Scheele in Breddorf, am Volkstrauertag 1961 bei Regen, am Kriegerdenkmal:

«Fahr' zu, fahr' zu, du graues Heer!»
Das hat mich damals gerührt. Man hätte so gern ein Vaterland.
Eine Dame schickt plattdeutsche Gedichte:

> Dat wier in Krieg in Kinnergoren,
> ick müßt dei lütten Gören wohren ...

Der Brief eines *Rechtsanwaltes*. Als ich den Briefkopf auf dem Umschlag sah, hab' ich mich vielleicht erschrocken! Es war aber nichts besonderes. Keine Verklagung, kein Schadensersatz ... Der Herr erzählt mir, daß in seiner Familie interessante Dokumente vorhanden sind, u. a. eine Korrespondenz mit Immanuel Kant. – Wie sagen die Russen: Eto minja interessujetna ... Das interessiert mich nicht. Wir wollen uns hier auf das große 20. Jahrhundert beschränken. Wir sammeln hier das Alexanderschlacht-Gewühle der Namenlosen.
Thomas Mann: Tagebuch. Sehr komische Vorstellung, daß er im Zug eine halbe Stunde zum Essen anstehen mußte.

Nartum So 2. Juli 1989

Welt am Sonntag: Baby-Geld: Kohl gegen Bevorzugung von Beamten / Koalitions-Runde kontra Schäuble – Abgeordnete warnen vor neuem Sommer-Theater
Sonntag: Ein vitaler Polyhistor. 90. Geburtstag von Gabriele Mucchi. Von Petra Gottschling und Hans Jürgen Papies

Eine Frau rief gestern an, sie sei so unglücklich – ich sprach ein wenig mit ihr.
«Die Straßen sind menschenleer ...» (lyrische Passagen in Fernsehnachrichten über Beirut).
Fußball: Ein rückwärtsstolpernder Torwart. – Damen-Fußball. Wenn man's nicht weiß und nicht so genau hinguckt, denkt man: Was ist denn mit denen los? Die sind ja so lahm? Die hellen

Stimmen, wenn sie rufen. Da gibt's welche, die ganz vernünftig aussehen, und richtige Megären, denen man nicht im Dunkeln begegnen möchte. Diese Art Damen sieht man auch beim Handball. Das ruppige Wegstoßen. Der männliche Schiedsrichter unter lauter Damen. Der süße Schweißgeruch. – Beim Rasenhockey fällt einem das nicht so auf. Ein angenehmer Sport übrigens, man sieht ihn selten. – Das gebückte Laufen ist sicher nicht gesund. Diese Sportlerinnen belasten ohne Zweifel die Ortskrankenkassen bis an die Grenzen des Erträglichen. In REHA-Zentren begegnet man ihnen. – Eis-Kunstlauf. – Eistanz = Kitsch in Hochpotenz. Müßte verboten werden. – Gegen Wettlaufen ist nichts einzuwenden, aber Hochsprung! Wie das die Figur ruiniert. Diese Strichmenschen. Tennis – höchst angenehm, jedenfalls solange wir Steffi haben.

Zwei australische Mädchen hier zu Besuch: Eine Nichte und ihre Freundin; letztere mit geheimnisvoller australischer Fieberkrankheit, die unheilbar ist, hoffentlich krieg' ich die nicht, gehe schon immer aufs andere Klo. – Belebend. Man kann gelegentlich mit ihnen scherzen. Eine gewisse, für junge Mädchen typische Leere und Uninteressiertheit. Sie leben erst auf, wenn man sie «von der Seite» anspricht. – Die eine hat zwölf Jahre Cello gespielt und hämmert hier jetzt irgendwie auf dem Klavier herum. Da sagt man sich: Gut, daß sie mit dem Cello aufgehört hat. Ich machte ein paar Fotos, wie Hildegard und die Mädchen eine Maus zu fangen suchten und auch wirklich fingen, in einem Pappkarton, und dann nach draußen trugen.

Die Schwiegermutter ist wieder mal da, sie redete beim Fernsehen dazwischen. Wie soll man sich verhalten? Kann man doch nicht sagen: Du hör' mal, ich brauche das von Berufs wegen? Wenn man Dick und Doof guckt? – Ich drehe leiser und gehe in die Halle zum Zweitgerät. Nach kurzer Zeit erscheint sie dort und setzt sich neben mich, ich drehe lauter und gehe nach kurzer Zeit wieder hinüber. Und schon kommt sie hinterher. So geht das immer hin und her. Eine merkwürdige Art fernzusehen.

Ladenschlußzeiten, darum geht es. Daß die Verkäuferinnen sich

nicht hinsetzen dürfen, ist aber auch wirklich unverständlich. Denen könnte man doch Barhocker hinstellen?
Tschechow-Briefe:

> Auf dem Amurdampfer fuhr mit mir ein Gefangener mit Ketten an den Füßen nach Sachalin, er hatte seine Frau ermordet. Bei ihm befand sich seine Tochter, ein Mädchen von etwa sechs Jahren. Ich bemerkte, wie der Vater sich vom Oberdeck nach unten begab, wo sich die Toilette befand; hinter ihm gingen die Wärter und die Tochter; dann saß er auf der Toilette, ein Soldat mit dem Gewehr und das Mädchen standen an der Tür. Als der Gefangene auf dem Rückweg wieder die Treppe hinaufkletterte, ging das Mädchen hinter ihm und hielt sich an seinen Ketten fest. Nachts schlief das Kind zusammen mit Gefangenem und Soldaten.

Solschenizyns «Gulag» soll jetzt in großer Auflage in der SU erscheinen. Vielleicht lesen unsere Linken dann das Buch ja auch einmal. Viele haben es gelesen und sofort vergessen. Möglicherweise wird es mit dem «Echolot» auch so gehen?
Hark Bohm rief heute an, das ZDF sei nicht interessiert an der weiteren Verfilmung meiner Romane. Fechner habe ihnen gesagt, da sei nichts mehr drin. – Das nimmt man so hin, ohne zu zucken.
Der Abend ging damit hin, daß ich mir das «Magnificat» von Bach anhörte, kann nicht gerade sagen, daß es mich ins Herze traf. Neben dem Ungeheuerlichen, das die Diener der Kirche in 20 Jahrhunderten der Menschheit angetan haben, steht das Großartige, das das Christentum hervorbrachte. Die Kathedralen fallen einem zuerst ein, die gedruckten Predigten zuletzt. An den Universitäten müßte es analog zur vergleichenden Sprachenkunde ein Generalfach geben, in dem die aus der Schrift erwachsenen Sublimierungen aufgezeigt werden in allen Verästelungen: Baukunst, Malerei, Dichtung ... – Im obigen Fall also vom Studium der Lukas-Stelle ausgehend auch die unterschiedlichsten Darstellungen und Vertonungen. Ein übergreifendes theologisches Studium. Gibt es so was? Die Kirchenmusiker und die Kunsthistoriker erfahren ja immer nur eine Seite, von den Theologen ganz zu schweigen. Schlaue Schulmeister gibt es, die

vom Bildinterpretieren auf Bibelexegese kommen. Kaum vorstellbar, daß einer Kunstgeschichte studiert, ohne die Heilige Schrift je gelesen zu haben. Und doch ist das heute wohl die Regel. – Gibt viele Künstler, die sich an die Kirche hängen, die Kirchenmusik der Nachkriegszeit, nicht gerade 5. Evangelisten, aber doch partiell weiterbringend die gute Sache. Die gewebten Altarteppiche, die handgeschmiedeten Chorgitter ... Hildegard rät mir, in meinen Büchern nichts Negatives über Pastoren zu sagen, sonst kauften die sie nicht. – Wieviele Pastoren gibt es in Deutschland?
Stünde ich noch am Anfang, dann würde ich mein ganzes Leben für ein vergleichendes Theologie-Studium verwenden. – Zu spät!

Nartum Mo 3. Juli 1989

Bild: VW-Arbeiter Kopf angenäht / Er kann schon wieder nikken – ganz vorsichtig
ND: 150 000 bei der Eröffnung der XIII. Weltfestspiele in Pjòngjang / Machtvolles Bekenntnis für die gemeinsamen Ideale der Weltjugend: Frieden, Freundschaft, Solidarität

Oldenburg: Fibelarbeit und «Schreiben». Die schöne alte deutsche Schrift demonstriert. Ich kann sie nur «sauber» schreiben, kindlich, weil ich mit zehn Jahren auf lateinische Normschrift umgeschult wurde. Aus Australien kam vor einiger Zeit die Anfrage, wie man das große «e» in deutscher Schrift schreibt. Da wollte einer seinen Erinnerungen nachhängen.
Eine Dame aus St. Goar bietet mir 351 Briefe eines Soldaten aus dem 1. WK an. Die Brief-Sammlung wird durch einen zurückgesandten Brief aus der Heimat mit dem Vermerk «Auf dem Felde der Ehre gefallen» beendet. «Einige Kondolenzbriefe runden das Bild ab. Es wäre schade, wenn diese Sammlung weiterhin im Regal verstauben würde.»

2000: *Nie wieder was davon gehört, obwohl um Zusendung gebeten!*

Eine Frau schreibt, wir hätten mit unserer Archiv-Annonce eine Lawine bei ihr losgetreten und schickt 2 (zwei) Briefe.
Dorfroman: Eine ermüdete Taube ließ sich heute auf der Allee nieder. Ich konnte an ihr vorübergehen, ohne daß sie sich rührte. Am Abend lag da nur noch ein Haufen Federn. Ihr Lebensgefährte leistete ihr zeitweilig Gesellschaft.

Trevor-Roper: «Hitlers letzte Tage». An der Quellenlage kann man verzweifeln. Tr. hat alle möglichen Leute (Zeugen) interviewt, verhört: Wo sind die Protokolle? Man hätte sie schon gerne mal gelesen. Hier wird einem etwas zugeteilt. – Ich bin ein großer Pünktchen-Mißtrauer.
Ich lese gerade, daß die Schweizer ihre Hochsprache eine «gemäßigte Hochlautung» nennen. Nachrichtensprecher dürfen weder reinen Dialekt, also Schwyzerdütsch sprechen noch reines Hochdeutsch. Sie müssen sich der «gemäßigten Hochlautung» bedienen. – Nach dem Krieg hatten die Österreicher erwogen, in den Schulzeugnissen die Bezeichnung «Deutsch» abzuschaffen.
Elsässisch war von den Franzosen verboten worden und ist es in den Schulen dort noch immer, wie ich höre. So wie bei uns das Plattdeutsch. Hier wie dort regt sich niemand darüber auf. Junge Mädchen, die mal in der Schweiz waren, ahmen das Schwyzerdütsch gern neckisch nach. Sie haben kapiert, daß dies ihren Reizen aufhilft. Das Schwäbische ist dafür ebenfalls geeignet. Das Plattdeutsche hingegen absolut nicht. – In einem Kulturfilm über Schleswig-Holstein mal ein kleines Mädchen auf Platt über Bienen erzählen hören. Unvergeßlich.
Ich kann überhaupt nicht verstehen, wieso man Müll nicht in unwirtliche Gegenden der Welt schaffen soll. Die Wüste Gobi z. B. Was hat das mit Moral zu tun, wenn da kein Mensch wohnt?

Nartum Di 4. Juli 1989

Bild: Gromyko † / Mister «Njet» starb verbittert / Was ist los mit Steffis Vater?
ND: Honecker führte herzliches Gespräch mit Volodia Teitelboim

7 Uhr. – Hildegard übergießt sich im Innenhof mit kaltem Wasser.
Ich zu einer Besucherin: «Hier wohnt meine Frau, drüben wohne ich.»
Sie: «Aber gelegentlich sehen Sie sich doch auch mal?»
Post: Eine ältere Lehrerin fragt, was sie tun kann, um die Maßnahmen gegen Fremdenfeindlichkeit zu unterstützen.
«Olivetti»-Mann war da: Schreibautomat funktioniert nicht. Warum kauft man auch ein italienisches Gerät!
Oldenburg: Fibelarbeit und «Schreiben». – Ich las ihnen gestern moderne, extrem idiotische Fibeltexte vor (sie sind in diesen Büchern die Regel) und ließ sie Kommentartexte zu Fibeln interpretieren, die ähnlich unverständlich sind, wie «Gebraucchsanweisungen» für Videorecorder aus Korea.
Das war 'ne harte Sache, denn sie kapierten das Abwegige nicht, sondern nahmen alles für bare Münze. Und dann heute mit Siegesfanfare: Vorstellung meiner Eigenfibel. Wenn Begeisterung mitreißt, dann hätten sie mir zu Füßen liegen müssen, aber sie amüsierten sich bloß über meine Vorführungskünste. Niemand wird meine Anregungen aufnehmen. Das liegt nicht daran, daß die Studentinnen aus Norddeutschland sind (Ostfriesland), also etwas schwer von Capé, sondern, weil insgesamt der pädagogische Eros verflogen ist, der gab 1933 seinen Geist auf und dann noch einmal 1968. – Gott, was hat das damals für einen Spaß gemacht zu unterrichten! Man hat uns die Eigenfibel in der Hochschule auch ziemlich glühend nahegelegt, ich glaube, ich war der einzige, der das verwirklichte und praktizierte. Ilse Lichtenstein hat's auch propagiert, eine große Pädagogin, aus Oldenburg, die kennt in der Ossietzky-Universität natürlich niemand mehr.

Der an sich schöne Tag wurde mir vergällt durch einen Herrn, der seine Memoiren zurückhaben will. Nach einer Suchorgie kam heraus, daß wir sie ihm schon längst zurückgeschickt haben. Vor Monaten schon. Bei so was kommt man in Deubels Küche. Ich war mir meiner Sache sicher, suchte aber trotzdem am ganzen Leibe fliegend die Regale und Korrespondenzen durch.
1 Uhr. – Ich liege im Bett und beobachte einen mottigen Nachtfalter.

Nartum Mi 5. Juli 1989

Bild: 40 Jahre versteckt / Von Gorbatschow befreit / Sie leben gern
ND: Begegnung Erich Honeckers mit BRD-Bundesminister Rudolf Seiters

Ich bekam heute die Funk-Wanduhren von der Firma HACH. Eine hängt im Archiv, die andere in meinem Schlafzimmer zu meinen Füßen, so daß ich immer weiß, wie spät es ist: Ich will's auf die Sekunde genau wissen! Daß es bereits *zu* spät ist, dafür interessiert man sich nicht so intensiv.
Es ist immer wieder überraschend, wenn ich in den Seminaren genau erkläre, was alles man beim Schreiben von Prosa möglichst vermeiden sollte: Die Studenten nehmen so gut wie nichts an. Ihre Arbeiten sehen aus, als hätte ich nie was gesagt. Als hätte ich nie gelebt. Wieso kommen sie zu mir? Das ist die Frage. Vielleicht wollen sie in ihrem Irrtum befangen bleiben, weil sie ahnen, daß sie niemals zum Olymp durchstoßen werden. Sie wollen sich der Selbsttäuschung als einem süßen Rausch ergeben.
Ich sah mir alte Videos mit Schriftsteller-Porträts an, die ich gesammelt habe. Die Wohmann bei einer PEN-Veranstaltung, 20 Jahre her! Hans Jürgen Fröhlich mit seiner Frau in der Küche, Rechnungen zur Seite legend, ob man die bezahlen soll oder nicht. Das Feuer flackerte auf dem offenen Herd. Später sieht man ihn mit einer Sense einen Abhang hinunterschreiten. – Eine Sam-

melsendung vom «Bücherjournal», ich war gut plaziert, andere fehlten: Wohmann, Härtling. – Die Aufnahme, die sie von mir zeigten, stammt von 1972, ich habe langes Haar und eine winzige Sonnenbrille auf. – Johnson fehlte auch. Die sonderbare Bachmann. Brinkmann beeindruckend. Enzensberger mit hellem Hut in Venedig. Rühmkorf spricht tatsächlich von der «Kampfgefährtin Meinhof». Das ist mir unverständlich. – Ich möchte mich auch einmal mit einem hellen Hut in Venedig filmen lassen.
Bei Thomas Mann auf S. 614 die Liste der 88 Schriftsteller, die Hitler huldigten. Darunter Arnolt Bronnen, der dann nach dem Krieg die Seite wechselte. – Binding ist auf dieser Liste mitaufgeführt, obwohl er die Unterschrift widerrufen hat.
Am 8. März 1948, meinem Schicksalstag, schreibt TM: «Wannenbad im Knieen und in der Badehose mit K.'s Hilfe.»

Nartum Do 6. Juli 1989

Bild: Spitzensportler gestehen: Wir rauchen
ND: Freundschaftliches Gespräch Erich Honeckers mit Alvaro Cunhal

Ich muß lachen, wenn ich durchs Haus gehe, von einem Zimmer in das andere; die Lustgefühle werden ausgelöst durch das Bewußtsein, mit Umsicht geplant, und all das durchgeführt, ja vollendet zu haben, was «drin» war. Wünsche bleiben keine mehr offen. Das Palmenhaus, ach ja! Mit Vögeln drin, und dann auf der Wurlitzer-Orgel Kinomusik machen? Und die großen Ventilatoren unterm Dach drehen sich langsam? – Vielleicht ist es ganz gut, wenn Hannover das Archiv nicht nimmt. Die Geldkalamitäten sind erledigt, ich *brauche* ja überhaupt nicht zu verkaufen. Um mit Hans Moser zu sprechen: «Das habe ich doch nicht notwendig.» – Der Ausbau der Garage kann nicht so sehr viel kosten. Wenn der Innenhof abgezahlt ist, dann kommt die Garage an die Reihe, der Archivraum.

Zum Kaffee auf meinem Hof, 10 Uhr, ein sanfter Wind, völlig blauer Himmel, innerlich ganz ruhig. – Eine Lerche. – Der Kater langweilt sich, räkelt sich auf dem Boden und maunzt überlaut. Er kriecht hinter mich auf den Sessel. Hühner unter den Büschen. Gesundheitlich bin ich gut auf dem Damm, die Zähne mucksen sich nicht. Das ist die Hauptsache.
Dierks 19 Uhr. Ich bin ihm für das Oldenburg-Arrangement sehr dankbar, aber ich kann es nun nicht immer wieder sagen. Ich werde ihm den «Sirius» widmen. Dann hat er's schriftlich.
23 Uhr. Es fällt mir ein, daß ich schon in den «Befragungsbüchern» der Chronik das «Echolot»-Prinzip angewendet habe. 1961 fing ich mit den Ausfragungen an. Bauer Drews in Breddorf. Ich bückte mich über die Erdbeeren, und er stand daneben und guckte mir zu. Das war mir lästig, und da fragte ich ihn eben nach Hitler. Auch die «grünen Hefte» im Unterricht sind eine Vorform des «Echolot». Mein Prinzip: «Vom Kinde aus». Sie zu fragen, was es Neues gibt und deren Geschichten dann umzudrehen. Ich gab ihnen ihre Erlebnisse zurück. So ist es doch auch mit dem «Echolot». Sie erzählen, und ich werfe die Geschichten mit dem Bildwerfer an die Wand. – Gibt es so was wie «demokratische Prosa»?

> **Goar**, Heiliger. Aus vornehmer Familie. Als der Bischof von Trier ihn unfreundlich empfängt, soll er Hut und Mantel an einem Sonnenstrahl aufgehangen haben. Seine Gastfreundschaft durch einen Topf hie und da bezeichnet, läßt ihn in der Gegend zum Patron der Töpfer werden. Als Jahr seines Todes gilt 575.

In St. Goar begab es sich im Sommer 1959, daß Hildegard mich dazu verleitete, am heißen Mittag ein Glas Wein zu trinken, wovon wir beide einen Schwips bekamen. Das war in unserer Brautzeit.
Im TV das Quälen von Stieren in Spanien und aufgehängte Hühner. In einem Dorf werfen sie eine Ziege vom Kirchturm.
Talkshow mit Prostituierten, das war auch noch nicht da. («Wieviel Freier hatten Sie in dieser Woche?» wird gefragt.)
Die jubelnde Postfrau kam heute nicht. D. h., sie kam doch, aber

sie hinterlegte die Briefe ohne einen Mucks von sich zu geben. Sonst liebt sie es, mich zu fragen, wie's mir geht. – Sie hat die Briefe immer mit Gummibändern zusammengefaßt. So hat jeder seine Methode. Ich finde Gummibänder auch sehr hübsch, ich habe immer welche vorrätig, doch weiß ich jetzt absolut nicht mehr, was ich mit den Dingern anfangen sollte. Wenn man sie längere Zeit im Schreibtisch liegen hat, zerbröseln sie. – Wie die Dinger wohl hergestellt werden? Ich nehme an, man schneidet Fahrradschläuche in Scheibchen.

Nartum Fr 7. Juli 1989

Bild: Die Bustragödie / Allah ist groß, rief der Terrorist und riß den Bus in den Abgrund / 16 Tote / Kinder und Frauen schrien / Tank explodiert / Hölle vor Jerusalem
ND: Delegation der DDR unter Leitung von Erich Honecker in Bukarest begrüßt / Abordnung auf Flughafen von Nicolae Ceausescu willkommen geheißen

Heiß, 30 Grad. Hildegard pladdert im Innenhof mit Wasser.
Gorbatschow reist in der Welt umher und wirbt für sich und seine Perestroika. Hoffen wir, daß es ihm gelingt, die Russen aus ihrer Dumpfheit herauszureißen. Skepsis ist angebracht.
Die Ungarn scheinen sich jetzt gelöst zu haben aus dem Block. Wie ein großes Schiff, das vom Kai ablegt. Das wird kaum registriert. Die Ungarn 1956! Es ist schon ungeheuerlich, ja grotesk, wie Menschen gerade in den Ländern behandelt werden und wurden, die unter der Devise «Mehr Menschlichkeit» antraten. «Arbeiterparadies», dies komische Wort, das hätte unsere Intellektuellen doch stutzig machen müssen ... Und daß es überhaupt noch einen einzigen Menschen gibt, der ein Wort des Verständnisses aufbringt für dieses Schurkenreich. Pervers. China ist ja ein exotisches Land, da mag man sagen: Nun gut, aber zum Beispiel die ČSSR (ein wenig Schadenfreude, die wollten es ja so ha-

ben, 1948, geschieht denen recht, daß sie im eigenen Saft schmoren) oder die glorreiche DDR. Dieses zynische Pack! Wieso gibt es bei uns keinen Parodisten unter all den bemühten Kabarettmenschen, der den Honecker mal nachahmt. Die haben nur Kohl drauf. Oder Willy Brandt. Ich würde gern mal hören, wie sie Honecker durch den Kakao ziehen.
Jeden Tag bin ich dankbar dafür, daß ich da drüben nicht leben muß. Wie gut, daß ich '56 gleich rüberging. Und dann die sonnigen 50er Jahre, Göttingen! Milchbars und Pettycoats ...
TV: Foto von einer Fleischerei in Polen, die Regale absolut leer, außer ein paar Konserven. Polen! Ein Agrarland, in dem es früher alles im Überfluß gab. – In der SU verrottet ein Drittel der Ernte, weil Lagerhäuser fehlen. Kohl hat der DDR 300 Millionen gegeben, damit sie anfangen, ihren Elbe-Dreck zu klären. Dieses Geld landet vielleicht auch in Nicaragua; anzunehmen ist es.
Die australischen Mädchen. Kathrine und Ulrike. Die eine hat einen schnellen Witz, die andere sieht aus wie Liv Ullmann, diese schwedische Schauspielerin – ist also nicht so sehr mein Typ. Beide sprechen gut deutsch. – Leider geht von ihnen (beide über 20) eine sonderbare Leere aus. Sie sitzen herum und dösen.
Gestern kam noch ein Student aus Amerika, wir lernten ihn in Thaos kennen. Ein bißchen Streber, kleiner fettiger, schwitziger Typ. Auch anstrengend! Er war 19 Stunden unterwegs. Den ganzen Abend hat er versucht, seine Mutter anzurufen und ihr zu sagen, daß er gut angekommen ist.
Ich komme mit M/B gut voran. Jonathan ist bereits über der Ostsee. Die Notizen von den Polen-Reisen leisten gute Dienste. New York–Bremen – das ist nicht so weit wie Hamburg–Danzig.
Mit dem «Sirius» bin ich nun im November angelangt, mit dem «Echolot» pausiere ich etwas. Manchmal gehe ich ins Arbeitszimmer, nachts, und lasse das Gerät aufflimmern und rufe irgendeinen Tag auf, ob da schon was steht.
Die Hitze macht mir zu schaffen. Nicht mehr der Jüngste sein. – In Bautzen war ich lange Zeit der Jüngste. Nach der Entlassung war ich dann plötzlich uralt. Eine relativitätstheoretische Erfahrung.

Vorgestern war ich bei der Breuel in Hannover zu einer kulturellen Zusammenkunft mit Industriellen. Nachdem ich meinen Golf neben den schwarzen Mercedessen abgestellt hatte, geleitete man mich in das Chauffeurszimmer. Die Chauffeure waren es, die den Irrtum sofort bemerkten. In der Kulturrunde redete ich ziemlich wirres Zeug. Allgemeines Befremden unter den Bankern. Für Literatur sind die Ehefrauen zuständig, das merkte ich schnell, die Herren von der Industrie lesen wohl nur Bilanzen. Ich fühlte mich derartig deplaciert, daß ich schon bereit war, einen Skandal zu provozieren, mich auf den Teppich zu schmeißen und einen Zusammenbruch zu inszenieren. Alles vollkotzen. Aber dann holen sie einen Arzt, und der sagt dann später zur Breuel: «Nihil. Der Mann hat einen Vogel.» – Oder sie schaffen mich ins Krankenhaus, und Hildegard kriegt einen Riesenschreck. Wenn ich hätte kotzen können, hätte ich's getan, aber das hatte ich nicht «drauf». – Was die Leute wohl gedacht haben. – Aber was die Breuel erwiderte, war auch ziemlich dämlich. Inmitten von Bankern erwiderte sie auf meine Taschenbuch-Schimpfereien: Ich sollte mal an die Fließbandarbeiter denken, *die* hätten keine Gelegenheit, sich selbst zu verwirklichen! Das sagte ausgerechnet die *Breuel*! Zeitweilig schrie ich völlig unkontrolliert in die Gegend.

Der Hitler-Tagebuch-Onkel, wie heißt er noch, der jetzt in Emden Kultur aufbläst – Nannen, fiel mir noch in den Rücken. Als ich im Bezug auf Taschenbücher sagte: «Der Herr Nannen wird sich doch auch keine Reproduktion an die Wand hängen!» – «Doch!» sagte er. «Wenn sie gut ist?» Daß ich ihm das nie vergessen werde, hat leider überhaupt keinen Sinn.

Beim Essen den Generalvertreter von Sony am Tisch. Ein ganz vernünftiger Mensch. Er redete mir begütigend zu. – Einen schlechten Eindruck machen, macht vielleicht doch Eindruck. Colloquium für Teilnehmer beider Fakultäten in Nartum, zehn Leute von 80 kamen. Thema: «Werkstatt eines Autors». Das kalte Buffet kann noch so jämmerlich sein, die Leute freuen sich doch darüber. Thomas Mann hat es 1949 gestört, daß die Deutschen in Frankfurt über die Happen hergefallen sind. Das tun

sie noch heute. Aber wieso sollte einen das stören? Ist Hunger oder Appetit denn was Unanständiges?
Ich zog einzelne Gäste in eine Ecke und stellte ihnen meine Plankton-Fragen. Ganz gutes Ergebnis.

Nartum Sa 8. Juli 1989

Bild: Nervenkrieg um «neue Freundin» / Boris ist doch kein Sex-Hengst
ND: Tagung der Politischen Beratenden Ausschüsse der Teilnehmerstaaten des Warschauer Vertrages begann

Bloch: Ein Mann seines Alters und seiner Bildung durfte nicht *so* irren. – Weil er schlecht sah, dachten die Studentinnen, er kann auch schwer hören. Nette Story mal gehört. – «Verfremdungen»: «Was man erlebt, ist randlos offen. Woran man sich erinnert, das rahmt sich.» – Von einer solchen Prosa lassen sich junge Autoren leicht ins Bockshorn jagen. Wer sich jedoch auf sie einläßt, hat reichen Gewinn davon.
Was das Rahmen angeht: ich denke bei Bloch sofort an eine unordentliche, unsaubere, dunkle Wohnung, im denen sich Geschmacklosigkeiten finden. Geruch nach Küche.
Heute fragt ein Herr aus Idar-Oberstein an, wo er das Buch «Der Bomberpilot» beziehen kann. «Im hiesigen Buchhandel gibt es keine Auskunft ...» – Obwohl es lieferbar ist, wird es von den Buchhandlungen oft als «nicht lieferbar» oder «nicht existierend» behandelt. Hierzu gehört auch das «Beethoven»-Hörspiel. Von dem haben die Buchhändler offenbar noch nie was gehört. Ein ewiges Rätsel ist es, wieso die Deutschen sich nicht für die Erlebnisse eines Menschen interessieren, der Phosphorkanister auf sie herabfallen ließ. Der Schock für Matheny nach seiner Befreiung: als er auf dem nahegelegenen deutschen Flugplatz entdeckte, daß die deutschen Jagdflugzeuge, die da noch standen, mit *englischen* Motoren ausgerüstet waren.

Die verlorene Form.
Simone kommt meine Produktivität unheimlich vor. Das sei wie ein Geisterband, von dem immer neue Ideen und Werkstücke liefen, die fielen dann in einen Kasten, und Bittel müsse die Kästen jedesmal ausleeren. – Ja, an Ideen ist kein Mangel. Meine Hauptsorge: sie «umzusetzen». Die Anekdote über Jean Paul, dem die Notizettel aus dem Fenster wehten. Auf ihnen standen die «Blitze», der Donner komme von selber. Ich habe die Erfahrung gemacht, daß «Blitze», also Ideen, wenn man sie vergessen hat, immer wieder zurückkehren, wenn auch in modifizierter Form.
Simone hat Angst vor den Hühnern. Hildegard meint, das könne sie verstehen, solche Federtiere seien ja auch unheimlich. Die unendliche Mühe, die sie auf ihre Federpflege verwenden.
Im Kaleidoskop werden immer dieselben Farben durcheinander geschüttelt, und doch kommt jedesmal etwas anderes heraus.
Honigmelone, wohlschmeckend. Johannisbeeren sind zu anstrengend für den Magen. Die Erwähnung von Wassermelonen in T/W. Hat keiner kapiert, daß das mit dem Rußlandfeldzug zu tun hatte, Sommer 1942. Man muß den Leuten alles *sagen*.

Nartum So 9. Juli 1989

Welt am Sonntag: SED-Chef Honecker an Gallenblase akut erkrankt / Ost-Gipfel in Bukarest – «DDR»-Staatschef nach einer Nacht in Klinik vorzeitig abgereist
Sonntag: Staunen im Norden des Westens. DDR-Kinderbuchausstellung in Hamburg

Australier sind abgefahren, wurde auch Zeit. Kehrt wieder Ordnung ein ins Haus. – Die eine kriegte irgendwie Durchfall. Ich sagte: «Na, was macht dein Durchfall?» – «Willst du mal zugucken?» Donnerwetter. – Ich empfand die Entfernung, die Trennung von der Jugend. Sie nehmen nicht an, was wir ihnen bieten können. «Schnuppe» sind wir für sie.

Der Ami ist noch da. Er rast mit unserem Auto durch die Gegend und fotografiert unausgesetzt, Lüneburg, Lübeck, Hamburg, Bremen. Tausende von Dias. Irgend jemand hat gesagt, diese College-Lehrer sind ganz arme Schweine, kommen nie irgendwohin. Der sackt ein, was er kriegen kann, Unterrichtseinheiten auf Vorrat. Das hab' ich auch gemacht damals, aber es nützt nichts, aus Dosen kann man als Lehrer nicht existieren. – Die in der Zeit gefrorenen Erinnerungen unserer Lehrer: der 1. WK spielte eine große Rolle. Max Zander war mal in England gewesen, für den war es wichtig, die dortigen Schiebefenster zu erwähnen, daß die verquellen. Ob es diese Dinger dort noch gibt? Ob die noch immer verquellen?
Lesung in Hagen (bei Bremerhaven). Wir durften den Hund nicht mit hineinnehmen, alles blankgescheuert.
Ich sag': «Dann fahr' ich wieder ab.»
Mit Mühe Jähzorn unterdrückt.
Den Nachrichten war zu entnehmen, daß die Milchquoten leicht gekürzt werden.

Nartum Mo 10. Juli 1989

Bild: Deutschlands schönster Tag / Steffi + Boris / Das war Götter-Tennis
ND: Für ein stabiles und sicheres Europa, frei von nuklearen und chemischen Waffen, für eine wesentliche Reduzierung der Streitkräfte, Rüstungen und Militärausgaben

Hildegard sagt, es sei heute «Wäschewetter». – Sie hat den Munterhund gebadet. Es schien ihm zu gefallen, sonst ist er immer beleidigt.
Ich zu ihr: «Ich bin der Motor, und du bist die Seele des Hauses.»
Hildegard: «Ich bin die Beine.»
Wäschewetter: Im Obstgarten flattern die Bettücher. Gänse

schnattern. – Der Mann von der Dash-Werbung. Was ist aus ihm geworden? Er hatte so schöne vertrauenerweckende Augen. «Dash wäscht so weiß, weißer geht's nicht.» Ob auch er eines Tages seine Memoiren schreibt? Wie sie ihn beschissen haben? Oldenburg: Fibel, Schreiben. Tafelschrift, wie man es macht, daß die Schrift gut lesbar ist und gut aussieht. Farbige Kreide. – Ob ich das ernst meine mit der farbigen Kreide, fragte mich der Jüngling vom letzten Mal. – Was soll man da sagen.
Ich rühmte Martin Andersch und die Schönschreibstunden in unserm Nartum-Seminar. «Kalligraphie», dieses Wort haben sie noch nie gehört. Das sinnliche Erlebnis des schönen Schreibens. – Wenn ich als ein Chinese zu ihnen gesprochen hätte, hätten sie mir angehangen. – Die Lichtbilder, die ich ihnen zeigte, mittelalterliche Handschriften mit kunstvollen Initialen, machten keinen Eindruck. Vielleicht hätte ich noch Würzkräuter mitbringen sollen, wie Martin Andersch es immer tut. Aber welche? – Das Problem der Pädagogik ist, daß es zuwenig intelligente Menschen mit Herz gibt.
Vor einiger Zeit gab ich Zettel aus und ließ Märchentitel aufschreiben. Keiner wußte mehr als zwei Märchen anzugeben, mancher gar keine. Auch «Max und Moritz» wurde genannt. Wie Tom Sawyer auf die Frage nach Aposteln antwortete: «David und Goliath». – Daß Unterrichten auch dem Lehrer *Spaß* machen muß – sonst hält man es nicht 30 Jahre aus –, das begreifen sie nicht. Jede Stunde, in der nicht gelacht wird, ist eine verlorene Stunde.
O Gott, die Gespräche in den Lehrerzimmern!
Horror-Rechnung für Fotokopierer, sechs Monatsmieten für 820 DM.
Im Autoradio: «Entwarnung für Autofahrer! Auf der A 1 ist kein Hund mehr auf der Fahrbahn!»
Die Suche nach außerirdischem Leben im Weltall bedeutet, daß wir gern Zeugen hätten für unseren Untergang. – Seine Existenz ließe sich auf mathematischem Wege beweisen. Im Grunde wohl eine einfache Gleichung. Robert hätte gesagt: Das fühlt doch'n Blinder mit'm Krückstock.

2000: *Inzwischen hat man in unserer Galaxie immerhin schon Planeten entdeckt.*

Nartum Di 11. Juli 1989

Bild: Steffi exklusiv in Bild / Boris + ich
ND: Brüderliche Grüße an die Mongolische Volksrepublik

Semesterschluß. – Oldenburg: Fibel, Schreiben. – Vorher, um 15 Uhr, besuchte ich eine Schule, eine umfunktionierte Pausenhalle, manegenartig. Lesung und Diskussion. Mir, dem Antialkoholiker, wurde eine Flasche Schnaps und ein Zinnlöffel geschenkt, aus dem man den Schnaps schlürfen soll. Hildegard wird sich freuen.
Mir selbst zur Belohnung kaufte ich in Oldenburg zum Semesterschluß ein kleines Bild, viel Wald und oben ein Schloß. Nichts besonderes. Braucht viel Licht: 800 DM!
Ein Herr über Kreuzfahrten: «Wenn man so rausfährt aus Venedig, das ist doch doll irgendwie.»
Heute sollte man sich laut Kalender erinnern an: **Benedikt von Nursia.**

Nartum Mi 12. Juli 1989

Bild: Tragödie im Reihenhaus / Hirtenhund biß Baby Kopf ab / Er kam aus dem Tierheim / Eltern schliefen im 1. Stock / Säugling auf der Couch vergessen
ND: Nahezu drei Viertel der Wintergerste eingebracht

Kinder kamen, um sich Bonbons zu holen. Hildegard wischte hinterher sämtliche Türdrücker feucht ab, da klebrig. Die neueste Sitte ist es, daß sie uns an der Tür etwas zum Tauschen anbieten. Sie halten also einen Apfel in der Hand und hoffen auf

Schokolade oder Bonbons, «tuschen» wie es auf Platt heißt. Für manche ist das Tauschen nur ein Vorwand, sie sind ganz einfach neugierig: meist halbwüchsige Mädchen zum Beispiel, im sogenannten «Gösselalter», niemals Jungen. – Wer Lust zu tauschen hat, hat Lust zu betrügen, sagt man. Oder, in der Schweiz: «Wer bigärt z'tusche, bigärt z'b'schysse.» – Der Name Roßtäuscher. Man denke, ich hieße so, dann wäre ich als Autor erledigt.
Das mir unangenehme Märchen «Hans im Glück».
Kinder: Wie auf dem Bild «Lasset die Kindlein zu mir kommen» von Fritz von Uhde möchte man in der Diele sitzen und ihnen was erzählen.
Eine junge Frau kam, sie wollte uns ein Küken zeigen. Ging gar nicht wieder weg, wie süß das Küken ist. Irgendwie sollte dabei herauskommen, was für eine gute Frau sie ist, daß sie uns hier zeigt, wie süß Küken sind. Wie die Glucke wohl nach dem Kleinen gesucht hat! – Fliegende Händler lassen sich nicht mehr sehen. Manchmal Kirchenleute. Kirchenleute kommen meist zu zweit. Kleinbürgerliche Figuren, die es nicht ertragen, wenn man ihnen was erzählt vom lieben Gott.
Ein Einzelreisender auf Fahrrad, wo es hier nach Steinfeld geht, wollte er wissen. Wir bewirteten ihn. Netter Mensch, dem wir peu à peu beibrachten, was für ein erlauchter Mensch ich bin. Leider klingelte bei ihm nichts. Eine Freundschaft fürs Leben war nicht zu begründen. «Weißt du noch, damals, als ich bei euch reinschneite ...?» – An unserm Haus vorüber führt ein Radfahrweg, auf dem kann man von Hamburg nach Bremen fahren. Zeitweilig größere Pulks. Auch Väter mit Söhnen. Fliegende Mädchen und übergewichtige Frauen. Ich gebe mir dann den Anschein. Später mal ein Café hier aufmachen, man braucht die Menschen ja nur abzufangen.
Am Abend saßen wir draußen und erzählten uns gegenseitig, wie schlau wir es angestellt haben, aufs Land zu gehen. Hammelfleisch und Kohl. – Hildegard backt neuerdings einen famosen Topfkuchen mit viel Fett. Sie staunt, wieviel Fett der Teig aufnimmt. Marmorkuchen hab' ich lieber als Rosinenkuchen. Es muß aber echte Schokolade sein, nicht so Pulver. Auf Sächsisch

heißt Topfkuchen «Bäbe». Ein weicher Tirolerhut mit Pinsel wird von den guten Leuten «Jodler-Bäbe» genannt.
«Meester, soll ich beede Beene mit der heeßen Beeze beezen?» – auch so ein Schnack.
Lennon-Biographie von Albert Goldman, 964 Seiten! Ich wundere mich, daß es für ein solches Werk überhaupt genug Beatles-Anhänger gibt, die des Lesens kundig sind. Die Yoko Ono sei kaufsüchtig gewesen, schreibt Goldman. Der Starverkäufer eines New Yorker Geschäfts, Goodman, erzählt:

> Eines verschneiten, eiskalten Heiligabends rief Yoko Ono an und sagte, daß sie und John gern ein paar Pelze in ihrer Wohnung im Dakota anschauen würden. Schneller, als ich's hier erzählen kann, waren ein Sicherheitsmann und ich mit drei Truhen unterwegs – siebenunddreißig Teile insgesamt. Wir stellten die Truhen in die Küche, weil Yoko und John die Sachen dort allein anschauen wollten (es war der einzige Raum mit gutem Licht und einem großen Spiegel). Wir warteten im Wohnzimmer. Nach einer Ewigkeit kam John herein und sagte, wie nett es von uns gewesen sei, an so einem schrecklichen Nachmittag herüberzukommen, und ob wir nicht ein Glas Wein mit ihnen trinken wollten. Ich war mir sicher, daß das ein höflicher Versuch war, sich dafür zu entschuldigen, daß nichts gekauft wurde. Aber als wir in die Küche kamen, sagte John: «Wir kaufen.» – «Welchen?» fragte ich und hoffte, daß es wenigstens ein teures Stück wäre. «Alle», sagte John, «die ganze Kollektion.» Das war ein Verkauf für fast 300 000 Dollar.

In Butter geschmortes Gemüse, ein rechtes Sommeressen. Ich suchte dem Munterhund hinterher Zecken ab. Ich denke dabei, wie angenehm ihm das wohl ist! Es gibt Vögel, die sich auf einen Ameisenhaufen stellen und von den Insekten bespritzen lassen, dann werden sie nicht von Ungeziefer befallen. Die Madenhacker – auch angenehm zuzusehen, wie die ihrem Geschäft nachgehen. Im Rachen der Krokodile spazieren sie herum. Lotsenfische. – Als Kind durfte ich mich zwischen die Beine meiner Mutter setzen, dann kämmte sie mir Schuppen aus, die ich reichlich hatte. Im Wohnzimmer fand das statt. Im Bücherschrank Lafcadio Hearn.

Nartum Do 13. Juli 1989

Bild: Hertie / Wilmersdorfer Straße / Bombe im Weinregal / Der letzte Geliebte bricht sein Schweigen / Strauß nahm mir Frau Piller weg
ND: DDR entschieden für völlige Beseitigung der Atomwaffen

Ich hatte die ganze Nacht zu tun mit dem geschmorten Gemüse. Doch keine so gute Idee.
Das Semester ist zu Ende gegangen, die übliche Ausdünnung setzte bereits am Montag ein. Die Pädagogik macht mir mehr und mehr Spaß, obwohl ich leider sagen muß, daß die Studenten sich überhaupt nichts merken können. In jeder Vorlesung, immer und immer, habe ich ihnen eingebleut, daß man jeden Unterricht auf sogenannten «Sachbegegnungen» aufzubauen hat. Meine wundervolle Bleistiftdarbietung, als Beispiel gedacht: Warum er sechseckig ist und wie lang die Linie ist, die man damit ziehen kann. Die Unsitte, ihn an beiden Enden anzuspitzen und das Anschärfen eines Exemplars, dem die Gräten inwendig gebrochen sind. Die Hoffnung: Jetzt wird er nicht wieder abbrechen, und dann doch. – Sie all dies selber finden lassen, und wenn sie schon denken, nun ist es aber genug!, geht es erst richtig los.
Redet um Sachen! Der einleuchtendste Beweis für die Gültigkeit dieses fundamentalsten pädagogischen Lehrsatzes ist der Sprachunterricht. Jeder Jugendliche, der nur ein halbes Jahr in Amerika zubringt, spricht fließend englisch, das kann ein mehrjähriger Englischunterricht in Deutschland nicht leisten, weil die Einbindung in die Sache fehlt. Wer nur 26 italienische Vokabeln kennt, wird es erleben, wie dieser Sprachschatz in Italien auflebt, vorausgesetzt, daß er mit seinem Mädchen Eis essen gehen will. – Als ich jetzt die Semesterarbeiten anguckte, war zu sehen, daß niemand dieses Prinzip berücksichtigt hat. «Ach, so meinen Sie das!» sagten die kleinen Dummchen.
Pädagogik interessiert sie im Grunde gar nicht. Kinder sind ihnen völlig fremd. Sind ja man selbst noch Kinder.
Trotz meiner Blutleere im Gehirn, dem rasenden Heißhunger

und Zittern an den Händen – ein Zustand, der eigentlich nur liegend zu ertragen ist – sitze ich über «Sirius» und mache «ihn» fit und immer fitter. Wenn mich nicht alles täuscht, werden wir dieses Projekt im nächsten Herbst den Lesern in die Hand drücken können. Ich breche dann die letzten Brücken hinter mir ab, weil ich mich über etliche Personen, die meinen Weg gekreuzt haben, zynisch äußere, und weil ich mich demaskiere als ein Mensch, der anders denkt als unsere Leitartikler. – Im übrigen habe ich mich «geoutet». In einer Demokratie sollte das mit Beifall bedacht werden, aber hier brechen sie einem das Genick.

Das Projekt «Sirius» wird zum «Echolot» in eine dialogische Beziehung treten: 1983–1943. Gestaltung und Ergänzung sind weitere Antriebe und halten mich bei der Stange.

Jazz gehört, Oscar Peterson, die «Canadian Suite». Besonders «Wheatland» gefällt mir. Das kann ich immer wieder hören.

TV: Zum dritten Mal den amerikanische Bankraub-Film «Dog Days Afternoon» gesehen, lustig!

Der kühle Bush in Polen und Ungarn.

Nartum   Fr 14. Juli 1989

Bild: 9 Jahre nach der Entführung seiner Kinder / Kronzucker verließ seine Frau / Olympiasieger / Europameister / Fußball-Stars / 5 Super-Sportler aus «DDR» geflüchtet
ND: Gruß der DDR zum 200. Jahrestag der Französischen Revolution / Warschauer Vertragsstaaten setzen Politik des Friedens, der Abrüstung und der Zusammenarbeit konsequent durch

Ende des Semesters. Was mache ich ohne «Ali Baba»? Tomatensuppe, Teigröllchen?

Um 17 Uhr kam das Goethe-Institut / Bremen mit 30 Personen, aller Welt Zungen. Ich flehte eine italienische Dame um Hilfe an bei der Suche nach italienischen Tagebüchern.

1999: *Nie wieder was gehört davon!*

Eine Französin verabschiedete sich mit den Worten: «Hoffentlich keine Polizei beim nächsten Besuch!» – Weiß nicht, was sie damit meinte. Denkt sie, wir stehen unter Aufsicht? – Ich habe nichts gegen Polizisten, es kann gar nicht genug davon geben in unseren unsicheren Zeiten. Als ich aufs Land ging, gab es noch den Dorfpolizisten, der mit dem Fahrrad durch die Fluren fuhr und Jungen an den Ohren zog, die Vogelnester ausgenommen hatten. – Die übliche Goethe-Mischung: Leute aus Spanien, ČSSR, Polen, auch USA und sogar Japan und Indonesien waren darunter. Wir heizten ihnen mit Pappkarton-Wein ein und dikken fetten Schnitzeln vom Schlachter. Die Ostleute kriegten *zwei*. Die Letzten fuhren um Mitternacht beschwingt ab. Sie werden meinen Namen in alle Welt tragen. Und die Welt wird aufhorchen. Zur Französischen Revolution ein Augenzeugenbericht von Wilhelm von Wolzogen:

> d. 14t Die Nacht ward unruhig. Das mutwillige Schießen, das Lärmen, das Läuten der Sturmglocke, wenn es einem einfiel, der falsche Alarm für fremde Truppen: alles dieses vermehrte die Unordnungen. Man drohte, einige Hotels anzustecken, man ward erbittert gegen den Prinz Lambesc, gegen einige andere Großen. Der Kaiserl. Gesandte bekam Wache vor das Haus; niemand kame herein oder heraus, ohne visitiert zu werden, jeder Wagen, jeder Karren, jeder Kourier wurde angehalten, ausgesucht, seine Briefschaften erbrochen; dieses geschahe auch auf der Post. Jetzt suchte man sich in allen Fällen sicher zu stellen: suchte Canonen hervor, fiel in die Invaliden ein u. nahmen da das Geschütz weg, kamen endlich auch auf den Gedanken, sich der Bastille zu bemächtigen und die Kanonen herauszuführen.
> Dieses war ein Unternehmen, das nur in dem Gehirn eines Franzosen entstehen konnte. Bisher hatte man immer geglaubt, daß dieses eines der festesten, unzugänglichsten Forts seie und nur durch unaufhörliches Bombardement könnte eingenommen werden; der Karakter, den es hatte, war schon hinreichend, diese Ideen zu bekräftigen. Allein gewohnt, nirgends Widerstand zu finden, auch in der Hoffnung, daß die darinnen lägen, ihre Partie ergreifen würden, rückte ohne alle Ordnung, ohne allen Plan ein Trupp bewaff-

neter Bürger heran. Der Gouverneur, Msr de Launay, steckte die weiße Fahne auf, ließe aber doch einige Kanonenschüsse mit gehacktem Blei tun; die aber keiner Schaden waren, da die Leute zu nahe schon waren unter den Kanonen. In der Bastille lagen die Invaliden, die schossen mit Flinten aus den Löchern; doch tate auch dieses nicht viel Schaden; ungefähr 47 Mann fielen. Man arbeitete unterdessen, um die Zugbrücken herunterzubringen, legte Feuer an unter die Bäume, die sie aufhielten, und so kame man endlich hinein. Als sie einmal darinnen waren, hatten sie weiter keinen Widerstand zu fürchten, denn es lagen nur ungefähr 50 Mann Invaliden darinnen und etl. 30 Schweitzer von Salis Samate. Jetzt fielen sie auf den Gouverneur ein. Einer von der Garde françoise packte ihn zuerst. Er wurde sogleich von dem Volk mit einem Orden behangen. Sie führten ihn nebst noch einem Vorgesetzten der Bastille, dem Inspecteur über Pulver und Salpeter, einigen Invaliden, die Feuer gegeben hatten, dem Guichetier in Triumph auf den Place de Greve. Hier kamen sie schon zum Teil halbtot an. Man hängte sie da vollends oder schluge ihnen die Köpfe herunter; der nächste beste, der einen Säbel [hatte], verrichtete dieses auf dem Pflaster ohne alle Umstände.

Nartum   Sa 15. Juli 1989

Bild: Trainer-Frau stellt Ultimatum / Scheidung – oder Schluß mit Steffi
ND: Volle Übereinstimmung mit den Ergebnissen von Bukarest

Auch der Amerikaner ist jetzt abgefahren. Wir hatten ihm ein Auto gemietet (damit wir ihn los sind), für sechs Tage: 342 Mark! Wenn das nicht der Völkerverständigung dient? Lehrer will er werden. Diese Leute müssen sich sehr schinden. Kriegen in den Ferien kein Geld. Dagegen bei uns, die Faulsäcke! Fahren zweimal pro Jahr auf Urlaub, dazu «Kur» wegen der Nerven. Auch Fortbildung im Odenwald. – Deutsche Lehrer im Ausland bekommen doppeltes Gehalt. Sie gehen für einige Jahre nach Brasilien, stellen ihre Möbel auf den Speicher, und wenn sie wiederkommen, wartet hier ein hübsches Vermögen auf sie. – Anson-

sten ist das Gehalt eines Landlehrers nicht gerade für größere Sprünge geeignet.
Nun sind wir allein und können unsere Ehearbeit wiederaufnehmen wie am Klöppelkissen. Auch mal'n Volkslied singen gemeinsam, am Klavier?

Nartum So 16. Juli 1989

Welt am Sonntag: Neue Streiks in Sibirien und auch in Stalingrad / Sowjetische Arbeiter kämpfen um mehr Geld, Lebensmittel und bessere Trinkwasserversorgung
Sonntag: Aufklärer, Rebell und Realist. Adam Scharrer[*] zum 100. Geburtstag. Von Irmfried Hiebel

Reisen! So sehr mir die Lesereisen zum Halse raushängen ... (das Lesen selbst übrigens nicht): nach Oberitalien, Padua, Ravenna, Pisa möchte ich wohl gerne mal fahren. Ich werde das nie schaffen. Und von dort hat mir noch nie eine Dame Applaus gespendet. In die Villa Massimo bin ich auch noch nicht eingeladen worden. Das ist was für die 68er. Da stört unsereiner.
Die Heimat = *der* Mutterleib.
Fernweh = die Sehnsucht nach dem Zirkelschlag, der das Paradies mit dem Himmel verbindet.
Heimat hat es *so* nie gegeben, erst Erinnerung baut sie auf.
Friedenthal «Goethe».
Noch zu den beiden Mädchen aus Australien, daß sie sich für nichts interessierten. Und wir? Was wollen wir denn von den Australiern wissen? – Wir fragen sie deshalb nach nichts, weil sie selbst nichts wissen von Australien, das ist der Grund. Wenn ihnen ihr Land am Herzen läge, würden sie schon von selbst davon anfangen. Das Ganze liefe am Ende sowieso darauf hinaus,

---

[*] Adam Scharrer: Siehe: «Uns geht's ja noch gold», S. 312

daß man den armen Kindern wegen der Aborigines Vorwürfe machte. Hildegard beanstandete, daß sie beim Bügeln den Fernseher anmachten. Das fand ich meinerseits nun ganz flott. Auch daß sie sich meinen Strohhut aufsetzten, war zu akzeptieren.
Lese in Wellershoffs Benn-Buch, daß Benn der Auffassung gewesen sei, der Dichter sei der Sprecher des kollektiven Unbewußten. Das Wort «Seher», das in diesem Zusammenhang fällt, schmeckt mir weniger.

Nartum Mo 17. Juli 1989

Bild: Er lag im Bett – Die Pupillen geweitet / Null-Linie auf dem EKG / Karajan / Der König ist tot
ND: Vor 25 Jahren wurde der Grundstein gelegt / Halle-Neustadt spiegelt erfolgreiche Politik wider

Büromaterial gekauft, Farbbänder, Umschläge, Ohropax, Etiketten: 69 Mark.
In der «Quick» (Nr. 28) habe ich mich zu «40 Jahre Bundesrepublik» folgendermaßen geäußert:

> Diese arme, etwas dumme Republik ist meine Heimat.
> Ich gehöre zu den altmodischen Leuten, denen der Begriff Deutschland noch etwas bedeutet. Ich denke an 1943, an meinen Besuch in Breslau, das damals noch nicht zerstört war, an eine Ferienreise nach Königsberg im Jahre 1937 und daran, daß dies alles möglich war ohne Geldzwangsumtausch und Visum.
> Solange ich noch durfte, bin ich in die DDR gereist. Ich tat es, um das Gefühl nicht zu verlieren, daß Rostock, Güstrow oder Schwerin nach wie vor deutsche Städte sind. Um ehrlich zu sein, wenn es eines Tages wieder möglich wäre, nach drüben zu ziehen und ohne daß ich meine Staatsangehörigkeit wechseln müßte – ich bliebe hier. Die arme, etwas dumme Bundesrepublik ist meine Heimat geworden.
> Je älter ich werde, desto größer aber wird meine Befürchtung, daß diesem Land ein ähnliches Schicksal von seinen Bewohnern bereitet wird, wie es der Weimarer Republik geschah.

Von der extremen Rechten und Linken wird an dem sauer erkämpften demokratischen Gefüge genagt, und zu wenige finden sich bereit, diejenigen zu stärken, die in der Mitte stehen und sich mehr und mehr irritiert zeigen.

Auf dem dazugehörigen Foto bin ich mit *schwarzem* Hemd, *roter* Jacke und *goldenem* Strohhut zu sehen.

Früher gab's für die Schreibmaschine von Pelikan blaue, grüne, rote und sogar braune Farbbänder, auch halbierte rot/blaue oder grün/blaue usw. Alle nur möglichen Varianten hatte ich gehortet und nie verwendet. Sammeln eines Schreibinstrumentariums aus Lampenfieber vor den Stoffmassen, die sich näherten?

Huxley hat einen Schriftsteller geschildert («Kontrapunkt»), der alle Materialien für's Schreiben besaß, er hätte loslegen können, sozusagen, aber es ging nicht los. – So damals mit mir in Rostock, die leeren Karteikästen. Es ging erst los, als ich den Stau mit Zetteln auffing, Kleinholz für's Feuer sammelte.

Nartum Di 18. Juli 1989

Bild: Sterbender Karajan: Gott, habe ich das verdient?
ND: Studentensommer der FDJ 1989 in Berlin eröffnet / Namibier kehren aus der DDR in ihre Heimat zurück / «Wir kamen als Flüchtlinge zu euch, jetzt gehen wir als Fachleute»

Spannende Entwicklung in der SU. Als Milchmädchen muß ich sagen, es kann nicht gutgehen. Wahrscheinlich schleppt sich das noch ein paar Jahre oder Jahrzehnte hin und versinkt in dem allgemeinen Kollaps, der die ganze «Dritte Welt» erfassen wird und uns dann alle hinabreißt. Landwirtschaft und Industrie im Eimer, die Nationalitätenfrage usw. Am besten wäre es für die Leute dort, Gorbatschow würde die SU auflösen und alle Regionen sich selbst überlassen, und dann die Ölfelder und Bodenschätze an die Amerikaner verpfänden. – Wer hätte eine solche Entwicklung für möglich gehalten! Was die Tattergreise in der DDR

wohl machen werden? Krolikowski? Der zieht seine Standuhr auf. – Ich habe gehört, daß die Umweltverschmutzung in den Ostblockländern schon irreparabel ist. Und wenn man sieht, wie lasch sie bei uns die Ozonfrage angehen, dann kann man nur sagen: Good bye.
Mich wundert immer wieder, daß sie in Filmen Feuerkatastrophen zeigen, explodierende Autos usw., daß das erlaubt ist! Da wird doch auch eine Menge Sauerstoff verbraucht? Wenn hier bei uns auf dem Lande einer ein bißchen Reisig anzündet, kommt gleich das Überfallkommando.
Simone arbeitet wie im Rausch am «Echolot». Auch ich habe rauschhafte Zustände zu bewältigen, das ist aber mehr eine Art Trance. Leibschneiden und ein fiebriges Gefühl lassen jede Kraft erlahmen. So geht das nun schon seit Wochen.
Ich war bei Kersten und beim Haarschneider – ob meine Haare über die Ohren hängen sollen, hat die Friseuse gefragt – und dann zwei Stunden im «Hörzu»-Archiv für «Sirius» im Jahrgang 1983 geblättert. Mir fiel auf, wie armselig die drei Programme sich gegenüber unserem jetzigen Angebot ausnehmen. Groteskerweise sieht man nun weniger fern als zuvor.
Leider konnte ich nicht in Ruhe arbeiten, im Hintergrund schwatzten zwei Angestellte weibl. Geschl. miteinander. Am Gebäude der «Hörzu» sind alle Beschriftungen abmontiert worden, aus denen hervorgeht, daß es sich um ein Springer-Unternehmen handelt.
Dann kaufte ich allerhand Bücher für's «Echolot», Heine-Buchhandlung, unfreundlich. Ich hatte das Gefühl, dort als Klassenfeind zu gelten.
Weiße Flecken in der Geschichte ausfüllen.
Hilberg: Auschwitz. Lange: Cap Arcona. Ploetz: WK 1939–45. Klarsfeld: Vichy-Auschwitz. Zusammen: 160,40 Mark.
Dann machte ich Farbkopien für das «Echolot»: 41,25 Mark.
Jeder Tag müßte mit einem großen Foto beginnen.
Nudelauflauf, Schokoladenpudding.

Nartum Mi 19. Juli 1989

Bild: 2 berühmte Tierexperten fordern: Verbietet diese Hunde. Sofort! / Karajan – Heimlich in der Nacht begraben
ND: Briefwechsel zwischen dem Bischof zu Greifswald, Dr. Horst Gienke, und dem Vorsitzenden des Staatsrates der DDR, Erich Honecker / Verbunden in angestrengter guter Arbeit für das Wohl der Bürger der DDR

23 Uhr. – Dorfroman: Eine der Hennen – sie haben einen wundervollen Kamm und schönes, gleichmäßig in sich gemustertes Gefieder – ist besonders zutraulich. Sie läßt sich gern streicheln, allerdings nur kurz, dann wird es ihr zuviel, und sie weicht seitlich aus. Der Hahn ist prachtvoll, groß, schwer und ehrfurchtgebietend. Wenn ich morgens rauskomme, haben sich die meisten Hennen selbständig gemacht, sie sind über den Zaun geflogen. Der Hahn tut das nie. Ich beachte sie dann gar nicht, und mit großer Geschwindigkeit laufen sie hinter mir her in die Umzäunung, um von den Körnern was abzukriegen. Tagsüber liegen sie gern dicht beieinander in der äußersten Ecke des Hecks. – Dorfkinder haben sie neulich äußerst übel gescheucht, eins ist in den Brunnen gefallen, fast ertrunken. Die Vögel haben sich davon nichts anmerken lassen, sind also nicht scheuer geworden (haben auch nicht gepetzt). Der Hahn frißt mir ausnahmsweise mal aus der Hand. Ein wundervolles Tier. Aber auch die Hennen sind schön, diese kleinen Diakonissen.
«Schubert» von Fröhlich. Banal ist es, wenn er sagt, daß Schubert erst durch seine Schmerzen zum Künstler geworden ist. «Schubert komponierte, um zu vergessen ...» Ebenfalls banal, aber es stimmt vermutlich. – Bei ihm erstaunt mich noch mehr als bei Mozart die Anzahl der Kompositionen. Ich verstehe, daß dieses kurze, reiche Leben Schriftsteller interessiert. Auch Fröhlich hat übrigens Streichquartette geschrieben. In der Vita steht überall und jedesmal, daß er bei Fortner Musik studiert hat. Jeder hat so seine interessanten Stellen im Lebenslauf.

Ein lieber freundlicher Mensch, der durch irgend etwas in seinem Wesen den Widerspruch, ja die Wut der Menschen erregte.

Nartum Do 20. Juli 1989

Bild: Carl Heinz Schroth †/ Er schlief sanft ein/ Führerschein für große Hunde fordert ein Bundestagsausschuß
ND: Volkswirtschaft der DDR entwickelt sich weiterhin dynamisch und stabil

Ein Sommermädchen der ersten Stunde schreibt, daß sie Bildhauerin geworden ist. «Neulich habe ich in einer Buchhandlung Dein neuestes Buch entdeckt und mich darin festgelesen, es gefällt mir gut.» Na, denn. Warum kauft sie es nicht? Das ist die Frage. Ich denke, wir speien sie in den feurigen Pfuhl? Vielleicht läßt sie sich's ja zu Weihnachten schenken.
Vor 20 Jahren der erste Mensch auf dem Mond. Das Aufstellen der Fahnen dort oben, die natürlich nicht wehten, sondern durch ein Gestell am Flattern gehalten werden mußten, das Herumhopsen in Schwerelosigkeit, das Mondauto, mit dem die Astronauten jugendlich herumkurvten im jahrtausendealten Staub. Es wird bleiben: der Blick auf den Blauen Planeten. Hausfrauen heften das Foto an den Küchenschrank. Für dieses Foto hat sich die ganze Sache gelohnt, finde ich. Was sonst dabei herausgekommen ist, weiß der liebe Himmel.
Arbeit am «Sirius».
Zeitung «Christ und Welt» kam: «Christ und Hund» sagten die Journalisten früher.

Nartum Fr 21. Juli 1989

Bild: Genscher Herzinfarkt / Die DC-10-Katastrophe / So ist das also, wenn man stirbt
ND: Mehr Personalcomputer und Drucker aus Sömmerda

Stölzl war hier, gehört zu den «Fliegen»-Menschen, trug einen getupften Querbinder also. Wie Riesenhuber oder mein lieber Bruder Robert. Ein Gespräch mit viel Zeitgeist. Sehr Erfreuliches über «Echolot». Er meint, ich sollte auch Thomas Mann und Benn und andere Prominenzen mit aufnehmen. Er berichtete von den Ankäufen für sein neues Museum. Die Schreibmaschine Hitlers, auf der «Mein Kampf» getippt wurde, hat er zum Beispiel angekauft. Auch mein «Gefängnis»-Modell will er haben. Das Archiv will er nicht kaufen, leider. Sein Museum kaufe nur Objekte. Die «Hundstage» bezeichnete er als ein Buch, das mir «abgerutscht» sei. Das Haus samt Einrichtung musterte er, als müsse er es abnehmen.

Mit dem «Echolot» zielen wir auf den Mai 1995, 50 Jahre Krieg vorbei, 50 Jahre Frieden in Europa. – Nur ein Mensch wie ich, der ein wenig naiv ist, kann sich an ein solches Riesen-Projekt wagen.

Ich hatte wieder die Leib-Sache, ekelhaft, war drei Tage mattgesetzt.

Aus Oldenburg kam eine Studentin, die mir erzählte, daß dort anscheinend planmäßig gegen mich gehetzt wird. Wenn sie sagt, daß sie was von mir liest, fallen die Kommilitoninnen aus allen Wolken. «Von dem Arsch liest du was?» – «Von diesem hemmungslosen Selbstdarsteller …?» – Es ist ja auch auffällig, daß es bisher noch zu keiner Zusammenarbeit gekommen ist zwischen den Germanisten und mir. Soweit ich mich erinnere, hat es kein einziges Gespräch gegeben, von gemeinsamen Veranstaltungen keine Spur.

Nartum Sa 22. Juli 1989

Bild: Freunde, Ärzte, Kollegen fürchten: Genscher arbeitet sich tot!
ND: Bündnis mit Polen ist Friedensfaktor in Europa

Die Luft ist voller Gnitzen.
Petra Kelly hat ihre Leute beschimpft, daß sie nicht gegen Rot-China protestiert haben. Es heißt, es seien damals Millionen von Chinesen umgekommen, zu einer Zeit also, wo hier die Studenten begeistert sich auf Mao beriefen. Möchte mal in ein rotes Büchlein reingucken. Ob es das noch zu kaufen gibt?
Nun werden die Leute vom 20. Juli mit dem National-Komitee Freies Deutschland vermengt. Sogar die Dönhoff gab sich dazu her. Das Mißverständnis liegt darin, daß man einige wenige Idealisten innerhalb des NKFD mit der Masse der «Verräter» gleichsetzt. Das Ganze ist auch eine Stilfrage.
Parallelen ziehen zu den 68ern. (Die im Gegensatz zu den Männern vom National-Komitee nichts davon hatten, daß sie sich ranschmissen an die Kommunisten, nur die vage Hoffnung, «wenn's mal andersrum kommt», einen Posten zu kriegen. Aber die Roten hätten ihnen was geschissen, so wie sie Paulus und diese Leute dann zu 25 Jahren verknackt und ins Gefängnis gesteckt haben.)
Einem jungen schielenden Motorradfahrer ist der Kopf wieder angenäht worden, er sei innerlich abgetrennt worden, sagt der Nachrichtensprecher. Auch das hat was mit den «Tagesthemen» zu tun, wenn auch etwas weit hergeholt. Einen *neuen* Kopf zu bekommen, so weit sind wir noch nicht. Wie sich der Kopf wohl wunderte, wenn er unter sich einen anderen Körper hat, einen mit O-Beinen. Ob man einen männlichen Kopf an einen weiblichen Körper annähen könnte?
Ich sitze oft lange bei den Hühnern und spreche mit der Glucke. Es heißt, daß Tiere es gern haben, wenn man mit ihnen spricht. Katzen suchen von sich aus das Gespräch.

Nartum So 23. Juli 1989

Welt am Sonntag: Aufrührer in der UdSSR erschießen 2 Soldaten / Streiks, Unruhen, Überfälle, Seuchengefahr – Lage für KP-Chef Gorbatschow «bedrohlich»

Sonntag: Nach mehr als 40 Jahren. Gedanken zu meinem komplizierten Land. Von Hans Jacobus

Warm. –
Im TV von morgens bis abends Tennis und die «Windjammerparade» in Hamburg. Die Sowjets protzen mit ihrem Viermaster; daß es ein ehemals deutsches Schiff ist, weiß niemand mehr. Mir tut's weh. Daß sie Hilfsmotoren an Bord haben, für alle Fälle, ist stillos. – Sogenannte Motorsegler gehörten früher zum alltäglichen Bild im Rostocker Hafen. Mein Urgroßvater in Königsberg hat sein Geld mit drei Haffseglern gemacht.
Tennis: Mich wundert, daß diesen Assen so viele Aufschläge mißglücken: Und daß die nicht zählen. Der «Leimener» (Becker) ist das ergiebigere Show-Talent, da ist immer Spannung, weil er nicht wie Steffi langweiligerweise dauernd gewinnt. Ihr haftet was vom Reihenhaus an, man würde ihr einen Porsche nicht glauben. Ich gebe zu, daß mich Lüsternheit anfällt, wenn ich sie da herumhopsen sehe – was bei dem «Leimener» freilich nicht der Fall ist. – Herrlich, wenn sich die Tennisleute beschweren, daß der Ball genau *auf* dem Strich oder eben grade nicht. Die Ballmädchen, wie sie am Netz hocken oder durch Hochhalten von Bällen signalisieren: Willste einen? So was würde mich stören.
Ein Herr aus Schweden schreibt, es würde mich gewiß freuen, wenn ich wüßte, daß meine Bücher auf den Regalen der öffentlichen Bücherei in Schweden stehen und auch gelesen werden, für «Hundstage» gäbe es eine Warteliste. – Er fragt, ob ich mit ihm zusammen die Biographie des Hitler-Attentäters Elser schreiben will. Als ich damals mein Hitler-Buch dem Elser widmen wollte, sagten sie im Verlag, das sei zu pathetisch.
Eine schöne Fahne haben sie, die Schweden. Aber sie laden mich nicht zu Lesungen ein.

2000: *Bis heute nicht. Nein,* den *Herren wollen wir hier nicht. – Was bin ich denn für einer?*

Nachmittag im Garten. Kaffee und Kuchen. Hildegard schneidet im Hintergrund Blumen. Ein Flugzeug fliegt hoch oben über mich hinweg. Nun doch Sehnsucht nach Amerika. Nach dem blauen Himmel über mir und dem gefärbten Rasen unter mir. Alte Gitarrenmusik aus dem Recorder. Ich lebe meinen eignen Film.

Nartum Mo 24. Juli 1989

Bild: Vier Freunde / Ein Sieg / Tennis-Triumph über Amerika
ND: Nahezu ein Drittel des Korns unter Dach und Fach

T: Endloser Traum, Kriegsende. Die kitzlige Situation der letzten Kriegstage, man will nicht mehr draufgehen, doch gerade das ist gefährlich.

Ausgelöst wurde der Traum durch die Arbeit am «Echolot». Und dann rief vor ein paar Tagen ein gewisser Klaus Läuter an (gleichaltrig mit mir, Klassenkamerad), 1945 von den Russen gefangengenommen und nach Workuta geschafft. Erst 1952 kam er zurück! – Wenn ich mich zwei Tage *früher* aus Berlin abgesetzt hätte, dann wäre auch ich mit einer Panzerfaust den Russen entgegengeschickt worden. Dann hätte mir Workuta geblüht statt Bautzen. Wäre ich in Berlin zwei Tage *später* aufgebrochen – lebte ich nicht mehr. – Die stillen Tage in der Mansarde, als ich aus Berlin entkommen war und auf die Russen wartete.
Störrisches Gespräch zwischen drei russischen und drei deutschen Wissenschaftlern über den Hitler-Stalin-Pakt. Geheimvereinbarung? Davon wüßten sie nichts. – Stalin hat ja noch Glück gehabt, daß er sich nicht selbst mit Hitler getroffen hat: Man stelle sich *das* Foto vor!
Der müde Gorbatschow – «sichtlich mitgenommen» – und der Streik. Mißstände in den Kohle-Revieren: Sie hätten schon vor zwei Jahren von den örtlichen Behörden beseitigt werden müs-

sen. Seife haben sie nicht! Bergarbeiter! Staatsmann ist ja ganz schön und gut, aber gräßlich, wenn man sich der johlenden Menge stellen muß.
«Feldpartie» von Haydn. – 5. Symphonie von Schostakowitsch.
Ein Japaner namens Uno mit weißen Handschuhen hält eine Wahlrede. Die Handschuhe sollen wohl eine weiße Weste symbolisieren.
Windjammerparade. Sie gleiten dahin, die stolzen Schiffe. Schulz schrieb, bei Segelschiffen sei das keineswegs ein Gleiten, es höre sich manchmal an, als ob das Schiff über grobe Pflasterung fahre.
Mexikos Auslandsschulden: 53 Milliarden Dollar!
Waldbrände in Frankreich, von Brandstiftern gelegt. Die RAFs wollten das ja auch tun, als Deutsche sind sie denn doch davor zurückgeschreckt. Ich dachte immer, wenn ich ein Terrorist wäre, würde ich vom Zug aus eine Handgranate auf Umformerstationen werfen, an denen man manchmal vorüberfährt.
Hildegard las mir aus dem «Sirius» vor, den Monat August. Ich war einigermaßen entzückt. Das wird ein schönes, rundes Buch.
Die Volksrepublik Polen kriegt für 300 Mio. Lebensmittel. Der totale Zusammenbruch der Kommunisten auf allen Gebieten. «Daß ich das noch erlebe!» möchte ich sagen. Schadenfreude kommt auf. Früher haben die Polen halb Europa mit Lebensmitteln versorgt.
Heute rief ein Büchereileiter aus Apenrade an, wegen einer Lesung. Was ich gerade mache, wollte er wissen.
«Ich schreibe ein Buch.»
«Schon wieder?»
Ein solcher Dialog ist kein guter Auftakt für eine Lesung.
Heute bekam ich vom Piper Verlag eine Zahlung von 1000 DM für das verhunzte Morgenstern-Buch. Meine kümmerliche Autographen-Sammlung habe ich durch das Buch bereichern können. Kaufen wird das Dings niemand, obwohl es einige unerwartet schöne Beiträge enthält.

Nartum Di 25. Juli 1989

Bild: Halten Sie durch, Herr Gorbatschow
ND: XII. Kinder- und Jugendspartakiade eröffnet / Große Bewährungsprobe für Nachwuchssportler

T: Ich träumte, daß ich meine Lederhandschuhe suche.

Hildegard: «War's kalt?»
In Hamburg. In einem Café gegenüber von Buchhandlung Jud, Radiomusik plus Nachrichten und Werbung, dazu ein Stück Torte, die aus dem Kühlschrank kam, die Sahne pappig. Das sind Genüsse des Lebens!
«Könnten Sie vielleicht das Radio abdrehen?»
«Wieso?»
Kaufte bei Schacht & Westerich «Ordnungsmaterial»: 33,45 DM. Sowie bei Jud «Echolot»-Bücher (angeregt durch Stölzl): Herdan-Zuckmayer: Farm. Klaus Mann: Tagebücher.
Das Zusammentreffen von Prominenten und Unbekannten im «Echolot». Das Vor und Zurück der Kamera. Buchhändler Weber legt immer besonderen Wert auf gut gestaltete Schaufenster. Er hat auch schon mal in grauer Vorzeit Karteikästen von mir ausgestellt und graphische Übersichtstafeln (1973). Das sei ihm nicht vergessen.
Abendessen in den Vierjahreszeiten, von Nährig, dem freundlichen Oberkellner, laut mit: Herr Professor! begrüßt.

Nartum Mi 26. Juli 1989

Bild: Lügen um Genschers Herz
ND: DDR steht fest an der Seite des kubanischen Volkes

Es sei warm wie Pott, sagt Hildegard, als sie mich mit dem Munterhund weckt. Das Tier schickt sich an, auf mein Bett zu sprin-

gen, er sagt: So! Los, los! Nun raus aus den Federn! Ich komme mir in meinen Linnen ein wenig wie der arme Lazarus vor. Frühstück auf der Terrasse, wobei wir in aller Seelenruhe den Wespen zugucken, die direkt über unserm Kopf ihr Papiernest haben und lebhaft aus- und einfliegen.
Verlag hat «Block» (II) fürs TB freigegeben.
1969 wurde der «Block» (I) von Rowohlt zum Ballon-Abschmiß über der DDR vorbereitet (Umschlag in Tarnfarbe, auf Handtellergröße verkleinert). Ich hätte nichts dagegen gehabt, aber die jungen Linken im Verlag waren so empört, daß sie mich gar nicht um meine Meinung fragten, sondern die Aktion sofort verhinderten; sie konnten ihre Empörung überhaupt nicht artikulieren. Sie kamen nach Nartum und schrien da herum, verlangten Mitbestimmung und ein Statut und so was alles, und die DDR? Nein, die durfte doch nicht destabilisiert werden!
Rowohlt hat ansonsten für den «Block» damals *nichts* getan. Auch die Linken nicht.
Im «Block» ist irgendwo die Rede von einer Bahnhofsbuchhandlung in Breslau. Was ich nicht wissen konnte: Der Rowohlt-Vertriebschef selbst hatte diese Buchhandlung besessen, und er hat gedacht, ich wollte ihn damit ärgern.

> Ich sollte mir man keine Sorgen um die Zukunft machen, meinte Trutschell. Wenn Schlesien wieder deutsch werde, besorgte er mir eine Bahnhofsbuchhandlung in Breslau.

So lautet die fragliche Stelle. Schicksale von Büchern.
Jeder ist sich selbst der Größte.

Nartum Do 27. Juli 1989

Bild: Radfahrer / Rüpel der Nation?
ND: In der Ernte bewährt sich gegenseitige Bauernhilfe*

---

* In Bautzen verstand man unter «Bauernhilfe» wechselseitiges Onanieren.

Das Sommermädchen Melanie schreibt, daß sie sich schwerpunktmäßig aufs Tanzen konzentriert: «Am 3. August fahren wir zum Internationalen Choreographenwettbewerb nach Wien ... Daran, lieber Walter, kannst Du erkennen, daß ich nicht etwa eine Hupfdohle oder eine Tingeltangelmaus bin, sondern eine seriöse Künstlerin, jawohl!»
Ein Leser über die DDR: «Ich bin jedes Jahr 120mal rübergefahren nach Ostberlin, ich habe bloß zweimal jemanden getroffen, der für die DDR ist. Das eine Mal Stasi, das andere Mal ein Professor der Amerikanistik.»
Professorengeschichten: Ein deutscher Professor hat in der Deutschen Sommerschule in Thaos versucht, seinen Anzug im Handwaschbecken zu waschen. Es war derselbe, den ich zufällig dabei überraschte, wie er den Studenten erzählte, daß man in der DDR alle Theater- und Konzertkarten umsonst kriegt. Als er merkte, daß ich das mitangehört hatte, war es für den Rückwärtsgang zu spät. Die deutsche Besatzung an der Schule schloß sich übrigens sofort gegen mich zusammen. Die rochen es, daß ich ihr linkes Gefasel durchschaute.
Arbeiterdichter Max von der Grün. Er soll ziemlich reich sein und einen gewaltigen Weinkeller besitzen.
Buchheims Zeichnungen von deutschen U-Boot-Kapitänen wurden von den Nazis im Haus der Deutschen Kunst ausgestellt.
Prunkender Lebenslauf mit Tiefenschärfe. Baumgart: Nach 45 «Arbeit in der Landwirtschaft und einer Fabrik ...» Also Arbeiternachweis. – Dann allerlei Wohlklingendes: München, Freiburg, Glasgow, Manchester. «Kurzer, bald aufgegebener Versuch eines Chemiestudiums.» Er wäre wohl gern Romancier geworden. Hat auch einen zustande gekriegt. Horchen wir hinein in seine «Spieldose» von 1961:

> Ich lag noch auf dem Bett, in Schwebe zwischen Schlaf und Licht, das meine Augen beizte. Das Telefon meldete sich vom Bad herüber. Ich richtete mich auf, tauchte [in der Badewanne?], vergeblich, nach einer Bekleidung für meine Füße, erhob mich barfuß, wehleidig, denn der unverdaute Alkohol schickte Graupelschauer über meinen Rücken. Im Bad stand zu allem Überfluß das Fenster offen.

Nun, bleiben wir mal auf dem Teppich: Wir wollen mal nicht so genau nachsehen, was *ich* 1961 geschrieben habe. Aber *ich* habe ja auch nicht studiert in XXX, siehe oben. – Als Kritiker ist er übrigens recht fair. Daß er seine Vorlieben hat und Abneigungen – das ist doch durchaus in Ordnung.

Nartum Fr 28. Juli 1989

Bild: TV-Autor Lohmeyer enthüllt / Das ZDF-Millionen-Ding mit Leo Kirch
ND: Höhere Leistungen und bessere Arbeitsbedingungen

Dorfroman: Hühner-Beobachtungen werden fortgesetzt. Das Altern der Hennen, ihr Federkleid ist nicht mehr so propper. Die Küken hingegen rennen umher, von der überklugen Henne hysterisch auf jedes Körnchen hingewiesen. Sie selbst pickt und verliert es wie unabsichtlich. Ein solches Tier müßte das Gnadenbrot erhalten. Frau Schönherr wird's irgendwann beseitigen. Die Küken wachsen übrigens sichtlich.

Nartum Sa 29. Juli 1989

Bild: Greif-Kommando holte Terror-Scheich / Tollkühn, diese Israelis! / Mit Hubschrauber ins Hauptquartier
ND: Tatkräftige Solidarität als Botschafter im Blauhemde

«Eh, 'n bißchen mehr mit Gefühl!» (Ein größeres Mädchen zu einem kleineren, das Blumen ausrupft.)
Tante Elisabeth ist gestorben, eine der «sechs Töchter»: 92 Jahre. Sie hat damals gesagt, als der «Tadellöser» herauskam: «Ja, aber wir *sind* doch adelig!?» Die Sache mit den de Bonsacs = Bohnensack. Später dann, als Ernst von Klippstein den Großvater

spielte, war alles wieder in Ordnung. Der hat meinen «bürgerlichen Roman» geadelt.
Die Familie habe jetzt, was mich betrifft, eine Kurskorrektur vorgenommen, sagt Vetter Walther. Alles in allem hat sie sich fair verhalten.

Nartum So 30. Juli 1989

Welt am Sonntag: Staatsministerin Adam-Schwaetzer betont Gemeinsamkeiten von FDP und SPD
Sonntag: Leere Stellen sind verboten. Werner-Tübke-Ausstellung in der Nationalgalerie Berlin. Von Reinhart Grahl

T: Geträumt, daß ich Langzeithäftling bin, in Sachsen, und zwar bin ich mit einem andern einziger Häftling, und wir werden sehr human behandelt, werde z. B. von einer alten Wachtmeisterin lange spazierengeführt, am Waldrand entlang. Wegen irgendeiner Verfahrenssache darf ich für einige Stunden nach Hause. Im Archivgang unseres Hauses treffe ich, von Polizisten umgeben, auf meinen Vater, der ein biederer Handwerksmeister ist, nun völlig taub. Er weiß nicht, daß ich eingesperrt bin, und doch ahnt er es. Ist sehr reserviert, um nicht die Fasson zu verlieren. Da umarme ich ihn zum Abschied, nie werden wir uns wiedersehen, und ich spüre bei dieser Umarmung, daß er mir verzeiht, und ich weine und weine und sage immer wieder: «Ich danke dir, ich danke dir! Ich danke dir!» Als wir, der einzige andere Häftling und ich, wieder in die Zelle geführt wurden, spüre ich, daß man dieses Zusammentreffen nur aus Freundlichkeit arrangiert hat. Ich weine immer noch und sage nun statt: «Ich danke dir, ich danke dir!» – «Ich sage nichts! Ich sage nichts!»

«Die Erlösung, die Befreiung, ich erwachte in Tränen. Und auch jetzt noch, während ich dies schreibe, rinnen die Tränen.
Bei all diesem nicht an Weiterleben nach dem Tode, an Seelen zu

glauben, die unerlöst um uns sind, ist schwer. Es war mir, als hätte ich ihn endgültig zur Erlösung verloren. «Befreit» von allem. Das Glücksgefühl ist unbeschreiblich!

Merkwürdig, daß man sich die armen Seelen besonders in windigen Nächten vorstellen kann. Wer sagt denn, daß sie uns nicht über die Schulter gucken? Und wieso sollten sie frierend im Nachthemd umherfliegen? Ich denke, sie sind wohlgenährt, sitzen beisammen im Wintergarten eines Hotels, rauchen, trinken ... Wir müßten ihnen eine Ecke im Haus reservieren, wie das anderswo durchaus üblich ist. Aber niemandem was davon erzählen. Aber vielleicht denken die Seelen dann, wir wollten sie in dieser Ecke einsperren? – Sie können zu uns, aber wir nicht zu ihnen. Wir können sie nur zu uns zwingen, indem wir an sie denken. Vielleicht ist ihnen das lästig? Was ist mit den Seelen, an die niemand mehr denkt? Die Seele eines Bauern, der im 15. Jahrhundert gelebt hat? – Das Ausgraben von Hominidenknochen ist gegenüber einer Begegnung mit Seelen ja die reinste Bagatelle. Können sie uns helfen? Milliarden Seelen, haben sie ein Gewicht? Was richtet es an, wenn *sie* an *uns* denken? Wieso denken wir gleich immer an brennende Kerzen, wenn wir mit den Seelen in Beziehung treten? Auch Blumenopfer sind sinnlos. Setze dich in einen Stuhl und sage leise vor dich hin: Vater, dann steht er sofort neben dir.

Warm.
Gestern Schostakowitsch, die 4. Symphonie. Ich dachte, ich hätte sie noch nie gehört, da merkte ich im 2. Satz, daß ich mir dieselbe Aufnahme schon vor wenigen Wochen zu Gemüte geführt habe. Traurig.
Arbeit am «Sirius», bin einmal durch.
«Mark und Bein» liegt fest und rührt sich nicht. Ich stelle mir vor, daß der Text, soweit er vorhanden ist, nun fermentiert. Er setzt Rankenwerk an, und nicht etwa Schimmel. Er durchsäuert. Das gilt auch für weitere Stoffe in meinem Kopf, unmerklich werden sie hin- und hergeschichtet.

Auch «Echolot» wächst. Ich habe damit angefangen, Thomas Mann, Hesse u. a. einzugeben. Stölzls Ratschlag war richtig. Die Sicherheit, mit der er das sagte! Die Prominenz und die vielen Unbekannten. Der Haß des Intelligenz-Pöbels auf den Tagebuchschreiber Thomas Mann. Er hat das doch nicht für uns aufgeschrieben, er läßt uns ein wenig in die Karten gucken. Auch hat er selbst sich über die Lektüre eigener Tagebücher voll Unmut geäußert.

Mutter J. bekommt neuerdings Valium, weil sie durch die Stadt geistert. Sie wurde schon «aufgegriffen». Schleicht dahin. Das ist wie eine Fesselung. Aber wie soll's sonst gehen? Wie machten es die Bauern früher? Sie schlossen die Alten ein.

Tschechow-Geschichten großartig.

Mit Dierks' in Bremen gegessen. Es blieb bei höflichem Interesse. Schade. «Ich besaß es doch einmal, was so köstlich ist ...»
Abends: In der SU «überstürzen sich die Ereignisse», wie es heißt. Jetzt haben sie schon eine zweite Partei gegründet. Wie ein Paternoster geht das, unten brodelt's und oben werden die Ereignisse rausgeschmissen. Hier bahnt sich das 21. Jahrhundert an.

Tagebuch von Wühr, ein eigenartiges Durcheinander. Er hat seine sämtlichen Tagebücher durch'n Wolf gedreht. «Vielleicht bedeutet das ja was?» scheint er zu denken. Es funktioniert nicht, weil die Texte nicht ausschwingen können. Ich habe eine Zerhackung der «Echolot»-Texte auch mal versucht. Das ist Kunstgewerbe. Wir müssen ihnen zuhören, den toten Seelen, auch wenn sie ein bißchen zu ausführlich werden.

Und wie ist es mit Frau Janssen? Weshalb hören wir ihr nicht zu? Weil sie nichts preisgibt aus einer kleinbürgerlichen Angst heraus: Sie könnte sich irgendwie verraten. *Was* verraten?

Selbstmord: In Rostock, die alte Frau, die man aus der Wernow fischte. Man legte sie aufs Pflaster. Platt lag sie da, wie Tote liegen, das nasse Haar in einem Strahlenkranz um den Kopf. Zwei, drei Leute standen um sie herum.

Nartum Mo 31. Juli 1989

Bild: Die heimlichen Trinker von Bonn
ND: Stimmungsvolles Finale beschloß die Spartakiade

Dorfroman: Die lieben Hühnerchen genießen ihre Freiheit. Sie leben im Gebüsch und treten ab und zu heraus aus dem Schatten. Der Hahn, in seinem Bürgermeisteraufzug, will sie gern treten, was sie sich schreiend verbitten. Nur eine umschmeichelt ihn, kommt längsseitig, berührt ihn zart mit der Flanke, aber die will er nicht. – Lustiger Gedanke, ein Bürgermeister ginge im vollen, mittelalterlichen Ornat auf seine Frau los.
Die Vogelbeeren-Allee ist jetzt voll «in Frucht», oder wie drückt man das aus. «Kein Ast, der seiner Frucht entbehrte.» Eine feuerrote Angelegenheit.
Der Hahn kommt an meinen Tisch und betrachtet mich ernst. – Sie trinken an dem Steintrog frisches, rinnendes Wasser.
Hermann Kant prunkt auf seine Weise in der Vita. Prunk muß ankommen, sonst fällt er in sich zusammen.

> 1965: Gesellenprüfung als Elektriker. Polnische Kriegsgefangenschaft, Mitbegründer des Antifa-Komitees im Arbeitslager Warschau ... Studium an der ABF = Arbeiter-und-Bauern-Fakultät. Lit.Preis des FDGB. –

Ungemein schmückend wirkt es, daß er in Hamburg geboren ist.
Die Bedeutsamkeit der Viten. Wie Gedichte sind sie. Die Arbeitervergangenheit, die in mancher Buchklappen-Biographie bundesdeutscher Autoren auftauchte, verschwindet jetzt allmählich. Ich selbst bin genötigt, hin und wieder zu erwähnen, daß ich es in der Nazi-Zeit auch nicht leicht gehabt habe.

August 1989

Nartum Di 1. August 1989

Bild: Terror-Scheich / Die entsetzliche Rache der «Soldaten Gottes» / Armer Higgins gehängt
ND: Vorhaben zum 40. Jahrestag werden zügig realisiert

Ein großer klarer Regenbogen. Daß da die Urmenschen eingeknickt sind, kann man verstehen. Ein pflügender Bauer war nirgends in Sicht. Reine geometrische Formen in der Natur, der Mond, Schneeflocken. Die Unnatur des «Meters».
Ein Herr aus Stuttgart will mir Briefe und Fotos schicken, ein Sozialbeamter habe ihm geraten, unterzutauchen oder ins Ausland zu fliehen, um dem fortgesetzten, durch nichts begründeten Terror krimineller Banden zu entgehen. Rätselhaft.
Je älter man wird, desto fremdartiger kommen einem Frauen vor. An die Stelle des Sexualtriebs treten kameradschaftliche Gefühle und Neugier. Solange man liebt, hat man keine Ahnung von Frauen. (Sonst liebte man wohl auch nicht.)
Die Sonne bringt es an den Tag: Was da alles so nach und nach herauskommt. Katyn, natürlich, aber das wußten wir ja schon. Und auch, daß die Sowjets den Amerikanern, die über dem kämpfenden Ghetto in Warschau Hilfsgüter abwerfen wollten, die Landung auf ihren Flugplätzen verweigerten. – Widerlich daran ist, daß die Nazis nun recht bekommen, jedenfalls auf diesem Gebiet. Ich las neulich in «Mein Kampf» – da steht manches drin, was nachdenklich stimmt.
Fechner erzählte, daß sie aus dem Defa-Fundus polnische Uniformen geliehen bekamen, in denen noch Einschüsse zu sehen waren. Ob's stimmt? Er zeigte auf seinen Hals, hinten, dort wären die Löcher der Genickschüsse gewesen.

Nartum Mi 2. August 1989

Bild: Rache für den Terror-Scheich / Der Henker wartet, wer ist dran?
ND: Stärkung der Republik auf dem Weg zum XII. Parteitag

Kühl, Regen. – Ich arbeitete am «Echolot», habe mir den 20. April 1945 vorgenommen, präpariere ihn heraus, um dem Verlag und anderen das Prinzip vorführen zu können. Sie haben keine Phantasie, können sich nichts vorstellen. Wenn man sagt: Ich will das so und so machen, dann hören sie gar nicht zu. Wie Grass mir damals seine «Schnecken-Theorie» entwickelte – das kam mir auch sonderbar vor. Ist ja auch ein verrücktes Buch geworden. Deutsch im schlechtesten Sinne. – Besonders mißglückt sind die Kindergespräche.

> Die Leiche im eigenen Keller suchen, benennen. Ein Schriftsteller, Kinder, ist jemand, der den Mief liebt, um ihn benennen zu können, der von Mief lebt, indem er ihn benennt; eine Existenzbedingung, die der Nase Schwielen einträgt.

«Echolot»: Es ist unglaublich, wieviele Texte sich für den 20. April 1945 finden. Es sind schon jetzt fast 30 Seiten. Das könnte eine erste Vorauspublikation werden. Möglich wäre auch ein mitgeliefertes Tonband oder eine Videocassette, etwa die Wochenschauen der betreffenden Woche.
Hannover, Kestner-Museum 18 Uhr. Schlechte Akustik.
Konzert für Oboe und Violine von Bach.
«Die Widmung» von Botho Strauß. Sonderbar anachronistisch. «Noch lange, nachdem der Hitler-Staat zerschlagen ist ...» schreibt er. – «Gleichzeitig gingen ihm seltsame Mißgeschicke und Unfälle *von der Hand* ...»
Im Bett das Witzbuch von Grass. Seine lexikalischen Schnecken-Kenntnisse. Daß nach einem solchen Buch der Autor nicht für immer erledigt ist?
Plankton, in Hannover gefischt:

Mein Großvater war sehr alt, sehr vergreist, hat dem Alkohol stark zugesprochen. Seine Wohnung war ganz dunkel, da saß er dann, Angst einflößend. Alles roch nach Zigarre, die Schwaden senkten sich auf die Möbel, deshalb war es wohl auch alles so dunkel. Ich sehe ihn noch im Erker sitzen.
Manchmal war er auch bei uns. Er saß dann vor der Haustür, zum Ärger meiner Mutter, nahm sich einen Stuhl mit hinaus, und seine Schnapsflasche hatte er am Stuhlbein stehen. Es war ein Neubaugebiet und paßte da überhaupt nicht hin – wenn's eine Arbeitergegend gewesen wäre ... (Historiker, *1958)

Nartum   Do 3. August 1989

Bild: Die Richter fragen / Silkes Mördergrinsen
ND: Miteinander zum Wohl der Bürger in Stadt und Land

Die Diskrepanz zwischen der Meinung, die andere Menschen von einem haben, und der Selbsteinschätzung. Da klafft einiges auseinander. Zwar beruht die Einschätzung anderer oft auf Mißverständnissen oder Zufällen, es wäre aber ganz verkehrt, sie grundsätzlich zu leugnen. C. G. Jung mit seiner «Anima». Ich bin dem mal nachgegangen und kam zu eigenartigen Erkenntnissen. Der Januskopf jedes Menschen. Ich ertappe mich dabei, daß ich Fotografen meine «Schokoladenseite» zeige.
Ich halte mich im übrigen für häßlich, genauer gesagt: für dämlich aussehend. Auf manchen Fotografien gefalle ich mir. Sind sie unähnlich?
Im TV ein Gespräch sogenannter Philosophen über die Wende der Marxisten. Das ist vielleicht ein Geblödel! Das neueste ist nun, daß sie die 68er als tragische Generation bezeichnen. Die habe sich damals mit ganzer Kraft und Überzeugung (aber wenig Gehirn) in die Reformen gestürzt (und alles kaputt gemacht), und nun müsse dieselbe Generation noch einmal die Kraft aufbringen, den Umbruch zu bewältigen. Die Armen! – Nun wird auch Solschenizyn fleißig zitiert, den sie vorher einen Faschi-

sten genannt haben. Die Medien benehmen sich hurenhaft, und «von hier bis da» ist ihre Devise. Kein Thema für mich. Zur Richter-Schelte eine Medien-Schelte. Das ist es, sie kommen sich wie Richter vor, und wir sind die Angeklagten.
Sensationelle Nachrichten aus dem Ostblock, und die Linke im Westen verharrt in debiler Erstarrung. Jetzt verharren sie nur noch. Nicht bewegen! Sie stellen ein lebendes Bild. Das hätten sie nicht gedacht! Und uns, die wir's immer gesagt haben, tun sie nun endgültig ab, das können sie nicht auch noch ertragen, daß da einer Recht behalten hat. Sie haben weder das Gras wachsen, noch die Flöhe husten gehört. Und daran sind *wir* schuld.
TV: «Die blauen Berge». Russischer Film über einen Schriftsteller, der sein Manuskript nicht loswird, die Leute im Verlag gammeln so herum, schließlich stürzt das marode Haus, in dem nichts repariert wird, zusammen. Eine Allegorie auf die Zustände in der SU. Wunderbare, psychologisch treffende Karikaturen der Menschen. Einen solchen Film können nur die Russen machen. Sie haben auch den Humor, der uns so fehlt. Für den hier auch niemand Verständnis hätte. Hier muß alles ernst (sauer) sein, und wenn sie komisch sein wollen, werden sie kitschig. – Leider habe ich ihn nicht aufgenommen.
Um die Eiche Tausende von Juli-Käfern. Auch 10 000 Fledermäuse.

Nartum   Fr 4. August 1989

Bild: Silkes Mörder / Geheime Briefe
ND: Mehr Transistoren aus Neuhaus für Farbfernseher

Kühl, Regen schon seit Tagen.
Ein Staubsaugervertreter war da. Ich sagte: «Wir sind doch schon 30 Jahre verheiratet.»
«Olivetti»-Mann kam, Schreibautomat offenbar Fehlkonstruktion: 168 Mark! Man muß es gesehen haben, wie die Typen-

scheibe in der Schreibmaschine hin- und herzuckt, das kann auf die Dauer ja nicht gutgehen. «Es gibt 40 verschiedene Typenscheiben.» Mit so was fangen sie einen. Ich: auch «deutsche Schrift»? – Nein, die natürlich nicht. Wirklich brauchen kann ich nur meine 10-Punkt-Perlschrift. Alles andere ist Mumpitz, ab und zu mal ein Wort in kursiv. Dafür muß ich dann die Scheibe wechseln! – Leute, denen nichts einfällt, kann man daran erkennen, daß sie dauernd die Schrifttype wechseln.
Zum Chinesen nach Zeven. Sitzen immer Holländer da, zum Teil fettleibige Mütter mit rassigen Kindern. Ich muß mich wundern, wer alles heutzutage essen geht. Billig ist das nicht gerade? Wir überlegen uns das sechsundzwanzig Mal. Hildegard sagt dann immer: Ich hab noch Kartoffeln im Kühlschrank, die kann ich braten. Dazu gibt es dann Rote-Beete-Salat. Einmal im Monat auswärts essen, mit schlechtem Gewissen. Daß die Emigranten in Paris im Hotel wohnen konnten, ist mir schleierhaft.

Nartum Sa 5. August 1989

Bild: 36 Flüge gestrichen / Bleiberecht für Asylanten / Tempo 100 auf der Avus / Herr Momper, was tun Sie dieser Stadt an?
ND: Beziehungen der Freundschaft DDR–China auf hohem Stand

Es ist mir immer peinlich, Geld von der Bank zu holen. «Wieviel?» – «Bitte 300, ich muß nämlich Büromaterial kaufen.» Daß sie meine Kontonummer nicht auswendig wissen, erbittert mich. Den Nachmittag bei schönstem Wetter im Garten verbracht. Zeitweilig bemühte ich mich, Besuch herbeizudenken. Ich setzte mich auf einen Klappstuhl an den Zaun und stellte mir verschiedene Besucher vor, einen Studienrat mit leinenem Sonnenschutz über den Augen, eine barfüßige Schülerin mit Freund, Hand in Hand. Da ich mich aber auf niemanden festlegen konnte, verblaßte meine Vorstellungskraft, es kam niemand, und ich räumte meinen Platz.

Nartum So 6. August 1989

Welt am Sonntag: Neue Hoffnung in der nahöstlichen Geiselaffäre / UN-Emissär Gouiding verhandelt in Damaskus / Israel erwartet Namensliste für Austausch
Sonntag: Horoskope Am-Arbat, 15. Internationale Filmfestspiele in Moskau. Ein Report von Jutta Voigt

Am 6. August 1806 dankte Franz II. als Kaiser des Heiligen Römischen Reichs Deutscher Nation ab. Heute vor 183 Jahren erlosch also das alte deutsche Kaiserreich, 65 Jahre später, 1871, erstand es wieder in veränderter Form. 1806/1871/ 1919/1933/ 1945/1949, das sind unsere Schicksalszahlen.

Heute früh längere Radtour mit dem Munterhund, der wie es schien, nur aus Pflichtgefühl mitlief. Ich fuhr in Hausschuhen und verheddertete mich in der Kette, fiel hin, der Hund sah zu, wie ich mich wieder aufrappelte. – Mit knapper Not dem Jäger entkommen. – Klavierspiel entfiel, weil ich mich von jenseits des Waldes beobachtet glaubte. – Freiballons, auf das Haus zugleitend, weiß-rot gestreifte, grüne. Die Natur entstellend und daher belästigend. Bevor man sie überhaupt sieht, hört man das Fauchen des Brenners. Die Wochenschau-Aufnahme des Ballons, der an den Fernsehturm stieß. – Die Zonenflüchtlinge in ihrem aus Regenmänteln gefertigten Ballon.
In der «Welt» steht der lange Artikel von Ulrich Hossner über mein «Echolot»-Projekt. Offenbar habe ich das Material irgendwo als «Schutthaufen zerschlagener Gefäße» bezeichnet, ganz zutreffend. Das Schreiben sei ein Akkord von Maßnahmen. Ich sei kein Freund sogenannter Brüche, «diesem Stehenlassen von Unüberlegtheiten, die oft als Zeichen für Qualität angeführt werden.» Recte!
Schön, wie sie das Wort «Echolot» ganz selbstverständlich als Vokabel akzeptieren. Wann fiel es mir ein?

Nartum Mo 7. August 1989

Bild: Bundesliga diesmal schlapp / Bewegt euch, ihr Millionäre / Fernsehen eine Frechheit! / ZDF: Teure Spielshow zum Einschlafen / SAT 1: Olle Kirch-Kamellen / RTL: Fußballschwachsinn
ND: Bei Schlüsseltechnologie wird Tempo beschleunigt

Knallblauer Himmel. Ich habe mir einen Stuhl an den Brunnen gestellt. Er leckt übrigens.
Zupacken, wenn's Zeit ist.
In der Nacht sah ich eine lange Sternschnuppe, wie eine Silvesterrakete.
Wenn ich Fliegen klatsche, geht der Munterhund weg. Besser ist besser, denkt er. Dabei ist das doch auch für ihn von Vorteil.
Langes Gespräch mit KF. Er wohnt jetzt in Kreuzberg. Er mag die Türken gern, sagt er. Das wären liebe Leute.
Dorfroman: Ein Igel lief durchs Zimmer, eine der Hennen legt nur noch in der Halle, in den Papierkorb ihre Eier. – Der Igel scheuchte die Henne aus ihrer Hütte, langes Zureden, daß sie wieder hineingeht. An sich lassen sich diese Tiere nicht umstimmen.
Langweiligste Post, Rechnungen. Das Anbringen der Bank in der Laube kostet über 1000 Mark. Nie wird jemand darauf sitzen.
Aber es sieht schön aus. Jetzt müßten noch Rosen am Gitter emporranken. Hildegard hat innen, umlaufend, den Goethe-Spruch anbringen lassen:

> Selig
> wer sich vor der Welt
> ohne Haß
> verschließt …

Für einen Dichter ist die Laube wie geschaffen. Der Blick über die ungemähte Wiese mit den Schafen, ein paar Schmetterlinge, da drüben das Haus … Müßte noch eine Blumenschale auf dem

Tisch stehen mit Astern. Und Besucher müßten her, wie es sie auf der ganzen Welt nicht gibt. Nachdenkliche Greise, geistreiche Frauen, tief einatmend, daß der Busen sich hebt ... Ihrer kleinen Tochter rufen sie zu: Lauf nicht so weit weg! – Über meine wundervollen Romane müßten wir sprechen, Stunde um Stunde. So viele Stunden, wie ich daran geschrieben habe. Hab' meine Großbriefe ausgesendet und nur kärgliche Antwort erhalten.

«Was ist das für eine Hunderasse?» – auf eine solche Frage laufen Besuche hinaus. Und immer vergessen sie Kuchen mitzubringen.

Vor einigen Wochen meldete sich ein Besucher aus Mexiko an. Ein sogenannter Schulkamerad, der die Petrikirche nicht von St. Jakobi unterscheiden kann. So was ist absoluter Horror. Er ist jetzt in Hannover und möchte gern mal für ein paar Stunden herüberkommen ... Ich schrieb ihm, ich hätte aber nicht endlos Zeit für ihn, das müsse er bedenken. Da verzichtete er. Tat mir leid, die Sache.

Nartum   Di 8. August 1989

Bild: Honecker schlägt zu / 2500 Flüchtlinge im Gefängnis / Ausreise erschwert / Bonn schließt ständige Vertretung in Ost-Berlin – schon 130 drin / DDR-Anwalt Vogel darf nicht mehr helfen
ND: Welthandelsplatz Leipzig erwartet 6000 Aussteller / Parlamentariergruppe aus den USA in Truppenteil der NVA

Hamburg, bei Anwalt Kersten, Archiv-Sinnlosigkeiten. Es ist ein Tasten ins Leere. Daß sich niemand ernstlich für meine Manuskripte interessiert, schmerzt mich nicht. Ich freue mich insgeheim auf die Zeiten, in denen sie dann Schlange stehen. Daß diese Zeiten vielleicht nie kommen, ist eine ganz andere Sache. Vielleicht ist das ein Fall für eine böse Witwe (oder für den Psy-

chiater). Sie rächt sich dann dafür, daß sie mein Gemaule aushalten mußte, ein Leben lang.
Fotokopien (farbig): 67 Mark!
Ich kaufte bei Steinway die Sinfonien von Schostakowitsch: 355 Mark! Die «Ernte-Ode» ist nirgends zu kriegen.
Ich hörte einen Ausschnitt der Hitler-Rede an, in der der «Führer» davon spricht, daß er Stalingrad nicht mit einer Armee, sondern mit einem Stoßtrupp nehmen will. Das Männerlachen der Zuhörer.
Ich habe ausgerechnet, daß das kollektive Tagebuch (Kolbe: «Schlechter Untertitel») über die vorgesehenen sechs Jahre etwa 5000 Seiten umfassen müßte, also, daß es gar nicht zu realisieren ist. Allein die Korrekturgänge würden unlösbare Probleme aufwerfen. – Im übrigen sitze ich den ganzen Tag vorm Computer. Das ist mein einziger «Helfersmann». Die Faszination läßt nicht nach.
Bienek im FAZ-Fragebogen: Er schätzt «die führenden Köpfe der Solidarnosc-Gewerkschaft» am meisten.
Ich wundere mich darüber, daß die Leute so einfallslos sind beim Beantworten der Fragen. Lieblingskomponist: «Beethoven». Liebhaberei ist doch diskreter, da müßte man also sagen: Hugo Wolff oder Orlando di Lasso. Beethoven versteht sich doch von selbst.

Nartum Mi 9. August 1989

Bild: Wegen 2,10 Mark – Schwarzfahrer zog Bajonett / 3 Tote, 4 Schwerverletzte
ND: FDJ-Aktiv der Oberschulen tagte am Werbellinsee

Große Hitze. Ich lag zeitweilig jappend auf dem Bett. Das «Schöne» dieses Wetters ist Vorbote des Weltuntergangs; nicht wie bei Doré wird es kommen, die Sonne wird uns versengen. Bei 350 Milliarden Tonnen Wasser auf der Erde (durchschnittlich 2,7 Kilometer tief ist das Meer) schwer zu glauben.

Wir saßen im Innenhof. Noch um Mitternacht waren es 25 Grad.
Ich schnitt Passepartouts, um mich etwas abzulenken. – Fand mich dann aber doch am Computer wieder.
Eine Dame aus Düsseldorf bittet um ein Autogramm. Eine Journalistin habe ihr allerdings gesagt, ich täte nichts ohne Geld.
Ein Mann mit Mütze kam, er wolle mal den Turm von innen sehen. Ich ließ ihn hineinsehen und stand wie ein Kastellan daneben.
«Sirius»: Ich nehme meine Biographie vorweg. Verschieße also Pulver. – Für die Dissertation eines anderen arbeiten, der nichts versteht. Überhaupt: Dissertationen! – Keine heimlichen Laster? Immer aufs Normale ausgerichtet? – Ein Biograph wird's schwer haben.

Nartum Do 10. August 1989

Bild: Berliner, nehmt Übersiedler auf / Dringender Appell von Senatorin Stahmer / Alle 240 Heime voll / Niki Laudas Frau liebt den Nachbarn
ND: Produktive Technik wird rund um die Uhr genutzt

Es rief um 8 Uhr ein Mann an, ob er mich mal sprechen könnte?
Hildegard: «Mein Mann liegt noch im Bett.»
Er: «*Das* ist Deutschland ...»
Abends ein Himmels-Schauspiel in Orange.
Wir flüchteten mit dem Munterhund vor einem Mann mit großem Hund in den Garten, er rief über das Hundegebelle hinweg: Danke! – Wahrscheinlich wäre gar nichts passiert, aber man kann ja nie wissen. So ein Zaun ist ein Segen!

Tag des **Laurentius**, Diakon, Märtyrer:

> Er war Erzdiakon des Papstes Sixtus II., wurde der Überlieferung nach am 10. August 258 zusammen mit vier Gefährten getötet, nach einer bereits im 4. Jahrhundert bekannten Legende auf einem

Rost zu Tode geröstet. Nach dem Sieg über die Ungarn auf dem Lechfeld am 10. August 955 erfuhr sein Kult in Deutschland einen bedeutenden Aufschwung.

Nartum Fr 11. August 1989

Bild: Halstuch-Mord / Millionenerbe tot im Koffer
ND: Korn von drei Vierteln der Anbaufläche eingebracht

Mutters Geburtstag. 93 J. – Als ich mit ihr an der Weser saß, Touristen drumherum, schaler Kaffee und Wespen auf dem Kuchen. Lippoldsburg. Überhaupt. Und die Versäumnisse. Wenn ich allein bin und vor mich hindöse, denke ich an all das, was ich falsch gemacht habe. Daß sich da nicht die Haare sträuben. Aber man döst eben doch vor sich hin.
Hildegard hatte heute Kaktus-Anstaun-Damen eingeladen. Die geilen Blüten des Monstrums im Innenhof wurden fotografiert. Sie sagt, sie kann nicht mehr auf *einem* Bein stehen, ob das was zu bedeuten hat? – Ich kann das nicht beurteilen.
Die Steuerberaterin fragt an, ob ich denn noch immer so viele Bücher brauche?
Gestern mit Renate nach Hamburg, wir machten Farbkopien. Der junge Mann kam mit dem Kopierer nicht klar, es dauerte endlos. Wir gaben ihm die verschiedensten Ratschläge, ohne auch nur die geringste Ahnung von dem Apparat zu haben. Dann im Mövenpick gegessen und zu Robert gefahren, wo ich ein Nickerchen machte. Anschließend zur Gemeinnützigen Wohnungsgesellschaft, wo wir die Verträge für Renates Wohnung unterzeichneten. 80 andere Anwärter hatten sich gemeldet. Die Bürodame hatte den «Herrn Böckelmann» auf dem Tisch liegen. Vielleicht gab der den Ausschlag?
Am Abend kam Simone. Wir beschäftigten uns mit dem «Sirius», sahen eine Sendung über DDR-Flüchtlinge: meist junge Burschen, flotte Typen; um deren Fortkommen muß einem nicht bange

sein. Was für ein Unterschied zu den Ostpreußentrecks 1945! –
Den Leuten hier kommt das Sächsisch komisch vor, ungewohnt.
Ich hör' es gerne. Die lieben, freundlichen Sachsen.
Hamburg: Selten sieht man auf der Straße jemanden, der weint,
oder Menschen, die sich streiten. Lustig, wenn einer «auf dem
Hacken kehrtmacht». Hat irgendwo was vergessen, muß umkehren. – In Orléans sah ich ein Mädchen mitten auf der stark befahrenen Straße stehen und irgendwelche Klagerufe ausstoßen.
Die Autos fuhren einen Zahn langsamer an ihr vorüber, wollten
wohl sehen, was das für ein komischer Vogel ist. Ein jüngerer
Mann hielt an, holte sich das Fräulein in den Wagen. Vermutete
wohl leichte Beute.

Nartum Sa 12. August 1989

Bild: Ungarischer Offizier: Ich lasse alle Deutschen raus
ND: Schweriner Industriebauer erreichten Montagevorlauf

Kalt, Regen. Kalte Sommer sind eine Zugabe. Warme Winter sind
unerträglich.
Angstzustände wechseln mit Ekel ab. Was beunruhigt mich? Der
Schwebezustand, die Sache mit den Archiven, Angst, was falsch
zu machen. Geld-Sachen, zuviel ausgegeben. Das Kurshalten kostet auch viel Kraft.
Ich fuhr mit Simone zum Schleswig-Holstein-Festival, ein sogenannter «Auftrieb», eine Riesen-Familiensache mit Kindern
auf dem Herrenschloßrasen. Mürrische Einheimische, die dem
Ab- und Aufgewoge hämisch zusahen. In einer Riesen-Scheune,
die im wesentlichen aus Holzkonstruktion und Dach bestand,
saß eine eingestimmte Menschenmenge. Eine indische Pianistin
hämmerte wie rasend auf den Flügel ein. Ich kann nicht verstehen, daß man das «forte» in eine Lautstärke hineintreibt, die keinerlei Nuancierung mehr erlaubt. Dieses Geknalle sagt nichts
mehr aus.

Ich durfte drei Kapitel aus M/B lesen, die ich vorher noch etwas gekürzt hatte. Dazu gab es ein sehr schönes Schostakowitsch-Trio. Der Applaus war freundlicher, als es bei Musik-Enthusiasten zu erwarten gewesen war. – Das sei aber ein ziemlicher Block gewesen, sagte der Veranstalter hinterher (es war wohl doch ein bißchen zu lang). Ansonsten saß ich in einem Aufenthaltsraum bei Kaffee und Kuchen und kämpfte gegen die Wespen. – Ein blondes Kind sprach mich an, wie sie es anstellen kann, daß sie Schriftstellerin wird. Hätte schon drei Bücher geschrieben (zehn Jahre!).
Auf der Rückreise las Simone mir das sehr lange Juni-Kapitel aus dem «Sirius» vor. Es befriedigte mich nun doch. Das wäre dann mal wieder eines dieser unerwarteten Geschenke. Innerlich lange vorbereitet, ohne daß ich es gemerkt habe. Das Herausgeben der Tagebücher: Eine angenehme Beschäftigung für die nächsten fünf Jahre.
Hildegard begießt die Blumen. Für wen? Für sich? Für mich? Für die Blumen tut sie es. Damit sie *uns* erfreuen.
Morgens Frühstück auf der Galerie. Die Hühner lagern sich vor der Glastür. Sie suchen unsere Nähe. Was für ein Leben muß es gewesen sein in den alten Niedersachsenhäusern, Bauer und Gesinde mit dem Vieh unter *einem* Dach. Nachts macht der Bauer die Klappe auf, das Fensterchen in seiner Butze, und sieht in den Stall hinein und horcht. Die atmende Kreatur.
Tiertransporte, so ist zu hören, dauern oft *zwei* volle Tage! Die Rinder stehen dicht gedrängt, ohne Wasser und Fressen. Ich hasse diese Sadisten.
Als Kinder verbanden wir mit dem Jahr 2000 Visionen von Städten mit Rollbändern als Gehsteig. Von Hans Dominik angeregt, sahen wir Europa von Riesen-Eisenbahnen durchrast, die mit Atom-Motoren angetrieben wurden. Ganz selbstverständlich war uns der Gedanke, daß wir mit Raketen nach Amerika geschossen würden, und die Kleidung, die wir tragen würden, könnte Weltraumanzügen ähnlich sein. Wie die Menschheit vor 1000 Jahren annahm, die Welt gehe unter, wenn der Kalender umspringt, so war für uns ein magisches Jahr 2000 ein Schuß in ein,

wenn auch nicht gerade süßes, so doch erstaunliches Paradies, in dem Tod und Krankheit zwar nicht besiegt, so doch aber abwesend waren, Häßlichkeit jedenfalls nicht vorkam: Die Tische biegen sich von südlichem Obst und Braten, und an den Wänden laufen immerfort, auf große Mattscheiben projiziert, Filme, die wir uns, auf weiße Ledersofas hingestreckt, amüsiert und weltvergessen betrachten.

Nun, letzteres ist eingetroffen: Das Fernsehen ist da, wenn es uns auch nicht gerade futuristisch anmutet, sondern eher altmodisch, denn, was uns darin vorgeführt wird, kommt eher antiquiert daher. Es hat von neuem weltgesunden Geist nichts an sich.

Noch elf Jahre bleiben uns. Keine einzige Vision wird Wirklichkeit werden, alles Schlimme jedoch, das wir vielleicht ahnen, trifft wahrscheinlich ein. Nur eines nicht: der Tod der Bücher. Was uns auf der Buchmesse 2000 erwartet, können wir mit Hilfe einer Art Wahrscheinlichkeitsrechnung ziemlich sicher vorhersagen, indem wir uns vor Augen führen, was *vor* elf Jahren los war in Frankfurt. Von daher ließe sich leicht eine Projektion über die kalendarische Schallgrenze hinweg anstellen.

Nartum So 13. August 1989

Welt am Sonntag: BND: 1,5 Millionen DDR-Bürger wollen ausreisen / Mittwoch neue Verhandlungsrunde über Ausreisewillige in Bonns Ost-Berliner Vertretung
Sonntag: Rufer der Vernunft. «Man nannte sie Verräter» – zu dem Film des West-Berliner Dokumentaristen Bengt von zur Mühlen

Mal wieder einen Chopin versucht, aber da gibt man denn doch bald auf.
Die Polen (Oppeln) haben einen deutschen Kulturkreis verboten.

Die Studenten wundern sich, daß es in Polen überhaupt noch Deutsche gibt. Sie meinen, Breslau sei eine urpolnische Stadt, immer schon polnisch gewesen, so ungefähr. An sich ist das ja egal, was sie denken, aber mich wurmt ihre Unwissenheit. Oberschlesien? – Die Leute, die dort wohnten, haben da immer gewohnt, weil das Deutschland war. Schlesien war nie polnisch. Lafontaine spricht davon, man soll nicht die «sogenannten Deutschen» zurückholen, die vor 300 Jahren in die SU und in Polen eingewandert sind.
Augstein im «Spiegel»:

> Wer nach Ethik und Moral der weniger Schlimme war (Hitler oder Stalin), läßt sich nicht ausmachen. Beide begingen die ungeheuerlichsten Verbrechen.

Das ist zwar nicht neu, aber daß jemand Hitler und Stalin ohne weiteres gleichsetzt, haben wir so noch nicht gelesen.
Hildegard telefoniert herum wegen der Krähen, die immer noch ans Fenster klopfen. Auch der Mehltau an den Trauben macht ihr zu schaffen. Sie wundert sich über die zunächst nicht vorhandenen, dann überaus zahlreichen Umweltberater in Bremen, was es da für verschiedene Einrichtungen gibt. Sie meint, der eine habe besoffen auf dem Sofa gelegen. Von einer anderen habe es geheißen, sie sei gerade zum Mittag gegangen. Und alle sagten was anderes.
«Was haben Sie für große Hühner!» – Hühner in hohem Gras, das ist etwas besonderes.
Aus einem Brief:

> Was ich suche, sind Kreise, in die ich das «Selbst» steinlichtgrau hineintauchen darf und sie weitertragend in Tönen als lebendige Worte zum Schwingen bringen kann. Leider habe ich noch keinen Weg gefunden, Gefühle zu entfalten, die als Lichtboten das Leben erhellen ...

Mann oder Frau?

Nartum Mo 14. August 1989

Bild: Verzweiflung in der DDR / Nur raus, raus, raus!
ND: Wanderfahnen für beste Leistungen im Wettbewerb

Was die Flucht unserer Landsleute angeht: Es ist so, als ob man ein Loch in einen Kahn bohrt, da dringt dann das Wasser ein, und der Kahn sinkt. Aber das Bild ist schief, da müßten *wir* ja sinken. Eher ein Fahrradreifen, der ... – Es ist allerhand nachzutragen.
Gestern TV: «Das Rettungsboot» von Hitchcock, ein mieser Propagandastreifen. Man müßte mal einen Film drehen, in dem man dieses Prinzip ins Groteske wendet und alle Ausländer als Halbschweine darstellt – sozusagen ein für allemal, und den Deutschen dazwischen als Leuchtstoffröhre. – Hübsch die Szene, wie sie ihn über Bord drängen. Primitive Kulissenartigkeit des Ozeans.
Es wurde der gelbliche, angenehm an Bierhefe erinnernde Algengrützteppich an der italienischen Küste gezeigt, wie er von einsamen Kämpfern mit Schiebevorrichtungen vom Strand weggezogen wird. Mit Ölteppichen verfährt man auch so. Warum sie das Zeug nicht an Vieh verfüttern, bleibt rätselhaft. – Dann wurden zufriedene italienische Rentner gezeigt, die sich freuen, daß die Deutschen nicht mehr kommen, und Papagalli an Kraftmaschinen, die endlich von den Bumsungen entlastet sind. Nur noch 48 deutsche Frauen müßten sie jetzt umlegen statt 64, sagte einer (pro Tag?). Man geht jetzt dazu über, parallel zum Strand Schwimmpools einzurichten. In die wird dann Tag und Nacht hineingepißt.
Hauptthema auf allen Kanälen: DDR-Flüchtlinge, meist junge Leute, alerte Typen, die zu Recht optimistisch sind. Die Journalisten geben sich alle Mühe, ihnen nagende Zweifel einzupflanzen. «Meinen Sie, daß das richtig war?» – Das Turnhallen-Dasein wird so dargestellt, als ob es die Flüchtlinge jahrelang auf sich nehmen müßten. Es sind, wie man so nebenbei erfährt, man eben drei Tage. Ein älterer Herr gab als Fluchtgrund an, daß sei-

ne Tochter einen Autounfall gehabt habe. Da wär' «der Tropfen am Überlaufen» gewesen.
Jammerschade, daß ich keine Zeit habe, nach Gießen zu reisen und mit den Leuten zu reden. Simone: «Was willst du mit denen reden?» – «Na, Mut machen ...» – An den Bäumen und Zäunen flattern Arbeitsangebote, Dachdecker werden gesucht, war zu hören. Westdeutsche Arbeiter haben schon protestiert.
Drei Tage hatte ich wieder mit meinem Leibschneiden zu tun, das Gehirn ist dann ganz abgeschaltet. Ich trage es mit Geduld und einer Wärmflasche auf dem Bauch.
Heute fuhren wir nach Sottrum zum Brotkaufen und standen vor verschlossener Tür. Betriebsferien. Simone las mir den Juli – «Sirius» – vor, und ich erfreute mich an ihren gutgelaunten Reaktionen. Überall wird geerntet, die Strohballen werden durch Schleudern auf die Wagen geschmissen, quasi über die Schulter, Tschipp macht's, und dann kommt wieder so'n Ding geflogen. Manchmal fallen sie auch runter. Dann ruft der Mensch, der auf dem Anhänger steht, dem Fahrer zu: «Hö! Hö!»
Als wir 1960 nach Breddorf kamen, wurden die Felder noch auf alte Art abgeerntet, mit Hocken, Hochstaken usw.
Im Herbst hab' ich manchmal hinter der Gardine gestanden und den Kartoffelsammlern zugesehen, die holte sich der Bauer von überall zusammen. Das ist übrigens sehr anstrengend. Hinzu kommt, daß es im Herbst ja meist regnet, die müssen also halbgebückt die Furchen entlanggehen, und kaum haben sie eine Furche erledigt, kommt schon der Trecker zurück und schmeißt neue Kartoffeln raus. Damals ging der Schwindel schon los mit der Vereinheitlichung der Kartoffelsorten «Hansa» und «Grata». Seit 20 Jahren habe ich keine vernünftige Kartoffel mehr gegessen. Früher schmeckten sie wie Marzipan.
Horst Janssen: «Hinkepot». – Das war die «Tadellöser»-Zeit und: «Die Jahre, die ihr kennt» von Rühmkorf und andere: eine große Synchron-Komposition herstellen all dieser Bücher, parallel lesen. – Über Janssen sah ich mal einen Film, wie er auf dem Fußboden liegt und Grafiken signiert. Die hübschen Mädchen, die er immer hat. Hildegard meint, wenn einer reich ist, gelingt

ihm das, sonst kämen die Mädchen nicht. Ein Mann in dem Alter müsse den Frauen was bieten können. – Meint sie mich irgendwie damit?
Dorfroman: Heute früh sah ich, daß die Glucke mit ihren Küken zum ersten Mal bei den Großen auf der Stange saß. Es war ein Sicherheitsabstand zwischen den zwei Parteien.
Die Flüchtlinge in der ungarischen Botschaft hätten diplomatische Aktivitäten «auf den Plan gerufen», heißt es.
Ein Kamera-Team folgte einer kleinen Gruppe von Grenzübertretern, die durchs Feld krochen, z. T. auf allen Vieren. Die Kamera war zeitweilig auf das Hinterteil der Krabbelnden gerichtet. – «Mein Krabbeln in die Freiheit», ein Erlebnisbericht. – Irgendwo wurden solche Krabbelmenschen auch schon mal unter Feuer genommen. Wenn sie's denn geschafft haben, der Jubel, das treibt einem ganz automatisch die Tränen in die Augen. Im Aufnahmelager sitzen sie an langen Tischen. Reiner Kunze war zu sehen, wie er sich zu ihnen setzt – unter den Augen der Kamera – und ihnen gut zuredet: Es wird schon werden.
Die Kleiderverteilungen. Manche wissen ganz genau, was sie wollen.

Nartum Di 15. August 1989

Bild: Unglaublich / Unsere Budapester Botschaft warf DDR-Bürger raus
ND: Spitzen im Wettbewerb zum 40. Jahrestag der DDR / Erfurter Mikroelektroniker übergaben Muster von 32-bit-Mikroprozessoren

T: Sehr langer Traum. Ich sitze wieder im Zuchthaus und habe 25 Jahre und erkundige mich, wann ich entlassen werde. Die Antworten sind entmutigend.

Heiß. Hildegard hat es jetzt mit Pasten. Der ganze Tisch steht voll kleiner Büchsen und Tiegel mit Pasten vegetarischer Art.

Dazu dunkelblaue Gesundheits-Chips, eine Art Dachpappe, in der sich festere Substanzen finden, was beim Beißen unangenehm ist.
Sich auf seine Frau stützen können. – Türkisches Brot und irische Butter – ich fraß mich mal wieder richtig satt. Die Pasten ließ ich außen vor.
Es ist hier ganz unbekannt, daß es die Engländer und Franzosen nach dem Krieg in ihrem Land nicht sehr bequem hatten. Die Pariser haben im ersten Befreiungswinter erbärmlich gefroren und auch gehungert.
«Echolot»: Ich hab' mich heute wieder mit dem 20. April '45 beschäftigt, Hitlers Geburtstag, der Versuch einer Lagebeschreibung im noch unbesetzten Deutschland und andere isolierte Themen. Es sind jetzt 40 Seiten. – Im April '45 war ich noch in Berlin. Ich kann mich aber an den großen Bombenangriff vom Zwanzigsten gar nicht erinnern. Am 21. April verließ ich die Stadt.
In «Zettels Traum» geblättert. Die Widerstände zur Lesbarkeit. Schon mal das Format. Wir müssen das beim «Echolot» vermeiden, so verlockend es auch ist. Die Zweispaltigkeit lauert auf dem Wege. Woodstock-Gequatsche. Ich habe damals von all dem nichts mitgekriegt, ich habe Kinder unterrichtet und den «Block» geschrieben.
Eine Dame schickte mir einen Brief vom 2. Juli 1933. Wie sich damals die Schüler um politische Aussagen herumdrücken mußten, geht daraus hervor:

> Mit dem Wetter ist das überhaupt so eine Sache. Das hängt mit meinem Hausaufsatz zusammen ... Unter vielem Gedrucke hatte ich schließlich etwas zu dem Thema «Der Staat und der einzelne» aus mir herausgequetscht. Über dergleichen in dieser Zeit zu schreiben, ist bei meinen Ansichten jedoch nicht so ganz «ohne», da die Aufsätze beim Abitur vorgelegt werden und man nie wissen kann ...

Nartum Mi 16. August 1989

Bild: Die Verzweifelten in Budapest / Bild-Soforthilfe: Plötzlich reagieren alle / Botschaft stellt wieder Pässe aus / Die Lagerstadt wächst weiter / Gulasch-Kanonen für Hungrige / Warum dementiert Sudhoff? / Wo sind Heike und Henning, Herr Honecker?
ND: Auf der bevorstehenden Leipziger Herbstmesse / Umfassendes Angebot für flexible Automatisierung

Ich bin ordentlich, weil ich unordentlich bin.
Ich mußte die «Tage des Überlebens» von der Boveri neu kaufen, weil früher einmal verliehen und nie wiedergekriegt. Sie meint, deutschen Lesern ihre Brief-Texte von 1945 unkommentiert nicht zumuten zu können, die Russen kämen sonst zu schlecht weg. Ursache und Wirkung. Na also! Sie scheint nicht mit urteilsfähigen Lesern zu rechnen. Alle Augenblicke werden ihre Notate von langen Kursiv-Absätzen unterbrochen. Sie will den Leser nicht allein lassen, sagt sie, das wär' ein Risiko. Du lieber Himmel, er könnte ja auf Gedanken kommen. Aber still! Sie hat mal eine gute Kritik über eines meiner Bücher geschrieben, «Haben Sie Hitler gesehen», glaube ich, das hat sie gelobt. – Uwe Johnson war dicke mit ihr. Der hatte es überhaupt mit den älteren Damen. – In New York hat er mich mal weitergereicht. Die Dame dort hat aber schnell von mir abgelassen.
Ein Film über Parfüm-Riecher. Dauernd schnuppern sie, halten sich sonderbare Fächer unter die Nase und wedeln damit herum. – Aber wir haben nichts davon. Neulich wollte ich ein Stück Palmolive-Seife kaufen, weil mich der Geruch an «früher» erinnert – gibt's nicht mehr. «Die gab es früher einmal», sagte die Verkäuferin. Eben. Nostalgisches Parfüm müßten sie herstellen, bei dem einem sofort das «Tantchen» einfällt, mit Spitzendeckchen auf dem Kopf, in ihrem Biedermeierzimmer. Oder «Warnemünde 1936». Oder «Brennende Stadt». In Altersheimen würde sich vielleicht auch ein Parfüm «Mundgeruch» gut verkaufen.

Ich spielte die Jagdsonate, in Erinnerung an Herrn Sowtschick. Der Munterhund hörte sie sich an, leckte seine Pfoten. Neulich hörte ich sie portato gespielt, ging auch.

Nartum   Do 17. August 1989

Bild: Die Flüchtlingstragödie / Kohl flehte – Honecker brutal: «Nein»
ND: Der Staatsplan bei Getreide wurde erfüllt

Hamburg. Im Bratwurstglöckle gegessen: 18,60 Mark!
«Kegeln Sie mal wieder im Bratwurstglöckle», steht auf der Speisekarte. – Hinterher alles wieder ausgekotzt: Der Magen reagiert vorwurfsvoll. – Mit einem Herrn kam ich ins Gespräch, «Tadellöser & Wolff» usw. Die Filme, wie *mir* die gefallen haben, wollte er wissen. «Mitspracherecht», all diese Sachen. Ich horchte ihn wegen meiner Planktons aus. Ich erklärte ihm sogar, wozu ich sie brauche und warum ich sie sammle. Das wunderte ihn überhaupt nicht.
«Ich danke Ihnen, mein Herr.»
Im übrigen war es komisch, wie er seinem Begleiter in meinem Beisein erklärte, wer ich sei, und diese Erklärungen gab er in meine Richtung ab, so als müsse er eine Prüfung bestehen.
Das Bratwurstglöckle ist mir aus einem besonderen Grund sympathisch, hier läßt man mich ohne jede Beanstandung in Ruhe urinieren: Es gibt mehr Museen in Hamburg und Jugendzentren als öffentliche Bedürfnisanstalten.
Antiquariat. Allerhand für's «Echolot». Manchmal ziehe ich ein Buch heraus und denke: Wenn du das nicht schon hättest, würdest du dich jetzt aber freuen.
Farbkopien: 40 Mark!
Wir kauften in einem Delikatessgeschäft ungenießbare Nahrungsmittel ein. Ranziges Schweineschmalz, Gänseschmalz mit kleinen Käsestücken, eisenharte Blutwurst ohne jeden Geschmack

(oh! Thüringen!), zu frischen Appenzeller, saures Brot. – Und diese Leute, wenn sie eines Tages Pleite machen, wundern sich dann auch noch. Da gehe ich doch lieber zum Türken um die Ecke, da kriege ich alles, was ich brauche, schmackhaft und frisch. Gewürze scheinen die Deutschen überhaupt nicht mehr zu kennen. Für Gewürze haben ganze Generationen ihr Leben gelassen. Kleine Marmeln für die Kugelbahn, sogenannte «Kittscheißer», gibt es nicht mehr.

Ein Herr stoppte mich auf der Straße und fragte nach dem Katrepel, wo der Katrepel ist? Woher soll ich das wissen? – Was ist ein Katrepel? So eine Art kafkasches Odreldok? – Im Grimmschen Wörterbuch steht's nicht drin. Lassen wir es also auf sich beruhen.

In einer Buchhandlung fand ich ein Portemonnaie, ich gab es ab. Der Herr, der es liegengelassen hatte, ein Engländer, kam aus dem Inneren der Buchhandlung gelaufen, hatte es wohl gerade vermißt und beobachtete mich argwöhnisch, was ich da mit seinem Portemonnaie mache ...

Auf der Autobahn von Hamburg hierher in Kolonne gefahren. Auf der Gegenseite fuhren sie ebenfalls zweispurig. Ich habe mal gedacht: Auf ein Zeichen hin müßten mal alle Autobesitzer Deutschlands ins Auto steigen und losfahren. Was dann wohl auf den Straßen los ist. Dadurch könnte man dem Verkehrsminister ganz schöne Schwierigkeiten machen.

Spaziergang zu Hause war unmöglich, da auf dem Acker nebenan Gift versprüht wurde. – Später wieder nicht möglich, weil ein Bauer auf der Straße seinen Trecker laufen ließ, eine halbe Stunde Diesel-Cumulus. Unterhielt sich unterdessen.

Der Kälber-Skandal. Daß es überhaupt Menschen gibt, die Kalbfleisch essen.

Film: «Saustall». – Gut gemacht.

Mitternacht: Große Rettungsaktion zugunsten eines Nachtfalters, der mich mit seinen rötlichen Glasaugen anstarrte. Weißes Häubchen auf dem Kopf. Ein reines Taschentuch nahm ich. Ich fürchte, er hat ein Bein gelassen. Weiteres Schicksal unbekannt. Er flog in die dunkle Nacht surrend davon. Auf und davon.

Nartum Fr 18. August 1989

Bild: Dramatischer Appell der Flüchtlinge / «Herr Kohl, holen Sie uns raus!»
ND: Risaer Metallurgen im Wettbewerb mit Planplus

Schmeichlerische Autogrammwünsche («Ich kenne alle Ihre Werke!») werden sofort weggeschmissen. Anlügen lasse ich mich nicht!
An Robbi hängen die vollgesogenen Zecken wie Stachelbeeren.
Dorfroman: Die Küken sind nun schon ziemlich groß, die Hähnchen kämpfen – sehen sich stur an, bis einer nachgibt, sie üben Klettern auf den Holzstapeln.
Rief einer an, um Mitternacht, ob ich die Telefonnummer von Ernst Jünger weiß.

Nartum Sa 19. August 1989

Bild: Die 4 sind da! / Sonnabend aus Botschaft geworfen / Montag von Bild betreut! / Jetzt Flucht bei Vollmond
ND: IGA 89 in Erfurt eröffnet / Lehr- und Leistungsschau offeriert Ergebnisse intensiven Gartenbaus

Es ist nicht zu fassen! In Polen wird eine nicht-kommunistische Regierung gebildet. Und die Ungarn schicken die Flüchtlinge nicht zurück.
Gaus und wie heißt der andere noch, ach ja, Jurek Becker, der mit mir (aus ideologischen Gründen?) nicht an einem Tisch sitzen wollte, führten ein verklausuliertes Gespräch. Gaus nannte das SED-Regime ein mildes, in dem nicht wie in der ČSSR oder Polen gewütet worden sei. Nun, ich habe da eine andere Erfahrung. Schade, daß ich nicht über genug Spannkraft verfüge und Zeit, ich würde gern ins Aufnahmelager Gießen fahren, um die

Stimmung dort auf mich wirken zu lassen. Aber was will man da? Vor Bier und einer Bockwurst unterm Zeltdach sitzen und die Aufgeregtheiten dieser Leute auf mich wirken lassen? Sie nach Plankton fragen? Schulterklopferei. Die Menschen werden auf die Länder verteilt, wie es heißt.
Ein einzelner Kranich flog über's Haus, zielstrebig nach Westen.
Heute nach Hamburg. Eine dreiviertel Stunde in einem italienischen Gartenlokal aufs Essen gewartet, dann hab' ich mich davongemacht. – In der ABC-Straße entsteht ein neues Viertel. Keine Wohnungen etwa, sondern Ladenpassagen und Büros. Damit ist noch lange nicht «Schwamm drüber» über die Niederlagen und Beleidigungen, die ich hier in dieser Straße erlitten habe. Sie werden mich bedrücken, solange ich lebe. «Sie sind für mich ein ganz gewöhnlicher Krimineller», das habe ich mir einst sagen lassen müssen.
Die Schnelligkeit, mit der sich die Tankstellen auf «bleifrei» eingerichtet haben.
Simone hat das Archiv aufgeräumt, recht angenehm. Merkwürdigerweise arbeitet sie gern auf dem Fußboden.
Im TV: Eine Tribunal-Show gegen Bossi, weil er SPD-Schnoor angegriffen hat. Staeck und noch drei andere haben gegen ihn angeschrieen. Deutsche Art zu diskutieren. Sie können nur brüllen.
Herzbeschwerden durch Tropfen gemildert.
Schlief heute mittag zwei Stunden.
Chet Bakers letztes Konzert. «My funny Valentine». Ziemlich kitschig. Ich denk': Wer singt denn da? Er war es selbst. Er hat sich in Amsterdam aus dem Fenster gestürzt, kam nicht mehr klar mit sich und der Welt. Es hieß, er habe deshalb so zart Trompete geblasen, weil er die Nachbarn nicht stören wollte.
Irgendwo habe ich gelesen, daß das wunderbar wäre, sich aus dem Fenster zu stürzen, man sei so befreit. – Ich würde es trotzdem nicht tun. Ich denke inzwischen: aufhängen wäre passabler. Man verliert ja sofort die Besinnung, wenn man den Strick richtig umlegt. Aber die Angehörigen! Denen streckt man dann

die Zunge raus? – Einen Abschiedsbrief würde ich nicht hinterlegen. Sie können sich doch denken, weshalb man sich davonmacht. – Améry nahm 50 Schlaftabletten.

Nartum So 20. August 1989

Welt am Sonntag: Massenflucht: 300 DDR-Bürger nach Österreich/Ungarn warnt vor Tragödie an der Grenze/SED-Führung plant Säuberung der Partei
Sonntag: Ich lache, also bin ich. Karikaturen auf dem Solidaritätsbasar des «Sonntag»

Ein amerikanischer Student kam für drei Wochen. Wir bezahlten sein Taxi: 33 Mark! Wird für die Völkerfreundschaft drangegeben.
Kadenzen sind die Krönung abendländischer Musik. Die Kadenz vorm Tod, biographisch gesehen.
Wer Tagebuch schreibt, muß ein Sonnensegel in seinem Universum entfalten, da finden sich immer Staubpartikel.
Ein Fotograf kam. Die Redaktionen interessierten sich im Grunde für nichts, nur der aktuelle Anlaß zählt, sagt er. Ich erhaschte etwas Plankton:

> Wir fuhren durch die Berge des Monte Negro im südjugoslawischen Inland, hatten ein paar wunderschöne Tage an der Adria verbracht und waren nun auf dem Weg nach Griechenland. Die Straßen waren staubig und schlecht zu befahren, im Auto war es heiß und stickig, und die Berge wollten kein Ende nehmen. Zudem hatten wir den Weg auf der Karte verloren, wußten nicht, wo wir die Nacht verbringen würden, und Verpflegung und Benzin waren knapp – die Stimmung verschlechterte sich zusehends.
> Die Sonne wurde schon rötlicher, als ich in der Ferne zwischen den Bergen eine Hängebrücke entdeckte und nach ein paar Kurven abseits der Straße hinter einer abfallenden Wiese einen flachen Fluß mit sehr klarem Wasser in einem steinigen Flußbett. Wir hielten sofort an, schnappten unsere Handtücher und kletterten den Ab-

hang hinab zum verlockend kühlenden Naß – wir konnten es kaum erwarten, die verschwitzten Kleider vom Leib zu reißen und uns den Straßenstaub abzuwaschen.
Wir erreichten eine malerische Stelle mit einer Vertiefung im Flußbett, wo das Wasser glasklar und türkis war. Über unsern Köpfen schaukelte die Hängebrücke im leichten Sommerabendwind.
Ein kleiner jugoslawischer Bauernbub lief behende über die Brücke, er hielt einen Weidenstock in der Hand und winkte uns zu. Später kletterte er zwischen Gestrüpp und Felsen herunter und badete mit uns, bis die Sonne verschwunden war.

Volkserzählungen sammeln wie die Brüder Grimm.

Nartum Mo 21. August 1989

Bild: 900 aus Ungarn raus / Frei! / Sie küßten die Erde / Sie drückten das Tor auf und gingen einfach weiter / Ungarns Grenzsoldaten sahen zur Seite / Größte Flucht seit dem Mauerbau
ND: DDR-Schwimmer in Bonn erfolgreichste Mannschaft

Kohl spricht jetzt so, als müsse er mit seinem Stimmenimitator wetteifern.
Zahllose Lichtbilder sind auf eine hohle Glaspyramide geklebt. Sie werden von außen beleuchtet. Innen, auf der Basis der Pyramide, stellt sich ein buntes Muster dar: Das ist der Roman.
Die verrückteste Kritik, die ich je erhielt, stammt von einer evangelischen Rundfunkkritikerin: «Ich glaube Kempowski kein Wort», schrieb sie. (Es ging um «Moi Vadder läbt».) Ich weiß nicht, ob ein männlicher Kritiker zu so einer Idiotie fähig wäre.
Dorfroman: Hühner-Drama. Ich fand in der Nacht den Hahn auf der Gittertür sitzen. Ein Marder o. ä. hat ein Küken totgebissen. Heute sind alle Hühner im Haus, trauen sich gar nicht in den Garten. Der Hahn spaziert die Bibliothek entlang, als müsse er sie «abnehmen».

Nartum Di 22. August 1989

Bild: Nach Geißlers Sturz / Stürzt auch Kohl? / Gleich hinter der Grenze / Flüchtling starb vor Glück
ND: Zwischenfrüchte auf über einer Million Hektar gesät

Immer noch heiß.
Der Schock damals, als ich erfuhr, daß Mutter ihr viertes Kind *abgetrieben* hat (ein Junge?). Er (es) wäre 1936 geboren worden. Jetzt 54 Jahre alt. Vielleicht auch in Bautzen gelandet? – Immer wieder stelle ich mir vor, wie der Arzt den kleinen Fötus mit einer Häkelnadel entfernt hat. Ein unersetzlicher Verlust.
Wir haben hier wieder einen Amerikaner. Er kommt aus Montana. Ein sonderbarer Mensch, klein, sitzt auf seinem Zimmer und spielt Mandoline. Tagsüber ißt er so gut wie nichts, abends legt er mächtig los. Die Tatsache, daß er gleich am ersten Tag in der ersten Stunde einen das ganze Haus erfüllenden Furz ließ, verschaffte ihm einen schlechten Start.
Hildegard: «... und wann fahren Sie wieder fort?»
Ich habe ihn gebeten, die «Echolot»-Seiten zu zählen, er ist auf über 2000 gekommen.
Die Hitze ist kolossal. Unsere Ebereschen-Allee ist gelb vor Trokkenheit. Bis gegen Mitternacht saßen wir in der Laube. Der Ami spielte Mandoline und erzählte lustige Stories von seinem jähzornigen Vater.
Ich sitze den ganzen Tag über dem «Sirius». Vom «Echolot» habe ich den 20. April 1945 nun gänzlich herauspräpariert und kollagiert und probeweise verschickt. Es bietet sich an, auch ein Tonband mit dazugehörigen Musikstücken oder Reden dem Text beizugeben. – Mir wird vor der riesigen Arbeit bang.
M/B ruht erst mal. Wenn «Sirius» abgegeben ist, arbeite ich weiter daran. Ich sitze den ganzen Tag und fummle vor mich hin. Das Herauspräparieren und vorsichtige Ergänzen. «Den Tee aufgießen», wie Jünger es nennt. Das Einarbeiten von Notizzetteln und Briefen.
In Polen scheinen sie es geschafft zu haben. Wer hätte das ge-

dacht! Nun müssen die Leute erst mal was zu essen haben. In der SU geht's auch rasant aufwärts (bzw. abwärts). Unglaublich! Das hat niemand vorhergesagt. All unsere klugen Fernsehmoderatoren, die Journalisten und Auguren, all diese Leute haben es nicht geahnt. Die wirklich einschneidenden Veränderungen kommen über Nacht. Auch Ungarn! Nicht zu fassen. Tausende von Deutschen nutzen die Gelegenheit, herüberzukommen. Auch interessant, daß *kein* Kamera-Team Aufnahmen davon zeigt. Die zeigen in Gießen die Kantine, das ist ja auch wesentlich einfacher. – Leider reicht meine Kraft nicht, nach Gießen zu fahren. Eigentlich müßte ich es tun. Vesper am Telefon: «Warum? Was willst du da?» – Du lieber Himmel, das sind doch unsere Landsleute! Wenn *wir* sie nicht begrüßen ...
Filmaufnahmen aus der ČSSR, Demonstrationen. Lachende Polizisten, die auf die Leute einprügeln. Ein Zivilpolizist in blaugestreiftem Pullover stellt einem Flüchtenden ein Bein, und der wird von sechs bis acht Polizisten «fertiggemacht», wie man das nennt. Das Blutbad können wir uns nicht vorstellen, was angerichtet wird, wenn die Sache da explodiert.
Diese Tschechen sind offensichtlich wesentlich grobschlächtiger als die DDR-Polizei. Vielleicht können Ostmenschen tatsächlich mehr ab als unsereiner. Wenn man denen einen Knüppel auf dem Kopf zerschlägt, schütteln sie sich und gehen weiter. Unsere Leute laufen gleich zum Psychiater. Werden seelisch betreut.
Heute kommen Paeschke und Frau. Ich hab' gesagt, er soll Kuchen mitbringen. Mal sehen, ob er noch immer streßfest ist.
In der großen, reichen SU ist die Seifenversorgung zusammengebrochen. Es ist nirgends ein Stück Seife zu bekommen.
Die Ungarn «entdecken die Sozialpolitik» (FAZ).
«Nichts ist dem real existierenden Sozialismus so fremd wie die Sozialpolitik ...» – In Rumänien werden die über 70jährigen von der medizinischen Versorgung ausgeschlossen. Das hat ja schon fast Ähnlichkeit mit der Nazi-Zeit. Wieso erfahren wir das erst jetzt?
Meine Reise nach Bukarest. Ich hatte damals einen extra Beschatter.

Ich fand im Archiv eine 100 Jahre alte Poesiealbumeintragung aus Greifswald:

> Rosen, Tulpen, Nelken,
> alle Blumen welken,
> nur unsre Freundschaft nicht,
> lebe wohl, Vergißmeinnicht.
>
> Zur ewigen Erinnerung,
> an Deinen Mitschüler Wilhelm Schwebs
> Greifswald, den 22. 8. 1889

Nartum Mi 23. August 1989

Bild: Berlin: Vogel krachte in Kanzler-Jet / Kohl knapp am Tod vorbei / Der neue Mann nach Geißler / Nun mal ran, Herr Rühe!
ND: Gewerkschafter in der Plandiskussion / Viele Initiativen für einen hohen Leistungszuwachs

Warm. Gestern waren Paeschke und Frau hier. Er in Schlips und Kragen, sie mit Klingelklangel am Handgelenk. Von seiner Armbanduhr und ihrem Schmuck hätten wir wahrscheinlich unser Haus kaufen können. – Wir saßen in der Laube und tranken Kaffee und aßen kleine Kuchen, die sie aus Hamburg mitbrachten. Die Schafe gesellten sich zu uns, und als wir den Kaffee tranken, legten sie sich nieder und kauten still vor sich hin, alles ganz normal. – Renate und der Amerikaner waren auch da. Die konnten mal sehen, wie ich mich mühen muß, um Kurs zu halten.
Der Amerikaner verlieh unserem Haus etwas von Weltoffenheit. Eine Investition, die sich letzten Endes bezahlt macht.
Ich gab Paeschke das «Sirius»-Manuskript und bat ihn, uns daraus vorzulesen, was er auch tat, und da er zufällig eine komische Stelle erwischt hatte und lachen mußte, akzeptierte er das Buch

mit Haut und Haaren, obwohl er Tagebücher als Verleger nicht sehr schätzt, wie er sagt, und von mir eher einen Roman erwartet. Schwierigkeiten gab's keine. Er fuhr etwas zusammen, als er die Ausmaße von «Sirius» kapierte.
Auch mit dem «Echolot» gibt es keine Probleme. «Wer soll das lesen?» fragte er natürlich. Diese Frage werde ich noch oft zu hören kriegen. Ich antworte dann immer mit Golo Mann: «Derjenige, der das Ausführliche liebt.» In Zeiten der Zweieinhalb-Minuten-Kultur ist es doch eine Wohltat, ein dickes Buch auf dem Nachtschrank liegen zu haben. Manche Leute klagen über die lange Freizeit, eine Folge der 35-Stunden-Woche. Eine ganze Industrie ist entstanden, die den Leuten die Zeit vertreibt ...
Gegen Abend kamen Vetter Hartwig und Frau plus Kätelore. Alle redeten gleichzeitig. Erinnerungen an den Großvater und an Hamburg. – Kätelore traf ich vor Jahren mal mitten in Frankfurt auf der Straße, das war 1958, als ich mit Hildegard eine Radtour an die Mosel machte. Wenn wir ein solches Treffen *geplant* hätten, wäre es schiefgegangen. – «Die Welt ist ein Dorf», pflegt man in solchen Fällen zu sagen und hat damit das Phänomen im Griff. Über den Zufall. Dieses Phänomen ist mit der Wahrscheinlichkeitsrechnung mathematisch berechenbar. Man müßte Beispiele sammeln! Vater und Sohn, wie sie sich im Felde zufällig treffen, oder – überhaupt im Krieg –: Tritt einer zur Seite, und da trifft's den andern. Wie in dem Lied vom «Guten Kameraden», das niemand mehr singt.
In Bautzen haben wir es ausprobiert, wie oft Rot und Schwarz im Roulette wechselt. Da gibt es Statistiken. Wenn eben Rot war, dann darf man natürlich nicht wieder auf Rot setzen usw. Bis zu sieben Mal kann dieselbe Farbe kommen. Dostojewski behauptet, Rot könne 20mal hintereinander kommen.
Die Definition von Glück. Ist das Glück auch mathematisch errechenbar?
Daß ausgerechnet Raddatz der «Pflegesohn» meines Gefängnispfarrers war? Kann man sich so etwas ausrechnen?
Renate amüsierte sich darüber, daß die Vögel verschieden laufen, die Krähen latschen, die Spatzen hüpfen usw. Sie machte es

nach. – Mir gefällt es, wie die Rebhühner abstreichen, die Flügel nach unten gebogen. Das ratschende Geschrei, mit dem sie uns erschrecken, ist absolut überflüssig, sie sind ja schon weg! Rebhühner seien nicht zähmbar, heißt es. Warum sollte man auch. Die Urmenschen haben versucht, Bären zu domestizieren, haben ihnen bei vollem Bewußtsein die Zähne abgefeilt. Das Elend der Tanzbären. Überhaupt das Elend der stummen Kreatur. Wie die buddhistischen Affen halte ich Augen, Ohren, Mund zu, wenn ich davon höre.
Unser Munterhund, die Hühner und die Katzen können von Glück sagen, daß sie bei uns gelandet sind.

Nartum Do 24. August 1989

Bild: Kampf mit Schäferhund / Köpcke schwer verletzt / Er wollte seinen kleinen Hund retten
ND: Bauarbeiter wetteifern um Termintreue und Qualität

Ich war mit dem Amerikaner in Cuxhaven, um ihm was zu zeigen von der Welt, wir tranken in der «Windrose» Kaffee: 40 Mark! – Ich horchte ihn nach Plankton aus und ergatterte einige Kostbarkeiten. Cuxhaven: Mit Fischernetzen drapierte Rettungsringe in den Schaufenstern, ausgeschüttete Muscheln, manche von ziemlicher Größe, Bernsteinmassen. Er fand alles wunderbar, und seinen Schließmuskel hatte er absolut unter Kontrolle. Ich zeigte ihm das Haus meiner Urgroßeltern, von dem ich allerdings nicht weiß, ob es wirklich das Haus ist. Er war trotzdem beeindruckt. Urgroßeltern, das ist für die Amis wohl kein Begriff. – Mein Cuxhaven-Urgroßvater war Arzt, in einer Nacht kriegte er einen tödlichen Schlaganfall, tastete nach seiner Frau und sagte: «Arme Emmi!» – Leider war von der Nordsee nichts zu sehen, es war in jeder Hinsicht Ebbe.

Nartum Fr 25. August 1989

Bild: Treibjagd auf DDR-Flüchtlinge / Schwarzer Tag an der Grenze / Soldaten schossen, prügelten, Kinder bluteten / Bei Funkausstellung: Momper Schwächeanfall
ND: Springer-Meldung von A bis Z erfunden / Reiseverkehr nach Ungarn verläuft normal

5 Uhr. – Sorge, ob nicht alle Projekte, die ich angefangen habe, Luftballons sind. «Sirius» noch am weitesten gediehen, inzwischen über 400 Seiten. Paeschke sagte, daß Farbbilder unmöglich sind, das sei zu teuer, ein spezielles Papier sei dazu nötig, dick wie ein Brett ... Wie merkwürdig, daß es billige Tageszeitungen gibt, die gänzlich in Farbe aufgemacht sind.
Telefonat mit Ulla Hahn. Wann ich ihr endlich die «Hundstage» schicke, will sie wissen. Ich habe von ihr noch kein einziges Buch geschickt bekommen.
Hildegard sucht in der Schostakowitsch-Biographie nach '43er-Stellen für das «Echolot».
Gestern schrieb ich den Vortrag über das «Echolot» für Berlin. War also gezwungen darüber nachzudenken und fand alles ganz in Ordnung. Man hat hinsichtlich irgendwelcher Buchpläne schon viele Absichtserklärungen zu hören bekommen, meine Absichten werde ich jedenfalls ausführen. Ich will nichts anfassen, was ich nicht vollenden kann.

Film über eine Unterstützungsaktion der SPD durch prominente Autoren. Was sie damals sagten und ihre Ansichten heute dazu. Grass jung und dick, der gleisnerische Lattmann, Individualität verdammend (er bekam bezeichnenderweise das Schlußwort). An der Wand seines Studierzimmers hängt eine Geige mit Bogen, schräg drüber. Sprach tatsächlich vom «Elfenbeinturm», heute noch! – Lenz wurde nicht gezeigt – nicht interessiert. – Brandt, die Luft melkend. – Kein Wort davon, daß der prophezeite Zusammenbruch der BRD nicht eingetreten ist. Am vernünftigsten kam mir noch Dieter Hildebrandt vor. Er habe den

Krieg noch mitgemacht und empfände die BRD als «gar nicht so schlimm». Er wolle sie erhalten, nicht zerstören. – Lattmann war es wohl, der unsere lieben kleinen Schriftstellervereine kaputtgemacht hat mit seiner Gewerkschaftsmacke. Er wußte genau, warum er es tat.
«Es gibt in der Bundesrepublik keine Armen, es gibt nur Sozialhilfeempfänger.»
Die Flucht der Deutschen aus dem Paradies der Werktätigen hat unglaubliche Ausmaße angenommen. Gestern sind 300 Leute verraten worden, kamen mit Bussen an die Grenze und wurden bereits von der NVA erwartet. Was sie in Ungarn wollen? Urlaub machen? – «Und das sollen wir Ihnen glauben?»
Ereignisse. – Da bleibt einem die Spucke weg. Die baltischen Staaten werden sie wohl aus der SU «entlassen» müssen. Wer hätte das gedacht!
Die amerikanische Raumsonde fliegt heute am Neptun vorbei und «verschwindet dann in den Tiefen des Weltalls», wie der Sprecher sagt. Hildegard: «Ein schauriger Gedanke. Hu!» – Raumsonden, das sind so eine Art Zigarrenkisten mit Detektorempfänger und Taschenlampenbatterie.
Großer Streit über NKFD-Leute (National-Komitee-Freies-Deutschland), die nun von einigen Publizisten und natürlich von der evangelischen Kirche als Märtyrer hingestellt werden. Dabei sind die Berichte der Kriegsgefangenen über sie ziemlich eindeutig. Robert, zum Beispiel, hat sie nur mit Knüppeln erlebt. Das waren oft Kommisköppe, die sich auf Kosten ihrer Kameraden ein besseres Leben machen wollten. – Ausnahmen gab's natürlich: sogenannte Idealisten, Menschen also, die glückselig lächeln und ein dickes Brett vor dem Kopf haben. Da sind mir die Bösewichter schon lieber.
Post: «Wir freuen uns, Ihnen mitteilen zu können, daß das Kuratorium für die Auswahl der in Europa tätigen Künstler eine Verleihung des großen Preises von Europa ‹La Musa dell' Arte› (‹Die Muse der Kunst›) und Ihrer Mitgliedschaft im Berufsalbum zugestimmt hat. Aus diesem Grund hat das Präsidium Ihnen den großen Preis von Europa ... verliehen.» – Dafür soll

ich 320 Mark Mitgliedsbeitrag zahlen und bekomme eine Skulptur aus Messing «mit» 24karätigem Gold.
In den Schostakowitsch-Memoiren gelesen:

> Mich hat man gefragt: «Warum haben Sie das und das unterzeichnet?» Aber niemand hat André Malraux gefragt, warum er den Bau des Weißmeerkanals glorifiziert hat, bei dem Tausende und Abertausende ums Leben kamen. Nein, niemand hat ihn danach gefragt. Das ist sehr schade. Man sollte mehr fragen. Man sollte diese Herren fragen, denen niemand die Antwort verwehren kann. Ihr Leben war weder damals bedroht, noch ist es heute in Gefahr.
> Und Lion Feuchtwanger, der große Humanist? Voller Ekel habe ich seinerzeit sein Buch «Moskau 1937» gelesen. Es war kaum erschienen, als Stalin schon befahl, es ins Russische zu übersetzen und in einer Riesenauflage zu verbreiten. Ich las es. Das Herz krampfte sich mir zusammen in Bitterkeit und Verachtung für den berühmten Humanisten.
> Feuchtwanger schrieb, Stalin sei ein schlichter Mensch, freundlich und voller Güte. Zuerst glaubte ich, auch Feuchtwanger habe man über den Löffel balbiert, er habe nichts bemerkt. Dann las ich das Buch noch einmal und entdeckte: Der berühmte Humanist hat ganz einfach gelogen.
> Er schrieb: «Ich habe etwas ganz Wundervolles begriffen.»
> Was er begriffen hatte, war, daß die Moskauer Schauprozesse unvermeidlich gewesen waren. Und darum wundervoll: Er hatte «begriffen», daß die Schauprozesse die Demokratisierung förderten! Wer so etwas schreiben kann, ist kein Dummkopf, sondern ein Schuft. Und natürlich ein berühmter Humanist.
> Und wie steht es mit dem nicht weniger berühmten Humanisten Bernard Shaw? Was hatte der gesagt? «Sie erschrecken mich nicht mit dem Wort ‹Diktator›!» Natürlich, warum sollte ihn das Wort auch erschrecken? In England gibt es keine Diktatoren. Ihr letzter Diktator war Cromwell. Shaw fuhr bloß auf Besuch zu einem Diktator. Und Shaw war es auch, der nach seiner Rückkehr aus der Sowjetunion schrieb: «Hunger in Rußland? Dummes Geschwätz. Nirgendwo habe ich so gut gespeist wie in Rußland.» Zur gleichen Zeit hungerten in unserem Land Millionen, und ein paar Millionen Bauern sind verhungert. ...
> Früher quälte mich die Frage nach dem Warum? Warum belügen diese Leute die ganze Welt? Warum spucken hochberühmte Humanisten auf uns? Auf unser Leben, auf unsere Ehre und Würde?

Doch dann wurde ich mit einem Schlage ruhig und gleichgültig. Sollen sie doch spucken. Soll sie doch der Teufel holen. Ihnen geht ihr behagliches Leben als berühmte Humanisten über alles. Das heißt: man braucht sie überhaupt nicht ernst zu nehmen, sie zählen gar nicht. Sie kamen mir auf einmal wie Kinder vor, allerdings wie garstige Kinder.

Ich suchte heute einen kleinen Leberfleck an meinem Fuß vergeblich, als Kind habe ich ihn mir gelegentlich angesehen. Er ist wohl rausgewachsen.
So geht's mit manchen Sachen, die wir getrost belachen ...

Nartum Sa 26. August 1989

Bild: Toter Strauß im «Spiegel» / Die Abrechnung / Über Kohl: Reitet auf Waagebalken / Über Wörner: Unvorstellbare Skandalfähigkeit / Über Genscher: Leere Papierkorbformeln / Über Geißler: Hat uns diffamiert
ND: Getreideernte erfolgreich beendet / Volksbildungsaktive berieten in allen Kreisen vor Beginn des neuen Schuljahres

Schon wieder ein Ballon am Himmel – wie eine vollgesogene Zecke: Mich stören die Dinger. Es muß gewiß ganz angenehm sein, mit dem Apparat zu fahren, aber, wenn ich im Garten sitze und lese: das dauernde Hingucken, ob sie nun näherkommen oder weggeweht werden. Außerdem: Man sieht den Himmel schon bedeckt von Ballonen jeder Größe (Morgenstern). Zwerge, die sich im Gras verirren, würden uns weniger stören, zu denen muß man ja auch nicht aufschauen.
In der Nacht ließ ich mich von «klassischer Musik» verhöhnen. Ich habe hier zwei Aluminium-Hülsen mit Selbstmordpulver aus dem 2. Weltkrieg. Ob das Zeug noch funktioniert? – Es ist wahr: Man denkt über diese Selbstzerstörungsaktion hinweg auf das Danach: Was werden sie sagen? Ich werde die Phiolen niemals leeren, aber daß sie da sind, ist beruhigend.

Nartum So 27. August 1989

Welt am Sonntag: Budapest verschärft Überwachung seiner Grenze / Noch 20 000 Bürger wollen über Ungarn fliehen / 5000 bei Fluchtversuchen gestellt
Sonntag: Alles Wissen hat elementarische Kraft. Die Akademie der Wissenschaften im 40. Jahr der DDR. Von Werner Scheler

Regen, Sturm. Grade das richtige für mich. Sonne ist mir lästig. Heute früh nahm ich mir mal wieder die Bach-Choräle vor: «Jesu, meine Freude ...» Vier verschiedene Versionen. Dazu die Choralvorspiele von Johann Gottfried Walther. – «Ach, wie lang, ach lange, ist dem Herzen bange ...» Zur Hochzeit hatte ich um dieses Lied gebeten, es wurde mir ausgeredet.
Rolf Schneider, im Anzug mit Krawatte, rollt mit den Augen und sagt, mit den Polen, mit denen er 30 Jahre sozialistische Vergangenheit gemeinsam hat, verbindet ihn mehr als mit den Westdeutschen. Wie er sich keck spreizt bei seinen Antworten! Einen wirklich schönen Schlips trägt er, der gute Junge. Ob es ein polnischer ist?
TV: Originelle russische Clownerien, «Die Raffgier». Ich nahm die Sache auf und sah sie mir gleich noch einmal an. Wie die Amis, so haben auch die Russen einen speziellen, vom Volkscharakter geprägten Humor. Der Clown Popov! Ach! Bei uns ist ziemlich Ebbe mit dem humoristischen Volkscharakter. Stupidität hat sich breitgemacht. Und was trotzdem noch einen Hang zur Groteske sich bewahrt hat, wird ausgemerzt. – Der letzte deutsche Komiker war Hans Moser. – Die Trickfilme von Loriot. Früher gab es mal die Brüder Wiere.
Seit Tagen Schwerstarbeit, ich weiß auch nicht, was das soll. Hildegard sagte zum Munterhund: «Geh' doch mal 'n bißchen raus, es ist schönes Wetti!» – Der Hund ist anderer Meinung, er läßt sich's zweimal sagen, ohne recht darauf zu reagieren.
Ach, warum ist nur mein kleiner Wellensittich gestorben! Es war immer so schön, wenn wir uns gegenseitig pfiffen. Acht- bis zehnmal hat er's gemacht, danach antwortete er nicht mehr: dann

war es ihm zu dumm. Den Bleistift stieß er mir weg, wenn ich schrieb. Und unendlich zart weidete er mir die Haare auf den Ohren ab. Beim Klavierspielen knabberte er die Noten an. (Die Mäuse unseres Hauses sind mehr für Bücher zu haben, der Leim schmeckt ihnen.) Und manchmal kroch er in meinen Mund hinein, um an meinem Goldzahn seinen Schnabel zu wetzen, nur noch der Schwanz war zu sehen.
Hildegard: «Irgendwann verschluckst du dich mal ...»
Im Fernsehen der ausgetrocknete Aral-See. Sie haben nicht einmal die Schiffe herausgeholt, vorher, die liegen auf der Seite und verrosten. Sie hätten sich doch denken können, daß das Dings austrocknet. 100 Kilometer ist das Wasser zurückgegangen, alles versalzt, keine Fische mehr usw. Die Umgestaltung der Natur in der Sowjetunion, davon schwärmte sogar der Pastor in Bautzen in seiner Predigt, daß das wunderbar sei. Die Flüsse, so war es geplant, sollten in umgekehrter Richtung fließen.
Weiter in Schostakowitschs Memoiren, von denen sie sagen, daß sie gar nicht von ihm stammen.

1999: *Nun aber, daß sie doch von ihm stammen.*

Nartum   Mo 28. August 1989

Bild: Ibiza / Vater, Mutter, 2 Kinder / Füßchen im Bürgersteig / Deutsche Familie in Beton – ermordet
ND: 7 WM-Goldmedaillen für unsere Rennkanuten

Eine Frau schreibt, ihr Mann sei ein Fan von mir, und nun werde es Zeit, daß er mich kennenlernt. Ob ich mal rumkomme?
Leute, die in ihren Büchern Druckfehler verbessern. – *Anstreichungen*, das ist eine ganz andere Sache. Ich schreibe seit Jahren in jedes Buch hinten mein privates Register hinein. «Geblendet in Gaza», in diesem Roman von Huxley geht die Liste der An-

streichungen über zwei Seiten hinweg. An den Roman selbst kann ich mich nicht mehr erinnern. Beispiel:

> Die Stimme klang besser denn je. Sie hatte jetzt eine schwache Heiserkeit gleich dem Reif auf einer Frucht, gleich dem leichten Dunst, durch den man an einem Sommertag die Kuppel der St. Pauls-Kathedrale von der Waterloo-Brücke erblickt. Das Dazwischenschieben dieses Vorhangs aus heiserem Mull schien gewissermaßen die Schönheiten der dahinterliegenden stimmlichen Landschaft zu vertiefen und zu bereichern.

Nun ja. Der Vergleich mit dem Reif, der auf einer Frucht liegt, ist annehmbar. Dann aber verdirbt er alles.
Es existiert ein Buch über Anstreichungen in Beethovens Bibliothek. Ich mag das ganz gern, wenn man in antiquarisch gekauften Büchern die Bemerkungen des Vor-Lesers mitgeliefert bekommt. Auch Widmungen ganz unbekannter Menschen. Oder Exlibris, die meistens kitschig sind. – Frage: Soll man die Schutzumschläge der Bücher in seiner Bibliothek abnehmen?
Rameau: «Tamburin».

Nartum Di 29. August 1989

Bild: Es traf den Richtigen / DDR-Flüchtling gewinnt 1,7 Mio. im Lotto / Er ist 15 Jahre jünger / Mutter Drombusch heiratete ihren Zahnarzt
ND: Im Wettbewerb zum XII. Parteitag der SED / Forschen für Höchsterträge zur Stärkung der Republik

Vor 50 Jahren Kriegsanfang, das hat viele Menschen dazu angeregt, zu diesem Tag Artikel, Betrachtungen, Zusammenfassungen, Dokumentationen zu publizieren. Ich mache es umgekehrt, ich nehme die 50. Wiederkehr des Unbegreiflichen zum Anlaß, diese Zeit noch einmal auferstehen zu lassen, indem ich das Geraune von *damals*, im «Echolot» zu bewahren suche. – Vielleicht ist erst jetzt die Zeit dafür gekommen, die technischen Möglich-

keiten, die wir heute haben, gab es ja vor ein paar Jahren noch nicht. Ich weiß noch, welches Staunen Hardy Krüger erregte, als er sagte, daß er seine Bücher gleich in den Computer schreibt. «Promicheck» im Telefon, ich wurde gecheckt, was ich zum 1. September zu sagen habe. «Markt und Straßen sind verlassen ...» – still war's damals, und meine Mutter sagte: «Nun geht das wieder mit den Lebensmittelkarten los.» – Für uns Kinder war die Nachricht eine rasch vorübergehende Sensation, wir spielten ruhig weiter. Erst als es keine Spielsoldaten mehr zu kaufen gab, merkten wir, daß es galt sich einzuschränken.
Im übrigen war der Erste Weltkrieg noch sehr präsent. Jugendbücher über Trommelfeuer kriegten wir zu lesen, und dann gab es auch eine Zigarettenbilder-Serie. Die Mutter hatte als erste und einzige in der Familie sofort erkannt, was das bedeutete: Krieg.

Nartum   Mi 30. August 1989

Bild: Ungarn: 20 000 brechen durch / Noch diese Woche größte Flucht aller Zeiten
ND: Lehrer stellen sich ihrem gesellschaftlichen Auftrag

Ich war mit dem amerikanischen Studenten in Hamburg. Idiotischer Stolz auf eine Stadt, die ich nicht gebaut habe und deren Behörden mir nur Leid zugefügt haben. Wir aßen im Bratwurstglöckle eine Bratwurst ohne Glöckle. Thalia-Buchhandlung. Für 114 Mark Bücher gekauft. – Pasternak-Briefe: 12,80 Mark – Else Lasker-Schüler, rororo, 9,80 Mark.
Auf der Rückfahrt fuhr ich extra schnell, damit er sich mal wundert, wie schnell ein deutsches Auto fährt. Das war ihm nicht geheuer. Er sah mich von der Seite an, ob ich nicht ganz bei Trost bin? – Im übrigen ist er ein angenehmer Hausgenosse. Meistens sitzt er auf seinem Bett und spielt Mandoline. Abends erzählt er von seinem jähzornigen Vater lustige Geschichten.

Ich aß dann noch mit ihm in Gyhum: 44 Mark! Der Mann kommt mich teuer zu stehen.

Nartum Do 31. August 1989

Bild: So was haben Sie noch nie gelesen / Liebe Ida ... Wussow rechnet in «Hörzu» mit seiner Frau ab: Alkohol, Sex, Tabletten, Geld, Erpressung, Morddrohungen, schmutzige Lügen, Telefon-Terror / Honecker Krebs: «Aufgemacht und wieder zugemacht»
ND: Gediegene Ausbildung für über 340 000 Jugendliche

Lesung in Seevetal. – Mißverständnisse mit einer Dame, die sich von mir angepflaumt fühlte. Rief hier heute morgen an, was ich mir dabei gedacht hätte usw. Ich reagierte affirmativ. Gleich alles zugeben und sofort entschuldigen. – Ein Zuhörer schenkte mir einen kleinen Pflasterstein. Sie nehmen vor seinem Haus die Steine auf, sagte er, sei das nicht unerhört? Er liegt, er «steht» auf meinem Schreibtisch. Wohin damit? Man kann ihn nicht wegwerfen, das geht irgendwie nicht. Ich werde eine Vitrine einrichten mit Geschenken meiner Leser. Dort wird er einen Ehrenplatz erhalten.
Ein Herr aus Schwerin schickt mir ein drei Seiten langes Gedicht unter dem Titel «Wach auf! Deutscher, wach auf!» Die Grundlage seines Denkens sei das Schaffen Ernst Moritz Arndts, Th. Körners und die Ideale der deutschen Urburschenschaft in Jena. «Ich meine, man soll dem deutschen Volk wieder etwas Stolz geben, er würde besonders unseren vielen gebrochenen Seelen zugute kommen ...»
Herder habe an Leberverstopfung gelitten und an Hämorrhoiden, lese ich, die sich wie ein eiserner Reif um seine Lenden legten. Es gibt eine hübsche Seereisen-Schilderung von ihm. Es fällt mir sonst nichts weiter zu ihm ein, leider. Er kam in meinem Leben bisher noch nicht vor. – Bleibt noch viel zu tun.

Das Tagebuch Wedekinds, Gerhard Hay hat es herausgegeben, es hat in der Handschriftenabteilung der Stadtbibliothek München gelagert. Du lieber Himmel, was für Reichtümer wohl noch zutage treten. Für das «Echolot» werde ich sämtliche Archive abklappern müssen. – Wedekind beschreibt ein Abendessen bei Gerhart Hauptmann: «Der Tisch ist mit dreierlei Fisch, zweierlei Fleisch, viererlei Kompott und einem schweren Reispudding besetzt.» Er meint, H. sähe wie ein Tollhäusler aus, «mit seinem grotesken, etwas blöden Profil».
Post: Ein Umschlag mit Fotos kam, Mädchen mit Rucksack vor Staubwolke. Söckchen in schweren Schuhen. Deutschland wie jener Blick aus dem Fenster in der «Feuerzangenbowle», als Pfeiffer das Zimmer mietete.

September 1989

Nartum Fr 1. September 1989

Bild: Mark und Anne / Aus / Es dauerte 15 Jahre
ND: Unsere Tat für den Frieden, die DDR, den Sozialismus

Kriegsausbruch, 50 Jahre her!

> Kriegsausbruch. Ich saß in einer Solebadewanne in Bald Sülze, und da hab' ich den Kriegsanfang erlebt. Ich hatte irgendwie zu wenig Blut. Da wurden wir allmorgendlich in Holzbottiche gesteckt. Und als ich da also in der Wanne saß, tönte aus dem Lautsprecher – kann das sein? – die Sondermeldungsfanfare? Jedenfalls ungewöhnliche Musik. Und dann wurde verkündet: Ab soundsoviel Uhr wird zurückgeschossen. Und da sagte einer: «Naja, diese Polacken ...» Uns erschien das wie Kirchweih, nicht wie ein ernstzunehmendes Unternehmen. Polen, die waren uns nicht geschildert als Menschen, die Krieg führen können. (Ein Professor, *1930)

«Das Panzerschiff ‹Schleswig-Holstein› eröffnete das Feuer auf die Westernplatte», sagen sie in den Nachrichten. Es war kein Panzerschiff, sondern ein Linienschiff, und zwar eins aus dem 1. WK, mit sogenanntem Hoheitsadler an der Brücke.
Polenfeldzug. Die Deutschen mit ihren quietschenden Klein-Tanks.
Merkwürdigerweise scheint im Augenblick die Terribilität Hitlers in den Medien zu schrumpfen, ich will nicht sagen: ins Periphere; aber seitdem die Russen alles zugeben, traut man sich erst, von der Bestialität des Stalin-Staates zu reden. Deshalb auch der Widerstand der Linken: Keinen Schritt zurück, sonst gerät ihr Alleinvertretungsanspruch auf Selbstbezichtigung in Gefahr. Nun warten wir mal auf Kollektivscham der Russen. Aber sie verweigern frech eine solche Unumgänglichkeit.

Was da an Denunzianten, Schreibtischtätern, Verhaftungs-, Bewachungs-, Folterungskreaturen noch frei herumläuft, das ist ja eine Millionenarmee. Und die Gutheißer! Man braucht nur das Vorwurfsmuster, das die Alliierten gegen uns praktizierten, auf die SU anzuwenden. – Das alles entlastet uns im übrigen leider nicht.
Vorgestern war ich in Lübeck wegen einer Predigt in der Petrikirche. Ich dachte an eine Lesung aus «Echolot». Das gefiel den Leuten dort nicht. Bin ich denn ein Pastor? Die «Predigt» sollte «flankiert werden durch Erzeugnisse eines bildenden Künstlers». In meinem Fall einer Künstlerin, die Tagebücher auf ewig eingeschweißt und in einem Regal kunstgewerblich aufgeschichtet hat (Sigurdson). «Ich bin Isländerin.» Durch meine Fragen nach dem Sinn der Aktion und nach Zusammenhängen – «ich bin Mecklenburger» – brachte ich sie aus der Fassung, leider. – Eine Zusammenarbeit mit mir lehnte sie folglich ab.
Die gesamte Innenausstattung der Petrikirche ist '42 mit verbrannt, weil keiner Zeit hatte in dem allgemeinen Inferno, sich darum zu kümmern. Jetzt ist sie wiederaufgebaut, ein wunderschönes Parkhaus steht unmittelbar daneben.
Im Anschluß an meine Gespräche ging ich noch ein wenig durch die Stadt, die altvertraute. Die in den 50er Jahren weggerissene Marienkapelle. Die Rückseite von Karstadt. Ansonsten viel Schönes. In der Altstadt übrigens viele Ausländer, meistens Türken, sie prägen jetzt die alte Hansestadt auf befremdliche Weise.
Der Amerikaner wird noch 14 Tage bleiben. Er tut nichts, außer Ansichtskarten schreiben und Mandoline spielen. Den Tag über ißt er kaum etwas, das holt er dann abends nach, und Hildegard heizt ihm tüchtig ein.
Gestern war ich in Hamburg, einen neuen Computer angucken. Umständliche Sache, als ob die Ingenieure, die sich das Ding ausgedacht haben (IBM), zuviel getrunken hätten. Absichtlich umständlich ist die Bedienung, damit man den nötigen Respekt aufbringt für diese Erfindung.
Mir wird etwas schwummerig, es ist, als ob ich mich an Linksver-

kehr gewöhnen müßte. Aber ich muß das Gerät wohl anschaffen (10 000 Mark), weil in der «Olivetti» die Speicherkapazität für das «Echolot» nicht ausreicht. Außerdem ist das Gerät nicht kompatibel. Unglaublich, daß man mir das damals nicht gesagt hat! «*Natürlich* ist es kompatibel», so reden diese Leute. «Olivetti»! Das mußte mir passieren! Wo ich doch immer gegen italienische Scheiße gewesen bin!
Was hab' ich schon für Blödsinn angestellt in meinem Leben. In Antiquariaten nach Briefen und Tagebüchern gesucht. «Wir schmeißen so was sofort weg!» sagen die Buchhändler.
Bei Hennings für 482 DM «Echolot»-Bücher gekauft.
TV: Der sehr erregte Graf von Einsiedel, der über seine Zugehörigkeit zum NKFD ein Buch geschrieben hat. Es mag ja sein, daß er guten Glaubens gehandelt hat. Was ich allerdings bisher über diese Leute gehört habe, ist weniger erfreulich. – Sie möchten sich gern neben die 20.-Juli-Verschwörer stellen, aber da ist ein kleiner Unterschied: Sie wurden von außen dazu ermutigt und gestützt. Es haben auch einige dieser Leute mit der Waffe gegen Deutschland gekämpft. Das stört mich übrigens auch an Klaus und Erika Mann, dies Protzen mit der GI-Uniform. Und: «*Ihr* Deutschen.» Und Döblin! Nach dem Krieg hier in französischer Uniform aufzukreuzen! Da ist mir Oskar Maria Graf schon sympathischer, der nach Moskau zum Schriftstellerkongreß in Lederhosen fuhr. «Wir Deutschen.»
Interessante Bilder von damals waren zu sehen, Seydlitz und seine Offizierskollegen in Moskau, noch mit Hakenkreuz-Orden und mit «Hoheitsadler» auf der rechten Brustseite, die sonderbarsten Reden haltend. Und einfache Landser, glattgeschoren, die brav Zustimmung nicken und innere Umkehr mimen. – Interessante Köpfe darunter. Dann Filmaufnahmen von deutschen Gefangenen, 1944, eine unglaubliche Menge, wie sie lagern und in die Kamera gucken, und dann stehen sie plötzlich alle auf. Todgeweihte. – Es wurde vorgerechnet, daß von den deutschen Kriegsgefangenen in der SU jeder dritte umgekommen ist, von den russischen Kriegsgefangenen in Deutschland jedoch jeder zweite.

Ansonsten im TV: Betende Zigeuner in Nahaufnahme. Dann amerikanische Heldentatenfilme. Die Bombardierung deutscher Städte gibt kein Material ab für solche Schinken. Mich stört es, daß in der deutschen Fernsehzeitung bei diesen amerikanischen Filmen mit Formulierungen wie «die Deutschen» gearbeitet wird. Wer denn? Ich glaube, das deutsche Volk ist das einzige auf der ganzen Welt, das keinen Helden mehr aufzuweisen hat. Irgendwann wird die jetzt nachwachsende Generation danach fragen. – Es wurde auch eine Gemeinschaft vorgeführt, in der jüdische und deutsche Schüler eine zeitlang zusammenleben. Die müssen dann wohl anschließend zum Psychiater, die Deutschen. Vielleicht haben sie den gleich mitgebracht?
Morgens an der Berlin-Rede gesessen (über das «Echolot»), nachmittags lange geschlafen und dann wieder am «Echolot». Himmlers Briefe, von Heiber herausgegeben. Unglaublich.
Vergeblich habe ich bisher nach einer alles verbindenden Idee für unser Haus gesucht. Es müßte eine zentrale Idee geben. Es ist alles verschwommen. Wenn es mir gelänge, den Mittelpunkt, das Zentrum meines Lebens zu finden! – Das Zentrum bin ich selbst. Aber wo liegt das Zentrum in mir? – Es heißt Schuld, und das ist nicht darstellbar. So ist das Haus Fluchtburg, Gefängnis zugleich, eine Festung, die mir verhilft, das Sühnewerk zu vollenden. (Deshalb darf es auch luxuriös sein.)

2000: *Luxuriös? Das hier ist doch alles ganz einfach. Der Rennfahrer Schumacher mit seinem langen Kinn hat ein 1000-Quadratmeter-Haus. Das möchte ich mal sehen.*

Schöner warmer, stiller Tag, über den hin und wieder Scheißhauswolken geblasen werden. Mückenzeit. Sie regen mich nicht so auf wie die proletarischen Fliegen. – Spinnen kann ich gut aushalten.

Berlin Sa 2. September 1989

Bild: Kohl heimlich nachts in Klinik / Was ist da los?
ND: Volkskammer bekräftigt: Von deutschem Boden darf nur noch Frieden, nie mehr Krieg ausgehen

Berlin. Im Historischen Museum sprach ich über das «Echolot». Im KaDeWe gab es alles in Hülle und Fülle, nur merkwürdigerweise kaum Obst. Ich wollte mir einen Pfirsich kaufen, alle unreif, hart wie Stein. Italienische Ware. Mußte an Kanada denken, 1971, an die schöne Pfirsichverkäuferin. Waren das herrliche Früchte! Aber in jeder ein Ohrenkneifer.
Friseur. Ich konnte es nicht lassen und erzählte der wahnsinnig hübschen Friseuse, daß ich Romane schreibe. – «Mit Intrigen?» fragte sie.
Im Café Möhring saß ich neben einer Gruppe Jüdinnen, die aus Israel gekommen waren, um sich ihre Heimat wieder einmal anzusehen. Sie sprachen von Tel Aviv, wie man dort wohnt, wie teuer die Busse usw. Eine hörte ich sagen: «Finanziell komm' ick jrade hin ... *Mit* Geld is keen Kunstück zu wirtschaften.»

Berlin So 3. September 1989

Welt am Sonntag: CDU-Albrecht verliert Mehrheit im Landtag / Niedersachsens CDU beschließt Ausschluß von MdL Vajen wegen Kontakten zu Republikanern
Sonntag: Der lange Weg. Gedanken zum 1. September. Von Stefan Doernberg

Gestern flogen wir zu dritt nach Berlin, Renate, Hildegard und ich. Vorstellung des «Echolot» im Historischen Museum. Ich legte meinen ausgearbeiteten Vortrag zur Seite und sprach frei, was sehr günstig war, denn dadurch konnte ich mich besser auf die Zuhörer einstellen. Stölzl empfing uns freundlich und angemes-

sen. Im Publikum unter anderem Hans Brecht, bei dem ich mich für damals bedankte. Kuby hinterher war auch zu kontaktieren, recht vergreist schon. Aus irgendeinem Grund haßt er Deutschland. Hildegard war nicht so sehr einverstanden mit seiner Lesung, die hinterher stattfand, plus Günter de Bruyn, dem etwas faden (magenkrank?). Ich konnte Kuby sagen, was er am 14. März 1943 gemacht hat, weil ich diesen Tag zufällig gerade bearbeitet hatte. Das verblüffte ihn nicht im geringsten. Hinterher wollte ich eigentlich mit ihm und de Bruyn nach Schriftstellerart noch ein wenig reden, aber de Bruyn war verschwunden. Er hatte sich «dünne» gemacht.
In der Diskussion kamen die Einwände, die ich selbst dem Projekt entgegenbringe oder -brachte. Nur Prominenz sei nicht gut, nur Anonyme auch nicht. Eben. Das Amorphe sei durch Strukturierung konsumierbar zu machen. Ja. Einer meinte, es müsse ein riesiger Fußnotenapparat dem Werk beigefügt werden. Nein. – Ich hatte auch Fotos mitgebracht, Dias, deren Datierung sofort von den anwesenden ehemaligen PK*-Männern kritisiert wurde. Die Filzstiefel der Gefallenen auf dem Bild. Die Erweiterung durch «Tonträger» war hinterher mit einem Fachmann zu diskutieren, dessen Namen ich nicht verstanden habe. Er hat ein Geräusch-Hör-Bild gemacht für die Ausstellung, das wir uns leider nicht anhören konnten. So etwas wäre für das «Echolot» brauchbar. Er plädierte für CD, was ich nicht gut finde, weil sich der Leser dann immer neben das Gerät setzen muß. Ein kleines Tb-Gerät kann er neben den Sessel stellen. Nur das Zählwerk müßte genormt sein. Kommt noch hinzu, daß wohl jeder Mensch einen Kassettenrekorder hat. CD-Spieler hingegen sind bestimmt nicht so verbreitet. – Hinterher wurde ich in den Keller gebeten, um vor der Fernsehkamera ein Statement über deutsche Soldaten abzugeben. Deutsche Soldaten? Was er damit meine? fragte ich den jungen Redakteur. Ich hätte die verschiedensten Erinnerungen an deutsche Soldaten, an meinen Vater z. B., in Offiziersuniform, das Neue Testament in der Tasche, an die aus-

---

* PK: Propagandakompanie

rückenden Familienväter, an Urlauber, an die Freunde meines Bruders, an Verwundete mit «Stuka» und an die vor den Russen flüchtende Armee in Rostock.

Engert, der die Sendung macht, sagte mir nicht etwa «Guten Tag», sondern blieb in einer Ecke stehen, und guckte sehr interessiert in einen Schaukasten.

2000: *Natürlich wurde mein Beitrag nicht gesendet. Hätte ich gesagt: Die deutschen Soldaten habe ich nur als Verbrecher kennengelernt, dann wäre ich voll rausgekommen.*

Die Ausstellung im Keller war ganz interessant. Alle Exponate waren mir aus der Nazi-Zeit selbst unbekannt. Außer den Spielsoldaten und dem sogenannten «Führer-Mercedes», mit dem ich selbst unter dem Weihnachtsbaum hin- und herrangiert habe. Blechpolsterung, gerippt, mit Löchern, damit man den Führer reinstecken konnte. – Eine Wand mit Nazi-Ausweisen imponierte mir: Faustkämpferausweis. Ich sagte zu Stölzl, daß ein größeres Ausstellungsstück gefehlt hätte, eine Bombe vielleicht oder eine Nazi-Skulptur. So ging man von Plakat zu Plakat. Stölzl hinterher, aufgeräumt und heiter. Wir saßen noch lange beim Italiener, was 320 Mark kostete, die natürlich ich bezahlte. Eine der eingeladenen Damen sagte am Schluß: «Ich möchte noch einen Pudding.»
«Herr Ober! Noch einen Pudding für die Dame!»
Stölzl erzählte ganz interessant vom Bundeskanzler, den er schätzt, wie er sagte. Interessant wäre, daß man ihm finanzielle Raffgier oder Frauensachen absolut nicht vorwerfen oder nachweisen könnte. Alle möglichen Journalisten hätten schon herumgeschnüffelt, aber keinerlei «Verfehlungen» herausgekriegt. Ich bin mit ihm einer Meinung, daß eine pfälzische Frohnatur für uns besser paßt als ein Preuße.
Heute fuhren wir zur Mauer und gingen ein Stück an dieser Orwell-Sache entlang. KF hatte die richtige Stelle ausgesucht. Leider gingen wir in falscher Richtung, gegen den Strich. Ich stand eine Weile allein auf dem Aussichtsturm und kämpfte mit Dank-

barkeitstränen. Ich empfand den Ort wie die Stelle, an denen siamesische Zwillinge zusammenhängen. Die chaotische Unordnung der Mauer auf unserer Seite, mit Bemalungen, Unkraut und verworfenem Pflaster, steht im Gegensatz zum geharkten Schußfeld drüben. – Eine Türkenfrau, die Brennesselblätter sammelte. Eine zugemauerte Kirche.
Die Texte an der Mauer sind meist unverständlich, weil übereinandergeschrieben, aber auch in Generationscodes. Viele Augen, auch Liebeserklärungen. Viel Fremdsprachliches.
Am Checkpoint Charlie (der Name auf angenehme Weise amerikanisch-salopp), das Museum mit den Fluchtmaschinen. Hier herrschte eine bemerkenswerte Stille, die Menschen flüsterten wie in der Kirche. Am Brandenburger Tor sah ich drüben Menschen stehen. Uns graute vor der Wut, die sich hier staut. Mit Renate erwog ich, mit der Video-Kamera einmal an der Mauer in ganzer Länge entlang zu filmen.
Aus Hildegards Tagebuch:

> Wir bewohnen ein fürstliches Appartement in einer Riesen-Villa, Berlin, Königsallee 20! (Wissenschafts-Kolleg) W. gestern abend um 22 Uhr: «Ich hab' schon einen Horror vor dieser Bude! Sicher gibt's keinen Fernseher.» – Dann doch zufrieden, weil drei Zimmer zur Verfügung, für jeden allein: Renate war dabei. – Herrliche Ruhe und gute Luft bei offener Tür. Blick auf Wasserfläche durch sanft bewegtes Laubgezweig. Blutbuche, Ahorn – viel Baum: Grunewald? – und Luxus-Wohnblocks. Wir hier im vierten Stock. Viel Plastik am Bau: ocker.
> Die gestrige Lesung von Erich Kuby, traurig, beschämend? Er empfand bei «Stalingrad» nicht Mitleid wie seine Frau, sondern Scham – das mag für ihn damals stimmen als Mitmarschierender –. Er wollte nur überleben, konnte es nur durch das Schreiben. Von 2000 Kameraden, mit denen er es eng zu tun hatte, blieben sechs, denen er vertrauen konnte, die übrigen entwickelten sich in der Zeit mit dem Regime zu Bestien. So wäre das die Relation für den Menschen schlechthin – 2000:6, böse:gut?
> Seine Begegnung mit Romain Rolland – nichtssagend, selbstbeweihräuchernd. Er hat ihn in Bezug auf Beethovens späte Musik durch das Wort «entmaterialisiert» aus seiner Reserve gelockt. (Na, es mag so wirken, weil aus dem Zusammenhang gerissen.) Er las

wenig Schilderungen, wie den Zug mit Panjewagen durch ein gerade frisch gestrichenes deutsches Dorf – in der Ukraine –, die starke Bilder vermitteln. Reflexionen über gut und böse: Bei der Begegnung in Straßburg mit einer Elite-Gruppe: Physiker Weizsäcker unter anderem «elitäres Gehabe». – Sie meinen, sie seien das «andere Deutschland»..., habe ich nicht kapiert. Gelächter im Haus. Warum bringt mich so wenig zum Lachen? Nur Renate und Vaterlein manchmal.
Lesung: Günter de Bruyn: sehr straffer Stil, wie in Hexametern konstruiert und gelesen. Aber wieder dieselben Geschichten, dieselbe Zeit in Deutschland. Er, Jahrgang 1926, als Kind katholischer Eltern, auch Humor. Ich weiß nicht, ob Moralist? Stölzl kommt mir vor wie ein Manischer. Muß er sich den Optimismus bezüglich seines Projekts immer wieder ausreden? Er redet wie ein Wasserfall, wiederholte sich auch diesmal in Bezug auf seine Funde: Arno Breker, ein Zeichner aus München .... Schaurig das Operationsbesteck. Der Luftschutzraum. Alles wohl gut und nützlich für viele. – Für mich war der Krieg – durch Walters Arbeit – auch nie in der Vergessenheit versunken, also ich brauche diese Erinnerung nicht geweckt zu kriegen. Ist ja auch eher die Frage, wie hält man die Erinnerung wach für unsere Nachfahren – die armen; was sollen sie alles bedenken heute? Das, was ihre Vorfahren ange»richtet» haben. – Wer soll da noch «richten» – und das, was ihre Eltern, d. h. wir mit unserer Bedenkenlosigkeit angerichtet haben: nicht «nur» Mio. Juden umgebracht, sondern ganz still und heimlich mit Fortschritts- und Sauberkeitswahn die Natur umgebracht. – Wie kann man angesichts dessen noch so weiter labern und ackern? Überall und zu allen Zeiten Sand in die Augen gestreut, Scheuklappen angelegt – vom Schicksal – den jeweiligen Akteuren, damit sie weitermachen – auch das Herz kalt gestellt.

Renate sei ein Mensch wie Meeresstille, sagt Hildegard.
In der TWA-Maschine erstmalig Papiertüten statt Plastiktaschen. Die Stewardess fragt: «Something to drink?» obwohl sie doch bestimmt schon x-mal die Strecke Hamburg–Berlin gemacht hat. Sie war nicht in der Lage, den Satz auf Deutsch zu sagen, ich mimte wieder meine Taubheitsmasche, tat, als verstünde ich nicht, um sie zu ärgern. Gorbatschow muß scheitern. Das gibt einen gewaltigen Kladderadatsch. Die nächsten Tage sollte ich vielleicht besonders gründlich alles notieren: Honeckers Krankheit, das

Baltikum, die 20000, Ungarn, Polen: Es sind spannende Wochen.
Ich fischte ein wenig Plankton in Berlin.

Nartum Mo 4. September 1989

Bild: Willy Brandt / Die Lügen über meine Frauengeschichten
ND: 6000 Aussteller aus aller Welt auf dem Handelsplatz Leipzig / Günter Mittag empfing Präsidenten des DIHT

Feuerlöscher wurden überprüft, drei neue haben wir dazugekauft: 249 Mark!
Im Ernstfall wird man vergessen haben, wo sie stehen. Wie damals, als ich am Feuerlöscher vorbeirannte, um den Adventskranz zu löschen. Zog im Laufen meine Lederjacke aus und erstickte das Feuer.
In Berlin einen Zivildienstleistenden (schönes deutsches Wort) gesehen, der sich mit behinderten Kindern aus Wasserpistolen beschoß.
Das Kuratorium «Knochengesundheit» schickte mir Reklamehefte.
Guntram Vesper sagt am Telefon, daß er nur Heimatmusik hört, von ernster Musik werde er depressiv.
Gestern eine Dame mit einer sonderbaren Halskette. Sie bestand aus verschiedenfarbigen Vögeln, die auf ledernen Telegraphendrähten sitzen.
Neulich eine sogenannte «Grüne» mit silbernem Walfisch an silbernem Kettchen, aber am Schwanz aufgehängt! Unerträglich!
Ich war in Zeven beim Antiquitätenhändler und sah seine Bücher durch. Fand einiges für das «Echolot». Der Fotograf Krauskopf war vier Jahre in Sibirien, er hat alle seine Briefe von damals weggeschmissen.
Im «Süßen Kaufhaus», wo ich meine wöchentliche Ration an Lakritze kaufte, eine 60jährige, oben dicke Frau mit Hängeblu-

se, Trikothosen (weiß – wie lange Unterhosen), Schlangenlederschuhen. Sie beklagte sich bei der Verkäuferin, daß auf den Pralinen, die sie das letzte Mal gekauft hat, Belag zu finden gewesen sei, aber sie habe das *vor* ihrem sechswöchigen Urlaub entdeckt, und *danach* sei ja natürlich eine Reklamation sinnlos. Am Umschlag ihrer Hose ein glitzerndes E. Vermutlich heißt sie Erika.
Sie sagte es leidend, daß sie sechs Wochen Urlaub gehabt oder gemacht hat. Was sie leiden muß! – Kleine Arschtritte, würde ich sagen (sechs Wochen lang). Und dann im Belgischen Kongo aussetzen.
Fröhlich, «Der Garten der Gefühle». – Die Besuchermassen in seinem Toskana-Haus.

Nartum Di 5. September 1989

Bild: Brandt: So schlimm war Wehner / «Zotig» / «Ehrgeizig» / «Herrschsüchtig»
ND: Bedeutende Verträge über Ex- und Importe signiert

Gestern kam Bittel. Ein netter, sanfter Mensch. Leider kam es zu unerquicklichem Räsonnieren. Auch störten mich überspitzte politische Formulierungen. Ich fuhr mit ihm nach Worpswede, um die Atmosphäre zu entspannen. Wir besichtigten die Heinrich-Vogeler-Ausstellung. Von lärmenden Besuchergruppen gestört.
Im «Tagesspiegel» Kritik an meinem «Echolot»-Vorhaben. Ein Nicolas Sombart habe in der Diskussion die Frage gestellt, ob man denn, unkommentiert, das Projekt überhaupt brauche? – Es tauchten da Fragen auf, schreibt Ursula Escherig, meine Auswahlkriterien, mein Glaube an die Authentizität des Materials, ja Fragen an die Bedeutung des ganzen Unternehmens überhaupt. Eine so neue Erkenntnis sei es wohl nicht, daß Menschen an einem Tag etwas ganz Unterschiedliches erleben. Gerade im

Zeitraum von 1943 bis 1949 werde man auf eine Sinndeutung wohl doch nicht ganz verzichten können.
Sie möchten ans Händchen genommen werden, die lieben Kleinen. Aber ich glaube an den mündigen Leser. Wir leben schließlich in einer Demokratie, die ohne mündige Bürger nicht existieren kann.
Die Katze macht: Mäk!, wenn sie unzufrieden mit mir ist. Oder sogar, ziemlich laut: Kräk! Und unzufrieden ist sie sehr oft.
Faschistische Hintergründe des Quartsextakkordes bei Richard Strauss.
Rindfleischhack zerbröselt und gebraten und Reis und Paprika, dazu ein Glas Milch und hinterher Schokoladenpudding.

Nartum Mi 6. September 1989

Bild: Ja, jetzt werde ich Frau Beckenbauer
ND: Betriebe der DDR tätigen wieder viele Abschlüsse

Draußen warm, drinnen kalt. Schwarze Wegschnecken, die ich mit einem Stöckchen in die von ihnen eingeschlagene Richtung beförderte. – Hildegard hatte heute eine Art Schwips, was mich störte. *Ich* trinke ja auch nicht.
Ich mag es nicht, wie der Updike aussieht.
Frau S. vom Verlag hat erzählt, daß sie als Volksschülerin drei Seiten Text ganz klein, auf Postkartengröße, für die Schule abgeschrieben habe. Sie bekam dafür vom Lehrer Prügel, und dabei habe sie das als eine ganz besondere Leistung empfunden, und es habe ihr Spaß gemacht.
Eine Büchse Ölsardinen, eine halbe Banane, ein halbes Glas Milch zu Mittag, damit ich was in den Leib kriege.
Hildegard: «Was gibt es für Urgewalten in der Menschheit! – Beneidenswert.» Und: «Überall wo man hinguckt, kommt man sich bescheuert vor.»
Naturzuteilung: Rehe.

Nartum Do 7. September 1989

Bild: Affäre Lummer / Auch Ex-Senator Franke war verstrickt
ND: Hohe Arbeitsleistungen im August in Vorbereitung des 40. Jahrestages der DDR

Schöne Tage, obwohl der Wetterbericht («Großlage») bereits verkündet hat, der Sommer sei zu Ende.
Inzwischen war Bittel hier. Wir sprachen über das «Echolot», das bei ihm und auch dem sonderbaren Herrn Dede Begeisterung auslöst. Was mich, angesichts der hohen Kosten, die zu erwarten sind, wundert. Ich zeigte ihm am Apparat, wie ich arbeite. Wir stellten eine Akte zusammen, damit Außenstehende (Geldgeber) nicht dauernd wieder neu bedient werden müssen. Hierfür leistet auch der Vortrag, den ich in Berlin nicht hielt (ablas), gute Dienste. Das etwas sture Durchstarten bis in das Jahr 1949 kann nur dazu dienen, erst mal in Gang zu kommen. Eine Rhythmisierung der riesigen Stoffmassen wird unumgänglich sein.
Zu «Sirius» bestehen anscheinend Abneigungen bei ihm. Das hat wohl mit seiner 68er-Vergangenheit zu tun. Außerdem scheint er, wie Knaus, meinen Humor nicht zu verstehen. Es wurde versucht – wie schlechte Kritiker das tun –, das Projekt von einer Ecke auszuhebeln. Paeschke wolle eben Romane, hieß es, schlicht und einfach. Als ob ich einen Gemischtwarenhandel betreibe! Ich war ziemlich zornig, beherrschte mich jedoch.
Am zweiten Tag fuhren wir nach Worpswede, wegen der Auflockerung, und am Nachmittag ging ich dann mit ihm die ersten 50 Seiten des «Sirius» durch, Satz für Satz, und siehe da, es blieben keine Antipathien bestehen. So ist das immer, sachlich bleiben muß man.
Ich sehe nun meine Aufzeichnungen von 1973 durch, Ölkrise, da kann ich noch manches finden. Hildegard hilft mir dabei. Eine Vertiefung in die Jahre 1913, 23, 33, 43, 53 und 73 hinein ist vielleicht sinnvoll. Damit wäre eine Verbindung vom «Sirius» zum «Echolot» hergestellt.

In Hamburger Antiquariaten besorgte ich Bücher für das «Echolot». Es war aber nicht recht befriedigend. Ein sehr interessantes Buch von Danuta Czech: Das Kalendarium von Auschwitz fand ich bei Hennings. Das lag da wohl schon lange, der Buchhändler jedenfalls gewährte mir einen erheblichen Nachlaß. – Insgesamt kaufte ich für 215 Mark Bücher bei ihm.
Ich war auch bei Hiby, mit dem ich nochmals über den Computer sprach. Zu IBM überlaufen? Anscheinend haben sie mich mit der «Olivetti»-Maschine reingelegt. Funktionieren tut's ja an sich gut, aber der «Olivetti» kann mit anderen Geräten nicht kommunizieren. Nun ja, warum läßt man sich auch mit Italienern ein?
Der Amerikaner erzählt wieder mal sonderbare Geschichten von seinem Vater. Wir lachen sehr. Wenn seine Mutter nicht weiß, wo rechts ist, sagt er: «Das andere links» zu ihr. Er wird immer gesprächiger. Wir waren in Gyhum und aßen Abschied. Die schöne Wirtin war nicht anwesend.
Im Altstadt-Antiquariat, Gr. Reichenstraße, kaufte ich Langgässer («Vergänglichkeit»), Pieper («Noch wußte es niemand»), Bredow («Zeitenwende»), Biss («Stopp der Endlösung»), Brustat-Naval («Unternehmen Rettung»), Nicolson (Tagebücher und Briefe), Kieser («Danziger Bucht 1945»), Wilmot, Stratmann («In der Verbannung»), Cooper («Das läßt sich nicht vergessen»): 168 Mark!

Nartum Fr 8. September 1989

Bild: Alexanderplatz abgeriegelt / Schreie, Tränen / Vopos prügelten Demonstranten
ND: Am Donnerstag auf der Leipziger Messe / Viele weitere Verträge und Gold für Spitzenleistungen

7 Uhr. – Gestern kriegten wir hier einen herrlichen Rinderbraten. In Rotenburg kaufte ich von Einsiedel: «Tagebuch der Ver-

suchung». Ein Eiferer, der so gern ein 20.-Juli-Mann sein möchte. Kann ich verstehen. Aber was nicht ist – ist nicht. Da nützt es auch nichts, wenn man sich einen Spitzbart stehen läßt.
Rechnung über Seminar-Anzeige in der ZEIT: 273 Mark.
Aus Bargfeld bekam ich eine liebe Karte von einem Arno-Schmidt-Fan. Er erwähnt meinen A.-S.-Nachruf, damals, in *einer* Nacht geschrieben. Weil man keinen anderen fand, der's tun wollte, engagierte man mich zu spät dazu. Man sei mir in Bargfeld wohlgesonnen, wurde mir mitgeteilt. Das ist mir an sich ziemlich wurscht.
Eine Frau Sowieso sei 92 Jahre alt, wird mir erzählt, aber noch ganz klar im Kopf. Sie kann doch so klar sein, wie sie will? Das geht doch niemanden etwas an? Alte Menschen. – Ich habe nachgerechnet: Als ich fünf oder sechs war, habe ich mal einen Alte-Krieger-Vorbeimarsch gesehen. Die Veteranen wurden in Droschken hinterherkutschiert, Orden am Paletot. Vielleicht war ein 90jähriger darunter? Der wäre dann Jahrgang 1845 gewesen. Also ein Teilnehmer des Krieges 70/71. Das sind so Spielchen. Man kann's anstellen, wie man will, aber bis zu Goethe reicht man nicht zurück.

23 Uhr im Bett. Ich jauchze, wenn ich mein Bett sehe. Hildegard hat es mir aufgeschüttelt und die Bettdecke zur Seite geschlagen: Jeden Abend tut sie das. Früher legte sie mir manchmal Zettel hin, das tut sie jetzt nicht mehr, weil sie gemerkt hat, daß ich sie sammle. – Noch etwas hin- und herlaufen, Zähne putzen, duschen, nochmal eben ins Archiv. Von der Katze verabschieden, alles in freudiger Erwartung des Zubettgehens.
Mendelssohn, Hebbel-Tagebuch, Mendelssohn-Quartett. Ein Dankgebet zu Gott. Wir brauchen ihn, damit wir uns irgendwo bedanken können. – Es ist alles gut gelaufen. Dankbarkeitsgefühle gegenüber Hildegard. – Heute gab es Kartoffelmus mit Butter, dazu ein Glas Milch und hinterher Weintrauben aus eigener Ernte. Das sollte man auch nicht für selbstverständlich nehmen.

Nartum Sa 9. September 1989

Bild: Hamburg-Jet stürzte in Nordsee – 55 Tote
ND: Rege Handelstätigkeit auch am vorletzten Tag in Leipzig

Gestern bei gelbem Himmel ein Gewitter, das nicht recht ausbrechen wollte. Starker Regen. Die Katze war schon vorher argwöhnisch, wollte nicht raus. Auch die Hunde nicht. Ja, Tiere haben feinere Organe als wir Menschenkinder, aber Bücher schreiben können sie nicht.
Fromme in der FAZ bezeichnet die Autobiographie von «Sophia»* als eine Kostbarkeit. Geärgert habe ich mich darüber, daß der Eindruck entstanden ist, Frau Budde habe diese Biographie «entdeckt», wie Fromme auch schreibt. Die Herausgeberin habe Orthographie und Satzbau in Ordnung bringen müssen. Also, damit hat sie leider das Kostbarste zerstört. – Das Kempowski-Archiv wird nicht erwähnt. Auch in der SZ ist keine Rede davon. Die «Welt» hingegen hat's getan.
Jeden Morgen, wenn ich die Gardine zur Seite schmeiße, sehe ich in Nachbars Garten die fett und fetter werdenden Schlachtenten auf dem Gras herumwackeln. Sie haben nie einen Teich gesehen.
Hildegard: «Tränenmeere kann jeder ausschütten, wenn's erst mal angezapft wird.» – Auch Hildegard: «Menschen, die anderen Schwierigkeiten machen, meiden Menschen, die Schwierigkeiten machen.»
Ein Akustiker war da, der mir anhand eines Eimer Wassers und einfallender Tropfen klar machte, weshalb es in unserm Turm so hallt. Wir haben nun vor, rippenartige Bohlen einzuziehen, von unten nach oben, sechs Stück, vielleicht hilft das. Hierzu werden aber noch exakte Messungen nötig sein. Eigenartig ist es, daß der runde Raum, der Turm also, ähnlich wie das Oma-Zimmer, von den Seminar-Gästen nicht «angenommen» wird. Sie drängen

---

* «In Träumen war ich immer wach». Das Leben des Dienstmädchens Sophia, von ihr selbst erzählt. Bonn, 1989

sich lieber in der Bibliothek auf dem grünen Sofa. Im Oma-Zimmer sitze man abseits vom Geschehen, sagte mir einer der Leute, da fühle man sich ausgeschlossen. Der Turm hingegen wirke irgendwie sakral. Ich habe es nun aufgegeben, die Leute dorthin zu drängen, zu schubsen. Man muß Räume anbieten. Wenn sie nicht angenommen werden, verstärken sie das Gefühl für Luxus.

Hildegard erschreckte mich, weil sie abends plötzlich weg war. Alles Licht an, auch draußen. – Sie war um 22 Uhr Katzenfutter beim Nachbarn holen gegangen.

Truman Capote habe Sekt aus einer Papiertüte getrunken.

Nartum So 10. September 1989

Welt am Sonntag: Vor CDU-Parteitag neuer Eklat zwischen Kohl und Geißler
Sonntag: Zwiesprache. Walter Markov, dokumentiert von Thomas Grimm

Wir frühstückten auf der Galerie: Ei, Apfelgelee und Honig. Auf der Allee wildes Hinüber und Herüber der Kaninchen. Wir beheimaten wohl 30 Stück. Jäger zeigen sich uninteressiert an diesem Wild. Buchfink Hugo kam und holte sich ein paar Krümel. Er scheint schon drei Jahre hier zu leben. Ich stelle mir vor, daß ich mal nach Lindau fahre und ihn dort auf der Kaffeeterrasse wiedertreffe.

«Na, wie geht's, Hugo?»

«Ich heiße Eduard von Woltersen», sagt er dann.

Gestern Steffi Graf gegen die Dings gewonnen, heute spielte Becker gegen Lendl (harter Brocken), weiß nicht, wie's ausgegangen ist, es ist ja eigentlich egal, aber immer will ich wissen, ob Steffi nun hübsch ist oder nicht. Ihre Stimme ist jedenfalls hart am Wolfsrachen angesiedelt. Neulich hat sie in einem Interview wohl zehnmal hintereinander «unwahrscheinlich» gesagt. Wie

ungeschickt sie sich anzieht, bei Empfängen! Das tun Sportlerinnen ja überhaupt. Männer haben da weniger Probleme.
Wenn ich von der Zeitschrift «Vogue» mal wieder aufgefordert werde, mit irgendwem ein Gespräch zu führen, dann werde ich Steffi Graf benennen. Aber dann streichen sie mir das natürlich, «das wollen alle.» – Außerdem: Worüber würde ich mit ihr sprechen?
«Wie kommt es, Frau Graf, daß sie so viele Angaben ins Netz hauen?» – («Schreiben Sie alles mit der Hand?»)
Im TV gab es ein Gedenkkonzert für Karajan – ohne Dirigent. Die nicken sich bei den Einsätzen so zu. Eigentlich nicht sehr geschickt: Daß es auch ohne ihn geht, sollten sie an einem solchen Tag nicht demonstrieren.
Ich habe ihn mal erlebt, bei einer SPD-Veranstaltung in der Philharmonie in Berlin, irgendwelche Walzer-Scheiße, was anderes wollte er den Genossen wohl nicht zumuten. Da hat er sozusagen auch nicht dirigiert, hat nur ein bißchen gerudert. Hinterher kriegten wir kein Taxi, das weiß ich noch.
Aber, ihr glücklichen Augen, was habt ihr alles zu sehen gekriegt! Ich *sah* Hitler, *sprach* Kohl und *hörte* Karajan. Das Luftschiff «Graf Zeppelin», im Jahre 1936, einen Zigeunertreck und im Tierpark eine «Völkerschau», direkt neben dem Zwinger mit den Bären.

Nartum Mo 11. September 1989

Bild: Ungarn: Alle Flüchtlinge raus / Honecker will sterben
ND: 200 000 auf der Großkundgebung in Berlin für starken Sozialismus und sicheren Frieden

Morgens fällt mein erster Blick auf die mecklenburgische Fahne vor unserem Haus, nachts höre ich sie schlackern. Unser Grundstück ist exterritorial. Eine schwarz-rot-goldene Fahne aufzuziehen, das könnte ich nicht riskieren, das würde man mir als na-

tionalistisch ankreiden. Oder es würden Menschen kommen und denken, hier ist die Post.
Heute früh die ersten Kommentare: Sie kommen! – Diskussion über die «Trabis», deren Benzingemisch hier verboten ist wegen der Abgase. Sie kriegen eine Ausnahmegenehmigung «zur Vermeidung sozialer Härten».
9-Uhr-Nachrichten. Honecker läge immer noch im Krankenhaus, er habe keinen Genesungswillen mehr. Erst jetzt habe er das ganze Ausmaß der Flüchtlingswelle erfahren. (Erst jetzt? Das begreife ich nicht.) Bis zum Morgen hätten schon 2000 Autos die Grenze passiert, es wär' viel mehr, als erwartet. Manche führen gleich bis nach Bayern durch. Noch sei es in den Lagern ruhig. (Ich denke mir, daß die schlaueren Urlauber einfach in ihren Hotels geblieben sind und abgewartet haben: Und jetzt aber los!)
10-Uhr-Nachrichten. Es «rollt» die Ausreise-Welle. Mehr als 10000 Menschen sind es. Mit der ersten Welle kamen 10000 in 3000 Kraftfahrzeugen. V-zeigende Autofahrer. Der Berichterstatter hatte den Augenblick abgewartet, wo tatsächlich die Spitze der Kolonne in Sicht kam. Mich ergriff eine Art innerliches Jubeln. Die meisten hätten Verwandte und wollten gar nicht ins Lager. Man sieht das Kolossale, Unerhörte. Mit offenem Mund sitzt man da, hier strudelt die Weltgeschichte, der Kalk löst sich und schwemmt dahin. Die evangelische Kirche Ost ist «traurig» darüber, daß so viele Menschen das Land verlassen. Anstatt, daß sie denen «alles Gute» wünschen. Der katholische Bischof von Berlin hat gesagt: Der Herrgott will das nicht.
11 Uhr. Es sei der größte Flüchtlingsstrom seit dem Zweiten Weltkrieg, mehrere tausend PKW. Die Flüchtlingszüge stünden leer, die meisten Flüchtlinge quetschten sich lieber zu sechst in die Trabis, sie «bildeten kleine Gruppen». Die DDR spricht von organisiertem Menschenhandel. – «Endlich raus!» sagt einer.
Tolstois Erinnerungen. Die Beschreibung seines Hasses: wie er seinen Erzieher haßt. – Er selbst beschreibt sich als struppigen Jungen. Ich habe sofort alle Tolstoi-Bilder hervorgekramt, die Jugendbilder zeigen ihn weder struppig noch häßlich. Ganz im

Gegenteil. Wie alle Heiligen muß er für seine Familie unerträglich gewesen sein. Er war ein «Sitzriese», also klein von Wuchs. Eine Broschüre namens «Tintenfisch» von 1971. Wer so alles mitsegelte in der Auflösungs-, Revolutionseuphorie von 1968. Ansonsten wieder menschenfreundliche Briefe geschrieben mit 'ner ziemlichen Wut im Bauch.
Dorfroman: Die Hühner warten auf mich an der Alleetür. Auch die Katzen kommen angerannt, wenn ich die Vögel füttere. Der Hahn ist ein gewaltiger Brocken geworden. Wenn er auf den Platten geht, stampft das richtig. – Letzte schöne Sommertage. Ein Jammer. Gesundheitlich geht's mir gut. Keinerlei Wehwehchen.

Nartum   Di 12. September 1989

Bild: Sie küssen die Freiheit
ND: Für eine starke DDR / Jeden Tag hohe Leistungen

Ich rasierte mich unter dem Tristan-Vorspiel. Dabei vermeide ich es, mir meine Augen anzusehen. Ich ertrage nicht, das Erschlaffte, Ermüdete. Zähne gehen noch.
Zu Mittag reife Zwetschgen. Ein lang entbehrter Genuß. In Läden nur unreifes Obst zu bekommen überall. Für heute nachmittag habe ich mich von Hildegard zum Tee einladen lassen. Schön; bei seiner Frau einen Besuch machen? Anklopfen?
«Teegebäck» im Jahre 1937. Wenn ich es jetzt vorgesetzt bekäme, möchte ich es vielleicht gar nicht. Aber der Aufschnitt von Max Müller!
Hans Jürgen Fröhlich («Tandelkeller»). – Er hat so etwas Kindliches, Naives. Vielleicht wirke ich auf die Menschen ähnlich? Intelligenzbolzen stufen das als negativ ein. Naiv zu sein ist in Deutschland gleich dumm.
Solschenizyn («August 14»). Gehört zur «Fügte-er-hinzu-Literatur». Er will 28 Bücher schreiben. Wie alt ist er jetzt? Offenbar kann er nicht rechnen.

Dorfroman: Die Maisfelder um unser Haus herum geben der Gegend etwas USA-haftes. Idaho-ho!

Im Zug nach Düsseldorf   Mi 13. September 1989

Bild: Honecker lebt, liest Bild und ärgert sich / Hurra, Berliner sind da! / Erste Ungarnflüchtlinge in Tegel gelandet
ND: Großer Einsatz aller Kollektive zur Erfüllung ihrer Wettbewerbsziele

Dramatische Wochen. Dieses Zusammenkrachen des Kommunismus mitzuerleben! Fast symbolisch zu nennen sind die Gesichter der greisen DDR-Funktionäre auf der Tribüne, wie gestern im TV. «Geronten» nannte sie der Sprecher. Man muß die brutalen Stasi-Leute gesehen haben, wie sie den eher schüchternen Demonstranten die Transparente wegrissen. Sprangen sie so an, katzenhaft. Spezielle Kleidung der Stasi-Leute, Turnschuhe, Windjacken. Das allgemeine Kommunismus-Desaster gesellt sich zur Hitler-Hölle als unerhörtes Erlebnis.
Ich hörte gestern und vorgestern fast stündlich Nachrichten, und ich sah auch TV-Sendungen, die sich mit dem Flüchtlingsstrom befaßten – aber am eindrucksvollsten war der Schwenk über Stoph und Genossen auf der Tribüne –, die sogenannten Geronten. Sie taten mir fast leid. Krolikowski, den seh' ich mir immer besonders gern an, weiß nicht, was für eine Funktion der hat ... die Frisur!
Ein ausgezeichneter Aufsatz von Karl Otto Hondrick im «Spiegel». Die Lastenausgleichs-Idee für den Osten propagiert er:

> Der Anspruch der kommunistischen Partei, über die Politik das gesellschaftliche Leben zu steuern und auf die zentrale Verfügungsgewalt über Produktionsmittel, besiegelten nicht nur die ökonomische Ineffizienz des Sozialismus, sondern auch sein moralisches Fiasko, das von den Moskauer Prozessen über den Archipel Gulag und die Volksaufstände in Osteuropa bis zu den Massengräbern Pol Pots und den Verheerungen der Kulturrevolution reicht.

Ja. Und wo bleiben unsere Revolutionäre? Wird sich Bedauern einstellen, Scham? Leider nicht, fürchte ich. Wer Unrecht hat, tut es. Und: Ihre Charaktere sind deformiert. Eine exakt deutsche Charakterverformung. Und in unsere Physiognomie zieht ein etwas debiles Grinsen ein, das schließlich auch keinem nützt. Wer will es hören, daß man Recht gehabt hat? Wird man jetzt auch mit seinen Prognosen recht behalten?
«Weshalb haben Sie nichts unternommen?»
«Hab ich doch, und ich hab's schwer gebüßt.»
Interessant, daß Christa Wolf, Stephan Hermlin und Konsorten jetzt schweigen. Mir kommt all das, was ich seit 1945 runtergeschluckt habe, auf einmal hoch. Ich hör noch den Kommunisten Bruger 1945 zu mir sagen: «Freie Meinungsäußerung? Ja, aber nur im demokratischen Rahmen!» Das hat mir genügt, da wußte ich, was auf uns zukam. Ich war 16 Jahre alt.
Lesung in Grevenbroich bei Düsseldorf!

Düsseldorf Do 14. September 1989

Bild: Heute in die Klinik / Wehners Arzt operiert Kohl / Spritze ins Rückenmark, dann kommt die Schlinge
ND: Die DDR und die UdSSR sind zuverlässige Verbündete

In Düsseldorf vor Berufsschülern, um 10 Uhr (Buchhandelsfachklasse). Stumpfe Sache. Ich las so humorig wie möglich, ohne Erfolg. Außerdem waren andere Autoren an meiner Seite, von denen etwas Feindseliges ausging. (Vielleicht auch nicht, aber mir war so als ob.)
Danach in Erkelenz, um 19 Uhr: Nagelneue Bibliothek, so einen Luxus gab es früher nicht. Die Produktionen unserer zeitgenössischen Schriftsteller verglichen mit diesem Bücherpalast ...
Von mir gehe ein fremd anmutender, distanzierter Charme aus, schreibt Katrin Wasilewski in der «Westdeutschen Zeitung». Sehr interessant.

Ein junger Mann: «Würden Sie das Buch bitte meinen Eltern widmen?» – «Ja gerne, wie heißen die denn?» – «Die sitzen da drüben!»
Eine plattdeutsche Frau: «Ich bete auch immer für Sie.»
Ein Herr: «Würden Sie meinen Namen reinschreiben?» (Burckhardt) – «Ja, wie schreibt man den?» – «Wie man spricht.»
«Warum haben Sie gesessen?» – Immer wieder diese Frage. Ja, warum?
Die sogenannten einfachen Menschen.
Ein Stralsunder drückte mir die Flosse. Er sei aus Stralsund.
Ich melkte den Applaus.
Ich war deutlich «alter Mann», jedes Jahr driftet die Eisscholle weiter ab. Sie denken: Er sitzt im Garten, unter einem Sonnenschirm ganz in Weiß. Alte Schreibmaschine, dann kommt ein Manager, große Begrüßung, goldenes Kettchen, ein Ziegenbock stört, oder ein Pfau. Von fern kommt ein Pferd plus Reiterin, die Tochter? Die Frau? Die Gespielin?
Es ist aus. Wann ist es passiert? Im Zug, die plötzliche Müdigkeit. Der Überdruß. Man ist schwerer geworden. Der Abstand zu groß.
Geliehenes Leid.
Geborgtes Leid.

Im Zug nach Bremen   Fr 15. September 1989

Bild: Luftlöcher zugeklebt / LKW-Fahrer erstickte 79 Hundebabys
ND: Michail Gorbatschow kommt zum 40. Jahrestag der DDR

Eben im Speisewagen am Nebentisch ein schmatzender Südländer, hinter mir im Großraumwagen zwei überlaut sprechende Proleten (trotz Ohropax jedes Wort zu verstehen). Im Hotel (200 Mark die Nacht!) kein heißes Wasser (Rasieren), Fernseher nur halb in Ordnung und wird nicht repariert. Der Fahrer, der

mich gestern (netterweise) nach Erkelenz holen mußte, stank und fuhr auf der Autobahn 220 km/h. Zum Essen war es vorher zu früh, nachher zu spät. – Das gute Honorar muß erwähnt werden und die rührende Aufnahme durch das Publikum. Alle drei Säle waren ausverkauft. Diese Zustimmung gibt Halt. – Kam mir deutlich gealtert vor, die 300 Berufsschüler in Düsseldorf. Da war ich eben ein Greis, und das, was ich las, kam mir abgestanden, artifiziell, langweilig vor. In dem Maße, in dem ich mich für mein Buch erwärmte, ging auch das Publikum mit, zum Schluß kriegte ich so was wie Ovationen. Das saugend-schraubende Lehrerkollegium erinnerte mich ungut an alte Lehrerzeiten.
Im Zug herrschte hin (Mittwoch) und zurück (Freitag) ein ziemliches Gedränge. Es ist rätselhaft, wie das kommt. DDR-Leute waren nicht auszumachen. Die Zeitungen sprechen über engstirnige BRD-Bewohner, die guten Aussichten für junge Leute (300 000 Facharbeiterstellen unbesetzt), die knechtische Haltung der DDR-Führung (Axen: «Wir haben die Freiheit verwirklicht.») und die Dankesschuld gegen die Ungarn (wir haben ja eigentlich noch einen Bonus wegen 1956, als wir ihnen halfen).
In der SU ist ein Massengrab mit 300 000 Skeletten gefunden worden. In der Nachkriegszeit bis heute sind drei Mio. Bürger aus der Ostzone hierher übergesiedelt, man sagt, daß ihr Wille zum Leben hier das Wirtschaftswunder auslöste, ohne die Facharbeiter aus dem Osten hätte ein Wiederaufbau erheblich länger gedauert. – In diesem Jahr kommen mit Um- und Übersiedlern 500 000, eine Zahl, die ich nicht glauben kann. Diese Greise da drüben, unglaublich. – Was das Wirtschaftswunder angeht, das wirklich ein Wunder war, dazu haben natürlich auch die Ostflüchtlinge und Vertriebenen beigetragen, das wird meistens vergessen.
Es sind interessante Wochen, ich hänge dauernd am Radio. Habe schon zu Hildegard gesagt, ob wir nicht vielleicht DDR-Kinder aufnehmen. Aber da sagt die Jugendbehörde dann: «Dazu sind Sie zu alt!»
«Echolot» steht wie eine drohende Mauer, die Investitionen läh-

men mich. An M/B die Lust fast verloren. «Sirius» macht Spaß, aber die gedrosselte Begeisterung im Verlag regt mich auch nicht gerade an. Heute hat Volker Hage kritisch vom Jahrhundert der Ich-Literatur, der Brief- und Tagebuch-Editionen gesprochen, so als sei es nun genug. Die Arbeit am «Echolot» ist wie eine Expedition ins Ungewisse. Ich weiß nur, daß ich es tun *muß*, und: Die wenigen anfeuernden Worte von Kolbe (damals) und Stölzl entfalten Schubkraft. Sonst schippert man durchs ölige Hafenbecken zwischen Abfall dahin.

Nartum Sa 16. September 1989

Bild: Elektriker verhaftet / 4 Ehefrauen mit Strom getötet?
ND: Kulturbund zog zum 40. Jahrestag der DDR eine erfolgreiche Bilanz

Eine Schulklasse war da, die Leutchen waren absolut unvorbereitet, bis auf zwei oder drei hatte keiner was von mir gelesen. Unglaublich. Ich frage mich: Was wollen sie hier? Und: Warum gehe ich immer wieder auf solche Anfragen ein? – Es ist die Kontaktaufnahme zur Menschheit, eine Vergewisserung des Lebendigseins. Und auch eine vage Hoffnung, daß dadurch eine neue Verbindung geschaffen wird, die vielleicht sich irgendwann einmal als fruchtbringend herausstellt? Und dann natürlich: junge Menschen. Wie selten kriegt man sie zu sehen, und wie wenig weiß ich von ihnen. – Wie hat man selbst reagiert, als man alten Menschen gegenüberstand? Wißbegierde setzt Wissen voraus, durch das wird sie provoziert. – Und: Was will *ich* denn von *ihnen* wissen? Kann ich so ganz leben ohne ihre Erfahrung? Man fürchtet beim Bücken den Halt zu verlieren. Vielleicht beschert einem ein Gespräch mit Jugend auch einen unerwünschten Blick in die Zukunft?
Ab und zu nehme ich mir vor, mich von Grund auf zu ändern. Das ist aber mehr ein Änderungswunsch in eine andere Rolle hin-

ein. Mal eiskalt sein, obwohl man zur Leutseligkeit neigt. Nach den Rollen tasten, die in einem angelegt sind – das ist es.
TV: Ein Film über das Alban-Berg-Quartett.

Nartum So 17. September 1989

Welt am Sonntag: Polens KP beschuldigt die UdSSR massiver Verbrechen / Zum ersten Mal greifen Warschaus Kommunisten den Kreml öffentlich wegen Besetzung Polens an
Sonntag: Symbol und gelebtes Leben. Horizonte im Müntzerbild. Von Gerhard Brendler

Heute habe ich mich mit dem Tagebuch von Ursula Ehlers beschäftigt, habe es in den '44er Jahrgang eingegeben. Das Auftreffen auf andere Tagebuchaufzeichnungen, wie zwei Kugeln auf dem Billardtisch. – Dierks meint, Biographien seien für Germanisten ganz uninteressant. Das wieder ist mir absolut schnuppe. Ich weiß, daß ich wie die Brüder Grimm weitersammeln werde, ob das die Germanisten nun interessiert oder nicht. Er sagt, daß man Frauen nicht mehr als schön bezeichnen dürfe, dann seien die unheimlich sauer. Er will wissen, wohin ich gehe, wenn ich pensioniert werde!
Ich arbeite jetzt parallel an «Sirius», an «Echolot» und an «Mark und Bein». Der «Dorf»-Roman liegt in den ersten Seiten vor, «schmort».
Zum Gegenstand eines Preisausschreibens gemacht zu werden, in einem Kreuzworträtsel vorkommen. Das ist eigentlich mehr, als man erwarten kann.
Ich schenkte den Kindern vor einigen Jahren Afrika-Ringe, ähnlich dem meinen. Jetzt erst tragen sie sie regelmäßig. Mir ist meiner zu klein geworden, bzw. die Finger sind zu dick.
Ungutes Gefühl bei nochmaligem Lesen der Chronik, oft schlapp-schlapp. Das müßte alles noch einmal gemacht werden. Eine junge Frau aus der DDR gestern in der Lesung, aus Güstrow.

Sie sei beim Anblick der Käseauswahl im Aldi-Markt zusammengebrochen, wurde erzählt.
Vorgestern nach der Lesung stellte mich ein bärtiger junger Mann. Er sei Sprecher der Grünen. Ja. Beruf hat er keinen. Ob ich nicht mal im Bürgerzentrum auftreten will? Ich: Ich bin ja jetzt hier! – Meine Bücher wären wohl mehr was für alte Leute? – Ich: Das sind doch auch Menschen, ja? – Er wolle in den Kulturbetrieb etwas mehr Zug kriegen. Er sollte lieber für etwas mehr Hirn bei sich selbst sorgen. Eigenartig, daß sich die Menschen die Hände nicht besser waschen, wenn sie wissen, daß sie einem Schriftsteller die Hand drücken wollen.
Gestern eine Frau, ja sie stamme aus Masuren, und sie habe eine Reise dorthin gemacht, und dann habe sie den Trümmerhaufen des elterlichen Schlosses gesehen, und da sei sie richtig froh gewesen, die Sache sei erledigt, aus, vorbei. – Es gibt auch andere Heimweh-Touristen, diese Leute, die sich vor lauter Völkerfreundschaft noch dafür bedanken, daß man das väterliche Haus geplündert und in Klump geschlagen hat. Ob ich nicht auch meinte, daß Rostock in den letzten Jahren sehr gewonnen habe? Alle Häuser frisch angestrichen und überall kleine Lokale, richtig allerliebst. Sie habe dort nach Flucht usw. Theologie studiert, doch das nur nebenbei … Selbige Dame erregte schon gleich am Anfang meinen Unwillen, weil sie mich fragte, wo ich aufgewachsen sei.
Mit Raabe beschäftigt. Asthma. Hesse bezeichnet ihn als verschlagen. – Tritt aus der Tür und ruft: Grethe, kommst du mal eben? 50 Jahre lang Tagebücher geschrieben, die unveröffentlicht blieben, da er irgendwann mal gesagt oder geschrieben hat, sie seien nicht zur Veröffentlichung bestimmt. Es stehe nichts besonderes drin, wird uns mitgeteilt. Aber er hat doch 50 Jahre lang … Vielleicht werden sie eines Tages trotzdem erscheinen, wenn es dann man nicht zu spät ist. Das Interesse an seiner Arbeit ist wohl nicht mehr sehr groß. – Wer die Beschreibung Hesses gelesen hat, von seinem Besuch bei Raabe, muß ihm vieles abbitten. Beiden.

Nartum Mo 18. September 1989

Bild: Minister Schäubles Referentin im Wald vergewaltigt
ND: Hohe Leistungen an jedem Tag für bewährten Kurs der Hauptaufgabe

Diese Scheinheiligkeit: Mir werfen sie vor, ich publizierte in demselben Verlag wie Leni Riefenstahl. Hoffmann & Campe gibt die Tagebücher Goebbels' heraus. Ob sich Lenz auch die entsprechenden Vorwürfe anhören muß?
Leute, die mich noch auf ein Bier mit in ihre Wohnung schleiften, mit Araber-Gewehr-Nachbildung an der Wand und Blumen im Puppenwagen, erzählten von ihren Tieren. Ein Spatz, der ein Violin-Konzert pfeifen konnte und alles nachmachte, ja sich abends regulär schlafen legte, auf die Seite, wie die Menschen. Wenn einer ein Buch las, auf die Buchstaben pickte. Eines Tages flog ihnen ein Papagei zu; ein Kaninchen, das am Gitter rammelt, wenn sie nach Hause kommen. Ein Hund, der sich beleidigt zurückzog, wenn man sagte: «Wir gehen einkaufen!», und sich dann nicht trösten (streicheln) ließ. Und so weiter. Ich war zu müde, um sie noch zu weiteren Erzählungen anzustacheln. – Was wissen wir denn von den Tieren! Ein zweites Leben nur noch den Tieren widmen.
Raabe-Briefe von 1870, er zieht gerade um, als der Krieg ausbricht. Liest sich ganz passabel. «Altershausen» allerdings leider ungenießbar.

Nartum Di 19. September 1989

Bild: Helft! Wir sollen sterben / Die geretteten Hundebabys von der Fähre
ND: 12 000 Westberliner ohne Dach überm Kopf

Fullbright-Stipendiaten, über Oral-History, besonders «Haben Sie Hitler gesehen?». Ich befrage sie nach ihren ersten Eindrük-

ken von Deutschland. Nette, freundliche Leute, auch ein Kommunist dabei, er sagte, die Fünf-Prozent-Klausel in Deutschland sei undemokratisch, Stammheim desgleichen (Ich: «Haben Sie schon mal ein Gefängnis in den USA gesehen?»), die Volkspolizisten sähen doch ganz nett aus in Berlin.
Eine Studentin:

> Mein erster Eindruck von Deutschland war die Überraschung, die ich bekam, als ich in München die Zeitungen «Bild», «Abendzeitung» und «tz» *überall* sah. Vielleicht klingt das ein bißchen komisch, aber in der Schule habe ich als Deutschstudentin Kafka, Büchner, Goethe und solche anderen Autoren gelesen. Als Cellospielerin waren meine Lieblingskomponisten Bach und Beethoven. Deshalb habe ich an Deutschland als das Land der Kultur gedacht. Aus diesem Grunde habe ich ganz etwas anderes von Deutschland erwartet. Das war natürlich naiv, aber na ja. Ich habe geglaubt, daß viele Deutsche Intellektuelle wären. Oder mindestens würden sie irgendeine Verbindung mit der Kultur aus Deutschlands Vergangenheit haben. Meine Enttäuschung war ziemlich groß, als ich erfahren habe, daß die Deutschen nicht intelligenter als die anderen Leute waren. Axel Springer ist wichtiger für die normalen deutschen Menschen als Kleist oder Grass. Das habe ich traurig gefunden, aber ich hätte nichts anderes erwarten sollen.

Im Osten gibt es noch 163 000 vermißte deutsche Soldaten, über die nichts bekannt ist. Überlegungen, ob so was nicht auch ins «Echolot» aufgenommen werden müßte? – Wär' auch ein guter Romanstoff, das Leben eines Vermißten.

Ich lief in Frankfurt herum und suchte schwarze Schuhe, Größe 39. Leider selbst in Spezialgeschäften nicht vorrätig. Dafür konnte ich drei sogenannte «Sakkos» kaufen und drei Hosen, die ich dringend brauchte.
Jetzt bin ich auf dem Wege nach Mannheim, dort werde ich mich nochmals nach Schuhen umsehen.
Allgemein bin ich bei Schülern unbekannt. – Die befassen sich immer noch mit Böll. Von *mir* geht die Meinung um, ich sei ein leichterer Unterhaltungsschriftsteller, nicht so ganz ernst zu nehmen. Andere halten mich für reaktionär. Böll ist ja wohl ein gra-

der Charakter gewesen, für die Verödung des Deutsch-Unterrichts kann man ihn nicht verantwortlich machen.
Solschenizyn, August 1914. Unlesbar. – Er kann es immer noch nicht begreifen!
Ich sitze auf der Terrasse in warmer Sonne zwischen brüllenden Senioren. Eine Seniorin zeigt Fotos herum von ihrem Mann. «Blaue Augen, was?» fragt ihr Gegenüber. – Von hinten wird eine ganze Geschichte geschrien: «Nein, Oma! sagte er, gegessen wird *hier* und ferngesehen *da*! Wenn du essen willst, mußt du hierher gehen, sagte er ...» – Ein Herr erklärt zwei Damen, daß er eine Parabol-Antenne von 60 Zentimeter Durchmesser hat, damit könne er alles sehen, wirklich alles. – «Mutti, du mußt mir das nicht mehr sagen, ich geh' ja schon auf die 40 zu ...» – «Der Großvater meines Mannes war da, der Bürgermeister – Kronlechner? –, die kannten sofort den Namen. Und mein Mann, der hat sich sein Studium und alles selbst erarbeitet ...» – «Das Bad, so liebevoll mit Röschen ...» – «Ich sagte, du kannst aufhören, du kannst weitermachen, was du willst, du kannst MTA werden und was du willst, aber du mußt sagen, was du machen willst. Und sie – nö, oh, ich weiß auch nicht.» – «Sie essen keinen Kuchen? Nein? Doch? Ach: ‹gern› haben Sie gesagt, ich dacht's, das wär Ihr Dialekt, «keen Kuchen» oder so ...» – «Unsere Enkelin, wo hier die Karnevalsuniform anhat ...» – «Die kriegen nur Rindfleisch, Steaks, und die Kleine hat 65 Stofftiere.» – «Aber sie ist ja ein Drachen, die junge Frau ... Irgendwas muß ihn gefesselt haben an ihr.» – «Ich sag' zu meinem Mann: Woll'n wir uns nicht doch scheiden lassen, da sagt er, was besseres find' ich nie. Wenn man sich gestritten hat. – Wenn ein Mann gut und ehrlich ist und was zu bieten hat, dann sagt sich die Frau: Ja, könnte man. Eine Frau muß eben mehr Seele bieten.» – «Ich kann nicht sagen, daß ich von meiner Rente nicht leben könnte. Aber ich könnte zum Beispiel kein Auto fahren. Und dieses furchtbare Rechnen immer ...»

Nartum Mi 20. September 1989

Bild: Die Hundebabys müssen sterben / Momper will Wohnungen im Osten bauen
ND: Ehrenbanner für beste Kollektive im Wettbewerb zum 40. Jahrestag der DDR

Immer noch warm.
Heute war ich in Hamburg, hatte mich gottlob nur leicht angezogen, es war sommerlich warm. Im Bücherkabinett fand ich allerhand für das «Echolot». Ich dachte immer, daß es viel mehr Tagebuch-Veröffentlichungen gäbe, man sieht kaum etwas. Das ist doch eigentlich sehr sonderbar. Bücher wie das eigentlich recht unerträgliche von der Kardorff sind Mangelware. Nun müssen wir wohl in die Bibliotheken steigen, eine unangenehme Sache, obwohl ich doch nach Hannover gute Beziehungen habe, habe ich Hemmungen. Auch schlechte Erfahrungen sind zu verbuchen. Lange Bücherlisten eingesandt, und nie wieder was davon gehört. – Die Kardorff hat offenbar ihr Tagebuch «geschönt». Das Verändern eines Tagebuchs muß nicht immer ein bedenkliches «Schönen» sein, man könnte es auch ein «Ausführen» oder «Vertiefen» nennen. Widerwärtig ist es, wenn Herausgeber es sich anmaßen, Tagebuchtexte zu kürzen.
Die fleißige Simone ist da, sie schafft die Post weg. Ich hätte nie gedacht, daß mich Post so in Panik versetzen könnte. Es gab doch mal eine Zeit, in der man sich über Post gefreut hat. Oft habe ich beim Öffnen eines Briefes Herzklopfen. Ich stelle mir vor, daß darin irgend etwas Unangenehmes steht.
Die Innenstadt war übrigens sehr belebt, ich setzte mich in ein Straßenrestaurant und bemerkte zu spät, daß es sich um ein italienisches Lokal handelte: saure Tomatensuppe mit angetrockneten Tropfspuren am Tellerrand und Nudeln, bei denen ich nicht klären konnte, warum die eigentlich grün waren. Dann schon lieber blaue, würde ich sagen. Wie heißt noch diese italienische Matsche, die alle Norddeutschen so gerne essen?
Ich jagte nach Hause und hörte im Auto einen interessanten Vor-

trag über die Brandenburgischen Konzerte. Der Musikwissenschaftler Best sprach von «biegsamen» Blockflöten, ein origineller Ausdruck, und er erklärte, wie sorgfältig Bach die Solisten aufeinander abgestimmt habe. Dazwischen Demonstrationstakte, die ich nicht kapierte, wußte immer nicht, was er nun gerade meinte. Aber immerhin.
Adorno behauptet ja, daß es mehr weltliche als geistliche Kompositionen von Bach gäbe. Er will damit irgendwas beweisen. Best behauptet das Gegenteil. Was ich nicht wußte: Erst Albert Schweitzer hat die Brandenburgischen Konzerte wiederaufgeführt. Wenn ich nicht immer noch auf meinem Schostakowitsch säße, würde ich mich jetzt mit ihnen beschäftigen. Das 6. höre ich hin und wieder. – Bach habe zeitweilig in einem Biergarten musiziert! Auch das war mir neu. Und daß er der Erste war, der auch den Daumen beim Cembalieren verwendete. Es sei damals Praxis gewesen, den Daumen beim Spielen herunterhängen zu lassen. – Adorno nennt den Klang der Blockflöte «nackt».
Habe heute in einer Schostakowitsch-Biographie geblättert. Die Porträtfotos. Er sieht so aus, als ob er die Luft anhält.
Das «Echolot» wächst, ich arbeite im Augenblick Texte in den Januar 1943 ein. Das Auschwitz-Kalendarium ist von größtem Wert. Einen Tag, bevor ich es entdeckte, dachte ich: So etwas müßte es geben! Vielleicht gibt es ja auch Verlustlisten der Deutschen Wehrmacht, wieviele täglich gefallen sind?
Morgen kommt eine Produzentin wegen einer TV-Serie über Tennis: Sie soll 64 Folgen umfassen. Ich habe ihr schon gesagt, daß nur eine Tennisspieler*in* in Frage kommt.
Zweite Auflage von «Hundstage»: Meine Korrekturen wurden nicht berücksichtigt. «Laß ihn man reden, er beruhigt sich wieder!» soll das wohl bedeuten. Paket von Elly Napp aus Hamburg, Briefe ihres Mannes, sehr wertvoll.

Folgende Bücher gekauft: Nicolson («Am Rande»); Buber-Neumann («Zeugin»); Schoenberner («Wir haben es gesehen»); («Die Stimmen der Menschen»); Montgomery (Memoiren); v. d. Lippe (Nürnberger Tagebuch-Notizen); Kempowski T/W, 1. Auf-

lage (40 Mark!); Vermehren («Reise»); Lommer («1000jähriges Reich»); Oppenhejm («An der Grenze des Lebens»); Adelsberger («Auschwitz»); Langbein («... nicht wie die Schafe zur Schlachtbank»); Pless-Damm («Weg ins Ungewisse»); Walde: («Guderian») = 326 Mark.
Nach der Lesung, beim Signieren, bleiben meistens noch junge Menschen stehen, sie lungern geradezu herum. Das sind diejenigen, mit denen man sich eigentlich beschäftigen müßte. Statt dessen sitzt man mit Honoratioren am Tisch, die einen fragen: «Hatten Sie Geschwister?»
Ekel vor Strumpfhosen. In der «Landshut» wurden die Passagiere damit gefesselt.
Taxifahrer: «Haben Sie ein Kärtchen von sich?» – «Wieso?» – «Die Zentrale sagte, Sie sind ein begabter Mann.»
Neulich traf ich auf einen Taxifahrer, der meinen Bruder mal gefahren hat.

Nartum Do 21. September 1989

Bild: Schweden-Konzern gibt nach / Hundebabys dürfen leben / Tragödie bei HSV – Werder / Nationalspieler Jakobs im Tor aufgespießt
ND: Scharfer Protest gegen die Schüsse auf DDR-Grenzsoldaten

Ezra-Pound-Buch gekauft in Rotenburg in der Hoffnung, für «Echolot» etwas darin zu finden, leider nein. Es gibt keine genaue Datierung. Die Gedichte sind im übrigen auf den ersten Blick recht unverständlich. Schon fast komisch, daß man sie nicht kapiert. Auch unverständlich sind die Anstreichungen, die ich in dem Buch vorfand. Aber dann plötzlich so etwas: «Ich staune immer wieder über die Kärglichkeit der menschlichen Begabung zum Leben, über die Vielzahl der Dinge, welche die Menschen so bereitwillig in ihrem Dasein missen ...» (1914) – Bei seiner Verhaftung erklärte er: «Wenn ein Mann nicht bereit ist, für seine

Überzeugungen ein Risiko einzugehen, dann taugen entweder seine Überzeugungen oder er selber nichts.» Gertrude Stein habe, so steht in Eva Hesses Pound-Buch zu lesen, 1937 gesagt: Hitler hätte den Friedensnobelpreis verdient. Und noch kurz vor Kriegsausbruch habe sie in einem Interview gesagt:

> Hitler wird niemals einen Krieg entfachen. Er ist nicht der Gefährliche. Wissen Sie, er ist ein deutscher Romantiker. Er will die Illusion des Sieges und der Macht, den Glanz und die Glorie des Krieges, aber das Blut und die Kämpfe, die notwendig sind, um den Krieg zu gewinnen, würde er nicht ertragen können. Nein, Mussolini – das ist der gefährliche Mann, denn er ist italienischer Realist. Der würde vor nichts haltmachen.

«Ich danke Ihnen von Herzen», sagte die Verkäuferin, als ich das Buch (aus der Grabbelkiste) für 3,50 DM kaufte. Sie hatte sich die Augenlider schwarz gemacht.

Die Trauer, mit der mein Kamerad Hoffmeister, ein gelernter Schuhmacher, in der Zelle zu mir sagte: «Ach – du hast Schule besucht ...» Ich verstand als «höherer» Sohn gar nicht, was er damit meinte. Bildungsmangel als eine Verkrüppelung erfahren. Ein Anflug von traurigem Neid. Wie hier in Nartum Herr Melzer, ein ungelernter Arbeiter, der ein Buch über die Römische Geschichte in die Finger bekam und plötzlich zu lesen anfing. Er ließ anfragen, ob wir nicht mal eine Flasche Wein trinken wollten und uns über Römische Geschichte unterhalten könnten? – Hab ich's getan?

Las in der Bio 588 über den Exodus der Juden aus Paris 1940. Sollte ich so etwas nicht neben die deutschen Fluchtbeschreibungen von 1945 stellen?

In der ZEIT Flüchtlingszahlen der «DDR»:

1959	143 000
1960	200 000
1. Halbjahr 1961	100 000
Juni 1961	20 000
Juli 1961	30 000
August 1961 täglich	2000

Ich lese eine Broschüre, in der geschildert wird, wie sieben US-Soldaten im Pazifik notlanden müssen, drei Wochen im Schlauchboot, dann Insel. Haie, die um das Schlauchboot kreisen. Durchsetzt von Bibelsprüchen.
Auch die Westphal-Erinnerungen (General); Afrika und Kriegsende. Das unglaubliche Benehmen der Amerikaner in Nürnberg gegen ihn, der nur Zeuge. Überhaupt, die Amerikaner.
Mir, dem gelernten Druckereikaufmann, erklärte Grass, wie das Drucken funktioniert, in der Niedstraße war das, und die Geschenke, die er aus Mexiko mitgebracht hatte, aus Zahnstochern verfertigte Weihnachtskrippen, standen auf den Fensterbrettern. – Es wird immer viel herumgemäkelt an seinen Texten, und in der Tat: Es ist manches unerträglich, die «Schnecke» z. B., diese Kinderbelehrungen, und die «Rättin»: «die dritte Köchin» in ihm! – Doch, wer selbst im Glashaus sitzt, soll nicht mit Steinen schmeißen. Man sollte ihm als Personifizierung der deutschen Literatur den Nobelpreis geben. – «Kempi» hat er mal zu mir gesagt, und das nehm' ich ihm gut.

Nartum   Fr 22. September 1989

Bild: Boris heimlich in die DDR / Aufwartung bei Karens Oma
ND: Täglich unser Bestes für die sozialistische Republik

16 Uhr. – Eine Frau mit goldenen Schuhen und schwarzgefärbtem Bubikopf in Begleitung eines Zwei-Zentner-Mannes. Ob die Allee was zu bedeuten habe? – Sie fragt das Huhn durch die Glastür hindurch: «Na, wie heißt du denn?» – Dann erzählte sie, sie habe auf einer Gartenparty ihren Ehering ins Sektglas getan, damit der Sekt nicht so sprudelt. Und irgend jemand habe den Rest Sekt und Ring in den Garten geschülpt. Sie müsse den Ring gelegentlich mal suchen.
Im Hotel habe der Knauf vom Zuckerpott gefehlt, so was störe sie. Brachte, ganz originell, statt Blumen einen Spezialblumenkohl für die Vase mit.

Sie denken, ich verdiene mich dumm und dämlich, dabei pfeife ich aus dem letzten Loch.
Es gibt jetzt in den USA Baby-Puppen für 220 $, die plötzlich zu schreien anfangen, sich einnässen usw. Es wird jungen Eheleuten geraten, sich so ein Dings zu kaufen, damit sie es sich überlegen, ob sie wirklich die Strapaze des Kinderkriegens bzw. -aufziehens auf sich nehmen wollen. Renate zu mir, als ausnahmsweise ich sie mal windelte: «Kannst' das?»
Rechnung über Seminar-Anzeigen in der «Zeit»: 342 Mark.

TV: Daß sie mit den Leuten aus der DDR sehr zufrieden sind, sagen Handwerksmeister, und die Neuen sagen: daß das hier ein ganz anderes Arbeiten ist. Allerdings hätten sie sich drüben mehr Zeit gelassen, nicht so hektisch sei es drüben gewesen. Sie sagen auch, daß sie gutes Geld verdienen. Aber – vielleicht täusche ich mich – es ist etwas Angst in ihren Mienen, ob es auch richtig war? Vielleicht denken sie auch Tag und Nacht darüber nach, wie sie das neue Auto abzahlen können.

Nartum Sa 23. September 1989

Bild: BILD enthüllt / Deutsche Atombombe für Pakistan / Pläne und Material hingeschmuggelt
ND: Zentrale Ausstellung «40 Jahre DDR» zeigt Bilanz erfolgreichen Wirkens

Lesung im Heidemuseum Walsrode, 15 Uhr. Eine Lions-Sache! Dachte schon, ich müsse unter Hirschgeweihen sitzen, aber es ging noch an. Der Präsident hatte meine «Gattin» und mich vorher zum Tee gebeten, Hildegard zog es vor, zu Hause zu bleiben. Es muß ja auch schrecklich sein, immer dieselben Lesungen mitanhören zu müssen. Und sich dann hinterher noch etwas Ermunterndes abzubängen für den holden Ehemann. – Er hatte in seiner Einladung geschrieben, er möchte dem Publikum

den Blick in einen literarischen Spiegel gönnen, den ich ihm möglicherweise vorhalte. Wegen «Lions» zog ich mir idiotischerweise einen dunklen Anzug an.
Hatte den Eindruck, daß mich kein Mensch kennt. Die Leute kamen eher freizeitmäßig. Einen schönen Parkplatz hatte ich, das muß ich wirklich sagen. Die wundersame Geldvermehrung. Wenn ich abfahre zur Lesung, finde ich meine Brieftasche entleert vor. Wenn ich wieder nach Hause komme, sind Hundertmarkscheine drin. Und wenn ich eine Woche später reingucke, herrscht wieder Ebbe.
Noch in den Film «Heimat» reingeguckt, der wie Gummi in die Länge gezogen ist (11 Folgen), er strotzt von Unwahrscheinlichkeiten. Deutlich nach dem T/W-Muster gewebt. Wenn man da überhaupt von «weben» sprechen kann. Im Weihnachtszimmer legt einer auf das Grammophon das Horst-Wessel-Lied auf! – Während die Familie *Gänsebraten* ißt, spielen zwei Kinder mit der Dampfmaschine (die *Mutter* schaut zu!). – Am Heiligabend sieht man ein Kind auf der Dorfstraße Schlitten fahren. Je mehr sich die Kostümierung bemüht, zeitgenössisch zu wirken, desto unmöglicher sieht es aus. Es gab doch damals auch schicke Mädchen! Und daß eine mit 16 Jahren zur Dauerwelle ging (im Krieg!), das war doch ausgeschlossen, das war doch mehr was für Damen.
Der Garten verwildert. Einzelne, mannshohe Disteln schießen ihre Samen weg, das wird nächstes Jahr ein schlimmes Erwachen geben. Von einer Seite Rainfarn und Brennesseln, von der anderen die Disteln. Es fehlt nur noch das Franzosenkraut. Nächstes Jahr sollten wir uns einen sogenannten «Mann für den Garten» nehmen. Lieber «Deutschenkraut» sagen, statt «Franzosenkraut»; sonst kriegt man noch welche auf den Deckel. – Ich lernte mal eine Frau kennen, die Germania mit Vornamen hieß. Wenn die dann einen Mann namens «Deutsch» heiratet, würde ich denn doch einen Doppelnamen für angebracht halten.

2000: *So wie Frau Köpf-Schröder, die sich allerdings Schröder-Köpf nennt.*

Nartum So 24. September 1989

Welt am Sonntag: Abgesandter Honeckers überraschend im Kanzleramt / SED-Chef sucht Lösung für DDR-Flüchtlinge in den Bonner Botschaften von Prag und Warschau
Sonntag: Dramatisches Welttheater. Zur Eröffnung der Bauernkriegsgedenkstätte in Frankenhausen. Von Astrid Kuhlmey

Der Freundeskreis der Freien Akademie Hamburg kam zum Kaffee, 30 Menschen. Wir saßen draußen! Berühmte Leute mit ihren Ehefrauen. Leider kam Zehnder nicht.
Am Abend zur Ablenkung und zum Einschwenken Hustons Film «The Dead» gesehen. Wieder sehr erschüttert. Hildegard teilt meine Begeisterung nicht. – «Bräutlich geschmückt», von der Greisin gesungen. Der Regisseur, der früher ein rechtes Rauhbein war, wurde gezeigt, er hat seltsame Schnüre an sich herumhängen und unter der Nase zwei Plastikdüsen, die ihm wohl Sauerstoff zublasen. Die Physiognomien der englischen Schauspieler, oh, was für ein Niveau gegen unsere doch sehr einheitlichen Typen. Bei uns wird das Besondere irgendwie ausgemendelt, wie in Amerika.
Ich kann mich nicht erinnern, daß ich in den letzten Jahren einen guten deutschen Spielfilm gesehen hätte. Saurer Kitsch herrscht vor. Unternehmerschweine und edle Ausländer.

Nartum Mo 25. September 1989

Bild: 10 Mark. Wer rettet diese Kinderaugen? / Menschenjagd in der ČSSR / Flüchtlinge in Ketten nach Ost-Berlin zurück
ND: Bauern haben mit gutem Ertrag ihr Wort eingelöst

Lesung in Wentorf bei Reinbek. Freundliches Publikum. Eine Art Begeisterung griff Platz. Der gealterte Peterpump trat in Tätigkeit, der Lust und Last des langen Lebens getragen hat und

jetzt müde ist! Verdammt nochmal! – Am Signiertisch hinterher unterhielten sich zwei Damen ganz ungeniert über mich. Ich würde natürlich nur von den 50jährigen gelesen, wurde da gesagt, die Jugend läse mich nur, wenn sie muß (nicht einmal dann!). – Das kann ja sein, zu fragen ist nur, was die Jugend denn überhaupt liest, und «50» ist etwas untertrieben. Es gibt auch sehr viele Leser ab 60. – Dies zu meiner Beruhigung. Getroffen hat es mich sehr. (So etwas können auch wohl nur Frauen fertigbringen.)
Ein Herr legte mir im Antiquariat einen Hanser-«Block» vor zum Signieren, für 120 Mark in einem Antiquariat gekauft. Er betreibt einen Handel mit Angelschnüren und sammelt alle meine Bücher. – Im Grunde handle ich ja auch mit Angelschnüren.

Nartum Di 26. September 1989

Bild: Er wollte anonym bleiben / 100 000 Mark / Gottschalk zahlt blindem Kind Operation
ND: DDR Grundpfeiler der Stabilität und der Sicherheit in Europa / Partei- und Regierungsdelegation der DDR führt in Peking politische Gespräche

T: Ich will mit Nahmmacher zusammen Selbstmord machen. Er hat alles gut vorbereitet, im Gebirge, nachts, in den Schnee legen wir uns, jeder hat 75 Valium geschluckt. Ich denke: Und nun habe ich mich gar nicht von Hildegard verabschiedet. (Sie war aber auch zu garstig.) Aber irgendwie rappeln wir uns dann doch wieder auf.

Im TV: Langes Interview mit Peymann über seine Beziehungen zu Thomas Bernhard. P. liebt die Provokation. Vor Jahren hat er mal öffentlich dafür gesammelt, daß Frau Ensslin ein neues Gebiß kriegt. War eine kitschige Sache.
Ungarn hat beschlossen, den Sowjet-Stern aus dem Staatswap-

pen zu nehmen. Es gilt als sicher, daß sie sich demnächst nicht mehr Volksrepublik nennen werden. «Daß ich das noch erlebe!» rufe ich nun mit den Alten. Über 20 000 sind von dort gekommen.
In der DDR zaghafte Unruhe. 8000 sind gestern durch Leipzig gezogen. Die SPD macht einen ziemlich belämmerten Eindruck: Das hatte sie nicht erwartet, daß es da drüben auch ein werktätiges Volk mit eigener Meinung gibt.
Aus der UdSSR fast jeden Tag verblüffende Neuigkeiten. Man hat den Eindruck, als ob der Scheißstaat ganz auseinanderfällt. Hildegard hilft mir beim «Echolot». Sie liest das, was ich aus Zeitmangel nicht lesen kann, und erzählt mir den Inhalt.
Bush hat großartige Abrüstungsvorschläge gemacht. Die erstarrten Fronten lockern sich. So hätte es nach dem Zweiten Weltkrieg gleich gehen können. Die USA hatten bereits mit dem Verschrotten von Flugzeugen und Panzern begonnen, da kriegten sie mit, daß die roten Waffenbrüder das Gegenteil taten.
Ich ging dreimal je eine halbe Stunde im Garten auf und ab. Es war nicht kalt, nicht warm, leichter Wind, absolute Stille.
Emsiges Arbeiten am «Echolot». Das ist wie eine Sparbüchse.
Glücksgefühle am Abgrund.

Nartum Mi 27. September 1989

Bild: Herzkatheter / Udo Lindenberg: Ärzte kämpfen um sein Leben
ND: Generalsekretär der KP Chinas empfing Delegation der DDR / Grüße Erich Honeckers an Jiang Zemin von Egon Krenz überbracht

Ich beobachtete auf dem Flugplatz das Heranfahren eines Flugzeugs an die Ausstiegs«nase», oder wie das Dings heißt. Tür wird aufgeklappt, und der fahrbare Gang nähert sich. Sehr originell, futuristischer als jeder SF-Film. – In der Zeitung stehen neuer-

dings Schwefelmeldungen, wieviel Schwefel in der Luft ist. – Den Bauern hier sind die privaten Brunnen versiegelt worden. Das Wasser darf niemand mehr trinken. Alles vergiftet und verdorben. Gute, eßbare Kartoffeln müssen wir im Delikatessengeschäft kaufen.
Die Hannsmann vergöttert ihren HAP Grieshaber auf sonderbare Weise. «Pfauenschrei», ein originelles Buch. Wahrscheinlich das beste, das sie geschrieben hat, ihre Lebensleistung. Viel DDR kommt darin vor, die gingen da drüben aus und ein. – Sie ist, glaub' ich, ein bißchen verrückt? «Wie wir alle, mein Herr.»
Erst die Abweichungen von der Norm machen uns kenntlich.
In diesen schönen Septembertagen wächst die Sehnsucht, an der Ostsee zu sitzen. Eine einzige ruhige Stunde würde schon genügen. Kleine schwappende Wellen, ausgewaschene Buhnenpfähle, vertrocknende Quallen. Warnemünde 1936, die Caféhäuser auf der Promenade. Man müßte sich an den Strand setzen und aus einem Taschentonbandgerät den Schlager «Ich tanze mit dir in den Himmel hinein ...» abspielen, dann wäre man drin im Vergangenheitsraum.
Kempka gelesen, der Chauffeur des Führers, allerlei angekreuzt fürs «Echolot». Wie er sich über den toten Hitler beugt, im Garten, und ihm dessen grau gewordenen Haare ins Gesicht wehen ...

Nartum   Do 28. September 1989

Bild: Eltern, paßt auf! / Todesdrogen in Micky-Maus-Bildchen
ND: Führende Politiker kommen zum 40. Jahrestag der DDR / Inbetriebnahme neuer Anlagen zur Steigerung der Arbeitsproduktivität

Wie sich einer das Kreuz auskugelt, weil er nachts im Liegen unter sich die Pyjamajacke glattstreichen will.
Mußte heute mal einen Stop einlegen, arbeitete an der Kugelbahn II, die nun wieder «heil» ist.

Viel Post, aber keine Anmeldungen zum Seminar. Es wird wohl ausfallen. Renate ist da. Sie wird nun schon 27! Nicht zu fassen. Als ich 27 war, wurde die Nummer 186 B entlassen.
Ich finde es tragisch, daß es Menschen gibt, die sich für so eine Scheiße wie den Kommunismus aufgeopfert haben. Aber: Gegen Dummheit ist kein Kraut gewachsen. – Immer noch besser, als vor Stalingrad gefallen zu sein.
Canetti, «Provinz des Menschen». Im Mai 1945 schrieb er: «Man kann nicht atmen, alles ist voller Sieg.» Und:

> Die Leiden der Juden waren eine Institution geworden, aber sie hat sich überlebt. Die Menschen wollen nichts mehr davon hören. Mit Staunen haben sie davon Kenntnis genommen, daß man die Juden ausrotten könnte; sie verachten, ohne es vielleicht selber zu merken, die Juden jetzt aus einem neuen Grund. *Gas* ist in diesem Krieg verwendet worden, aber nur gegen die Juden, und sie waren hilflos. Dagegen hat auch das Geld, das ihnen früher Macht gab, nichts vermocht. Sie sind zu Sklaven, dann zu Vieh, dann zu Ungeziefer degradiert worden. Die Degradierung ist gelungen; bei den anderen, die es vernommen haben, werden die Spuren davon schwerer zu verwischen sein als bei den Juden selbst. Jeder Akt der Macht ist zweischneidig; jede Erniedrigung steigert die Lust dessen, der sich überhebt, und steckt andere an, die sich ebensogern überheben möchten. Die sehr alte Geschichte der Beziehung anderer Menschen zu Juden hat sich grundlegend verändert. Man verabscheut sie nicht weniger; aber man fürchtet sie nicht mehr. Aus diesem Grund können die Juden keinen größeren Fehler begehen, als die Klagen fortzusetzen, in denen sie Meister waren und zu denen sie jetzt mehr als je Anlaß haben.

Spaziergang ins sonnige Septemberland. Danach die Schicksalsposaune: «Echolot». Die Toten trotten dahin, sie heben ihre Hand und grüßen herüber.
Heute kamen zwei Mädchen aus dem Dorf, sie wollten Briefmarken haben. Ich fragte, ob sie schielen könnten. Sie konnten. Und wie! – Folglich bekamen sie Briefmarken. Was mache ich, wenn sie noch einmal kommen? Nochmals schielen lassen? – Ohren wackeln? – Ich werde sie fragen, ob sie den Mund halten können.

Im TV: Eine Sendung über den Bürgerkrieg in China, 1949, drei, vier Kommunisten, Jünglinge, werden auf die Straße gestoßen und in den Kopf geschossen.

Nartum Fr 29. September 1989

Bild: Eltern organisieren sich / Dealer weg vom Schulhof / Die Eingeschlossenen von Prag / Sie weinen und frieren / 4 Toiletten für 2800 Menschen / 3 in einem Bett / Sie schlafen schichtweise / Die ersten Kinder krank / Seuchengefahr
ND: Hohe Ehrungen für vorbildliche Leistungen von Kollektiven

T: Geträumte Vertonung von «Der Mond ist aufgegangen»: Ich träumte den ganzen Choral als dissonante Chorkomposition verschiedener Choräle gleichzeitig: oben stereotyp «Jesus Christus» synkopiert (pp), in der Mitte (Alt) den Choral, unten Männerstimmen die Einsetzungsworte (f).
Irgendwie hat das zu tun mit dem Archivmaterial, das ich nach Hannover bringen will. Daß man das durch Leid zerrüttete «Fleisch» anderen zur Nahrung werden läßt?

Das Nachklingen der Träume, ein Wasserschleier feinster Tropfen – und draußen kreist eine Krähe über den Hühnern. Die Fahne knallt, Spatzen und ein tätiges Rumoren im Haus, ein Wasserhahn wird aufgedreht. Noch sind die Augen schwer, die Lider sollen noch geschlossen bleiben. Alte Bilder ziehen auf, die Pumpe in Breddorf. Wir wußten mit den drei Kellerräumen nichts anzufangen. Ich sammelte Truhen und Bauernhausrat und richtete eine Bauernstube ein, Spinnen nisteten dort; tote Fliegen. Wenn man den Sicherheits-Lichtschalter drehte ..., das Licht kam aus einem vergitterten Glas.
Man habe keine Überreste von Menschen gesehen, sagten die Leute, die sich die Titanic mit einem Unterwassergerät ansahen.

«Echolot»: Die KZ-Sachen an den Schluß jeden Tages stellen. Das hatte ich schon vorgehabt, es war mir entfallen. Mit Hitler beginnen, mit Auschwitz enden. – Heutzutage spielt das Spritzen eine andere Rolle.
Nochmal langmachen. Der Tag liegt da wie ein schlafender Körper. Ganz unten am großen Zeh: der Abend, auf den sich alles zubewegen wird. Gedanken ans Fernsehen in der dunklen Stube. Das Glas mit Lakritze. – Der Leuchtturm in Warnemünde, gestreift. – Belag auf der Zunge.
Abends: Herrlicher Sonnenuntergang. Ich werde einen Sonnenuntergangs-Aussichtspunkt bauen. Am Ende der Allee, mit Dach. Wie ein Jägerstand. Er wird Ähnlichkeit haben mit den Türmen an der Zonengrenze. – Hildegard meint, sie sei sicher, daß ich sie im Vergreisungsfall ausgezeichnet versorgen würde, Pi-Pott wegtragen usw. Sie spricht öfter davon. Vielleicht tröstet sie diese Vorstellung für manches Unleidige, das von mir ausgeht.
Lesung in Worpswede, im Weißen Saal der Barkenhoff-Stiftung. Landschaftsverband der ehemaligen Herzogtümer Bremen und Verden lud ein. Fragen zur Literatur: Was macht Ihr Bruder? Wie ein Schriftsteller seinen Tag verbringt, wollte einer wissen. Strohhut auf und Whisky trinken. «Alles frei erfunden», das interessiert die Leute auch immer brennend. Ich habe diese Frage schon 27 000mal beantwortet.
23 Uhr im aufgeklopften Bett. Zettel liegt auf dem Nachtschrank: Gute Nacht, Liebster.
Der Hund des Nachbarn bellt ins Beethoven-Septett hinein. Es ist nichts mit der lauen Septembernacht. Pille und Ohropax.

Unterwegs   Sa 30. September 1989

Bild: Herr Gorbatschow, beenden Sie das Elend!
ND: In den Kämpfen unserer Zeit stehen DDR und China Seite an Seite / Herzliche Gratulation der DDR an das chinesische Brudervolk

6.14 Uhr. – Augen und Mund verklebt, vom Weinen?
In der Nacht dürfen die Deutschen in Prag ausreisen, man schätzt, daß es 7000 sind. Genscher trat auf den Balkon, Scheinwerfer, Gemurmel, und in die allmählich eintretende Stille hinein schrie eine Frau. – Es war bewegend! Tränen kamen ganz automatisch. Es ist alles in fluß. Was noch vor ein paar Monaten undenkbar war, jetzt geschieht's. In den DDR-Nachrichten sprechen sie von Menschenhandel. Axen oder wie der heißt, der Kleine mit den Glubschaugen. Mich wundert, daß von Radio und Fernsehen keine Sondersendungen ... Das gehen die hier ganz locker an. – Einige Bilder aus dem Lager, weinende Menschen, die sich in die Arme fallen. Aber auch Leute, die sich sofort ins Auto setzen – und ab geht's, junge Leute auf Moped. Kein Foto aus dem Inneren des Botschaftsgebäudes. Hätte gern gewußt, wie sich die Flüchtlinge dort einrichteten. Die Hoffnungsraserei. Ähnlichkeiten mit der Entlassungseuphorie in Bautzen 1954. Der Schock, als ich damals zurückbleiben mußte.
Rechnung über Hühner- und Katzenfutter: 73 Mark.
Vor fünf Jahren schloß ich die Chronik ab. Ich sah mir heute ein paar Kritiken an. Evangelische Kritiker sind besonders gehässig, das ist mir schon aufgefallen.
Daß das Deutsche Museum für Geschichte in Berlin von einem Italiener gebaut wird, ist wider die Natur, da können sie nun sagen was sie wollen.
Im Münchner Hauptbahnhof ein Zeitungskiosk: «Ich möchte eine FAZ.» – «Wir haben nur ausländische Zeitungen.» (Das gibt's auch nur in Deutschland). – Umständliche Gepäckkarren-Ordnung: Koffer reinschleppen, Karren angekettet, kein Markstück in der Tasche, also Zeitung kaufen (100 Meter schleppen), anderer Kiosk, mit dem Markstück zu den Karren, eine rausgerissen, zum Bahnsteig, zum Zug, Koffer rein, wieder raus, Karre ... weg. Das neue System für Gepäckkarren, schikanös und umständlich.
Das Mysterium des Schreibens ist an einer Druckmaschine zu verdeutlichen: Unten liegt spiegelverkehrt die Schrift, von oben kommen Farbe und Papier. So ist es beim Schreiben auch. Un-

bewußtes und Bewußtes. Die rätselhaften Schriftzeichen werden erst durch Farbe lesbar (entzifferbar).
Die Frage ist, ob Fliegen auch eine Seele haben. Von Rindern nimmt man das ohne weiteres an. Vielleicht haben sie eine ganz kleine?
Schostakowitsch: 15. Symphonie. Das ist «Echolot-Musik».

Ein Herr aus Norderstedt schreibt über «Hundstage»: «Du mit deinem Kempowski», habe seine Frau gesagt.
Ein Mann kam, stellte sich als Sowieso vor. Chefarzt a. D., und die Frau neben ihm als ehemalige Oberin. Ob ich ein Buch mit Widmung für ihn hätte? Ob ich aus Rostock sei? «Sind Sie noch im Schuldienst?» – «Ihr Verlag heißt doch Knaur, nicht?»
Er war schnell wieder draußen.

Oktober 1989

Nartum So 1. Oktober 1989

Welt am Sonntag: Flüchtlinge: Genscher und Seiters nach Prag/ 3500 DDR-Bürger in Bonns ČSSR-Botschaft/Fluchtbewegung via Ungarn verstärkt
Sonntag: Die Einsamkeit des Tapferen. Carl von Ossietzky zum 100. Geburtstag. Von Stephan Hermlin

5000 Fußabstimmer aus Prag, 700 aus Warschau, und Tag für Tag 500 aus Ungarn. In der ZEIT (Dossier) faseln sie davon, daß die Bürger der DDR nur Reformen *mit* der SED machen wollten, keinesfalls ein kapitalistisches System anstrebten. Wenn das man nicht Wunschdenken ist, geboren aus dem schlechten Gewissen, weil sie so lange die DDR in rosa Farben malten.
«Haben wir denn gar nichts richtig gemacht?» fragte der DDR-Beamte die Fußabstimmer am Tor der Deutschen Botschaft in Budapest.
Nein! Nichts. Gott sei Dank nicht!
Im Leitartikel der ZEIT steht zu lesen, daß die Läden, die an der «Protokollstrecke» liegen – über die Honecker zur Arbeit fährt –, morgens ihre Eingänge nach hinten verlegen mußten, damit der Staatsratsvorsitzende die Käuferschlangen nicht zu sehen kriegte.
Nawrocki glaubt nicht, daß die schweigende Mehrheit kein westliches System wolle. Er wundert sich darüber, daß im Neuen Forum und in anderen Reformgruppen überhaupt nicht von Wirtschaft gesprochen wird. – Ein Kirchenmensch in Osnabrück hat die Übersiedler gewarnt, das Leben im Westen bestehe nicht nur aus Wohlleben und Reisen! Na, das wird den Kameraden drüben wohl bekannt sein. Ein bißchen mehr haben sie

drüben schon entbehren müssen, als hier die pensionsberechtigten Gottesmenschen.

Es wird gemeldet, daß die Strecke, über die die Züge mit «Ausreisern» fuhren (in der DDR), von Leuten gesäumt gewesen sei, die gewinkt hätten. *Das* ist Fakt, hätte Ulbricht gesagt (Bettlaken aus den Fenstern gehängt). – Vogel spricht vom «Wiedervereinigungsgerede», das aufhören müsse. Als ihn die Reporterin fragte: «Was meinen Sie damit?», geriet er arg ins Stottern. Ja, er könne das Wort nicht mehr hören. – Und wir können ihn nicht mehr sehen!

Das «Dorf»-Buch lebt schon in mir, es sind einige, wenige Bilder, die möglicherweise durch Worpsweder Bilder beeinflußt sind oder gar von ihnen hervorgerufen. So die Leiche des Mädchens auf dem Wäschesteg (erinnert etwas an die ertrunkene alte Frau im Rostocker Hafen), der Fluß, schwarz (ausgehend von Ober-Ochtenhausen), eine Eiche ohne Laub, das Schulhaus (Breddorf, aber nicht unser Wohnhaus, ich sehe eher die Wohnung des Hausmeisters im Schulhaus), eine alte Frau im Torfschuppen, mein Bruder mit Pudelmütze auf einer Beiwagen-Maschine (BMW). Die Vorstellung von dem Buch ist so konstant, daß ich an dessen Vollendung nicht zweifle. Die vielen Notizen stören mich übrigens fast, eigentliche Quelle ist die Ahnung, die pulsiert wie ein Lebewesen. Aus dem Sommer 1977 existieren sogar schon drei Kapitel, in Essen, im Hotel geschrieben, als ich dort vor sieben Zuhörern meine Poetik-Vorlesungen hielt.

Ein Buch über Emigranten in Hollywood. – Goncourt, «Belagerung von Paris».

Die Katholiken begehen heute – wenn sie ihn denn begehen – den Tag des **Bavo** († 654), der anfänglich ein lasterhaftes Leben führte, dann aber seine Habe verschenkte und als Einsiedler in einem hohlen Baum lebte, mit einem Stein als Kopfkissen.

Nartum Mo 2. Oktober 1989

Bild: Welch ein Tag für Deutschland!
ND: Volksrepublik China feierte den 40. Jahrestag ihrer Gründung / 2000 km Bahnstrecke wurden seit 1981 elektrifiziert

In der Nacht noch TV geguckt, die Ossis angesehen. Unglaublich. Es sind 7000, und aus Ungarn kommen täglich 700. Auf den Bahnhöfen begeisterte Menschen. Ein weinender älterer Herr aus Köthen sagte: «Ich bin noch nie in meinem Leben so empfangen worden.» – Ich denke, wenn *ich* damals so begrüßt worden wäre, 1956, dann hätte ich kein einziges Buch geschrieben. – Das Neue Forum verwahrt sich gegen die Ausreiselösung, sie sei nur aus Propagandagründen erfolgt und nicht «rechtsstaatlich». Die Leute wollen sich wohl unbeliebt machen. – Einer der Flüchtlinge sagte: «Ich möchte endlich mal wissen, was ich kann.»
Meine Fibel siecht dahin. Es wurden 955 Stück verkauft = 1800 Mark! Die Abrechnung kam heute. Das schöne Buch wird leider nur in der pädagogischen Abteilung der Buchhandlungen angeboten, wenn überhaupt! Nicht unter Kinderbüchern oder bei den anderen Kempowski-Büchern. Schade, ich find's hübsch. Wir werden es nie herauskriegen, wieviele Kinder danach das Lesen lernten. In den SPD-Bundesländern ist es zum Gebrauch an Schulen nicht zugelassen. Eigenartig.
Meinen großen Unglücksfällen lassen sich die Glücksfälle gegenüberstellen: gesund aus der Haft herausgekommen zu sein, eine liebe Frau und eine lebenserfüllende Arbeit gefunden zu haben.
Ein Volkshochschulmann wollte sich mit mir streiten, Rostock läge in Westpommern, er als Geograph wisse das.
Eine ältere Frau als Zugschaffnerin. Eine Wohltat, besser als diese jungen Schafsgesichter.

London Di 3. Oktober 1989

Bild: Prag: Wieder 3000 drin! / Der bittere Tag danach / Kinder niedergeknüppelt / Flüchtlinge angekettet / Dann gab die Polizei auf
ND: Erich Honecker empfing Verleger Robert Maxwell

Syberberg meint, die Vertreibung der Deutschen aus dem Osten wäre eigentlich ein Kriegsgrund gewesen. Aber, wer hätte denn Krieg machen sollen?
Interessant ist in diesem Zusammenhang die folgende Bemerkung des britischen Militärhistorikers Liddell Hart, vom 27. August 1939:

> Wenn die Polen sich entschließen, lieber zu kämpfen, als Hitlers Forderungen anzunehmen, so steht fest, daß sie nach nur kurzem Widerstand aus strategischen Gründen gezwungen sein werden, das geforderte Gebiet aufzugeben – und aller Wahrscheinlichkeit nach werden sie weit mehr als das hergeben müssen. Ebenso klar ist, daß Frankreich und Großbritannien nichts Wirkungsvolles tun können, um diesen Gebietsverlust zu verhindern; gleichzeitig ist es sehr zweifelhaft, ob selbst die äußersten militärischen Anstrengungen ihrerseits etwas zur Wiedergewinnung des Gebietes für Polen beitragen könnten.
>
> Bei nüchterner Betrachtung dieser strategischen Realitäten sollte die Frage erwogen werden, ob die polnische Regierung berechtigt ist, ihre Untertanen dazu aufzurufen, sich für etwas zu opfern, was sie in jedem Fall verlieren werde, und ob die britische und die französische Regierung das Recht haben, die polnische Regierung zum Kampf für etwas zu ermutigen, das sie aller Voraussicht nach nicht für Polen zurückgewinnen vermögen. Jedes Opfer mag besser sein als Kapitulation, aber lohnt es sich, zu kämpfen, wenn die Übergabe des Objektes, für das Krieg geführt wird, schon vor dem Beginn des Kampfes unvermeidlich scheint?
>
> Das wahrscheinlichste Ergebnis sich lange hinziehender Anstrengungen zur Wiederherstellung des polnischen Territoriums würde die wechselseitige Erschöpfung aller kriegführenden Länder sein, mit der Folge der Vorherrschaft Rußlands in Europa. Eine noch

dringendere Gefahr für Frankreich und Großbritannien liegt darin, daß der Beweis ihrer Unfähigkeit, Polen zu schützen, für sie einen Prestigeverlust in den Augen der Welt bedeuten wird, durch den andere, jetzt noch unschlüssige, angriffslustige Länder ermuntert werden dürften, sich mit Deutschland zu einer gemeinsamen Anstrengung zur Eroberung und Aufteilung der britischen und französischen Kolonialreiche zu verbünden ...

Es gibt nichts Verhängnisvolleres als die Neigung, etwas Aussichtsloses zu versuchen, in dem Gefühl, es wäre schön, wenn es gelänge ...

Im TV ein Interviewer und Gesprächspartner, die beide Schnupfen haben. Wer da als Zuschauer ebenfalls Schnupfen hatte, erlebte eine lustige Stunde.

London Mi 4. Oktober 1989

Bild: Kranker Kohl rief in Prag an / 11 000 befreit / Die Erlösung
ND: Treffen des Politbüros mit Widerstandskämpfern und Aktivisten der ersten Stunde

Die katholische Kirche erinnert sich am heutigen Tage – wenn sie sich denn erinnert – an **Franz** von Assisi.

London/Nartum Do 5. Oktober 1989

Bild: DDR in größter Krise / Dresden, Plauen, Chemnitz / Tausende stürmten die Gleise nach Westen / Züge verriegelt wie Viehwaggons / US-Botschaft von Vopos abgeriegelt / Die schreckliche Nacht von Prag / 3000 Flüchtlinge in Haft / Schwere Zusammenstöße in Dresden / ... und morgen kommt Gorbatschow
ND: Neue Produktionsanlagen nahmen den Betrieb auf

Dresden: Polizisten wie Insekten mit weißen Schilden jagen Demonstranten. So etwas kann man nicht inszenieren. Das schlechte Videomaterial. – Schweren Herzens trennte ich mich von den Nachrichten über unsere Landsleute, die wie eine Springflut herüberschwappen, und fuhr mit Hildegard nach London, um hier nach Literatur für das «Echolot» zu suchen. Die letzten Bilder zeigten tschechische Polizisten, die sich an Zaunleute hängen, und von drinnen wird auch gezogen, einige versuchen sogar, durch den Zaun auf die Polizisten einzuschlagen. Ein Polizist holt ein Tränengasspray aus der Tasche und sprüht sie an, da kommt der Botschaftssekretär angeschritten und holt den Mann, der am Zaun hängt, rein. – Andere Bilder von Menschen, die den Polizeikordon durchbrechen, eine Frau in rosa Pulli fällt hin, alles stürzt über sie hinweg. So ein bißchen an den Sommer-Schlußverkauf mußte ich denken, als sie da losstürmten. Eine junge Frau mit Baby auf dem Arm und Kind an der Hand wird aufgehalten. Das Kind greift nach dem Schlagstock des Polizisten, man hört den TV-Mann sagen: «Lassen Sie sie doch durch.» – «Mammi! Mammi!», ein Kind, das schon drin ist, hinter seiner Mutter her, die abgeführt wird. Ich denke gerade, wenn wir solche Filme hätten von der Flucht 1945! – Im Fernsehen aber hier in London von all dem keine Spur. Gestern abend eine ganz kurze Sequenz: Ein deutscher Mann mit komischer Mütze wird gefragt, was er davon hält? Er sei «very proud» über diese Ereignisse. Heute früh nichts.
In einem Film über die DDR, vorgestern: daß die Arbeiter 25 Jahre warten mußten, bis sie mal einen Erholungsplatz an der Ostsee bekamen. Und nachts wird der Strand durch Scheinwerfer erhellt.

London: Wir machten zuerst eine reguläre Sightseeing-Tour in einem offenen Bus, krochen eng zusammen, wegen der Kälte. Der Bus schob sich durch die Oxford und Regent Street, der Tower sonderbar klein, das kommt davon, daß man ihn immer falsch fotografiert, wie ein Fort kam er mir vor. Die Betreuerin erzählte Stories, daß ein Käsebrot im Hilton 18 Mark kostet, und sie zeigte den «Juwelen-Laden», wo Prinz Charles für 28 000 Pfund den Verlobungsring für seine Braut gekauft hat – wir liefen dann anschließend den Weg nochmals zu Fuß ab, Hildegard hatte den Stadtplan in der Hand und sorgte, von Menschen umbrandet, für Ordnung. Auch einen Buchladen fanden wir endlich, ein Polizist zeigte uns den Weg, sonst weit und breit keiner, dieser aber sehr groß. Absolut europäisch. Angestellte mit Krawatte. Hoffentlich akzeptieren sie die Euro-Karte. – Zurück liefen wir dann ein großes Stück, was mir überhaupt nichts ausmachte. Glücklicherweise bestiegen wir dann aber doch einen Bus (ich rutschte fast ab, weil er zu früh abfuhr) und fuhren noch ziemlich lange. Nette Fahrgäste, eine hysterische farbige Schaffnerin, sie hat so ungeheuer viel zu tun, ob wir das nicht sehen, sie kann uns keine Auskünfte erteilen. Aber das ist doch ihr Job, oder?

Mitteilungen über die Königin: wie reich sie ist und wo sie einkauft und wie wenig Geld die normalen Bürger haben (10 000 Pfund pro Jahr).

Das Fotografieren der Touristen hier überall ging mir sehr auf die Nerven. Das heißt, ich fand es nun wirklich lächerlich, die Männer sind es, die das machen. Besitzerstolz, was mitnehmen. Ehefrauen stehen daneben und halten die Tasche: Sie dulden es stumm. Heute Nacht intensives Studieren der Karte, wo das Goethe-Institut ist und wo ich damals rumgelaufen bin überall. Das «Echolot» ist eine ziemlich hybride Sache. Alle werden sagen: Das hätte er man lieber lassen sollen. Oder: Das hätten die Historiker besser gemacht. *Hätten sie eben nicht!* Die kommen dann mit Anmerkungen und Quellen und Verweisen und mit Belehrungen. Wir wollen ein besseres Buch «machen» (muß man hier schon sagen).

Um 10 Uhr gut gefrühstückt im frühlingshaften «Breakfast-Room», mit Kunstblumen, von weiß gestrichenen Gittern hängend. Porridge.

Und nun geht's los. Das Erstaunliche ist, daß einen der Englisch-Unterricht damals, 1940, mit: «The chimneys stand like soldiers ...» an sich doch ganz gut informiert hat. Es stimmt alles irgendwie, «The English Reader» hatte recht, mitten in der

Nazi-Zeit. Die Schiebefenster habe ich allerdings nirgends entdecken können.
Ich kaufte bei W + G Foyle Ltd «The World's Greatest Bookshop» für 156 £ «Echolot»-Bücher. Vera Mary Brittain; Tremayne, Julia: «The Homefront»; Gurney: «War Letters» – 1. WK.; «People at War»; «The Diary of a Bomb Aimer»; «Nuremberg Raid»; «Rough Road to Rome»; «Tebessa? Wherever's that?»; Maureen Wells «Entertaining Eric»; Iris Origo u. v. a.

Das Nationalmuseum, die alten flämischen Meister, Rembrandt-Weihnachtsbild.
Tweed-Jacketts für 1500 Mark!
Hotel war ungünstig gelegen, zu weit außerhalb. Hatte schon, wenn wir in die Stadt hineinfuhren, Panik, daß wir abends im Stau säßen und nicht mehr rauskommen.
Der illegale Taxifahrer, der uns zum Flughafen fuhr und dann doppelten Preis wollte, weil wir ja zu zweit ... Hat keinen Sinn, sich mit solchen Menschen anzulegen.

Nartum: Habe nun angefangen, den Januar 1943 aufzubereiten. Hildegard hilft mir, sie liest Biographien und arbeitet mir zu. Ich kümmere mich mehr um die Prominenten. Was mir noch Kopfschmerzen macht: Die Anordnung der Beiträge innerhalb des Tages. Soll sie dialogisch erfolgen oder einfach geographisch? Ich neige dem ersteren zu. Im Grunde ist der Tagesbeginn mit Hitler und der Schluß mit Auschwitz schon der Anfang einer dialogischen Gestaltung.
Die Ungarn haben ihre kommunistische Partei aufgelöst. Geschafft! Unglaublich. In der DDR wäre das undenkbar, es sind Deutsche: Rasen betreten verboten.
Hildegard meinte: «Die wollen wohl China spielen!» als sie die SED-Polizisten sah. Gezeigt wurde ein junger Mann mit Platzwunde am Kopf. Ein anderer wies auf das Blut, was herunterrann, und sagte in die Kamera hinein: «Watt se hia sehn, is 'n friedlicha Demonstrant.» Während sie Aufnahmen von vorstürmenden Polizisten zeigten, die hellen Schilde wie Flügel, dachte

ich an die Mai-Krawalle der Autonomen in Kreuzberg. Wo liegt der Unterschied? Wie sollte jemand, der die Ursachen nicht kennt, das auseinanderhalten? – Die Tatsache, daß die Ostsachen nicht gefilmt werden dürfen, ist *eine* Antwort. – Ein ekelhafter Anblick, die «Kommune-Preußen» vor der Neuen Wache im Stechschritt paradieren zu sehen. – Ein älterer Polizist, der einer jungen Frau den Weg vertritt, als sie in die Kirche will. Ja, da staunt sie, was? Ja, er läßt sie nun mal nicht rein, obwohl es ihr gutes Recht ist ...

Presse-Runde mit Grosser, Gaus, Leonhardt. Es ging darum, daß sie als demokratische Staatsbürger dem Honecker zu sehr um den Bart gegangen seien, dem Diktator, was ich ja immer sagte. Die Weltfrauen haben beschlossen, daß Emanzipation nicht bedeutet, dem Manne gleich zu sein.

Nartum Fr 6. Oktober 1989

Bild: Sie riefen es in Dresden, Plauen – überall / Deutschland Gorbi Freiheit
ND: Kämpfer gegen den Faschismus, für Sozialismus und Frieden geehrt

Frühstück allein auf der Galerie bei geöffneter Tür, es regnet, und ich höre dem Regen zu. Glücksgefühle. Dazu paßt nicht meine Lektüre (bei Orangenmarmelade). Von der Lippe: «Nürnberger Tagebuchnotizen». Ausgerechnet Jodl hat 16 Minuten am Strick gehangen, bis er endlich tot war! Er wird wohl bewußtlos gewesen sein. Als ich mich in Schwerin strangulierte, war das Bewußtsein auch gleich weg. – Tagebücher von Hans Frank.
Ein Leser aus München gratuliert mir zu der Textunterlegung im «Tadellöser»: «Jahre des Lebens, alles vergebens ...», damit sei mir ein Wurf gelungen. Ich hätte ein lebensvolles, aufrichtiges

Bild eines Deutschland gegeben, das mehr und mehr vor unseren Augen versinke. «Vielleicht ist es die Sehnsucht nach diesem Deutschland, die so viele anspricht ...»
«Echolot»: Texttrauben.
Daß Friseusen sich nicht merken können, wo der Scheitel sitzt?
«Sind Sie nicht der Mann, der immer die schönen Geschichten schreibt?»
Abendländische Musik muß man in Amerika hören.

Nartum Sa 7. Oktober 1989

Bild: 1. Besuchstag: Es knistert in Ost-Berlin / Gorbi, Gorbi, hilf uns! / Drei kühle Küsse und Ermahnungen / Honecker geschminkt? / Trotzig sprach er: Totgesagte leben länger

Hildegard kaufte mir Blumen. Ich kann mich nurmehr noch an ihrem Aussehen erfreuen, von Duft kann keine Rede sein. Am unteren Zweig hängt ein Beutel mit Nährlösung, die wird gratis dazugegeben. Wie der Futtersack vorm Maul des Droschkengauls.
«Nürnberger Tagebuch»: Keitel hatte seine Zelle noch in Ordnung bringen wollen, und Göring fragte am Abend zuvor: «Lohnt es sich überhaupt, daß ich mich zur Nacht ausziehe?» Er hatte die Kapsel schon im Mund.

> Willst du kein pomadenduftender Jüngling sein,
> dann trete heute noch in die Hitlerjugend ein.
>
> (Hamburger Oberschule, am Schwarzen Brett, 1936)

Abends: «Verklärte Nacht» zu Kartoffelchips. Auf dem Tisch orangerote Kapernblüten.

Nartum So 8. Oktober 1989

Welt am Sonntag: Geburtstags-Parade in Ost-Berlin, Festnahmen in Dresden und Leipzig/Gorbatschow sprach mit Honecker/DDR-Opposition fordert UNO-Aufsicht bei Wahlen
Sonntag: Frieden seit über 40 Jahren. Werte unseres Lebens und die Literatur der DDR. Von Horst Haase

«In Dresden lagen blutende Demonstranten auf der Straße.»
Gestern hat's wieder Demonstrationen gegeben in Berlin, Leipzig und Dresden. Sonderbar unwirkliche Aufnahmen. Die stehenden Straßenbahnen in der Dunkelheit und die Menschenmassen drum herumtreibend. Auf den Gehwegen rennen Leute, die noch mitmarschieren wollen. Andere haben die Fenster geöffnet und gucken hinunter. Sie werden zum Mitmarschieren aufgefordert. Die ernsten Gesichter der Demonstranten. Das ist eine andere Gewalt als unsere organisierten Gewerkschaftsdemonstrationen, wo die Leute sich grinsend unterhalten, während es um den Atomtod geht.
Der dünnlippige, zittrige Honecker mit dem vitalen Gorbatschow. Deutliche Unsicherheit, er krampft sich an seinem Sozialismus fest, sein Staat sei ein Bollwerk. Nun, dieser Bannerträger wird bald verschwinden, danach kommen Irritationen, Halbherzigkeiten vermutlich. Wenn sie nicht aufpassen, explodiert die Sache. Sie selbst nennen sich Revolutionäre und waren damals, 1945, nicht zimperlich. Nun reden alle: Um Gottes willen, Geduld! Keine Gewalt! Auch Albertz hat sich wieder einmal vernehmen lassen. Das war doch auch so ein Revolutionär, hat der nicht mitgemischt damals? 1968 in Berlin zuerst nicht, dann doch.
Gemäß der historischen Revolutions-Mechanik müßte es jetzt zu Blutvergießen kommen. Da nützt es nichts, daß die Mehrheit der SED-Kader (als Bangbüxen) längst eingesehen hat, usw. ....
Zu spät! Für eine Ungarn-Lösung fehlt der rechte Mann, der das durchsetzt. Übrigens betätigte sich Gorbatschow aufrührerisch. Zwischendurch zwinkert er mit den Augen, wenn er da seine

Sprüche abläßt. – Die Reformer wollen den Sozialismus nicht abschaffen. Mit der SED gemeinsam wollen sie marschieren. «Reiht euch ein!» – Hildegard sagt zu Recht: «Sie beginnen mit einer Lüge.» – Namen haben sich noch nicht herauskristallisiert, zwei Frauen, die Bohley und eine dunkelhaarige.
Inzwischen strömt der Flüchtlingsstrom weiter. Heute früh sind wieder über 1000 aus Ungarn gekommen. Es ist mir ein Rätsel, wie die es schaffen, dorthin zu gelangen. 47000 sind es jetzt, so die publizistische Zählung. Die Letten wollen einen souveränen Staat ohne Atomkraftwerke und «fremde Armeen». Das wäre die einzige Rettung für den sowjetischen Koloss: eine Föderation. Sonst läßt sich das Land nicht regieren.
Meine Flucht damals, der Sprung über den Grenzgraben, am 27. November 1947.
Ein junger Pole ist hier zu Besuch. Er sagt, daß er in Polen niemanden kennt unter den jungen Leuten, der für Sozialismus ist. Alle wollen einen liberalen demokratischen Staat. – Kann ich mir vorstellen. – Ein neuer Mann drüben müßte sofort die Mauer abreißen und freies Reisen gestatten, dann hätte er die Massen auf seiner Seite. Es würde turbulente Wochen geben, doch dann würde sich schnell alles beruhigen. DM konvertierbar. Vielleicht würden sogar welche von hier rübergehen.
Wie man sich das so als Laie vorstellt.
Stiller fragte mich vor einiger Zeit, ob ich eigentlich wisse, daß ich viele Feinde hätte unter den Autoren?
Warum sagte er mir das? Will er, daß ich in seine Arme flüchte? – Weshalb nennt er keine Namen? – *Nur* Feinde habe ich, an Freunde kann ich mich nicht erinnern. Wenn ich irgendwo hinkomme, wenden sie sich ab.

Nartum Mo 9. Oktober 1989

Bild: Vopos knüppeln, Honecker lacht – wie lange noch?
ND: Die Entwicklung der Deutschen Demokratischen Republik wird auch in Zukunft das Werk des ganzes Volkes sein

«Olivetti»-Mann war da und «erweiterte das Textprogramm»: Rechtschreibprüfung und Silbentrennung. Wieso das nicht im Programm drin ist, versteht kein Mensch. Wörterbuch gibt's nicht – 1039 Mark!
Jetzt ist die sogenannte Tür der Weltgeschichte für ein paar Minuten einen Spalt breit offen. Wird das nicht genutzt, ist es für lange Zeit vorbei. Schade, daß die SED sich nicht so verhält wie die KPdSU. Man müßte mal nachschlagen, ob irgendwo etwas steht über den Mechanismus von Revolutionen. Haffner in Bautzen sagte mal zu mir: Revolutionen ereignen sich nur, wenn es zuvor Mißstände gegeben hat. – Stimmt nicht ganz, denn '68 war doch bei uns alles in bester Ordnung, und trotzdem wurde gemobt.
Und 1789 waren schon Reformen eingeleitet worden, als es losging. (Deckel angehoben, Überdruck entwich.)
1914, der Kriegsausbruch – das war keine Revolution, aber viele Menschen waren der langen Friedenszeit überdrüssig. Vielleicht ist das mit '68 zu vergleichen? Der Unterschied zwischen Putsch und Revolution. Mal bei den Marxisten nachlesen, ob es eine Mechanik der Revolution gibt, eine Gesetzmäßigkeit im Ablauf.
TV: Verwischte, fast sakrale Bilder aus Leipzig von Menschenmassen in Rembrandt-Braun. Sie legen ihre Hände schützend um die Kerzen. Das wird erst auf dem Fernsehschirm zur Pose. Dort drüben ist es sehr ernst gemeint.
Auf dem Schnitzel eine Scheibe Zitrone mit einer gerollten Sardelle und drei Kapern: «Garnitur», nennt die Kellnerin das.

Nartum/Apenrade Di 10. Oktober 1989

Bild: Lilo Pulver / Die Wahrheit über den Tod meiner Tochter
ND: Erich Honecker empfing den Leiter der Delegierten der VR China

Gestern sollen in Leipzig 70 000 demonstriert haben. Unheimlich. Die Stille über den Menschenmassen, ab und zu ferne Geräusche. Dann die Sprechchöre und zwischendurch atmende Stille. Wie nach Fliegerangriffen, das Krachen von Balken, ferne Rufe.
Lesung in Apenrade. Traurig! Die Deutschen fühlen sich von den Dänen immer noch bevormundet und schlecht behandelt. Es gab enthusiastischen Beifall und manchen bitteren Bericht unter vier Augen. Auch die Dänen haben sich nach dem Krieg ziemlich viehisch benommen. Mir wurden verschiedene Briefe und Tagebücher in Aussicht gestellt, die ich für das «Echolot» ausschlachten werde.

1999: *Nichts kam.*

Ich las das «Süderhaff»-Kapitel aus «Aus großer Zeit» und aus dem «Tadellöser» Svens deutschfeindliche Tiraden. Daß die Deutschen keinen Hu-morr haben zum Beispiel. Hat die Leute sehr amüsiert. Ib (Sven) hat mich später mal gefragt, warum ich ihn so dargestellt hätte. Er kann sich nicht vorstellen, daß er wirklich so war und auch heute noch so ist.

1964 in Dänemark, an der Ostsee. Als wir gerade mal im Wasser waren, haben sie unsere Sachen durcheinandergeworfen. Ich glaube, man darf heute noch nicht die deutsche Fahne in Dänemark zeigen, hinten am Auto usw. Hier läßt man das tunlichst auch bleiben. Deutsch zu sein, ist nicht in Mode. Gegen meine mecklenburgische Fahne hatte noch niemand etwas einzuwenden.
Europa – du lieber Himmel. Was ist das? Europa? Am Plausibelsten kommt mir noch die De Gaullesche Definition vom Europa der Vaterländer vor. Noch niemals bisher wurde ich eingeladen in Dänemark zu lesen, als Rostocker! Die hatten zu tun, daß sie ihre Linksautoren verdauten. Auch in Schweden, Uppsala!

Apenrade/Kiel Mi 11. Oktober 1989

Bild: Honecker/Das war's wohl/Neue Zeugen aus Rußland/ Ufo-Riesen hatten 3 Augen
ND: Neues Qualitätserzeugnis ging in Serienproduktion

T: Ich sitze wieder im Gefängnis; Knaus und Hildegard kommen mich in der Zelle besuchen. Während ich unter dem Fenster sitze, suchen sie in meinem Regal nach Manuskripten und wollen alles mögliche mitnehmen. Ich sag': «Und was soll ich hier tun?» Das sehen sie ein und lassen mir meine Manuskripte, nehmen ein paar Kleinigkeiten mit, aus Brot geformte Sachen, die sie wie Monstranzen hochhalten beim Rausgehen, damit der Posten sieht, daß es nichts besonderes ist, was sie da mitnehmen.

Heute früh wanderte ich noch ein bißchen durch Apenrade und fand dort einen guten Antiquar, bei dem ich dänische Kriegsliteratur kaufte für 382 Kronen. Darunter eine ziemlich gemeine Sache: die Namensliste der dänischen Nazi-Mitglieder, *mit voller Adresse!* Eine Einladung zum Fenstereinschmeißen. Übrigens ist die Liste ziemlich lang. Dem Antiquar schien das peinlich zu sein. (Kronika, Jacob; Smeding u. a.)
Gestern abend bestellte ich mir in dem nagelneuen Hotel «Europa» eine Scholle und eine Käseplatte. Die Scholle ließ ich zurückgehen, die war nicht gar. – «Wieso, die ist doch gar?» – Und der dänische Käse, auf den ich mich schon gefreut hatte, schmeckte wie Gips. – Ansonsten sind die Leute hier freundlich. Das Gebiet kam 1920 an Dänemark. Kein Thema mehr! Aber die deutschen Leute sind noch immer traurig. Wollten mir gern ihr Herz ausschütten, was sie alles erdulden müssen. 90 Jahre her, und noch immer nicht vernarbt. Vielleicht wird das Nationale eben doch unterschätzt? Heimat? Vielleicht wird der Begriff tabuisiert, weil er stört? Ob hier nicht etwas übersehen wird, was später zu einer Katastrophe führt?
Die Bundesrepublik schickt «zur Blutsauffrischung» Deutsche

hierher, die an wichtigen Stellen Posten einnehmen, so zum Beispiel den sehr netten Büchereileiter. Wie damals in Westpreußen, aber nicht ganz so schlimm. Keiner wird sie heimholen ins Reich. – Ich kaufte in einer Bäckerei dänischen Kuchen für zu Haus, ganze Latten.
Dann bummelte ich nach Kiel. In Schleswig scherte ich aus und besichtigte das Schloß Gottorf. Zuerst die Abteilung 19. Jahrhundert, ich ging nur eben durch, um für Hildegard oder Keele Quartier zu machen. Wenn Keele mal wieder kommt, müßte ich ein paar Besichtigungsziele vorrätig haben. Nachdenklich stand ich vor den Moorleichen, ein bißchen Leder. Davor eine kräftige blonde Schülerin, die sich das anguckte.
Dann hatte ich Gelegenheit, in den durch Kaiser Wihelms Turm verunstalteten Dom zu gehen. An den Bordesholmer Altar kam ich nicht heran, dessen Figuren-Gewimmel zu den Wunderwerken menschlicher Geschicklichkeit gehört, weil es davor von Touristenfiguren wimmelte. Die Erhaltung des Doms koste 1286 Mark pro Tag, stand vorn am Eingang zu lesen. – Um für den Turm Platz zu schaffen, mußte das Schiff um ein Joch verkürzt werden. Man merkt es, es ist eben tatsächlich zu kurz. – Von dieser Begegnung mit der Vergangenheit entnahm ich nichts für die Ewigkeit. Die Moorleichen – das hat mich interessiert. Der kitschige Begriff der Totenruhe ist hier kein Thema. Die Innenstadt Schleswigs liegt sonderbar abseits, man findet sie gar nicht. Alles ganz still und menschenleer. – In einem Café eiskalten Apfelkuchen, dazu brüllend laut Radio: Verkehrsnachrichten und ähnliches. In Apenrade nahmen sie ohne weiteres deutsches Geld an, in Schleswig aber keine Kronen, die Kellnerin besah sich die Banknoten, als ob es sich um Geld von den Fidschi-Inseln handelt.
In Kiel verfuhr ich mich mordsmäßig, kam aber gutgelaunt in der Akademie an, wo ich feststellte, daß ich aus einem unveröffentlichten Manuskript lesen soll, das ich gar nicht bei mir hatte. Ich werde also vom «Echolot» erzählen.
Jetzt sitze ich im Funkhaus und bin noch nicht dran, muß mir also unter Neonlicht Hämmermusik anhören. In der Akademie

habe ich eine kleine Wohnung mit allem Drum und Dran; ich habe gleich in der Biographie des Grafen Dohna geblättert und sie für das «Echolot» zu datieren versucht. Recht interessant, diese planmäßigen Fluchtvorbereitungen. Da zeigt sich wieder einmal, daß der Wille, wenn man ihn «läßt», viel vermag. Sich treiben lassen, das ist das Rezept der Schwachen. Man muß aber wissen, was man will. Politik ist die Kunst des Möglichen – das gilt auch für die Tatkräftigen, sie wagen sich nur an das Realisierbare.

Vortrag in der Hermann-Ehlers-Stiftung. Das Honorar in Höhe von 500 Mark sei praktisch als Blumenstrauß gedacht, wurde gesagt.

Vortrags-Notizen:

Den Begriff «Echolot» erklären. / Geschichte des Archivs, von der Chronik abgeleitet. / Eingänge ganz verschieden. / Tagebücher (Treck / Dienstmädchen 1860 / KZ) / Briefe (einzelne / Konvolute) / Biographien (Motive: Rechtfertigung u. a.) / und Fotos, USA! Müllkippe. / Fotoalben sind auch Biographien. / Als «Sammlung» ohne Leben, unauswertbar / Ich versuchte zunächst, Biographien einzeln herauszugeben (Irene Zacharias, Fuchs, Matheny). Dann kaufte ich Computer (USA, Mormonen-Ahnenforschung, Siedlertagebücher). / Idee des kollektiven Tagebuchs. Zeitraum 1943–1949. / Warum? Ausgangspunkt: Das 3. Reich in seiner größten Ausdehnung. Beginn: 1. Januar 1943: Stalingrad ist noch nicht beendet. Afrikafeldzug auch noch nicht. / Ende: Gründung der «beiden deutschen Staaten».

Prinzipien haben sich herausgestellt:

Dramaturgie:

horizontal: durchgehende Geschichte, etwa Mrongovius, ein Schicksal verfolgen.

vertikal: das dialogische Prinzip, eine Aussage auf die andere beziehen.

punktuell: etwa Dresden, oder 20. Juli.

Schnell verstanden, daß die großen Namen auch mitaufgenommen werden müssen: Thomas Mann, Kokoschka (Stölzl zu danken!).

Fotos:
horizontal: Jeder bekommt briefmarkengroß ein Erkennungsporträt-Foto vor seinen Text.
punktuell: Einzelporträts. / Fotos, die eine Geschichte erzählen. / Umfang: 20 000 Seiten. / Nicht Tagebuch, sondern repräsentativ. / Editionsschwierigkeiten: die Kosten.
Abnehmer: sowohl volkstümlich als auch wissenschaftlich. / Oral History plus Geschichte von oben. / Aber ohne Anmerkungsapparat.

Nartum   Do 12. Oktober 1989

Bild: Honecker / Der Sturz
ND: Erklärung des Politbüros des Zentralkomitees der Sozialistischen Einheitspartei Deutschlands / Die sozialistische Arbeiter- und Bauernmacht ist von niemandem erpressbar

Der Computer-Mensch, der hier dauernd kommt, um was zu reparieren oder einzustellen, freute sich, daß der Drucker auch englisch drucken kann. «Das hab' ich noch nie gesehen.» – Japanisch wird er nicht schaffen. Der Mann trägt einen hellen Leinenanzug, verknautscht. So ein Ding werde ich mir auch besorgen. Von Zweitausendeins kamen Chaplin-Videos und Karl Valentin: 190 Mark.
In den SAT- und PLUS-Sendern werden jetzt viele, sehr primitive amerikanische Anti-Deutschen-Filme gezeigt. Groteske Überzeichnungen: Da sind die Wikingerhörner nicht mehr weit. Vielleicht waren sie als Witzfilme gedacht.
Ich weiß nicht, wie ich es ausgehalten hätte, immer noch Dorfschulmeister zu sein. Aber andere müssen es!
Oh, ihr Zimmermädchen, warum habt ihr niemals Zigarrenstummel entwendet, wenn Thomas Mann abreiste! Allein an den Papierkorb zu denken. Der erste Sekretär Churchills hat so manches aus dem Papierkorb gefischt. Bestochenes Personal: Das Badewasser der Bardot wurde einst auf Flaschen gezogen.

Thomas Mann schreibt, daß seine Kapitel sonderbarerweise immer ungefähr die gleiche Länge hätten. – Das hat wohl mit dem Ahnen zu tun.
«Können Sie noch schreiben, was Sie wollen, oder übt der Verlag Druck auf Sie aus?» – Er kam aus Bromberg. Kein Mensch weiß mehr, wo Bromberg liegt. Wo Sri Lanka liegt, wissen alle.

Nartum Fr 13. Oktober 1989

Bild: Honecker: Mittwoch letzter Arbeitstag
ND: Ideenreich und tatkräftig arbeiten wir für das Wohl des ganzen Volkes

SED-Hager war im TV zu sehen, unbeugsam und starrsinnig. Von der Seite sieht er ganz manierlich aus, scharfes Profil, jesuitisch. Alles will er mitmachen, wenn nur nicht am System gerüttelt wird, sagt er. Also will er gar nichts mitmachen.
«Den Dialog haben *wir* schließlich erfunden!» – Als Schriftsteller von so einem Typ abhängig zu sein! – Glaube nicht, daß man gegen ihn ankommt, wenn man sich erst mit ihm einläßt.
Kant und Hermlin üben sich im Trittbrettfahren.
Kohl ist sehr dick geworden, richtig fett. Er fährt am 9. November nach Polen. Es wurde angefragt, ob ich mitwill. No.
Gestern Ranicki und Karasek und zwei stumme Damen über Dürrenmatt (der jetzt angeblich eine Frau hat, die ihm befiehlt: Los, dichten – diese alte Story), Handke (dessen 23 Schreibmaschinenseiten über die Müdigkeit auf 90 Seiten aufgeblasen worden seien), Botho Strauß (der schreibe, als wenn Rilke Pornos …) und Bieler, den sie bei Gott schrecklich zurichteten. Gelobt wurde die große Nabokov-Ausgabe von Dieter E. Zimmer, und das zu Recht. – Man muß die Literatur-Richter gesehen haben. Demnächst verhängt dieses Tribunal noch Gefängnisstrafen.
Der Rote Stern über dem ungarischen Parlament ist erloschen. Ein erhebender Augenblick. – Nun müssen sie scharf nachdenken, was statt dessen dort aufgepflanzt wird.

Desirée Nosbusch im TV. So eine Art Medien-Opfer. «Vater: Lastwagenfahrer», wird einem unter die Nase gerieben. Daß sie bei einer Studiobesichtigung entdeckt worden sei. Irgendwie lieb sieht sie aus, anziehend – aber auch leer. Vor einiger Zeit nannte sie sich N.-Becker oder so ähnlich. Das war ein alter Mann mit gefärbten Haaren, der saß immer im Hintergrund. Den hat sie nun wohl wieder abserviert.

Mit Hildegard zusammen am «Echolot», ein Faß ohne Boden. Sie diktierte mir Briefe einer Studentin aus Erlangen. Es hilft, aber regt mich auf, weil sie sich dauernd räuspert. Beim Diktieren muß man einen gewissen Rhythmus einhalten, das kann nicht jeder. Hat was mit Musikalität zu tun.
Absurd, daß die geschnappten Flüchtlinge zwei Jahre kriegen, und die nicht Geschnappten dürfen ausreisen. Das stört sogar den DDR-Vogel. Hier hat's niemanden vom Hocker gerissen. Kein Gerechtigkeitsheld hat aufgemuckt bisher.

Nartum Sa 14. Oktober 1989

Bild: Tragödie beim ARD-«Wunschkonzert» / Dagmar Berghoffs Zuschauer ist tot
ND: Im festen Bündnis lösen wir die Aufgaben mit dem Volk und für das Volk

Heute habe ich viel geschafft, herangeschafft für das «Echolot», wie in den letzten Tagen, und doch bin ich zeitweise verzagt. Es sind nur Tropfen; Wasserhähne, die man anstellt ... man geht weg, der Wasserfaden wird dünner, es tröpfelt, und wenn man wiederkommt, ist es ganz aus. – Hildegard diktierte mir weiter die sehr schönen Briefe aus Erlangen, die Studentin muß Sport treiben und regt sich über ihre schlackernden Brüste auf.
Ich fand bei Robert eine knappe Beschreibung seiner Jazzer-Zeit. Beides sind «Anti»-Zeugnisse privater Art. – Dann fand ich in

einer englischen Zeitschrift – in London besorgt – die Beschreibung einer Flugzeugkatastrophe von 1943. Ein Liberator notlandet in der Sahara. Die Leichen der neun verdursteten Piloten werden erst nach 16 Jahren gefunden. Einer der Piloten war schon beim Absprung umgekommen. Man fand ihn noch in die Seile des Fallschirms, der sich nicht geöffnet hatte, verwickelt: Glück gehabt, kann man da nur sagen.
Jeden Tag solche Funde – dann lebten wir nicht so phantomatisch dahin.
Interessantes Filmangebot. Schmidt will das Tennis-Projekt übernehmen.
Streichquartett von Dohnányi.

Nartum So 15. Oktober 1989

Welt am Sonntag: Honecker-Nachfolge: Machtkampf in der SED / Opposition in der DDR erwartet Wechsel an der Parteispitze – Debatte um SED-Monopolstellung
Sonntag: Zwischen Kabuki und Comic. Notizen zur Kultur in Japan. Von Angela und Rainer Köhler

Beim Fernsehen sitze ich auf dem Sprung, den Videoknopf in der Hand. Täglich gibt es unglaubliche Sensationen. Ich nehme alles auf. Gestern wieder fünf Kassetten gekauft: 54 Mark.
Wie sagte Pater Delp in seiner Todeszelle? Gott segne unser deutsches Volk.

Nartum Mo 16. Oktober 1989

Bild: Krebs: Günther Ungeheuer † / Elstners Wundergärtner enthüllt in BILD: Das Geheimnis des Riesenkohlrabi
ND: Unser Land braucht die Ideen und Taten eines jeden Bürgers

Gewaltige Demonstrationen in Leipzig: «SED, das tut weh!» – «Wir sind das Volk!» Wie schade, daß ich nicht nach Leipzig fahren darf/kann. Wo steckt Krolikowski? – Von Rostock ist nichts zu hören, die sind wohl noch nicht aufgewacht. – 51 000 sind jetzt über Ungarn zu uns gekommen. Das befriedigt mich, aber gleichzeitig denke ich an südamerikanische Überbevölkerung. Wenn dies nun solche Ausmaße annimmt? Asylleute, Rußlandübersiedler, DDR-Übersiedler. «Dat hümpelt sick», wie die Plattdeutschen sagen. Aber irgendwie versickern die Leute hier, man sagt, daß die meisten zu Bekannten und Verwandten fahren. So wie wir damals. Und mit all den Menschen wird ja auch der Konsum angeheizt. Die kriegen irgendein Übergangsgeld oder Kredite, und dann wird eingekauft.
Vormittags gelesen, Klavier gespielt. Das Auswendig-Spielen mit geschlossenen Augen. Hier gewinnt die Musik Plastizität, an der auch die Finger und die Tasten Anteil haben. Die *gegriffene* Passage und die *gehörte*. – Es gibt dann immer «Weichen», Passagen, die man sich genau merken muß (Mozart), sonst landet man ganz woanders.
Nach Tisch Laugwitz und Frau mit Kindern. Der Kleine ruhig und zufrieden, den Schnuller im Mund. Der Größere durchs Zimmer wetzend. Zuerst versuchten wir Erwachsenen, uns zu unterhalten, in Verkennung der Lage. Ich sah mir dann die Kinder an, wenn schon mal welche da sind – und freute mich an dem festen Griff der kleinen Kinderhand. Robert «schenkte» mir ab und zu was, ich war der Opa. Wie kommt so ein Kind darauf, einem was zu schenken? – Dann zeigte mir Laugwitz allerhand Raffinessen an meinem Computer. Höchst erfreulich. Er schaltete sich in die Eingeweide und wanderte darin herum, und ich hatte Angst, daß er nicht wieder zurückfindet oder irgendwas kaputtschaltet.
Am Abend tippte ich mit Hildegards Unterstützung noch sehr Gegensätzliches ein. Das Fletschern* der Erlanger Studentin,

---

* Sonderbare Kauttherapie, die neuerdings wieder in Mode gekommen ist.

die Stalingrad-Erinnerungen des Fürsten Dohna und die eigenartigen Verblasenheiten des Herrn Hausenstein. Mich ärgert es, wenn die Leute zum «Echolot» sagen: «Daß Sie sich da man nicht verlieren ...» Das ist ja meine Sache. Warum soll ich mich nicht mal ein bißchen verlieren?
Ein Bauer aus Süderhaff, der im Krieg SS-Mann war, versucht mir die Deutschfeindlichkeit der Dänen zu erklären. Er lädt mich ein, auf seinem Hof Urlaub zu machen, großer Garten, direkt an der Förde; «keine Tierhaltung», mit Blick auf die Ochseninseln.

Nartum   Di 17. Oktober 1989

Bild: Schwarzer Montag / Ach, diese armen Millionäre
ND: Gespräche mit Arbeitern, Bauern und Ingenieuren

Beginn des Wintersemesters.
Vor ein paar Tagen führten sie im Fernsehen einen Apparat vor, der jeden beliebigen gedruckten Text vorliest! Das Ding war noch etwas unförmig, aber die Stimme klang schon ganz passabel. Ich erinnere mich an meinen Auftritt in Gütersloh, mit Martens und Karasek, wann war es? Als der Bertelsmann-Chef dachte, ich mache Spaß, als ich von dieser Möglichkeit redete. – Ich empfahl ihm, sich um eine solche Erfindung zu kümmern, usw. ... Ausgelacht haben sie mich. Proske hat mir dann später recht gegeben.
Beide Vorlesungen heute waren überfüllt. Das wirkte sich auf meine Stimmung positiv aus, ich fuhr mit Hochgefühlen nach Haus. Im Autoradio die Nachricht, daß 100 000 in Leipzig demonstriert haben. Diese kolossalen Zahlen, man giert danach. Kein Zweifel, die Wiedervereinigung rückt näher. Wenn die Mauer fällt, knie' ich nieder, und zwar in Berlin. In der Hochschule ist von den Veränderungen da drüben nichts zu spüren. Sonst demonstrieren sie bei jeder Gelegenheit. Im Prinzip dumpfen sie vor sich hin.

Honecker ist zurückgetreten, Krenz soll sein Nachfolger sein. In Erinnerung wird seine sonderbar hohe Stimme und die verrückte Aussprache bleiben. Merkwürdig, daß sich noch immer kein Kabarettist gefunden hat, der ihn imitiert. Die sind alle auf Kohl spezialisiert. – Den Krenz sah man schon beim Elefantenmarsch, dieser «Tante Hedwig»-Polonaise, wie sie auf Senioren-Abenden üblich ist. Das wird ihm leid tun jetzt, daß er sich damals bei der Fete so hat filmen lassen.
Wirsingkohl mit geräuchertem Schweinespeck. Sehr lecker.

Nartum Mi 18. Oktober 1989

Bild: 150000 in Leipzig / Erich, geh ins Altersheim / Putzfrau gewann 3,9 Mio. im Lotto / Jetzt nehm ich mir 'ne Putzfrau
ND: Mit der Wahrheit leben und Lösungswege für angestaute Fragen suchen

Ein Herr Kleister vom Johannes-R.-Becher-Institut in Leipzig kam nach Oldenburg. Eine private Sache. Wir wurden eingeladen, weil ich mich doch ebenfalls «um die Ausbildung der jungen Schriftsteller kümmerte ...» Er ist Lektor oder Dozent am besagten Institut, an einer Kaderschmiede also. Traurige, fruchtlose Debatte. Ich bekannte mich als einer, der sehnsüchtig auf die Wiedervereinigung wartet, da fuhren sie zusammen (Christiane Dierks guckte mich an, ob ich noch richtig im Kopf bin) und schwenkten dann aber ein bißchen um, es war so, als ob sie zum ersten Mal in ihrem Leben darüber nachgedacht hätten. Einer rief: «Anschluß?» in die Debatte. – Daß die Presse hier «hetzt», wie sie sagten, kann ich überhaupt nicht finden, sie hält sich im Gegensatz zu denen da drüben eher zurück. Heute kam die Meldung über die 120000, die in Leipzig demonstriert haben, an dritter Stelle in den Nachrichten. – Ich fragte Herrn Kleister, wann sie denn nun ihr Institut umbenennen? Johannes R. Becher? Der mit seinen Stalin-Gedichten?

Was Stalin angeht: Ich denke da an die Porträts der großen Führer an der Kommandantur in Rostock. Leider hat das niemand fotografiert. Dazu die plärrende Musik aus den Lautsprechern, Tag und Nacht – irgendwelche Heldengesänge.

Nartum Do 19. Oktober 1989

Bild: Honecker / Es ist aus / Na also, Erich! / Die 15 Sekunden von San Francisco
ND: 9. Tagung des Zentralkomitees der SED / Erklärung des Genossen Erich Honecker / Rede des Genossen Egon Krenz / «Unsere Macht ist die Macht der Arbeiterklasse»

Herrliches Wetter. Erdbeben in San Francisco.
Hildegard holte mir ein Stück Himmeltorte aus Zeven. In der Früh' gab es ein Ei.
Der Herr aus der DDR meinte gestern, ihm machten alle Rowdies Angst, die die Protestbewegung ausnutzten für Exzesse. – Von Exzessen habe ich noch nichts gehört. Von den Exzessen der Stasi hat er nichts gesagt, darauf mußte ich ihn erst hinweisen. Die Symmetrie der Ereignisse. Heute hat die SED gefordert, die Demonstrationen müßten gewaltfrei sein. Was man von den Untersuchungskellern der Stasi hört, klingt aber nicht sehr friedlich. – Wieviel Studenten Herr Kleister wohl im Laufe der Jahre von seiner Anstalt gewiesen hat? Vielleicht waren sie ja auch alle ganz brav. – Die Bewegung da drüben hat keinen «Kopf», die charismatische Figur fehlt.
Sie können uns doch nicht die Sehnsucht nach der Heimat übelnehmen. Der Unterschied zwischen dem Zuhause und der Heimat.
Ziemlich sofort wird uns auch gesagt, daß der kleine SED-Mann nicht behelligt werden dürfe. Ja, ja, so ist es. Ich wünsche den Revolutionären ein gutes Gedächtnis. Die Tausende in den Haftanstalten sollten nicht vergessen werden. Heute geht es nicht mehr

um Zivilcourage. Schade, daß man nicht rüberfahren darf. Ich würde gern dabeisein.
Radio-Lyrik in den Nachrichten über San Francisco. Großfeuer wüten, Wagen werden in die Tiefe gerissen usw. Da geben die Redakteure alles. Vielleicht hoffen sie, daß S. F. jetzt absolut untergeht, damit sie was zu berichten haben. Sie sehnen die Katastrophe herbei. Eigentlich ist sie schon da, sie müssen nur noch ein bißchen reden.

O-Ton-Nachrichten:

> 9 Uhr, San Francisco. Nord-Kalifornien ist in der vergangenen Nacht von einem schweren Erdbeben *heimgesucht* worden. Der Korrespondent des NDR spricht von mindestens 283 Toten, örtliche Radiostationen von 400 und mehr. Niemand weiß *zur Stunde*, wieviele Menschen in den Trümmern verschüttet sind. San Francisco und Oakland bieten *ein Bild der Zerstörung*, Straßen sind aufgerissen, Gebäude eingestürzt. Mindestens 200 Menschen starben in ihren Autos, als die Autobahn von San Francisco völlig *zusammenbrach*. Die Stadt liegt im Dunkeln, weil die Stromversorgung weitgehend ausgefallen ist. In vielen Stadtteilen *wüten* Großbrände, vermutlich wurden sie von geborstenen Gasleitungen ausgelöst. In den Krankenhäusern soll *Chaos* herrschen. Wie durch ein *Wunder* brach in einem mit fast 60 000 Menschen besetzten Baseball-Stadion keine Panik aus, als das Beben begann. Aus den kleineren Städten im Katastrophengebiet liegen noch immer keine Meldungen vor. Der Erdstoß um 1 Uhr 4 mitteleuropäischer Zeit hatte die Stärke 7 auf der nach oben offenen Richterskala. Es dauerte etwa 15 Sekunden. Die Erschütterungen waren bis Los Angeles, etwa 650 Kilometer südlich von San Francisco, zu spüren.»

In der ersten Fassung hatten sie von den Polizeisirenen gesprochen, die *schauerlich* durch die Straßen hallen.
Die bemerkenswerten Ausdrücke habe ich hervorgehoben. Die nach oben offene Richterskala.
Am Nachmittag kam ein Herr Rethmeier vom Dietz Verlag (West). Wir haben verschiedene Biographien bekakelt, die er eventuell herausgeben könnte: Kupfer, Zimmermann, Pabel, Schnibbe, Kapitän Schulz.

Biographien, die hier schon lange liegen, die Knaus nicht machen wollte.

1999: *Nie wieder was von dem Mann gehört.*

Auch Simone kam, die allmählich in ihren Job hineinwächst. Sie brachte die Nachricht von Honeckers Rücktritt mit. Am Abend diverse Aufnahmen des brutal wirkenden Krenz. Alles sehr spannend.
Schöne Herbsttage. Ich ging zweimal eine halbe Stunde meine Runden. Daß der kleine Brunnen immer abgestellt wird, wenn ich den Rücken drehe. Diesen tröpfelnden Luxus gönnen sie mir und den Vögelchen nicht. Es muß gespart werden.
Ich spüre den Zugwind eines vorüberfliegenden Vogels an der Wange. – Die schwarze Drossel, die vom Brunnen weghuschte, als ich um die Ecke kam.

Nartum Fr 20. Oktober 1989

Bild: 2,2 Millionen! / Hat Leo Kirch TV-Chef bestochen? / Früh um acht kamen 6 Staatsanwälte, 6 Polizisten und Steuerfahnder / Der flotte Egon / Honeckers Nachfolger: Jaguar, Marmor, gefärbte Haare, fesche Mädels aus der FDJ – und lieber ein Glas Wodka als Glasnost
ND: Beratung mit Arbeitern: Damit viel für unsere Republik herauskommt / Egon Krenz im VEB «7. Oktober» Berlin

Das Herz der Stadt San Francisco habe aufgehört zu schlagen. «Sternklare Nacht», «stockdunkel», «Autos begraben», «nächtliche Stunden» – die blumige Sprache der Journalisten, mit der sie der Gefühle Herr zu werden versuchen, die sie nicht haben. Unter den Trümmern habe sich noch eine Hand bewegt.
Die politische Entwicklung ist spannender als jeder Kriminalroman. Ich kann mir nicht vorstellen, daß Krenz es «packen»

will und aus dem Grunde auch nicht packen wird. Er ist dieser grobschlächtige norddeutsche Typ, den wir schon kennen. Norddeutsch plus SED, das ist eine üble Mischung. Also, wenn ich mal was vorhersagen darf: Er wird versuchen, die Leute hinzuhalten, alles zu blockieren. Das wird die Wut der Menschen noch mehr anfachen, und es wird zu «Ausschreitungen» von beiden Seiten kommen.
Im TV eine Fernseh-Tante (Ost), sie überreicht Krenz Blumen und sagt: «Das Massenmedium Fernsehen gratuliert Ihnen herzlich, Genosse Krenz.» – Eine «Sondersendung»: Im Hintergrund ein Bilderrahmen, aus dem das Bild Honeckers halb heraushängt. Albertz hat die Leute aus der DDR, die jetzt zu uns kommen, als «angepaßte Aufsteiger» bezeichnet. Ziemlich arrogant für einen Kirchenmann. Es gibt eine sozialistische Denk-Geographie, die mir ewig unverständlich bleibt. Über den Begriff «Anpassung» lohnte es sich nachzudenken – ein Land, in dem es nur Unangepaßte gibt, würde bald aufhören zu existieren –, und darüber, was es bedeutet für die Gesellschaft, daß es Menschen gibt, junge, die aufsteigen wollen. – Gestern demonstrierende Massen. Ein Gorbatschow-Bild wird hochgehalten, Stasi-Leute versuchen, es dem Mann aus der Hand zu reißen.
Gestern rief der ehemalige Wohnungsbauminister Schneider an, ob ich in der bayerischen Vertretung in Bonn nicht einen Vortrag halten kann. Ich bot ihm den «Echolot»-Vortrag an, den ich in Berlin gehalten habe.
Ich denke eben gerade, daß ich mir Renate überhaupt nicht im Brautkleid vorstellen kann.
Ich habe im «Echolot» jetzt den Februar '43 begonnen. Der Januar ist nun schon dialogisch aufgebaut. Es fehlen immer noch anonyme Biographien. Die «offiziellen» sind noch in der Überzahl.
Außerdem habe ich eine Rubrik PG eingerichtet. Eine Frau berichtet, was sie als ehemalige Parteigenossin 1947 erlebt. Hierfür weiteres erfragen! – Eine Frau aus Wilhelmshaven beschwert sich über den Kadavergehorsam der Deutschen, daß alle Leute schwer ächzend Papier, Flaschen usw. zum Iglo schleppen, an-

statt die Industrie aufzufordern, das Zeug abzuholen. «Wahrscheinlich ersetzen wir den Begriff *Vaterland* durch *Umwelt*.» Die Leute, die an dem Recycling verdienten, hätten bestimmt keine Klowasserteilsperrung. «Da wird der Po noch geduscht und energieverschwendend warmgefächelt; das Papier ist keineswegs aus vom Volk gesammelten recycelten Zeitungen, sondern beste, gesoftete, geprägte und blümierte Klo-Rolle.»
Würziger, sehr milder Rosenkohl, der mir gut bekommen ist.

Nartum Sa 21. Oktober 1989

Bild: Geisternebel / 5 Urlauber im Watt – alle tot
ND: Offene Debatte um aktuelle Fragen der Gesellschaft

T: In der Nacht hatte ich es mit Stalin und Eisenhower zu tun. Träume sind fliegende Teppiche, die aus der Unterwelt kommen.

Krenz benimmt sich wie ein schauspielernder Arzt, der dem Patienten zuredet, es sei doch gar nicht so schlimm. – 60 000 sind jetzt über Ungarn und Polen gekommen. Gestern wieder 20 000 Demonstranten in Dresden.
Ein widerlicher Telefon-Anruf. Ein Mensch, der Gewese um sein Manuskript macht, ein Psychopath. Obwohl ich es gelesen habe und dies und das, stellt er sich irgendwie quer: Er habe doch nur eine persönliche Beratung haben wollen und nicht dies und das usw. Schrecklich! Eine halbe Stunde Telefon! Ich werde mich von dem Ding sofort trennen.
Gestern Talk-Show: Ja! Die Deutschen da drüben zeigten erste Ansätze eines DDR-Bewußtseins! – Na, wundervoll!
Die Kühe auf der Wiese vor meinem Schreibtisch – wozu brauche ich da ein Aquarium?
Ein Buch schreiben unter dem Titel: «Die andere Nation», über Gefangene ganz allgemein, wie sie reagieren. Das Gemeinsame ihrer Lage. Die Internationale der Häftlinge. Eventuell auch über

KZ, und zwar ganz genau die Lebensumstände in den verschiedenen KZs, Rationen usw. Tatsachenforschung.
Ich finde es abstoßend, daß Erika und Klaus Mann auf englisch miteinander korrespondierten. Aber es geht mich ja nichts an. Mir ist nur unbegreiflich, daß die beiden hier so hoch im Kurs stehen.
Räucherfisch.
Kalt, Regen, goldenes Laub. Quittengeruch im Haus und Äpfel. Angst vorm Einschlafen. – Die Träume flitzen davon.

Nartum So 22. Oktober 1989

Welt am Sonntag: Seiters: Bundesregierung will bald mit Krenz sprechen / Gorbatschow lädt SED-Chef nach Moskau ein / Wieder Massendemonstration in der DDR
Sonntag: Für geistige Erneuerung. Tagung des Präsidiums des Kulturbundes am 9. Oktober 1989. Notiert von Charlotte Groh

TV: Kuby mit Gaus im Gespräch. – Er verachtet am meisten die Dummheit, sagt er. Wie kann man denn Menschen wegen eines Defektes verachten! Deutschland kann ihm gar nicht oft genug geteilt sein, sagt Kuby. Damit hat er sogar recht. Unser Bestes zogen wir immer aus dem Föderalismus. Aber zweigeteilt ist unerträglich. – Dies gälte dann übrigens auch für Europa.

Drei Holländer zu Besuch, ganz intelligente Leute, weiß nicht, was sie eigentlich wollten. Schimpften kein bißchen auf uns.
Hildegard hat einen kleinen gelben Ballon gegen Tiefflieger aufsteigen lassen. Herr Schönherr meint, Tiefflieger seien ihm nicht so unangenehm wie Kommunisten. – Und solange wir Tiefflieger haben, kommen die Kommunisten nicht. Daß sie allerdings *so* tief fliegen, ist nicht in Ordnung. Die davonpreschenden Kühe.
«Echolot»: Heute viel eingegeben. Schreckliche Sachen über Stalingrad. – Die Briefe der Frau Kreuder erweisen sich als wahre

Goldgrube. Hildegard bereitet sie vor und diktiert sie mir dann.
Der Bildungsbetrieb in Erlangen – wunderbar. Ein blühender
Stil, auch ihre Mutter.
In Schwaben haben die Republikaner zugelegt. Das ist wegen
der Asylanten, glaube ich.
In der pädagogischen Vorlesung sagte ich: «Oh, wie gern habe
ich die Kleinen unterrichtet, das war ein einziges Fest. Nach
zwanzig Jahren allerdings hab' ich dann aufgehört, da merkte
ich, daß es Routine wird ...» – Eine Studentin: «Das kommt
wahrscheinlich daher, daß Sie ein Mann sind.»
Traniges Fischfilet. Mir schmeckt eigentlich gar nichts mehr.
Guter Tee – das ist noch der einzige Trost. Sehr gutes Johannis-
beergelee haben wir im Augenblick. Fünf Mark das Glas.

Nartum Mo 23. Oktober 1989

Bild: So wurde Honecker erledigt
ND: Egon Krenz trifft sich mit Michail Gorbatschow / Dialog
mit Demonstranten in Berlins Stadtzentrum

Bei «Ali Baba» Renate getroffen, sie wollte mich überraschen.
Nett, gelungen.
Ich sagte zum Kellner: «Meine Tochter!» – «Jaja! Ich weiß ...»
Der «Spiegel» bringt das Sündenregister von Egon Krenz, er
habe das chinesische Massaker verteidigt als einen menschlichen
Akt zur Wiederherstellung der Ordnung. Als Wahlleiter habe er
die Betrügereien bei den Kommunalwahlen im Mai zu verant-
worten (98,95 Prozent!). – Er sei 1,83 groß und 85 Kilo schwer.
Interview mit Brandt: Er plädiert für das Wort «*Neu*vereinigung».
Ein sonderbares Legitimitätsdenken gegenüber dem Schurken-
staat da drüben.
Christoph Hein meint, daß das Volk drüben am 7. und 8. Oktober zum aufrechten Volk geprügelt worden sei. – Er sagt, es habe
bei den Demonstrationen in Dresden «kriminelle Ausschreitun-

gen» gegeben. Was meint er damit? Was bedeutet «kriminell»? Er verlangt, daß ehemalige DDR-Ärzte aus ihren «West-Praxen» entfernt werden, weil sie keine ethischen Gründe zum Verlassen der DDR gehabt hätten. Was meint er mit «ethischen Gründen»? Kennt er die Leute? Er glaubt, die DDR-Bürger (er selbst eingeschlossen) führen lieber mal durch Rom oder Paris als durchs Brandenburger Tor. Das hat mir einen Stich gegeben.
Er spricht von ständiger Abwerbung durch die BRD und stößt sich an dem Wort «Obhutspflicht»:

> Stellen Sie sich vor, wenn Amerika jedem Mexikaner einen amerikanischen Paß geben [!] und noch erklären würde, bei Wohnung und Arbeit behilflicher zu sein als den eigenen Landsleuten – was würde mit Mexiko passieren? Was würde auch mit Westdeutschland passieren, wenn etwa die USA ... dieses der westdeutschen Bevölkerung offerieren würde: Dann würden nicht nur die Arbeitslosen und Obdachlosen gehen, es würden auch jene Berufe gehen, die auch bei Ihnen gut beschäftigt sind, aber in den Staaten besser verdienen.

Eigenartige Verbiesterung. War der Mann Theologe? Was ist dagegen einzuwenden, daß Menschen gut verdienen? Der Mann ist irgendwie auf 180.
Behilflich – behilflicher – am behilflichsten.
Im «Spiegel» steht, daß in diesem Jahr 350 000 Spätaussiedler erwartet werden, dazu mehr als 100 000 DDR-Übersiedler.

Nartum Di 24. Oktober 1989

Bild: Bonns größte Ehe-Affäre / Staatsministerin Irmgard Adam-Schwaetzer und ihr Mann haben sich getrennt / Während sie bei Genscher im Einsatz war, spielte er lieber mit dem Computer / Jetzt ausgewogene Trennung
ND: Was Berliner Kabelwerker vom nächsten ZK-Plenum erwarten

Heult der Wind ums Haus. Die Seelen – wo stecken sie am *Tage*? Das ist doch ein *Wissen*, sie, die armen, der Nacht zuzugesellen. Ich sehe sie nicht als Neider, deshalb habe ich auch keine Angst vor ihnen. Sie warten ab, das ist es. – Ihre große Zahl.
Wir fuhren nach Hamburg, um dort die Produzentin der Tennis-Serie zu treffen. Ich bekam einen wunderbaren Scheck. Im «Mövenpick» füllte sie ihn aus, nach kurzem Zögern.
Vor Hamburg ein nervös machender Stau, wir kamen eine halbe Stunde zu spät.
Überm Dorf schweben Luftballons gegen Tiefflieger, von aufrechten Menschen in die Luft gelassen, bei uns schwebt auch einer, was mir nicht recht ist. – Das ganze Dorf ist durchzogen von gelben und roten Schnüren, Menschen haben sie gespannt, die nach Öl suchen, das sie mit kleinen Sprengungen zu orten hoffen.
Im TV der grobschlächtige Krenz. Beim Auszählen der Gegenstimmen: Sindermann: «Ich zähle 22 Gegenstimmen, was? 26? Also 26. Es soll bei uns ja mit rechten Dingen zugehen.»
Es wurde bei den Demonstrationen gerufen: «Wir fordern freie Wahlen.»

Nartum   Mi 25. Oktober 1989

Bild: DDR: Das Folterprotokoll / Ich mußte mich nackt ausziehen – dann schlugen sie zu / Alter Mann mit Kopf auf Pflaster gestoßen – immer wieder / Schwangere auf Bauch geknüppelt / Mit Schlagstöcken gegen Kind / Krenz bedauert
ND: Egon Krenz zum Vorsitzenden des Staatsrates der DDR gewählt

Vom Bett aus kann ich meine blau-gelb-rote Fahne sehen. Meistens plaudert sie vor sich hin. Manchmal lappt sie nur mal so ein bißchen, oder sie schläft. Die Farben sind wirklich sehr schön. Blau wie der Himmel, gelb wie ein Kornfeld, aber rot? Sagen

wir mal rot wie Klatschmohn. – An der SPD stört mich, daß sie sich mit «Genosse» anreden und sich duzen.
Die Produzentin der Fernsehserie sagte übrigens, daß sie sich in den letzten 14 Tagen umgehört habe, und alle hätten ihr gesagt: Kempowski? Um Gottes willen, der Mann ist schwierig, und der liefert nicht! – Keine Ahnung, wie ich zu so einem Ruf komme. Ich bin vielleicht der einzige Schriftsteller, der alle Termine einhält. «Also, ich unterschreibe jetzt!» sagte sie und tat es. Und wir steckten den Scheck ein, ohne weiteres. – Als Fachberater für die Tennis-Serie will sie einen arbeitslosen Sportstudenten einstellen. Auf eine solche Idee ist schon mancher gekommen.
«Reisende mit Traglasten», was früher an manchen Eisenbahnwaggons stand: Ich wußte nie, was das war. Ich stellte mir irgendwelche Tragbahren vor, ähnlich den eckigen Sitzen der vierten Klasse.
Die Bayern sind Augenmenschen, die lesen nicht, sagte der Buchhändler in Dachau. Knaus: Piper habe gesagt, in Breslau wird mehr gelesen als in ganz Bayern.
Eine Emanze, warum ich im FAZ-Fragebogen angegeben habe, daß ich beim Mann Treue und bei der Frau Aufrichtigkeit schätze. Wieso nicht *dasselbe*?
Tucholsky: «Q-Tagebücher». – Über Wieland gelesen, daß er, den Knüppel in der Hand, seine Magd ausgeschimpft hat.
Radio gehört. Hildegard sagt: «Orgel und Trompete, das ist mein ein und alles.»
TV: Interessant, wie die Offiziellen drüben ins Stottern geraten, wenn sie die Diktatur der SED begründen sollen. Es gibt nur ein stures Nein, wenn die Rolle als «führende Partei» in Frage gestellt wird. Schnitzler heute! – Man hätte Hemmungen, sich mit diesem Menschen in ein Gespräch einzulassen, das ist wie mit einem Psychopathen. Verrückte behalten immer recht. Sie kennen sich in ihrem autonomen System gut aus.
Post: Eine Jüdin aus Tel Aviv entschuldigt sich für einen bösen Brief, den sie mir vor Monaten geschrieben hat – ich kann mich gar nicht mehr erinnern. Der emotionale Ausdruck habe keinerlei Berechtigung gehabt.

Nartum Do 26. Oktober 1989

Bild: Tüüt tüüt / Krenz ruft Kohl an / Stoppt den Frauenhandel – sofort
ND: Krenz und Mischnick führten offenen Gedankenaustausch

Angenehmes Wetter, warm.
Heute früh «Sirius». – Am Nachmittag «Echolot», der Januar ist wohlgenährt. Es geht jetzt darum, die unbekannten Zeugen einzuarbeiten und Tag für Tag eine Art Dialog herzustellen, es muß ein Gefälle eingearbeitet werden, damit der Leser weiterliest, es darf nicht auf Effekte hin angelegt sein, eher fließend, anknüpfend. Jegliche pädagogische Einwirkung vermeiden. – Eher aufs Glatteis führen die Leser.
Hildegard war nicht da, es war totenstill im Haus.
Gestern haben wir die Jahresplanung in groben Umrissen fertiggestellt:
1990 «Sirius» fertig / «Echolot» das erste Vierteljahr / «Kreuze»-Drehbuch
Am Abend ein öffentlicher Dialog in Dresden, vom DDR-Fernsehen übertragen. Aber da sitzt kein Mumm dahinter, saft- und kraftlos. Anstatt die Leute nun an der Krawatte zu packen, laufen sie umeinander herum. Nichts Konkretes wird gesagt.
Die SED hat's schwer, ihre Führungsrolle zu begründen. Bei dem Ausdruck «Führung» schreckt man zurück.
Kleine Ringbücher und Klarsichthüllen gekauft für die «Echolot»-Erkennungsfotos, Register dazu, Terminkalender für 1990: 143 DM.
Eine Karte:

> Lieber Walter,
> ein Westwind, ein ganz kalter,
> umweht so stürmisch meine Ohren
> auf dem Velo, das ich auserkoren
> für die Fahrt wohl um den See.
> Das Fudi tut heut abend weh.

Die Nase tropft, auch noch das!
Doch trotzdem macht die Tour mir Spaß
6 Tage bin ich unterwegs
mit Turnschuh, Freundin, Schokokeks.
Der Bodensee, groß für sein Alter,
und ich, wir grüssen Dich
o Walter.

Absender unleserlich.
Oldenburg: Zwei bärtige Männer verließen nach einer halben Stunde das Auditorium. Geben sie einen Bericht ab über mich? Vielleicht müssen sie ja auch nur zum Zug.

Nartum Fr 27. Oktober 1989

Bild: 260 Pfund! / Wird Kohl immer dicker? / Warum? / IRA schoß Baby in den Kopf – tot
ND: Telefongespräch zwischen Egon Krenz und Helmut Kohl

6.30 Uhr. – Es regnet. Klappert auf die Schrägfenster. Angenehm. Da dreht man sich gleich noch einmal um im Bett.
ZDF: In Leipzig 120 000 Menschen auf der Straße. Auch in Halle, Dresden, Leipzig und Ost-Berlin. – «Wie in Dresden über Demokratie gestritten wird.» Ein Bericht von Büssem, ZDF-Spezial über den Vortag. Schüchterne, verstohlen lächelnde Demonstranten im Licht der TV-Scheinwerfer gehen doch lieber etwas zur Seite, nicht wahr? Ein Klinikchef in geschmeidigem Sächsisch, fordert u. a. Übergang zur konvertierbaren Währung, Aufgabe des Machtmonopols der SED (Riesen-Applaus), Verzicht auf alleinigen Wahrheitsanspruch.
Stadtverordnetenversammlung in Dresden, Sondersendung, mit Vertretern der Opposition. Oberbürgermeister Berghofer meint, es wird nicht mehr alles einstimmig entschieden per Handheben: Es lebt sich besser mit Kritik als mit Schönfärberei. CDU-Mann will nicht mehr im Block arbeiten. Es wird Zeit, Kamerad, daß

du dich absetzt. Ein Mann der Gruppe der 20: Fragt, mit welchem Recht wurden wir eigentlich bevormundet? Ein FDGB-Mann lehnt die Entwicklung ab, erhält keinen Applaus. Ein CDU-Mann: Wieso die Gewerkschaft nie dabei, wenn Bürger demonstrieren. Auf der Prager Straße, als es kritisch war, Vertreter der Kirchen anwesend, aber: Wo waren Vertreter der Gewerkschaft?
Der westdeutsche Kommentator: Ein richtiges Parlamentserlebnis! Ein Staatsanwalt über verbrecherische Gewaltaktionen in den ersten Oktobertagen in Dresden (3.–7. 10.): Aus Massenversammlungen heraus begingen Rowdies Gewalttaten. Verwüsteten Einrichtungen. Die Beschimpfungen hätten bis zur Mordhetze gereicht: «Ihr Kommunistenschweine.» – «Wir wollen eine grüne Leiche sehen!» – «Bullenschweine, wir hängen euch auf!» Ordnungskräfte seien mit Schottersteinen, Flaschen und Bauklammern beworfen worden, Fahnen heruntergerissen und verbrannt sowie Zerstörungen von Sachwerten begangen! 1303 Personen seien polizeilich zugeführt worden. Ein Superintendent übergibt Gedächtnisprotokolle der «Zugeführten». 170 Berichte über böse Übergriffe der Polizisten. Schaden durch planmäßigen Einsatz, Willkür und entwürdigende Behandlung. Schilderungen von Brutalitäten. Auf der Tribüne bekümmert guckende Schulmädchen in hellen Kleidern, liebe Gesichter. SED-Tante, sie sei Kommunistin seit ihrem 18. «Läbensjahr, und das werd' ich auch bleiben», aber sie verlangt, daß solche Kader entfernt werden. Das schöne Sächsisch dieser Leute.
Dann Menschenmassen unter freiem Himmel. Menschen treten vors Mikrophon, helle Köpfe vor schwarzer Nacht: Das überalterte ZK. Krenz, der sei wenigstens jung ..., sagt der Kommentator. Pfiffe. – Modrow dankt dem Herrgott, daß es nicht regnet. Einfache Leute treten ans Mikrophon und dürfen was sagen. Die Preisexplosion der Schrankwände wird beklagt, einer verlangt Entfernung des Schwarzen Kanals. Einer sagt, er will sich *nicht* kurz fassen, denn «wir haben 40 Jahre nichts zu sagen gehabt!» Manche stottern angesichts der vielen Menschen was vom Papier herunter, andere entwickeln demagogische Fähigkeiten.

> Erich ist weg,
> Egon kann geh'n
> wir woll'n eine
> *neue* Regierung seh'n!!!

Die Leute haben offensichtlich keine Angst. – Danach auf breiter Front Demonstrationszug, irres Licht, Kerzen beleuchten die Menschen von unten. Transparente: «Egon ist nicht unser Mann!»
«Freie Wahlen! Freie Wahlen!» rufen sie. Vorsichtig Lachende, trauen sich noch nicht so recht. «Wir sind das Volk.» Mikrophon zu niedrig, man hört nur drei Leute. Schnitzler weg! Die Kerzen haben etwas von einer Wallfahrt an sich. Gute junge Gesichter, wenig ältere Leute dabei.

Nartum Sa 28. Oktober 1989

Bild: Überall Zank und Streit / Unheimliche Sonnenstrahlen
ND: Werner Krolikowski vor Wissenschaftlern und Studenten: Vertrauen schließt Mitsprache und Mitarbeit aller Bürger ein

Spaziergang durch die aufglühenden Ahornhecken. Milde Luft. Mein Haar weht nach vorn, und ich finde es schade, daß das niemand sieht.
Äußerst interessant: Mit der DDR geht's Tag für Tag weiter voran, d. h. bergab. Gestern Bericht über Dresden. Versammlung in einem Saal, um den Knüppeleinsatz der Polizei geht es, braves Für und Wider. Der Staatsanwalt, eine Kommunistin und ein FdGB-Mensch versuchten, Kurs zu halten, andere gaben (gemäßigt) Zunder. Die SED steht mit ihrer Lügerei absolut im Regen, es geht nicht weiter, die Macht zerbröckelt. Und so wird's kommen: Andere politische Gruppierungen (Parteien) werden zugelassen, freie Wahlen, Wiedervereinigung.
Das alles wäre in zwei, drei Jahren denkbar.

Merkwürdigerweise ist schon gerufen worden: «Mauer weg und freie Wahlen!» doch das Wort «Wiedervereinigung» ist noch nicht gefallen. Dabei stimmen die «Ausreiser» ja tatsächlich für eine Wiedervereinigung. Und heute ist die Zahl der noch nicht bearbeiteten Ausreiseanträge verraten worden: 747 000! – Das *ist* doch die Wiedervereinigung. Ach, wie ich das ersehne.
Das Selbstbewußtsein der Fordernden.
Etliche Anpasser scheren schon aus der SED aus. Ein bißchen tragisch sind die Uralt-Politiker. Hager ist besonders widerwärtig. Unbeugsam-starrsinnig. Studienratstype, der einem eine Sechs für den Aufsatz gibt: Thema verfehlt. Ein Reporter stoppte ihn in Wandlitz beim Spazierengehen. Er wolle nicht zum dritten Mal ins Exil gehen, hat er gesagt.
Heute haben sie beschlossen, daß jeder Bürger einen Paß haben soll und 30 Tage in den Westen reisen darf pro Jahr. Daß sie bisher keine Pässe hatten, wird hier wohl auch nicht jedermann wissen. Das Ausmaß der Lügerei und des Betrugs scheint erst jetzt allen Beteiligten klar zu werden. Ein Volk der buddhistischen Affen. Sie wollten nichts hören, sehen, sprechen.
Ewige Schande über die Politiker hier im Westen, die überall Unrecht sahen, doch mit den Oberen von drüben sich verbrüderten. – Die «Ostverträge» waren eben doch verkehrt.
«Echolot»: Ich gab heute allerhand für den 10. Februar 1943 ein. Lord Alanbrooke warnt vor Übereilung bei der Besetzung von Sizilien. Kuby hat irgendwelche unvorsichtigen Äußerungen von sich gegeben und kann nicht schlafen.
Gebratene Steinpilze. Als Kind habe ich mir mal eine Magenverstimmung geholt davon. So was vergißt man nicht.

Nartum So 29. Oktober 1989

Welt am Sonntag: SED genehmigt Millionen-Demo in der DDR / Neue DDR-Oppositionsbewegung / Gewerkschaftschef Tisch muß um sein Amt kämpfen
Sonntag: Reden allein genügt nicht. Von Klaus Lenk

KF ist da. Ich möchte immer bei ihnen da unten sitzen, aber es zieht mich zu meiner Arbeit. Und wenn ich arbeite, zieht es mich zu ihnen.
Als ich das Manuskript von «Uns geht's ja noch gold» abschloß, ließ ich die Kinder den letzten Buchstaben tippen und den Punkt. Das ist nun ich weiß nicht wieviel Jahre her, und sie erinnern sich nicht mehr daran. Sie wissen nur, daß ich ab und zu um Ruhe bat.
Die Linken hier sind baff, ihre schöne DDR! Ihre bessere Welt! Ihr Arbeiterparadies! Die SPD fordert, daß die Übersiedlung in den Westen per Gesetz erschwert wird (Körting). Denen sind Asylsuchende aus südlichen Ländern willkommener als die Landsleute aus der DDR. Auf einmal wollen die Grünen unterscheiden zwischen Wirtschaftsflüchtlingen und Politischen: Und das ließen sie doch bei Asylanten nicht gelten. – Maron: «Die andere Republik hat in der Szene lange Zeit als eine Art Laborversuch gegolten.» Die Linke habe an der DDR manches akzeptiert, was sie sich «hier keinen Tag lang hätte gefallen lassen» («Spiegel»).
Heute wieder Auflauf in Ost-Berlin, vor dem Rathaus. Man muß die flehenden Gesichter der Funktionäre gesehen haben. Auch Kant hatte sich dazwischengemischt, der denkt, er kann sich jetzt auf das schlechte Gedächtnis der Menschheit verlassen. Normalerweise funktioniert das ja auch. Aber er hat's doch wohl etwas schlimm getrieben.
Hermlin gestern in einer Kirche (pathetisch): «Ich bin gekommen, um Ihnen zu sagen: Ich stehe auf Ihrer Seite!» Und die Idioten klatschen auch noch! – Auch Christa Wolf hat was abgelassen, aber vorsichtig verklausuliert. Steht im Hintertürchen. – Der Berliner Polizeipräsident hat öffentlich die Massen um Entschuldigung gebeten. Kitschig, so was! – Die Massen sind erstaunlich zahm.
Täglich vier, fünf Stunden Arbeit am «Echolot»: die Erlebnisse der Schülerin Ehlers, 1948.

Nartum Mo 30. Oktober 1989

Bild: Ost-Berlin: 20 000 riefen: «Reißt die Mauer ab!» / Grippe! / Deutscher Super-Manager tot
ND: «Sonntagsgespräche» in der Hauptstadt begonnen

Gestern im TV Hitlers schwammiges Gesicht – Autobahneröffnung und Besichtigung von Linz. Sie hatten den Film langsamer ablaufen lassen (nicht Zeitlupe), was der Sache etwas Verwischtes gab. Natürlich mußten sie die Geräusche nachsynchronisieren, was jeder Mensch merkt. Authentizität dadurch gestört. Am Straßenrand Passanten, ein Herr mit Melone, der mit erhobenem Arm grüßt.
Heute früh im Radio: daß die sowjetische KP nichts gegen die Wiedervereinigung der beiden deutschen Staaten hat. Also, wenn das keine Sensation ist. Hier sind sie mucksmäuschenstill.
Eine Frau rief gestern früh an, beim Sonntagsfrühstück, ihr Vater hätte den «Heimchen-Bund» gegründet, und sie möchte darüber was schreiben. Und nun braucht sie «lektorelle Betreuung». Hildegard hatte lange zu tun, sie abzuwimmeln. Am Abend rief sie nochmals an, beim Abendbrot. Na, da platzte mir eben doch der Kragen.
Hildegard hat mir heute einen schönen Wochenanfang gewünscht. Sie meint, das sei angenehm spannend, wie sich das jetzt entwickelt.
Genscher denkt jetzt bestimmt daran, daß eine Wiedervereinigung die Krönung seines Lebenswerkes wäre.

Eben ruft ein junger Mann an, er hat mit Frau Hachenberg lange über mich gesprochen, sagt er. Er hat einen Band Lyrik und Kurzprosa geschrieben, und ob ich nicht ein Vorwort dazu schreiben will?
Ich: «Dann muß ich das ja lesen, mein lieber Mann ... Haben Sie denn schon was von mir gelesen?»
Er: «Natürlich!»
Ich: «Was denn?»

Er: «Frau Hachenberg hat mir zwei kleine Bändchen gezeigt, die will sie mir schicken, die habe ich angelesen.»
Wer ist Frau Hachenberg?
Oldenburg: Heute meinte eine Studentin beim Türken treuherzig, beim ersten Mal sei ich ihr *so* unsympathisch gewesen, sie hätte gedacht: Nee! – Aber nach zehn Minuten hätte sich das geändert.
Heute ließ ich erste Lebenseindrücke notieren. Eine junge Frau sagte, eine Nachbarin hätte ihr im Treppenhaus einen weißen Eimer geschenkt. Eine andere meinte: Maus im Schuh.
Böhme spricht im «Spiegel» von der «günstigen Gelegenheit». Das will ich meinen.
Die Schwiegermutter war gestern da, ein kleines, armes Häufchen Mensch. Eine verwirrte Frohnatur. Hildegard hält ihre Hände.

Nartum Di 31. Oktober 1989

Bild: ZDF-Zimmer / Schlaganfall mit 49 / Steffi in Klinik / Irre Schmerzen – der Bauch
ND: Wie kann Wende in der Arbeit des FDGB erreicht werden? / Empfang für Absolventen der Militärakademie

Arbeit am «Sirius».
Heute habe ich für unsere Literatur-Seminare die Jahresplanung '90 gemacht. Allerhand Autoren angerufen, freundliche, unfreundliche und solche, die nicht da waren. Wahr ist es, daß meine Generation abdriftet. Die Jungen drängen vor. Obwohl wir doch etliche von ihnen hier hatten, gibt es kein Gespräch mit ihnen. So, wie *wir* damals mit Nossack nicht sprachen, der Name fällt mir gerade ein.
Walser: «Nein, ich mache keine Lesungen mehr! – Einmal muß man ja aufhören.» – Kunert hat sofort zugesagt.

2001: *Martin Walser kam im vergangenen Herbst zur Abschiedsvorstellung.*

TV: Der breitmäulige Ott mit Rühmkorf, der ein Buch herausgebracht hat, das über 600 Mark kostet. Die Genesis eines Gedichts. Ortheil macht einen «zutunlichen» Eindruck. Ich las gerade was von ihm in den «Akzenten». Vielleicht könnte ich ihn 1990 noch unterbringen. Interessanter Mann.
«Report»-Sendung über die Stasi. Daß Mielke ein Mörder ist. – Abstoßende Bilder von Ordensverleihungen an ihn durch Honecker. Daß es über 100 000 Stasi-Leute gibt.
In der Nacht langer Spaziergang.
Brief von einem Rostock-Besucher. Daß 4000 in der Marienkirche ... Ihn wundert es, daß im Fernsehen von Rostocker Demonstrationen nicht geredet wird.
Der Journalist, der das letzte Seminar besuchte, hat bei anderen Teilnehmern angerufen und um negative Eindrücke gebeten. (Woher hat er die Adressen?, das frage ich mich.)
Schoko-Cola gibt's noch zu kaufen. Ich kaufte gestern drei Dosen (Büchsen) in einer Tankstelle, muß man hinterher immer was zum Abführen nehmen, am besten gleich.
Kaum was gegessen heute. Bin ausgefuttert.
Bussard und Krähen streiten sich über der Schafswiese. Die lieben Tiere grasen gleichmütig weiter.

November 1989

Nartum   Mi 1. November 1989

Bild: Freude in der DDR / Honeckers größter Lügner gefeuert / Schnitzler
ND: Egon Krenz in Moskau zu Arbeitsbesuch empfangen

Sie kommt die Allee herunter, mit dem Hund, ahorngelb in der Sonne. Ich stelle mich in die Tür, und wir winken uns zu. Hier wird Gegenwart zu etwas Ewigem und es ist zu bedauern, daß wir davor nicht auf die Knie fallen können.
Den ganzen Tag arbeitete ich am «Echolot», ein Faß ohne Boden. Wie Zorenappels* schichte ich die Früchte ein. Nachmittags telefonierte ich mit Autoren für die 90er Seminare. – Auch mit Zeidler telefoniert. Sie haben Hädrich abgeschrieben, «Hundstage» also nix. Nun suchen sie einen anderen Regisseur. Im ZDF sind sie im Prinzip für die «Hundstage», das sei eine 92er Produktion. In vier Wochen wollen wir wieder telefonieren.
Hädrich hatte wohl auch nicht das rechte Interesse. Immerhin ließ er sich damals die «Marianne-Seiten» kommen. Wollte die «Hundstage»-Situation «von draußen» kommentieren.
Heute habe ich schon wieder das Wort «Wiedervereinigung» gehört. Dieses Mal hat ein amerikanischer Nato-Mensch es positiv gebraucht. Krenz ist in Moskau. Er will dort von der SU lernen, was die bei der Perestroika falsch gemacht haben. Von der SU lernen heißt: siegen lernen! Der FDJler schlägt wieder durch, er möchte das Abzeichen für gutes Wissen als goldenen Halsorden tragen.

---

* Zorenappels = «Zarenäpfel», besonders gute Äpfel, die in Fässer verpackt von Rostock nach St. Petersburg geschickt wurden.

Am Abend sah oder hörte ich eine interessante Diskussion zwischen Kunert, Freya Klier und Steinert und anderen aus der DDR über den aktuellen Stand der Dinge. Kunert sagte, wenn sich dort nicht bald was ändert, verfestigt sich die Sache wieder. Die Rolle der Kirche werde überbewertet, die stellten nur die Räume, sonst hätte sie nichts damit zu tun. Die Moderatorin sprach von der russischen «November-Revolution», verglich die 68er-Krawalle mit den Aufmärschen jetzt drüben und dachte, der Ausdruck «real existierender Sozialismus» sei eine Verspottung der DDR durch den Westen und gab ähnlichen Unfug mehr von sich. Als Kunert auf die Wiedervereinigung zu sprechen kam, daß wir die Sachsen und Thüringer hier gut brauchen könnten, kam sie sofort mit dem «Anschluß»-Argument, womit Faschistisches gemeint ist. Da ist sie wieder, die zähnefletschende Dummheit der Leute hier. – Alles interessant, wahnsinnig. Schade, daß ich jetzt nicht drüben sein kann. Sie sagten auch, daß es nicht angehe, die «Ausreiser» zu verachten und aufzufordern, dazubleiben. Jeder habe das Recht, dort zu leben, wo er leben will. Frau Klier meinte, es sei eigenartig, wenn aus Westdeutschland jemand weggehe, dann lobe man ihn dafür, dann finde man das großartig, aber die «Ausreiser» würden als Verräter angesehen.
Gestern war ein polnischer Journalist hier. Der wollte sich wohl für längere Zeit bei uns niederlassen, wir konnten ihn schon nach anderthalb Stunden wieder abschütteln. Es ist irre, daß die Leute immer nur dasselbe fragen und sagen und an Antworten nicht interessiert sind. Der Pole, der neulich hier war, meinte, ich käme ihm vor, als lebte ich in der Verbannung.
Ein Glas mit klarem Wasser auf meinem Nachttisch.
Dorfroman:

> Steht im November noch das Korn,
> ist es wohl vergessen wor'n.
>
> Liegt der Bauer in dem Zimmer,
> dann lebt er nimmer.

Nartum Do 2. November 1989

Bild: Hoimar v. Ditfurth / 7 Jahre quälte ihn der Krebs / tot
ND: Völlige Übereinstimmung bei Treffen Michail Gorbatschow – Egon Krenz

Der Wind bläst Blätterwolken über den Garten. Ich machte nur einen kurzen Spaziergang, wobei ich den Präsentiermarsch pfiff. Dieter Kühn hat abgelehnt, zum Seminar zu kommen, er braucht das Geld aus den Lesungen nicht so dringend. Er hat durch seine doch recht zahlreichen Hörspiele ziemlich regelmäßige Einnahmen, sagt er, sie werden öfter wiederholt oder übernommen. – Ich ärgere mich, daß ich nie Hörspiele höre. Leider gibt es keinen Timer an Tonbandgeräten, sonst könnte ich sie aufnehmen und auf der Fahrt nach Oldenburg abspielen. – Ich erinnere mich an ein Hörspiel von Bazon Brock: «Grundgeräusche», das möchte ich gern mal wieder hören, das war eine lustige Sache.
Aus den mitgeschnittenen Lesungen hier in Nartum bei den Seminaren könnte ich eine irre Collage machen. Aber das geht wohl rechtlich nicht. Da würden mir die Kollegen ganz schön aufs Dach steigen. Ich bat sie zu erzählen, wie sie zum Schreiben gekommen sind. Guntram Vesper hat das bei uns, glaube ich, dreimal gemacht. Das müßte man mal nebeneinander stellen, oder sogar übereinander, jedenfalls ein Stückchen, das besonders relevant ist und zeigt, wie Schriftsteller bei dieser Gelegenheit ihre Platten abnudeln.
Krenz gestern in Moskau: Wiedervereinigung? Nee. Wieso «wieder»? Seien denn DDR und BRD je vereinigt gewesen? Und könne man denn überhaupt zwei so grundsätzlich verschiedene Staaten – wie einen sozialistischen und einen kapitalistischen – vereinigen? – Das wird ihm noch um die Ohren geschlagen werden. Der Krenz ist aber auch von der Natur benachteiligt – sein Aussehen. Er ist arm dran, wie man so sagt. Schöne Locken hat er und gewaltige Zähne.
Kunert meinte, das Wetter spiele auch eine Rolle. Ob die Leute

bei Regen und Schnee auch noch so gern auf die Straße gingen? Einer sagte, wenn die DDR-Oberen sich verhärteten, dann würden die Bürger eines Tages mit Pistolen schießen. – Das glaube er nicht, sagte Kunert, Pistolen gäbe es in der DDR nicht ganz so viele, die seien dort Mangelware wie alle Gebrauchsgüter.

Nartum Fr 3. November 1989

Bild: Stern-Reporter / Meine Frau wurde vergewaltigt von diesem Mann
ND: Erreichtes in der Zusammenarbeit DDR – Polen bewahren und ausbauen

Heute früh sah ich im Brunnen Wasser stehen. Ich dachte: Das ist kurz vorm Gefrieren. Wenn du jetzt den Zeigefinger hineinsteckst, erschrickt das Wasser, wird zu Eis, und du kriegst den Finger nicht wieder heraus. Lange Überlegungen, wie das doch noch hinzukriegen sei.

Lesung in Hannover, Seniorenheim Eilenriede. Mir wurde vorher eingeschärft, daß die Zuhörer im Durchschnitt 81 Jahre alt sind. – Was mich ärgerte, war die Mitteilung, daß das Haus «jahrelang» durch die Herren Hagelstange und Manfred Hausmann beehrt worden sei. Im letzten Jahr sei Krolow dagewesen. Daß die jetzt erst auf mich kommen? Der Saal habe eine manierliche Akustik, wurde gesagt. Die sogenannten Diskussionen, nach den Lesungen. Ob ich mit meinen Büchern schon mal unzufrieden gewesen wäre, wollte einer wissen. Die Frage der Wiedervereinigung wurde sogar gestellt. Ich sagte, im Falle eines Atomkrieges sei die Wiedervereinigung sofort da. Auch wäre eine konventionelle Ostinvasion denkbar. Auch das Undenkbare könne über Nacht eintreten. – Wer hätte denn vor zehn Jahren die Computerentwicklung vorausgesehen? Und wer hätte von den jetzt 80jährigen in seiner Jugend sich eine solche Welt vorgestellt, oder

noch weiter zurück die 80jährigen 1910, wer von denen hätte in seiner Jugend an ein Deutsches Reich gedacht.
Eben reckte ich mich wegen meiner rheumatischen Schulter, worauf ein Inder, ein paar Tische weiter, mir zurief: «Oh, oh, zuviel schreiben?» Er denkt wohl, daß ich meine Reiseerinnerungen hier einem Tagebuch anvertraue, was mich sofort wieder ins Schülerhafte zurückstößt.
«Irgendwas muß man schließlich sammeln», ein Herr hinter mir zu einer Dame, die sich ein Cognac-Fläschchen «für ihre Sammlung» geben läßt.
Immer wieder die mißtrauische Frage, die ich lange nicht gehört habe: «Wie können Sie das alles schreiben, wenn Sie doch Lehrer sind?»
Oder: «Wie können Sie jetzt in der Gegend herumreisen?» Solche Fragen werden gern in Kleinstädten gestellt.
Eine Frau sagt, sie sei mir nach Hannover nachgereist, damals, als ich in der Raabe-Schule gelesen habe. Meine Bücher besitze sie alle, aber gelesen habe sie sie noch nicht. Einmal so überflogen. Warum ich nicht mal was schreibe, in dem das weibliche «Mittelalter» eine Rolle spielt, wurde ich in der Diskussion gefragt.
Ein alter Rostocker stand auf und sagte, daß mich die Rostocker gar nicht mögen, weil dies und das nicht stimme in meinen Büchern. Ich: «Ich mag manche Rostocker auch nicht.»
Mit zunehmendem Alter, das wohl eine größere Gelassenheit mit sich bringt, ändert sich das Publikumsverhalten mir gegenüber. Ich habe auf dieser Reise stets ausverkaufte Säle gehabt, und wenn ich hereinkam, wurde mir bereits applaudiert. Die Wärme des Empfangs ist nicht zu verkennen, sie scheint eine Reaktion auf meine Heiterkeit zu sein, auf das, was die Leute für «sonniges Gemüt» halten. Sonderbarerweise stellt sich gleichzeitig eine zunehmende Wirkung auf Frauen ein. In ihrer Verbiesterung suchen sie jemanden, «der die Welt überwunden hat», und sie meinen, daß ich das sei. Hier ergibt sich nun die Gefahr der Inszenierung. Ihr muß widerstanden werden.

Eine Frau behauptete heute nach der Lesung, nur Männer könnten grausame Gedanken haben (Sowtschick bei Carola). Ich: «Haben Sie noch nie 'ne Wut gehabt?»
Der sogenannte Flüchtlingsstrom nimmt zu. Wenn man sich das Gesicht von Krenz ansieht, kann man's verstehen.
Hildegard war in Hamburg. – Ich machte einen großen Spaziergang und faulenzte stundenweise.
Im fünften Programm ein Film: Junger Mann verliebt sich in kleines Mädchen. Er bestand im wesentlichen aus Anglotzen. Film im Ersten über Flüchtlinge, wie sie sich vorkommen. Eine Zahnärztin und zwei Töchter.
Mit Paeschke über «Echolot» gesprochen und darüber, daß in der Taschenbuchausgabe von «Hitler gesehen» meine Chronik wieder nicht korrekt angezeigt wird. Das nervt den allmählich, mich auch.
Die Sportplatz-Flutlichtanlage hier im Dorf. Die Anwohner lassen sich das gefallen. Was wir für ein Glück haben, daß wir uns rechtzeitig an den Dorfrand verdrückt haben. Jeden Sonntag die Autoblockade durch die Fußballer, und wenn wir im Garten Kaffee tranken, pinkelten sie an unsere Stauden.
Hans Brecht rief an, er will mir Material fürs «Echolot» schicken, «Gomorrha» (Großangriff auf Hamburg), da hat er noch die Befragungsunterlagen.
Gestern Hannover-Eilenriede, 17 Uhr, Altersheim. Ich las aus «Aus großer Zeit» und «Schöne Aussicht». Eigenes Café, eigenes Restaurant. Irgendwann müssen wir wohl auch in den sauren Apfel beißen. Eine alte Dame redete mir zu, als ich davon sprach. Sie hoffte wohl, ich würde hier nächste Woche antanzen?!
Korridor mit Fotos der Alten aus ihrer Jugendzeit. Die Heimbewohner waren aufgefordert, die Leute auf den Fotos zu identifizieren. Hübsche Idee, auf so was kamen wir in Bautzen auch.

Nartum Sa 4. November 1989

Bild: Künstlich ernährt, ständig Blutwäsche, Morphium / Honecker – es geht zu Ende
ND: Fernseh- und Rundfunkansprache von Egon Krenz an die Bürger der DDR

Gegen Mittag hatte ich einen Schwächeanfall, sonderbar die Blutleere im Gehirn. Alles wich von mir. Ich dachte immer: Jetzt fällst du gleich um. Ich schwankte wie in einer Kajüte und mußte mich hinlegen. Hildegard ging nebenan auf und ab. Sie kriegte den Ernst der Lage nicht mit. So wie ich. Theatralische Vorstellungen machten die Runde. Ob solche Anwandlungen bereits Vorspiele sind? Skizzen des dann Endgültigen? – Der Fontane-Tod mag sich ähnlich ereignet haben.

Ob ich Kalbshirn essen möchte, fragte mich der Kellner. Gekochte Masthuhnbrust, die aussah, als hätte man mir menschliche Köpfe vorgesetzt, die von einer Sektion stammten. Schob alles weg. Der Geschäftsführer bedauerte meinen Ekel und spendierte mir einen Kaffee.
Die Leiris-Tagebücher aus Afrika. Schon 1934 erschienen und jetzt erst bei uns. Was rege ich mich auf, daß meine Bücher nicht übersetzt werden? Man liest von Zentralafrika, als sei von einem andern Stern die Rede. Afrika, wie hat man es verhunzt. Zuerst die sogenannten Kolonialmächte, dann die Entwicklungshelfer (was für eine Hybris, diesen Erdteil «entwickeln» zu wollen!), schließlich die Marxisten. Leiris:

> Jetzt endlich liebe ich Afrika. Die Kinder machen auf mich einen Eindruck von Munterkeit und Leben, wie ich ihn nirgendwo sonst gehabt habe. Das geht mir unendlich nahe.

Das ist Kultur, daß man es sich leisten kann, solche Bücher *nicht* zu lesen. Leiris hat übrigens die Veröffentlichung der wissenschaftlichen Ausbeute seiner Expedition von dem Tagebuch getrennt. Er schreibt von einer Eisenbahnlinie, die die Franzosen für 300 Millionen Francs gebaut haben, auf der kaum ein Zug fährt. Die vielbefahrene Straße, die direkt daneben verläuft, verkommt. Auch mein «Echolot» wird von der Chronik zu trennen sein. Die Leser werden sich scheiden an diesen beiden Brokken. Instinktiv zählen sie mein Hitler-Buch und «Haben Sie davon gewußt?» nicht zur Chronik. Nicht einmal mein Verleger hat es akzeptiert, daß beides zusammengehört. Für den sind das Fehltritte.

Nartum So 5. November 1989

Welt am Sonntag: Live im Ost-TV: Millionen-Protest gegen Krenz und die SED / Rücktritt der Regierung gefordert / Honecker des Verbrechens beschuldigt
Sonntag: Gutgemeint ist das Gegenteil von wahr. Rede zur Geschichte, gehalten im Schriftstellerverband der DDR am 14. September 1989. Von Christoph Hein

Vorgestern war eine Riesen-Demonstration in Ost-Berlin, sie haben die Fassade des Regierungsgebäudes mit Parolen vollgekleistert. Künstler hatten dazu aufgerufen. Das Rednerpult sah aus wie ein grob zusammengezimmertes Schafott. Heym gab sich ganz als weiser Vater, und Christa Wolf hat von «Wendehälsen» gesprochen, daß das eine besondere Art von Vögeln sei. So ganz wohl war ihr bei diesem Auftritt nicht, das konnte man merken, doch das Publikum war fair, es hat sie nicht ausgepfiffen. (Sie benutzte auch abstruse Bilder, beim Segeln z. B., da gäbe es auch Wendemanöver, und wer da nicht aufpasse, dem knalle der Segelbalken an den Kopf. Und was die Wendehälse beträfe, da habe sie im Lexikon nachgeguckt.) Ausgepfiffen wurde Markus Wolf, als er sagte, daß er der SED-Regierung 30 Jahre lang als Stasi-General gedient habe. Was ihn wohl bewogen hat, sich auf die Rednerliste setzen zu lassen. So was nennt man Flucht nach vorn. – Eine aristokratische Erscheinung, Typ Reichswehr-Offizier. Sein

Bruder kam sich in der Offiziersuniform der Roten Armee wohl ziemlich schick vor. Auch andere ernteten Pfiffe, ansonsten blieb die Menge fast schafsmäßig friedlich. Die fehlende Leidenschaft kann man nicht durch das Aufmarschieren von Volksmassen ersetzen.

In seinem Kommentar (ZDF) hatte Peter Voß den Mut, die fintenreichen Formulierungen zu geißeln, die unsere Politiker vom Stapel lassen, wenn sie auf Wiedervereinigung zu sprechen kommen. Keiner will sich so recht vorwagen: «Absichern» heißt auch hier die Devise.

Der friedliche Ablauf der Demonstrationen steht im Widerspruch zu dem, was die Menschen erduldet haben. Da kommt der Verdacht auf, daß es vielleicht gar nicht so schlimm gewesen sei, was sie «durchgemacht» haben. Revolution in Form einer Volksbelustigung.

Emotionen sind eher bei den «Ausreisern» zu beobachten – gestern wieder 6000 aus Prag. – Man denke auch an 1956, die Abrechnung mit den Kommunisten damals in Ungarn. Da haben sie ja welche aufgehängt.

Was jetzt an der Grenze zur DDR geschieht, ist bewegend. Man sah eine fünf Kilometer lange Doppelschlange von Trabis, 15 000 Leute sind rübergekommen, fast ausschließlich junge Leute. Das sind so Menschen, wie sie im vorigen Jahrhundert nach Amerika auswanderten. – Man hätte hinfahren sollen. – Wer die Bilder gesehen hat, der wird vielleicht auch an Hysterie denken.

Wie es scheint, sind die Werbesendungen im Fernsehen die wirksamste Propaganda für den freien Westen. In punkto Verlogenheit sind sie zu vergleichen mit der Propaganda des Arbeiter- und Bauernstaates. In der DDR ist inzwischen das Reisegesetz verkündet worden (wie 1953!), mal sehen, wie sich das auswirkt. Vorwerfen kann man es niemandem, daß er das Land verläßt. – Viel Kitschiges am Mikrophon.

Traurig, daß niemand mehr auf dem Bahnsteig stand. Aber wir können ja auch nicht wochenlang jubeln. – Meist «einfache» Leute im Zug, so weit man sehen konnte. Ostzonale Jeans tragen sie und Aktenkoffer.

Horowitz ist gestorben. Seine herrische Frau, und immer hatte er einen Tropfen unter der Nase. Barbara Valentin fuhr extra nach New York, um ihn zu hören, die Eintrittskarte war im Flugpreis inbegriffen.
Hilde Domin im Fernsehen. Ganz in Gelb. Eine Emigrantin, hat als Lehrerin in England gearbeitet. Wie alt mag sie sein?
Tennis-Nachwuchs, Steffi-Graf-Cup. Wer sich über Autoren-Honorare aufregt, sollte sich zunächst mal mit den Preisgeldern von Tenniskünstlern befassen. Hübsch ist sie ja wirklich nicht, aber dieses federnde Aufhüpfen mit beiden Beinen gleichzeitig ... Was die wohl für perverse Briefe kriegt. Ob sie die mal einer Forschungsstelle zur Verfügung stellt?
Die Schwiegermutter war auch hier, ein Häufchen nur noch, ein Häufchen mit Charme und gutem Schmuck. Sie fährt nicht gern wieder nach Haus, sagt sie, sie bliebe lieber hier. – Tja, Gott! Hildegard hat eine Engelsgeduld mit ihr. Ich laufe da eher mal aus dem Ruder. – Ich gab ihr einen Kasten mit Dias und bat sie, die Dinger abzustauben, da meinte sie, das sei Sklavenarbeit.
Wenn man gegen Menschen «was hat», sich Kinderbilder von ihnen zeigen lassen.
Ein holländisches Ehepaar, Interview wegen meines Besuchs dort.
Im TV: ein langer Heulfilm mit Judy Winter.
Steak, Kartoffelmus, geschmorten Chicorée, und dazu Kürbiskompott. Lecker.

Nartum Mo 6. November 1989

Bild: Die Diktatur bricht zusammen / Sie lachen Krenz aus
ND: Entwurf des Gesetzes über Reisen ins Ausland / Protestdemonstration von 500 000 im Zentrum Berlins

Ich habe so viele Ideen und Pläne, daß ich zum ersten Mal das Gefühl habe, verrückt zu werden. In meinem Kopf spielt unun-

terbrochen ein elektrisches Klavier, ohne daß ich es höre, aber ich sehe die Tasten! (Renoir: «Die Spielregel».) Das geht schon beim Aufstehen los: alles in fliegender Hast! Pinkeln und Zähneputzen gleichzeitig, kämmen beim Runtergehen und Schuhe zumachen unterm Frühstückstisch.
Heute begrüßte ich den Munterhund vor Hildegard, damit ich das bloß nicht vergesse, das wurde mit Recht schwerstens beanstandet. – Immer wieder ordne ich meine Xylophonhölzchen, versuche die Pläne in vordringliche und weniger eilige zu sortieren. Sich auch noch das «Echolot» aufzuhalsen, einen Moloch, der meine Kräfte aufzehrt. Aber es ist interessant, und wenn ich mich morgens entscheiden soll: Dorfroman, «Sirius» oder «Echolot», dann treibt's mich immer zu den Toten. – Dazu kommen die Vorbereitungen für die Seminare und Vorlesungen, Post, Lesungen ... Es gibt kein Entrinnen. Und alles ist dringend.
Der edle Mechaniker von «Olivetti» war da. Heute hatte er wiederum einen besonderen Anzug an und spezielle Schuhe. – Das Schreibdings funktioniert wieder mal nicht. Urtümlicher Apparat. Reparaturkosten: 136 Mark!

2000: *Jetzt ist das Dings bereits museumsreif. Eine an den Rechner angeschlossene automatische Schreibmaschine!*

Ein junger Mann am Telefon, er habe meine Filme damals mit Begeisterung gesehen, und nun habe man ihm die Bücher geschenkt, und da sei er schwer enttäuscht, daß vorne drin steht: «Alles frei erfunden!» – Eine Frau fragte: Sie wolle mir gern die Erinnerungen ihres Urgroßvaters überlassen. Aber sei das denn erlaubt? Wegen des Datenschutzes? Menschen, die sich selbst nicht über den Weg trauen. Und dabei hat sich der Urgroßvater drüben bereits aufgerichtet in seinem Schlammbett und hat gesagt: Hört ihr?! Man verlangt nach mir.
Seelen in Aspik. Wie einen Würfel nehme ich die weißen, gefrorenen Seelen aus dem Kühlschrank und taue sie auf. Es sind weiße Schlangen, die sehr lebhaft werden können.
TV: Horowitz. Ich kann es verstehen, daß Rubinstein, Casals

und Horowitz nicht nach Deutschland kommen woll(t)en, nie und nimmermehr. Von Rubinstein hört man, daß 50 Familienmitglieder ermordet worden sind. – Überfallartig schockieren mich immer wieder die nackten Tatsachen der wirklich einzigartigen Vorgänge damals. Und ich erinnere mich natürlich an die warme Wohnstube, daß ich am Radio saß und «Kinderstunde» hörte, während sie ins Krematorium getrieben wurden. – Es steht mir nicht zu zu sagen: Ich kann es verstehen, daß ihr nicht in das Land der Mörder reisen wollt, aber wie sonderbar, liebe Freunde, daß Ihr die *Kompositionen* der Deutschen zu spielen jedoch nicht ablehnt ... Horowitz *war* übrigens in Deutschland, nach seiner 13jährigen Konzertpause, er hat in Hamburg im Hotel Atlantik gewohnt.

Ja, ich kann es alles verstehen, und ich wundere mich darüber, daß sie uns in ihrer Verbitterung nicht totschlagen. Tragisch ist es, daß gerade jetzt die Deutschen ihre Bindung zu Gott, diesem trigonometrischen Punkt, verlieren, der allein helfen könnte beim Bewältigen des nicht zu Bewältigenden. Sie haben die Leinen gekappt und treiben nun den Fluß hinunter auf die Fälle zu.

Nartum Di 7. November 1989

Bild: Gottschalk adoptiert Baby / Der Kinderhändler verlangt 50 000 Mark
ND: Roter Oktober stieß das Tor zur Erneuerung der Welt auf

Lesung in Hamburg, in der Autorenvereinigung. Es war übervoll, beängstigendes Gedränge.
Heute kam: Schenck: «Patient Hitler», 68 Mark. Gute Ergänzung zu Morell; er bringt eine Röntgenaufnahme von Hitlers Schädel, für das «Echolot» wichtig. Von dem Mann, der sich selbst vor seinem Arzt niemals nackt zeigte, existiert also die Röntgenaufnahme seines Kopfes. – Bei Einläufen mußte ihm Morell den Apparat über die Klotür reichen.

Ironie bezieht sich ein, Zynismus hat bereits aufgegeben.
Wieso ist es eigentlich ein Makel, daß man nicht liebesfähig ist?
So was kann doch passieren? Dem Einäugigen wird man das doch
nicht vorwerfen, daß er nur ein Auge hat? Das sind so Leute mit
einer dicken Haut, denen man Nadeln reinstechen kann, ohne
daß sie es merken? Wieso ist es in diesem Sinne hervorhebenswert, daß jemand «unfähig zu hassen» ist?
Ich kann es auch nicht verstehen, daß man Cholerikern ihren
Jähzorn vorwirft. Man sollte doch froh sein, daß der Vulkan den
Überdruck freigibt. Wie beim Niesen.

Nartum Mi 8. November 1989

Bild: Krenz am Ende / DDR-Regierung zurückgetreten. Jetzt das Politbüro? / Und die Menschen fliehen weiter: 35 000 sind da, noch 45 000 warten vor der Grenze
ND: Ministerrat der DDR hat beschlossen, zurückzutreten

Flüchtlingsfluten. – Heute kamen 11 000 Menschen aus der DDR, seit Sonnabend 50 000. Das hat was von Hysterie an sich. – Die Gesichter, die man zu sehen kriegt, ähneln einander, junge Leute zwischen 18 und 32, Jeans, Männer mit Oberlippenbärten, Frauen mit Kind auf der Hüfte. Sie glauben nicht an die Versprechungen des SED-Staates, dessen Repräsentanten sich «schuldig» fühlen, wie sie sagen, ohne allerdings Konsequenzen zu ziehen. Heute sind sie alle zurückgetreten und z. T. wieder vorgetreten. Ohne freie Wahlen geht es nicht, und *mit* wird es schwierig für die Bonzen werden oder «eng», wie man so sagt. – Frau Bohley wirkt schüchtern und so, als ob sie gerade geweint hätte, tranceartig spricht sie. Merkwürdig. Keinen einzigen Namen kennt man.
Die tschechischen Bahnbeamten haben beanstandet, daß die Deutschen ihr Ostgeld aus dem Fenster geschmissen haben, die «Chips», wie das Kleingeld genannt wird. Und hier bei uns kein

Wort von «Wiedervereinigung». Die Zigtausende, die kommen, vollziehen sie auf ihre Weise. «Nicht dran rühren», denken alle. Als ob das was Unanständiges wäre, Wiedervereinigung. Das ist doch das Normalste von der Welt.
Der Buchhändler beschrieb mir den Auftritt Reiner Kunzes. Der habe beim Vorlesen heftig gestikuliert, und jedes Wort mit langer Pause gesprochen. Er habe sich über sein sonderbares Zähnefletschen gewundert. Es sei immer so, als ob er der Welt, nein, sich selbst, die Zähne zeigen will.
Helga Novak habe dauernd im Buch geblättert, mal hinten, mal vorn, hier ein Stück gelesen, dort ein Stück, das habe überhaupt keinen Zusammenhang gehabt.
Oldenburg: Die Veranstaltungen haben jetzt etwas Triumphales an sich. Besonders die pädagogischen Vorlesungen, 60 Studentinnen, vier Studenten, alles Erstsemestrige, die sich offensichtlich über und auf mich freuen. Bei mir gäb's immer was zu lachen, sagen sie.

Nartum   Do 9. November 1989

Bild: Wende für Deutschland? / Freie Wahlen / Das Volk hat gesiegt
ND: 10. Tagung des Zentralkomitees des ZK der SED hat in Berlin begonnen

Mitternacht, am Radio: An den Grenzübergängen stauen sich Tausende von DDR-Leuten, die rüberwollen, die Grenzen sind geöffnet worden. Die Polizei weiß nicht, wie sie sich verhalten soll. – Die Mauer könnte also fallen. – «Wiedervereinigung» scheint ein Reizwort zu sein, bei dem manche Leute in die Luft gehen. Warum, weiß der liebe Himmel. Jedes andere Land der Welt würde verrückt vor Freude werden. Leute, die im Osten in einer Kneipe saßen, sind einfach rübergegangen. Ohne Gepäck, so, wie sie gerade auf der Straße gingen, ohne Visum.

Grenzer haben ... / Glücklich, in Tränen. / Küssen sich. / Wollen gar nicht bleiben, sagen sie: «Und morgen wird wieda jearbeitet!» / Auch in Gegenrichtung, Leute, die jahrelang nicht drüben waren. / Zwei Jungen wollen bloß mal gucken. / Bornholmer Straße, eben mal von Ost nach West. / Tausende bereits. / Für Tausende unvorstellbar. / Sehr aufregend. / Geschafft? / Kohl will seine Polen-Tour abbrechen.

1 Uhr
Einige tausend Menschen von Beamten nicht mehr aufgehalten, «unbeschreibliche Szenen». / Sekt und Blumen von Westberlinern, Verkehr «kommt zum Erliegen». / Viele wollen nur besuchen. / Strom auch in entgegengesetzter Richtung. /
Andere Sender im Radio dudeln ruhig weiter, ohne auf diese Wahnsinnssache zu reagieren. / Auch in Schirnding Menschenstrom. / 3000 bis 4000 Menschen stündlich, letzte zehn Stunden 6000 Menschen. / Leute sind nicht mehr zu zählen.

1.10 Uhr
Sender unterbricht «wegen der besonderen Ereignisse»! Wie bei Orson Welles. / Erstaunlich, unglaublich. / Das *ist* doch die Wiedervereinigung. Ob da nun eine Grenze dazwischen ist oder nicht. / Verstehe überhaupt nicht die Argumente der Sozis. / «Seit sechs Stunden ist die Grenze offen!» / Die meisten kommen nur, um mal zu gucken. / «Ich rufe Axel Berchel ... Grenze ist an beiden Seiten offen. Westberlin bis Friedrichstraße durchgelaufen.» / Vopos kriegen Blumen in die Hand gedrückt zum Gruppenbild. / Kein Durchkommen. / Invalidenstraße. / «Lässig» sei das. / Kein Paß, kein Ausweis, einfach durchgelaufen. / Kontrolle kann nicht mehr stattfinden. / Mauer sei heute gefallen. / »Wir müssen Hände schütteln», sagt der Rundfunkmann. / Stimmung sei riesig. / Brandenburger Tor: Stimmung angefacht. / Bierflaschen und Gröhlen, weil man da nicht über die Mauer ... / Das sei das größte Ereignis der letzten Jahrhunderte.

1.20 Uhr
Runtergelaufen an den Fernseher, ein völlig unbekannter Reporter, wohl Journalist vom Dienst, cool, aber mit Herz.
Tagesschau: Bush: «Dramatische Entwicklung», in dieser Richtung äußere sich auch Frankreich. Warschau: Das sei die Wiedervereinigung.
Volksfeststimmung. / Invalidenstraße. / Applaudierende Vopos in den Türmen. / Nur mal eben die Tante besuchen, dem Jungen den Ku'damm zeigen. / 19.34 Uhr hatten die «Bürger der DDR» von der neuen Regelung erfahren, angeblich ein Versehen von Schabowski, er wird gezeigt, wie man ihm den Zettel reicht: Buchstabiert da was zusammen, was er gar nicht richtig kapiert.
Sondersendung angekündigt. / Japaner fragt: Was wird mit der Mauer? / Kohl in Warschau äußert sich. / Alles sehr aufgeregt. Lösung liege bei der DDR. Wir seien bereit. / Die Grünen «freuen sich», sagen sie, süß-saures Gewese, und die Sozialdemokraten gucken «ziemlich dämlich aus der Wäsche». / Mischnick: Bewährungsprobe steht uns noch bevor, nicht kleinkariert aufrechnen. / Momper: Regierung drüben könne nicht mehr zurück. Seit 28 Jahren ... / Jeder könne hin- und hergehen, wie er will.
Schnell wieder nach oben gelaufen und Hildegard geweckt, Simone war nicht wach zu kriegen. Tiefschlaf.
Zum Biertrinken rüber, nicht mal Ausweis. / Das sei irgendwie ein bewegender Eindruck. Das sei der Augenblick, auf den wir alle gewartet haben. / Keine Aggressionen habe es gegeben.
Volksfest. / «Die Stimmung geht unendlich weiter.» / Feier der Wiedervereinigung sei das. / Die DDR-Führung habe den Überblick verloren. / 150000 in den letzten Tagen geflüchtet.
Erneute Fluchtbewegung. Viele, weil sie so lange betrogen wurden. / Diepgen: Das wird eine volle Stadt. / «Ärmel hochkrempeln.» / Einwandfrei sei das, sagt ein Jüngling. / «Das waren bemerkenswerte Bilder, nicht wahr!» (Schaettle)
Invalidenstraße. / Unsere Kinder schlafen zu Hause. Wir wollten nur mal das Brandenburger Tor von der anderen Seite sehen. / Raketen, Feuerwerk, von hinten kommen sie gelaufen. / Roland Jahn, daß viele Menschen ihr Leben lassen mußten.

2 Uhr, Radio
Trabis stauen sich kilometerweit. / 9. November 1989: Das sei der Tag der Öffnung. / «Ich habe meine Eltern wiedergesehen, die wohnten bloß zehn Meter von hier.» (Weinen im Hintergrund) / «Wir sind von hier, wir freuen uns nur so.» / Leute, die's nicht wahrhaben wollten. / «Wie kommen wir zum Ku'damm?» Alle wollen aus irgendwelchen Gründen unbedingt zum Ku'damm. Zwängen sich durch! Quetschungen. / Deutsche Grenzbeamte werden umarmt. / Zwei Vopos und deutsche Grenzbeamte und zwei englische Soldaten. / «Was hier droht, ist ein Verkehrschaos, das ist aber auch alles.» / Hier gibt es keine Grenze mehr heute abend. / Wir sind in Deutschland, irgendwie geht die Sache ordentlich zu. / «Ich komm' aus dem Bett, im Westen.» / «Ziel ist klar, zum Ku'damm geht's!» / Axel Berghausen vom SFB im Osten, «mit dem drahtlosen Mikrophon.»

2.21 Uhr
Leipzig. Alles dunkel. «Die Meldung hat die Stadt noch nicht erreicht.» / Beim Abendbrot im sogenannten Westfernsehen noch unqualifizierte Meinungen über Wiedervereinigung ertragen, und nun dies! / Erstaunlich das Aufspringe im Bundestag und das spontane Absingen der Nationalhymne. Und alles hat an den Greisen da drüben gelegen! / Unglaublich. Die Definition des Humanen wird unscharf. Im Altertum hätte man diese Leute sofort umgebracht. – Nachdenklich macht es, daß drüben niemand zu Schaden gekommen ist. Eigentlich unnatürlich. Gedanken über das Reifen politischer, geschichtlicher Ereignisse. Sobald es geht, fahre ich rüber. Möglichst schon morgen.

2.30 Uhr
Bericht aus Lübeck. Viele Leute in der Stadt, die alle wieder rüberwollen. In Hagenow war eine Demonstration gewesen, und da haben die das gehört und sind einfach zur Grenze gefahren.
«Daß das so schnell geht, haben wir nicht gedacht.» / Jubelschreie

im Hintergrund. / Dynamik, mit der niemand gerechnet hat. Zuerst Ausweis, dann brauchte man auch den nicht mehr vorzuzeigen. / «An der Grenze *beidseits* wird gefeiert.»
Auch die Alliierten sind dabei. / «Kaum mehr zu glauben.»

1999: *Eine Rundfunkredakteurin: «Ich war kurz vorm Abitur, und ich hatte am nächsten Tag eine Vorklausur. Ich bin also früh ins Bett gegangen, das erste Mal in meinem Leben. Und das verzeihe ich meinen Eltern heute noch nicht! Daß sie mich schlafen ließen. Am nächsten Morgen haben sie mir erzählt, was sie alles erlebt haben. Daß ich die Weltgeschichte verschlafen habe, wo ich doch Geschichte studieren wollte.»*

Nartum Fr 10. November 1989

Bild: Bundestag sang Deutschlandlied / Geschafft! Die Mauer ist offen
ND: 4. Parteikonferenz der SED für den 15. bis 17. Dezember 1989 in Berlin einberufen

Wieso hat niemand den Choral «Nun danket alle Gott!» angestimmt? – Weil niemand mehr den Text kennt. – Aber woher kennen sie den Schlager «So ein Tag ...»?

8.30 Uhr
Die Bohley hat unglaublichen Quatsch geredet. Sie wünscht den westdeutschen Politikern Schweißtropfen. / Daß wir den Glauben nie verloren haben, und daß die DDR-Bürger den Glauben an sich selbst gefunden haben. / Schutzräume, Hilfskrankenhäuser, Kasernen. / Eine Million wird kommen, sagt man. / Die Bohley meint, es werde der Ausnahmezustand erklärt werden, mit Militär usw. / Die Mitarbeiter seien «hochmotiviert». (Niedersachsen-Innenminister) / «Ich glaube, ich spinne.» / «Ich hab' da-

für anderthalb Jahre im Knast gesessen!» / «Hauptsache, man kann mal kucken!» / 100 Mark Ost für 9 Mark West gab's an der Post. / «Vielleicht ist noch 'ne Disco auf!»
Helmstedt auch. / Das Ganze wirkt wie eine Science-Fiction-Sendung, als ob sich das einer ausgedacht hat. / Er ist das zweite Mal schon da, heute. / «Datt dett allet eins ist, wie sich datt gehört.» / Der Sprecher wie Pfarrer Sommerauer. / Dieser Jubel richtet sich natürlich nicht nur auf Stereogeräte. / «Einwandfrei!» / Eine menschliche Wiedervereinigung sei das.
Luxus will er nicht, er will nur ganz einfach leben. / Vopo: «Ick fühl' mir ganz schön verscheißert.» / Kursverfall, 5 Mark West für 100 Mark Ost. / Momper betätigt sich als Verkehrspolizist, denkt nicht dran, daß das historische Aufnahmen sind, die Wege müssen freigehalten werden.
«Wir haben ja unsere Wohnung, alles schön! Wir gehen wieder zurück.» / Es seien Leute mit dem Fahrrad gekommen. / Der Stempel sei ein Andenken an eine unvergeßliche Nacht. / Marienfelde, stündlich Hunderte. / Fluchthelfer, es komme ihnen vor wie vor 100 Jahren. «Wie wahr», sagt der Kommentator. Ich verstand: «Vivat!»
Über die Mauer kletternde Menschen. / Im Takt der Lieder, die gesungen werden, ein Mann mit Hammer und Meißel.
«Hier is allet so jroszügig, man is dett allet nich jewöhnt.»
So ein Tag, so wunderschön wie heute. / Krim-Sekt und McDonald's, die Ost-West-Koexistenz. / S-Bahn. / Wie Sylvester. / Mal andere Luft schnappen. / Trabis, wie auf Kinderkarrussell sehen sie aus. / «Dett war astrein jewesen, wa?!» / «Zum Wochenende nochmal, mit die Kinder.» / «Erstmal gucken, erstmal gucken ...» / «Alles neu für Sie?» – «Aber ganz schön neu!» / «Das ist mein Deutschland, und sonst nichts! Wa?» (So eine Art Frontkämpfer) / Die Wilms sagt: «Herzlich willkommen.» / «Es ist ein herrlicher Herbstmorgen geworden ...» (Journalistenlyrik)
Zarrentin.
Eine Torte hat ein Polizist geschenkt bekommen, hat dem DDR-Mann 10 Mark gegeben dafür, daß er mal einen bundesdeutschen Kaffee trinken kann. Nun ist wieder alles abgesperrt.

Ein doller Schritt sei das, sagt ein DDR-Philosoph, das Wort «Wahnsinn» sei am häufigsten gefallen. / Viele Schulkinder. / Ein winziger DDR-Polizist und ein großer Westpolyp. Tragisch! Könnte der Ostmensch nun nicht wenigstens gleich groß sein? / Das Grab der Mutter kommt auch zur Sprache.
Turnhallen zum Verweilen ... / «Der Mantel der Geschichte zieht an uns vorbei, den werden wir schnappen und nicht fahren lassen.» (Wilms) / Die Luft sei geschwängert vom Trabi-Treibstoff, aber eine Westberlinerin hat gesagt, man fange an, den Geruch liebzugewinnen. Die Autos würden mit Sekt getauft, so könne man sagen. / Elektronische Einheiten. / Templin durfte nicht über Transit. Das sei ein Skandal. / Ein Mecklenburger: «Für mich ist das ein Gack (Gag).»
Berlin: Schöneberger Rathaus.
Kohl schüttelt den Kopf, weil Momper zu lange redet. / Brandt verschwindet hinter dem Mikrophon. Das Gesicht kann man gar nicht sehen. Keine große Rede! / BRDDR-Fahne im Vordergrund.
Brandt erzählt Stories aus seinem Leben. / Die Pfiffe für Kohl kapiere ich nicht. / Genscher: große Rede! / Kohl in einer Weise ausgebuht, die mir völlig unverständlich ist. Brandt und Momper versuchen zu beschwichtigen. Kohl auswendig und sehr beherrscht. Mit diesem Chaotenaufruhr kann man den Menschen in der DDR die Demokratie nicht schmackhaft machen. Wer hat diese Saat gesät! Wir wissen es. – Und dann die Nationalhymne! Im Schusterbaß, es war schrecklich. Nicht zu verstehen ist es, daß man die Redner nicht auf den *Balkon* des Rathauses gestellt hat, und wenn man schon weiß, daß die Nationalhymne gesungen werden soll, warum war keine Blaskapelle zur Stelle? Entwürdigend, beschämend, widerlich.
«Dett iss janz Schau!»
Ich gucke immer noch ins TV, 20.15 Uhr, mich rührt es, und mich stößt es ab, man ist so zerrissen! Die Fremdheit in so manchem! In 3sat sehr qualifiziertes Gespräch. Die Wieczorek-Zeul als westlicher Wendehals. Sie meint, daß hier bei uns nicht untersucht werden soll, wer früher Recht oder Unrecht hatte. Eben!

Sie hat nämlich Unrecht gehabt. – Genug davon. Es fiel auf, wie schlecht, hilflos und unprofessionell die Journalisten fragen, und wie schlecht sie zuhören. – Der Ostreporter meinte, die Ostbürger kämen hocherhobenen Kopfes, aufrecht wieder zurück in ihre Republik. – Man stelle sich das vor.
Es ist wahnsinnig und «typisch deutsch». Die Ausgelassenheit an der Mauer, befreiend, unerwartet, und dann das Talk-Show-Gerede über das Phänomen. So was Verqueres kann sich kein Mensch vorstellen! – Die Vollmer will hier einen Ostgeld-Fonds einrichten, damit drüben davon was gebaut wird! Ostgeld haben sie doch weiß Gott genug.

Bittel war hier, auch in diesem netten Menschen wachte plötzlich ein verbohrter Fanatismus auf. Ich konnte mich zurückhalten. Auch die fleißige Simone war da. Wir bereiteten das «Echolot»-Dossier vor. Englische Übersetzungen müssen gemacht werden. – Als nächstes vielleicht die Funksprüche aus Stalingrad aufnehmen. Ideen haben wir genug und Quellen auch.
Die Hündin Emily ist wieder da, fühlte sich gleich wieder ganz zu Hause. Wieviele Jahre ist das her? – Kannte offensichtlich alles wieder, Haus, Garten und Umgebung. Ein seelenvolles Tier. Mit dem Munterhund gleich gut Freund.

1999: *Eine Hörspielregisseurin: Ich war im RIAS tätig und war in einer Hörspielveranstaltung, und unsere leitende Redakteurin kam freudestrahlend auf uns zu: «Die Schleusen haben sich geöffnet!» Und ich hab' einen Schreck bekommen! Ich war 14 Jahre in West-Berlin und hatte so ein bißchen das DDR-Syndrom, lange Autobahnfahrten durch die DDR, die entwürdigende Abfertigung an der Grenze. Ich hab' immer gedacht: Gott sei Dank, daß wir zwei Länder sind.*
Schreck: Ganz egoistisch. Um Gottes Willen, nun kriegen wir die Zustände, wie sie in der DDR herrschen, habe ich gedacht. Ich wußte, daß ich meine Tätigkeit im RIAS beenden würde. Und das hatte dann auch Konsequenzen für mich in der Tat. Und auch für viele andere, das wußten die damals

natürlich nicht, das ahnten die nicht. Die wurden alle entlassen.
Es waren viele Leute zu der Hörspieltagung gekommen, es wurde angesagt, daß die Mauer gefallen sei, aber die Veranstaltung lief weiter.
«Die Schleusen haben sich geöffnet.» *Und ich wußte zuerst gar nicht, was damit gemeint war. Die liefen alle mit tränennassen Augen herum.*

Nartum Sa 11. November 1989

Bild: Deutschland umarmt sich / Einigkeit und Recht und Freiheit
ND: Kommuniqué der 10. Tagung des Zentralkomitees der SED / Innenminister Friedrich Dickel zu den neuen Reiseregelungen

Hamburg-Hauptbahnhof, 14 Uhr
Ich habe mich entschlossen, nach Hamburg zu fahren zur Ankunft des Zuges aus Rostock. Hildegard merkte meine Unruhe und sagte: «Fahr man hin!» – Renate rief aus Berlin an, sie hat die Tage dort «voll» miterlebt, sie war die ganze Zeit dabei. Am ersten Tag sei es am schönsten gewesen, gestern seien sie schon alle besoffen gewesen. Die ganze Stadt sei von Trabis überschwemmt, überall ständen sie herum. Telefonzellen – «Hier wählen Sie ohne Münzen!» – würden gestürmt, weil die «Zonis» dächten, dort sei es umsonst.
Auf der Herfahrt bereits – kurz nach Bockel – der erste Trabi. Er wird angeblinkt. Hier in Hamburg bei herrlichem Sonnenschein noch nichts los. Ich nehme an, daß es auf dem Hauptbahnhof ziemlich voll sein wird. Vor den Porno-Kinos stünden sie in Trauben, wird gesagt.

Der Zug lief ein, verhaltener Jubel aus den offenen Fenstern. Einzelne mit viel Gepäck, das waren wohl Leute, die dem Frieden da drüben nicht so recht trauen, die hier bleiben wollen.

«Das ist hochinteressant!» sagt ein Herr. / Ich half einer zugeknöpften Ostfrau den Kinderwagen hochtragen. Sie hatte etwas Verbissenes, Primitives an sich. Vielleicht ein andersrumener Flüchtling? Wurde ihr der Boden zu heiß? / Ich entschließe mich, nach Lübeck zu fahren. Steige in einen übervollen Zug. / In Hamburg verliefen sich die Leute ziemlich, die meisten wurden erwartet. Als einzelner, älterer Herr hat man es schwer, hilfreich zu sein. Es sind oft auch Pärchen, die sich ihrer Seligkeit hingeben wollen.

Nun fahre ich nach Lübeck. Will mal dort nach dem Rechten sehen. Im Zugabteil den alten Apotheker Ahrens von der Brunnengräber-Apotheke in Rostock getroffen. Die Reisenden, überwiegend Ossis, die von einer Westrentnerreise zurückkommen, sind ziemlich zurückhaltend, da kommt kein Gespräch in Gang. Von gemeinsamem Singen kann hier keine Rede sein. Thermoskannen und belegte Brötchen, Schweigen, nur ab und zu ein halblautes Wort. Es sind eben Norddeutsche, das muß man verstehen. – «Man kann nie wissen», nach dieser Devise schweigen sie.

In Lübeck fuhr ich mit einem Taxi zur Grenze. Kein Durchkommen, ein Trabi nach dem andern, alle hupend und blinkend, und auf dem schmalen Gehweg Fußmarschierer. Der Fahrer, der schon von Anfang an unwillig war, gab schließlich auf und fuhr mich durch Schrebergärten wieder in die Stadt zurück. Wie freundlich die Landsleute überall begrüßt wurden! «Kaffee für unsere Landsleute umsonst!» stand zu lesen, Verbrüderungen, Tränen. Überall in der Stadt standen sie herum – wie eine Invasion des eigenen Ameisenhaufens durch fremde Ameisen. Durch die Fußgängerzone schoben sich die Ossis in Achterreihen, was kost' die Welt ... Ein Westherr verteilte Fünfmarkstücke an sie, das war etwas sonderbar. Ich kann daran allerdings nichts Anstößiges finden.

Ich ging aus Dankbarkeitsgründen schließlich in den Dom, der in seiner Renoviertheit gelassen und stumm dalag und in dem kein einziger Mensch zu sehen war, und danach in die Marienkirche, in der eine kleine Gruppe von Zonis sich umschaute

(offenbar sogenannte Gebildete). Ein Bedürfnis zu stillem Gebet bestand nicht. Auch die Orgel wurde nicht traktiert, das wäre vielleicht angebracht gewesen. Dafür traf ich Erenz mit einigen Herrschaften der öffentlichen Meinung, die sich arg zurückhielten mit derselben, als ob das gar nicht stattfand da draußen, das Weltgeschichtliche. – Ich beschrieb ihnen mein «Echolot»-Projekt. Sie denken, ich bin eine lustige Person, lachen gleich, wenn sie mich sehen usw. So geht es wahrscheinlich auch Loriot, der doch ebenfalls ein ganz ernsthafter Mensch ist.
Ich schob mich dann wieder ins Gewühl, stoppte eine Familie aus Schwerin und lud sie ins Marzipan-Café ein. Wir konnten keinen Platz finden in der Herberge, mußten wieder rausgehen. Sie sagten nicht miff und maff, die Leutchen, mißtrauisch irgendwie. Oder einfach: *Schwerin*. Die Leute aus Schwerin sind eben so. Meine Versuche hernach, mit anderen Menschen ins Gespräch zu kommen, scheiterten ebenfalls, und so ging ich dann, ein zittriger Opa, irritiert zum Bahnhof zurück und fuhr wieder nach Hamburg, wo inzwischen die Straßen wie leergeblasen waren. Am Jungfernstieg stand ein einsamer Wartburg. Und ich glotzte einzelne Passanten an, ist das nun ein Ossi oder nicht? Eine Großfamilie in Mischausführung Ost/West besah sich die Alster, ihre Mäntel flatterten im Wind. «Dies ist also Hamburg», das werden sie in ihrem Herzen bewegt haben, und die Westmitglieder der Familie haben vielleicht gedacht: «Und nun?» – Im Bahnhof eine Familie, ich vaterländete sie an, ob ich sie einladen dürfe zu einem Bier oder was. «*Sie* wollen uns einladen? Wo wollen wir denn hier Bier trinken?»
Am Bahnhof in Lübeck scharten sich ganze Familien um ihr Auto, vesperten, Deckchen auf Kühlerhaube, Thermoskanne. Besoffene habe ich keine gesehen, alles ganz zivilisiert. – Einsame Fahrt nach Hause, das 6. Brandenburgische Konzert, alle drei Minuten ein Ostzonenauto überholend. Es wird ganz allgemein geblinkt. So mancher laborierte auf der Standspur.
Hier dann ein Glas Milch und Obstsalat und eine Sendung über Jenningers Fall. Er war exemplarisch für das, was bei uns täglich passiert.

Von Erenz die Mitteilung, daß Böhme nicht ganz freiwillig vom
«Spiegel» weggegangen sei: «Ich will nicht wiedervereinigt werden», hat er gesagt, das war ja auch ein bißchen stark.

1997: *Kellnerin, *1949: «Als die Mauer geöffnet wurde, war ich gerade in Leipzig angekommen, ich fuhr damals bei der Mitropa. Ich glaube wir haben Fernsehen geguckt, und als wir das sahen, haben wir Rotz und Wasser geheult, vor Freude, wir hatten nicht für möglich gehalten, daß das passiert ist.»*

Nartum So 12. November 1989

Welt am Sonntag: 2,7 Millionen Visa / Die Deutschen feiern ihr größtes Fest des Wiedersehens nach langer Trennung
Sonntag: Für Walter Janka. Von Nuria Quevedo

> Poesiealbum von 1889:
>
> Schiffe ruhig weiter,
> wenn der Mast auch bricht,
> Gott ist Dein Begleiter,
> er verläßt Dich nicht.
>
> Zur freundlichen Erinnerung
> an Deinen Mitschüler Friedrich Semlow
> Greifswald, den 12. 11. 1889

8 Uhr
«Mein Kleener will Lakritze!» / Schlafen in den Autos. Telefon für Übernachtungsstelle: 55 42 00. Neue Übergänge in Berlin und an der Grenze. / «Zu Ehren der DDR-Gäste» hat ein Buchhändler geöffnet. / In Hamburg ist alles dicht, wogegen in Lübeck alles geöffnet hat. / Ein Café gab Kaffee für DDR-Besucher kostenlos. Das hat die Leute beleidigt. «Sie hätten wenigstens unsere Ostmark nehmen können.»

Das gute Wetter ist natürlich sehr passend. November!
«Straße des 17. Juni» soll es nicht mehr heißen, sondern «Straße des 9. November».
Die TV-Reporter stellen auch am vierten Tag noch immer dieselben Fragen: «Was fühlen Sie, wenn Sie jetzt im Westteil der Stadt ohne weiteres auf- und abgehen können, von den Landsleuten freundlich begrüßt? Fühlen Sie sich freudig bewegt, oder sind Sie auch ein bißchen traurig, daß sich die Dinge vielleicht nicht weiterbewegen, stagnieren, sich sogar umkehren? Haben Sie vielleicht insgeheim …?» und so weiter, und um ihn herum stehen hundert Leute, die alle schöne Geschichten erzählen könnten. Sobald einer anfängt, Stories zu erzählen, nehmen sie ihm das Mikrophon fort. Alles nur häppchenweise, bloß nicht ausführlich. Kriegen Journalisten es eigentlich nicht beigebracht, wie man Leute zum Sprechen bringt? So was kann man doch lernen? – Und dann auch interessant, wie sie sich anziehen, Engert mit seiner steil aufstrebenden Glatze und mit der Piloten-Brille, «alles nach unten». *Der* hat sich bestimmt vorm Spiegel zurechtgemacht.
Einer der DDR-Leute, ein Mann mit Bart, gab die Frage zurück! «Ja», sagt er, «nun sagen Sie mir mal, was Sie so fühlen! Können Sie mir das erklären, was hier vorgeht?»
DDR-Bürger-Interviewer-Kleidung.

10.30 Uhr
Aufnahmen von schlafenden Leuten im Auto. / Reeperbahn: «Ich bin überwältigt! Ich komm' jede Woche wieder her. Leute! Ehrlich!» / In Herleshausen spielte eine Musikkapelle aus der DDR flotte Märsche. Schon jetzt werden 60 Kilometer Stau gemeldet. «Und das Wetter spielt mit!» (Reporter)

13 Uhr
200 Kiebitze draußen über der Wiese.
Moskau schreibt: Die Mauer ist praktisch beseitigt. / In der Philharmonie ein Konzert für die DDR-Besucher: Barenboim, Leute im Pullover. Beethoven natürlich, und mit Recht: unsere Leute.

Bewegender als alles andere zuvor. / Erst das war es. Im Grunde ist erst jetzt der Krieg zu Ende. / Eine formelle Wiedervereinigung ist eigentlich gar nicht mehr nötig.

15 Uhr
Weizsäcker warnt vor Triumphgefühlen. Wie soll man sich verhalten, wenn man eine solche Warnung beherzigen will?
Der erste Ostmensch am Potsdamer Platz, wo gerade die Mauer durchbrochen wurde. Traubenartiges Geschiebe.
Schlutup: Polizisten mit Mundschutz wegen der Abgase.
Kohl in Kreisau, fast unbeachtet. Eine sehr dämliche deutsche Reporterin provokant zu den paar deutschen Oberschlesiern. Skandalös. Was sie denn wollen? Wieso deutsch? «Na, wir sind doch Deutsche!» – «Was? Sie sind Deutsche?»

22.30 Uhr
Der teigige Schabowski, er sieht wie ein Bösewicht aus. Was sie dem wohl einheizen! Krolikowski und andere. / Galoppierende Geschichte sei das, sagt ein polnischer Priester. / «November-Revolution» wird die Sache genannt. / Es sei super, in der DDR werden viele Wohnungen frei, da könnten Polen einziehen, sagt eine Polin.

Gegen Mitternacht
Es setzt allmählich Nachrichtenmüdigkeit ein. Nun wird es nochmal spannend, wenn der Gegenverkehr erleichtert wird. Ich möchte zu gern mal wieder nach Rostock. / Hastige Höhepunkte: das Durchbrechen der Mauer an mehreren Stellen, Weizsäcker in Berlin, Kohl in Kreisau. / Eine unglaubliche Woche. So etwas habe ich noch nie erlebt. Gedanken an Wiedervereinigung treten allmählich zurück. Es soll ja keine Wiedervereinigung werden, erstens, und zweitens, wenn wir hin und her reisen können und wenn sie demokratische Verhältnisse bekommen, dann ist es doch ganz egal. Wichtig wäre nur, daß die Schmutzfinken drüben endlich verschwinden.
Arbeit am «Echolot». Habe mich heute mit dem März '43 be-

schäftigt. Jedesmal, wenn ich einen Tag «aufrufe», um einen Text einzugeben, bin ich gespannt, ob schon etwas «da» ist. Die Tage füllen sich. Es ist schon eine Menge «da». Das Gespräch der Toten hat eingesetzt. Sie wachen auf. – Meinem Gefühl nach müßten die Beiträge Unbekannter überwiegen. Die «Großleute» übernehmen Leitfunktionen.

Mit Hildegard: zwei längere Spaziergänge, die Hunde sprangen um uns herum. Wenn's losgeht, knurren und bellen sie wie rasend, fallen übereinander her. Emmi bellt durchdringend hell. Sie hat sich sofort auf Robbies Platz gelegt, der schläft jetzt auf einem der Kaminsessel.

Vollmond. An Saal 3 gedacht, wo mir Lehrer Heyne Goethes «An den Mond» aufsagte, im Mittelgang auf und ab gehend, beim Hungermarsch. Ich weiß noch, wie «beseligt» ich war. – «Wie des Freundes Auge mild ...» Einen Freund in diesem seligen Sinn habe ich leider nicht.

1997: *Beamter, *1933: «Von der Öffnung der Mauer habe ich abends im Radio gehört. Am nächsten Tag mußte ich nach Süddeutschland fahren, nach Ludwigshafen. Da sind mir die vielen Trabis und Wartburgs aufgefallen, auf der Autobahn, die nach Westen fuhren. Und zwei, drei Tage später, auf der Rückfahrt, da fuhren die wieder alle nach Osten, voll beladen mit Sachen.»*

Nartum   Mo 13. November 1989

Bild: Guten Morgen, Deutschland / Es war ein schönes Wochenende
ND: Politbüro des ZK der SED schlägt außerordentlichen Parteitag vor / Weiteres Telefongespräch Egon Krenz – Helmut Kohl

TV: Eine Apothekenhelferin aus Potsdam hat nur einen einzigen Wunsch: *einmal* nach Tirol, wo vor jedem Fenster Blüm-

chen sind. / «Gehen Sie morgen wieder zur Arbeit?» fragt einer dieser bescheuerten Reporter, ich glaub', es war Engert. «Aba klar!» / In Lübeck in der Fußgängerzone protestieren nur die westdeutschen Penner: «Alles von unserm Geld!» / Ein junger Westdeutscher in Hof: Nein, es gefalle ihm nicht, es sei zu voll in der Stadt. Er habe sich schlafen gelegt, ihn interessierten die Zonenleute nicht. / Der Parteivorstand in Rostock ist geschlossen zurückgetreten. Selbst das machen sie «geschlossen». / Ein Ostmann regte sich über «die Diskriminierung der Ostmark» auf, sie hätten doch auch hart gearbeitet. / Auf den Brücken winken die Westdeutschen den Zurückfahrenden nach, Transparente: Auf Wiedersehn. / Kerzen. / Drei Millionen waren über Sonntag im Westen.
Traurige Rückkehr von «Ausreisern», wie die Grünen sie nennen. Sie «bekunden Rückkehrwilligkeit».
Veränderte Lage, Heimweh, enttäuschte Erwartung seien Motive.

Kohl in Polen: Das verfallene Kreisau. Die Polen hatten keine Ahnung von der Bedeutung des Ortes. Nun wollen sie wieder Geld. Daß sie riesige Ländereien, ganze Städte und Dörfer kassiert haben, wird nicht erwähnt. Stettin, Breslau ... nicht erwähnenswert.
«Wohnraumvergabepläne», ein schönes DDR-Wort.
Ein Pastor aus Biestow kam zu Besuch. – Biestow!

Nartum/Amsterdam Di 14. November 1989

Bild: Mann, wird das ein Weihnachtsfest
ND: 11. Tagung der Volkskammer / Oberste Volksvertretung diskutierte die politische Lage in der DDR

Bremen, Flughafen.
Leider muß ich heute nach Amsterdam. Es ließ sich nicht ver-

meiden. Die «Hondsdage» sollen vorgestellt werden. Dort soll ich mit Raddatz über den «Literarischen Betrieb in der Bundesrepublik» diskutieren.

Gestern in Oldenburg war ich mies, war wohl überanstrengt. Es ging nichts aus von mir, sie unterhielten sich ungeniert, während ich sprach. – Danach, bei den «Schreiben-lernen-Wollenden», stellte ich die Schreibaufgabe: «Trabis kommen». Und da kam die Überraschung: Diese Leute hatten gar keine Eindrücke vom Jahrhundertereignis, sie interessierten sich offensichtlich gar nicht dafür. «Trabis»? Was ich damit meinte, wollten sie wissen. So was kann ich überhaupt nicht verstehen. Hier handelt es sich wohl um eine Generationsfrage. 40 Jahre, das war eben doch zu lang! – Und im Radio reden sie vom «Wiedervereinigungsgequassel». Aber profilierte Leute – wie Brandt, Dohnanyi, Augstein – sind dafür. Genscher wird's schon machen. Gordon A. Craig im «Spiegel»:

> Viele Menschen sind der Überzeugung, daß die Deutschen von Zeit zu Zeit durchdrehen und daß dies auf die dunklen Abgründe in ihrer Seele zurückzuführen ist, auf ihre ständige Neigung, sich zu fragen, wer und was sie sind und wozu sie leben. Dazu kommt das Gefühl, daß niemand sie mag. Und daher die Tendenz, aus kleinen Siegen große Triumphe zu machen, kurzum: zu übertreiben.

12 Uhr
Das Flugzeug kann in Amsterdam nicht landen wegen «Mist», Nebel also. Wir werden mit einem Bus von Eindhoven dorthin gefahren. Das soll zwei Stunden dauern. Ich habe mir schnell noch was zu essen geholt, da ich wieder einen Zuckerschock befürchte. – Gut gelaunt. Das Wetter ist wundervoll, der Sitzplatz neben mir ist frei, ich kann es mir bequem machen und in Ruhe meinen Folienkartoffelsalat essen. Ein Herr, dem ich riet, er solle sich auch schnell noch was zu essen holen, sieht mich dankbar an. Die Neigung der Menschen bei solchen Klein-Katastrophen, miteinander zu reden. – Diese Art Gegend kenne ich noch nicht. Wie es scheint, haben die Holländer ihre Landschaft zu

100 Prozent unter Kontrolle. – Hoffentlich schaltet der Kerl da vorn das Radio nicht ein. Viel Verkehr, allerhand Straßenbahn. – Ein Deutscher auf dem Flughafen fragte, wieviel «Meilen» es nach Amsterdam seien! Die Frau am Schalter wußte es übrigens nicht.
Bei allen Neuerungen, die nun holterdipolter in der DDR eingeführt werden: Die Reisen von W nach O sind noch nicht möglich. Ich hoffe sehr, daß ich bald fahren kann. Dort einen Bekanntenkreis aufbauen. Als erstes eine große Rundreise, vielleicht Lesungen? Aber was? Meine Bücher sind ein Nonsens für sie. Am ehesten kommt noch «Herzlich willkommen» in Frage oder «Ein Kapitel für sich». Aber ich bin nicht einer der Ihren. Was werden sie zu T/W sagen? – Der Ausmarsch ins Feld in «Aus großer Zeit» ist eine der wenigen zeitlosen Passagen. Die würde sich eignen, auch wegen des Ernstes. Aber von solchen «ernsten» Kriegssachen haben sie die Nase voll, damit sind sie bestimmt von ihrem Friedensstaat täglich gefüttert worden.
Heute früh auf der Autobahn, Richtung Bremen, auch einige Trabis. Ihr langsames Fahren wirkt beharrlich, ja zombihaft. Rommels Panzerarmee. Renate ist jede Nacht bis 3 Uhr auf der Straße gewesen, sagt sie am Telefon.
Engholm ist auch für eine Wiedervereinigung, sagt er. / Bei freien Wahlen wird die SED wohl 28 bis 32 Prozent bekommen, wird gesagt. / «Ich jloobe an meenen Staat!» / Man spricht davon, daß die Bonzen Milliarden in die Schweiz ... / Eine Frau aus dem Dorf: Sie hätte all die Tage geweint. Sie wär' allein im Haus gewesen, da wär' das gegangen. / Selbst der «Spiegel»-Reporter habe die Tränen nicht zurückhalten können.
Die neuen Parteien drüben wollen «auf jeden Fall den Sozialismus beibehalten». – Das, was man hier die linke Intelligenz nennt, ist in jeder Hinsicht sprachlos. Erst geht ihr schönes Sozialismus-Bild flöten und dann auch noch der Retortenstaat. – Nun, sie werden schon wieder was Apartes finden. Unsereiner steht nicht hoch im Kurs.
«Die deutsch-deutsche Grenze, *sie* existiert nicht mehr.» Neue Sprachmode der Journalisten.

Unsere kaputten Tannen: Verbrennen geht nicht, wegen Verpestung der Luft. Schreddern geht nicht, weil dann die Schädlinge im ganzen Garten verbreitet werden. In Bremen beseitigen lassen: Transport muß bezahlt werden und Beseitigung auch. Also? Ich habe schon gesagt: Verschreddern, und dann nach und nach im Kamin verbrennen. Aber so hatten wir uns das ja eigentlich nicht gedacht.

14.30 Uhr
Nun auch noch ein Stau auf der Autobahn. Wie gut, daß ich mir Geld eintauschen ließ. Im fremden Land ohne gültige Währung? Im Fernsehen gestern: Ein Mann aus Groningen, er ist extra nach Berlin gefahren, um das dort mitzuerleben.

1995: *Eine Schülerin: «Als die Mauer fiel, war ich gerade in Amerika. Ich habe die Ereignisse dort mit weniger Interesse verfolgt, als die Amerikanerinnen es taten.»*
Weshalb rege ich mich darüber auf? Ich würde dieses Mädchen am liebsten ohrfeigen, links und rechts. Aber das führt uns ja auch nicht weiter. Den Lehrern müßte man welche latschen.

Amsterdam/Nartum   Mi 15. November 1989

Bild: Brandenburger Tor heute auf? / Berliner warteten die ganze Nacht
ND: Sorgt für Material und Technik – dann bringen wir unsere Leistungen für die Republik

Lesung im Goethe-Institut, die zum Schluß ins Eklatoide abdriftete. Einige Holländer äußerten ihre Besorgnis über eine eventuelle Wiedervereinigung.
Eine Jüdin: «Ich freue mich darüber, aber ich packe meine Koffer.»

Nach all dem, was geschehen ist, kann ich das verstehen, und das habe ich dann auch gesagt, wodurch die Luft raus war. Ein derber Mann versuchte mich auf primitivere Weise zu provozieren, auch er konnte beruhigt werden. – Hinterher entschuldigten sich jüngere Menschen für seine Ausfälle. Es kam auch noch ein Herr Schindel, Suhrkamp-Lyriker, dessen Familie ermordet worden ist in Österreich, und der erforschte meine Mentalität. Ob ich nicht auch meinte, daß die Nazi-Verbrechen nicht mit den sowjetischen Untaten zu vergleichen wären? Nun, vergleichen kann man sie schon, aber nicht gleichsetzen. Jeder Völkermord hat sein eigenes Gesicht.
Meine Lesung aus «Hundstage» (Kapitel 1) kam nicht besonders gut an, sehr verhaltener Beifall. Aber der niederländische Verleger vorn in der ersten Reihe lachte für alle. Wunderbares Hotel: Ambassade in der Herengracht. Leider konnte ich nicht mehr in die Bibliothek gehen wegen der Tagebücher, ich hatte nicht mehr die Kraft. Sie hatten, wie mir gesagt wurde, schon was herausgesucht. Raddatz ist nicht gekommen, der sollte auch sein Buch vorstellen. Ich würde mich nie trauen, eine solche Einladung abzulehnen oder gar einfach wegzubleiben. Mir nehmen sie alles übel. Ein Film-Mensch namens Duyns, ob er ein Film-Porträt von mir machen kann.

12 Uhr
Amsterdam, Flughafen. Gott sei Dank bin ich eine Stunde zu früh gekommen zum Abflug. Die Abfertigung hier ist skandalös. Ich stehe tatsächlich schon eine dreiviertel Stunde am Schalter, habe nun beschlossen, das als Beruhigungsübung aufzufassen. Es ist unglaublich! Jedesmal wieder sagt man sich: Nie wieder fliegen. Und dann tut man's doch.
Gestern erzählte ein Korrespondent der «Süddeutschen», daß es schon passieren kann, daß man hier als Deutscher ein Glas Bier ins Gesicht bekommt. Das ist ja nicht weiter wichtig. Man sollte sich dem eben nicht aussetzen. Kein Bier trinken und vor allem: Zu Hause bleiben! Sich nicht unters Volk mischen.
Ich kaufte im Ramsch einige holländische Kempowski-Titel bil-

lig, fürs Archiv: 87,60 Gulden. Und auch Tagebücher bzw. Biographien, vornehmlich flandrischer SS-Männer; dafür gibt es hier wohl einen Markt. Leider vergaß ich, mir eine Quittung geben zu lassen. Dies muß nachgeholt werden. Die brutalisierte Art der Holländer ist an sich ganz sympathisch. Bei Rot ohne weiteres über die Kreuzung. Ruppig und etwas ordinär. Einer nahm es mir übel, daß ich gesagt habe, ich könne holländisch lesen, das sei für mich als Norddeutschen nicht weiter problematisch. Die Holländer hätten doch überhaupt nichts mit den Deutschen zu tun. Als er mich zur Rede stellte, gab ich dann vor, ihn nicht zu verstehen.
Ich stehe immer noch in der Schlange, nun schon eine ganze Stunde! Abfertigung «handbaggage only» ist geschlossen. Ich scheine sogar noch Glück gehabt zu haben, denn hinter mir ist es schwarz von Menschen. Einzelne versuchen, sich vorzudrängen. Sie geben sich ahnungslos. Es gibt ja auch immer Leute, die ihr Zeug nicht in Ordnung haben. Die Erste-Klasse-Passagiere beobachtet. Geschäftsonkels, eine Diva, ein Amerika-Ehepaar. Inzwischen habe ich auch am Paßschalter noch gestanden, eine wilde Gruppe von Rifkabylen, mit deren Papieren was nicht stimmte. Ich werde als «Geschäftsmann» gleich durchgewunken.
Jeder sollte Schuld bei sich suchen, sagte ein Holländer. Damit meinte er mich. Was tue ich denn den ganzen Tag? Im ganzen ein sinnloses Unternehmen, diese Holland-Sache.
Roß vom Verlag nannte phantastische Zahlen, die Holländer läsen gewaltig viel Bücher. Auflagen von 50000 wären keine Seltenheit. Die Belgier (Flamen) läsen überhaupt nicht. Jetzt würde ich gern einen Kaffee trinken. Aber da stehen sie auch wieder Schlange.

Inzwischen wieder eine halbe Stunde gewartet bei der «Boarding control». Nun ist meine Geduld tatsächlich am Ende. Eine Frau im Rollstuhl weigerte sich, ihre Handtasche herzugeben, zur Kontrolle. Ihr mußte lange zugeredet werden. Und als sie sie wiederbekommt, kontrolliert sie, ob alles drin ist.

Flughäfen: An diesen neuralgischen Punkten begreift man, daß
es zu Ende geht. Dies kann nicht mehr lange dauern.
Die Begrüßungsfeten in Berlin, der Taumel, das alles ist vielleicht
ein Mißverständnis? Die drüben jubeln, weil sie reisen dürfen,
die hier jubeln wegen der Wiedervereinigung?
Nun wieder im Bus warten.
Ich habe immer gesagt: Wo ist der KPM-Schalter, und die haben
mich natürlich absolut nicht verstanden.
Sie hören die Flöhe husten und verstehen nichts.
Noch eine Viertelstunde im Bus gewartet. Ich bin froh, wenn
ich aus dieser Hölle heraus bin.
In Bremen noch etwas rumgelaufen, alte Nazi-Zeitschriften gekauft für 50 Mark. Frühjahr 1943: Frauensachen.

Nartum Do 16. November 1989

Bild: Das Tor geht auf / So wird es wieder sein
ND: ND fragt Berliner Genossen: Was bewegt euch und was bewegt ihr in diesen Tagen?

Gestern fuhr ich vom Flugplatz noch nach Bremen, wollte im
Antiquariat Storm nach Tagebüchern suchen. In der Innenstadt
wimmelte es von Ostautos. Bremer Bürger standen um die Dinger herum. Einer studierte ein Flugblatt, das unter die Scheiben-
wischer geklemmt war, eine Frau packte Bananen auf den Küh-
ler. Ich griff mir eine kleine Familie aus Rostock, der Mann Elektriker, die Frau Agronomin, zwei Kinder. Wir setzten uns in ein
Café, und dann nahm ich sie mit nach Nartum.
Er berichtete von Demonstrationen auch in Rostock, schon seit
Wochen, jeden Montag, 80000. Er nimmt jedesmal daran teil,
und ihm prickelt es über den Rücken, wenn die Leute rhyth-
misch in die Hände klatschen. Er sagte: «Demonstrationen müssen auch erst gelernt werden.» Früher sei der Zug öfter ins Stok-
ken geraten, abgerissen, einige wären stehengeblieben, andere

weitergegangen usw. In der Marienkirche beginne es jedesmal, 7000 paßten da rein, man müsse schon zwei Stunden vorher kommen. Die Pastoren gäben genaue Anweisungen, wie man sich verhalten muß usw. Dann werde losmarschiert, die Lange Straße hinunter, mit Kerzen und skandierend. Auch Stasi-Leute gingen mit, man erkenne sie daran, daß die nicht mitklatschten und böse Gesichter machten. Die Bevölkerung lasse sie ruhig mitlaufen. Der Zug biegt dann in die Friedrich-Franz-Straße ein, an der Stasi vorüber, und löst sich vorm Steintor auf. Harry Tisch habe seinen 60. Geburtstag auf einem Luxusdampfer («Traumschiff») gefeiert, SED-Genossen (Funktionäre) hätten Häuser im Bayerischen Wald und führen regelmäßig nach Italien und Spanien auf Urlaub, heißt es. Konten in der Schweiz. Sie kämen sich wie Bettler vor, sagten die Rostocker Eheleute. Beim Empfang des Begrüßungsgeldes seien sie gefilmt worden. Nach Bremen waren sie gefahren, weil Bremen die Patenstadt Rostocks sei. Es sei doch verdammt weit. Am Sonnabend hätten sie es schon mal versucht, hätten aber aufgegeben, wegen des Riesen-Staus. Irgendwie hatten sie von der Patenstadt was besonderes erwartet. Von Bremen!
Die Frau malt und hatte unter dem Arm eine kümmerliche, offenbar selbstgemachte Mappe mit ganz hübschen Pastellbildern, die sie in Bremen verkaufen wollte. Er hat seinem Meister einen Brief geschrieben, daß er auf nächstes Jahr zwei Urlaubstage nehmen möchte. Und den Sohn haben sie in der Schule damit entschuldigt, daß sie «Heimatkunde» machen wollten. Die Lehrerin hat's auch gestattet. Von Wiedervereinigung wollen sie nichts wissen. «Unsere arme kleine DDR.» Hier greift eben doch die jahrzehntelange Verteufelung des Westens. Das wird der Grund sein, denn die drüben könnten ja nur gewinnen, wogegen wir die Last tragen müßten. Hier ist die Stimmung, außer bei den Linken, sehr dafür.
Die Frau setzte sich vor den Kamin und stocherte in den Flammen, sie habe so was noch nie erlebt. Hildegard stellte den beiden Kindern meinen schönen alten Blechbahnhof von 1910 zum Spielen auf den Teppich. Sie hat keine Ahnung, wie wertvoll der

ist. Mit dem Jungen spielte ich zeitweilig «Geld aus der Tasche klauen», da war er ganz gelehrig. Er hatte sich in Bremen ein elektronisches Pingeldings gekauft, dauernd pingelte es «Jingle Bells». Zeitweilig war er ganz verschwunden, wir fanden ihn oben auf dem Boden wieder, wie er da herumstöberte. Dieser Junge wird seinen Weg machen.

Wie der Krenz jetzt auf einmal Reformen unter's Volk schippt. Freie Wahlen natürlich, Gebrauchtautos aus dem Westen, Reisen sowieso, Zivildienst, ein Verfassungsgericht, Parteien (die Modrow schlau in einer Koalition zusammenfassen will). Und jetzt stehen schon wieder Tausende vorm Brandenburger Tor, verlangen, daß die Mauer dort abgerissen wird. Der Rostocker kann überhaupt nicht begreifen, daß sie um das Brandenburger Tor so ein Gewese machen.

Im BBC nennen sie die Trabis «funny little cars».

Der Kabarettist Hildebrandt hat es sich mit den Zonenbewohnern verdorben, weil er sie «die neuen Türken» genannt hat.

Nartum Fr 17. November 1989

Bild: Selbstmord-Serie / SED-Chefs müssen Waffen abgeben / Die halbe DDR kommt rüber
ND: Zustimmung für Vorschläge von Ministerpräsident Modrow

Man kann nicht sagen, daß sich die Lage normalisiert. Die SED gibt Leine, wie die Angler sagen. Die Funktionäre klagen sich selbst an, aber sie bleiben. Stasi-Wolf will Honecker und Mittag unter Anklage stellen, und die Dulder klatschen dazu Beifall. Weiterhin glückliche Gesichter, nicht mehr so ganz fassungslos. Gestern abend hatte ich eine Lesung vor Rotariern und Lions, eine Riesen-Sache. Ich erfuhr drei Minuten vor Beginn, daß ich keine Lesung, sondern einen Vortrag halten sollte! Guter Rat war teuer. So ließ ich also die Bücher auf dem Platz liegen und sprach über das Thema «Schriftsteller und Gesellschaft»: ein wunderbares Gefühl, mit Worten die Menschen mitzureißen, Trance. Angenehmer Beifall.

Nartum Sa 18. November 1989

Bild: Was für ein Wochenende! / Trabbis Trabbis Trabbis / 3 Millionen bei uns / «Größter Besucherstrom aller Zeiten» / 1000 Kilometer Stau / Heute Ku'damm dicht / Schokolade statt Strafzettel / Seid nett zu ihnen
ND: Eine Regierung der Koalition, eines neu verstandenen kreativen Bündnisses / 12. Tagung der Volkskammer

Heute waren auf der großen Leipziger Marktversammlung Töne zu hören, die mir nicht gefallen haben: Sozialistische «Monopolkapitalisten» seien wir, wurde da gesagt. Bin *ich* ein Monopolkapitalist?
Gestern kam eine Gruppe von Schülern aus Bremen. Ich war lieb zu ihnen, und sie waren freundlich zu mir. Einer verfügte sich in die Bibliothek und zog Bücher heraus, das tat mir wohl, als würde ich massiert werden. – Was stand mir alles noch bevor, als ich so alt war wie sie. Und die Nazi-Zeit hatte ich hinter mir. Aber darüber kann ich nicht sprechen. Ich kann mich nur auf Anekdotisches einlassen, wie ich in der Zelle Feuer machte zum Beispiel, bei so was hören sie zu. Oder Einzelhaft, das kapieren sie, daß das nicht schön ist. Übrigens bagatellisiere ich gern das Schlimme, ich «untertreibe». Meine Flucht aus Berlin nimmt sich wie ein Happening aus. Klar ist es, daß ich für Jugend meine Bücher nicht geschrieben habe. Erster und vielleicht einziger Nutznießer bin ich selbst.
Ein Sommermädchen aus alten Zeiten schreibt:

> Meinen 18. Geburtstag habe ich groß gefeiert. Bei uns in der Umgebung ist es so Sitte, daß man rohe Eier auf den Kopf geworfen bekommt, als Zeichen für die nun erhaltene Volljährigkeit. Mein

Vater hat sich wahnsinnig darüber aufgeregt. Es ist wirklich nicht angenehm, ca. 20 Eier auf den Kopf zu bekommen, auch wenn das vielleicht gut für die Haare ist ...

Nartum So 19. November 1989

Welt am Sonntag: 9 Millionen Besucher aus der DDR / Neues Forum fordert Krenz-Rücktritt
Sonntag: Für ökologischen Umbau. Von Rolf Caspar

Ich fürchte, es ist aus! Die Revolution mit den Kerzen und den originellen Plakaten, die Trabi-Exvasion mündet in der gleichen deutsch-ekstatischen Unvernunft. Sozialismus ist wieder angesagt. Ein Glied in der Kette, die sich um uns legt. Das Ende ist die totale Diffusion, und sie mündet im End-Elend.
Biermann hat in der FAZ ein langes Gedicht abgelassen: daß er den Funktionären nicht die Fresse einschlagen will usw. Wir wissen noch, wie sie sich darüber aufregten, daß PGs als Mitläufer eingestuft wurden.
Jetzt verbreiten sie übrigens das Märchen, daß in der Zone die Nazis radikaler bestraft worden seien als im Westen. Als ob es hier keinen Fragebogen gegeben hätte und keine Spruchkammerverfahren! Radikaler? Sie haben kleine HJ-Führer nach Neubrandenburg geschafft, ohne Gerichtsurteil. Das stimmt. Jahre haben die da gesessen, wenn sie nicht verhungerten. – «Ja, aber Globke ...» – Als ob in der Volkskammer keine Parteigenossen gesessen hätten.
Einen ehemaligen Parteigenossen zum Bundeskanzler zu machen, das allerdings war geschmacklos.
Mitternacht. Die große Freude ist vorbei, das Deutsche setzt sich durch. Überall ist plötzlich wieder von Sozialismus die Rede. Trotz der Flüchtlinge, die ja gegangen sind, weil sie das System satt haben, und obwohl der Sozialismus auf der ganzen Welt bankrott gemacht hat.

Ich melde mich hier jetzt wieder ab.
Ein paar hübsche Bilder, die Mauer wird überall mit Hammer und Meißel durchlöchert. Kinder, alte Männer, Frauen, Russen sogar. Ein humorloser West-Polizist kommt geritten und verbietet es. Will den Leuten die Meißel abnehmen. Ein Galerist aus New York hat sich ein Stück herausoperieren lassen. «Für ein paar Blaue!» Am Brandenburger Tor wird die Mauer aus symbolischen Gründen nicht abgerissen. Es sollen «scharfe Zollbestimmungen» eingeführt werden, damit die DDR nicht ausblutet. Um die Währungsreform kommen sie nicht herum.
Es gibt Polen, die kaufen drüben irgendwas, bringen es nach Westdeutschland, verschleudern es hier billig für ein paar W-Mark und fahren wieder rüber und kaufen wieder usw.
Die DDR hat Auffanglager für rückkehrwillige Flüchtlinge eingerichtet, und zwar für 2000 Personen. Baracken mit sauber bezogenen Luftschutzbetten. Im Film wird's gezeigt, Feldbetten mit gefalteten Decken drauf. Eine Kantine, in der Eintopf hergestellt werden kann. Nun haben sie die Lager wieder aufgelöst, weil nur sieben Personen kamen.
Ein Herr aus Amsterdam wegen des Eklats im Goethe-Institut. Es kämen zu Vorträgen immer Menschen, die etwas gegen die Person des Vortragenden haben oder gegen das Thema – oder Leute, die sich ärgern wollen oder sich selbst am Mikro hören wollen.
Einige seien nur gekommen, weil ein deutscher Autor angekündigt worden sei, der gegen die Russen spioniert habe und noch immer Antikommunist und Russenfeind sei. Die Russen seien doch ihre Bundesgenossen (gewesen). Er tröstete mich: «Ein früherer Schüler von mir sagte, er habe ein stellvertretendes Schamgefühl gehabt wegen seiner dummen Landsleute. Aber für Landsleute wollen wir uns nicht mehr schämen, nicht wahr? Da tragen wir keine Verantwortung, schließlich wählen wir nicht unsere eigene Wiege. Sie doch auch nicht?»
Sehr nobel.

Nartum Mo 20. November 1989

Bild: 3 Millionen kamen rüber / Danke, ihr wart wunderbar!
ND: Koalitionsregierung Modrow mit großer Mehrheit gewählt / Egon Krenz im Fernsehen der DDR: Grenzöffnung ist keine Wiedervereinigung

TV: Rostock, sehr schlecht gemachter Film. Anstatt Bevölkerung zu Wort kommen zu lassen, wurden SED-Leute interviewt (Radio Bremen!). Eindrucksvoll war die Marienkirche, innen, bei völliger Dunkelheit, nur Schemen, die Orgel, Tausende. Man ließ sie ein unverständliches englisches Lied singen («We shall overcome»), wozu sie leicht schunkelten. Keiner kannte den Text. – Ansonsten lautet die neue gesamtdeutsche Nationalhymne: «So ein Tag, so wunderschön wie heute!» – das wurde allerdings nicht in der Marienkirche gesungen, das gröhlten die Besoffenen draußen mit erhobenen Flaschen. Renate erzählte, die hätten so viel getrunken, daß sie einfach umfielen. Sie sagte auch, daß die meisten Ossis jetzt nicht mehr über den Ku'damm liefen, sondern nach Kreuzberg führen. Es sei in der Stadt keinesfalls leerer geworden, die Leute seien eben woanders. Kreuzberg grenze an die Mauer, das werde später bestimmt Zentrum.
In einem Lokal habe sie mit ihrer Freundin zwei Amerikaner kennengelernt, die hätten wohl gedacht, bei dieser allgemeinen Verbrüderung könnten sie sich zwei Mädchen aufreißen, hätten dann noch telefoniert. Sie lachte, als ich sagte, ich hätte gedacht: Meine Kinder, in Berlin, die kriegen das bestimmt nicht mit, die sitzen bestimmt vorm Fernseher und sehen einen Western.
Die Leute sind absolut fassungslos. Sie schieben sich durch die Kaufhäuser und denken, sie träumen. Die Reporter, die früher gegen Konsumrausch gewettert haben und gegen die Überflußgesellschaft, hören die Beschreibungen der Träumenden gern. Ansonsten sind die Reporter von einer abgefeimten Blödheit:
R: «Sie sind heute morgen ganz früh losgefahren?»
Ossi: «Ja, wir sind heute früh gleich um fünf ...»
R: «Und Sie freuen sich, daß Sie nach 28 Jahren zum ersten Mal

wieder in die geteilte Stadt gehen können, in die Sie bestimmt schon früher mal ...»
Ossi: «Ja, wir haben uns sehr gefreut ...»
R.: «Und heute abend fahren Sie wieder zurück?»
Ossi: «Ja, heute abend fahren wir wieder zurück!»
So in diesem Stil. Sogar Lea Rosh, in Mauerbesichtigungs-Spezialkleidung mit hochgedonnertem Haar, lief in Mauernähe mit Mikrophon herum, sie will sagen können, sie sei dabei gewesen. Interessant, wie sie nur *die* Antworten bekam, die sie auch hören wollte. Wir sind lahme Blödmänner gegen die, den neuen Kurs hat sie schon anvisiert: daß das kapitalistische System natürlich für die da drüben nicht taugt, daß selbstverständlich die Einheit nicht gewünscht wird, daß es unerhört ist, wie die DDR nun ausgeplündert wird usw. Das Neue, wie es gewünscht wird, nahm auch bei den Grünen in ihrem Parteigequassel Gestalt an, aber irgendwie sind sie frustriert, daß das Neue da drüben doch nicht so kommt, wie sie meinen. Daß immer noch jeden Tag 3000 flüchten, wollen sie nicht wahrhaben.
Ganz andere Töne ließ Reich-Ranicki vernehmen bei einem Neuner-Stammtisch mit Ulla Hahn und dem – wie heißt er noch – Entführte-Kinder-Vater, Kronzucker. Der nannte allerhand Autoren mit Namen, u. a. Christa Wolf (die erst einen Tag nach dem 9. November ihr Parteibuch abgegeben hat), Stephan Hermlin mit seinen Stalin-Oden (Hermlin am 9. 11.: «*Eine* Stalin-Ode? Nein, ich habe *drei* geschrieben!»). Ranicki wurde von der Runde niedergeschrien, das gehöre sich nicht, ein Scherbengericht, das sei nicht unsere Sache ... «Von Kant ganz zu schweigen», wurde auch gesagt. – Marlies Menge in der ZEIT bewundert Ossis, die sich extra DDR-Fähnchen gekauft haben und zu der Massenkundgebung vor dem Schöneberger Rathaus mit Hammer und Zirkel gegangen sind und Kohl ausgepfiffen haben. – Warum haben sie's eigentlich getan? Und waren das wirklich Leute aus dem Osten?
Käthe Kollwitz: Tagebücher (innere Emigration!) und Goldstücker, bei dem mich das lange Mitmachen stört. Hinterher ist der Jammer groß. Mehr oder minder.

Uns wird im TV Entscheidendes nicht gezeigt. So die gefilmten Selbstbezichtigungen der Politgreise Hager, Sindermann, Mielke. Daß die auf keinen Fall bestraft werden dürften, wird gesagt, das seien schließlich auch Sozialisten gewesen.
Nach und nach, ziemlich nach und nach, kommt heraus, wie die Ereignisse in Leipzig «auf des Messers Schneide gestanden» haben. In einem Wald hätten die Panzer schon die Motoren warmlaufen lassen, Krankenschwestern hätten Schnellkurse absolviert über das Verbinden von Schußverletzungen. Scharfe Munition an Betriebskampftruppen, Maschinengewehrnester auf Dächern (!). Die Leipziger, die an dem Abend auf die Straße gegangen sind, hätten genau gewußt, was ihnen da blühte, und sie seien trotzdem gegangen. Von den Prügelpolizisten ist noch kein einziger zur Verantwortung gezogen worden. Überhaupt: Enthüllungen fehlen. Nur, daß in Bitterfeld die Lebenserwartung der Menschen um acht Jahre (!) niedriger sei wegen der Pestilenzen, die die Industrie dort in die Luft schleudert. – «Ja», hat ein Funktionär gesagt, «die rauchen da unten mehr als anderswo. Deshalb sterben sie früher.»
Ohne Wiedervereinigung schaffen die das in zehn Jahren nicht. Und da «Gorbi» gegen dieselbe ist, sehe ich schwarz. Er *kann* ja gar nicht dafür sein.
Es wird dauernd gesagt: Wir dürften denen da drüben keine Ratschläge erteilen. Wieso eigentlich nicht? Man wird sich doch noch Gedanken machen dürfen? Ein guter Rat ist bekanntlich teuer. Gegen Mittag fuhr ein Auto vor mit einem Steinmetz aus Rostock und seiner Frau. Er hat von der Friedhofsverwaltung den Grabstein unserer Großeltern gekauft und gleich mitgebracht. Nun, das war eine Überraschung! Wir wuchteten ihn in den Garten. Wir werden ein gutes Plätzchen finden. 400 DM gab ich dafür. Sie erzählten, daß sie jetzt, als Rostocker, in Thüringen kein Benzin bekommen und in den Gaststätten nicht bedient werden, weil nirgends zu lesen steht, daß auch in Rostock demonstriert werde. «Und dabei demonstrieren wir jede Woche!»
Zunehmend Besorgnis wegen der Entwicklung: Das kriegt niemand in den Griff.

Nartum Di 21. November 1989

Bild: Experten einig – Krenz hat noch 4 Wochen / Zwangsräumung / Mieter sprengt sich in die Luft
ND: Für ein friedliches, geregeltes Miteinander von DDR und BRD

T: Mit Prinz Charles und Lady Di in einer speziellen Schlemmer-Bar: Wir gehören dazu. Als sie weg sind, esse ich seinen übriggebliebenen Pudding auf.

Ein junger Foto-Schüler aus Berlin war gestern da, sollte einen «Prominenten» fotografieren. Er stellte sich ziemlich linkisch an, hatte natürlich auch keine ordentliche Kamera. Nein, die Ereignisse in Berlin haben auf ihn keinen Eindruck gemacht, sagte er, und fotografieren hätte er sie auch nicht wollen. Das seien ja immer dieselben Bilder. Ich fragte ihn nach Impressionen, da sagte er: «Ich sah einen Mülleimer auf der Straße stehen, bis oben hin voll mit Bananenschalen.» Aber fotografieren hätte er das nicht wollen, nein. Dieser Mann wird kein Fotograf.
Im «Spiegel» eine verdrehte Meldung über mich. Inhaltlich stimmt sie (Reise nach Holland betreffend). Was mich dabei stört, ist, daß ich die abgedruckte Bemerkung im privaten Kreise gemacht habe.
Friederike erzählt, daß in der Berliner Uni ein Professor gefragt hat, nun sei er mal neugierig, ob z. B. der Kempowski wieder rüberreisen dürfe. Da habe sie ganz laut gesagt: Ja, da wär' sie auch neugierig. Alle hätten sich nach ihr umgedreht. Gestern hat der Rostocker Steinmetz erzählt, daß er '52 verhaftet worden sei von der Stasi, «viel Prügel». Dann vier Jahre Waldheim, dort Krankenpfleger.
Das schlechte Image Kohls: Der kann machen, was er will, der hat immer ein schlechtes Image. Es sind die Halunken, die verherrlicht werden.
Gestern hatte ich eine seltsame Erfahrung. Ich sollte mich für den Fotografen an den Flügel setzen und spielte die F-Dur-Sonate,

wie immer mit geschlossenen Augen. Er bat mich, die Augen zu öffnen, und als ich dann auf die Tasten sah, verspielte ich mich sofort.

In der FAZ ein Bericht über Wandlitz, Bonzograd, wo 24 führende SED-Leute ein Schlemmerleben führen. Die Läden boten Sonderimporte an. Damit ist es nun vorbei, es soll Museum werden (so wie die Marcos-Villa?). – Die Verkäuferin war irgendwie beleidigt. Sie hält, wie gutes Dienstpersonal, zur Herrschaft. Die Übersiedler werden in den Zeitungen kaum noch erwähnt. Seit Öffnung der Grenze sind es fast 40 000. Die wissen, was ihnen drüben blüht. Das sind die Realisten. – Ich würde nicht leben können in einem Land, in dem Modrow oder die Bohley das Sagen haben. Auch das kleinere Übel bleibt ein Übel. Übrigens haben hier Spekulanten sämtliche Ostmark aufgekauft, es ist keine mehr zu bekommen. Es gibt auch Ossis, die hier ihr Begrüßungsgeld in Ostmark umtauschen.

Hildegard hat eine wahnsinnige Erkältung, und ich hätte sie auch, wenn ich nicht immun dagegen wäre. Ich kann mich nicht erinnern, jemals Husten oder Schnupfen gehabt zu haben; auch Fieber habe ich äußerst selten. Ich merke es übrigens, wenn mein Körper Erkältungen abwehrt, einzelne Bazillen schlüpfen durch, werden aber sofort eliminiert. Das dauert zwei, drei Minuten, dann ist der Spuk vorüber.

Ostleute drüben, an der Mauer: Die Mauer müsse bleiben, sonst kämen Aids und Drogensucht sowie Kriminalität herüber. Kriminalität? Als ob es dort keine Bösewichter gäbe!

Herr Bittel hat mich wegen der «Spiegel»-Notiz zur Ordnung gerufen. – Ich werde keine Richtigstellung «beantragen», ich habe ein Recht auf Altersstarrsinn. – Er kann es nicht begreifen, daß es Menschen gibt, die eine andere Meinung haben als er. Als ich neulich sagte, daß die BRD das einzige Land sei, das man als «sozialistisch» bezeichnen könne, weil kaum ein Wunsch offenbleibe, traute er seinen Ohren nicht. – Und was den «Spiegel» angeht, da müßte er es doch von Kolbe her noch wissen, wie gemein Presse sein kann. – Der Verlag müßte doch immer und sofort auf der Seite seines Autors stehen, das Gute glauben, annehmen.

Sie kennen mich überhaupt nicht. Das ist wahr.
Arbeit am «Echolot», den ganzen Tag. Höchst befriedigend: abgehoben und haushälterisch.
Gekauft: Lipscher, «Simon, der Gerechte» zweimal. Dieses Buch, das der Verlag nicht verlegen wollte, obwohl es doch zum «Sisyphos» gehört.

Nartum Mi 22. November 1989

ND: Genscher plädiert für «starkes Signal an Länder des Ostens»

Film über eine hartnäckige Frau, die das Grab ihres gefallenen Mannes sucht, 1944 in Ungarn gefallen. Schließlich wird es gefunden, und es wird geöffnet. Und da tut es einem fast leid, daß es gefunden wurde: Der Tote wird gezeigt, liegt auf der Seite, ganz friedlich. Man hätte ihn liegenlassen sollen. Statt dessen die Knochen heraus, einzeln vermessen usw. Und schließlich in einem Plastik-Karton woanders wieder eingegraben. Bis dahin hatte das Leben der Frau einen Sinn gehabt, den Toten zu suchen. Nun ist alles aus. – Das Verwundetenabzeichen bat sich die Frau für ihren Sohn aus. – Gut gemachter, trauriger Film, der mich an meinen Lebensverlust erinnerte.
Will Glahé ist gestorben. «Im Gänsemarsch». Schade, daß ich ihn nicht mal interviewt habe. Eine Gerontenliste anfertigen: Zeit-Zeugen oder «Wissensträger». Sytematisch die Leute aufsuchen, wie damals 1982 die 1933er-Zeugen.
Das Übersiedler-Barometer. Täglich noch immer (oder wieder) 1500.
Nun geht es auch in der ČSSR los. Offenbar hat die sogenannte «Führung» dort aufgegeben. Auch in Prag gewaltlos. Weinende Männer, die die alte Nationalhymne singen. Generalstreik. Die Mechanik der Revolution. In der DDR ist die Sache in eine stillere Phase eingemündet, da wird nun «hinter den Kulissen gerungen», wie man so sagt.

Heute waren Leute vom Diners Club hier. Sehr reserviert. Sie kamen sofort auf die «Spiegel»-Notiz zu sprechen. Das beunruhigte mich dann so, daß ich Karasek um Rat bat. Und er half mir. Langer Spaziergang mit dem Munterhund (vier Kilometer), der gar nicht wußte, wie ihm geschah. Emmi blieb zu Haus. Rumäniens Ceauçescu wurde folgendermaßen genannt: Gigant der Neuzeit / Ein Licht, das selbst der Sonne trotzt / Genie der Epoche / Erlöser der Erde / Schatzkammer der Weisheit / Erster Denker dieser Erde / Aufgeklärter Stratege des Glücks / Garant der Blüte Rumäniens / Titan der Titanen.

Nartum Do 23. November 1989

Bild: Fantastico! Werder entzaubert Neapel 3:2
ND: Ohne SED gibt es bei uns keinen Sozialismus

Cherry Duyns, der holländische Regisseur, den ich in Amsterdam kennenlernte, kam und zeigte uns zwei sehr gut gemachte Filme. Er will einen Film über mich drehen, was im Hinblick auf die Qualität des Gesehenen sehr zu wünschen ist. Angeregtes Gespräch über deutsch-holländische Probleme. Er hat mich in Amsterdam gehört und auch nicht verstanden, was die Bemerkung im «Spiegel» soll. Auch sein Chef und seine Frau waren da. Haben wir also wieder was vor.

2000: *Der Film wurde gedreht und in Holland gezeigt. Kein einziger deutscher Sender übernahm ihn. Ich hab' mit meiner Haftzeit irgendwas falsch gemacht, ich liege mit ihr nicht richtig.*

Die Ostzonenpolizei hat die lebensfrohen Malereien an der Mauer entfernt. Es gehört wirklich nicht viel dazu, die Deutschen hassenswert zu finden. Dazu paßt auch, daß ich jetzt von niemandem aufgefordert werde, von Bautzen zu berichten.

In der ČSSR Eskalation. Dubček sprach. Originelle Varianten: Schlüsselklirren der 100 000. Und: Valek (oder wie der KP-Chef heißt), wir sind noch da! Eher geflüstert. Keine Erbitterung, nur: Jetzt ist es soweit.
Inzwischen bin ich wieder auf Reisen. An einem Kraftwerk vorüber. – Eine Frau putzt die Fenster und winkt dem Zug zu. – Das machten Kinder früher. Von all den vielen Eindrücken ist das Gehirn so erschöpft, daß es mir fortwährend die unsinnigsten Merkwörter zuraunt: Gleis 4, Gleis 4, Gleis 4, Gleis 4 ... Oder 10 Uhr 35, 10 Uhr 35, Gleis 4, 10 Uhr 35, Gleis 4 ... Als ich in Bern war: Berner Oberland, Berner Oberland ... ununterbrochen.
Nicht abgeerntete Apfelbäume.
Die Katzen sind nun doch zutraulicher geworden. Von mir lassen sie sich noch nicht anfassen, aber von Hildegard. Der Munterhund hat sich an sie gewöhnt, merkwürdigerweise. Er pinkelt nur überall hin, letzte, verzweifelte Versuche, das Revier zu behaupten.
Ein Herr zeigte mir seine Hände: Die seien seit seiner Kindheit nicht mehr gewachsen.
Im dritten Programm das «Musikalische Opfer». Den Schluß haben sie einfach weggedreht, weil die Sendezeit vorüber war. Neulich, im Mozart-Film, sangen sie englisch.

Nartum   Fr 24. November 1989

Bild: Kreml-Flieger Rust stach Mädchen nieder
ND: Ministerrat beschloß Maßnahme gegen Schieber und Spekulanten

Die Linken beginnen sich zu sammeln. Am schlimmsten ist das AL-Volk. Aber man muß auch sehen – nein, es ist zu widerlich. Die schönen Tage von Sowieso sind absolut zu Ende, was jetzt abrollt, das ist ein teures Trauerspiel. Nein, ich werde mich an

der Diskussion nicht beteiligen. Bei uns in Deutschland gilt: 1 + 1 = 3, da ist nichts zu machen.
Dubček war zu sehen, auf dem Wenzelsplatz, er wischte sich die Augen. 67 Jahre alt ist er, da kann er noch einmal von vorn anfangen. Einen Sozialismus mit menschlichem Antlitz propagierte er damals. – Die italienischen Kommunisten geben Hammer und Sichel auf und streichen das «K» in ihren Partei-Initialen. So was nennt man Kosmetik, denn die Schuld, die sie auf sich geladen haben durch Diffamierungen, Lügereien und Morde, können sie damit nicht streichen, das besorgt dann der liebe dämliche Westen.
Eine Frau erzählte, sie habe als junges Mädchen 1935 eine Dichterlesung in Lippoldsberg erlebt. Das sei wunderbar gewesen, unter freiem Himmel, mehrere Dichter. – So werden die jetzt jungen Mädchen in 50 Jahren vielleicht auch sprechen, von unseren Zusammenkünften.
Im TV Aufnahmen des 91jährigen Rudolf Heß. Der gehörte damals zu den wenigen akzeptableren Figuren. Aber auch verrückt, irgendwie. Ekstatisch versponnen. Wir hatten ihn als Lineol-Figur und wußten nie, was wir mit ihm anfangen sollten. Faber du Faur bezeichnet ihn als unheimlich. – Die in allen Punkten, auf allen Gebieten, über Jahrzehnte hinweg beibehaltene Sturheit der Sowjets. Die mit Hitler-Gruß ins Olympia-Stadion einmarschierenden Franzosen. – Er brachte zu einem Essen bei Hitler sein eigenes Körnerfutter mit, ein Adjutant trug es ihm hinterher. Das hat Hitler sich verbeten.
Die Handwerker ließen meine Kugelbahn klingeln. Sie hatten ihr Vergnügen daran. Man kann es auch besser machen. Mit so was imponiert man den Leuten mehr als mit gesammelten Werken.
Allerhand Biographien gelesen. Eine gute ist dabei, eine sogenannte Fremdarbeiterin aus Polen. Leider wohl zu kurz. Und nicht grauenhaft genug für unsere Zwecke.

Nartum Sa 25. November 1989

Bild: Wie irre ist Rust?
ND: DDR und Österreich erweitern ihre Zusammenarbeit in der Wirtschaft

Aus Hamburg kam eine Sendung Fotoalben, für die ich 280 Mark bezahlte (viel Reise, 30er Jahre). Wir haben hier nun etwas über 200 Fotoalben: Auch das sind Biographien. Unser Archiv wäre unvollständig ohne sie. Aber wie sollen wir sie «erschließen»? Was kann ich daraus dem «Echolot» zufügen? Fotos werden ab 1943 selten.

Nartum So 26. November 1989

Welt am Sonntag: Volk erzwingt weitere Rücktritte / Größte Demonstration in der Geschichte der ČSSR: 500 000 auf den Straßen der Hauptstadt Prag
Sonntag: Der Dresdener Weg. Wie wird man Reformpolitiker? Gespräch mit OB Wolfgang Berghofer

T: Ich gehe eine schmale Landzunge entlang, an die das Wasser spült; nun muß ich ein Stück waten, aber es ist doch tiefer, als ich erwartet hatte. Den Berg dort werde ich nicht erreichen können. Also kehre ich lieber um. – Bin ganz erleichtert, daß ich mich zur Umkehr entschlossen habe.

Flohmarkt in Bremen. Ich kaufte Ansichtspostkarten von Rostock und Hitler-Briefmarken für das «Echolot»: 45 Mark, alte Briefe: 60 Mark und Zeitschriften: 70 Mark. Ich hatte meinen Fotoapparat mitgenommen, aber ich kam nicht zu Schuß. Eine skurrile Händlerin wurde leider von einem Passanten vor mir gewarnt, als ich den Apparat zückte. Die goldenen Zeiten des Sperrmülls, wir haben an ihnen leider nicht teilgenommen. Auf dem Lande wird nichts weggeworfen.

Nartum Mo 27. November 1989

Bild: Zwangsumtausch weg! / Wir können ohne Visum rüber
ND: Von dieser Stadt gingen Signale zur Erneuerung des Sozialismus aus / Egon Krenz im Gespräch mit Leipzigern auf der Straße, im Warenhaus etc.

Heute vor ich weiß nicht wieviel Jahren versuchte ich dem Verhängnis zu entrinnen, 1947. Als ich damals ging, hatte ich einen sogenannten «Kehrdichannichts», der sich bitter rächen sollte. «Es sollte nicht zu unsrem Segen werden», wie Mutter sagte. Oder doch?
Inzwischen ist auch die ČSSR «am Kippen». Den alten Dubček zu sehen, war schon ergreifend. Die vielen Fahnen, das Schlüsselklirren. Bei uns spitzt sich das «Wiedervereinigungs-Gerede» (Vogel) zu, es wird uns auf Jahre nicht mehr verlassen. Auch von drüben «schallt's». Wer was auf sich hält, ist gegen sie.
Ich aß im «Ali Baba» eine Suppe mit Käseeinlage, die sehr lange Fäden zog.

Nartum Di 28. November 1989

Bild: Die schönste Botschaft zum Advent / Jetzt reißen sie die Grenze ein / Die ersten 11 Kilometer Stacheldraht weg
ND: Für neues Verhältnis von Regierung und FDGB

Lesung in Merzig. Habe meine Fahrkarten zu Hause liegenlassen! Und kaum Bargeld in der Tasche. Das sind diese Reisebegleiterscheinungen, die man eben absolut satt hat. Ist mir noch nie passiert! – Eben höre ich, daß ich auch mit Euroscheck im Zug bezahlen kann. Aber die Unruhe bleibt. Es war alles so gut organisiert. – Ich aß zwei Spiegeleier mit Bratkartoffeln im Speisewagen, trank dazu ein Pils.
12 Uhr. – Nun habe ich mich beruhigt. Es gelang mir noch, in

Bremen eine «Supersparfahrkarte» zu ergattern. In Köln steige ich für zwei Stunden aus. Es ist alles so praktisch, entkrampft. Ich denke bei jeder Annehmlichkeit, die ich genieße, an die Mecklenburger und Sachsen, die das alles nicht haben. Allmählich ebbt der Jubel ab, es bleibt das große Erstaunen. Und nach und nach kommt all das Schäbige heraus, was sie drüben als Errungenschaften priesen und hier im Westen bewunderten!
Es fiel mir auf, daß in der Hochschule keine DKP-Plakate mehr hängen. Das Geld fließt wohl nicht mehr.
Ein besonders widerliches Kapitel geht auch hier zu Ende. – Nun werden die Menschen zehn Jahre zu tun haben, alles wieder aufzuräumen. Wie die Goeller sich darüber amüsierte, daß die Ossis nach Südfrüchten anstehen, und daß ihr niemand den Mund verbot. Alle haben genickt. (Schily mit seiner Banane).
Davor haben die Europäer Angst, zu Recht, das Irrationale, das die Deutschen an sich haben, ist eine besonders unangenehme Erscheinung. – Nein, mich haben die 68er-Vorkommnisse nicht erhoben, und das, was dann kam, hat mich nicht überzeugt. Der Schaden, der von den Stürmern und Drängern angerichtet wurde, beläuft sich auf viele Milliarden Mark.
Wir erinnern uns in dieser Stunde an all die kleinen und großen Gemeinheiten der Kommunisten: Als sie 1946 von den Unternehmern Steuern *nachträglich* verlangten, obwohl die Bankkonten eingefroren waren. An die grauenhafte Bodenreform, die systematische Vernichtung der kleinen Existenzen. «Wahlkampf» 1946 – lassen wir das. Der Aufstand in Bautzen, im März 1950, und: sechs Jahre lang Salzmohrrüben und Sauerkraut. – Und dann hier ein X für das U. 40 Jahre lang – es ist zu lang, man hat keine Lust und Kraft, all die Steine aufzusammeln. Und schmeißen will man sie schon gar nicht.
Henrichs in der ZEIT amüsiert sich darüber, daß die Leute am 9. November geweint haben. Und die «Tagesschauen» und «Heutes» haben uns verschwiegen, daß schon seit einer Woche auch drüben die Wiedervereinigung gefordert wird. Er amüsiert sich über den «glasigen Blick» der Zonis in den Westkaufhäusern. Und Frau Sichtermann liefert einen Schmierartikel ab, daß man

sich die Augen reibt, und das in der ZEIT: Sie wundert sich, daß einer sagt, die Leute in der Zone seien 40 Jahre länger der Unfreiheit ausgesetzt gewesen als wir. Daraus konstruiert sie, es würde SED und Nazi-Herrschaft gleichgesetzt. Es war schon ganz richtig, daß ich die ZEIT abbestellt habe. Hab' mir viel Ärger erspart.
Dagegen Bienek, und das muß hier zitiert werden:

> Es gibt keinen Sozialismus, auch keinen mit dem menschlichen Antlitz. Denn der Sozialismus ist eine blutige, mörderische Fratze. Er stellt das Wohl der Partei, die Planwirtschaft, die Macht der Herrschenden, eine noch so diffuse Ideologie über das Wohl des Menschen. Der Sozialismus – das sind 30 Millionen Tote ... Jede Woche finden die Mitarbeiter von «Memorial» ... bei Minsk neue Massengräber. Der Sozialismus hat in Ungarn, in Polen, in der Tschechoslowakei, in den baltischen Ländern, ja auch in der DDR Unterdrückung gebracht, Opfer an Menschen, an Ideen, an gutem Willen ... Es gibt keinen neuen Sozialismus. Der endet wieder so.

Und der Kubaner Guillermo Cabrera Infante sagt:

> Es ist der Sozialismus, der den Sozialismus besiegt hat. Im Fernsehen konnte man sehen, daß die sozialistische Supermacht, die Fernlenkwaffen besitzt und Mondraketen und Satelliten zur Erkundung des Weltraums und Atom-Unterseeboote und Panzer, welche General Guderians Stolz gewesen wären, keinen einzigen Bulldozer hatte, um die Trümmer wegzuräumen und das Leben der Menschen zu retten, die bei einem Erdbeben verschüttet worden waren! ... Der Preis des Sozialismus ist Sklaverei, Grausamkeit und Tod – alles im Namen des Menschen. Man sollte nicht vergessen, daß auch Hitlers Nazi-Partei sich sozialistisch nannte.

Raddatz stellt die Frage nach den kleinen Schuldigen, den Wächtern, Spitzeln, Folterern. Sie werden (wieder) ungeschoren davonkommen. Es ist sehr ulkig, daß man jetzt die Flüchtlinge madig zu machen versucht, dabei waren sie es doch, die, mit den Füßen abstimmend, die ganze Entwicklung auslösten.
Es ist immer wieder zum Wundern: Leute, die in der ersten Klasse ungeniert die «Bild»-Zeitung lesen.

Der von Raddatz befragte Semprun bezeichnet die Teilung Deutschlands theoretisch und historisch als einen Skandal. – Was er sonst sagt, läßt einem die Haare zu Berge stehen. Da ist einer Kommunist geblieben, obwohl er *alles* wußte.
Ich habe meine Neugier befriedigen können.
Der PEN hat von Gorbatschow verlangt, sie sollen Bienek und mich rehabilitieren. Das kann man doch gar nicht, ich habe ja «wirklich was gemacht», Gott sei Dank.

Trier, Altstadthotel Mi 29. November 1989

Bild: Wiedervereinigung / Der Anfang ist gemacht
ND: Noch haben wir die Chance einer sozialistischen Alternative zur BRD

Äußerst angenehme Verhältnisse, großes Zimmer, Frühstücksraum ohne Musik, riesiges Buffet. Schreiben wir mal auf, was es hier alles gibt. Also, Kaffee, Kakao und Tee, wobei der Tee zubereitet wird nach Wunsch der Gäste. Ich: Earl Grey und Darjeeling gemischt. Plus Kandis. Weitere Getränke: Orangensaft, rot und gelb, Milch, Grapefruitsaft. – Brötchen, Rosinenbrot, Croissants, drei Brotsorten (etwas zu dick geschnitten), Knäkkebrot, Zwieback, Eier natürlich, Margarine, Butter, Joghurt in drei Sorten, fünf Sorten Marmelade, vier Honigsorten. Apfelkraut, Sirup, Birnenmuß im Näpfchen. Dazu fünf Marmeladen offen, Quark, Nutella. – Vier Sorten Müsli, Nüsse, Rosinen, Schokolade, Backobst. Obstsalat, vier Sorten Käse, Tomaten, Salzgurken, sieben verschiedene Pasteten, zwei Sorten Wurst im Darm, fünf Sorten Käse offen, Schinken, drei Sorten Wurst in Scheiben. Sekt nach Wunsch. Und eine große Obstschale.
Drückende Einladung von Norbert Blüm.
Auch heute wieder in der FAZ, daß sich unter den Demonstrierenden in Leipzig das Verlangen nach Einheit der Deutschen durchsetzt. Die neuen Politiker da drüben stemmen sich mit

einem Aufruf dagegen, den natürlich auch Christa Wolf unterzeichnet hat.

Trier, Diözesan-Museum. Etwas verworren und z. T. schlecht beschriftet, man läuft um die Exponate herum und sucht vergeblich eine Tafel. So z. B. die große Granitsäule. Aber eindrucksvoll, in Glasvorbauten, und draußen blauer Himmel.
13 Uhr. Die Stadt wirkt auf mich brutal-anekelnd. In der Einfahrt eines früher mal herrschaftlichen Palais ein Zigarettenautomat: Volkshochschule. – Kaufhausarchitektur von extremer Scheußlichkeit. – Die Ausgrabungsstätte auf dem Viehmarkt liegt brach da: Mit dem Blick in die Geschichte ist nichts anzufangen. – An jeder Ecke DDR-Übersiedler, verschüchtert – naiv. Traurig. – Ich kaufte ein Achtel Jagdwurst mit Knoblauch, ein Schälchen Kartoffelsalat und ein Stück Brot und sitze nun im Hotel und «klage über verlorene Schöne».
Woran erkennt man Ossis? Diese Frage habe ich mir heute in Trier gestellt. Am sächsischen Dialekt, sonst nicht. Manchmal tapern Westdeutsche mit staunendem Ostbesuch durch die Straße. – Auch unter der Westbevölkerung gibt's ja Leute, die dürftig gekleidet sind. Einer sagte: «An den Turnschuhen erkennt man sie.» Auf dem Hauptmarkt, weihnachtsmäßig, eine Glühweinbude, und davor standen sie in Crowds, immer fünf, sechs zusammen – das ist wohl ihr Treffpunkt –, sie machten aber gar keinen gedrückten Eindruck. Trabis waren nicht zu erblicken. – Ich kaufte zwei gute Scheren in einem Spezialgeschäft. Endlich! Immer macht man den Fehler und kauft zu billig. Hier mußte ich für zwei Scheren 139 DM zahlen. – Die feine Schere, die ich kaufte, wird gut gegen meine einwachsenden Wimpern sein.
Nach Tisch erquickend geschlafen, konnte kaum wieder wach werden. Aber: entzündete Augenlider, was auf die Verwendung dioxinhaltiger Farben o. ä. im Hotel schließen läßt. Meistens liegt es am Teppichkleber.
Den Dom angesehen, der Raum wirkt angenehm, groß, großzügig, leider entstellt durch Zutaten und Spuren der Französischen Revolution, alle Kleinaltäre weg. Hochaltar sympathisch-

kitschig mit erleuchteten Kristallsternen. Auch der Heilige Rock ist zu sehen, wenn auch zugedeckt, mit einem roten Teppich. – Die sogenannte Basilika war geschlossen, wie immer (evangelisch!), die hat tatsächlich nur geöffnet von 11 bis 12 und von 15 bis 16 Uhr. Ich erinnere mich an 1957, an unsere Radtour. Von draußen nicht gerade schön. So fabrikartig – oder Bahnhof.
Ratsherrenspieß / Kalbsteak «Hawaii» / Filetspitzen in Kräutersahne / Ratsherrenpfanne / Senatorenpfanne.
In einem Café gesessen, Himbeertorte mit Schlagsahne, und die beiden Serviererinnen beobachtet, sehr angenehme Erscheinungen. – Eine lustige kleine Kellnerin lachte mich an. Ich sag': «Na, Sie sind so lustig? Haben Sie Geburtstag?» – «Nein, ich bin öfter gut gelaunt. Sie sind doch Herr Kempowski? Sie haben mal in Karlsruhe gelesen, im Gymnasium ...»
Telefon, Renate hat einen Preis bekommen in Krakau.
Eine Stadt voller Spielhallen. Sie klagen, daß der CDU-Stadtrat es zugelassen hat, daß die ganze Stadt verhunzt wurde.
Lesung in Konz. – Der Stadtdirektor macht darauf aufmerksam, daß Fledermausausstellung ...
In der ČSSR haben sie's nun geschafft. Auch sie sind das Pack los. Die Kommunisten sind erledigt! Und das alles in so kurzer Zeit. Nur, weil die Ungarn ihren Zaun ein Stückchen geöffnet haben. Kleine Ursachen, große Wirkungen, das kann man wohl sagen.
In der DDR bewegt sich im Augenblick nichts. Die «Künstler» haben beschlossen, es nochmals – allein – ohne die BRD zu versuchen und zwar mit dem Sozialismus. Sie wollen sich nicht «schlucken» lassen. Na, das gibt ein Hinsiechen auf Raten. Wer da wohl die Verantwortung übernimmt. Später werden sie dann sagen: Wir haben uns eben geirrt.
Raddatz hat sich inzwischen, wie er im TV sagt, auch von der Linken abgewandt.
Lesung: Die Leute nickten mir ermunternd zu, ich soll so weitermachen und: Nur keine Angst! Ganz tutig. Lieb. Auch einige Schüler darunter, die sich offensichtlich sehr amüsierten. Hinterher kamen sie und sagten, sie hätten so eine Art Kempowski-

Fan-Club. Ein dunkles Mädchen in der ersten Reihe gab abfällige Bemerkungen von sich, zu ihrem Nebenmann, sie klatschte ostentativ nicht. Kann ich verstehen. Nichts langweiliger als das plumpe Lob. Der verächtlichen Dame zeigen, daß man das genießt und ihr dadurch die Nase dreht.
Archipel Gulag II. Dieses unsinnige Gerede, ob man die Gulag-Sachen mit den Nazi-Angelegenheiten gleichsetzen wollte. Vergleichen kann man sie. «Wir haben niemanden vergast, weil wir kein Gas hatten», sagt Solschenizyn, der die Anzahl der SU-Toten mit 66 Mio. angibt.

Trier Do 30. November 1989

Bild: Der COOP-Sumpf / Der feine Herr Lappas verhaftet und 4 andere Bosse
ND: Frankreich will für die DDR ein echter Partner sein / Einheit der Partei bewahren

17 Uhr. – Den ganzen Tag bin ich in Trier umhergelaufen, wie gestern. Ein Herr Kaun lud mich zum Essen ein und führte mich durch die Stadt und zeigte mir lauschige Pfarrgärten und Mauergäßchen. Er erklärte mir auch die Ausgrabungen auf dem Viehmarkt, die offenbar nicht so sensationell sind, wie man denkt. Zur Römerzeit habe hier noch mediterranes Klima geherrscht, sagt er. Überdachte Laubengänge usw. Die alten Römer hätten sorgfältiger gebaut, als die Leute im Mittelalter. Er zeigte mir das. Der gute Mann ging in Hemdsärmeln, und dabei ist es doch Ende November!? «In Trier läuten die Glocken, wenn es nicht regnet», wird gesagt. Oder: «Entweder regnet's, oder es läuten die Glocken». Münzfunde im ausgetrockneten Bett der Mosel, Zigarrenkisten voll, vor zehn Jahren. – Die akademische Buchhandlung hat kein einziges Buch von mir vorrätig. Im Stadtarchiv Fehlanzeige wegen Tagebüchern. Der Archivdirektor fertigte mich auf dem Flur ab, obwohl ich angemeldet war.

Nach der Lesung gestern eine DDR-Familie, mit der ich noch ein wenig zusammensaß. Obwohl sie große Schwierigkeiten hatten und haben, würden sie nie zurückgehen wollen, sagen sie.
Herrhausen ermordet.
Eine Frau sagte, sie habe ein Buch von mir gelesen, als sie schwanger war, sie habe so lachen müssen, daß ihr Mann gesagt hat: «Laß das, sonst verlierst du das Kind.»
In der Akademischen Buchhandlung für 38 Mark «Treverensia» gekauft.
Lesung in Daun (Koblenz).

Dezember 1989

Trier Fr 1. Dezember 1989

Bild: Alfred Herrhausen, Chef der Deutschen Bank, von RAF ermordet / Warum?
ND: Rund 100 000 Übersiedler in der BRD arbeitslos / ČSSR-Aktion 1968 aus heutiger Sicht nicht mehr zu akzeptieren

Lesung in Bad Honnef. Es war hübsch voll. Ich benutzte meinen Auftritt zur Werbung für das «Echolot», vielleicht schickt mir ja der eine oder andere was.
Hildegard meint, die RAF hätte mit dem Attentat wohl ihr letztes Geld verpulvern wollen, denn die Unterstützungen aus dem Osten blieben jetzt bestimmt aus.
Die drei DDR-Besucher hatten wundervolle Fahrräder, das sah irgendwie sippenartig aus, als sie davonfuhren. Die Kinder seien so schüchtern, sagt die Mutter, weil ihnen die Menschen hier als Übermenschen geschildert worden seien. – Ihre Sachen bekämen sie jetzt erst, nach sieben Monaten Warten. Beim Grenzübergang hätten sie immer gedacht: Wann kommt denn jetzt die Grenze? Und dann wären sie schon hier gewesen, alles ganz leicht, und zweieinhalb Jahre drauf gewartet. Gestern sind wieder 2500 gekommen. Das hängt mit dem Sozialismus zusammen, den die Leute drüben jetzt noch einmal ausprobieren wollen, das gibt den «Ausreisern» erst den richtigen Kick. Es ist, als ob sie verrückt geworden sind. Naja: Deutsche.
«Trotz überwältigender Kenntnis der trostlosen Lage und ihrer kaum minder trostlosen Ursache wird die längst mumifizierte Utopie beschworen. Ob Christa Wolf auf dem Alexanderplatz in Ost-Berlin oder der aus seiner Versenkung auferstandene Rudolf Bahro im Fernsehen – entgegen ihrer Erfahrung, auch ihrer

eigenen, meinen sie ernsthaft, nun sei der Zeitpunkt gekommen, den «demokratischen Sozialismus» einzuläuten. «Blindlings fallen die großen Worte, denen man abgeschworen hatte, auf die Zuhörer nieder», schreibt Kunert. Er meint, diese Bewegung könne «nichts anderes werden als ein Feierabend-Club oder ein Traditionsverein, in welchem man gemeinsam das Kommunistische Manifest liest, um sich dem Aufwachen zu entziehen».
Die politischen Häftlinge drüben sind noch immer nicht entlassen.
Ob es so etwas wie «Volks-Schizophrenie» gibt?
Biermann: Ist es nicht irgendwie tragisch, sein ganzes Leben mit einer Klampfe verbringen zu müssen? Das ist doch eigentlich nichts Ernsthaftes. Die Ballade auf Krenz, das war mal was Gutes, gegenüber den allgemeinen Unverbindlichkeiten. Aber doch auch sehr primitiv. Ein Knüller für die Massen. Ich habe Angst vor so was. Eine Aufhetzung, die zu nichts führt. Und wie sie diesem Infantil applaudieren!

> Am 1. Dezember 1989 sang ich in Leipzig in der eiskalten Messehalle II zum ersten Male nach langen Jahren in der DDR. Honecker war grad zurückgetreten worden, und das ewig lachende Gebiß wurde sein Nachfolger. Krenz versuchte als deutscher Gorbatschow, die Kurve zu kriegen.
> Ich bin mindestens so rachsüchtig wie der getaufte Jude Heinrich Heine. Aber an diesem Abend in Leipzig sang ich für Honecker eine fast christliche, eine versöhnliche Strophe in der *Ballade von den verdorbenen Greisen* ...

Daß Honecker bei Hitler im Zuchthaus gesessen hat, wird ihm hoch angerechnet. Das wiege allerhand auf, wird gesagt. Dabei hat das eine mit dem anderen doch gar nichts zu tun? Im übrigen wird allerhand gemunkelt über seine Zeit in Brandenburg.
Das anachronistische Gitarrengeplempe.
Brief aus Mechelen/Belgien: Ein Herr beschwert sich, daß ich in T/W Timmermans einen Holländer genannt habe und Beethoven «aus Spaß» auch. Timmermans sei *Belgier* und Beethovens Ahnen stammten ebenfalls aus *Belgien*, nicht aus Holland. «Das wenige, das wir haben, sollten Sie uns lassen.»

Im Zug nach Bremen/Nartum   Sa 2. Dezember 1989

Bild: Herrhausen / Gesucht: die «Ratte»
ND: Führungsrolle der SED wurde aus der Verfassung gestrichen

Salzstreuer in Form eines Bleistiftes.
Die Römer haben solide gebaut, die Karthäuser nahmen jeden Dreck. Das war an den Überresten deutlich zu erkennen (Trier).
TV: Jauchzende Mädchen: Nein, eine Wiedervereinigung wollen sie *natürlich* nicht. Daß Honecker elf Jahre gesessen hat – also, das reißt ihn raus. – Schlagartig keine DKP-Plakate mehr in Oldenburg, diese Riesendinger in Vierfarb-Druck. Alles wie leergefegt.
«Haben Sie schon einen Verleger?» werde ich gefragt.
Die Frau von Friedhelm Ost war da, hinterher gab sie allerlei Interna preis über das System in den Funkhäusern. Verfolgungsjagd der Presse. Boykott. Glaub' ich aufs Wort. Davon könnte ich auch was erzählen. Am besten ist es, man behält das für sich.
Ich kann es noch immer nicht fassen, daß sie da drüben die Wiedervereinigung nicht wollen. Ist das der Armenstolz? Oder ist es wieder so, daß ein Meinungsschleier über allem liegt? Der Steinmetz jedenfalls, der neulich kam und unsern Grabstein brachte, tippte sich an den Kopf.
Im TV heute früh ein Ratespiel: Ob es stimmt, daß in Sao Paulo jeden Tag 4000 neue Straßen entstehen? – Ja! – «Sie haben gewonnen! Richtig!»
Kohl habe Wäschekörbe voll Post bekommen nach der Pfeifattacke der Autonomen in Berlin.
Nein, ich werde mich nicht auf Schultern nach Rostock tragen lassen. Biermann schlug sich mit einer Rose gegen die Stirn. Er spielte die Fassungslosigkeit, die ihn offensichtlich beherrschte.
100 Millionen Mark sollen sie ins Ausland transferiert haben, auf Nummernkonten. Das erscheint mir wenig. Marcos hat da ganz anders zugelangt.
Köln. Kopelew steht auf dem Bahnsteig. Hoffentlich setzt er

sich nicht zu mir. Er ist mit seiner krebskranken Frau noch in der Gegend herumgereist, sie habe bewußt von allem Abschied genommen. Als ich ihn als «Kameraden» begrüßte, sagte er: «Wieso»? – «Ich hatte auch das Viertelmaß bekommen.» – «Aber das ist doch ganz was anderes, das ist doch mit mir nicht zu vergleichen ...»
Heute Nachmittag muß ich noch nach Plön. Dann ist Schluß. Die Blüm-Einladung hat sich von selbst erledigt.

11 Uhr. – Eben Bavendamm getroffen. Wieder sehr gelacht. «Bis 1992 müssen wir die Wiedervereinigung gewuppt haben, sonst marschieren wir in die verkehrte Richtung», habe ihm gestern einer auf einer Tagung gesagt. – Ein sehr angenehmer Mensch. Ob das eine irische Wolfsmilch sei, hat er gefragt, als er zum ersten Mal unseren Corgy sah.
Es ist so etwas wie Scham, die ich empfinde, wenn ich die Entwicklung nach dem 9.11. ansehe. Und jetzt erst kapiere ich, was deutsche Innerlichkeit bedeutet. Wie recht hat das Ausland, sich vor uns zu fürchten. Leider fehlt es mir an Wissen und an der nötigen Aggressivität. Sonst würde ich mich einmischen. Nicht nur die Intellektuellen sind deutsch-innerlich (Grass! Sogar er!), sondern das Nachplapper-Volk, das die Gebetsmühlen wieder zu drehen beginnt. Es ist widerlich. Scham und mehr noch Trauer. «Wiedervereinigung? Wieso denn das?» sagen sie.

Nartum, 23 Uhr. – Am Nachmittag raste ich noch nach Plön, wo im Kreistagsgebäude eine Lesung angesetzt war, nicht etwa in dem schönen Schloß. Es kam zu freundlichen Verbrüderungen. Ich habe offen meine Meinung gesagt. Vorn in der ersten Reihe saß ein «DDR-Bürger» (er wehrte sich gegen diese Bezeichnung). Er sei Deutscher, sagte er. – Was ich heute abend ins Tagebuch schreiben werde, wollte eine junge Frau wissen.
Ob wir ein Bier zusammen trinken, fragte ich einen bekannten deutschen Schriftsteller, den ich auf der Straße traf. Nein, danke. Mit so einem wie mir setzt man sich nicht an einen Tisch.
Die beiden Groß-Präsidenten im Sturm von Malta, ein winziges

Motorboot bringt Bush zu Gorbatschows Schiff. Das hätten sie doch eigentlich auch bequemer haben können.
Krenz brüllt in seine SED-Kohorten hinein.
Biermann im Radio erzählt Idioten-Stories. Das Niveau hat die Nullmarke unterschritten.
Auf den Philippinen Geschieße, Panzer, in El Salvador desgleichen. Es ist, als ob alles auf einen diffusen Höhepunkt zutreibt, «die Welt ist aus den Fugen», alles hat sich geändert.

Nartum So 3. Dezember 1989, 1. Advent

Welt am Sonntag: FDP gegen Kohls 10-Punkte-Plan für Deutschland / Schweres Zerwürfnis im Regierungslager / CDU-Rühe über Lambsdorffs Angriff: Abwegig
Sonntag: Kein Fall ist erledigt. Gespräch mit dem ehemaligen stellvertretenden Chefredakteur des «Sonntag», Gustav Just

Das neue Kirchenjahr beginnt. Vielleicht gelingt es mir dieses Mal, «mit dem Jahr zu gehen», also mir die Heilsgeschichte im Kalender zu vergegenwärtigen. Ich hatte das ja schon in diesem Jahr vor, aber leider, leider ...
Krenz geht's an den Kragen.
Malta: «Der kalte Krieg ist zu Ende.»
Am Abend: Wie sieht ein Verlierer aus? Krenz war zu besichtigen, wie er vor dem SED-Haus den Leuten das versprach, was er schon vor 14 Tagen hätte tun sollen: alle Korruptionen («die es woanders noch viel schlimmer gibt»: Gysi) aufzuklären.
In Kavelsdorf haben sie ein Waffenlager entdeckt. Die friedliebende DDR hat also mitgemischt, wenn's irgendwo bumsen sollte: «Wenn wir nun auch noch rauskriegen, daß die DDR mit Rauschgift gehandelt hat, dann wundere ich mich gar nicht mehr!» (Ein Rostocker) Das Politbüro ist zurückgetreten, und ein Großteil der führenden Genossen ist aus der SED ausgestoßen worden, einige wurden sogar verhaftet (was macht der Ge-

nosse Krolikowski?). Modrow ist nun der einzige, wie der wohl schläft, nachts. Er macht auf mich einen ziemlich zerfahrenen Eindruck, ob er magenkrank ist? Das Haar immer so schlecht geschnitten. – Und auf der wahnsinnig gewordenen See, auf schwankenden Schiffen reden sich die beiden Großen ins Gewissen. Das «Nein» Gorbatschows zur deutschen Einheit scheint mir nicht so eindeutig zu sein.

In Bremen haben sie auf der Straße drei junge Leute vor der Kamera gestoppt und gefragt, was sie zur Wiedervereinigung sagen? – Nein, haben sie ins Mikrophon gesagt, sie wünschen die Wiedervereinigung nicht. – Damit hat der Sender seiner Informationspflicht genügt.

Ich habe mir inzwischen ausgedacht, daß ich noch vor Weihnachten nach Rostock fahre.

> Das wird ein lustig Leben
> bei uns im Lager geben
> bei Würfelspiel und Tanz!

Wir zündeten die erste Kerze am Adventskranz an, und Hildegard baute die Ulmer Krippe auf. «Es kommt ein Schiff geladen ...» Von Bach gibt es keinen Choralsatz über dieses Lied. Über den Adventskranz:

> Die Herkunft des Adventskranzes ist noch nicht eindeutig geklärt. Nach Meinung mancher Autoren handelt es sich um einen relativ jungen Brauch, der von Kreisen der evangelischen Jugendbewegung zwischen den beiden Weltkriegen verbreitet wurde. Nach anderen geht der Adventskranz auf Johann Hinrich Wichern (1808–81) zurück, der ihn zuerst bei Adventsandachten im «Rauhen Haus» zu Hamburg und ab 1860 im Waisenhaus Tegel (Berlin) verwendete. Die Tannenzweige weisen auf den Christbaum und damit auf Weihnachten hin, die vier Kerzen stellen die vier Adventssonntage dar.

Ich habe irgendwo gelesen, daß die vier Kerzen mit den 4000 Jahren zu tun haben, die die Menschheit auf Christus warten mußte. – Neuerdings sieht man Adventskränze mit *sechs* Kerzen. Was das nun wieder soll?

Gestern ein mürrisches Baby im TV, das interessiert und dann gierig zu gucken begann, als man ihm eine Milchpulle hinhielt. «Ihm schien die Sonne durch die Ohren.» – Am Nebentisch ein Acht-Monats-Baby, dem die Mutter eine Mohrrübe aufs Bett legt. Man sieht jetzt Babies so selten, daß man hinguckt, als wären das seltene Tiere.
Früher waren Nichtraucher verdächtig. Wurden sie für schwul gehalten?

Nartum Mo 4. Dezember 1989

Bild: Das Volk befreit sich / Gestürzt: Krenz / Verhaftet: Mittag, Tisch / Verstoßen: Honecker, Mielke, Stoph, Sindermann / Gejagt: Schalck
ND: ZK der SED trat zurück / 12 Mitglieder des ZK aus der Partei ausgeschlossen

8 Uhr. – Rauhreif. In der Presse wird nun die Zerstreuung der SED bekakelt. Ich erinnere mich noch an die kalte Angst, die ich hatte, als die Kommunisten 1945 «die Macht übernahmen». Gleich darauf schwoll der Exodus an, das war die richtige Antwort.
23 Uhr. – Allerhand Aufregungen, Korruptionen in der DDR, 100 Milliarden Mark sollen in der Schweiz liegen. Das sind mir schöne Sozialisten!
Bericht über das Treffen der Amerikaner und Russen auf Malta. Die «aufgepeitschte See» (Reporterjargon). Warum sie sich nicht in einem schönen warmen Hotel treffen, sondern ausgerechnet auf Kriegsschiffen, ist mir unerfindlich.
Es schneite, und wie üblich ging's in Regen über. Ein romantischer Augenblick.

Zu gedenken ist der heiligen **Barbara,** einer jungfräulichen Märtyrerin, die der Legende nach von ihrem eigenen Vater den Gerichten ausgeliefert wurde.

Der Vater will sie erschlagen, weil sie sich als Christin erklärte, aber sie entflieht, und ein Felsspalt öffnet sich, um sie zu verbergen. Von einem Hirten verraten (der zu Stein wird und dessen Schafe zu Heuschrecken werden), findet sie der Vater, schleppt sie gefesselt an den Haaren zum Statthalter Marcianus, der sie geißeln läßt. Sie spricht von den Geißeln, «als ob es Pfauenfedern gewesen seien», doch erscheint ihr Christus nachts im Gefängnis, um ihre Wunden zu heilen. Der erbitterte Statthalter läßt sie nun mit Keulen schlagen, ihr die Brüste abschneiden, sie mit Fackeln brennen. Als er sie dann entkleidet auf dem Marktplatz umhertreiben und peitschen lassen will, erscheint auf Barbaras Gebet ein Engel und hüllt sie in ein schneeweiß leuchtendes Gewand. Den Befehl, sie nun mit dem Schwert hinzurichten, führt der ergrimmte Vater selbst aus und wird danach durch vom Himmel fallendes Feuer getötet. Vom 18. Jh. an Patronin der Bergleute, Glöckner, Architekten und Artilleristen.

Nartum Di 5. Dezember 1989

Bild: Einheit / Wunderbare Wende in Moskau / Honecker Hausarrest
ND: Keine Hinweise auf den Verbleib von A. Schalck / Eindringlicher Aufruf zur Ruhe, Besonnenheit und Gewaltlosigkeit

Krenz gestern, als Bösewicht bloßgestellt, zunächst im Hintergrund, dann an der Flüstertüte, von allen guten Geistern verlassen, ließ die Hände sinken – daß man ihn nicht einmal ausreden läßt! Also, das enttäuscht ihn denn nun doch. – Schabowski, oder wie er heißt, mit der Liste der Verstoßenen in der Hand: Alles wirft er dem Volke zum Fraß vor – man stelle sich vor, es wäre seit '45 niemand in den Westen gegangen. Das hätte jetzt Mord und Totschlag gegeben. Die wackeren Parteigenossen sehen sich ratlos an. Weglaufen? Oder «nun erst recht»? – Ja, da ist guter Rat teuer. Es wird schon von Gründung einer gänzlich neuen Partei gesprochen. Wie wär's denn, wenn man sich wieder in SPD und KPD teilte? Von «K» spricht indessen schon niemand mehr. Statt dessen schwenkt nun auch das Neue Forum auf die Wiedervereinigung ein. – Gestern wurden bereits Fahnen ohne Hammer und Zirkel geschwenkt – woher sie die haben? –, und Redner traten ohne Federlesens ein für ein einiges Deutschland. Von daher gesehen, würde ich jetzt sogar die «Eier-Becher-Hymne» akzeptieren. – Der «staatliche Rundfunk» sah sich gestern sogar gezwungen, einen eindringlichen Appell an das Volk zu richten, man solle nicht zur Selbstjustiz greifen, sondern Ruhe bewahren. Überall sollten wachsame Augen darauf gerichtet werden, daß keine Akten verschwinden. – Was da wohl noch so alles zutage tritt.

Die Besichtigung der Wandlitz-Enklave war ja wohl nichts. Kein Ceauçescu-Prunk, nichts Karinhallisches. Keine einzige Bronze im Stil des sozialistischen Realismus. Solche Häuser, wie sie dort stehen, würde in der Bundesrepublik kein mittlerer Prokurist beziehen. – Lustig zu sehen, wie die Kameramenschen die Wasserhähne filmten, die angeblich auch irgendwie luxuriös sind. Der DDR-Berichterstatter zog sich schamvoll zurück, als man dem Kader Hager zu Leibe rückte, der weinerlich sagte, er möchte nicht zum dritten Mal emigrieren. Na also, was hat *er* denn mit den Schriftstellern angestellt?

In Rostock hat man unterdessen ein Munitionslager ausgehoben – in Dummersdorf. Ein verwirrter Staatsanwalt in lichtblauer Joppe stotterte da was rum, daß er erst die vorgesetzte Behörde fragen muß, ehe er aufschließen kann. Von hier aus wurden Maschinenpistolen verschifft in Krisengebiete – alles im Namen des Sozialismus, eine ganz normale Sache. Weshalb sollten sie das auch nicht tun? Alle andern sozialistischen Bruderländer taten es doch auch? Sogar der friedliebende Olof Palme im Friedensland Schweden.

In der Tschechoslowakei hatten sie die Wende mit Glocken eingeläutet, nun stellt sich aber heraus, daß die KP nur das Kulturressort freigegeben hat für die Demokraten («Parteilose» heißt es). Na, das wird Rabatz geben. Wenn sie jetzt nicht nachstoßen im Osten, dann ist alles umsonst. – Gorbatschow hat seine strik-

te Ablehnung der Wiedervereinigung inzwischen abgemildert, und Modrow findet die zehn Punkte Kohls sehr vernünftig. Hier wirft man dem Kanzler, dem sonst immer sein Zögern und Lavieren angekreidet wird, vor, daß er die zehn Punkte nicht abgesprochen habe mit irgend jemandem. Na, das hätte ein Palaver gegeben! Vor lauter Wenn und Aber wäre nichts mehr übriggeblieben von den «Pünkters», wie die Mecklenburger sagen. Mitterand hat das gemeinsame Kaffeetrinken mit Kohl abgesagt. Das wird der aushalten.
Nein, bisher läuft alles ganz gut.
Die politischen Häftlinge in Bautzen und anderswo wurden noch immer nicht freigelassen.
Ob Mielke sich jetzt in einer stillen Stunde mal all seine Orden anguckt?
Biermann hat dem Kultusminister in der DDR eine Liste von 77 Schriftstellern übergeben, die nicht einreisen dürfen in die DDR. Ob mein Name darunter war?

2000: *Nein, er war nicht darunter.*

Aus dem polnischen Außenministerium ist zu hören: «Die Vertreibung der Deutschen aus Polen verlief 1945/46 geordnet und so humanitär, wie es unter damaligen Verhältnissen möglich war, unter alliierter Kontrolle und entsprechend den internationalen Vereinbarungen!» – Ich dachte eigentlich, in Polen hätte ein neues Denken «platzgegriffen»?
17 Uhr. – Eben kam die Nachricht, daß wir ab 1. Januar für die DDR kein Visum mehr benötigen. Das heißt also, die Einheit ist im Grunde genommen da. Denn was will man anderes, als hinüber und herüber. Im Januar werde ich also mit Robert nach Rostock fahren. Morgen telefoniere ich mit Hinstorff wegen einer Lesung Ende Januar. Vielleicht könnten wir ein kleines Rostock-Buch machen mit Ausschnitten aus meinen Büchern? Mit dem Abdruck der Chronik dort sollte man etwas zurückhaltend sein. Vielleicht lassen sie sich ja regulär verkaufen, dann brauchten sie gar nicht neu gedruckt zu werden. – Alles herrlich! Ich jauchze.

Es ist, als ob man träumt. Um mit meiner Mutter zu sprechen: Könnte es nun nicht immer so sein? – Am besten wäre es, ich mietete mir dort irgendwo in einem Dorf ein Zimmer. Vielleicht bei Läuter in Ahrenshoop? Und immer noch halten Vopos den Journalisten die Hand vor die Kamera.
Bremen, die Rostock-Partnerstadt, führt mit Rostock jetzt «Gespräche». Natürlich werde ich nicht dazugebeten.
In der «Tagesschau» auch Bilder von Stasi-Leuten und von Bürgern, die verlangen, in die Stasi-Häuser hineingelassen zu werden. Ein Staatsanwalt, der vorgestern noch kräftig mitgemischt hat, verriegelt die Panzerschränke (in denen sich vermutlich nichts mehr befindet). Auch Rechtsanwalt Vogel wurde verhaftet, wegen räuberischer Erpressung. Wenn jetzt Gorbatschow darauf besteht, daß Wiedervereinigung nicht möglich, ist das nicht sehr schlimm. Praktisch besteht sie ja ab 1. Januar 1990.
Habe beschlossen, Simone ab 1. Januar fest einzustellen im Hinblick auf das Großprojekt. Heute habe ich ihr gezeigt, wie man die Texte dialogisiert, was sie ziemlich sofort begriff mit ihrer schnellen Intelligenz.
Hildegard: «Was brauch' ich zu rauchen, wenn jetzt die Wiedervereinigung kommt?»
Walser: Die Grenze sei blödsinnig und außerdem ein Produkt nicht des Krieges, sondern des Kalten Krieges.
Eben beim Friseur, neu eröffnet, alles weiß, lila, schräg-geschnittene Spiegel. Er fragte mich, wie mir das gefällt: «Die Musik ist zu laut, da kann ich mich nicht entspannen.» Er guckte durch mich hindurch (ich war der einzige Kunde). Er hatte es sich doch so schön ausgedacht! 35,- kostete der Spaß, aber geschnitten wurde ich gut.
Wieso hört man keine Walzer oder Operettenmelodien, die waren doch ganz hübsch. Ich würde auch ganz gern mal wieder einen Marsch hören.
TV: Winfried Scharlau, der süßliche «Weltspiegel»-Prinz, lange nicht gesehen. Eigenartig festgelegt in Gestik und Diktion.

Nartum Mi 6. Dezember 1989

Bild: Die Honecker-Bande handelte mit Kokain
ND: DDR und BRD vereinbaren gemeinsamen Fonds für Reisezahlungsmittel

Heute wird des heiligen **Nikolaus** gedacht.

> Nikolaus von Myra (von Bari), Heiliger. – Die bekannteste und am meisten dargestellte Legende gibt ihm als einzelner Gestalt das Attribut von drei Goldkugeln (Äpfel, auch Goldbarren); diese hat er – meist wird ein Fenster angedeutet – drei armen, oft schlafend im Bett liegenden Mädchen zugeworfen, die ihr Vater in ein Freudenhaus verkaufen wollte.
> Häufiger steht neben der Gestalt des Nikolaus ein großer Bottich mit drei unbekleideten Knaben darin – es sind die von einem bösen Wirt zerstückelten Jünglinge, die er zum Leben erweckt.

Was hat der Märklin-Volkswagen, den ich am 6. Dezember 1942 in meinem Stiefel vorfand, mit dem Nikolaus zu tun? – Verhöre durch den Nikolaus hat man mir gottlob erspart in meiner Kindheit. Wir haben auch unsere Kinder damit verschont. Einmal kamen zwei Nachbarn, von links und rechts, *zwei* Nikoläuse also, die hat Hildegard hinausexpediert.
Krenz ist heute abserviert worden. Andere werden vor Gericht gestellt, auch Mielke geht's an den Kragen. Gerüchte über Waffenexporte, Schiebereien usw. Saß den ganzen Tag am Radio. Mich wundert, daß andere so ganz uninteressiert sind: daß alles so weiterläuft, als sei nichts besonderes los ... Schlaflose Nacht, wegen der Rundum-Konsequenzen. Es ist irrsinnig!

Nartum Do 7. Dezember 1989

Bild: Krenz gestürzt / Ab ins Zuchthaus / Alle politischen Gefangenen frei / Honecker entmachtet
ND: Regierung der DDR ruft zu Ruhe und Besonnenheit auf

T: Ich gehe eine schmale Landzunge entlang, an die das Wasser spült, nun muß ich ein Stück waten, aber es ist doch tiefer als ich erwartet hatte, den Berg dort werde ich nicht erreichen können. Also kehre ich besser um. – Bin ganz erleichtert, daß ich mich zur Umkehr entschlossen habe.

Nun verbrennen sie die Stasi-Unterlagen. Im TV wird ein Schornstein gezeigt, aus dem Qualm quillt. Das nun auch noch! Das muß die Leute drüben doch in rasende Wut versetzen. Vielleicht kommt es nun tatsächlich noch zu Lynchmorden. Filmaufnahmen von einem Haus, in dem Stasileute wohnen. Die Frauen huschen verschüchtert in die Tür. Auf den Balkons Wäschestücke. Äußerst nervöse Stimmung.

Noch TV-Bilder aus Bautzen, flüchtig sehe ich die Fenster des Saalflügels, ich möchte hinter den Apparat kriechen, um zu sehen, wie's da drin aussieht, in der «Hamit», wie die Erzgebirgler «Heimat» aussprechen.

Wenn die katholische Kirche noch in ihrer alten Tradition stünde, mit lateinischer Messe und allen ihren sakralen Bräuchen, müßte ich eigentlich konvertieren. Mein Leben bekäme einen zusätzlichen poetischen Glanz. Aber da ist viel Fremdes, was man schlucken und heucheln müßte, die Marienverehrung zum Beispiel. Oder würde mir dafür eine Interpretation einfallen? Ich meine den Glanz des Lebens – was für eine wundervolle Welt! Und wie schade, daß sie jetzt das demontieren, was in Jahrhunderten gewachsen ist. Sie glauben, mehr Zulauf zu haben, wenn sie den Weihrauch abschaffen. Das Gegenteil ist der Fall, daß sieht man ja bei den Orthodoxen, die nicht mit sich spaßen lassen. Es hat der Kirche das Genick gebrochen, daß sie alle Wunder und Geheimnisse erklären wollte.

Ich dachte noch über Selbstmorde nach: das mißliche Schießen. Generaloberst Beck und Robespierre. Daß sie nicht richtig trafen. – In Bautzen las ich den Fontane-Roman «Stine»; der Schluß, daß Waldemar die Pistole verschmäht und statt dessen Schlafpulver in einem Rubinglas auflöst. Aber auch das kann danebengehen. – Vorkehrungen gegen das Mißlingen. Zyankali schlucken und sich erschießen. Hitler? – Empedokles soll sich in den Ätna gestürzt haben, und Virginia Woolf nahm einen Stein.

TV: Aufnahmen von aufgeregtem Volk, das sich vor Stasi-Gebäude zusammengeschart hat. Einzelne Stasi-Beamte werden rausgelassen, mit Pfiffen bedacht. Indifferent. Gestern hat sich einer erhängt, der Geld beiseite schaffen wollte. – Ansonsten, es fließt kein Blut, das wundert mich eigentlich. Zu einer richtigen Revolution gehörte bisher, daß Blut fließt. Was für Schlüsse soll man daraus ziehen?
Lange Sendung über Willy Brandt in Rostock, traurig, daß ich nicht dabeisein konnte. Er hat in der Marienkirche gesprochen. War denn niemand in der SPD, der gesagt hat: Nehmt doch den Kempowski mit? Hat keiner den «Tadellöser» gelesen?
70 Millionen Mark haben die Kommunisten hier im Westen im letzten Jahr von drüben bekommen, steht im «Spiegel». Die Zahlungen sind jetzt gestoppt worden.
Nachträglich die Zeitungen der letzten Tage zu lesen, ist nicht besonders interessant. Hier ein paar Auszüge aus der ZEIT:

Es sei vieles verbockt worden, hat ein SED-Mitglied gesagt. (Nun, wenn das keine Untertreibung ist!)
Die Öffnung der Mauer sei unter «Verkaufsaspekten» völlig verfummelt worden. (Sie meinen wohl, sie hätten politisch was herausholen können.)
Wenn die SED die Stimmen aller Parteimitglieder bekommen hätte und 800 000 dazu, dann wären das 25 Prozent. (In der Tat, eine interessante Rechnung. Vorgestern hat eine Umfrage ergeben, daß sogar 30 Prozent SED wählen würden. Es war wie einst bei den Nazis: fünf Prozent begeistert dafür, fünf Prozent entschieden dagegen, 90 Prozent Mitläufer. Auch viele Argumente der Selbstentlastung erinnern an die Diener des NS-Regimes: «Wir konnten doch nichts dafür, wir haben auf Befehl gehandelt, wir führten nur Weisungen aus.» Befehlsnotstand im Sozialismus als Entschuldigung?)

Die Verfehlungen Honeckers und der Seinen werden «subjektivistische Anwandlungen» genannt.

Das «Neue Deutschland» hat eine Auflage von 1,1 Millionen, kostet in der Herstellung 50 Pfennig, wird aber für 15 Pfennig verkauft (jährlicher Subventionsbedarf also über 100 Mio. Mark). Auch der schöne Satz, der viel Wahres enthält: «Anschluß ist die sicherste Art der Reform.»

Auf dem Bahnsteig unterhalten sich zwei Handelsschülerinnen über ihre Prüfung: «Der Uwe hat geantwortet, Ethik, das ist, wie man mit Messer und Gabel ißt.»
Mit dem Tischler den neuen Hühnerstall besprochen. Es stellte sich heraus, daß sie keine Ahnung haben, was zu einem zünftigen Hühnerstall gehört. Ich besitze eine Broschüre aus der Nazi-Zeit, danach gehen sie jetzt vor.
Frau Dingwort-Nussek erzählte vor einiger Zeit, daß eine Reinemachefrau ihre gesamten persönlichen Akten, weil sie auf dem Fußboden lagen, Tagebücher, Briefe, in den Reißwolf gegeben hat. Einstein hat immer alles weggeschmissen – kümmerlich kommt mir meine Aufbewahrerei vor und ein wenig peinlich. Je mehr ich aufbewahre, desto sicherer ist es, daß sich niemand mit meinen Hinterlassenschaften befassen wird.
Hildegard liest mal wieder «Herzlich willkommen». – Ich hätte ohne weiteres drei Romane daraus machen können. Die dreiteilige Großform sollte den Schluß der Chronik bilden als Gegengewicht zu den Romanen, die vor dem «Kapitel» stehen.
An **Ambrosius** erinnern sich heute die Katholiken, wenn sie es denn tun.

> Ambrosius war Ambrosii Sohn, des Präfecten von Rom. Da Ambrosius, das Kind, einst in seiner Wiege in den Hof des Palastes ward gesetzt und schlief, flog ein Bienenschwarm daher und ließ sich auf sein Antlitz nieder und bedeckte es ganz und gar, also daß sie zu seinem Mündlein ein und ausgingen, als wäre es ihr Bienenstock. Danach flogen sie auf so hoch, daß kein menschlich Auge sie mehr sehen mochte. Als der Vater das sah, erschrak er und sprach: «Ist es, daß dies Kind am Leben bleibt, so wird Großes aus ihm.»

Nartum Fr 8. Dezember 1989

Bild: Sie wollten Stoltenberg / Terror-Paar verhaftet / Schon 6 Tage ohne Bewußtsein / Der große Grundig ringt mit dem Tod
ND: Schalck-Golodkowski in der Haftanstalt Moabit

T: Merkwürdiger Traum: Ich komme nach Rußland, suche Sachen fürs Lager zusammen. – Danach langes Gespräch mit einem Volkspolizisten, es als drückend empfunden, daß ich als Häftling (Jawohl, Herr Hauptwachtmeister!) vor ihm strammstehen muß und nach dem Munde reden. Lange Sache. Tendenz: K. ist unser Mustergefangener.

Harald Knaust rief an, ob wir nicht zusammen nach Bautzen fahren wollten. Warum nicht? Ihm schwebt so eine Art Kumpeltour vor. Es war doch wunderbar, daß ich damals zu einem kleinen Kreis von Gleichaltrigen gehörte – immerhin ein paar Jahre –, die «zusammenhielten», wie man so sagt. Aber mit der Entlassung ist die Klammer gelöst, die uns zusammenfaßte, jeder hat sich seine eigene Umgebung geschaffen. Viel Rilke und Conrad Ferdinand Meyer, Terminpakete und ein bißchen Kiste-Nageln. Aber war es nicht doch mehr? Man geht so nonchalant darüber hinweg, tempi passati? Ein freundliches Gefühl für Bautzen mischt sich dadurch in die Bitterkeiten. Am Fenster sitzen und zu «Somnia» hinübergucken, die Krähen beobachten. – «Denn das Gesetz des Geistes ...» – Aber es ist zu befürchten, daß durch eine gemeinsame Tour der letzte Zauber verfliegt und einer Realität Platz macht, die uns nichts angeht, die nicht dazugehört. Wir würden an der Mauer stehen und von draußen hineingucken, wie damals von drinnen hinaus. Freischwebender Sehnsuchtsvorrat, nach der Devise: Kumm rin, kannst rutkieken!*
In der Nacht schlief ich wieder sehr schlecht, mußte eine Pille nehmen.

---

* plattdt. «Komm rein, kannst rausgucken!»

Gestern hat auch Litauen die «Führungsrolle» der KP abgelehnt, und die SEW in Berlin will sich selbst auflösen. Ich sehe mich noch, an einem 1. Mai, Berlin in den 70ern: Stiller und Buch lotsten mich in eine Parteiveranstaltung, und die war sehr lehrreich und unvergeßlich. Uraltkommunisten aus dem Widerstand gemixt mit Sendlingen aus dem Osten. Und ich hatte ein kleines Paket mit einer ziemlich wertvollen Antiquität auf dem Schoß. Ehe sich Gorbatschow nicht dazu durchringt, das Unrecht, was Stalin anderen Ländern angetan hat, anzuerkennen und wiedergutzumachen, kann es keinen Frieden geben.

Die SED kracht zusammen: «Die haben doch alle Dreck am Stecken», sagte eine Verkäuferin.

Heym hat einen unglaublichen Artikel im «Spiegel» losgelassen, er spricht von vergierten DDR-Bürgern. Die Bundesrepublik nennt er einen Freibeuterstaat usw. Er ärgert sich wohl, daß er nun nicht Staatspräsident wird, wie er spekulierte, obwohl er doch so einen danebengegangenen Aufruf «an mein Volk» abgelassen hat, den sogar ein Herr Krenz unterschrieb.

> Manchmal scheint es, als säßen da zu Bonn oder Frankfurt oder sonstwo in der Bundesrepublik im stillen Büro einer Denkfabrik ein paar Kerle, die nach genauem Kalkül, mal lockerer, mal fester, an der Schlinge ziehen, die dem Esel um den Hals liegt, wobei sie dem Tier Finanzhilfe, Know-how, Managerial Help und was noch vor die Nase halten, um das Bündel dann um so höher schnellen zu lassen: Aber erst müßt ihr dies tun und jenes ändern und das uns garantieren; bis das arme Vieh, bepackt und geplagt, in die Knie geht und es vorzieht, sich schlachten zu lassen.

So der große Nobel-Preis-Aspirant und Volkstribun. Das hat Niveau.

23.30 Uhr. – Man sollt' es nicht für möglich halten: Heute in der «Tagesschau» wurde gezeigt, daß Heym eine Rede *für* die Wiedervereinigung gehalten hat.

Nartum Sa 9. Dezember 1989

Bild: Im Namen des Volkes verhaftet / Stoph, Mielke / Grundig † / Quält mich nicht, bat er seinen Leibarzt
ND: Sonderparteitag vollzog den endgültigen Bruch mit der stalinistischen Vergangenheit

Ein Mädchen, das vor vier Jahren im Sommerclub war, schickte heute ein Käfermärchen, ob ich jemand kenne, der so was verlegt, sie müsse allmählich mal ans Geldverdienen denken.
Stefan Andres beim Einschreiben ins Gästebuch, eine schöne Blondine betrachtend, die sich vor ihm verewigt hat: «Hm – ä lecker Püppchen.»
Aus dem Programmheft des Wolfsburger Literaturkreises über die Lesung Ingeborg Bachmanns:

> Im Gästezimmer (des Spiegelsaals) stellte sie mit Schrecken fest, sie hatte ihre Beruhigungstabletten im Hotel vergessen, sie bat mich dringend, sie ins Hotel zurückzufahren. Im Besitz der Tabletten fiel die Unruhe von ihr ab ... Als wir den Ort Meine durchfahren hatten, erkundigte sie sich, ob nun vor Peine noch die Dörfer «Deine» und «Seine» kommen.

Mitternacht. Eben klingelt es. Ich mache Licht, schaue aus dem Fenster, das Haus liegt still. Der Hund schläft. Eine Sinnestäuschung.
Oft denke ich an das Leben in Konzentrationslagern, wie es uns geschildert wird. Es gab da ja große Unterschiede, neben der Höllenmaschinerie in Auschwitz-Birkenau den kleinen Uhrmacher, der sich bis zum Schluß apart halten konnte. Sachsenhausen, wo es unvorstellbares Elend gab neben einem geheimen Zirkelwesen. Die zusammenhaltenden Kommunisten, die paketekriegenden Nordländer (Nansen!). Es ist unmöglich, diesen Planeten zu beschreiben. Und immer falle ich auf die Knie, daß uns das erspart geblieben ist in Bautzen, und daß ich nicht nach Rußland kam.
Möglicherweise komme ich im «Echolot» der Sache etwas nä-

her, ganz zwangsläufig finden dort die unterschiedlichsten Beschreibungen zueinander. Einige der frühen Veröffentlichungen, 1945/46, sind heutzutage vergessen. Das ergreifende Buch von Isa Vermehren zum Beispiel oder das schon erwähnte Tagebuch von Odd Nansen. Das verdienstvolle Auschwitz-Kalendarium liest natürlich niemand, wie sollte man das auch anstellen, wer ertrüge es? Man müßte es an quasi-sakraler Stelle täglich *vorlesen*, in einer zerstörten Kirche. *Das* wäre dann ein Mahnmal, das zum mindesten denen etwas gibt, die am Reihum-Vorlesen beteiligt sind: Feuerschalen kann man ja meinetwegen davorstellen, die schaden ja nicht.
Daß ich nicht nach Rußland kam, habe ich vielleicht meinem Untersuchungsrichter zu danken, hat der ein gutes Wort für mich eingelegt?

Nartum So 10. Dezember 1989

Welt am Sonntag: Die SED entschuldigt sich beim Volk für die Existenzkrise der DDR / Neuer Parteichef Gysi gegen Wiedervereinigung / EG für Recht der Deutschen auf Einheit
Sonntag: Nagelprobe. Über die Präsidialratstagung des Kulturbundes am 28. November. Von Wilfried Geißler

Es ereignet sich so viel in diesen Tagen, daß man gar nicht weiß, was man alles notieren soll. Täglich gibt es Umwälzungen von größter Tragweite. Im TV sind Menschenmassen zu sehen, die in Bukarest und Prag demonstrieren, ja sogar in Moskau, wo Gorbatschow-Plakate zerrissen werden. – Das sind andere Demonstrationen als hier bei uns die folkloristischen Ostermärsche, Mahnwachen u. ä. Heute wurde Künstlern das Neu-Bemalen der Mauer gestattet, die Vopos leisten Stell- und Absicherungshilfe. Müßig zu sagen, daß die Originalbemalung wesentlich intensiver wirkte. Wenn «Künstler» losgelassen werden, da ist es bis zu Mahnmalen nicht mehr weit. Gestern wur-

de dokumentiert, daß die DKP in der Bundesrepublik sich offenbar auflöst, ohne die 70 Millionen Mark (pro Jahr!) von drüben ist nichts mehr zu machen. – Linientreue werden ausgelacht von Leuten, die gestern auch hübsch linientreu waren. Giordano will, daß alle hart bestraft werden. Wo will er da anfangen? Der Spuk ist verflogen, schaffen wir keine Märtyrer. Unsereiner hat als Greis mit der ganzen Sache kaum mehr etwas zu tun.
Mit den Jahren bin ich einsichtiger geworden, ja milder. Das wird aber nicht dazu führen, daß ich mich bei ihnen für Bautzen bedanke. Aber, mal ehrlich, was wäre aus mir ohne diese grobe Zurechtweisung geworden? Daß man mich ganz klein machte, ermöglichte es mir zu wachsen.
Adventssingen in guter Besetzung. Wir saßen einträchtig im Turm und lauschten der Grundgewalt des Basses. Die Soprane schrien wie immer – wer will es ihnen verdenken? «Sicut Cervus desiderat ...» Gesänge, wie man sie nirgends mehr zu hören kriegt, auch nicht in der Katholischen Kirche, nur noch in Kulturfilmen, sobald eine romanische Kirche gezeigt wird, und auch dort nur ein paar verschleierte Takte lang.
Filme über buddhistische Klöster und deren Riten werden uns eingehend vorgeführt, aber von unseren abendländischen Überlieferungen will niemand mehr etwas wissen. Das wird sich rächen.
Das sogenannte Brauchtum, das aus der Vergangenheit herkommend bis zu uns eine Verbindung schafft. Hier bei uns gibt es nur noch das Osterfeuer, was dazu dient, Abfall zu verbrennen oder zu «entsorgen», wie es jetzt heißt.
Nach dem Singen spielten Dörries Kinder uns was vor. Wenn Kinder ernsthaft musizieren, dann hat das immer etwas Anrührendes. Und hier wurden nicht Flohwalzer oder israelische Friedenslieder geklimpert. – Für mich hatte es leider den Wermutstropfen, daß ich einiges davon aus meiner Klavierstunde kannte.
Ich führte das staunende Publikum in mein «Echolot» ein. Es kam mir sehr großartig vor.
Morgen tagt zum ersten Mal wieder der Alliierte Kontrollrat.

Im Fernsehen werden wir auf die Regenwaldkatastrophe aufmerksam gemacht. Das sollten sie lieber den Leuten da drüben zeigen. Was können *wir* dagegen unternehmen?

Nartum Mo 11. Dezember 1989

Bild: Berlin wieder Hauptstadt! / Vergeßt das Bauen in Bonn
ND: Parteivorsitzender Gysi: Hart arbeiten für die Rettung des Landes und unserer Partei

Bundesarchiv Koblenz schickte Rechnung für Fotokopien: 936 Stück für 468 Mark
Ein Herr brachte zwei Kisten mit dem Nachlaß einer Hobby-Dichterin.
Im Expeditionstagebuch von Leiris gelesen. Bach, Trio-Son. 4+5.

Nartum Di 12. Dezember 1989

Bild: Botschafter der 4 Mächte trafen sich in Berlin (West) / DDR 14.21 Uhr, Grenzübergang Stapelburg / Der erste Wachtturm fällt
ND: Bitterfelder machen Dampf, damit die Produktion läuft

Hunderte von Krähen hinterm Haus, wahrscheinlich über tausend. «Die schwarzen Vögel» hieß mein erstes Opus in Bautzen, 1952. Ich versteckte es hinter einem Mauervorsprung. Ob es noch da ist?
Angstgefühle wegen der ungeklärten Kreienhoop-Großlösung. Der nächste Termin in Hannover ist auf Mitte Januar verlegt worden. Verkaufen? Stiften? Sehr groß scheint das Interesse des Herren dort nicht zu sein. Frau Dingwort-Nussek hätte sich anders, feuriger eingesetzt. Aber vielleicht wäre sie einem dann später sehr auf den Nerv gegangen.

Dann die politische Lage. Der Euphorie folgt nun der Katzenjammer. Es zeigt sich mal wieder, wie berechtigt es ist, den Franzosen gegenüber Vorbehalte zu haben. Sie trauen uns nicht, weil sie an ihre eigenen Sünden denken.
Dann das «Echolot», diese Riesen-Arbeit, und auch hier ist momentan keine Hilfe in Sicht. – Der «Sirius» müßte noch viel dichter (und andererseits offener!) sein. Kann ich ein Tagebuch im Jahre des Heils 1989 redigieren, ohne auf die Gegenwart einzugehen? Erwartet man das nicht von mir?
Die Angst auch vor dem «Deutschen». Dieses finstere, wirre Gottesvolk.
Ich wundere mich über das Erstaunen der Leute, die erst jetzt mitkriegen, was die SED für ein Verein war. Die Naivität der Presse hier ist beispiellos. Bölling, Gaus, all' diese Feinschmecker und Herrenreiter. Wie Weizsäcker damals mit dem Hosenträger-Honecker im Garten der Villa Hammerschmidt Staatsgespräche führte! Gingen über den Rasen und zeigten Verständnis füreinander vor den Kameras der Welt.
«Und wie geht es sonst zu Hause? Gattin wohlauf?»
Jetzt mal wieder den Briefwechsel im «ZEITmagazin» lesen, zwischen der Maron und dem Herrn von Westphalen.
Ganz konsequent für verschämte Dummheit ist es, daß ich jetzt in diesen Wochen von niemandem interviewt oder zitiert worden bin. Jahrelang wurde ich gemieden, weil ich die Wahrheit sagte, nun, *weil* ich sie gesagt habe. Vielleicht kommen sie auch bloß nicht auf mich. Und: Was sollte ich denn auch sagen?
Matschwetter, alles taut. Im Haus ist's schön warm.
Capote: «Die Musen sprechen». Sein Bericht über eine Porgy + Bess-Tournee in Rußland. Stellenweise albern.
Bratwurst.

Nartum Mi 13. Dezember 1989

Bild: Wiedervereinigung / Jetzt wissen wir, wer unsere Freunde sind
ND: Gysi: Unsere Partei will politische Heimat aller Werktätigen sein

8 Uhr: – Es stürmt. Der Regen klatscht gegen das Fenster. Und ich hab' mal wieder Leibschneiden.
Am Nachmittag kam ein Fotograf aus Frankfurt, der mich sehr püttjerig ablichtete. Er war in Berlin dabei, am 9. November: 6000 Fotografen hätten da ihre Bilder geschossen. Die Westdeutschen seien euphorisch gewesen, auch die Ostdeutschen voll Freude.
TV: Weizsäcker sprach von «Tuchfühlung». – Auch eine Reportage über das Gefängnis Bautzen II wurde gesendet, übrigens ohne, daß Bautzen I erwähnt worden wäre, in dem es vor einigen Tagen einen Aufstand gegeben haben soll. Das Stasi-Gefängnis in Berlin: tierisch. Wohin sich wohl die Aufseher verkrochen haben. In Wernigerode wurden Menschen gezeigt, die für die deutsche Einheit demonstrieren, und andere, die ein Transparent hochhalten: «Großdeutschland, nein danke». Wer spricht denn von Großdeutschland? Aber es kann schon sein, daß wir eines Tages mit Great Britain und der Grande Nation gleichziehen, wirtschaftlich ist das ja jetzt schon der Fall.
Heym hat vor der IG Metall eine Rede gehalten, worin der schöne Satz vorkommt: «Seitdem die Grenzen offen sind, gibt es Waffen bei uns.» Er vergleicht die jetzige Situation gar mit 1933. Von den Waffenfunden in Kavelsdorf hat er wohl noch nichts gehört. Nun ja, er kann einen Greisenbonus beanspruchen. Im übrigen hat er auch seine Verdienste.
In der FAZ ein ziemlich schrecklicher Bericht von dem eingesperrten Dinescu über Rumänien. – Horst-Eberhard Richter hat die Frage gestellt, ob es denn bei uns anders sei? Solche Äußerungen verraten die Unfähigkeit, Leiden von Menschen überhaupt noch wahrzunehmen. In Rumänien, so war zu hören, bekommen Leute über 60 keine Medikamente mehr!

Für H. E. Richter müßte man einen speziellen Paragraphen im Strafgesetzbuch einführen. Wer trotz umfangreicher Bildung Bekloppheiten verbreitet, wird mit drei Monaten Bautzen bestraft. Aber nein, lieber nicht, sonst schreiben all diese Leute danach Leidensbücher.
Die «Gould»berg-Variationen, beide Fassungen gegeneinandergehalten. Wird man bald verrückt. Anrührend, wenn er – fast unhörbar – dazu singt.

Der heiligen **Lucia** sollte heute gedacht werden.

> Ein Ochsengespann und »tausend Männer« sind nicht imstande, die Gefesselte von der Stelle zu bewegen. Weder ein Zauberer noch über sie gegossenes siedendes Öl können ihr etwas anhaben. Da stößt man ihr ein Schwert durch die Kehle: Sie stirbt erst (im Jahre 310), als ein Priester ihr die Hostie gereicht hat.

Nartum   Do 14. Dezember 1989

Bild: Selbstmordversuch in der weißen Villa am Rupenhorn / Bubi Scholz fast verblutet
ND: Probleme legen uns nicht aufs Kreuz – wir arbeiten! / Beziehungen DDR–Frankreich werden große Zukunft haben

T: Ich habe einen neuen Flügel gekauft, den längsten den es gibt, wie ein Mercedes 600 steht er in unserm Eßzimmer, absolut überdimensioniert. So hatte ich mir das nicht vorgestellt! Ich frage den Verkäufer, den Händler, ob ich ihn nicht umtauschen kann, eine Nummer kleiner? Nein, das geht nicht.

Eine Dame dankt für meinen Weihnachtsartikel in der «Hörzu»: «Neulich im Fernsehen habe ich Sie neben Pfarrer Gauck und Willy Brandt vermißt.»
Ja, unsereiner steht hier jetzt ein bißchen blöd in der Gegend rum. – Hat da einer gerufen? Nein, es hat niemand gerufen.
Lesung in Neuwulmstorf.

Nartum Fr 15. Dezember 1989

Bild: 2. Selbstmordversuch, Pulsadern aufgeschnitten / Muß Bubi Scholz jetzt in die Anstalt?
ND: Wirtschaftskooperation DDR–BRD / Gute Voraussetzungen, aber keine Wunder erwarten

Wetter miserabel.
Sacharow ist gestorben. Uns ist noch in Erinnerung, wie Gorbatschow ihm damals das Wort abschnitt, als er auf Menschenrechtsverletzungen hinwies, in der Duma oder wo. Saß so halb über ihm und zeigte ihm den Vogel.
Karl-Marx-Stadt soll wieder Chemnitz heißen. – Das tut gut.
Gestern hatte ich eine Lesung in Neuwulmstorf bei Hamburg. Schlecht besucht. Es war die letzte in diesem Jahr.
Eine Dame schreibt, auch sie habe Krieg und Nachkriegszeit in Dur und Moll miterlebt. Sie freut sich ungemein über die jüngsten politischen Entwicklungen und wünscht sich das zarte Pflänzchen, das da jetzt sprießt, behütet und gepflegt.
In Koeppens «Amerikafahrt» wimmelt es von «Negern». Wird dieses Buch eines Tages verboten werden? Oder gereinigt? Auch T. Mann spricht häufig von Negern. Das Afrika-Tagebuch von Leiris. Kann ja sein, daß es keine Menschenrassen gibt, aber irgendwie unterscheiden sich die Bevölkerungsgruppen doch voneinander. Nicht wahr? Oder irre ich?
Von den Verheerungen der französischen Besatzungsmacht schreibt er:

> 21. September 1931: Gegen Abend hören wir von dem französischen Grundschullehrer, daß die Moschee das Werk eines Europäers ist, des ehemaligen Verwaltungschefs. Um seine Pläne zur Ausführung zu bringen, hat er die alte Moschee abreißen lassen. Den Eingeborenen ist das neue Gebäude derart zuwider, daß man Gefängnisstrafen verhängen muß, ehe sie sich dazu bequemen, sie auszufegen. Bei bestimmten Festen werden die Gebete an der Stelle gesprochen, wo der alte Bau stand.

Mir scheint, so verschieden von uns sind sie doch nicht, diese Weißen schwarzer Hautfarbe ...
Hildegard heute: Sie kann sich nicht vorstellen, daß es zwei Menschen auf der Welt gibt, die verschiedener sind wie wir beide. Na, ich glaube: jeder.

Nartum Sa 16. Dezember 1989

Bild: Sacharow tot nach Streit mit Gorbatschow / Deutschland: Moskau zieht alle Truppen ab
ND: Außerordentlicher SED-Parteitag setzt heute seine Beratung fort / Dringlicher Appell zur Bewahrung der Freundschaft mit dem polnischen Volk / Letztes Mal: «Zentralorgan der Sozialistischen Einheitspartei Deutschlands»

Ich las heute, daß die Bundesrepublik 1972 an Polen 100 Mio. Mark überwiesen hat für die KZ-Opfer. Erst 1987 sei den Opfern etwas von dem Geld ausgezahlt worden. Es ist mir ein Rätsel, wieso man das so nebenbei erfährt. Das müßte man diesen Leuten doch stets und ständig unter die Nase reiben! Versikkerndes Geld. Wann wohl die Geschichte der Entwicklungshilfe geschrieben wird. Dreistellige Milliardenbeträge wurden da vergeudet. Die Sache mit dem goldenen Bett. – Gehlen: «Geophantastischer Wahnsinn.» – Ulla Hahn hat sich gegen den Sozialismus erklärt. «Wer träumt, schläft!» sagt sie.
Die Reduzierung der Bundeswehr um 80 000 Mann wird propagandistisch nicht genutzt, wie alles, was von der jetzigen Regierung an Richtigem durchgesetzt wird. Eigentlich sympathisch. Weiterhin kommen täglich 1500 Deutsche von drüben. Insgesamt seit 1. Januar 1989 325 000. In Nartum sieht man keine Ossis. Umsiedler ja, und auch ein albanisches Ehepaar, aufrechte Patrioten, wie ich vermute. Der Mann ist Boxer. Die drei Kinder haben hübsche Namen, eine Tochter heißt Ermel. Ein vietnamesisches Ehepaar wurde hier auch schon einmal gesichtet, sie

gingen an unserm Haus vorbei, und ich grüßte sie freundlich. Wahrscheinlich auch Leute, die ihres Glaubens wegen verfolgt wurden und denen man tatkräftig helfen muß.
SU hat bisher jährlich 5 Milliarden $ an Kuba gezahlt, das höre nun auf, heißt es.
Gestern war ein Jungautor da, erzählte, daß in Berlin, in der Nähe der Mauer, ständig ein sonderbares Picken zu hören sei. Das rühre von den vielen Leuten her, die mit kleinen Hämmern an dem Beton herumklopfen, um Souvenirs zu gewinnen. Die Mauer verschwinde auf diese Weise allmählich, sie brauche nicht abgerissen zu werden. – Der Ausdruck «Mauerspecht».
Der größte Schock der DDR-Bevölkerung sei die Mauer gewesen, die Menschen, die das Dings ja nie aus der Nähe zu sehen kriegten, hätten überhaupt keine Ahnung davon gehabt, wie perfekt sie eingesperrt gewesen seien. Der Zaun sei undurchlässiger gewesen als in den KZs. Die Wut komme erst jetzt hoch. Auch die freundliche Begrüßung hier durch den Klassenfeind sei bestürzend gewesen. Er hat mir Ratschläge gegeben für meinen Besuch in Rostock und für die Lesung. Ich solle den Leuten was auf den Hut geben, bloß nicht mit «Verständnis» kommen, die hätten sich alles selbst eingebrockt. – Die Lesung dort ist nun auf den 30. Januar festgelegt worden. Beginne schon, mich zu präparieren. Die Telefongespräche mit Hinstorff sind abenteuerlich, endloses Tüten oder gleich «besetzt». Als ob man nach Afrika in den Busch telefoniert.
Eine Dame aus Saarbrücken schreibt: «Ich bin eine alte evangelische Pastorenwitwe, mein Mann ist seit 1945 in der Festung Thorn vermißt. So habe ich meine vier Kinder (damals alle unter zehn Jahren) allein erziehen müssen.» – Das ist kein Stoff für unsere zeitgenössischen Dichter. Wir werden uns solcher Schicksale annehmen.
Aus der Gegend von Hannover schreibt einer:

> Können Sie sich noch an mich erinnern? Wir hatten ersten brieflichen Kontakt 1984, als ich gerade einen dreijährigen Dienst bei der NVA in Brandenburg abzuleisten hatte. Ihr Antwortbrief brachte mich damals, trotz aller Vorsichtsmaßnahmen (z. B. Deckadresse),

in eine schlimme Lage. Ich mußte für neun Monate in die Militärhaftanstalt Schwedt, «unerlaubte Verbindungsaufnahme» lautete die Anklage. Man hatte eben mehr vermutet, als tatsächlich gewesen war. Aber das soll uns heute nicht mehr interessieren. 1985 habe ich dann nochmals einen Brief von Ihnen erhalten. Ich lebte in Ost-Berlin, und Sie gaben mir nur – und wohl auch sich selbst – den Rat, daß es besser wäre, die Korrespondenz auf sichere Zeiten zu verschieben.

Nartum So 17. Dezember 1989

Welt am Sonntag: Gorbatschow an SED: Korruption, Lügen und Doppelmoral / Bewegung Demokratischer Aufbruch wird Partei
Sonntag: Wenn Stuyvesant kommt. 32. Internationales Dokumentarfilmfestival in Leipzig. Von Jutta Voigt

Gestern Nacht «Große Freiheit Nr. 7», sehr schöner Film, voll Atmosphäre, dabei komisch. Schön die Krawatten-Verkauf-Szene. Die Werner und Söhnker. Und Sagebiel an der Övelgönne. Ich glaub', das Lokal gibt es noch immer. – Hilde Hildebrandt. «Er sagte, er *würde* mich lieben ...», singt sie. Das zog mir schon damals die Schuhe aus.
Ein Stück meisterhafter Rabulistik hat sich gestern ein SED-Mann geleistet. Er hat gesagt: Vom Sozialismus sei nie Gewalt und Krieg ausgegangen, nur von «rechts», von der Stasi zum Beispiel oder vom Stalinismus. – Daß dieser Mann nicht einfach ausgelacht wurde! – Der Ruf nach der deutschen Einheit wird immer lauter. Es ist offen zugegeben worden, daß die ARD-Tagesschau in ihren Reportagen parteiisch vorgegangen ist, so z. B. nur eine einzige Demonstrantin befragt hat, und zwar eine, die gegen die Wiedervereinigung war.
Schlimmer noch als Schuld ist Scham.
Man muß den Gysi gehört haben! «Wir haben uns doch entschuldigt ...», sagen sie. Als ob damit alles Leid wiedergutge-

macht oder ungeschehen gemacht sein könnte. Drei Generationen! Den Alten das Alter genommen, die mittlere Generation beschissen und die Jungen verdorben.
Foto: Wie ein Handwerker die Abhörleitungen der Stasi durchsägt.
Heute früh gegammelt. – Arbeit am «Sirius», er muß noch dichter werden. – Nachmittags erschöpft geschlafen, mit den Hunden gespielt. – «Echolot»: Vielleicht überschätze ich den Umfang ja auch.
Hildegard möchte hier mehr Betrieb haben. Kann ich verstehen. Aber auch nach längerem Nachdenken fällt mir kein Mensch ein, den wir einladen könnten, jemand, der auch kommen würde. *Ich* brauche eigentlich niemanden hier. Aber ein Kaffeestündchen oder eine «gemütliche Runde» gelegentlich.
Das drohende Weihnachtsfest.
Im TV: Plauen, junge Menschen, die das «Staatsemblem» aus der Fahne schneiden.
Mitternacht. Draußen stürmt es. Die Seelen hocken in den entlaubten Bäumen, welke Blätter in den aufgelösten Haaren. Es sind Frauen, und sie dulden meine Mutter unter sich, die sich «angepaßt» verhält. Bloß nicht auffallen, das ist auch unter diesen Lichtflutern die Devise, sonst muß sie auf die Hebriden. – Übrigens wollen sie von mir nichts, sie scharen sich um das Haus, als ob sie abwarten. Geht von uns Wärme aus? Sollte man sie hereinlassen? Aber sie kommen nicht, wenn man sie ruft.

Nartum   Mo 18. Dezember 1989

Bild: Ku'damm-Tragödie / Hotel-Diener rauchte unterm Tisch, 4 Tote
ND: Parteitag der SED–PDS setzte klare Zeichen: Wir stellen uns der Pflicht, für dieses Land Verantwortung zu tragen / Neu: «Sozialistische Tageszeitung»

Hildegard beklagt sich, daß die Hühner vorm Haus herumlungern und Futter haben wollen, während hinterm Haus die schönsten Gemüsereste auf sie warten.
Ich rief Ilse Werner an, wegen eines Interviews für «Echolot». Sie klagte, alle wollten immer nur was über die Nazi-Zeit von ihr wissen. – Da ich ebenfalls so einer bin, kommt ein Gespräch wohl nicht zustande. So verbauen sich die Menschen den Weg in die Unsterblichkeit. Ich hab' sie eigentlich nur in der «Großen Freiheit» gemocht, da war sie wirklich unvergeßlich.
Den «Dorf»-Roman als einen Roman auf Zetteln konzipieren. Von den Notizen ausgehen, die bereits vorhanden sind. Das Zettelprinzip mit allen Dispositionsentwürfen usw. Eine unauffällige, stille Sache.
Neulich eine Frau nach der Lesung: Ich habe Ihre Schritte in Halle gehört. – ? – Im Untersuchungsgefängnis. – ? – Ich habe zur selben Zeit wie Sie da gesessen.
Hat mir mal einer erzählt, die Bluter hätten immer einen blutigen Geschmack im Mund.
Schubert, Streichquartett. Merkwürdig, wenn sich die Spieler die Gefühle des Komponisten zu eigen machen und plötzlich zur Schau stellen. So wie die Dirigenten immer das Weltall tragen, wenn sie Viervierteltakt schlagen und beim Scherzo zu tanzen anfangen. – Wie hieß dieser alte Herr noch? Der im Sitzen dirigierte. Der machte es richtig, verzog keine Miene. War in der Partei gewesen und verzog keine Miene.
Um mehr arbeiten zu können, mache ich jetzt mittags nur ein kleines Nickerchen.
Große Schneeschweinerei. Ich mußte nach Oldenburg, fand dort nur zwei Zuhörer vor, setzte mich zum Türken und las den «Spiegel». Beim Türken stand tatsächlich ein Weihnachtsbaum. Kurzes, sehr vernünftiges Gespräch mit ihm darüber. In der Quabben-Schule war ein aufgehetzter Türken-Vater mal angerast gekommen: Sein Sohn klebt keine Sterne, verdammt noch mal! Er ist Mohammedaner! Die warten darauf, beleidigt zu werden.
Rückfahrt durch die Schneescheiße. Riesige Laster überholten mich (ich fuhr 50) und überschütteten mich mit Schnee. Sekun-

denlang blind, nur an die roten Lichter des Vordermanns gekrampft. So setzt man sein Leben aufs Spiel, und für was? Für die Pension, seien wir ehrlich.
Koeppens Amerikabuch zur Hälfte. Läßt etwas nach jetzt, aber immer noch großartig.

Nartum Di 19. Dezember 1989

Bild: Heute Kohl in Dresden / Alle Deutschen drücken die Daumen
ND: Vorschläge der SPD für die Zusammenarbeit mit der DDR

5.30. – Uhr. Prasselregen auf dem Fenster. Sturm.
Wieder so ein wahnsinniger Tag, Kohl in Dresden. Der Kanzler auf einer holzgezimmerten Tribüne, die Ähnlichkeit mit einer Hinrichtungsstätte hatte. Scheinwerfer erleuchten die tausend Köpfe der Menge. Viele Fahnen. Er redete sehr vernünftig. Aber er hätte rhetorisch ruhig etwas mehr geben können. Es ist überhaupt unverständlich, daß er eine so schlechte Presse hat. Radio Bremen drehte ihm das Wort im Munde um. Er habe die Einheit gefordert – was überhaupt nicht stimmt. Ich saß am TV und verfolgte alles ganz genau. Zwischendurch, soweit es die Gefühle zuließen, Arbeit am «Echolot». Jetzt übertrage ich die Tagebucheintragungen des deutschnationalen Abgeordneten Quaatz, von den Nazis aus allen Ämtern gejagt, Sprüche und Zitate, hinter denen er seine Ansichten verbirgt.
Mit Bittel wegen einer Broschüre für Rostock verhandelt, 500 Exemplare. – Von Hinstorff kam noch nichts. Das Telefonieren mit den Leuten da drüben ist eine Katastrophe, dauernd ist besetzt.
Der Brief eines Ehepaars aus Gelbensande bei Rostock, ich könne dort jederzeit wohnen, sie würden sich freuen usw. Das kommt mir wie gerufen! Sehr netter Brief, erstaunlich einfühlsam, in der Heimat sollte ich mich wohl fühlen, dafür wollten

sie sorgen. – Gelbensande war Ziel von Familienausflügen – lang ist's her. Vielleicht können wir öfter dort wohnen, bis zur See ist es nicht weit, oder uns einkaufen dort irgendwo. Graal ist in der Nähe. Hier haben sie ja keine Ahnung von der Schönheit der Ostsee. Das bißchen Ostseestrand in Schleswig-Holstein ist ja mit dem da drüben nicht zu vergleichen. Ich guckte mir Gelbensande auf der alten Mecklenburg-Karte an, die über meinem Bett hängt, und überließ mich meiner Phantasie. Habe Hildegard entsprechend was vorgeschwärmt. Ihr gefällt der Ortsname sehr. Ich würde am liebsten sofort losfahren, aber man braucht ja noch ein Visum. Robert war als Kind mal da, zur Erholung, schwärmt heute noch von dem Honig.
In Rumänien sollen Hunderte erschossen worden sein. Auch so ein sozialistisches Lehrstück. – Sozialismus, was ist das eigentlich? Nachts noch lange Radio gehört. Originaler, von Morsegezirpe überlagerter, deutschsprachiger Hilferuf, von einem Funkamateur oder so was. Schaurig.
Linsen mit Kohlwurst.
Kann nicht einschlafen, leider. Da muß wieder eine Pille her.

Nartum   Mi 20. Dezember 1989

Bild: Gott segne unser deutsches Vaterland
ND: Treffen zwischen Hans Modrow und Helmut Kohl in Dresden/Auf dem Weg zu einer Vertragsgemeinschaft

Regen, warm. – Morgens am «Echolot», abends am «Sirius». Gestern die Ruine der Frauenkirche, das Pendant zur Kaiser-Wilhelm-Gedächtniskirche. Ein «Mahnmal». Die Menschen riefen: «Rote raus!» – Im «Spiegel», der ganz auf Wiedervereinigung eingeschworen ist, Interview mit Arbeitern, die alle für Wiedervereinigung sind. Von der Frau, wie heißt sie noch, wollen sie sich nicht regieren lassen. – Modrow mit seinen schlecht geschnittenen Haaren. Daß er auf der Etage wohnt mit Klingelknopf un-

ten an der Haustür, nehmen sie ihm gut. Das ist wohl eher seiner Kleinbürgerlichkeit zuzurechnen («geschuldet», wie es jetzt heißt).
Rumänien und Panama. Letzteres wird von den Linken herausgestellt, Rumänien hingegen – nur peinlich berührt zur Kenntnis genommen. Im TV sah man ein Tonband laufen, man hörte Schüsse, und dann wurde der Geräuschpegelanzeiger gezeigt, wie er immer hochschnellt bei jedem Schuß.
Bush sagt: Man muß was unternehmen gegen diesen Typ in Panama, der ihm im übrigen den Krieg erklärt hat. Man weiß eigentlich gar nicht so recht, um was es geht.
Vorgestern Polizeifilm aus China, wie chinesische Polizisten tibetanische Priester verprügeln. Auch darüber schweigen die Linken sich aus, das ist nicht demonstrationswürdig. Die andern schweigen auch. Ein allgemeines Schwamm-drüber.
Telefon: Schmidt, Filmproduzent aus Köln. Wahrscheinlich macht er einen Film über Kempowski in Rostock und einen über Bautzen. Möglicherweise «nimmt er» auch die Lesung in Rostock «mit», wie er sagt.
Selbstmörderischer SPD-Parteitag. Dieter Lueg: «Nun haben sie ein Programm, jetzt müssen sie dafür auch noch Wähler finden.» Lafontaine ist so einer, auf den die Deutschen hereinfallen. Eine Art Blechbüchsengeneral. Wie gut, daß er rhetorisch so unbegabt ist.
3.30 Uhr – und kein Schlaf. Heute erfuhr ich, daß der Verlag noch immer kein Exemplar von Keeles Kempowski-Konkordanz gekauft hat. 20 $ kostet sie. Insgesamt wurden in Deutschland nur sieben Stück geordert, sagt Keele.
In der Vergangenheit gibt's keine Rätsel mehr, hat irgendeiner geschrieben. Stimmt das? Natürlich nicht. Ich sehe das am «Echolot». Noch nie habe ich die Einzigartigkeit von Menschenschicksalen so empfunden wie jetzt. Jeder «Zeuge» sagt, und jeder erlebt was anderes. Ich habe bei der Arbeit am «Echolot» das Gefühl, etwas wirklich Wichtiges zu tun.
Vielleicht sollte ich die Befragungen intensivieren, wie Leiris es mit den Schwarzen getan hat.

In Adornos 1944/45 geschriebenen Aufzeichnungen «Minima moralia» gelesen:

> In seinem Text richtet der Schriftsteller häuslich sich ein. Wie er mit Papieren, Büchern, Bleistiften, Unterlagen, die er von einem Zimmer ins andere schleppt, Unordnung anrichtet, so benimmt er sich in seinen Gedanken. Sie werden ihm zu Möbelstücken, auf denen er sich niederläßt, wohl fühlt, ärgerlich wird. Er streichelt sie zärtlich, nutzt sie ab, bringt sie durcheinander, stellt sie um, verwüstet sie. Wer keine Heimat mehr hat, dem wird wohl gar das Schreiben zum Wohnen.

Leider hat Adorno nichts datiert. Gerne hätte ich etwas von ihm ins «Echolot» übernommen. Ob man an die Briefe rankommt? Eine Dame aus Berlin: «... die wirklich grenzenlose Freude der Menschen. Wie sie in ihren Trabis mit staunenden Augen durch die Stadt fahren ... Die viel beschimpfte Freiheit bei uns – was mag wohl in den Linken vorgehen, die uns den Sozialismus stets als das höchste Glück gepriesen haben?» Sie fügt ein kleines, selbst abgeschlagenes Stück Mauer bei. – Eine Dame aus Frankfurt wundert sich, daß niemand über die Gefängnisse der DDR etwas geschrieben habe.
Schluß. Auf dem Rücken liegen und auf den Schlaf warten. Die wichtigste Entscheidung: Das Licht ausmachen, sich in das dunkle Reich begeben, den Schritt ins Jenseits wagen. Die Angst vorm Lichtausmachen. Die schwarze Nacht, die Müdigkeitsbetäubung.
Die Träume sind Kehrseite der Medaille. Alle Dinge umdrehen und neu arrangieren.

Nartum   Do 21. Dezember 1989

Bild: Rumänien: Schon 4000 Tote / Sie erschießen Kinder
ND: François Mitterand zum Staatsbesuch in der DDR / Wirken für ein Haus Europa, in dem die Menschen aufeinanderzugehen

Man kann nicht verstehen, was die Leute an Hitler fanden: sein Aussehen, seine Stimme, das Niveau seiner Reden. Eines hat sie fasziniert, die schwachen Bürger mit ihren Hodenbrüchen und Kröpfen: Hitler wußte was er wollte; sein *Wille* hat sie mitgerissen. Er sagte ihnen, wo's langgeht, das hat ihnen imponiert in ihrer Hü und hott-Zeit. Daß es ein Weg ins Verderben war, ließen sie sich nicht träumen. – In der Liebe gibt es gelegentlich den gleichen Effekt: auf jemanden hereinfallen, «Kind, bist du denn blind?»
Bremen, Focke-Museum. – Ich kaufte 250 Feldpostbriefe für 250 Mark! – Auf dem Hof Hunderte von 50er-Jahre-Vasen und Aschenbecher, nach Farben und Formen geordnet. Hübsche Idee, aber – wer macht sie sauber?
Mord und Todschlag in Rumänien. Auf bundesdeutschen Straßen läßt sich kein sympathisantischer Demonstrant blicken.
Mitternacht. Die Sowjets sperren die Öl-Pipeline nach Rumänien. Das ist wohl das Ende für den Titan der Titanen. Während einer Rede vor seinem Parteivolk sah man ihn heute vor dem Geschrei und Pfeifen seiner Landsleute zusammenzucken, ein Geheimdienstler huschte hinter ihm vorbei und flüsterte ihm zu, er soll aufhören ... Die zunächst noch hörige Menge, wie sie sich von ein paar Mutigen herumkriegen, umdrehen ließ und zu pfeifen anfing. – Nun dauert es nur noch ein paar Tage. Das alles ist der großen Sowjetunion zu danken. Ihr sind auch die 40 elenden Jahre zuzuschreiben, und deshalb sollte man nicht überschwenglich werden.
Dagobert Lindlau war zu sehen, wie er die rumänischen Kommunisten anklagt. Noch vor ein paar Wochen hat er bestritten, daß dort Dörfer zerstört werden. So was fällt heute alles unter den Tisch. Hat er denn nicht «das Gesicht verloren»? Die Sicherheit, mit der er das abstritt damals, ist uns noch im Gedächtnis.
Noch haben die Medien uns alte Bautzen-Häftlinge nicht wiederentdeckt. «Kennzeichen D» hat mich als Auskunftsbüro benutzt. Wollte aber nur zwei alte, längst gestorbene SPD-Zeugen feiern. Sie kämen noch auf mich zu, haben sie gesagt.

Fühle mich matt. Mal sehen, ob es wieder so eine wache Nacht wird.
Günter de Bruyn hat den Thomas-Mann-Preis gekriegt. Sehr schön! Ich freue mich für ihn.
In meiner Heizung klingelt es wie Alpenbach-Rauschen. Die Heizungsleute haben sie wohl nicht richtig aufgefüllt.
Ich habe mir das Rußland-Buch von Koeppen bestellt, mal sehen, wie ihm die SU erscheint. Da ist er vielleicht weniger kritisch? – Bedauern, mit ihm damals nicht eingehender gesprochen zu haben. Bienek hat sich regelmäßig um ihn gekümmert. Eine Schule der Wahrnehmung.

Nartum Fr 22. Dezember 1989

Bild: Nieder mit dem Schlächter / Bukarest in Flammen / 400 Tote? / Panzer überrollen Demonstranten / Studenten an die Wand gestellt / Und Ceausescu mordet weiter
ND: Gregor Gysi–François Mitterand: Es darf nichts geschehen, was Stabilität gefährdet

Anruf aus Gelbensande, daß sie sich auf mich freuen. – Kämpfe in Rumänien. Armseliges Volk, tatteriger Titan der Titanen. Offenbar haben sie ihn geschnappt. – Öffnung des Brandenburger Tores, befreiend, erfrischend, aber doch auch viel Klamauk. Endlos läßt sich Begeisterung nicht hinziehen. Wieso ist die Öffnung des Tores so wichtig? Man kann doch drumherumgehen? – Fechner hat wieder einen Preis gekriegt, dabei wurde auch ich gnädig erwähnt. Er habe Kempowskis Klischeesprache als Kabarett verwendet oder so ähnlich.
In der Nacht kamen KF und Renate. Wir saßen am Kamin, die Hunde dabei. Sie erzählten von den Tagen des Mauerfalls.
Wüste Bilder aus Rumänien. Ceauçescu: Dies erstaunte Aufhorchen, als sie ihn auspfiffen. Ein Hubschrauber schwankt heran ...
Ein Herr aus Ost-Berlin fragt an, ob ich Stalingrad-Briefe habe, er will eine Sammlung für Reclam vorbereiten.

Heike schreibt aus Hannover, sie habe die «Hundstage» in der Badewanne liegend begonnen, da seien ihr einige Erinnerungen an Nartum gekommen, an die Sommerlaube. «Dagmar und ich haben während des Adventssingens über tausend Dinge lachen müssen, die wir so bei Dir erlebt hatten ...»
Was gibt es denn bei mir zu lachen?
Hildegard: «Ich bin kein Vorausdenk-Mensch.»
Herder habe gemeint, man müsse statt «teutsch» oder «deutsch» – «*theutsch*» schreiben. Es sei ein zischender Buchstabe.
Wehmütiges Erinnern an Kinderzeiten. Adventszeit, wir alle um den großen Tisch, Laubsägearbeiten, Nüsse usw. Und Mutter singt: «Süßer die Glocken nie klingen ...» Der Geruch von Goldbronze.

Nartum Sa 23. Dezember 1989

Bild: Ceauçescu gestürzt – schwere Kämpfe in der rumänischen Hauptstadt / Freudentränen am Brandenburger Tor: Es ist offen / Frohe Weihnachten, Deutschland / Momper: Berlin, nun freu' dich! / Kohl und Modrow ließen Friedenstaube fliegen / 100 000 Menschen gingen einfach durch
ND: Das Brandenburger Tor ist offen – Symbol tiefer Veränderungen in Europa

In der FAZ vom 20. 12.:

> Was sollte es heißen, daß von Stalin so viel (auf dem Parteitag), von Honecker und Stoph so wenig und von Ulbricht überhaupt nicht die Rede war? Wieso ereiferte man sich so über Korruptionsfälle, statt über Mauer, Schüsse, Schießbefehl und die vielen unwiederbringlich verlorenen Leben und Jahre? War die Schuld, die hier fast widerstandslos zugestanden wurde, ein Betriebsunfall? Oder war sie systemimmanent? Und wie ist es überhaupt zu verstehen, daß der schon im März 1953 verstorbene Stalin, dessen Verbrechen vom gänzlich unerwähnt gebliebenen Nikita S. Chruschtschow im Jahre 1956 ausführlich bloßgelegt worden waren, die Verantwor-

tung für die angeblich erst seit 20 Jahren entstandenen Deformationen der DDR trägt? Was besagt das über die Selbständigkeit und Unabhängigkeit der DDR?

Sehr richtig, kann ich da nur sagen. Grass ist offenbar völlig durchgedreht. «Kein Bedarf für Wiedervereinigung», sagt er, und er äußerte «Bewunderung für das Volk der DDR». Was meint er mit «Volk der DDR»? Was die Leute in Erfurt und Greifswald wohl dazu sagen. – Ich komme mir vor wie einer, der mühsam eine Reihe schwerbeladener, abgestellter Güterwaggons ins Rollen gebracht hat. Nun sehe ich ihnen zu, wie sie unter der Brücke durchfahren.

Ich habe dem Gymnasium Zeven vier Freiplätze angeboten für das nächste Seminar: keinerlei Reaktion.

Die Wildgänse ziehen wieder übers Haus, nachts kann man sie hören.

Der Hühnerstall ist fertig. KF brachte noch eine Heizung darin an. Als er damit fertig war, gegen 5 Uhr, kam er zu mir, um mir das Arrangement zu zeigen, und als wir dann um die Ecke kamen, hatten die Hühner den Stall schon bezogen, freiwillig, vermutlich aus Neugier. Wir brauchten nur noch die Tür zu schließen. 3500 Mark hat der Stall gekostet. Das Ei zu 30 Pfennig gerechnet, könnten wir uns 11 665 Eier für das Geld kaufen. Der Haken ist nur, daß es so gute Eier überhaupt nicht zu kaufen gibt. Unsere Eier schmecken wie in alten Zeiten.

Nartum So 24. Dezember 1989, Heiligabend

Welt am Sonntag: Die Deutschen in Ost und West feiern ihr schönstes Weihnachtsfest
Sonntag: Das «Nein» ist nicht abendfüllend. Mit dem Futurologen Robert Jungk sprachen Regina General und Jeanne Pachnicke

Am Vormittag «Echolot», einen schon gelöschten Textblock aus Diskette doch noch gerettet. Dann langer Spaziergang unter dem Ohrwurm «Innsbruck, ich muß dich lassen». Ich sang die Melodie und hörte die Harmonien mit, und gleichzeitig erinnerte ich mich an die dunkle Kirchenchorzelle, an die «Kameraden», die wirklich Kameraden waren. Sind schon etliche tot. Ein herabhängender, nasser Zweig der großen Lärche wischte mir übers Gesicht. Kurzer Anfall von Jähzorn.
Ich hatte Thomas-Mann-Tagebücher bestellt; sind leider nicht gekommen. Das wäre die rechte Lektüre über Weihnachten gewesen.
15 Uhr. – Koeppen: «Nach Rußland und anderswohin». Das Buch ist 1958 gedruckt, das Exemplar noch ungelesen, 30 DM hat's gekostet. Und Koeppen ist tot. Die Toten beschenken uns.
Er schreibt über einen Besuch bei El Greco in Toledo:

> Das Haus des Malers ist klein. Es ist schön. Es ist geheimnisvoll. Winzige Zimmer, fast wie ein Puppenheim. Wenn er aus dem Fenster blickte, sah er das heilige Land. Im Sommer stand alles wie in Glut. In seinen Räumen glühte nur er. Es berührt seltsam, wenn man hier erfährt, daß er (El Greco) Frau und Kinder hatte. Am Abend saß er mit ihnen vielleicht im kleinen Lustgarten mit Brünnlein, Säulen und bunten Keramiken. Unter dem Garten und unter dem Haus sind Gewölbe. Es sollen geheime Verliese gewesen sein. Wer mag sich hier versteckt haben? Wer fürchtete wen?

Diese Beschreibung ist übertragbar.

23 Uhr. Den Heiligabend gereizt überstanden. Ich kann nichts mehr ab.
Bekam von Paeschke kundig ausgesuchte Geschenke, das «Echolot» betreffend. Ansonsten kriegte ich vom Verlag, wohl aus praktischen Erwägungen, vorwiegend Bertelsmann-Erzeugnisse. Werbegeschenke von anderen Verlagen oder Institutionen haben gänzlich aufgehört. Die Kinder schenkten mir den schweren Kreuzer «Eugen», zu den beiden Sowtschick-Schlachtschiffen, «Hundstage» betreffend. Sofort dachte ich daran, mir sämtliche an dem Unternehmen beteiligten Schiffe zu besorgen und den

«Durchbruch» durch den Kanal in einem Modell nachzustellen. Wenn *ich* es schon vergesse, daß dieser Durchbruch durch den engen Kanal in meinem Roman nur eine Allegorie für den Geschlechtsakt ist, wie sollen meine Leser drauf kommen? Hildegard schenkte eine Flasche Pfefferminzlikör, worüber ich mich herzlich freute. Grün muß er sein, sonst ist er nicht richtig. Vom Sommerclub nichts. Also aus.
Aus dem Archiv:

> Viele Winterabende verbrachten Leni und ich in der gemütlichen Herd-Ecke von Leibolds Küche. Dieser Herd war ein wahres Prunkstück und hielt keinem Vergleich zu irgend einem anderen Küchenherd stand. In dieser heimeligen Umgebung machten wir unsere kleinen Handarbeiten, die den Eltern als Weihnachtsüberraschung zugedacht waren. Zwischendurch wurden wir nach den Weihnachtsgedichten abgefragt. Darunter gehörten als ganz frühes: «Denkt Euch, ich habe das Christkind gesehen, es kam aus dem Walde, das Mützchen voll Schnee...» Oder später das Gedicht, das in jedem Lesebuch stand: «Markt und Straßen steh'n verlassen...» Dann wurden Weihnachtslieder geübt. Unser allerliebstes Lied war «Am Weihnachtsbaume die Lichter brennen...» in dessen 2. Strophe es geheimnisvoller Weise heißt –
>
>> «Zwei Engel sind hereingetreten,
>> kein Auge hat sie kommen seh'n,
>> sie geh'n zum Weihnachtsbaum und beten
>> und wenden wieder sich und geh'n» ...

Während Hildegard das Abendbrot «richtete», spielte ich auf der Orgel die alten Weihnachtslieder. Am liebsten habe ich das Lied «Lobt Gott, ihr Christen, alle gleich...» Den Schluß machte das Paul-Gerhardt-Lied «Ich steh an deiner Krippe hier, o Jesulein, mein Leben...» Soll man es bedauern, daß eine ganze Generation hinausfällt aus unserer Welt? Was setzt sie an ihre Stelle?
Das Einsamkeitsgeschrei der Leute ist nicht zu ertragen, aber wenn's einen selbst erwischt, dann ist das auch nicht auszuhalten. Dem Tod lange nicht so nahe gewesen. Auf einem Kinderspielplatz sich aufhängen.
Kurz nach meiner Entlassung schenkte mir Pastor Mund ein

plattdeutsches Testament. Etwas verächtlich reichte er es mir über den Tisch. Die Verachtung, die man Sachsen gegenüber an den Tag legt, ist nichts gegen die Art und Weise, wie man das Plattdeutsche bedenkt. Man denke nur an die Ostfriesenwitze. Im Bett habe ich etwas darin gelesen. Das ist doch auch Deutschland?

Un tau dei Tid let dei Kaiser Augustus utgewen, dei ganzen Lüd süllen up't frisch för dei Stüer upschreben warden. Un dit wir dat irste mal wil dei Tid, dat Kyrenius dei Landshauptmann in Syrienland wir.

Vielleicht gibt es noch eine bessere Fassung? Woher kriege ich eine holländische NT-Ausgabe?
Sollte die Verachtung des Niederdeutschen damit zusammenhängen, daß man es auch *Platt*-Deutsch nennt?

2000: *Der Landtag in Hannover hat es abgelehnt, Plattdeutsch zur zweiten Amtssprache zu machen. Ob wir es noch erleben, daß Türkisch im Bundestag zugelassen wird?*

Die Firma Siemens wünscht uns alles Gute, desgleichen die CDU in Hannover.
Eine mit ranzigem Speck versaute Stockente. Schade, und Hildegard hatte solche Arbeit damit. – Wir saßen friedlich beisammen. Schöne Tanne mit wenig Schmuck. Schrank aufgestellt mit den alten Puppenstuben. Zur Nacht sechs Runden um den Wald. Unser Haus lag da wie die Begegnung der dritten Art. Man möchte auf die Knie fallen.

Nartum   Mo 25. Dezember 1989

Die stinkend-schlechte Ente gestern. Ich nahm nur einen winzigen Happen und begnügte mich mit Kartoffeln und Rotkohl. Sogar der Hund verschmähte das Fleisch.
Der Munterhund lag übrigens den ganzen Abend bei mir, im

Sitzen kraulte ich sein Fell. Wenn ich mich zu ihm auf den Teppich lege, steht er auf und geht fort. Emily hat's mehr mit Hildegard.
Heute Mittag wieder langer Spaziergang.
In der DDR empfangen die Bürger die Westdeutschen jetzt so ähnlich wie die Wessis die ersten Ossis. Sie wollen sich halt revanchieren. Bratwürste.
Bernstein hat ein großes Konzert in Berlin gegeben anläßlich der Öffnung der Mauer. Er hat den Beethoven-Text, diese unselige Schiller-Ode, umgetextet in «*Freiheit*, schöner Götterfunken». Sehr imponierend *damals* (so muß man heute schon sagen) Rostropowitsch mit seinem Cello an der Mauer. Seine Unterlippe, Orang-Utan-artig vorgeschoben.
Die Hartnäckigkeit, mit der Radio DDR immer noch von Berlin als der Hauptstadt der DDR spricht, beweist, daß noch immer in den Medien die SED-Sprachregelung herrscht, und das wieder beweist, daß sie noch fest im Sattel sitzen.
Stürmt draußen.
23 Uhr. – Ceauçescu und seine Frau haben sie hingerichtet. Ein mit blau-gelb-roter Schärpe drapierter, unangenehm aussehender Mensch gab es bekannt. Ihn sofort umzulegen, war wohl richtig, und doch hätte man gern gewußt, was er noch alles vorhatte. Flucht, China? Oder was? Hatte er Geld in Koffern mit, oder gar Goldbarren? Eine groteske Sache.
Das verwirrte Tüterband, mit dem sie gefesselt wurden. Er hatte sich bereits abgefunden mit allem, sie hat noch räsonniert. Hatte einen Briefumschlag bei sich, Geld? Schob ihn immer so auf dem Tisch hin und her.

Nartum   Di 26. Dezember 1989

Ceauçescus Tod. Schlechte Berichterstattung. Man merkt, daß jetzt über Weihnachten keine Leute da sind: Suchen Sie mal was über Rumänien heraus, bitte.

«Echolot»: Verschiedene Texte aus Ostpreußen vom Februar '45.
Die Zustände auf der Frischen Nehrung: «Neben der Treppe lag ein toter Säugling.»
Koeppen immer noch ausgezeichnet.
Träume.
Langer Mittagsschlaf (zwei Stunden!).
Zuviel Kümmel gegessen.
Ich habe mein Leben zuerst verblödelt, dann verrast. – Aber ein bißchen bleibt mir ja noch.

Heute ist der Tag des **Stephanus:**

> Nach der Apostelgeschichte (6.1–8.2) wurde Stephanus in die Gruppe der sieben Diakone berufen, die sich um die Versorgung der griechisch sprechenden Witwen in der Jerusalemer Gemeinde kümmern sollte. – Stephanus wurde verhaftet, bekannte sich in einer großen Predigt vor dem Hohen Rat zu Christus und wurde von seinen Anklägern gesteinigt.

Nartum Mi 27. Dezember 1989

Bild: Der Schlächter im Persianer hingerichtet
ND: Neue Regierung in Rumänien gebildet, doch vereinzelt noch Kämpfe

Schön geträumt.
Es wäre hübsch, ein Buch über den Luxus hochgekommener Tyrannen zu schreiben. Ceauçescu, Göring und die afrikanischen Potentaten, das Bett aus Gold usw. Wenn mir noch Zeit bleibt, werde ich das vielleicht tun.
Ich sehe noch die Filmaufnahme, wie sie dem rumänischen Diktator einen Regierungs-Marschallstab überreichen ... ob er das annehmen soll? fragt er sich, dreht und wendet das Ding. Soso, also, wenn ihr meint? (War wohl nicht prächtig genug?)
Die ihm zu Lebzeiten dargebrachten Lobhudelungen «Titan der Titanen» usw. werden jetzt durch Flüche ersetzt.

1999: *Der Regierungspalast des Titanen soll vollendet werden, obwohl kein Mensch weiß, was damit anzufangen ist. Aber abreißen das Dings, das geht auch irgendwie nicht. Bei uns hätten sie ein Mahnmal daraus gemacht.*

Dem Marschall Stalin wurde auch einmal eine goldstrotzende Uniform vorgeschlagen. Das hat der Georgier abgelehnt, er hatte es mehr mit Blut als mit Gold.

Hitler hat bekanntlich jeglichen persönlichen Prunk abgelehnt, obwohl man ihn in seinen guten Jahren auch einmal in einem weißen Jackett sah. Sein Berghof geht wohl auf das Konto von Albert Speer. Er trug das Eiserne Kreuz, sonst nichts, und das hat den Leuten imponiert. Manchmal konnte er nicht widerstehen, da heftete er sich auch noch das Verwundetenabzeichen an und das Goldene Parteiabzeichen und steckte sich einen Adler mit Hakenkreuz auf den Schlips. Am Ärmel in späteren Jahren auch den Hoheits-Adler. Und der Berghof? Ich möchte sagen, der bewegte sich noch im Rahmen des Normalen. Daß man ihm ein Teehaus baute, dafür konnte er nichts.

Nietzsche: Der Hang zum Luxus geht in die Tiefe eines Menschen. Er verrät, daß das Überflüssige und Unmäßige das Wasser ist, in dem seine Seele am liebsten schwimmt.

TV: Hühnchen in Essig.

Die Katholiken gedenken heute des **Johannes.**

> Der Apostel und Evangelist Johannes gilt als Verfasser des Johannes-Evangeliums, der Johannes-Briefe und der Johannes-Offenbarung. ... Nach der Überlieferung wirkte Johannes später in Ephesus und wurde unter Kaiser Domitian auf die Insel Patmos verbannt, wo er die Offenbarung schrieb. Nach seiner Rückkehr nach Ephesus soll er dort das Evangelium und die Briefe geschrieben haben und um das Jahr 100 n. Chr. gestorben sein.
> Das Fest- ursprünglich verbunden mit dem Gedenken an seinen Bruder Jakobus – reicht im Osten bis in das 4. Jahrhundert zurück. Der Legende nach hat er, um einen heidnischen Priester zu bekehren, ohne Schaden einen Becher vergifteten Weins getrunken.

Nartum Do 28. Dezember 1989

Bild: Ceauçescu / Er war ein Ungeheuer / Die Beweise: Vergewaltigungszimmer für den Sohn / Größte Pornosammlung der Welt / Jeden Tag 6-Gänge-Menü, aber Babys erfroren in der Klinik / Er badete nur in Mineralwasser (West) / Er raubte Museen aus wie Göring / Hochmütig ging er in den Tod
ND: Vertreter der Regierung stets an den Runden Tisch geladen

T: Lange Geschichte geträumt, von einem Juden, der sich im Gebälk seines Hauses versteckt.

Die Natur draußen unter Frost-Nebel erstarrt. Im Haus sind die Reinemachfrauen losgelassen. Das infernalische Geräusch des Staubsaugers. Es ist mir ein Rätsel, wieso das nicht leiser geht.
Entwicklung, Erruptionen, Tatsachen. Wochen voller Ereignisse, als ob das Jahrhundert kurz vorm nächsten Jahrtausend noch einmal Luft holt. Jeder Tag bringt Sensationen. Jetzt Rumänien. Wie schlau sich die Kommunisten überall an der Macht zu halten suchen.

Jetzt haben sie unter Bukarest ein Gängesystem entdeckt, verzweigt, an die 100 Kilometer lang. Auch die Villa des Titanen wurde gezeigt, die ist allerdings eher enttäuschend: goldene Bilderrahmen. Die Spar-Kur habe er den Rumänen verordnet, weil er selbst in Saus und Braus gelebt hat? Ein Bediensteter hat ausgesagt, Ceauçescu selbst habe das Schießen auf Passanten angeordnet.
Dubček, den Guten, haben sie wieder eingesetzt, nach 20 Jahren! Er wirkte eher bescheiden. Er sei nicht mehr ganz bei Groschen, heißt es.
Im «Spiegel» steht, daß jedem Rumänen pro Tag nur 300 Gramm Brot zustehen und 100 Gramm Butter im Monat. Es wird von zahlreichen, über das ganze Land verteilten Palästen, Villen und

streng abgeschirmten Feriendomizilen gesprochen. Die Tochter wurde mit Schmuck erwischt, als sie «außer Landes» gehen wollte.
Sechsstündige Reden hat er gehalten. Schon als ich in Rumänien war, das muß in den 70ern gewesen sein, durfte in jedem Zimmer nur eine Glühbirne brennen. Die Boulevards waren finster. Die Rumänen selbst stritten ab, daß es «Versorgungsengpässe» gäbe. Die «Ferienfreuden auf Rügen» der DDR-Funktionäre nehmen sich dem gegenüber bescheiden aus. Auch, wenn der «Spiegel» schreibt, die Bonzen hätten Vier-Zimmer-Suiten in den Hotels gehabt. Luxus fängt erst mit 1000 Paar Schuhen an. – Ich selbst besitze drei Paar. Und eines liegt eingefettet im Keller: Wanderschuhe, für den Fall aller Fälle, wenn ich mal wieder auf Wanderschaft gehen muß.
Die Katzen sind jetzt sehr zutraulich geworden. Die dunkle hat es mit mir: Die grunzt richtig, wenn sie mich sieht.
Der Munterhund hat es gern, wenn ich ihn morgens in seiner Ecke besuche. Er legt sich richtig zurecht für die Begrüßungszeremonie.

Nartum   Fr 29. Dezember 1989

Bild: Ceauçescu-Bruder im Keller erhängt / Marin C. (74) hing tot am Wasserrohr
ND: 250 000 freie Stellen, aber Zehntausende suchen andere Arbeit / Pressegespräch im Ministerium für Innere Angelegenheiten / Für Sicherheitspartnerschaft gegen Neofaschismus

Die Krähen sind wieder da. Das Haus wird umkrächzt von ihnen. In der Pappel hocken sie als schwarze Klumpen. «Kreienhoop» – es war eine glückliche Entscheidung, sich den Flurnamen zunutze zu machen. Ob die Fensterklopferin wieder dabei ist? Ich sitze mit eingepackten Füßen in der Bibliothek. Ich lese im-

mer mehrere Bücher gleichzeitig, sie liegen aufgeschlagen übereinander. Im Augenblick halte ich es noch mit Koeppen. Seine Romane sind allerdings unerträglich.
Spaziergang mit Hildegard. Wir freuen uns unseres Lebens. Gute Vorsätze fasse ich.

Nartum Sa 30. Dezember 1989

Bild: Prosit Neujahr, Deutschland/Es wird ein wunderbares 1990/Ceauçescu/Tausende mit Röntgenstrahlen getötet
ND: Botschaft zum neuen Jahr/Mut zu verantwortungsbewußtem Handeln ist die erste Bürgerpflicht/Zwei Drittel der Bevölkerung für souveräne DDR

Viel Post wegen meines Weihnachtsartikels in der «Hörzu». Ich hätte ein Licht aufgesteckt und so in dieser Art. – Die Schwierigkeit, sich als Schriftsteller zur Zeit zu äußern. Ich merke deutlich, wie ich «veralte».

Ich war heute in Zeven und kaufte Glocken und ein Xylophon für die neue Kugelbahn, mit der ich mich im Winter beschäftigen werde.

Mitternacht. Bin wenig leistungsfähig, offenbar eine Grippe. Vorbereitung der Rostock-Tour. Schmidt aus Köln rief an, er hat nun auch das ZDF soweit, daß es «mitmacht». Vielleicht drei Stationen? Nartum – Rostock – Bautzen. Er glaubt, daß wir sogar ins Zuchthaus hineinkommen. Ich würde gern den Ausblick zeigen, den ich von der Pritsche aus hatte: den Blick auf «Somnia», das runde Fenster gegenüber.

Heute eine Sendung im ZDF über die politischen Sturzbäche des Jahres '89. Es störte mich, daß das schon Geschichte sein soll. Läßt die Kommentatoren weiser erscheinen als sie sind.

Schenk meinte, es stünde zu *befürchten* (wieso eigentlich), daß die DDR uns «anheimfalle». Und so in diesem Stil.

So wie es früher Reklameanzeigen für Abmagerungskuren gab:

Vorher – nachher ..., so müßte man die Kommentatoren mit dem Quatsch konfrontieren, den sie von Zeit zu Zeit von sich geben.

Nartum So 31. Dezember 1989, Silvester

Welt am Sonntag: Bukarest bestätigt: 60 000 Tote bei Revolution / Flughafen von Bukarest wieder offen / Erste Einzelheiten über Flucht des Ehepaares Ceauçescu
Sonntag: Panische Angst vor «Hist. Mat». Zu Geschichtsbildern der SED. Von Thomas Marxhausen

Die leere Zeit in Bautzen, das Warten und Herumlungern erzeugt heute in mir eine schwer zu ertragende Unrast. Wenn ich lese, dann schaue ich zwischendurch immer wieder auf die Uhr: Wie lange ich schon lese; jede Reise beende ich vorzeitig, und wenn ich fernsehe, schalte ich aus, sobald ich jemanden kommen höre. Sie sollen nicht denken, was ich weiß: daß ich Zeit verschwende, die nicht mir gehört.

Am Abend saßen wir zusammen, hörten Thomas Mann «Tonio Kröger» lesen, die Hunde rechts und links. Später sahen wir die Jubel-Übertragung aus Berlin mit den saudummen Kommentaren von Engert. Anstatt die Bilder wirken zu lassen, fragte er die Leute, die um ihn rumhüpften, was sie jetzt empfinden? Ich habe die Sendung aufgenommen. Sie werde später wohl «anstelle von Moser und Rühmann» abgespielt werden, meint Hildegard. – Die Bilder waren von einer gewissen Schönheit, das Brandenburger Tor mit den krabbelnden Menschen drauf, Hunderttausende im Scheinwerferlicht der TV-Stationen, Feuerwerk darüber hinzischend, Fahnenschwenken, Freude. Ja, wer hätte das gedacht. Gegen 12 Uhr ging ich zu den Schafen und legte ihnen die Hand auf den Kopf, dann sahen wir dem Nartumer Feuerwerk zu, an dem ich mich mit einem Bengalischen Streichholz beteiligte. Ich dachte, man müßte eine derartige Rakete loslassen, daß das ganze Dorf in Klump fällt.

Was für ein Jahr! Im Jahr des 100. Geburtstags von Hitler eine
reguläre bürgerliche Revolution! Und wir waren dabei! – Mit
Augen und Ohren: «Wahnsinn!», wie die Leute sagen.
Aber irgend etwas war nicht in Ordnung mit Leipzig/Einundleipzig: «Es fehlte das *Blut*», wie S. sagte. Kein Stasi-Mann wurde an einer Laterne aufgehängt, und die «Staatsmacht» gab nicht
einen einzigen Schuß ab. Die bürgerliche Revolution wurde nicht
besiegelt.
Am 17. Juni '53 fanden 116 SED-Funktionäre den Tod und 267
Aufständische. Hat auch keine Spuren hinterlassen. Ist auch
nicht zum Fanal geworden. Wer kennt die Namen?

Das verflossene Jahr kann nicht gerade als ein Marx-Jahr bezeichnet werden. Aber immerhin: Auch Marx war für die Einheit. In einem geeinten Deutschland könne man besser Revolution machen, hat er gesagt. Sonst müßte man sie in jedem Land
gesondert anzetteln, und das wäre schwer zu organisieren.
Übrigens war Marx – wie Tolstoi – «Sitzriese», er war klein von
Wuchs. Die Kleinwüchsigen sind es, die Geschichte machen.
Hitler, Napoleon.

Quellenverzeichnis

Adorno, Theodor W.: Gesammelte Schriften, Band 4: Minima Moralia. © 1969 Suhrkamp Verlag, Frankfurt a. M. «In seinem Text richtet der Schriftsteller häuslich sich ein ...»; Alexijewitsch, Swetlana: Zinkjungen. Afghanistan und die Folgen. 1992 S. Fischer Verlag, Frankfurt a. M. © Agentur Eggers und Landwehr, Berlin; Baumgart, Reinhard: Der Löwengarten. Roman © 1961 Walter Verlag, Olten u. Freiburg i. Br.; Berger, Rupert: Kleines liturgisches Lexikon. © 1987 Verlag Herder, Freiburg i. Br.; Bieritz, Karl-Heinrich: Das Kirchenjahr. Feste, Gedenk- und Feiertage in Geschichte und Gegenwart. © 1987 C. H. Becksche Verlagsbuchhandlung, München; Brecht, Bertolt: Werke. Große kommentierte Berliner und Frankfurter Ausgabe, Band 12. © 1988 Suhrkamp Verlag, Frankfurt a. M., «Mailied der Kinder»; Camus, Albert: Der Mythos von Sisyphos. Ein Versuch über das Absurde. © 1950 Rowohlt Verlag, Reinbek b. Hamburg; Canetti, Elias: Die Provinz des Menschen. Aufzeichnungen 1942–1972. © 1973 Carl Hanser Verlag, München u. Wien; Conquest, Robert: Ernte des Todes. Stalins Holocaust in der Ukraine 1929–1933. Aus dem Englischen v. Enno von Löwenstern. 1988 Verlag Langen Müller, München © Agence Hoffman, München; Ezra Pound Lesebuch. Dichtung und Prosa. Hrsg. u. mit einem biogr. Essay von Eva Hesse. © 1953 Verlag Die Arche, Zürich (Das Zitat ist nicht belegt.); Goethe in vertraulichen Briefen seiner Zeitgenossen. Zusammengestellt v. Wilhelm Bode. Neu hrsg. v. Regine Ott u. Paul-Gerhard Wenzlaff. © 1979 Aufbau Verlag, Berlin u. Weimar; Goldman, Albert: John Lennon. Ein Leben. Aus dem Amerikanischen v. Jürgen Abel u. a. © 1989 Rowohlt Verlag, Reinbek b. Hamburg; Grass, Günter: Aus dem Tagebuch einer Schnecke. © 1972 Luchterhand Verlag, Neuwied u. Darmstadt; Grimm, Emil Ludwig: Erinnerungen aus meinem Leben. Hrsg. u. erg. v. Adolf Stoll. © 1911 Hese & Becker, Leipzig; Huxley, Aldous: Geblendet in Gaza. Roman. Übers. v. Herberth E. Herlitschka. © 1959 Rowohlt Verlag, Reinbek b. Hamburg; Handke, Peter: Das Gewicht der Welt. Ein Journal. © 1977 Residenz Verlag, Salzburg; Kessler, Harry Graf: Tagebücher 1918–1937. Hrsg. v. Wolfgang Pfeiffer-Belli. © 1961 Insel Verlag, Frankfurt a. M. «Vom Balkon reckte Liebknecht ...»; Koeppen, Wolfgang: Nach Russland und anderswohin. Empfindsame Reisen. © 1973 Suhrkamp Verlag, Frankfurt a. M.; Das Konzertbuch. Ein praktisches Handbuch für den Konzertbesucher. Von Paul Schwers und Martin Friedland. © 1926 Muthsche Verlagsbuchhandlung, Stuttgart; Die Legenda Aurea des Jacobus de Voragine. Aus dem Lateinischen v. Richard Benz. © 1955 Verlag Lambert Schneider, Gerlingen; Leiris, Michel: Phantom Afrika. Tagebuch einer Expedition von Dakar nach Djibouti 1931–1933. Aus dem Französischen v. Rolf Wintermeyer. Hrsg. u. m. einer Einleitung v. Hans-Jürgen Heinrichs. © 1980 Syndikat Autoren- und Verlagsgesellschaft, Frankfurt a. M.; Liddell Hart, Sir Basil Henry: Lebenserinnerungen. © 1966 Econ Verlag, Düsseldorf u. Wien; Meyers Konzertführer. Orchestermusik und Instrumentalkonzerte. Von Otto Schumann. © 1937 Bibliographisches Institut, Leipzig; Matheny, Ray T.: Die Feuerreiter. Gefangen in fliegenden Festungen. Deutsch v. Werner Peterich. © 1987 Albrecht Knaus Verlag, München u. Hamburg; Nietzsche, Friedrich: Götzen-Dämmerung. In: Werke in zwei Bänden. Hrg. von Ivo Frenzel. Bd. 2. © 1967 Carl Hanser Verlag, München; Reclams Lexikon der heiligen und biblischen Gestalten. Legende und Darstellung in der bildenden Kunst. Von Hiltgart L. Keller. © 1991 Philipp Reclam jun., Stuttgart; Reisberger, Ludwig: Erinnerungen eines alten Malers. © 1928 Callwey Verlag, München; Schopenhauer, Arthur: Über den Selbstmord. In: Sämtliche Werke in sechs Bänden. Hrsg. v. Eduard Grisebach. Bd. 5. Parerga und Paralipomena: Kleine philosophische Schriften. © (1942) Philipp Reclam jun., Leipzig; Stendhal: Tagebücher und andere Selbstzeugnisse. Aus dem Französischen von Katharina Scheinfuß. Zwei Bände. © 1983 Rütten & Loening, Berlin; Tschechow, Anton; Briefe 1879–1904. Aus dem Russischen von Ada Knipper und Gerhard Dick. © 1968 Rütten & Loening, Berlin; Weiss, Peter: Notizbücher 1971–1980. Zwei Bände. © 1981 Suhrkamp Verlag, Frankfurt a. M.; Wolzogen, Wilhelm von: «Dieses ist der Mittelpunkt der Welt». Pariser Tagebuch 1788/1789. Hrsg. v. Eva Berié u. Christoph von Wolzogen. © 1989 S. Fischer Verlag, Frankfurt a. M.; Zeugenaussage. Die Memoiren des Dmitrij Schostakowitsch. Aufgezeichnet u. hrsg. v. Solomon Volkow. Aus dem Russischen v. Heddy Pross-Weerth. © 1979 Albrecht Knaus Verlag, Hamburg

Die Abbildung auf Seite 593 ist entnommen: Ingrid Beyer: Der Klasse verbunden. Hrsg. v. Bundesvorstand des FDGB. © 1983 Verlag Tribüne, Berlin.

Register

Es wurden nur Personen von öffentlichem Interesse aufgenommen; Hildegard Kempowski, die beinahe auf jeder Seite genannt wird, ist nicht aufgenommen. Orte wurden nur erfaßt, wenn sie besucht und beschrieben wurden.

Abel, Karl Friedrich 18
Ackermann, Robert 144
Adelsberger, Lucie 430
Adorno, Theodor W. 429, 578
Agatha, Hl. 67
Agatho, Hl. 24
Alanbrooke of Brookeborough, Lord 482
Albers, Hans 62
Albertz, Heinrich 454, 471
Albrecht, Ernst und Heidi 188
Alexijewitsch, Swetlana 86
Alsdorf, Lorenz 210
Altenberg 275
Altenhain 179
Altman, Robert 282
Altmann, Lotte 310
Alzenau-Hörstein 226
Ambrosius, Hl. 559
Améry, Jean 381
Amsterdam 516ff.
Amundsen, Roald 165
Andersch, Martin 15, 184, 330
Andres, Stefan 562
Apenrade 457ff.
Armstrong, Neil 343
Arndt, Ernst Moritz 396
Arnold, Fritz 274
Aschaffenburg 224
Asmussen, Svend 192
Astaire, Fred 154

Attlee, Clement 235
Augstein, Rudolf 31, 371, 516
Aust, Stefan 22, 24, 26
Axen, Hermann 421, 442
Axmann, Arthur 168f.

Baader, Andreas 26, 79, 133
Bach, Johann Christoph 173
Bach, Johann Sebastian 8, 19, 33, 44, 72f., 80, 138, 140f., 155, 313, 317, 392, 426, 429, 510, 534, 550, 565, 568
Bachmann, Ingeborg 64, 312, 322, 562
Bad Honnef 545
Bahro, Rudolf 545
Baker, Chet 380
Balzac, Honoré de 242, 245
Barbara, Hl. 551
Bardot, Brigitte 461
Barenboim, Daniel 512
Bartók, Béla 300
Basie, Count 241
Baumgart, Reinhard 351 f.
Bavendamm, Dirk 548
Bavo, Hl. 445
Becher, Johannes R. 467
Beck, Ludwig 558
Becker, Boris 154, 346, 414
Becker, Jurek 379
Beda Venerabilis, Hl. 247

* Erarbeitet von Dirk Hempel und Kirsten Hering

Beethoven, Ludwig van 229, 258,
    272, 327, 365, 394, 405, 426, 441,
    512, 546, 586
Benedikt von Nursia 331
Benesch, Eduard 314
Benjamin, Georg 193
Benjamin, Hilde 193
Benjamin, Walter 11, 161, 222
Benn, Gottfried 11, 339, 344
Berben, Iris 42
Berger, Erika 145
Berghofer, Wolfgang 479
Berlin 402 ff.
Bernhard, Thomas 100, 225, 238,
    436
Bernstein, Leonard 586
Berwald, Franz Adolf 228, 231,
    254
Bieler, Manfred 30, 462
Bienek, Horst 365, 539 f., 580
Biermann, Wolf 267, 525, 546 f., 549,
    554
Binding, Rudolf G. 246, 322
Bismarck, Otto von 107
Biss, Andreas 411
Bittel, Karl Heinz 118, 266, 328, 408,
    410, 507, 531, 575
Blasius, Hl. 64
Bloch, Ernst 327
Blum, Léon 141
Blüm, Norbert 540, 548
Blumenfeld, Erwin 274
Bobrowski, Johannes 88, 93
Bock, Alfred 287
Bohley, Bärbel 455, 499, 504, 531
Bohm, Hark 244, 280, 317
Böhme, Erich 485, 511
Böll, Heinrich 69, 160, 297, 389,
    426
Bölling, Klaus 120, 566
Borchert, Wolfgang 59
Bormann, Martin 157
Börne, Ludwig 184
Bossi, Rolf 380
Boucourechliev, André 181
Boulez, Pierre 117

Boveri, Margret 376
Brahms, Johannes 95, 110, 112, 134,
    164, 301
Brandão, Ignácio de Loyola 261
Brandt, Willy 132, 147, 325, 388,
    474, 506, 516, 558, 568
Brecht, Bertolt 203, 225
Brecht, Hans 403, 492
Breit, Ernst 170
Breker, Arno 228, 406
Bremen 103, 108, 521, 536, 579
Breschnew, Leonid 38
Bresser, Klaus 258
Breuel, Birgit 326
Brinkmann, Rolf Dieter 322
Brittain, Vera Mary 451
Brock, Bazon 489
Bronnen, Arnolt 322
Bruch, Max 95
Bruckner, Anton 16
Brüsewitz, Oskar 34
Brustat-Naval, Fritz 411
Bruyn, Günter de 403, 406, 580
Buber-Neumann, Margarete 119,
    131, 429
Buch, Hans-Christoph 561
Buchheim, Lothar-Günther 351
Büchner, Georg 426
Budde, Gunilla-Friederike 413
Buggert, Christoph 89
Buhre, Traugott 30, 100
Bülow, Vicco von 392, 510
Burger, Hermann 100
Busch, Ernst 281
Busch, Wilhelm 206, 330
Bush, Barbara 256
Bush, George 120, 244, 255, 279,
    335, 437, 502, 548 ff., 577

Cabrera Infante, Guillermo 539
Callot, Jacques 179
Camus, Albert 182
Canetti, Elias 439
Capote, Truman 414
Casals, Pablo 497
Castro, Fidel 154

Catt, Henri de 81
Ceauçescu, Elena 586
Ceauçescu, Nicolae 533, 553, 579f., 586ff., 592
Ceolfried, Abt 247
Chabrol, Claude 42, 238
Chailly, Riccardo 182
Chaplin, Charles 169, 461
Charles, Prinz von Wales 450, 530
Cheever, John 156
Chladni, Ernst Florens Friedrich 221
Chopin, Frédéric 112, 370
Chruschtschow, Nikita 581
Churchill, Winston 131, 461
Claudius, Matthias 440
Collasius, Hartwig 386
Collasius, Wilhelm 386
Colville, John 131, 148, 461
Conquest, Robert 244
Cooper, Duff 411
Cordes, Ingke 192
Corino, Karl 90
Corona, Hl. 94
Cotton, Joseph 162
Craig, Gordon A. 516
Cromwell, Oliver 390
Cuxhaven 387
Czech, Danuta 411, 429, 563

Daecke, Herta 190
Darko, Rama 308
David, Johann Nepomuk 47
Davids, Tinke 290
Davis, Garold N. und Norma S. 212, 289, 309
Dede, Hans Ewald 410
Degen, Michael 225
Delp, Alfred 464
Detmold 270f.
Deuter, Jörg 15, 206
Diana, Prinzessin von Wales 36, 530
Diepgen, Eberhard 502
Dierks, Manfred 161, 193, 263, 310, 323, 355, 423

Dinescu, Mircea 567
Dingwort-Nussek, Julia 559
Distel, Barbara 94
Distler, Hugo 47
Döblin, Alexander 400
Doderer, Heimito von 41
Dohna-Schlobitten, Alexander Fürst zu 460, 466
Dohnanyi, Klaus von 516
Dohnányi, Ernst von 464
Doll, Rainer 306
Domin, Hilde 496
Dominik, Hans 369
Dönhoff, Marion Gräfin 345
Doré, Gustave 93, 365
Dorothea, Hl. 70
Dos Passos, John 161
Dostojewski, Fjodor 386
Drews, Jörg 51, 202
Dubček, Alexander 534f., 537, 589
Düe, René 124
Dürer, Albrecht 309
Dürrenmatt, Friedrich 462
Düsseldorf 174f., 419
Dutschke, Rudi 58
Duyns, Cherry 519, 533
Dvořák, Anton 153, 310

Ebeling, Jörn 45
Eckermann, Johann Peter 93
Eckes, Christa 176
Ehlers, Ursula 49, 68, 144, 190, 199, 423, 483
Ehre, Ida 90
Eichendorff, Joseph von 23
Einsiedel, Heinrich Graf von 400, 411f.
Einstein, Albert 559
El Greco 583
Elisabeth II. 450
Ellington, Duke 192, 241
Elser, Georg 137f., 346
Elsner, Gisela 269, 280f.
Empedokles 558
Engel, Eva 131

599

Engelmann, Bernt 120
Engert, Jürgen 404, 512, 515, 592
Engholm, Björn 124, 517
Ensslin, Gudrun 436
Enzensberger, Hans Magnus 69, 238, 322
Erdmann, Eduard 287
Erenz, Benedikt 510f.
Erkelenz 419, 421
Escherig, Ursula 408

Faber du Faur, Moriz von 535
Fallada, Hans 161
Fechner, Eberhard 49, 55, 57, 62, 71, 73, 83, 85f., 130f. 138, 196, 202, 243, 262, 317, 357, 580
Feddersen, Helga 71
Felixmüller, Conrad 178
Fest, Joachim 126, 157, 249
Feuchtwanger, Lion 390
Fibich, Zdenek 129
Fichte, Hubert 31, 242
Fiebig, Kurt (Introiten) 228
Fischer, Edwin 287
Fitzgerald, Ella 192
Flickenschild, Elisabeth 91
Fontane, Theodor 161, 493, 558
Fortner, Wolfgang 342
Frank, Hans 452
Frankfurt 426f.
Franklin, John 165
Frantz, Justus 141
Franz II. 362
Franz von Assisi 146, 448
Freeman, Thomas 28
Freisler, Roland 271
Freytag, Gustav 161
Friedenthal, Richard 338
Friedrich II. 81
Frisch, Max 93
Fröhlich, Hans Jürgen 31, 321, 342, 408, 417
Fromme, Friedrich Karl 413
Fuchs, Gerd 31
Fuchs, Helmut, 102, 460
Fuchsberger, Joachim 42

Gauck, Joachim 568
Gaulle, Charles de 457
Gaus, Günter 120, 167, 379, 452, 473, 566
Gehlen, Arnold 570
Genscher, Hans-Dietrich 132, 442, 484, 506, 516
Gerhardt, Paul 8, 584
Gide, André 93
Giordano, Ralph 564
Glahé, Will 532
Glas, Uschi 113
Globke, Hans 525
Goar, Hl. 323
Goebbels, Joseph 160, 253, 256, 425
Goeller 538
Goethe, Johann Wolfgang 93, 99, 184f., 198, 208, 268, 291, 300, 338, 412, 426, 514
Goetz, Curt 33
Goldmann, Albert 333
Goldschmidt, Berthold 117
Goldstücker, Eduard 528
Gombrowicz, Witold 93, 156
Goncourt, Edmond de 445
Gonella, Nat 192
Gorbatschow, Michail 28, 147, 258, 271, 273, 277, 279f., 292, 314, 324, 340, 347, 406, 454, 471, 529, 540, 546, 548ff., 553ff., 561, 563, 569
Göring, Hermann 118, 453, 553, 587
Görlitz, Walter 72
Göttingen 177f.
Gould, Glenn 33, 281, 568
Gounod, Charles 33
Graf, Oskar Maria 400
Graf, Stefanie 50, 265, 316, 346, 414f., 496
Grappelli, Stéphane 192
Grass, Günter 89, 123, 156, 179, 276f., 297, 358, 388f., 426, 432, 548, 582
Greene, Graham 42
Grevenbroich 419
Grieshaber, HAP 438
Grimm, Hans 194, 246, 535

Grimm, Jacob und Wilhelm 162, 193, 332, 382, 423
Grimm, Ludwig 57, 62
Grosser, Alfred 452
Grün, Max von der 351
Gründgens, Gustaf 263
Guderian, Heinz 430
Gurney, Ivor 451
Guterman, Simcha 101
Gysi, Gregor 549, 572
Hädrich, Rolf 487
Haffner, Sebastian 187
Hage, Volker 422
Hagelstange, Rudolf 490
Hagen bei Bremerhaven 329
Hager, Kurt 74, 462, 482, 529, 553
Hahn, Ulla 122, 136, 202, 231, 388, 528, 570
Hälssen, Hermann und Emma 92, 387
Hamburg 78f., 88, 90ff., 186, 198f., 341, 349, 364f., 367f., 377f., 380, 395, 399f., 411, 428ff., 476, 498, 508, 510,
Hamm, Peter 64
Hamsun, Knut 209
Händel, Georg Friedrich 121
Handke, Peter 265, 462
Hannover 188, 326, 358, 490f.
Hannsmann, Margarete 438
Hanser, Carl 274f.
Hardy, Oliver 126, 316
Harig, Ludwig 161, 254
Härtling, Peter 179, 263, 322
Hauptmann, Gerhart 397
Hausenstein, Wilhelm 466
Hauser, Heinrich 118
Hausmann, Manfred 490
Hay, Gerhard 397
Haydn, Joseph 18, 348
Hearn, Lafcadio 333
Hebbel, Friedrich 46, 224, 412
Heck, Dieter Thomas 55
Hedin, Sven 246
Heiber, Helmut 401

Hein, Christoph 474f.
Heine, Heinrich 546
Held, Martin 159
Henrichs, Benjamin 538
Henscheid, Eckhard 284
Hentig, Hartmut von 277
Henze, Hans Werner 117
Herburger, Günter 253
Herdan-Zuckmayer, Alice 349
Herder, Johann Gottfried 396, 581
Hermlin, Stephan 74, 123, 419, 462, 483, 528
Herrhausen, Alfred 544
Heß, Rudolf 535
Hesse, Eva 431
Hesse, Hermann 355, 424
Hessel, Gerhard 131
Hetlingen 266
Heuss, Theodor 239
Heym, Stefan 280, 494, 561, 567
Hilberg, Raul 341
Hildebrandt, Dieter 388, 523
Hildebrandt, Hilde 572
Himmler, Heinrich 401
Hirche, Walter 196
Hitchcock, Alfred 49, 162, 231, 372
Hitler, Adolf 66, 83, 115, 130, 137, 154, 157, 160, 168f., 184f., 187, 190, 222f., 225f., 235, 237, 313, 319, 322, 326, 344, 346f., 357, 365, 371, 375f., 398, 415, 418, 431, 441, 447, 451, 484, 498, 535, 546, 558, 579, 588, 593f.
Höcherl, Hermann 244
Hochmuth, Ursel 94
Hohenberger, Kurt 192
Holte 233
Hondrich, Karl Otto 418
Honecker, Erich 204, 212, 277, 325, 406, 416, 444, 452, 454, 467, 470f., 486, 523, 546f., 559, 566, 581
Horaz 299
Horn, Gyula 306
Horowitz, Vladimir 234, 496ff.
Horváth, Ödön von 254
Hossner, Ulrich 362

601

Humboldt, Alexander von 127, 228
Humboldt, Wilhelm von 185, 228
Huston, John 20, 435
Huxley, Aldous 11, 340, 393 f.

Ingrim, Robert 237
Ionesco, Eugène 117

Jahnn, Hans Henny 24, 28, 31, 67
Janssen, Christian 149, 285
Janssen, Gertrud 144, 148 f., 151,
    160, 170, 185, 195, 219, 235, 238,
    240, 262, 269, 316, 355, 485, 496
Janssen, Hermann 149, 262
Janssen, Horst 92, 373
Janssen, Peter 209
Jean Paul 161, 328
Jenninger, Philipp 510
Jens, Walter 120, 187
Jodl, Alfred 452
Johannes der Täufer 301 f.
Johannes von Malta, Hl. 73
Johannes, Evangelist 588
Johe, Werner 94
Johnson, Uwe 93, 238, 292, 297, 322,
    376
Juliana, Hl. 88
Jung, Carl Gustav 359
Jünger, Ernst 81, 108, 151, 191, 379,
    383
Justiniano, Gonzalo 195

Kabel, Heidi 141
Kafka, Franz 214, 426
Kai-Nielsen, Ib 457
Kai-Nielsen, Ursula 200, 202
Kaiser, Joachim 287
Kant, Hermann 127, 167, 356, 462,
    483, 528
Kant, Immanuel 315
Karajan, Herbert von 273, 415
Karall, Margret 304
Karasek, Hellmuth 285, 462, 466,
    533
Kardorff, Ursula von 428
Karlstein/Main 222

Kaschnitz, Marie Luise 156
Keele, Alan F. 51, 91, 212, 221, 289,
    459, 577
Keitel, Wilhelm 453
Keller, Gottfried 161
Kelly, Petra 345
Kempff, Diana 286
Kempff, Wilhelm 286
Kempka, Erich 438
Kempowski, Anna 529
Kempowski, Friedrich-Wilhelm 93,
    346
Kempowski, Gisela 188
Kempowski, Karl-Friedrich 22, 80,
    92, 111, 182, 189, 230, 267, 271,
    274, 363, 404, 483, 580, 582 f.
Kempowski, Karl-Georg 72, 83, 202,
    223, 234 ff., 279, 353, 403
Kempowski, Margarete 71, 92, 135,
    149, 161, 195, 202, 214, 223, 235,
    249, 302, 367, 383, 395, 555, 573,
    581
Kempowski, Renate 171, 177, 182,
    191, 201 f., 230, 249, 257, 260, 277,
    367, 385 f., 402, 405 f., 433, 439,
    471, 474, 508, 517, 527, 542, 580,
    583
Kempowski, Robert 72, 107, 161,
    171, 186, 199 f., 206, 212, 218, 227,
    241, 270, 274, 330, 344, 367, 389,
    404, 430, 445, 463, 554, 576
Kempowski, Robert William 180,
    529
Kenton, Stan 192
Kerner, Elisabeth 352
Kerner-Collasius, Walther 353
Kersten, Joachim 24, 146, 152, 183,
    341, 364
Kersten, Paul 122, 136, 250
Kessler, Harry Graf 35, 40, 107, 246
Khomeini, Ajatollah 262, 266
Kiel 459 f.
Kieser, Egbert 411
Klarsfeld, Serge 94, 341
Kleist, Heinrich von 426
Kleßmann, Eckhard 179, 211, 292

Klier, Freya 33, 488
Klippstein, Ernst von 352
Kluge, Alexander 297
Knaus, Albrecht 89f., 109, 118, 187, 201f., 211, 238, 410, 458, 477, 494
Knaus, Janne 90
Knef, Hildegard 74
Koblenz 231
Koch, Marianne 159
Koch, Robert 125
Koch, Thilo 268
Koeppen, Wolfgang 569, 575, 580, 583, 587
Koestler, Arthur 244
Kohl, Helmut 132, 255f., 277, 288, 314, 325, 382, 404, 415, 462, 467, 502, 506, 513, 515, 528, 530, 547, 554, 575
Kohout, Pavel 200
Kokoschka, Oskar 460
Kolbe, Jürgen 8, 89, 102, 118, 147, 199, 365, 422, 531
Kollwitz, Käthe 528
Köln 232
Kopelew, Lew 51, 547
Köppe, Irmgard 90
Körner, Theodor 396
Körting, Erhardt 483
Kramberg, Karl Heinz 12
Krauss, Werner 258
Krawczyk, Stephan 33
Krenz, Egon 467, 470ff., 474, 476, 480f., 487, 489, 492, 523, 546, 549, 552, 556, 561
Kreuder, Anneliese 474
Kreuder, Peter 258
Kreuder, Ute 463, 465, 473f.
Kriebel, Hermann 184
Krogoll, Johannes 179
Krolikowski, Werner 185, 204, 207, 238, 341, 418, 465, 513, 550
Krolow, Karl 490
Kronika, Jacob 458
Kronzucker, Dieter 528
Krüger, Hardy 395
Krüger, Michael 43, 89

Krumsiek, Rolf 176
Kuby, Erich 83, 89, 116, 130, 133, 403, 405, 473, 482
Kühn, Dieter 489
Kundera, Milan 51, 238
Kunert, Günter 122, 136, 253, 485, 488ff., 546
Kunigunde, Hl. 109
Kunze, Reiner 132, 374, 500
Kupfer, Markus 469
Lafer, Johann 264
Lafontaine, Oskar 371, 577
Lagerlöf, Selma 302
Langbein, Hermann 430
Lange, Wilhelm 341
Langgässer, Elisabeth 287, 411
Lasker-Schüler, Else 395
Lattmann, Dieter 120, 388f.
Laurel, Stan 126, 316
Laurentius, Hl. 366
Leander, Zarah 120
Léautaud, Paul 229
Leber, Julius 201
Ledig-Rowohlt, Heinrich Maria 275
Lehmann, Wilhelm 91
Lehmensick, Erich 43
Leip, Hans 287
Leiris, Michel 493, 565, 569, 577
Lemitz, Sophia 171, 413
Lendl, Ivan 265, 414
Lenin, Wladimir Iljitsch 35, 227
Lennon, John 333
Lenz, Liselotte 143
Lenz, Siegfried 12, 90, 143, 293, 388, 425
Leonhardt, Wolfgang 452
Lewis, Sinclair 303
Ley, Robert 66
Lichtenstein, Ilse 320
Liddell Hart, Basil Henry 447f.
Liebknecht, Karl 35f., 40
Lieffen, Karl 131, 174
Lietz, Hermann 183
Limmroth, Armin und Angelika 177

603

Linder, Leslie 101
Lindlau, Dagobert 149, 579
Lingen, Theo 79
Lippe, Prinz von der 270
Lippe, Viktor von der 429, 452
Lipscher, Magdalena 532
Löffler, Sigrid 185
Lommer, Horst 430
London 447ff.
Lübeck 199ff., 399, 509f.
Lucasse, Janine 145
Lucia, Hl. 568
Lueg, Ernst Dieter 677
Lüth, Erich 179
Luther, Martin 238
Luxemburg, Rosa 35f., 40

Mahler, Gustav 147, 240
Malraux, André 390
Mann, Erika 239, 400, 473
Mann, Golo 44, 46, 50, 386
Mann, Heinrich 64, 202
Mann, Katia 268, 322
Mann, Klaus 10, 50, 349, 354, 400, 473
Mann, Monika 50
Mann, Thomas 24, 88, 90, 118, 120, 151, 161, 173, 187, 215, 239, 268, 291, 315, 322, 326, 344, 355, 460ff., 569, 580, 583, 592
Mansfield, Katherine 261
Mao Tse-tung 345
Marcos, Ferdinand 531, 547
Maron, Monika 483, 566
Martens, Alexander 466
Martin, Hl. 58
Marx, Karl 593
Masaryk, Tomáš 314
Matheny, Ray T. 51, 102, 114, 116, 295, 327, 460
Matthias, Hl. 99
Matthießen, Leo 192
Matussek, Matthias 106
Mehlberg, Walter 200
Meinhof, Ulrike 26, 79, 133, 322
Meinwerk, Bischof 174

Mendelssohn-Bartholdy, Felix 109, 257, 261, 287, 298, 412
Menge, Marlies 528
Mensak, Alfred 143, 152, 200, 206
Menuhin, Yehudi 192
Merzig 537
Meyer, Agnes 291
Meyer, Conrad Ferdinand 24, 211, 215, 560
Meyer, Gertrud 94
Mielke, Erich 486, 529, 554, 556
Miller, Henry 110
Miller, Susanne 197
Minetti, Bernhard 100
Mischnick, Wolfgang 502
Mitscherlich, Margarete 297
Mittag, Günter 523
Mitterand, François 554
Mock, Alois 306
Modrow, Hans 480, 523, 531, 550, 554, 576
Momper, Walter 120, 502, 505, 506
Montgomery, Bernard Law 216, 429
Morell, Theodor 498
Morgenstern, Christian 180, 205, 243, 253, 263, 296, 348, 391
Mörike, Eduard 47, 195
Moser, Hans 79, 258, 322, 392, 592
Mozart, Wolfgang Amadeus 19, 36, 254, 257f., 285, 342, 377, 465, 534
Mrongovius, Arthur 129, 131, 142, 196, 460
München 442
Mund, Hans Joachim 29, 386, 584
Musil, Robert 20, 90
Mussolini, Benito 431
Mutter, Anne-Sophie 273, 279

Nabokov, Vladimir 462
Nagy, Imre 283
Nährig, Oberkellner 349
Nannen, Henri 326
Nansen, Odd 562f.
Napoleon 75, 594
Nawrocki 444

Neteler, Simone 56, 72, 167, 260, 328, 341, 367ff., 373, 380, 428, 470, 502, 507, 555
Ney, Elly 287
Nicolai, Philipp 19
Nicolson, Harold 411, 429
Nienburg/Weser 270
Nietzsche, Friedrich 7, 128, 240, 588
Nikolaus, Hl. 556
Nono, Luigi 117
Nosbusch, Desirée 463
Nossack, Hans Erich 485
Novak, Helga M. 100, 500

Oertel, Helmut 218
Oldenburg 22, 34, 43, 58, 62, 180, 192f., 263, 276f., 303f., 310, 318, 320, 330f., 479, 574
Ono, Yoko 333
Oppenhejm, Ralph 430
Origo, Iris 451
Orlando di Lasso 23, 365
Orlowa, Raissa 548
Ortheil, Hanns-Josef 486
Orwell, George 404
Ost, Erika 547
Ost, Friedhelm 547
Ott 486
Otto, Berthold 183

Pabel, Reinhold 469
Pachelbel, Johann 155
Paepcke, Erich 29
Paeschke, Olaf 118, 126, 199, 202, 243, 266, 309, 312, 384ff., 388, 410, 492, 583
Pallach, Jan 34
Palme, Olof 553
Parker, Charlie 108
Pasternak, Boris 395
Paternus, Hl. 174
Paul(us), Hl. 309
Paulus, Friedrich 345
Peterson, Oscar 192, 335
Petrus Martyr, I Ill. 164

Petrus, Hl. 67, 309
Peymann, Klaus 436
Pieper, Josef 411
Piper, Klaus 477
Platow, Alexander von 243
Pless-Damm, Ursula 430
Plön 548
Pohl, Helmut 176
Ponto, Erich 33
Popov, Oleg 392
Portugalow, Nikolai 273
Potter, Beatrix 101
Pound, Ezra 430f.
Prokofjew, Sergej 8
Proske 466

Quaatz, Reinhold Georg 575

Raabe, Wilhelm 424f.
Raddatz, Carl 154
Raddatz, Fritz J. 29, 31, 71, 183, 189, 202, 386, 516, 519, 539f., 542
Rameau, Jean-Philippe 394
Reagan, Ronald 154
Redlich, Mieke 244
Redlich, Otto 206
Regensburg 223f.
Reich-Ranicki, Marcel 54, 121, 285, 462, 528
Reichwein, Adolf 183
Reinhardt, Django 192
Reisberger, Ludwig 274
Reitz, Edgar 57, 434
Reitze, Paul F. 218
Rellingen 188f.
Rembrandt 451
Renoir, Jean 497
Ressing, Karl-Heinz 94
Rethmeier 469
Richter, Bernt 89, 96, 187
Richter, Hans Werner 68
Richter, Horst-Eberhard 567f.
Riefenstahl, Leni 425
Riemann, Katja 136
Riesenhuber, Heinz 344
Rilke, Rainer Maria 30, 462, 560

Roberts, R. A. 263
Robespierre, Maximilien 558
Rolland, Romain 405
Rommel, Erwin 517
Rosar, Anni 79
Rosendorfer, Herbert 284
Rosenthal, Philip 126
Rosh, Lea 140, 187, 528
Roß, Lektor 520
Rossini, Gioacchino 20, 82
Rostropowitsch, Mstislaw 586
Rotenburg/Wümme 248 f.
Roth, Gerhard 261
Rubinstein, Arthur 129, 497 f.
Rudel, Hans-Ulrich 20
Ruetz, Michael 113
Rühmann, Heinz 79, 592
Rühmkorf, Peter 10, 31, 96, 122, 136, 196, 202, 322, 373, 486
Rushdie, Salman 97
Russell, Bertrand 173
Rust, Mathias 38 f.

Sabatini, Gabriela 50
Sacharow, Andrej 258, 569
Salomon, Ernst von 285
Sartre, Jean-Paul 162, 176
Schabowski, Günter 502, 513, 552
Schaettle, Horst 502
Scharlau, Winfried 555
Scharrer, Adam 338
Schäuble, Wolfgang 255
Schenck, Ernst Günther 498
Schenk, Fritz 591
Schertz, Georg 483
Schiemann, Heinrich 173
Schiller, Friedrich 134, 586
Schily, Otto 538
Schindel, Robert 519
Schleswig 459
Schmidt, Arno 63, 375, 412
Schmidt, Hannelore 76
Schmidt, Helmut 76, 256
Schmidt, Max 198
Schmidt, Produzent 464, 577, 591
Schmude, Jürgen 120

Schneider, Oscar 471
Schneider, Reinhold 180
Schneider, Rolf 392
Schnibbe, Karl-Heinz 469
Schnitzler, Arthur 277, 296
Schnitzler, Karl-Eduard von 477, 481
Schnoor, Herbert 380
Schnurre, Wolfdietrich 141, 292
Schoeller, Monika 100
Schoenberner, Gerhard 429
Schonauer, Franz 169
Schönberg, Arnold 10, 134, 453
Schopenhauer, Arthur 128, 239
Schostakowitsch, Dimitri 132, 270, 183, 313, 348, 354, 365, 369, 388, 390, 393, 429, 443
Schröder, Rudolf Alexander 134
Schröder-Köpf, Doris 434
Schubert, Franz 45, 245, 291, 342, 574
Schulz, Oscar 297, 348, 469
Schumacher, Michael 401
Schumann, Robert 129, 148, 181
Schütz, Klaus 56
Schweitzer, Albert 429
Schwilk, Heimo 215
Scott, Robert Falcon 165
Sebastian, Hl. 42
Seevetal 396
Seippel, Edda 71
Semprun, Jorge 540
Seydlitz-Kurzbach, Walther von 400
Shaw, George Bernard 390
Sheve, John 51
Sichtermann, Barbara 538 f.
Sigurdson, Künstlerin 399
Silvester, Hl. 592
Sindermann, Horst 267, 280, 476, 529
Sinding, Christian 129
Sixtus II., Papst 366
Smeding, H. J. 458
Söhnker, Hans 572
Solschenizyn, Alexander 317, 359, 417, 427, 543

Solti, George 272
Sombart, Nicolaus 408
Sottrum 373
Speer, Albert 588
Spinola, Ambrogio 216
Spitzemberg, Hildegard von 107
Springer, Axel Cäsar 426
Staeck, Klaus 380
Stalin, Josef 347, 371, 390, 398, 467f.,
    561, 581, 588
Stanke, Hartmut 59
Stein, Gertrude 431
Steinert 488
Steinwachs, Ginka 59
Stendhal 218, 302f.
Stephanus, Hl. 587
Sterzinsky, Georg 416
Stifter, Adalbert 185, 310
Stifter, Amalie 185
Stiller, Klaus 455, 561
Stock, Josef 504
Stockhausen, Karlheinz 117
Stokowski, Leopold 155
Stölzl, Christoph 187, 344, 349, 354,
    402, 404, 406, 422, 460
Stoph, Willi 418, 581
Stötzel, Professor 174
Stratmann, Franziskus Maria 411
Strauss, Richard 281, 409
Strauß, Botho 358, 462
Strauß, Franz-Joseph 132
Strittmatter, Erwin 73
Struck, Karin 9
Surminski, Arno 161, 293
Suworow, Viktor 144
Swallow 220, 233, 243, 245f.
Syberberg, Hans-Jürgen 226, 447

Templin, Wolfgang 506
Thatcher, Denis und Margaret 256
Timmermans, Felix 246, 546
Tisch, Harry 522
Tolstoi, Leo 416f., 594
Trakl, Georg 64
Trebitsch, Gyula 245
Tremayne, Julia 451

Trevor-Roper, Hugh 319
Trier 540ff.
Truffaut, François 245
Tschaikowski, Peter Iljitsch 272
Tschechen, Wolfgang 215
Tschechow, Anton 310, 317, 355
Tucholsky, Kurt 477
Twain, Mark 330

Uhde, Fritz von 332
Ulbricht, Walter 74, 242, 445, 581
Ullmann, Liv 325
Umbach, Klaus 79
Uno, Sozuke 348
Updike, John 409

Valentin, Barbara 496
Valentin, Karl 73, 461
Valéry, Paul 229
Vargas Llosa, Mario 261
Velasquez, Diego 216
Vermehren, Isa 430, 563
Veronika, Hl. 66
Vesper, Guntram 122, 136, 177f.,
    202, 384, 407, 489
Vesper, Heidrun 177f.
Vischer, Friedrich Theodor 195
Vogel, Hans-Jochen 256, 262, 265,
    445, 537
Vogel, Wolfgang 463, 555
Vogeler, Heinrich 408
Vollmer, Antje 507
Voß, Peter 495

Wagner, Richard 258, 417
Walde, Karl J. 430
Waller, Fats 192
Wallraff, Günter 230
Walser, Martin 69, 389, 486, 555
Walser, Robert 97, 100
Walsrode 433
Walther, Johann Gottfried 392
Wasilewski, Katrin 419
Weber, Christian 184
Weber, Wilfried 349
Wedekind, Frank 397

607

Weiss, Peter 93, 123
Weizsäcker, Carl Friedrich von 406
Weizsäcker, Richard von 309f., 313, 513, 566f.
Wellershoff, Dieter 16, 339
Welles, Orson 501
Wells, Herbert G. 75
Wells, Maureen 451
Wentorf 435f.
Weressájew, W. 28
Werner, Hl. 186
Werner, Ilse 211, 572, 574
Westphal, Siegfried 432
Westphalen, Joseph von 566
Wichern, Johann Hinrich 550
Wieczorek-Zeul, Heidemarie 506
Wieland, Christoph Martin 477
Wilde, Oscar 310
Wilder, Thornton 162
Wilhelm I. 107
Wilhelm II. 93, 459
Wilhelm von Maleval, Hl. 77
Willemer, Marianne 30, 287
Wilms, Dorothee 505f.
Wimschneider, Anna 238
Winsen an der Luhe 282, 284
Winter, Judy 496
Wittgenstein, Ludwig 195
Wohmann, Gabriele 122, 136, 179, 321f.

Wolf, Christa 419, 483, 494, 528, 541, 545
Wolf, Konrad 495
Wolf, Markus 123f., 494, 523
Wolf, Ror 284
Wolff, Hugo 365
Wolzogen, Wilhelm von 336
Wondratschek, Wolf 142
Woolf, Virginia 558
Worpswede 441
Wühr, Paul 355
Wukovitsch, Stefanie 242
Wunderlich, Detlef 279
Wyschinski, Andrej 231

York 169

Zacharias, Irene 91, 102, 238, 243, 460
Zadek, Peter 134
Zander, Max 329
Zehnder, Hans 435
Zeidler, Frithjof 487
Zemlinsky, Alexander von 134
Zeno, Hl. 173
Zeven 407f.
Zimmer, Dieter E. 462
Zimmermann, Erich 170, 469
Zimmermann, Fritz 255
Zita von Habsburg 154
Zitelmann, Rainer 187
Zweig, Stefan 246, 310